文登年鉴

WENDENG NIANJIAN

2018

威海市文登区人民政府 主办
威海市文登区地方史志办公室 编

方志出版社
Publishing House of Local Records

图书在版编目（CIP）数据

文登年鉴. 2018 / 威海市文登区地方史志办公室 编 .
-- 北京：方志出版社，2018.9
ISBN 978-7-5144-3263-3

Ⅰ.①文… Ⅱ. ①威… Ⅲ. ①文登—2018—年鉴
Ⅳ. ①Z525.24

中国版本图书馆CIP数据核字（2018）第214559号

文登年鉴（2018）

编　　者：威海市文登区地方史志办公室
责任编辑：刘　珊

出 版 人：冀祥德
出 版 者：方志出版社
地址　北京市朝阳区潘家园东里 9 号（国家方志馆4层）
邮编　100021
网址　http://www.fzph.org
发　　行：方志出版社图书经销中心
电话（010）67110500
经　　销：各地新华书店
印　　刷：山东黄氏印务有限公司

开　　本：889×1194　　1/16
印　　张：28
字　　数：1025千
版　　次：2018年9月第1版　　2018年9月第1次印刷
印　　数：0001～1500册

ISBN　978-7-5144-3263-3　　定价：198.00元

威海市文登区地方史志编纂委员会

名誉主任：吴宏飞

主　　任：林　恒

副 主 任：黄峻峰　隋同朋　王军华　王丽珍　孟艳玲　王江炜　王志勇　崔金龙　许德忠

委　　员：（按姓名笔画排列）

于　斌　于文华　于向前　于柳红　王　峻　王永利　王汝辉　王国智　王晓波　王基杰　王淑君　王新华　牛志宁　邢利明　毕卫刚　毕洪光　吕　杰　刘　芳　刘　丽　刘　涛　刘　斌　刘建方　刘爱军　江元钢　杨波涛　连黎泉　宋政建　邵相家　邵象勇　姜　利　姜　波　姜　春　姜福军　贾红阳　徐　琳　徐文建　徐华国　鞠红伟　鞠志强　鞠晨日

编审人员

主　　审：黄峻峰　孟艳玲

主　　编：许德忠

副 主 编：王淑君　鞠志强

编　　辑：（按姓名笔画排列）

王宏伟　王淑君　初云峰　荣凤娟　高燕妮　鞠志强

编　　务：刘树林

主要摄影：宋一鸣　商春波　方　燕　刘旭明　于晓卫

10 月 24 日，区委书记吴宏飞（右四）到区社会福利中心看望慰问老年人

9 月 29 日，区委副书记、区长林恒（前左）到文登西郊热电有限公司检查安全生产工作

7月1日，区委副书记、南海新区工委书记、管委主任张海军（前中）走访慰问老党员和困难群众

9月20日，区人大常委会主任张建亭（前中）到文登汽车站检查《安全生产法》贯彻执行情况

5 月 11 日，区政协主席毕庶杰（前右）到区社保中心调研工作

8 月 17 日，区委副书记黄峻峰（右二）到龙山街道督导检查生态环保和化工产业安全生产转型升级工作

6 月 30 日，区委副书记姜进军（中）到大水泊敬老院看望老年人

1 月 20 日，中国共产党威海市文登区第一次代表大会在市民文化中心开幕

1 月 23 日，威海市文登区第十八届人民代表大会第一次会议在市民文化中心开幕

1 月 22 日，政协第十届威海市文登区委员会第一次会议在市民文化中心开幕

2 月 6 日，2016 年度全区工作总结表彰暨机关作风建设动员大会召开

7 月 30 日，全区工业表彰暨新旧动能转换推进会议召开

8 月 3 日，全省市县机关工委书记座谈会暨党性教育培训班在文登召开

12 月 1 日，文登区委举办中共十九大精神宣讲报告会

6 月 2 日，一届文登区委第一轮巡察工作动员部署会议召开

6月22日，文登区政府与中国光大国际有限公司战略合作暨生物质热电联产项目签约

8月27日，文登区政府与中国科学院国家天文台、山东大学（威海）签约空间碎片监测站项目

12 月 7 日，文登举办纪念天福山起义 80 周年理论研讨会。会议期间，与会人员参观天福山起义纪念馆

6 月 30 日，“岁月如歌”——庆祝建党 96 周年暨威海建市 30 周年大型歌会在市民文化中心举行

5月29日，威海市首届龙舟邀请赛在南海新区举行

7月12日，南海新区“万和福岛”海洋平台投入使用

新学期，文登区 38 辆幼儿专车投入使用，是威海市首批幼儿专用车

10 月 12 日，第三届文登西洋参文化节暨 2017 威海（文登）温泉旅游季签约仪式在天沐温泉度假村举行

12 月 11 日，由南海新区自主设计、省内首艘军民融合产业科考船“海梦号”在黄海造船厂顺利下水，进入海试阶段

12 月 25 日，威海国际机场 2017 年旅客吞吐量突破 200 万人次

正月活报表演暨新春游园会举行

2月11日，元宵佳节。大型正月活报表演、巾帼巧手慧心共筑中国梦——文登区妇联“庆新春”传承与创新产品展、文登新春游园会暨冰雕旅游美食节等活动在文登学公园集中开展。上午9时30分，大型正月活报表演在城区文山东路上演，近千名群众演员身披盛装彩服，伴着喜庆的锣鼓舞龙、耍狮子、踩高跷、扭秧歌，为市民献上了一场精彩的文化盛宴。区委书记吴宏飞，区委副书记、区长林恒与天润曲轴股份有限公司董事长邢运波，全国先进个体工商户、秀嘉鞋城总经理田燕一起为巨龙点睛。

区委书记吴宏飞为巨龙点睛

区委副书记、区长林恒为巨龙点睛

活报表演现场

“天福山，我们
——区委书记吴宏飞率团

7月27日，建军90周年之际，区委书记吴宏飞，区委常委、宣传部部长王军华率慰问团来到从天福山走出来的部队——南部战区陆军广西某部，向部队官兵致以节日的问候和诚挚的祝愿。区艺术团演出以天福山起义为题材而创作的大型历史舞台剧《烽火》，激起广大官兵的强烈共鸣。

文登区委、区政府向部队赠送反映天福山起义的史料书籍以及书法作品

部队首长向文登区赠送锦旗

从 这 里 走 来”

赴广西慰问部队官兵

区领导、部队首长和部分演职人员合影

演出现场

文登区卫生与人群健康状况报告发布

发布仪式现场

8 月 30 日，《2016 年度威海市文登区卫生与人群健康状况报告》发布仪式在市中广场举行。《卫生与人群健康状况报告》整体包括文登区概况、人群健康状况、健康服务状况、健康环境、成效分析、问题与挑战、附件（指标说明）七大部分，阐明了文登居民的健康状况及文登卫生计生事业的发展情况，不仅是文登的健康“白皮书”，而且还是全国县级首部健康“白皮书”。

向市民代表赠送健康白皮书

现场举行大型义诊活动

中药手工切制技艺展示

“潍威韩”铁路冷藏集装箱班列开通

9 月 1 日，铁路冷藏集装箱班列首次抵达威海仪式在文登火车站举行。

铁路冷藏集装箱班列西与昆明至潍坊铁路冷链物流班列对接，东与威海至韩日海运航线对接，实现海铁衔接，东连韩日，南接东亚、东南亚和南亚的专业化铁路冷链物流通道全面形成。班列开行初期计划每周一班，装载总长 432 米，可装载 40 英尺冷藏集装箱 24 个，每月运力规模 200 标箱。由昆明始发，经潍坊西站，最终到达文登火车站，贯穿山东、江苏、安徽、江西、河南、湖北、湖南、贵州、云南等 9 个省，全程 3609 千米，运行时长 82 小时，全程恒温冷链运输，不解列、不编组、不断链。

区委书记吴宏飞致辞

区委副书记、区长林恒主持仪式

仪式现场

10 时 58 分，铁路冷藏集装箱班列抵达文登火车站

威海至汉堡“中欧班列”开通

区委副书记、区长林恒致辞

9月2日，中欧班列（威海—二连浩特—汉堡）开通仪式在文登火车站举行。

中欧班列由威海市人民政府、威海市地方铁路管理局、威海市文登区人民政府、中国外运山东有限公司威海分公司共同运作。初期每周发运一班、35车皮，经内蒙古二连浩特出境，途经蒙古国、俄罗斯、白俄罗斯、波兰，终点至德国汉堡，全程约1.1万千米，运行时间为15天至18天，比海运缩短10天以上，运费比空运节省80%，具有明显的流通成本优势。

中欧班列开通仪式

10时58分，首列由中韩“桥头堡”威海始发的铁路集装箱国际货运班列驶出文登火车站，直奔德国汉堡

文登城市形象标识及宣传语发布

11月2日，文登举行城市形象标识、宣传语发布仪式，公布启用城市形象标识及“文德天下 登峰如画”城市宣传语。文德天下，是文登的文化标识和精神符号；登峰如画，是文登优美自然人文风貌的形象写照。“文德天下 登峰如画”高度凝练了文登悠久的历史文化和人文自然风貌特色，阐释了文登城市精神内涵和发展理念。

区领导揭晓文登城市形象标识及宣传语

威海·文登
WEIHAI · WENDENG

文登城市形象标识整体设计上以汉字“文登”为原形进行艺术延伸，整体形象似秦朝建筑，又像文人墨客行礼，生动呼应“文登”名称由来，简洁大方，活力十足。

发布仪式现场

2017 数字文登

面积：1615.62 平方千米

总人口：57.65 万人

海岸线：155.88 千米

地区生产总值：829.7 亿元

第一产业增加值：62.85 亿元

第二产业增加值：381.12 亿元

第三产业增加值：385.73 亿元

固定资产投资总量：642.28 亿元

对外贸易进出口总额：165.09 亿元

社会消费品零售总额：379.74 亿元

公共财政预算收入：51.68 亿元

住户储蓄存款余额：354.23 亿元

城镇居民人均可支配收入：40457 元

农村居民人均可支配收入：20217 元

市区供水总量：2753.7 万立方米

全社会用电量：18.53 亿千瓦时

建成区绿化覆盖率：46.03%

编辑说明

一、《文登年鉴（2018）》以马克思列宁主义、毛泽东思想、邓小平理论、“三个代表”重要思想、科学发展观、习近平新时代中国特色社会主义思想为指导，坚持辩证唯物主义和历史唯物主义的立场、观点和方法，全面、系统、准确地记载文登区自然、政治、经济、文化、社会等方面发展变化的基本情况，旨在为各级领导科学决策提供区情依据，为各行各业提供信息服务，为国内外各界人士了解文登、研究文登提供窗口和媒介，同时为编修地方志储备资料。

二、本年鉴记述时限为2017年1月1日至12月31日。为保证资料的连续性和完整性，部分资料适当上溯下延。

三、本年鉴采用分类编辑法，主要设栏目、分目、条目3个层次，部分条目下设子目、子目下设子子目。条目标题用黑体加“【】”，后空一格接正文；子目标题用楷体，标题后空一格；子子目标题用宋体，标题后空一格。各栏目间交叉内容，采取平衡删留、详略互见的方法记述。

四、本年鉴卷首设图片专辑和目录，卷末设索引，卷中设特载、大事记、文登概览、政党政务、人民团体、军事、法治、经济管理与监督、工业、农业、交通邮政信息产业、城乡建设、建筑业与房地产开发、环境保护、商贸服务业、旅游、开放型经济、财政税务、金融、教育、科技、文化、体育、卫生、社会民生、区镇概览、人物、附录28个栏目。

五、人物栏目设3个分目：人物传略收录2017年去世的副处级以上文登籍人物；人物简记收录2017年文登区新任和职务有变化的副处级以上领导干部、新取得正高级职称人员和受省部级及以上表彰的先进人物等；人物名录收录2017年文登区受地厅级表彰的先进人物。其他人物多采取以事系人的方法在相关条目中记述。

六、文登概览栏目中的机构与领导人分目，主要收录2017年文登区正科级及以上机构及其负责人姓名，姓名后加☆为离任，女性在姓名后加*表示。大事记中△表示日期同上。

七、本年鉴所用资料，主要由各单位提供，并经单位主要负责人审核；凡涉及全区国民经济和社会发展统计数据，以区统计局资料为准。各单位撰稿人署名列相应条目末；各栏目责任编辑署名列相应栏目末。

八、本年鉴行文使用规范的语体文、记述体。有关时间的表述和名称、简称、数字和计量单位等的使用，均遵守国家标准。

目　录

Contents

特　载

Features

大事记

Memorabilia

文登概览

Overview of Wendeng District

政党政务

GovernmentAffairs

人民团体

People's Organization

军　事

Military Affairs

法 治

Rule Of Law

经济管理与监督

Economic Management And Supervision

工　业

Industry

农　业

Agriculture

交通 邮政 信息产业

Transportation,Postal Services And Information Industry

城乡建设

Urban And Rural Construction

建筑业与房地产开发

Construction Industry And Real Estate Development

环境保护

Environmental Protection

商贸服务业

Commercial Service Industry

旅 游

Tourism

开放型经济

Open-oriented Economy

财政　税务

Finance, Taxes

金　融

Financial Industry

教　育

Education

科　技

Science And Technology

文 化

Culture

体　育

Sports

卫生和计划生育

Health And Family Planning

社会民生

Social Life

区镇概览

Overview Of The Whole District

人　物

Outstanding Figures

附　录

Appendix

索　引

Index

特 载

在2016年度全区工作总结表彰暨机关作风建设动员大会上的讲话

（2017年2月6日）

中共威海市文登区委书记 吴宏飞

今天这次大会，既是一次工作总结表彰会议，也是一次统一思想、加强和改进作风的会议。主要任务是总结成绩，表彰先进，动员全区各级各部门和广大党员干部群众，对照先进找差距，学习先进转作风，以崭新的精神风貌、扎实的工作作风，全力开创各项工作新局面。

刚刚过去的一年，全区各级各部门和广大党员干部群众，在上级党委、政府的正确领导下，攻坚克难，创业实干，各项工作都取得了新的成绩。一年来，我们积极践行新理念，把握新常态，加快发展动能转换，经济稳中有进、稳中向好，工业用电量增幅居各区市前列；我们认真落实市域一体化发展部署，致力于提升“一轴”、强化“两翼”、突破镇域，经济开发区、南海新区龙头带动作用日益显现，综合保税区、昆嵛山旅游度假区开发建设框架逐步拉开，构建起了区域统筹协调发展格局；我们坚持产业强区、工业带动不动摇，大力实施创新驱动战略，着力推进供给侧结构性改革，传统产业升级和新兴产业集聚步伐进一步加快，成为全国首批全域旅游示范区创建单位、全省休闲农业与乡村旅游示范县；我们深入实施三年突破同城发展战略，推进城乡一体化建设，区域规划、基础设施、城市管理、公共服务等加快对接，城镇基础设施和服务功能不断完善，农村环境综合整治实现全覆盖，城乡环卫一体化和移风易俗满意度调查居全省前列；我们全面深化改革，积极扩大开放，扎实推进服务贸易创新发展试点工作，经济发展活力持续释放，市场主体总量不断扩大；我们牢固树立以人民为中心的发展思想，落实共享发展理念，实现了精准脱贫阶段性目标，促进了社会大局和谐稳定，群众获得感和幸福感进一步提升；我们严格落实管党治党政治责任，从严从实推进党的建设，扎实开展“两学一做”学习教育，区镇两级换届工作顺利完成，人才引进培养工作卓有成效，党风政风持续好转，为全区经济社会平稳健康发展提供了良好的环境。在全市工作总结表彰大会上，我区被授予2016年度全市工作优秀单位、对外开放工作先进区市、外贸出口稳增长工作先进区市等荣誉称号。

这些成绩的取得，得益于上级党委、政府的正确领导，得益于历届班子打下的良好基础，更饱含着各级各部门和广大党员干部群众以及企业家的艰辛努力。一年来，区几套班子心往一处想、劲往一处使、共下一盘棋，以上率下、带头实干，形成了浓厚的发展氛围。各镇（街）、园区牢牢把握发展这个主要任务，建平台、引项目、抓招商，城镇建设、项目建设取得了新的突破。经济管理部门积极发挥职能，千方百计争政策、争资金、争项目，化解经济社会发展中的各种风险隐患，促进了经济社会平稳发展。窗口服务部门积极创新服务机制，完善审批流程，简化办事手续，为企业和百姓提供了优质高效的服务。财税金融部门深入挖掘增收潜力，持续优化财税质量，不断加强对实体经济的支持，为经济和各项事业发展提供了有力的资金保障。行政执法部门坚持以服务促管理、以管理强服务，规范执法、公正司法，减负让利、提速降费，促进了营商环境持续优化。社会事业部门以人民满意为追求，积极推进民生保障和社会救助，促进城乡各项社会事业均衡发展，让群众从改革发展中得到了更多实惠。宣传文化部门加强舆论引导，倡树先进典型，积极培育社会主义核心价值观，巩固提升文明城市创建成果，营造了积极向上、文明和谐的社会风尚。政法综治维稳部门以群众工作为统揽，深入化解社会矛盾，加强社会治安防控，创新社会治理体系，有效维护了社会稳定。党群统战部门加强党建夯实发展基础，真诚服务凝聚人心，广泛汇聚各方力量，为推动经济社会发展发挥了重要作用。驻文登单位和驻文登部队、武警官兵以发展文登、服务文登为己任，在道路建设、能源保障、双拥共建、扶贫帮困等方面给予了有力支持，为地方发展作出了积极贡献。广大党员干部群众积极广泛参与全区经济社会各项建设，立足各自岗位建功立业，为全区发展付出了辛勤的劳动和汗水。今天受到表彰的，都是全区各行各业、各条战线涌现出来的优秀代表。在此，我代表区委、区政府，向受到表彰的先进单位和先进个人表示热烈的祝贺！向为文登发展作出积极贡献的各级各部门、社会各界和广大党员干部群众表示衷心的感谢！

成绩属于过去，奋斗的路程还要继续。年前召开的区一次党代会和“两会”，描绘了今后五年的发展蓝图，确定了打造威海经济中心、在全面建成小康社会进程中走在前列的奋斗目标。实现这一目标，必须靠优良的作风，靠广大党员干部担当作为，前进的道路非常艰辛，我们必须付出艰苦的努力。实现这一目标，必须进一步凸显文登的发展优势，全力突破工业，以工业促进一产提升，带动三产转型。实现这一目标，必须增强危机意识，充分认识到撤市设区后，我们的区域定位、发展平台、竞争对手都发生了根本性的变化，过去是在县级的层面竞争，现在是在城市的层面竞争，过去在竞争中积累形成的比较优势会弱化，特别是在发展总部经济、服务产业，在引进高新技术项目、创新型人才和团队等方面，老城区比我们更有优势，我们要在新一轮竞争中赢得主动、抢得先机，必须有比别人更扎实的作风、更大的担当和作为。实现这一目标，必须强化责任意识，创新实干，奋发进取，真正把文登建设成“本地人自豪、外地人向往”的美丽宜居城市。下面，我围绕作风建设讲三点意见：

一、要明确方向，认真把握作风建设的新要求

前几天召开的全市工作总结表彰大会指出，要不断把作风建设向纵深推进，要求各级党员干部进一步强化责任担当，想干事、敢干事、干成事、不出事。想干事是一种责任，是一种基本要求，作为公职人员，不论在任何岗位，都必须想干事、要干事，这是责任使然。敢干事是一种担当，体现了履职尽责的一种自信。干成事是一种能力，是部门智慧、班子智慧、主要负责人智慧的体现。不出事是一种品格，能够在法律和纪律的框架之内干成事，是干部德和廉的体现。各级各部门要按照市委的要求，结合巩固“两学一做”学习教育成果，以“担当作为”为主题，全面推进作风建设常态化、长效化。我们的作风建设，不是阶段性的，而是通过今天的会议，达成统一的共识，持续、长期、长效地抓下去。围绕这个目标，具体要做到六个方面：

*一要提高认识、端正态度，夯实担当作为的思想基础。*思想决定行动，态度影响作风。各级干部都要加强思想修养，提高认识水平，解决好对党、对组织、对群众的态度问题。对党要有忠诚之心，旗帜鲜明地坚持党的领导，严守党的政治纪律和政治规矩，坚定不移、不打折扣地把各级党委、政府的决策部署落到实处。对组织、对工作要有感恩之心，干部成长进步离不开个人的能力和努力，但关键是组织的培养，要把组织的培养转化为工作动力，用好组织提供的干事创业舞台，把全部心思用在谋发展上，主动担当、主动作为。对群众要有赤子之心，始终把群众放在心中最高位置，急群众之所急、解群众之所难、帮群众之所需，以实际行动赢得群众对我们工作的理解和支持。

*二要振奋精神、激发斗志，凝聚担当作为的内在动力。*精神不振，事业不兴；斗志不强，困难不克。要有“面对困难不低头”的勇气，牢记习近平总书记“干部就要有担当”的教诲，把官帽看轻一点、把责任看重一些，面对困难不能躲，要有血性有担当，切实担负起肩上这份沉甸甸的责任。要有“难关不克不回头”的锐气，做到困难再多不畏惧、压力再大不退缩，千方百计解难题、啃硬骨头。要有“争先创优在前头”的志气，进一步抬高发展标杆、提升工作标准，推动方方面面的工作创一流、争第一，在各领域、各层面推动全区发展实现突破。

*三要加强学习、增强本领，提升担当作为的能力水平。*事业成功，不仅要有激情和干劲，还要有能力和办法。要善于用最新理论武装头脑指导实践，加强对马克思主义基本原理和习近平总书记治国理政新理念新思想新战略的学习，深刻领会蕴含其中的立场、观点和方法，有效运用到实践当中。要善于用系统性思维分析解决问题，在想问题作决策时整体把握、系统思考、综合施策，不能拍脑门、就事论事、简单应付。要善于用原创性举措推动工作落实，这也是工作创一流、争第一的必要条件，必须有自己的原创思维，既注重从基层实践中总结规律性认识，又善于结合先进地区的经验做法，合成符合文登实际、具有文登特点的思路举措，带动我们的工作创新和突破。

*四要求真务实、真抓实干，突出担当作为的实际成效。*工作推进的成效取决于抓落实的力度和效率。要坚持说实话、办实事、出实招，力戒形式主义、不做表面文章，多静下心来研究本区域本部门的业务和问题，多

拿出一些实实在在的举措来服务企业，服务经济社会发展。植树要培根，养德要静心。如果静不下心来，很难养德，也很难在工作中取得成绩。今天在座的，无论是部门主要负责人还是镇（街）主要负责人，都直接面对一线，要详细掌握一线的情况，并归纳总结规律。建议镇街党（工）委书记和镇长、主任，每周至少拿出一个晚上在单位值班，切身感受这块土地的气息，静下心来思考发展的问题、稳定的问题。对这个问题的认识，既是一种政治的敏锐性，也表明了我们守土一方的责任心，是对群众的感情、对守护的这片土地的感情。

五要落实责任、完善机制，营造担当作为的良好氛围。制度机制管根本、管长远。好的制度和机制，能够让想干事的人有动力，让不想干事的人有压力。要完善责任分解机制，对全区年度工作目标任务，要分解落实到牵头领导、责任单位，明确完成时限，各责任单位要进一步细化落实到分管领导、责任科室和具体责任人，从牵头的区领导、牵头的单位做起，层层把工作做好。要完善调度推进机制，调度推进不是简单的重复督促，调度的目的是了解在推进过程中，有没有需要上升到更高层面来协调解决的问题。"两办"督查室要对工作中的倾向性、苗头性问题，进行归纳和总结，及时反馈给领导协调解决。要完善容错纠错机制，按照习近平总书记"三个区分开来"的要求，旗帜鲜明地为敢担当、敢做事的干部容错纠错、保驾护航。

六要从严治党、遵规守纪，强化担当作为的纪律保障。守纪律讲规矩是党员干部的立身之本、成事之要。要依法依规办事，把法治思维和法治方式贯穿于工作的各方面，不论是招商引资、推进改革，还是化解矛盾、维护稳定，都要依法依规，善于运用法律武器推动工作，特别是要正确认识和对待行政诉讼，部门负责人要按要求出庭应诉。要清廉干净干事，各级领导干部要带头强化自我约束，带头遵守廉洁自律准则，注重家庭家教家风，永葆清正廉洁本色。

二、要聚焦问题，切实找准作风建设的着力点

近年来，通过开展党的群众路线教育实践活动、"三严三实"专题教育和"两学一做"学习教育，各级干部作风有了很大改进，但对照新形势、新任务、新挑战对干部作风的新要求，仍然存在一些不容忽视的问题，还需要进行改进和提升。比较集中的共性问题主要有以下几个方面：

一是全局意识不强。有的部门和镇（街）、园区没有理解文登撤市设区以后对工作提出的新要求、带来的新机遇，没有把文登的发展放到威海市域一体化格局中去考量。在工作思路上，往往把文登与威海市隔离开来，没有从情感上和整个工作布局上融为一体。在工作视野上，依然是留恋、拘泥在以前文登作为县级市的框框里，就文登而文登，视野没有完全打开。在工作沟通上，依然保留着原来那种相对独立和封闭的状态，与对口的市直部门，包括分管的领导沟通的频率和深度不够，没有建立起一种城市的区和城市的部门之间的密切联系。在工作资源利用上，抛弃了很多可以利用的资源，比如威海市一级的研发机构，各个部委在威海市一级设立的分支机构，以及威海市一级的公共服务功能，都没有很好地利用起来，对威海市一级功能的承接和争取也不够。在工作对标上，还是习惯于县域标准的对照和比较，没有向城市的区来看齐。全局意识不强的另一种表现是，有的部门、单位的工作没有放在整个文登的大局中来考量、定位和推进，把本部门本单位的利益放在第一位，选择性地执行区委、区政府的决策部署，算小账、钻空子，不能着眼大局；有些重点工作需要若干部门协调配合、共同推进，但部门之间协调不顺畅；还有的部门内部有"中梗阻"现象，主要负责人理解了、布置了，但部门中层在落实上走形变样，推不下去。

二是责任感缺失。有的缺乏担当精神，工作挑三拣四，选择性来做，认为干得越多风险越大，工作起来畏手畏脚；有的缺乏责任心，对承担的工作不亲自抓，习惯向下推，自己当甩手掌柜，工作落实得怎么样，既不跟踪，也不总结和改进；有的抓工作投机取巧、弄虚作假，比如在一些项目的投入、包村的投入上夸大数额，招商招不来向镇（街）要项目等。

三是主动性不高。有的对上级政策研究得不透，工作指导性不强；有的对本部门的工作谋划不主动，优化不够多，安于习惯，安于以前怎么做，没有进行系统地、理性地梳理和优化，部门的工作几年如一日没有起色；有的精神萎靡不振，整天暮气沉沉、不思进取，自己不干事，对干事的人还进行评论、说三道四。

四是工作标准低。有的干工作满足于一般化、过得去，确定工作突破点限于常规性业务，触手可及，拿不出实招硬招，创不出亮点；有的争先意识不强，接到工作以后首先强调困难，强调客观，为自己找借口、自我解脱；有的认为别人先进是因为有各种各样的资源要素、区位优势和历史优势，难以追上，工作中自我减压、自我安慰、缺少血性。

五是谋事不系统。有的布局安排工作不系统，没有从整体进行思考，没有从长远来把握，就事论事、走一步看一步，把工作和过日子等同起来，日子怎么过工作就怎么干；有的统筹能力弱，工作顾此失彼，问题不断出现，按下葫芦浮起瓢。

六是缺少原创思维。有的思想陈旧、观念落后，工作方式方法和思路难以适应新形势的要求，对改革发展中的新问题、新情况不掌握，出现问题后不知所措；有的既不重视新思想、新理论的学习，也不善于向先进部门、先进地区学习，习惯于延续传统、凭老经验办事，工作开创性不足；有的存在等靠要思想，因为怕担风险而不愿动脑、不敢尝试，等上级出政策、出思路，等其他地区先行先试，不能创造性做好上级精神与本地实际结合的文章。

七是服务质量差。有的对办事企业和群众服务不细心、不周到；有的办事不讲原则，该办的事不打招呼不能办，不该办的事给点好处也能办；

有的不依规依法办事，无视道德法律政策底线，工作存在随意性、盲目性，对行政诉讼不理不睬。

八是对群众缺乏感情。有的漠视群众、疏远群众，不愿与群众打交道，不能带着感情与群众沟通，使很多工作虽然主观意愿和出发点是好的，但在推进中没有得到群众的广泛理解和支持，甚至激发了矛盾；有的工作方法简单，“惠民政策一发了之、拆迁工作一推了之、信访工作一接了之、矛盾纠纷一判了之”，把做群众工作当成负担，把为群众服务当成恩惠；有的对群众诉求不重视，认为是挑毛病、找麻烦，所以推塞、糊弄，造成一些不必要的重复访。

九是自我要求松。有的党员意识淡薄，理想信念淡化，党员的先进性逐步消失；有的执行八项规定不严格，由明变暗，变种变形，个别干部工作日中午饮酒；有的纪律散漫，打麻将、玩游戏；还有的在工作时间、工作场合，穿着随意，体现不出公职人员的服务态度和精神状态。

以上这些问题，虽然不是普遍现象，但是影响很大，这些问题的存在，使我们干部队伍整体形象、工作效率和推动经济社会发展的效果大打折扣。各级各部门和广大党员干部要把这些问题作为作风建设的着力点和突破口，结合部门和个人实际，认真分析，找准症结，下力气进行整改。

三、要强化措施，着力提高作风建设的实效性

作风建设要取得实效，既要靠内因自觉改进，还要靠外因有力推动。内因方面，就是按照上述六个新要求、对照九个重点问题进行改进；外因方面，区委、区政府将建立相应的工作制度和措施，促进干部队伍作风转变。

一是优化考核评价。考核是激励干部、部门、单位担当作为的“指挥棒”“导向标”。对上考核，要争第一、当先进，各项工作要按照一流的标准来定位，做到强项更强、弱项提升，坚决消除第三，确保整体工作再上新台阶。对内考核，区委、区政府将更加重视实效性，科学设置考核指标、权重和标准，进一步突出对重点工作、质量效益指标的考核，对一些体现不出差距的考核指标将进行适当调整。考核结果要充分运用到评先选优、干部使用上，对被评为先进单位的，提高干部考核优秀表彰的比例，真正考出压力、激发动力。

二是经济激励引导。就是在政策、资金等方面，对想干事、肯干事的部门、单位给予倾斜和支持。对镇级，已经出台了关于统筹镇村建设提升镇域发展水平的意见，区财政拿出专项资金予以扶持，去年是普惠性支持，从今年起要实行竞争性支持，肯干的、干出成效的就多支持，不干的就不支持。对部门，根据招商引资成效，给予专项招商经费保障，谁招商成效好谁的补贴就多。威海市级正在考虑的精神文明奖，也不是普惠性的，也要与部门、单位工作业绩挂钩，体现差别性。要通过经济正向激励作用，切实让担当实干的干部更有干劲，让不作为的干部倍感压力。

三是组织教育培训。学习培训是增强本领、提高能力的重要途径。要在全区上下大兴学习之风，采取教育、培训、研讨、实践等多种形式，不断提高各级干部的能力和素质。要充分发挥党校的主阵地作用，对各级干部开展集中轮训。要围绕上级方针政策、经济社会发展重点领域，定期邀请专家学者进行专题讲座。要通过组织外出参观考察、选派年轻干部上挂下派等途径，增强干部的实践能力。组织部、宣传部、党校等部门要组织落实好。

四是严肃执纪问责。监督执纪是促进干部作风转变的硬招实招。要严格落实党内监督条例，加强对权力运行的制约和监督，特别要突出对“一把手”和重点领域、重要岗位、关键环节的监督。要通过明察暗访等多种手段，严防“四风”变异、反弹。巡察是党内监督的重要方式。要完善巡察制度，利用好这一方式，向镇（街）、村居延伸，常态化开展巡察监督。纪检监察部门要把监督执纪问责作为主业，切实加大对干部违纪违规问题的查处力度，做到失责必问、问责必严。干部不作为也是不正之风，也是腐败行为。这种行为就是拿空饷，就是违反工作纪律，必须严肃查处，纪检监察部门要拿出切实可行的整顿方案。

五是运用媒体宣传。社会舆论的引导和监督，是促进作风改进的重要动力。要加强正面引导，通过新闻报道、专题节目、专版专栏等形式，大力宣传作风建设的目的和意义，积极报道在招商引资、项目推进、服务民生、信访维稳等工作中勇于担当、创新实干的先进典型和标杆，扬正气、树新风，营造担当可贵、干事光荣的浓厚氛围。要加大反面曝光力度，对作风涣散、纪律松懈、不作为、慢作为、乱作为等现象，及时通过媒体进行曝光，促进干部队伍作风持续好转。宣传部要牵头组织好。

六是压实书记责任。作风建设领导干部是关键，党委（党组）书记是核心。一个单位的作风如何，主要看书记和书记带领的班子。书记强则工作强，书记有能力则单位出成绩。各级党委（党组）书记，都要以上率下，带头加强作风建设。从区级领导开始，要率先垂范，把自己摆进去，解决好自身存在的作风问题，并抓好分管部门、分管领域的作风建设。各镇（街）、各部门的党委（党组）书记作为第一责任人，要抓好班子、带好队伍，提高团队整体凝聚力和战斗力。区委将把书记抓作风建设作为抓党建的重要内容进行研究，切实解决作风建设中存在的问题。

七是适当组织调整。组织调整不是目的，关键是进一步强化正确的用人导向和干事创业导向。通过调整，达到人岗相适，既是爱护干部，更是保护和促进事业，以事业为重，事业不迁就人。同时还要根据干部自身特点，加大横向交流力度，用合适的岗位引导干部能力的提升。

同志们，发展需要担当，履责须有作为。让我们更加紧密地团结在以习近平同志为核心的党中央周围，进一步振奋精神、鼓足干劲、奋发有为，为打造威海经济中心、在全面建成小康社会进程中走在前列作出更大贡献！

在全区工业表彰暨新旧动能转换推进会议上的讲话

（2017年7月30日）

中共威海市文登区委书记　吴宏飞

今天这次会议，既是一次工业表彰会，也是一次新旧动能转换推进会。主要任务是贯彻落实省第十一次党代会、省委省政府重点工作推进情况视频会议、全省支持非公有制经济健康发展工作会议和市委十五届二次全会等系列会议精神，表彰在工业发展、创新创业中表现突出的先进企业和先进个人，部署新旧动能转换工作，动员和激励全区各级各部门和广大企业家，进一步振奋精神、转变作风，创新实干、奋发作为，加快推进新旧动能转换，加快实现转型跨越发展，为打造威海经济中心、在全面建成小康社会进程中走在前列作出更大贡献。

今天受表彰的企业和个人，都是全区创新创业的优秀代表，在推动文登经济社会转型跨越发展中发挥了积极作用、作出了重要贡献。5家企业作的典型发言非常具有代表性，主要贯穿着三个词：一是创新，都把创新作为发展的第一动力；二是争先，在各自的行业领域里，勇立潮头、不断争先，竞争力都在不断提高；三是坚守，几十年来在企业家的带领下，心无旁骛，坚守着这个企业，坚守着这个行业，坚守着主导产品，发展得都非常好，这就是企业家和企业的坚守精神。

今天这次会议以这种形式召开，就是要向全区各级各部门、向企业家、向全社会发出一个明确的信号：区委区政府抓以制造业为代表的实体经济这个战略坚决不动摇，抓以“放管服”为重点的提升优化政府服务质量这个思路坚决不动摇。这两个不动摇，是基于中央和省委、市委对经济发展的总要求，同时也是立足文登发展所面临的新形势和隐藏的危机提出的。实现区第一次党代会提出“走在前列”的目标，我们的市场主体规模必须翻番，我们的经济总量、一般公共预算收入也应在现有基础上实现翻番。面对这种新形势、新定位、新要求，我们必须从四个方面提高认识，进一步增强发展的紧迫感和危机感。

第一，我们从来没有像现在这样，需要加快动能转换、实现转型发展。正确认识所处的历史阶段和时代要求，准确研判和应对面临的形势和危机，对一个区域的发展至关重要。这就要求我们必须统一思想，共同提高观察问题、审视时局的敏锐性和洞察力，从而发现危机、发现不足。为什么现在各级不断强调加快推动发展？发展到现在这个阶段，发展质量、发展速度上不去，就有可能从此停滞，陷入中等收入陷阱。因此，到了这个坎、这个漩涡的时候，必须全力把船加速划过去，跨过这个坎就会进入一个良性发展轨道。《苦难辉煌》一书中有这样的讲述，党的历史虽然近百年，但紧要的关头，也只有几次。一个区域的发展也是这样。大家一定要认识到，我们现在正处在这样的历史节点，各种矛盾、各种问题都集中显露出来，必须要解决。怎样来解决？前提和基础就是发展。我们要坚决避免和摒弃“立于危墙之下而不知，居于累卵之上而不惧”，充分认识当前加快发展的紧迫性、重要性。一是思想观念和思维方式的落后，要求我们必须解放思想加快发展。当前，区域经济发展优势，正由以前的资源主导向思维方式、思路办法主导转变，谁能够先想一步、先做一步，就会走在前列。为什么桐乡不出羊毛却有全国最大的羊毛衫市场，海宁不产皮革却有全国最大的皮革市场，义乌“空手”建起全球最大的日用消费品批发市场？就是刚才林区长讲的“无中生有”，实际上是思维要先行。为什么有的时候我们不断地向别人学习，但依然无法赶超，就是我们没有原创思维。国际金融危机到现在已经近十年了，我们有的产业、有的企业仍然反映资金困难等问题，一方面是金融没有回归金融本质，没有回归到实体经济，另一方面也是发展模式需要进一步优化和调整。我们在推动企业公司制改制、建立现代企业制度的过程中，个别企业积极性不高，反过头来又提出资金困难的问题，这本身就是一个矛盾。因此，从某种程度讲，现在有些经济问题，实际上不是经济本身的问题，而是思维模式的问题，应该很好地反思。现在提发展的差距，有人讲是南北方之间的差距，但即使在北方，以前也是东部地区发展较快，而现在有一个非常明显的信号，就是中部和西部地区，包括西北地区，发展思维、思路已经和以往完全不一样了。一个项目到了西部地区，他们会拼命地进行沟通，千方百计吸引项目落地，但到了江北的东部地区，有些干部精神状态出现问题，产生懈怠、不在乎，认为我们是东部沿海发达地区，项目多一个少一个没什么大问题。这说明在很多方面我们的思维方式已经落伍了，必须解放思想、认清形势，抓紧谋划和推动发展方式的转变、新旧动能的转换，全力在新一轮发展竞争中抢得先机。二是发展质量和发展速度的滞后，要求我们必须只争朝夕加快发展。中央要求山东走在前列，省第十一次党代会提出要牢牢把握走在前列的目标定位，加快推进由大到强战略性转变。但对标南方沿海经济大省，省委省政府经常举例对比，来增强全省的危机感。江苏原来无论是生产总值还是财政收入，与山东基本在一个层次，但现在已经不可同日而语了，即使是面积、人口远比山东小的浙江，财政收入也与山东处在相当的水平。威海市第十五次党代会提出，要争当全省走在前列的排头兵，虽然我们威海的人均指标在全省排在前列，但总量上还有较大差距。再看我们文登，陆海资源、交通资源、人文资源、开放资源应有尽有，可以说天时地利，下步发展得快与慢、好与差，关键看人。如果发展不好，就是人出了问题。我们文登的工业发展、精神文明建设等很多方面，曾经是全省全国的标杆，但现在有了差距。有了差距不要紧，就要从现在这个时候，从我们这批人开始，利用这个时机，把接力棒跑好。所以，摆在我们面前的只有一条路，就是急起直追、加快赶超，努力在新一轮发展中走在前列、勇立潮头。三是角色定位和区域功能的变化，要求我们必须自我加压加快发展。撤市设区后，文登由相对独立的市，变为威海中心城区的一部分，这对文登发展是一个历史性的转变，也是一个历史性的机遇。文登撤市设区，是威海发展的重大战略布局，不仅解决的是威海城区发展腹地问题，而且文登的快速隆起将直接影响到周边区市的发展速度，因此我们扮演着贯穿南北、连接东西的重要角色，担负着打造威海经济中心的重任，我们的发展速度在很大程度上决定着整个威海的发展速度。如果我们发展得不好，不仅会影响威海全域城市化、市域一体化战略实施的结果，也愧对文登的老百姓。而实践证明，只要思想认识到位了，措施到位了，行动到位了，就一定会实现快速跨越的发展。比如，我们的海洋产业，区第一次党代会提出全面振兴海洋与渔业经济仅半年多时间，已经初见成效，威海市今年批准的37个渔业专项转移支付项目，我们文登争取到了12个，是全市最多的，比排在第二的还多4个，可以说取得了历史性突破。西洋参产业，通过建立合作组织、成立省级西洋参农业科技示范园区来推进西洋参种植标准化，通过发展西洋参交易中心进行引导规范，不仅把原材料资源掌握在手中，产业链短、附加值低、没有市场话语权等问题也将逐步得到解决。包括我们的西洋参龙头企业—颐阳生物科技，应该讲带着一种情怀在发展，无论精深加工、科技研发，还是市场布局、申请商务部直销牌照，发展站位很高。高端生产性服务业，今年新引进的威海设计谷，项目本身并不大，但后续对区域发展特别是对工业设计方面，可能是实质性的转变。我们的工业产品，产品理性方面做得不错，但是感性投入不足。德国工业4.0就是由以产品为中心向以客户为中心转变，客户的感受是第一位的。随着设计谷项目的推进，将迅速提升我们工业产品设计的思路和档次，带来革命性的改变。全区上下一定要站在时代和全局的高度，认清加快发展的严峻性和紧迫性，进一步增强转型跨越、走在前列的信心和决心，始终保持"一日无为三日不安"的紧迫感，把加快新旧动能转换作为统领经济发展的重大工程，全力以赴推动转型发展、率先发展。

第二，我们从来没有像现在这样，需要强力突破工业带动全区发展。制造业是国家综合能力的标志，也是国家治理体系和治理能力现代化的重要体现。中国制造业走到今天，非常不容易，需要倍加珍惜，不能妄自菲薄，但决不可掉以轻心，因为走到今天很不容易，而停滞不前或回到过去却很容易。我们文登也是这样。改革开放近40年来，制造业对区域的产业支撑和民生保障作出了重要贡献，无论三次产业比重如何变化，工业的核心地位不会变，正是因为工业的快速发展，才带动了一产和三产发展，特别是三产中又进一步凸显了生产性服务业。在新一轮竞争中，我们特别需要大力发展工业来带动实体经济。全区上下要不断总结、不断学习、不断提升，进一步坚定工业立区的信念，持之以恒推进工业带动战略。加快新旧动能转换特别需要工业挑大梁。新旧动能转换，工业是主战场。目前我们文登的工业体系仍然以传统产业为主，总体上处于2.0阶段，个别企业正在朝着3.0迈进，个别细分领域起步向4.0努力。要在新一轮发展中抢得先机，关键要过好新旧动能转换这个坎，这是生与死的坎，跨不过去就会被淘汰掉。同时，不管是发展高端生产性服务业、新兴服务业，还是发展农产品精深加工业、"新六产"等，也都特别需要工业来带动、工业来连接。打造威海经济中心特别需要工业作支撑。打造威海经济中心，我们的经济总量还差得很大，目前生产总值、财政收入等主要经济指标仅仅占到全市不足四分之一，离经济中心的目标还有很大差距。唯有集中精力突破工业，带动三次产业整体提升，持续不断做大经济总量，才能实现打造威海经济中心的目标。包括打造威海新的商贸中心、物流中心，打造百亿、千亿级的产业园区，最有力的支撑也在工业。加快推进全域城市化特别需要工业来带动。文登由县域变为城市，不仅经济实力需要大幅提升，更需要突出对人的改造和提升。特别是随着城市化进程的不断加快，不仅原来城区当中的居民，也包括新进城的居民，都急需经过工业文化、制造文明的洗礼。经过制造业洗礼的市民，建设城市、使用城市、维护城市，是大不一样的，城市的使用和维护成本会大幅下降。因此必须大力发展工业特别是制造业，来对人进行改造和提升，培养塑造具有遵守规则的契约精神、脚踏实地的实干精神、团结合作的团队精神、精益求精的工匠精神，变相对松散、随机、组织性差的个体为更有组织、有协调、讲担当、重质量的社会单元，从而真正从内涵上实现人的城市化。提高人民生活水平特别需要工业来保障。改善和提高人民生活水平，必须做好两件最基本的事情，就是做大财政蛋糕、分好财政蛋糕。而文登的税收主要靠以工业为主体的实体经济，做大财政蛋糕必须全力做大做强工业，做大做强实体经济。没有实体经济，所有的民生保障都是一句空话。

第三，我们从来没有像现在这样，需要企业家有更大的担当和作为。人是决定生产力和生产关系的第一要素。企业的“企”字是“人”下面一个“止”，就是一个人踮起脚趾尖的样子，寓意企业既要具有高昂的姿态，又要不断调整、不断创新，在市场中找到稳定的位置，永不停息地创新创业。改革开放以来，文登广大企业家以敏锐的触觉和丰富的智慧，立于发展潮头，把握时代脉搏，成为构筑区域发展核心竞争力最关键的因素。各位企业家们都是文登发展的功臣，下步文登发展得好与不好、快与慢，能不能够完成历史赋予的使命，企业家仍是特别重要的因素。所以，各级各部门任何时候都要和企业家紧紧站在一起，心连心、肩并肩。特别是当前，全区总体发展框架已经拉开，需要我们企业家在全域范围内布局发展。经济开发区、南海新区、综合保税区、昆嵛山旅游度假区等四大板块有的已初具雏形，有的已经成熟，为企业发展提供了广阔的空间和舞台。望各位企业家不拘泥于自己原有的空间、行业、领域，结合企业发展需要，在更大范围内布局发展、配置资源，助推各板块和突破点加快发展，唱一出企业扩张、园区做大的共赢大戏。加快新旧动能转换，需要我们企业家倾注更多的智慧和魄力。提高经济发展质量和效益，根本途径是改造提升旧动能，挖掘新动能。这方面，企业家和企业是真正的主角和主体，不仅需要大量实实在在的投入，还需要依靠企业家的经验、智慧和魄力来推进。催生市场主体搞活区域经济，需要我们企业家用行动来引领和带动。文登目前最大的问题是市场主体太少，这不仅是我们文登的问题，也是与南方相比北方城市普遍存在的问题。这个问题，首先政府要进行反思，同时特别需要企业家来引领来带动，让更多的市场主体，特别是个体工商户能够升级为企业，企业能够实现由微、由小到中、到大，不断地升级，把水做多了，才能涵养出大鱼。建立一支充满活力、持续发展的企业家队伍，需要我们企业家用经验阅历来带领和呵护。企业家队伍是我们的宝贵财富，企业代际传承也是自然规律，打造百年企业，关键要靠企业家梯队来支撑。可喜的是，近几年我区逐步涌现出了一批80后甚至90后的企业家，但与发展要求相比，还需要进一步来提升、历练。老企业家要做好传帮带，新企业家既要向老企业家学习，更要以宽广的胸怀相互学习、相互交流、相互包容、共促发展，努力打造一支有思想、有激情、有抱负、有能力的优秀企业家队伍。

第四，我们从来没有像现在这样，需要各级各部门凝心聚力促发展。新旧动能转换，首先政府要转换思想观念、思维方式、工作作风，为发展提供良好的环境。各级各部门要主动适应和及时适应上级党委政府对工作的新要求、标准和节奏。以前工作可以有优、良、合格和不合格，现在就是“有”和“无”的问题，适应得了政治生命就“有”，适应不了政治生命就“无”。龚正省长也讲过，我们要做到“企业负责茁壮成长，政府负责阳光雨露”。大家认真思考一下，如果我们政府包括各级各部门为企业服务得多一些、好一些、更到位一些，产生的不仅是加法有可能是乘法效应；如果我们把着各种权力不放，不从企业发展来着想，产生的不仅是减法，一旦把市场主体的心伤了，那就是除法。因此，各级各部门要心底无私搞服务。心底无私，自然就能处理好“亲”与“清”的关系。一定要主动反应、主动作为、主动突破，主动用感情、用心与企业进行深度沟通交流，使企业在良好的环境下谋划自身的发展。要担当实干搞服务。凡是有利于企业发展的，不要预置不行或者不能，首先要看怎么行，在合规合法的情况下敢于打破条条框框，勇于探索新的路径。部门和属地能够解决的问题，一定要解决好，自己解决不好的，及时提出来，由分管区领导牵头解决。要提高效率搞服务。一切以企业和群众办事方便为出发点，进行流程再造，对审批事项简化、下放、合并或者取消。这项工作要纳入督查范围，“两办”督查室要及时跟进，坚决消除不办、不快、不专业的问题，努力实现“零跑腿”或者最多“跑一次”。要密切协作搞服务。不断强化整体政府的意识，把自身当成整个政府动车组的有机组成部分，按照同一方向，协调能动地向前推进，齐心协力把企业的问题解决好，绝不能“留余地”“踢皮球”。要提升能力搞服务。能力建设至关重要，有些干部主观思想上的问题解决了，愿意服务，愿意推动发展，但能力建设还不够，急需学习新政策、新知识、新模式、新技术，提高谋划和推动发展的能力。对企业遇到的问题和困难，别人能够解决的，我们一定要解决得更好，别人解决不了的，也要创造性地加以解决。

同志们，加快新旧动能转换，推动文登转型跨越发展，企业和企业家是主引擎，是主力军，是这台大戏的主角。希望全区上下都要强化“企业无论大小都是功臣，创业无论成败都是英雄”的观念，把“关心企业、支持企业家”作为不变的旋律，全力为企业发展创造更加优良的环境。希望广大企业家和创业者，坚定信心、奋力发展，不断开创企业转型发展的新局面，为打造威海经济中心、在全面建成小康社会进程中走在前列作出更大贡献！

政府工作报告（摘要）

——在威海市文登区第十八届人民代表大会第二次会议上

（2018年1月8日）

威海市文登区区长　林　恒

一、2017年政府工作回顾

过去的一年，在区委的坚强领导下，区政府和全区人民一道，全面贯彻党的十九大精神，以习近平新时代中国特色社会主义思想为指导，牢固树立和贯彻落实新发展理念，统筹做好稳增长、促改革、调结构、惠民生、防风险等各项工作，经济社会保持平稳健康发展。

——经济运行稳中向好。全区生产总值预计839亿元，增长8%；固定资产投资631.9亿元，增长10%；社会消费品零售总额377.2亿元，增长10.5%；一般公共预算收入增长10%左右，发展质量与效益同步提高。

——转型升级步伐加快。三次产业比重预计由8∶45.1∶46.9调整为7.3∶45.6∶47.1，高新技术产业产值比重由33.6%提高到34.7%，新兴服务业蓬勃发展，服务业增加值增长8.5%；“去降补”任务有效落实，商品房去化周期明显缩短。

——区域一体化全面提速。“一轴带动、两翼助推、多点突破、整体联动”发展框架进一步拉开，城市建设管理与中心城区全面接轨，镇域承载能力不断提升，美丽乡村建设扎实推进，区域发展布局更加优化。

——生态环境持续改善。万元生产总值能耗预计降低3.4%左右，主要污染物排放量完成削减任务，环境空气质量稳定达到国家二级标准，被评为“2017全国百佳深呼吸小城”。

——民生保障不断加强。城镇和农村居民人均可支配收入预计分别增长8.4%和7.7%，城镇登记失业率控制在1.4%以内，社会保障扩面提标，公共服务水平持续提升。

一年来，我们紧紧围绕落实区一次党代会精神，突出重点，强化措施，狠抓落实，下大气力做了以下六个方面的工作：

一是突出工业带动，深入实施新旧动能转换重大工程。坚持“工业立区、工业强区”不动摇，出台《加快新旧动能转换推动工业转型发展的意见》，工业专项发展资金由1亿元增加到2亿元，兑现8700多万元奖励资金，支持企业改造升级，实施的70个技改项目完成投入40亿元，完工或投产项目20个，工业整体装备水平、智能制造能力和规模效益迈上新台阶，规模以上工业主营业务收入预计增长12.8%，工业用电量增长23%，天润曲轴获评国家智能制造试点示范项目企业、省引进人才重点支持企业，威力工具成为全国制造业单项冠军示范企业。骨干企业挂优靠强取得新突破，鸿通管材进入中石油供应链条，宏安集团与深圳长和光导合作的光纤预制棒项目顺利实施，与中航工业、中国光大、中电集团等央企开展的合作项目加快推进，为企业发展注入了新的活力。全域旅游扎实推进，福地传奇水上乐园二期等项目加快建设，大溪谷文化创意小镇被评为国家3A级旅游景区，列入省级特色小镇创建名单，获批省级健康服务业创新发展试验区。商贸物流业繁荣发展，威海铁路物流产业园区启动建设，浙商城、七里汤农贸市场投入使用，成为全省电子商务示范县。大数据、研发设计等现代服务业加速突破，引进了威海设计谷项目，北京等4省市联通呼叫中心、京东生鲜馆投入运营，环维大数据呼叫产业基地一期试运营，成为全市重要的大数据产业集聚区。特色高效农业快速发展，新增9个成片连方农业园，威高生态园成为山东省生态休闲农业示范园。西洋参种植面积突破5.5万亩，新引进汉广参业等5个精深加工项目，交易中心建成投入使用，西洋参药食同源通过论证，“文登西洋参”入选全国最受消费者喜爱的农产品区域公用品牌。海洋经济加快破题，启动4个海上休闲渔业平台建设，获批12个省级渔业专项转移支付项目，“文登蚝”成功注册地理标志证明商标，新获批3个国家级休闲渔业示范基地、1个省级田园型海洋牧场，山东省海洋生物研究院威海分院落户我区。

二是突出全域统筹，全力推动区域协同发展。经济开发区，加快实施转型升级五年行动计划，积极推动“二次创业”，启动惠州路改造等6项重点基础设施工程，新引进翔泽环保科技等15个项目，产业升级和转型发展步伐不断加快。南海新区，深入实施全省经济开发区体制机制创新试点，启动了与12所大学合作的北京高科联盟威海科创城建设，中铝职教园投入使用，新引进永固新型材料等14个项目，区域创新能力和产业发展水平进一步提升。综合保税区，区内路网、海关商检联检等设施全部完工，基本达到封关验收条件。昆嵛山旅游度假区，借助抽水蓄能电站项目带动，加快骨干路网、河道整治、集中供热等建设，进一步拉开了发展框架。坚持把镇域作为解决发展不平衡不充分的突破口，连续两年安排专项财政资金强力扶持，完善承载功能，培植特色产业，各镇共引进建设产业项目34个，铺设雨污管网124公里，镇区供气实现全覆盖,7个镇区实现集中供暖。

三是突出创新开放,着力增强三大动力。创新活力加速释放,签订产学研合作协议27项,新创建省级企业技术中心3处,"千人计划"专家等省级以上高层次人才增加到77人。改革动力持续迸发,深入推进"放管服"改革,推行"一窗式""一门式"政务服务模式,成为全省首个由政务服务中心代办原产地证书的区市,利企便民服务进一步优化,市场主体总数达到4.5万家,增长14.4%;深化金融服务创新,在全国率先开展西洋参种植保险业务,引进创客空间金服综合体,新增"新三板"和区域股权市场挂牌企业6家,信贷增量创历史新高;累计完成310个村居的产权制度改革工作,增强了集体经济发展活力。开放潜力不断显现,出台了《关于促进开放型经济发展的奖励办法(试行)》,加大精准招商和项目建设力度,列入市级考核的31个重点项目超额完成全年投资计划,引进过亿元或千万美元项目32个,全区实际到账外资、内资预计分别增长10%和15%;成功开通"潍威韩"铁路冷藏集装箱班列和"威海—汉堡"中欧班列,形成对内通达全国9省,对外东接韩日、西连中亚及欧洲的海铁联运物流通道,成为"一带一路"的关键节点城市;搭建威海智汇港等外贸综合服务平台,引导服务企业开展对外贸易,外贸进出口总额预计增长28%。

四是突出同城共建,加快融入市域一体化发展大局。同城化向深度融合加速发展,防震抗灾、城市风貌保护等专项规划纳入市级编制范围,202省道改线、110千伏秀山输变电站和农网建设改造工程加快推进,"北拓南扩中疏"道路工程启动实施,新开通9条城乡公交线路,公交停保场建成使用,完成城北片区等9个老旧小区改造,城市管理纳入威海精细化管理范围,城管平台交办案件处结率达到94%,所有镇卫生院和社区卫生服务中心都与市中医院结成医联体,并在全市率先实现国医堂建设全覆盖,居民养老、城乡低保、五保供养等保障水平同步提高。高标准推进美丽乡村建设,规划建设了11个美丽乡村示范片区,实施棚户区改造项目24个,完成农村旱厕改造3.19万户,全区70%的村达到美丽乡村B级以上标准,4个村列入省级美丽乡村示范村创建名单,梧桐庵被评为全国美丽乡村示范村。

五是突出绿色发展,不断提升生态文明水平。积极推动企业开展绿色制造,加快节能降耗,天润曲轴成为全国首批绿色制造示范单位。深入推进大气、水、土壤污染综合治理,实施空气质量优化升级行动,严格落实"压煤""治气"等措施,空气质量综合指数改善10.4%;284条河流全部推行"河长制",完成城乡河道综合整治24.7公里,饮用水水源地水质达标率100%;实施了3个海岸带修复整治项目,入选山东省海洋开发重点区域;加大植树造林力度,成片造林1.6万亩,新建及完善绿色通道20公里。严格落实耕地和基本农田保护制度,大力推广节水灌溉技术,促进资源节约集约利用,被评为全省高效节水灌溉示范县。

六是突出民生共享,全面提高公共服务水平。把改善民生放在财力保障的优先位置,推动公共财政向民生领域倾斜。围绕群众所需所求,扎实办好15项重点民生工程,集中力量解决了一批群众关心的实际问题。新建改造2处小学、1处幼儿园,在全市率先购置38辆幼儿专用车,为全区43所中小学购买直饮水服务,引进全国著名教育机构建设了威海紫光实验学校;镇级全民健身中心实现全覆盖,编制了全国首个县级"健康白皮书",成为全国第七个也是今年唯一一个门球之乡;建成"城市书房"1处,提升农村综合性文化服务中心74处,电影《天福山起义》对外公映;实施全民参保登记计划,全区社会保险参保率达到99%以上。人防、民兵预备役、民族宗教、妇女儿童、外侨、对台、档案、史志、地震、气象等各项事业都取得新进步。

在坚持目标导向,努力抓好各项重点工作的同时,我们不断强化问题导向,主动出击,攻坚克难,全力打好安全生产、生态环保、脱贫攻坚、金融风险防控、社会稳定五场攻坚战,着力营造安全和谐的社会环境。

安全生产攻坚战细致入微、全面覆盖。按照行业监管、属地管理、企业为主、社会监督的方式,组织开展安全生产大检查和专项整治行动,排查清除隐患1800余项。强化道路交通、建筑施工等重点行业领域安全监管和治理,全力推进化工产业安全生产转型升级,加强海上安全管理,安全生产形势总体稳定,没有发生较大以上安全事故。生态环保攻坚战多措并举、铁腕整治。以中央、省环保督察和国家海洋督察为契机,深入开展环境保护突出问题排查整治,集中抓好群众反映强烈问题的整改,完成"散乱污"企业取缔整治、燃煤锅炉淘汰治理和禁养区内畜禽养殖场(户)关闭搬迁,燃煤机组实现超低排放改造。脱贫攻坚战因地制宜、精准施策。着眼于提高"造血"功能,采取镇级基地带动、村企合作共建、特色产业培育等多种模式,增强村级持续增收能力,在完成所有贫困户脱贫的基础上,省定55个贫困村全部"摘帽"。金融风险防控攻坚战分类处置、有效防范。开展金融风险排查处置专项行动、防范和打击非法集资活动、互联网金融风险专项整治,积极推动"破圈断链",加强涉众型经济案件预警宣传,强化企业流动性风险防范,保持金融市场平稳健康发展。社会稳定攻坚战全民参与、共治共享。加强和创新社会治理,建立社会调解员专家库,网格化管理实现全覆盖。深化社会信用体系建设,"一网三库"公共信用信息平台基本建成。强化平安法治文登建设,推行公共法律服务中心、法律顾问进镇街进村居,加强和改进信访维稳工作,排查化解社会矛盾,全区治安案件受理数下降11.4%,电信网络诈骗警情数下降22.3%,经济社会保持了健康发展、和谐稳定的良好局面。

各位代表!过去的一年,大事喜事多、重大改革事项多、急难险重任务多,政府工作取得的每一点成绩,都倾注了全区上下的心血和汗水，凝聚着社会各界的智慧和力量。区委总揽全局，掌舵把关，谋划发展方略，凝聚各方力量；区人大依法监督、鼎力支持，区政协民主监督、参政议政；各级各部门勇于担当，苦干实干，克难攻坚，破解了一个又一个发展难题；各企业主动转变发展方式，全面促进安全发展、绿色发展，展现了高度的社会责任感和新时期的企业家风采；社会各界和全区人民齐心协力，团结拼搏，为发展贡献力量，对政府工作也给予了充分理解和大力支持。在此，我代表区政府，向全区人民，向各位人大代表和政协委员，向各民主党派、工商联、各人民团体和社会各界人士，向所有关心支持文登发展的同志们、朋友们，致以崇高敬意和衷心感谢！

在总结成绩的同时，我们也清醒地看到，我区经济社会发展仍然面临诸多深层次和结构性的矛盾问题。传统产业转型偏慢，新动能培育不足，发展质量效益不高，实体经济的发展活力有待进一步增强；高端高质项目储备不足，落地推进速度偏慢，招商引资亟待突破；人才、技术、资金等创新资源的集聚能力有待增强，创新驱动的引擎作用尚未得到充分发挥；重点区域辐射带动作用有待加强，城镇化水平仍需进一步提高；节能减排压力加大，海岸线、林地、水等自然资源管理存在薄弱环节，一些群众关注的环境突出问题尚未有效解决；基本公共服务均等化水平不够高，教育、医疗、文化等民生领域还有不少短板；安全生产、风险防控、社会稳定等方面的矛盾不容忽视；政府自身建设需要进一步加强，等等。对此，我们一定高度重视，采取更加有力的措施，切实加以解决。

二、2018年政府工作的目标要求

2018年是贯彻党的十九大精神的开局之年，是改革开放40周年，是决胜全面建成小康社会、实施“十三五”规划承上启下的关键一年。政府工作的总体要求是：全面贯彻党的十九大精神，以习近平新时代中国特色社会主义思想为指导，坚持稳中求进工作总基调，坚持新发展理念，紧扣我国社会主要矛盾变化，按照高质量发展的要求，坚持以供给侧结构性改革为主线，以加快新旧动能转换为统领，以打造威海经济中心为目标，深入实施“六大战略”，统筹推进稳增长、促改革、调结构、惠民生、防风险各项工作，推动质量变革、效率变革、动力变革，努力在全面建成小康社会进程中走在前列。

主要预期目标为：生产总值增长8%左右，固定资产投资增长9%左右，社会消费品零售总额增长10.5%左右，一般公共预算收入、外贸进出口保持稳定增长，城镇和农村居民人均可支配收入均增长8.5%左右，城镇登记失业率控制在1.5%以内，全面完成年度节能减排约束性指标。

各位代表！党的十九大要求东部地区要坚持创新引领率先实现优化发展，省第十一次党代会提出要走在前列、建设经济文化强省，市第十五次党代会提出要争当全省“走在前列”排头兵。我们要紧扣这些目标和要求，主动对标先进，积极争先进位，努力构建“1+365”的政府工作体系，奋力开创文登转型跨越发展新局面。

*一是强化“一个统领”，坚定不移推动高质量发展。*把新旧动能转换作为统领经济发展的重大工程，坚持产业为王、企业为王、项目为王，以“四新”促“四化”，转变发展方式，优化产业结构，加快建设现代化经济体系，努力实现更高水平更高质量的发展。

*二是突出“三个聚焦”，精准发力推动重点工作加速突破。*坚持聚焦项目建设、聚焦产业转型、聚焦区域提升，抓住项目建设的突破口，提高产业发展的精准度，找准区域发展的着力点，推动重大项目密集落地、快速建设，重点产业加快转型、提质增效，重点区域率先突破、特色发展，努力做到以项目集聚促进产业振兴，以产业振兴支撑区域突破，以区域突破吸引更多项目集聚。

*三是坚持“六大战略”，高点定位引领转型跨越。*大力实施全域统筹战略，进一步优化发展布局，推动一体发展；大力实施工业带动战略，把发展经济的着力点放在实体经济上，千方百计做强存量、做大增量、做优总量，增强区域经济创新力和竞争力；大力实施同城共建战略，按照威海建设国际化城市的目标要求，加快与中心城区的深度对接融合，促进城市功能规范化、国际化；大力实施创新开放战略，让改革、开放、创新源动力充分涌流，切实激发市场主体活力；大力实施绿色发展战略，实行最严格的环境监管，推动最集约的资源利用，开展最积极的生态建设，爱护好我们的美丽家园；大力实施民生共享战略，用更加开放的态度加强政民沟通、了解社情民意、解决实际问题，努力满足人民群众美好生活新需要。

*四是坚守“五条底线”，补齐短板强化发展保障。*着眼于解决制约发展的突出矛盾和问题，牢牢守住安全生产、生态环保、金融风险防控、精准脱贫、廉洁勤政五条底线，从源头上减少矛盾隐患，保持社会大局和谐稳定。

各位代表！党的十九大做出我国发展进入新时代的伟大判断，吹响了全面建设富强民主文明和谐美丽的社会主义现代化强国的总号角。新时代要有新气象，更要有新作为。我们要不忘初心，继续前进，以干事创业、敢为人先的精神，以脚踏实地、雷厉风行的作风，推动各项工作争创一流水平。

三、2018年政府工作安排

*（一）全力推动新旧动能转换，加快建设现代化经济体系。*坚持把改善供给侧结构作为主攻方向，深入实施产业体系提升工程，积极对接威海重点打造的先进装备与智能制造、康养旅游等七大千亿级产业集群，加快拉长产业链条，培植优势产业，推动经济发展质量变革、效率变革、动力变革。

做大做强先进制造业。立足自身优势，坚持聚焦突破，提升优势产业协作配套能力，促进新兴产业集聚发展。汽车及零部件产业，组建产业协会，整合行业资源，促进业内企业开展深度合作，拓展新能源汽车、智能科技、机械科技、汽车动力总成等新兴市场，形成联动聚合发展态势，争取通过3～5年努力，打造成我区首个千亿规模产业集群。机电工具产业，依托电机类、工具类等行业骨干龙头，强化与国内外系统集成商的合作，加快技术升级，研发高端产品，推动产业由普通民用向特种高端、军民融合等领域拓展，由产品供应商向研发定制、生产维护等综合供应商转变，进一步提升品牌和附加值。电子信息、新材料、生物医药等新兴产业，加快高新材料产业园等专业园区的规划建设，打造产业发展载体平台，推动长和光导光纤预制棒、迪素制药等龙头项目建设，吸引企业集聚发展，尽快形成规模优势。用好专项发展基金和股权投资基金，鼓励企业实施高水平技术改造，全年实施技改项目70个，完成投入40亿元以上。加快实施领军企业培育计划，在市场开拓、技术创新、人才引进等方面全力帮扶，支持骨干企业快速膨胀、成长型企业加速发展、小微企业健康成长，年内新增规模以上企业12家，新增高新技术企业、高成长型企业、省市“专精特新”企业20家以上。

积极推动服务业转型。在巩固提升传统服务业的基础上，大力培育现代物流、大数据、康养旅游、研发设计等服务业新型业态，推动服务业结构调整和增量扩容。现代物流业，加快建设铁路物流产业园区，运作开通中俄、中亚班列，冷链物流功能区上半年投入使用，产业园区初具雏形，争取打造成为现代化国际物流多式联运中心。大数据产业，重点打造环维大数据呼叫产业基地，加快阿里巴巴客服、安能物流等项目落户，年内规模大数据企业力争突破10家。全域旅游，重点抓好与健康医疗、温泉养生、天文观测的深度融合，打造以空间碎片监测中心等为主体的星空小镇，完善提升大溪谷文化创意小镇，旅游公共服务中心、数据中心上半年建成使用，年内整骨医养结合项目、昆嵛山樱桃谷等投入运营，天沐温泉二期主体完工，打造康养旅游、养生餐饮特色名片，叫响“文德天下、登峰如画”城市品牌。研发设计产业，重点加快威海设计谷建设，打造成为以消费品设计、教育设计等为重点的服务外包基地。

大力推进农业现代化。加快推进现代农业园区建设，修订发展规划，促进规模发展，新增现代农业产业园区5000亩，争创省级农高区。全力打造西洋参产业，加强与中医药行业龙头企业以及专业商品交易平台的合作，按照“标准+交易”的模式，完善西洋参交易中心功能，推行标准化种植模式，建设行业标准体系，推进大连正道等精深加工项目建设，进一步提升质量、放大交易，努力打造全国最大的西洋参交易和集散地，真正把产品优势、产业优势转化为市场优势、竞争优势。加快发展休闲农业和乡村旅游业，推动一产向二产三产跨越延伸，培植壮大“新六产”。加强对农产品的品牌打造和创意营销，拓展农业展销、农超对接、电子商务等农产品上行渠道，降低原料化比例，提高商品化价值，争创“三品一标”8个以上。

突破发展海洋经济。坚持陆海统筹，加快南海临港产业区及张家埠、白云渔港经济区建设，完善腹地配套功能，大力发展海洋装备制造、海洋生物医药和海产品精深加工，着力构建现代海洋产业体系，促进海洋渔业转型。坚持由近岸浅海向远海深海拓展，推行生态立体养殖，加快万和、海宽等海洋牧场建设，打造省级精品休闲渔业基地，做大“海上粮仓”，发展提升滨海休闲旅游。坚持压缩近海、拓展远洋，加大减船转产力度，优化捕捞产业结构。启动建设山东省海洋生物研究院威海分院，提升海洋科技成果转化能力，打造海洋经济强区。

积极培育新业态新模式。坚持以“四新”促“四化”，实施工业互联网和大数据战略，加快在休闲经济、创意经济、网络经济等领域培育新动能。推动“工业制造”向“工业智造”转变，总结推广天润曲轴工厂智能化改造等示范项目经验，实施机器换人、数字化与智能工厂建设、智能制造示范提升“三大工程”，引导传统企业通过高水平技术改造脱胎换骨、焕发生机。推动“生产型制造”向“服务型制造”跨越，鼓励工艺家纺等传统制造企业，围绕消费需求，发展个性化定制服务。推动“单一业态”向“多元业态”融合，促进“旅游+”“健康+”“设计+”“物流+”等跨界融合渗透，努力拓展产业发展新空间。

实施质量和品牌战略。大力弘扬精益求精的工匠精神，支持企业在增品种、提品质、创品牌上攻坚发力，扩大高质量产品和服务供给。推广全面质量管理，开展重点行业质量提升行动和群众性质量管理活动，夯实企业质量管理基础。开展知名品牌培育创建工作，支持企业提升研发设计、品牌创建、营销网络拓展能力，争创省级以上名牌产品。大力实施标准化战略，鼓励更多企业主导或参与制定国家和国际标准，争当标准“领跑者”，抢占行业制高点，增强市场话语权。

（二）强力推进项目引进建设，夯实新旧动能转换基础。始终把招商引资和项目建设作为经济工作的生命线，全面实施项目建设突破工程，充分发挥项目稳增长、调结构的先导作用，通过一个个项目的引进培育，提升实体经济发展质量和水平。

集中精力推进精准招商。坚持精准定位，紧扣优势产业、骨干企业、重点区域，逐个研究，明确方向，重点突破，进一步增强产业的关联度和项目的牵引力。坚持精准定责，调整任务分配和考核机制，建立区级班子成员分包制度，对重点产业和特色园区，坚持一个产业、一个园区一位领导，一个项目、一个企业一套班子，直接参与招商策划、包装推介、跟踪落地和推进实施，推动工作重心向招商引资聚焦聚力。探索组建企业化管理、市场化运行的招商机构，培养专业化、实干化的招商队伍，构建智慧化、信息化的招商平台，利用好社会化、多元化的招商资源，形成精准招商的工作合力。坚持精准发力，在抓好全面招商的基础上，突出龙头带动，瞄准央企强企、隐形冠军及行业领军人才和创新团队，有针对性地开展建链招商、补链招商、强链招商，聚焦大企业、引进大项目、培育大产业。坚持精准落地，大胆假设、小心求证，统筹算好眼前和长远、静态和动态、局部和全局的平衡账，增强招商引资的专业化、精准度和实效性。

集中力量加快项目建设。牢固树立“开工才是硬道理，投产才是真本事、纳税才是做贡献”的导向，成立项目建设服务领导小组，推行扁平化管理，健全保障性机制，全力以赴加快项目落地建设。健全高效审批机制，全面推行容缺审批、联审联办、区域化评估评审，最大限度压缩审批环节、优化审批流程、缩短审批时限。健全推进落实机制，建立重大项目会商、全程代办、问题清单推进等制度，进一步压实责任、细化措施，保障项目快速推进。健全考核问责机制，强化目标导向和结果评价，真正将考核重点细化落实到项目和成果上，对不按时开工和进度迟缓的项目，查明原因、分清责任、限期整改、监察问责。

集中资源优化服务环境。按照管用、好用、实用的原则，进一步优化政策支持环境，全面落实支持国有企业、民营企业发展的政策，统筹运用各项创新、产业、财税、金融、土地、开放、生态政策，形成支持实体经济发展的政策叠加效应。清理规范涉企收费行为，探索破解企业用地瓶颈新途径，帮助企业用好政策红利，切实降低企业经营综合成本。健全企业家参与涉企政策制定机制，实实在在增加企业的获得感。按照寓管理于服务的思路，进一步优化市场监管环境，持续深化商事制度改革，取消不必要的行业门槛和隐性壁垒，减少对市场主体的微观干预。规范涉企检查行为，推行跨部门“随机联查”，避免干扰企业正常生产经营。推广信用监管，探索开展信用积分评价，实施联合激励惩戒，让守信者一路畅通、失信者寸步难行。

集中要素支持企业家成长。按照构建“亲”“清”新型政商关系的要求，持续深入开展联系服务企业行动，上门送政策、摸情况、听意见、解难题。举办企业发展沙龙等活动，强化与工信部电子信息技术综合研究中心的合作，组织开展行业交流，支持企业家寻求新技术、开发新产品、创造新模式，营造尊重企业家价值、鼓励企业家创新、发挥企业家作用的良好社会氛围。实施优秀企业家培育计划，成立青年企业家协会，加强专业化、精准化培训，助力年轻一代企业家健康成长。

各位代表！推进新旧动能转换、加快经济社会发展，产业是基础，企业是核心，项目是根本。我们将进一步强化产业为王、企业为王、项目为王的意识，把招商引资和项目建设牢牢抓在手上，把企业发展和产业培植牢牢抓在手上，集中一切优势力量和资源要素，采取一切有效措施，努力在项目建设上攻坚突破，推动经济向高质量发展。

（三）*强化三大动力支撑，全面提升发展活力*。始终坚持把改革、开放、创新作为动力之源，以更大力度推进改革，全面扩大对外开放，大力推进创新创业，千方百计提升发展活力和区域竞争力。

强化创新驱动。整合政府创新资源，高标准建设新旧动能转换科研中心，集中开展共性技术、前沿技术攻关，为企业提供全面、便捷的创新服务。强化以企业为主体的创新体系建设，开展企业研发平台提质升级行动，支持更多企业创建省级以上技术研发平台，促进创新平台开放联合、资源共享。深入实施孵化器集聚提升工程，积极引进众创空间等新兴孵化机构，催生更多创新企业，争取新增在孵企业100家以上，绿谷孵化器争创国家级孵化机构。深化提升英才计划，从完善创新研发平台、干事创业环境、社会人文关怀等方面，进一步增强招才聚才能力，加强创新人才引进培养。创新职业教育育人方式，进一步深化产教融合、校企合作，培育更多适应产业需求的高技能创新型人才。

强化改革引领。持续深化“放管服”改革，完成政务信息系统整合共享，加强政务服务平台建设与应用，推动政务服务事项统一纳入平台运行，争取年内政务服务最多跑一次事项达到70%以上。健全财政资金管理机制，完善预算管理体系，严格控制三公经费等一般性支出，腾出更多资金用于基本公共服务。加强政府债务管理，严格控制新增债务。强化金融改革创新，大力发展普惠金融，引导金融机构加大对“三农”和小微企业的支持力度。加强股权投资基金运营管理，建立规范化的投资运作、风险控制和监督管理机制。加快对接多层次资本市场，年内争取新增挂牌企业8家以上。加强金融风险防控，妥善处置企业流动性、担保圈、互联网金融等领域风险隐患，守住不发生系统性、区域性金融风险底线。

强化开放带动。抓住中韩自贸区地方经济合作示范区、国家服务贸易创新发展试点等机遇，积极融入“一带一路”建设，构建海陆空铁四位一体开放空间布局，推动高水平双向开放。培育外贸新业态新模式，提升外贸综合服务平台服务能力，支持企业加快自主出口品牌建设，威海检验检疫机构年内进驻。支持企业利用保税政策发展高端加工贸易项目，促进加工贸易从代加工向代设计和自创品牌发展。鼓励企业“走出去”投资合作，到境外建立生产基地、营销网络和研发中心，培育国际化本土企业。实施市场多元化战略，在巩固传统优势市场的同时，利用好中欧、中俄等班列，拓展中东欧、俄罗斯、蒙古等新兴市场，稳定外贸进出口增长。

（四）*深化提升同城发展，全面加快城市化进程*。深入实施重点区域带动、同城融合深化和乡村振兴示范工程，推动同城发展向纵深迈进。

统筹推进重点区域开发。结合全市新一轮城市总体规划编制，强化各类规划的统筹衔接，加快推进多规合一，形成全域覆盖的“一张蓝图”，引领区域协调有序发展。经济开发区，积极创新体制机制，优化产业布局，下大力气盘活闲置土地，加快高新材料产业园、蓝海科技产业园等专业园区建设，完善交通路网、污水处理、供热供气等基础设施配套，提升产业承载力和吸引力。南海新区，充分发挥北京高科联盟威海科创城、中铝职教园等创新平台作用，加快技术转化落地，着力培育高端装备制造、新材料等涉港临海产业集群，积极引进一批高端优质项目，增强可持续发展能力。综合保税区，完成封关验收，加快配套产业区建设，积极发展现代物流、跨境电商等产业，同步谋划好与铁路物流产业园区的功能衔接、联动发展。昆嵛山旅游度假区，大力推进抽水蓄能电站工程，带动周边星空小镇、樱桃谷、昆嵛健康养生示范园等项目加快建设，尽快打造成为威海城市的中心公园。

加速提升城市建管水平。以文明城市建设为抓手，对标中心城区，深入开展“城市双修”工程，进一步改善城市环境和城市风貌。规划实施67项城建重点工程，加快城区道路改造提升，实施绿化、硬化、亮化工程；加大城市违法建设治理力度，加快老旧小区、棚户区和城中村改造进度，同步完善物业管理机制，提高物业管理水平。依托市数字化城管平台，优化城市精细化管理办法和流程，推动信息技术在城市运行上的深度应用，提高城市精细化和智慧化管理水平。

着力突破镇域发展。坚持以镇聚产、以产兴镇，继续加大财政差异化支持力度，引导更多社会资本参与镇域建设，加快完善“水、电、暖、气、污”等基础设施，推动教育、文化、医疗、养老、体育等公共服务向镇区延伸覆盖，增强对人口、产业的吸纳和承载能力。支持各镇大力发展以制造业为主体的实体经济，加快产业与城镇一体联动发展，鼓励有条件、有基础、有特色的镇在城市化进程中率先突破。

积极实施乡村振兴战略。按照产业兴旺、生态宜居、乡风文明、治理有效、生活富裕的总要求，加快推进农村现代化。搭建社会化服务平台，整合涉农资金，强化涉农服务，促进土地流转，解决好农业优质资源“碎片化”问题。积极培育新型农业经营主体，支持发展家庭农场，促进小农户与现代农业发展有机衔接。实施200个村集体产权制度改革，壮大集体经济。加快美丽乡村建设，开展新一轮乡村文明行动，推动农村面貌整体改善。稳妥实施村庄搬迁改造，因地制宜推进农村新型社区建设，让更多农村居民就地市民化。

加快城乡基础设施建设。聚焦人流通达、物流集散，完成202省道改线工程，打通连接中心城区的快速通道，启动实施环海路、虎山路大中修工程，加快推进泊高线、道呼线等县乡道及农村桥梁改造，配合做好莱荣高铁、文莱高速、东部滨海新城至南海新港快速通道以及城市轨道交通等重大交通路网工程，努力构建内畅外联、高效便捷的综合交通体系。围绕保障用水安全，加快推进米山水厂二期扩建和磨山净水厂改造工程，启动实施坤龙邢水库增容，加强农村规模化供水改造。

（五）扎实推进环境资源保护，提高生态文明建设水平。牢固树立绿水青山就是金山银山的理念，建立健全生态建设和保护长效机制，巩固提升生态环境比较优势。

持续优化生态环境质量。继续开展环境保护突出问题综合整治攻坚行动，深入实施大气、水、土壤污染防治，确保生态环境安全。大气污染防治抓提升，采取压煤、治气、降尘、增绿等综合措施，推动大气质量稳步提高。水污染防治抓巩固，建立陆海统筹综合防控机制，全面加强母猪河等流域环境和近岸海域综合治理，加大饮用水水源地保护力度，实施城乡治污设施提标扩容改造，不断优化水生态环境。土壤污染防治抓管控，建立土壤环境基础数据库，加大农业面源污染防治力度，加强固体废弃物和垃圾处理，切实改善土壤环境质量。

坚持不懈推动绿色发展。严格执行环境影响评价制度，加强节能新技术推广，持续推进节能减排，加快发展循环经济。加强自然保护区等生态功能区建设，西寨湿地上半年投入使用。坚持节约集约利用资源，大力倡导节水理念，推动生产生活节水护水，发展高效节水灌溉面积2万亩。严格依法用地管地，加快清理处置闲置和低效利用土地。积极开发利用太阳能、地热能等新能源和新技术，实施好垃圾焚烧发电、生物质发电等项目。全面落实“河长制”，一河一策开展“清河清库”行动。探索推行“湾长制”，推动近岸海域沙滩养护、还滩还海，恢复海岸自然属性。大力开展植树造林，高标准实施山、海、河、林等生态系统保护和修复工程，全方位提升生态环境质量。开展创建节约型机关、绿色家庭、绿色学校、绿色社区和绿色出行等行动，引导群众树立绿色生活理念，养成绿色生活习惯。

夯实责任加强生态环境监管。健全环保督察长效机制，对中央、省环保督察和国家海洋督察反馈案件组织回头看，全面加强畜禽养殖、噪声、油烟、海岸生态保护等群众反映强烈的环境问题整治。严格落实行业、属地环保责任，完善网格化环境监管体系。全面推行排污许可证制度，加强企业环境信用体系建设。完善环保联合联动执法机制，严厉打击环境违法行为，确保生态环境安全。

（六）大力保障和改善民生，织密扎牢民生保障网。坚持民生优先，尊重群众意愿，回应群众关切，进一步优化公共服务供给，解决好群众关心的实际问题。

办好人民满意教育。纵深推进基础教育改革，大力实施素质教育，加强特色高中建设，重视创新型学生培养，提高教育教学质量。深入推进“立德树人”工作，启动实施“师生大阅读”工程，加强社会实践教育和传统文化教育，打造一批有内涵、有影响力的特色学校。加强师德师风建设，提高教师队伍素质。鼓励社会力量办学，促进民办教育规范发展。强化校园、校车安全管理。

加强就业和社会保障。实施更

加积极的就业政策，新增城镇就业和农村劳动力转移就业1万人。深入推进全民参保登记计划，启动实施职工长期护理保险制度，推动异地就医联网结算，提高居民医保财政补助标准。提高城乡最低保障标准、困境儿童生活保障标准。对廉租住房保障家庭实行应保尽保，推出50套公共租赁住房。

加快健康文登建设。深化医药卫生体制改革，完善分级诊疗制度，加快医联体和医共体建设，推进家庭医生签约服务，推动优质医疗资源上下贯通。大力发展中医药事业，筹划建设文登中医院和中医研究院。推动医疗、养老机构融合发展，人民医院精神卫生康养中心和大水泊中心卫生院康养中心年内投入使用。积极开展全民健身活动，举办门球、羽毛球等品牌赛事。

扎实推进文化建设。积极践行社会主义核心价值观，持续加强公民思想道德建设，深入开展文明创建活动，巩固提升文明城市创建成果。完善区、镇、村三级公共文化服务网络，广泛开展群众性文化活动。推进城乡儒学讲堂建设，加强优秀传统文化弘扬传承和教育普及。深入实施文物重点保护工程、乡村记忆工程和历史文化展示工程，加强梁氏庄园等文化遗址保护，建设鲁绣博物馆等历史文化展馆，拓展文化遗产传承利用途径。推动文化与相关产业融合发展，鼓励支持胶东花饽饽等非物质文化遗产走出去，让更多体现地域文化特色的产品走向市场。

巩固提升脱贫攻坚成果。建立健全动态识别、即时帮扶的扶贫长效机制，将因病因灾因残新增贫困人口及时纳入，对“插花式”分布贫困人口进行精准帮扶，确保脱贫不落一户一人。结合乡村振兴战略，因村制宜推进产业扶贫、金融扶贫、就业扶贫，培育发展特色扶贫项目，增强持续增收能力，争取到2019年经济薄弱村经营性收入全部达到3万元以上。

加强和创新社会治理。坚持网格化管理、社会化服务、信息化支撑、责任制保障，深度整合部门网格资源，加强网格队伍建设，推动社会治理重心下移，构建全区“一张网”社会治理体系。深化“雪亮工程”建设，推进视频监控深度联网整合，健全立体化社会治安防控体系。严格落实安全生产责任制，健全风险分级管控和隐患排查治理双重预防体系，深入开展“大快严”集中行动、化工产业安全生产转型升级专项行动、道路交通“平安行·你我他”行动，加强森林防火、海上安全、渔船管理、建筑施工等重点行业领域专项治理，坚决遏制较大以上安全事故发生。加强防灾减灾能力建设，强化应急教育培训、装备配备和预案演练，提高突发事件应对处置能力。大力推行食品药品安全精细化管理，把好饮食用药安全的每一道关口，切实保障人民群众“舌尖上的安全”。

各位代表！人民对美好生活的向往，就是政府工作的努力方向。在广泛征求社会各界意见建议的基础上，今年我们确定为群众办理15件实事：（1）实施一中、峰山小学、三里河小学等3处学校新建和改扩建工程，实施6处普惠性幼儿园建设改造，优化教育布局，促进优质教育均衡发展；（2）实施人民医院北院区、妇女儿童医院、侯家镇卫生院3处医疗卫生机构新建改扩建工程，提升群众就医服务保障水平；（3）为5万名老年人进行免费规范查体，为3.7万名适龄妇女进行两癌筛查，提高群众健康管理意识；（4）免费开放文化场馆，继续开展免费送戏、送电影下乡活动，为群众提供更加丰富的精神食粮；（5）启动实施龙山路、香山路、天润路、广州路等9条城区道路的新建改造和大中修工程，提升通行质量；（6）完善公园和广场设施6处，推进12项城区道路沿线绿化工程，实施宋家沟、宅库街污水改造等4项生态治理工程，改善生态人居环境；（7）实施峰西、城西等9个片区4099户棚户区改造工程，推动群众居住环境和城市形象双提升；（8）实施兴隆街、金地、香水庵等9个老旧小区改造工程，实现老旧小区旧貌换新颜；（9）实施农村无害化卫生厕所改造工程2.8万户，加快推进“厕所革命”；（10）用好数字化城管信息平台，第一时间发现处置解决市民关心关注的城市管理问题，让市民生活的更方便、更舒心；（11）实施泊高线、徐泊线等9条县乡公路大中修改造工程，对16座县路危桥、26座村路危桥进行加固改造，为410公里县乡公路和村道增设安全生命防护设施，提升县乡村道安全行车水平；（12）更新公交车36辆，改造公交站亭77个，进一步优化公交线路，为市民提供更加舒适的出行服务；（13）新发展居家养老服务组织13个，新建城区社区养老服务中心2处，新增机构养老床位400张，让更多老年人老有所养；（14）实施53个村的农村规模化供水工程，保障农村群众喝上放心水；（15）新建9处农业社会化综合服务中心，提升为农服务能力。

四、加强政府自身建设

坚持把全面从严治党要求落实到从严治政之中，依法全面履行政府职能，规范行政权力运行，提升管理服务效能，切实增强政府的公信力和执行力。

（一）坚决做到讲政治重看齐。坚持把政治建设摆在首位，强化“四个意识”，严守政治纪律、政治规矩，坚决维护以习近平同志为核心的党中央权威，自觉以习近平新时代中国特色社会主义思想武装头脑、指导实践、推动工作。推进“两学一做”学习教育常态化制度化，开展“不忘初心、牢记使命”主题教育，激发干部群众干事创业热情。

（二）坚决做到讲执行重落实。坚持把雷厉风行、专业务实作为政府鲜明的工作风格，积极推行工作项目化、项目清单化、清单责任化、责任刚性化，量化细化实化政府工作。坚持目标导向、问题导向和结果评价，进一步强化督查考核问责，全面加强执行力建设，坚决消除“中梗阻”、懒政怠政和不作为、乱作为，推动各项决策部署落地落实。

（三）坚决做到讲法治重规范。坚

持把政府工作全面纳入法治轨道，确保所有政府行为都于法有据、程序正当。强化整体政府理念，深化大部门制度改革，推动行政职能整合和资源优化配置。自觉接受人大法律监督、政协民主监督，认真办理人大代表建议和政协委员提案，广泛听取民主党派、工商联、无党派人士意见。加大政务公开力度，及时回应社会关切。

（四）坚决做到讲效率重服务。全面加强服务型政府建设，着力打造“审批事项最少、办事效率最高、服务质量最优”的政务环境，以更彻底的放权、更到位的监管、更精准的服务，为企业松绑、为群众解绊、为市场腾位。深入推进“互联网+政务服务”，推动线上线下深度融合，推行综合受理和统一申报，让数据多跑路、群众少跑腿。

（五）坚决做到讲廉洁重纪律。坚持一岗双责，把廉洁从政贯彻到政府工作各个环节，努力使廉洁自律成为每一名政府工作人员的自觉行为。坚持惩防并举、标本兼治，加强纪律教育和岗位廉政风险防控，健全纠治“四风”长效机制，无禁区、全覆盖、零容忍惩治腐败行为，以惩治腐败的坚强决心、崇廉尚洁的清风正气，取信于民、服务于民、造福于民。

责任编辑　鞠志强

大事记

1月

5日　市委常委、军分区政委曹元怀到文登区走访慰问荣立个人二等功的现役军人王超的父母，送去立功喜报和慰问金。王超为小观镇小观村人，海军少校，积极钻研飞行技术，坚持地面苦练，空中精飞，个人先后参加并圆满完成10余项重大演习演练任务。

△　在第八届山东品牌文化节上，南海新区获“2016年度山东省蓝色经济创新品牌”和“2016年度山东最具投资潜力的特色园区”两项省级殊荣。其中，获得的“2016年度山东省蓝色经济创新品牌”称号，为省内唯一。

6日　市委书记、市人大常委会主任孙述涛，市委常委、秘书长侯世超到文登走访慰问敬老院老人和部分老党员、困难群众。区委书记吴宏飞陪同。

△　区直部门党（工）委书记抓基层党建工作述职评议会议召开。区委书记吴宏飞出席会议并讲话，强调党（工）委书记是抓党建工作“第一责任人”，也是事业的带头人，要进一步明确责任，做到思想认识再提高、工作责任再落实，推动全面从严治党向基层延伸，促进基层党建工作全面进步。

9日　全区镇（街）党（工）委书记抓基层党建工作述职评议会议召开，区委书记吴宏飞出席会议并讲话。市委组织部常务副部长、市属国企工委书记于东海到会指导。

11日　韩国天安市中国语冬令营在区外国语进修学院举行开营仪式。韩国天安市的40名学生代表和7名教师、志愿者代表，在区外国语进修学院参加为期10日的古典诗歌、中韩语言对比等系列汉语文化讲座，参与书法、茶道等传统文化体验。

12日　威海市副市长傅广照带领相关部门负责人到文登区，调研水利工程建设和供水保障情况，要求文登区统筹规划，战略布局，为建设现代化幸福威海提供更加可靠充足的水资源保障。区领导林恒、张海军、孔军陪同。

△　第一届全省文明家庭表彰大会在济南召开，文登区的王学和、于艳丽家庭和约翰·文、康雪慧家庭被省文明委授予第一届省级文明家庭称号。

13日　区委副书记、代区长林恒到新一中、文登奥文电机有限公司、宝宇商城和文登热电厂，对节前安全生产工作进行督导检查。

15日　区委书记吴宏飞到宝隆石油专材有限公司、好当家荣泰食品厂、家家悦生鲜物流配送中心等企业，对安全生产工作进行现场督导检查。

17日　工业和信息化部、中国工业经济联合会正式公布第一批制造业单项冠军示范（培育）企业名单。山东威达机械股份有限公司和天润曲轴股份有限公司入选，分别为首批制造业单项冠军示范企业和培育企业。

18日　区委常委班子召开2016年度民主生活会，以学习贯彻中共十八届六中全会精神为主题，以中央政治局民主生活会为标杆，围绕“两学一做”学习教育要求，重点对照《准则》和《条例》，结合思想和工作实际，深入进行党性分析，开展批评和自我批评，不断增强领导班子和领导干部发现和解决自身问题的能力。市委常委、市委副书记霍高原，市纪委常委栾国栋，市基地办常务副主任秦立兴到会指导。区委书记吴宏飞主持会议，区人大常委会主任吕洪波、区政协主席毕庶杰列席会议。

△　文登区双拥座谈会召开。区领导吴宏飞、林恒、张建亭、吕洪波、毕庶杰、黄峻峰、孔军与驻文登部队首长、老干部、军休干部、优抚对象代表欢聚一堂，互致问候，共贺新春佳节、共叙鱼水深情、共谋军地融合发展。

20—21日　中国共产党威海市文登区第一次代表大会在市民文化中心召开。吴宏飞同志代表中国共产党威海市文登区委员会向大会作题为

《全力打造威海经济中心 在全面建成小康社会进程中走在前列》的工作报告。中国共产党威海市文登区纪律检查委员会向大会提交书面报告。会议选举产生中国共产党威海市文登区第一届委员会委员34名，候补委员7名；选举产生中国共产党威海市文登区第一届纪律检查委员会委员25名；选举产生出席威海市第十五次党代会代表58名。会议还通过《中国共产党威海市文登区第一次代表大会关于区委工作报告的决议》；通过《中国共产党威海市文登区第一次代表大会关于区纪委工作报告的决议》。在中国共产党威海市文登区第一届委员会第一次全体会议上，吴宏飞当选中国共产党威海市文登区第一届委员会书记。林恒、黄峻峰为副书记。姜全文当选中国共产党威海市文登区第一届纪律检查委员会书记。

21—24日 中国人民政治协商会议第十届威海市文登区委员会第一次会议在文登召开。会议听取并审议九届区政协常委会工作报告和提案工作报告。列席区人大十八届一次会议。大会以举手表决的方式选举毕庶杰为政协第十届威海市文登区委员会主席，选举王江炜、杨学文、黄梅花、毕卫刚、姜浩宁、姜红江为政协第十届威海市文登区委员会副主席，选举产生政协第十届威海市文登区委员会常务委员。

22—25日 威海市文登区第十八届人民代表大会第一次会议在市民文化中心召开。会议审议和批准文登区人民政府代区长林恒作的政府工作报告。审查批准文登区人民政府提出的《关于威海市文登区2016年国民经济和社会发展计划执行情况与2017年国民经济和社会发展计划草案的报告》。听取和审议批准区人大常委会主任吕洪波代表区十七届人大常委会作的工作报告及其他报告。选举产生威海市文登区第十八届人民代表大会常务委员会主任、副主任、委员，主任：张建亭；副主任：李健夫、王丽珍（女）、江先才、孙显林、褚元鹏。选举产生威海市文登区人民政府区长、副区长，区长：林恒；副区长：王肇刚、孟艳玲（女）、孔军、张晓威、王亮。选举申屠青为威海市文登区人民法院院长。选举谭鹏飞为威海市文登区人民检察院检察长。选举产生出席威海市第十七届人民代表大会的代表。

是月 南海新区12公里沙质海岸带修复整治二期工程可行性方案获得省海洋与渔业厅、财政厅批复，争取省级海域使用金1200万元。

△ 省商务厅公布首批全省经济开发区创新创业公共服务示范平台名单，南海新区蓝色产业创新创业公共服务平台入选，成为威海市唯一获此殊荣的公共服务平台。

2月

6日 2016年度全区工作总结表彰暨机关作风建设动员大会召开，区政府授予53个街道、园区和部门“先进集体”称号，2个镇“单项工作奖”；给予219名工作人员记三等功，623名工作人员嘉奖奖励。区领导吴宏飞、林恒、张海军、张建亭、毕庶杰、黄峻峰、姜进军、隋同朋、姜全文、刘黎宁、王肇刚、张辉、于晓东、刘昌杰、王军华等出席会议，并为受表彰的先进集体和单项工作奖单位颁奖。

7日 全区经济工作部署会议召开，会议贯彻落实中央和省、市经济工作会议精神。区委书记吴宏飞主持会议并讲话，区委副书记、区长林恒回顾总结2016年工作，对2017年经济社会发展任务进行安排部署。区领导张建亭、毕庶杰、黄峻峰、姜进军等出席会议。

8日 威海市人民检察院党组书记、代理检察长王锡友到文登调研。区委书记吴宏飞，区委常委、政法委书记刘黎宁，区人民检察院检察长谭鹏飞陪同。王锡友一行深入区人民检察院、市民中心，详细了解文登政务服务、社会管理等工作情况。

△ 文登区法学会成立暨第一次会员代表大会召开。区委书记吴宏飞，区委副书记、区长林恒向大会致贺信。区委常委、政法委书记刘黎宁出席会议。来自全区法学、法律界的97名会员代表参加会议。大会选举产生文登区法学会第一届理事会理事以及会长、副会长、秘书长和常务理事。区委常委、政法委书记刘黎宁当选为区法学会会长。

△ 国家标准委发布《关于下达第九批国家农业标准化示范项目的通知》，区农业局组织申报的西洋参生产标准化示范区项目入选，成为国家西洋参生产标准化示范区（SF09-80，共203项）、山东省农产品品牌建设标准化示范项目（全省共6项）、威海市唯一实施该项目的市区。

9日 区委书记吴宏飞到宋村镇参加、指导镇领导班子民主生活会，并参加大泽头村党支部专题组织生活会。

11日 大型正月活报表演、巾帼巧手慧心共筑中国梦——文登区妇联“庆新春”传承与创新产品展、文登新春游园会暨冰雕旅游美食节等活动在文登学公园集中开展。区领导吴宏飞、林恒、张建亭、毕庶杰、王军华、孟艳玲和广大市民一起观展。区委书记吴宏飞，区委副书记、区长林恒与天润曲轴股份有限公司董事长邢运波，全国先进个体工商户、秀嘉鞋城总经理田燕一起为巨龙点睛。

14日 区委副书记、区长林恒到张家产镇参加、指导镇党委班子民主生活会，并参加顾家村党支部专题组织生活会。

15日 全区城建基础设施工程建设专题会议暨城市精细化管理工作会议召开，安排部署城建基础设施工程建设工作，主要包括骨干路网、市政设施、园林绿化、环境卫生等9类工程建设项目，全年城建基础设施工程共有69项。副区长张晓威主持会议并讲话。

△ 市委常委、常务副市长王学文带领相关部门负责人到文登区，调研督导2017年市级重点项目建设情况和首季经济运行“开门红”工作。区

领导吴宏飞、林恒、张海军、王肇刚、刘昌杰介绍有关工作，并陪同调研。

17日　中国共产党威海市文登区第一届纪律检查委员会第二次全体会议举行。出席会议的有区纪委委员23人，列席353人。区委书记吴宏飞出席全会并讲话。区委常委，区人大常委会、区政府、区政协及区法院、区检察院领导同志出席会议。区委常委、区纪委书记姜全文主持会议并传达学习中共十八届中央纪委七次全会、省纪委十届八次全会和市纪委十四届八次全会精神。姜全文代表区纪委常委会作题为《永葆政治本色，忠诚履行职责，推动全面从严治党向纵深发展》的工作报告。

19日　省公安厅副厅长王兆玉一行到文登区，对公安执法规范化建设和行政管理“放管服”工作情况进行调研。副市长、市公安局局长叶立耘，区领导林恒、孔军陪同调研。

23日　环翠区委书记张宏瑛，区委副书记、区长徐明带领党政考察团到文登区参观考察。区领导吴宏飞、黄峻峰、刘昌杰、王亮陪同。

25日　南海新区管委会与尼日利亚联邦共和国驻华大使馆签署合作备忘录，双方在经济、文化等领域开展合作，并在城市之间进行互动交流。

是月　国家发展和改革委员会发放2017年粮食、棉花进口关税配额，文登区4家企业共获得大米、小麦、玉米等农产品进口关税配额15649吨，占威海全市的69%，位居各区市的首位。

3月

4日　区委书记吴宏飞主持召开区委常委扩大会议，传达学习中共威海市第十五次代表大会精神，研究部署文登贯彻落实意见，动员全区上下积极行动，以贯彻落实市党代会精神为契机，全力加快各项工作推进，确保实现一季度开门红和全年工作任务完成。区委副书记、区长林恒传达市党代会精神。

△　区文明办、团区委、区广播电视台、区志愿者联合会联合主办的“学雷锋　志愿行”纪念雷锋日暨志愿服务工作表彰仪式在市民文化中心举行。区委常委、宣传部部长王军华，区人大常委会党组副书记邹大勇，副区长孟艳玲，区政协副主席黄梅花、姜浩宁出席活动，并为优秀志愿组织和个人颁奖。

7日　纪念“三八”国际劳动妇女节107周年暨“强化责任担当，彰显巾帼作为”全区妇女干部会议召开。区委副书记黄峻峰、区人大常委会党组副书记邹大勇、副区长孟艳玲、区政协副主席黄梅花出席会议，并为15个妇女工作先进集体和30名优秀妇女干部颁奖。

9日　文登举行“全国先进个体工商户”授牌仪式。山东省工商局个体私营经济服务中心主任、省个私协会秘书长赵风勇，副区长王亮出席仪式。赵风勇为获得“全国先进个体工商户”荣誉的秀嘉商城负责人田燕授牌。

10日　区领导吴宏飞、林恒、张建亭、毕庶杰等到文登营镇营东屯村植树点，与4000余名机关、事业单位干部职工、驻文登部队官兵及志愿者们一起参加义务植树活动。

△　区委书记、区委党校校长吴宏飞到党校调研指导工作，强调要坚持党校姓党，准确把握党校工作的政治方向。区委常委、组织部部长隋同朋参加调研。

11日　市委副书记霍高原到文登对美丽乡村建设和扶贫产业项目开展调查研究。区领导吴宏飞、张海军、黄峻峰陪同调研。

16日　区委党校举行2017年春季开学典礼。区委书记、区委党校校长吴宏飞出席并讲话，区委副书记、区长林恒主持开学典礼。中央党校教授董振华应邀作《从严治党中如何加强党对经济工作的领导》专题讲座。

△　全省首家网上经营的生鲜馆——“京东美食地图·威海生鲜馆”启动仪式在文登区举行。副区长孔军出席启动仪式并致辞。

17日　威海金颐阳药业有限公司与山东省海洋资源与环境研究院签署战略合作协议，共建山东省海洋资源与环境研究院科技成果转化基地和研究生科研创新培训基地。省海洋资源与环境研究院党委书记宋晶、副区长王亮为基地揭牌。

18日　由中国国土经济学会推选的“2017百佳深呼吸小城”入围名单在北京发布，文登区被推选为“2017百佳深呼吸小城”。

22日　威海市中心医院在国内首次利用“AR（增强现实）+3D打印”技术，成功实施骶尾部巨大梭形细胞瘤切除及椎体置换手术。

24日　省政府印发《山东省人民政府关于下达2017年省重点项目名单的通知》，威海综合保税区基础设施建设项目入选，这是文登区连续6年获批省重点项目。威海综合保税区基础设施建设项目总投资5.8亿元。

28日　威海综合保税区举行领导班子交接会议，市委副书记、市长张惠主持会议并讲话，市领导刘运、刘广华、杨丽、徐东明，区领导吴宏飞、林恒、姜进军出席会议。会后，张惠等领导实地察看综合保税区建设情况。

4月

7日　区委书记吴宏飞主持召开区委常委扩大会议。会议研究深化文明城市建设工作，要求各级各部门强化责任意识，聚焦薄弱环节，解决突出问题，全面提升城市文明程度和形象面貌。区委常委，区人大、区政府、区政协领导及各镇街、各有关部门主要负责人出席会议。

10日　文登整骨韩国国际高级体检中心项目签字仪式举行。副区长孟艳玲出席仪式。项目由韩国国际医学研究院、文登整骨医院和威海耕茂贸易有限公司三方合作建设。

12日　中国生命关怀协会医学科技促进工作委员会、北京中医药大学东方医院联合在文登妇幼保健院成立“专家会诊中心”，国务院发展研究中心课题组主任、中国医药教育协会医学科技促进工作委员会秘书长王树强与文登副区长孟艳玲为“专家会诊中心”揭牌，国家卫计委卫生计生监督中心巡视员、中国医药教育协会医学科技促进工作委员会顾问张汉湘致辞，国务院发展研究中心课题组调研员、中国医药教育协会医学科技促进工作委员会副秘书长王延锐、北京中医药大学东方医院主任张金华与文登妇幼保健院负责人签署合作协议。

13日　中华全国供销合作总社党组成员、理事会副主任邹天敬，省供销社党组书记、理事会主任侯成君一行到文登调研供销社综合改革工作。副市长高书良，区委常委、常务副区长王肇刚，副区长孔军陪同到供销电子商务服务中心、山东汇润实业集团有限公司、威海盛泰园食品有限公司等地进行实地调研。

18日　区委书记吴宏飞，区委常委、区纪委书记姜全文调研基层党风廉政建设“三堂课”工作。吴宏飞一行先后到红色胶东馆、昆嵛清风馆、金山社区、文登营镇和张家产镇，详细了解基层党风廉政建设“三堂课”（廉政教育课、集中议廉课、述廉评议课）开展情况。

20日　市委常委、市纪委书记傅逊到文登调研基层党风廉政建设“三堂课”工作。区委书记吴宏飞，区委常委、纪委书记姜全文，区委常委、经济开发区管委主任刘昌杰陪同。

24日　威海市基层党风廉政建设“三堂课”现场会在文登召开。会议总结推广文登基层党风廉政建设“三堂课”经验做法，推进全面从严治党向纵深发展、向基层延伸。市委副书记霍高原和市委常委、市纪委书记傅逊出席会议，各区市及镇街相关负责人参加会议。

△　威海市“扫黄打非”工作小组在文登举行2017年威海暨文登侵权盗版及非法出版物销毁活动。活动共销毁全市收缴的各类非法出版物61455件，其中非法书刊33100本，非法音像制品、电子出版物、计算机软件28355盘。同时，销毁赌博游戏机10台，卫星电视地面接收设施35套。

25日　区委副书记、区长林恒对全区智慧城市和电子商务项目建设工作开展调研，先后到政府数据中心、公安交警大队智能交通建设项目、京东生鲜馆（威海站）、携程威海服务中心、文登网站、农村淘宝侯家服务站进行走访调查。

27日　威海工匠命名表彰大会召开，隆重表彰全市首批47名“威海工匠”。文登区天润曲轴股份有限公司车工夏永平、天润曲轴股份有限公司维修电工武刚、威海顺意电机股份有限公司钳工王锡海、文登区供电公司维修电工郑爱民、威海汤泊温泉度假有限公司中式烹调师丁德刚获“威海工匠”称号。

28日　君子之风·仁孝文登——威海市文登区道德模范、最美家庭、和美村居表彰仪式在区广播电视台演播厅举行。区委常委、宣传部部长王军华，区人大常委会党组副书记邹大勇，副区长孟艳玲，区政协副主席黄梅花出席表彰仪式。10位道德模范、10个最美家庭及17个最美村居获得表彰。

29日　区委召开常委（扩大）会议，传达学习习近平总书记在广西考察时的重要讲话精神，李克强总理在山东考察时的重要讲话精神，以及省委书记刘家义在威海调研时的指示精神，传达贯彻全市基层党风廉政建设“三堂课”现场会议精神。区委书记吴宏飞主持会议并讲话，区委副书记、区长林恒传达中央和省委领导重要讲话和指示精神，区委常委、区纪委书记姜全文传达现场会议精神。

△　第十届中国威海沙雕文化艺术节在南海新区开幕。此届沙雕节创下“世界最大规模《五福临门》沙雕主题乐园”的世界纪录。

是月　省发改委、民政厅、财政厅等6个部门联合印发《关于公布第二批省级健康服务业创新发展试验区名单的通知》，确立威海市文登区等6个市（县）为第二批省级健康服务业创新发展试验区，也是威海市唯一进入此批试点的区市。

△　全省中小企业创新发展转型升级工作暨商业模式创新培训会议在济南市召开，会议公布并表彰全省首批创新转型优胜企业，文登区的威海市顺意电机股份有限公司、威海市正大环保设备股份有限公司入选。

△　省海洋与渔业厅公布省级海洋牧场示范项目名单，文登金滩田园型海洋牧场名列其中，成为省海洋与渔业厅组织选划的实施新一轮3年示范项目的省级海洋牧场。

△　省经济和信息化委员会委托山东省循环经济促进会公布山东省循环经济十大创新科技成果。文登奥文电机有限公司的AW3系列高效电机再制造技术被列为循环经济创新科技成果。

5月

3日　省委党校第46期市厅级干部进修班学员到文登区天福山起义纪念馆考察学习。区委副书记、区长林恒，区委常委、统战部部长于晓东陪同。

4日　威海市“三农”工作现场促进会在文登区召开。会议要求以推进农业供给侧结构性改革为主线，高度重视、高点定位、高效推进，确保“三农”各项工作走在全省前列。市委副书记霍高原、副市长高书良出席会议并讲话。文登区领导吴宏飞、林恒、黄峻峰、孔军参加会议。

△　省人民检察院党组书记、检察长吴鹏飞在市委常委、政法委书记傅广照，市人民检察院党组书记、检察长王锡友的陪同下到文登区，对派驻检察室建设工作开展调查研究。区委书记吴宏飞，区委常委、政法委书记刘黎宁，区人民检察院党组书记、

检察长谭鹏飞陪同调研。

△ 2016年度文登区“红旗团组织”表彰仪式暨“青年之声”事迹分享会活动在区委党校举行，区委常委、宣传部部长王军华，区人大常委会党组副书记邹大勇，副区长孟艳玲，区政协副主席黄梅花出席活动，并为荣获“2016年度威海市文登区五四红旗团委”的10个单位和荣获“2016年度威海市文登区五四红旗团支部”的10个单位颁奖。

△ 省人大常委会原副主任于建成到文登区考察。市人大常委会主任王学文，副主任李文基，区委书记吴宏飞，区人大常委会主任张建亭，副主任孙显林陪同。

5日　市委宣传部组织齐鲁晚报、大众网、鲁网、威海日报、威海广播电视台等媒体记者到文登，集中采访报道“三年突破”同城化发展的成效和经验做法。

7日　推进“两学一做”学习教育常态化制度化工作座谈会议召开。吴宏飞、林恒、张建亭、毕庶杰、黄峻峰、姜进军等区领导出席会议。区委书记吴宏飞主持会议并讲话。区委副书记黄峻峰传达省、市座谈会精神。

8日　区委书记吴宏飞到区政务服务中心调研指导工作。区委常委、区纪委书记姜全文，区委常委、常务副区长王肇刚参加调研。

12日　全市人才工作现场推进会在文登召开。市委常委、组织部部长刘运出席会议并讲话。区领导吴宏飞、张海军、隋同朋、孔军出席会议。与会人员实地观摩天润曲轴股份有限公司、南海新区蓝色创业谷、山东德瑞博新能源汽车制造有限公司等人才工作现场，并召开座谈交流会议。区委书记吴宏飞在会上致辞。区委常委、组织部长隋同朋，区人力资源和社会保障局负责人和部分企业代表分别作交流发言。

△ 区委在市民文化中心举行“致敬·前行”全国公安系统二级英雄模范王伟同志先进事迹报告会。区人大常委会党组副书记邹大勇、副区长孟艳玲、区人民法院院长申屠青、区人民检察院检察长谭鹏飞、区政协副主席王江炜，各镇街、部门分管负责人，政法各部门班子全体成员，部分政法干警、群众代表参加报告会。

△ 区十八届人大常委会举行第二次会议，听取和审议区政府《关于将威海综合保税区基础设施和公共服务设施PPP项目可行性缺口补助资金纳入中长期财政规划的议案》等。区人大常委会主任张建亭，党组副书记邹大勇，副主任李健夫、王丽珍、江先才、孙显林、褚元鹏及委员共30人出席会议。副区长王亮、区法院院长申屠青、区检察院检察长谭鹏飞列席会议。

16日　威海科莱默自动化设备有限公司与哈尔滨工业大学共同成立智能自动化联合实验室揭牌仪式举行。副区长王亮为实验室揭牌。

△ “汤泊温泉杯”2017年全国老年门球系列赛（文登站）开幕式在汤泊温泉旅游度假村门球场举行。省老年人体育协会门球工作委员会副主任、省门球协会副主席刘群，区人大常委会党组副书记邹大勇出席开幕式。

19日　区委党校举办“如何做好新形势下的党建工作”专题讲座，邀请党建专家张小勇作专题辅导。吴宏飞、林恒、张建亭、毕庶杰等区委、区政府、区人大、区政协全体领导听取讲座。张小勇曾任中共浙江省直属机关工作委员会副书记，浙江省党建研究会副会长、机关党建研究会会长、省级机关党校校长，浙江大学客座教授。

△ 2017年全市体育产业研讨培训班在文登开班，全市各区、市政府（管委）分管领导、体育产业主管部门及相关体育类企业、体育俱乐部负责人近400人参加活动。副区长孟艳玲参加培训班并介绍文登体育产业发展工作。

20日　2017年全国群众登山健身大会（文登站）暨“浙商城”第十三届中国·威海（文登）昆嵛山樱桃节·供销e家第三届网上昆嵛山樱桃节在界石镇开幕。国家体育总局登山运动管理中心户外部副主任彭爱琴，副区长孟艳玲出席开幕式。

△ 由新华社经济参考报、新华社亚太分社、国新办中国网、经济日报、人民日报、国家新媒体产业技术创新战略联盟等中央媒体记者组成的采访团，到颐阳酒业有限公司采访，对文登推动西洋参产业发展的做法及经验进行采访，并做重点报道。文登区委常委、宣传部部长王军华陪同活动。

△ 区政府与恒丰银行威海分行签订战略合作协议。根据合作协议，恒丰银行威海分行围绕文登的基础设施、机电五金工具、汽车及零部件制造、家纺制革以及生态农业等重点领域发展提供信贷支持。区委副书记、区长林恒，副区长王亮出席签约仪式。

24日　市检察院党组书记、检察长王锡友带领全市检察系统“六型”（忠诚型、服务型、公信型、创新型、智慧型、学习型）基层检察院建设现场观摩会与会人员到文登区检察院实地观摩。区委书记吴宏飞、区委副书记黄峻峰陪同。

△ 省水利厅党组书记、厅长刘中会一行到文登区，对胶东调水工程建设及米山水库市区应急供水情况进行实地调研。市委副书记、市长张惠，副市长高书良，区委书记吴宏飞，区委常委、统战部部长于晓东陪同调研。

26日　市公安局为区公安分局特巡警大队被授予“全国优秀公安基层单位”荣誉称号举行授奖仪式。区委常委、政法委书记刘黎宁出席仪式。

27日　区委全面深化改革领导小组召开第十五次会议，审议通过《中共威海市文登区委全面深化改革领导小组2017年工作要点》和《威海市文登区深入推进村（居）集体产权制度改革实施方案》。区委书记、区委全面深化改革领导小组组长吴宏飞主持会议并讲话。领导小组成员、各专项小组及区委改革办负责人出席会议。

27—29日　第三届山东中西医结合学会康复医学专业委员会第六次学术会议暨国家级继续教育项目“康复流程与康复医学科建设”培训班以及康复医学专业委员会骨科康复学组成立大会在文登召开。会议由山东中西医结合学会康复医学专业委员会主办，山东省文登整骨医院承办。国内及山东省康复医学知名专家、骨科康复学相关人士共300余人参加会议。

29日　威海市首届龙舟邀请赛暨南海新区第三届龙舟赛在南海新区蓝湖公园开赛。18支龙舟队伍300余名选手参加比赛。

31日　威海市委副书记、市长张惠到南海新区调研重点项目建设，要求紧紧围绕加快新旧动能转换，进一步创新管理、优化服务，加大招商引资、项目建设和产业发展力度，推动南海新区突破发展。区领导吴宏飞、林恒、张海军陪同调研。

△　文登区政府与上海环境集团股份有限公司生活垃圾焚烧发电项目特许经营协议签约仪式在倪氏海泰大酒店举行。区委副书记、区长林恒，副区长张晓威和上海环境集团股份有限公司董事长颜晓斐出席签约仪式。

是月　省发展改革委、省住房城乡建设厅联合下达文登区保障性安居工程配套基础设施建设2017年第一批中央预算内投资计划，文登获批资金5710万元，创历史新高。

△　共青团中央发布关于表彰2016年度“全国优秀共青团员”“全国优秀共青团干部”“全国五四红旗团委（团支部）”和2017年“全国向上向善好青年”的决定，区人力资源和社会保障局机关团支部被授予2016年度“全国五四红旗团支部”称号；文登整骨医院丁勇被授予2017年“全国向上向善好青年”称号。

△　省人力资源和社会保障厅发布《关于公布山东省高技能人才培养特色载体建设工程建设项目单位的通知》。山东芸祥绣品有限公司入选，成为首批齐鲁技能大师特色工作站。

△　位于南海新区的山东德瑞博新能源汽车制造有限公司的锂电新能源汽车正式上市，该款车具有轻量化车身、新型锂电池和永磁同步系统等优点，续航能力提高到180千米，也是全国低速新能源汽车领域内首家应用并批量生产的创新车型。

6月

1日　全区再次提高最低工资标准，由2016年的1710元提高至2017年的1810元。

2日　寿光市委副书记、市长赵绪春带领考察团，到文登区考察新区和项目建设、新旧动能转换等方面的工作。区委副书记、区长林恒，区委常委、常务副区长王肇刚，区委常委、经济开发区管委主任刘昌杰介绍有关情况，并陪同参观蓝色创业谷、市民中心和天润曲轴股份有限公司。

△　一届文登区委第一轮巡察工作动员部署会召开，会议深入学习贯彻十五届市委第一轮巡察工作动员部署会精神，研究部署文登第一轮巡察工作任务。区委常委、区纪委书记姜全文出席会议并讲话。

4－5日　全区农村党支部书记（村委会主任）培训班举办，对农村党支部书记、村委会主任进行集中培训。区委常委、组织部部长隋同朋在培训班上作开班讲话，区委常委、纪委书记姜全文，区委常委、宣传部部长王军华分别进行“把纪律和规矩挺在前面，推动全面从严治党向基层延伸”“深入实施乡村文明行动，让乡村更美丽、更文明，让群众更快乐、更幸福”的专题授课。

6日　区海洋与渔业局组织开展2017年全国“放鱼日”同步增殖放流活动，在五垒岛湾海域放流大泷六线鱼51.2万尾。

7日　村（居）集体产权制度改革工作会议召开，推行农村集体产权制度改革，构建“归属清晰、权能完整、流转顺畅、保护严格”的农村集体产权制度。区委副书记黄峻峰，区委常委、组织部部长隋同朋，副区长孔军，区法院院长申屠青，区检察院检察长谭鹏飞出席会议。

8日　市委副书记霍高原到文登调研农业抗旱、饮水安全等工作，先后实地查看大水泊镇岭上王家村供水应急井、坤龙邢水库出水口改造等情况，要求各级充分认识旱情严峻形势，统筹协调，科学组织，开源节流，确保城乡供水安全特别是农村饮水安全，以更扎实、更有效的举措全力做好各项抗旱工作。

9日　全市精准扶贫示范基地建设及脱贫成效“回头看”工作现场推进会在文登区召开。市委副秘书长、农村工作办公室主任、市扶贫办主任王焕孟，区委副书记黄峻峰，区委常委、副区长张辉出席会议。各区市扶贫办主任及相关负责人参加会议。

10日　“威海南海万和杯”2017年全国海钓锦标赛（山东威海站）在南海新区举行，全国各地25支队伍100名钓鱼选手参加比赛。这是威海市首次举办的国家级二类赛事。

16日　2017年“德丰利达杯”中国门球冠军赛分赛区（山东站）暨山东省第五届女子门球比赛在葛家镇下卧龙村德丰昆嵛健康养生园门球基地举行，省门球协会副主席刘群，副区长孟艳玲出席开幕式。比赛为期2天，来自全省各地的36支代表队300余名运动员参加比赛。

17日　省商务厅厅长佘春明在威海市副市长杨丽的陪同下到文登调研西洋参追溯体系建设工作。

18日　区委书记吴宏飞带领区委办、区扶贫办、张家产镇、宋村镇和泽头镇的主要负责人到枣庄市峄城区考察扶贫协作工作。区委副书记黄峻峰参加考察。

19－20日　省政府第三巡查组进驻文登巡查安全生产工作，并召开安全生产巡查工作专题汇报会议。巡查组组长、住房和城乡建设厅副巡视员卢晓栋出席会议，区委副书记、区长林恒汇报文登安全生产工作情况，副区长王亮参加会议。

22日　文登区政府与光大国际战略合作暨生物质热电联产项目成功签约。文登区政府与中国光大集团有限公司合作发展清洁能源，推行清洁生产和能源循环利用，推动文登区用3～5年时间全面实现集中供暖的目标。副市长杨丽，区领导吴宏飞、林恒，中国光大集团有限公司总经理王天义参加签约仪式。

23日　区委召开理论学习中心组集体学习暨常委会，传达学习省第十一次党代会精神和市委十五届二次全体会议精神，安排部署全区的贯彻落实工作。区委书记吴宏飞主持会议并讲话。

24－26日　2017年全国沙滩手球锦标赛暨国际沙滩手球邀请赛在南海新区国际沙滩运动基地举行。国内外26支代表队的400余名男女队员参加比赛。锦标赛由国家体育总局手曲棒垒球运动管理中心主办，塞浦路斯、匈牙利男队和越南男、女队等应邀参加。

27日　市委书记孙述涛和市委常委、秘书长侯世超到文登营镇刘马庄村看望慰问老党员和生活困难党员。同日，孙述涛在文登营镇调研扶贫开发工作。区委书记吴宏飞陪同。

28日　市政协主席高旭光带领"全域城市化、市域一体化"战略实施情况督导组一行到文登区督导相关工作。区领导吴宏飞、林恒、张海军、毕庶杰陪同活动，黄峻峰、姜进军、王肇刚、姜浩宁分别汇报有关工作。

△　"爱在身边"庆祝建党96周年戏剧专场演出在市民文化中心音乐厅举行。吴宏飞、张建亭、黄峻峰等区领导与部分党代表、人大代表、政协委员、劳动模范、道德模范、优抚对象、老干部、机关干部、部队官兵、社区居委会主任及各界群众一起观看演出。

29日　区委书记吴宏飞到张家产镇文石山村和登登口村看望老党员董以俭和生活困难党员牛世政。区委副书记、区长林恒到宋村镇金西村看望老党员曹秀山。

30日　"岁月如歌"庆祝建党96周年暨威海建市30周年大型歌会在市民文化中心音乐厅举行。吴宏飞、张建亭、黄峻峰等区领导和1000余名干部群众一起观看歌会。区委书记吴宏飞在歌会开始前致辞。

是月　省畜牧兽医局印发《关于公布2017年畜牧业绿色发展示范县名单的通知》，文登区被确定为2017年省级畜牧业绿色发展示范县，是威海市唯一入选的区（市）。

7月

1日　文登区正式启动为期一年的生育保险和职工基本医疗保险合并试点工作，两项保险合并实施后统一执行职工医保待遇的享受条件。威海市为全省独家启动此次合并试点工作。

4日　区委书记吴宏飞到区档案局开展调查研究工作，要求档案工作要对历史负责，在收集上要做到完整全面，整理上做到系统专业，管理上做到精心呵护，后续分析使用上要公正客观，经得起历史的检验。

11日　省海洋与渔业厅厅长王守信到文登调查研究海洋渔业工作。区委副书记、区长林恒，副区长孔军陪同。

12日　省老龄办主任丁希滨带领调研组一行6人到文登，专题调研"长寿之乡"品牌对当地经济社会发展的推动效应工作。副区长孔军陪同。

11－12日　区委副书记、区长林恒对全区新旧动能转换重点项目推进工作开展调查研究，并就相关问题进行现场办公，协调解决实际问题，推进项目加快建设。

14日　2017年山东省羽毛球锦标赛在区体育馆开赛，全省16支代表队600余名羽毛球运动员展开为期9天的角逐。

△　省委组织部组织三处调研员赵永清带领省督导组到文登，督导调研"两学一做"学习教育常态化、制度化及基层党建工作。区委书记吴宏飞汇报有关工作，区委常委、组织部部长隋同朋，区委常委、纪委书记姜全文，区委常委、宣传部部长王军华分别陪同。

20日　2017年山东省青少年山地自行车锦标赛在文登区山泰生态园举行。副区长孟艳玲出席开幕式并致辞。山东省射击自行车运动管理中心副主任张崇文为山泰种养殖生态园有限公司"山东省山地自行车训练基地"授牌。

27日　区委书记吴宏飞，区委常委、宣传部部长王军华带领文登慰问团远赴南部战区陆军广西某部，走访慰问从天福山起义走出来的部队——原第41军，向部队官兵致以节日的问候和诚挚的祝愿。是晚，文登区艺术团演出以天福山起义为题材而创作的大型历史舞台剧《烽火》。

28日　威海市领导孙述涛、张海波、高旭光、霍高原、傅逊、侯世超、叶立耘，到驻军某部体验军旅生活，与广大官兵一起过"军事生活日"，畅叙军地情谊，共话发展大计。驻威海部队首长邹积军、曹元怀等参加活动。区委副书记、区长林恒，区委副书记黄峻峰陪同。

30日　全区工业表彰暨新旧动能转换推进会议召开，贯彻落实省第十一次党代会和市委十五届二次全会等系列会议精神，表彰在工业发展中表现突出的先进企业和先进个人，对文登区新旧动能转换工作进行部署。吴宏飞、林恒、张建亭、毕庶杰、黄峻峰、姜进军等出席会议。

31日　区委书记吴宏飞主持召开区委常委会议。会议听取区委第一轮巡察工作情况汇报，讨论通过《文登区镇级党委、政府及有关部门环境保护工作职责（试行）》《文登区加快推进生态文明建设工作方案》《文登区2017年环境保护突出问题综合整治攻坚方案》。

是月　区政府发布《文登区城区老旧小区物业管理奖补意见》，为已完成改造的老旧小区提供物业服务的企业或其他单位进行财政奖补，通过以奖代补的方式，发挥激励引导作用，吸引物业服务企业接管城区老旧小区的物业管理。

8月

2日　威海市委第七巡察组向文登营镇、大水泊镇反馈巡察情况。威海市委第七巡察组组长宋文静代表巡察组分别向文登营镇、大水泊镇党政领导班子和主要负责人进行反馈，威海市委巡察办主任、市委巡察工作领导小组成员谷衍宁出席反馈会并就落实巡察反馈意见提出要求，区委常委、纪委书记姜全文讲话，文登营镇和大水泊镇党委主要负责人主持会议并作表态发言。

3日　区政府新闻办公室举行新闻发布会，邀请区民政局新闻发言人介绍文登慈善助学的有关情况，并现场回答记者提问。2015年至2017年7月末，文登区政府对贫困中、小学生开展的助学活动，共救助贫困大学生2099人，贫困中小学生1653人，发放救助资金944万元。

△　全省市县机关工委书记座谈会暨党性教育培训班在文登区召开。省委、省直机关工委副书记魏春明，市委常委、秘书长侯世超，区委书记吴宏飞，区委常委、组织部部长隋同朋出席会议。

△　中国致公党威海市文登区支部成立暨第一次党员大会举行。共有在册党员5名，涉及教育、非公有制企业等行业，是文登正式成立的第二个民主党派支部。区委常委、统战部部长于晓东出席会议并讲话。

8日　市委副书记、代市长张海波到文登调查研究工作，要求文登在推进全域城市化、市域一体化发展中找准自身定位，以更高的标准、更高的追求，谋划区域经济发展，加快推动新旧动能转换，更好地发挥辐射带动作用。市政协副主席、综合保税区管委会主任徐东明参加活动。

9日　市委副书记霍高原到文登营镇调研指导脱贫攻坚工作，了解脱贫攻坚推进过程中基层创新举措以及存在的困难问题，并主持召开座谈会，传达学习全省脱贫攻坚推进会精神，研究推进脱贫攻坚工作。

10日　2016年度“4050”灵活就业社保补贴开始发放。1833名符合社保补贴条件的灵活就业人员领取总额458万余元的补贴。

16日　市委副书记霍高原带领相关部门负责人到文登实地督导检查生态环保及化工产业安全生产转型升级工作，要求从旗帜鲜明讲政治的高度和对党对人民对威海可持续发展高度负责的态度，进一步突出问题导向、强化责任担当，全面提升生态环保和安全生产工作水平。

△　文登区政府接到中央第三环保督察组信访件，涉及界石镇新庄、宫家庄附近抽水蓄能电站施工污染水源、破坏连村路、夜间施工扰民、破坏生态等问题。区委、区政府高度重视，主要领导亲自督办，立即依法依规进行处置。

19日　文登召开落实全面从严治党主体责任专题会议，通报市委巡察组、区委巡察组巡察以及对部分镇（街道）、部门2014年以来经济审计发现的问题，安排部署整改工作，要求各级各部门严格落实全面从严治党主体责任，坚定不移抓好问题整改。会议由区委常委会主持，区委书记吴宏飞讲话，区委常委、区纪委书记姜全文通报8个方面问题，提出4个方面的整改要求，林恒、张建亭、毕庶杰、黄峻峰等区领导出席会议。

21日　山东省“创新发展看鲁企—聚焦山东新动能”主题宣传活动采访团走进文登。中央驻鲁主要新闻单位、香港媒体驻鲁办事机构和省直主要新闻媒体以及省内重点新闻网站的40余名记者，对文登企业创新发展及新旧动能转换的亮点和经验进行采访报道。

22日　区法院在执行一起买卖合同纠纷案时，向原告方律师签发律师调查令，授权律师协助法院对被执行人的财产状况和财产线索进行调查，这是区法院发出的首张律师调查令，标志着区法院执行案件委托律师财产调查制度正式实施。

23日　省政协副主席、民建山东省委主委郭爱玲率省政协调研组到文登，就齐鲁文化与“一带一路”专题进行调研。

27日　文登区政府与中国科学院国家天文台、山东大学（威海）签约空间碎片监测项目。中国科学院国家天文台台长、国家航天局空间碎片检测与应用中心主任严俊，山东大学（威海）常务副校长韩建新等相关领导与专家，市委常委、常务副市长王亮，区委副书记、区长林恒，区委常委、常务副区长王肇刚出席签约仪式。9月，该项目落户葛家镇，总投资3.5亿元，建筑面积7000平方米。

△　民建威海市文登区支部成立暨第一次会员大会举行，共有11名会员，主要以经济领域的人士为主。这是文登区成立的第三个民主党派支部。会议选举产生民建威海市文登区支部第一届领导班子。

28日　区委书记吴宏飞会见蒙古国中央省省长巴特加尔格拉一行。区委常委、统战部部长于晓东参加会见。

29日　市人大常委会主任王学文带领督导组到文登，对推进实施市委重大决策部署情况进行集中督导。区领导吴宏飞、张海军、张建亭、王肇刚、刘昌杰、孙显林、褚元鹏、王亮参加活动。

△　文登首个过街天桥——实验中学过街天桥在实验中学南门旁正式建成，并投入使用。过街天桥主桥高度5.1米、宽度5米，梯桥宽度4米，整体采用“工”字型结构，为简支连续钢箱架。总投资420余万元，整体用钢量约380吨，设计使用年限为50年，安全等级为一级，抗震烈度为八度。

30日　区委书记吴宏飞主持召开区委常委会议。会议讨论通过《文登区公立医院法人治理结构建设工作实施方案》《文登区属实行法人治理结构事业单位外部监事管理办法》《文登区属实行法人治理结构事业单位外部理事（董事）管理办法》《文登区属实行法人治理结构事业单位外部理事外部监事报酬管理暂行办法》。

△　《2016年度文登区卫生与人群健康状况报告》在市中广场举行发布仪式，正式发布全国县级首部卫生与人群健康状况报告。2016年，文登区被列为国家第一批健康城市试点区之一，并全面启动全国健康城市建设。区委、区政府与山东大学公共卫生学院合作，完成全国首部县级卫生与人群健康状况报告，并配套出版《居民健康手册》，共同指导群众健康生活。

国家卫计委人口发展研究中心研究员张汉湘、副区长孟艳玲出席仪式。

是月　省委宣传部、省商务厅、省财政厅、省文化厅、省新闻出版广电局5个部门公布共同评审认定的2017－2018年度山东省重点文化产品和服务出口企业名单，威海市共6家企业入选，文登区的山东万得集团有限公司、山东芸祥绣品有限公司、山东云龙绣品有限公司、山东银丰家用纺织品有限公司和山东省艺利达进出口有限公司5家企业上榜。

△　文登区植保站启动全区首次大规模无人机植保作业，涉及大水泊、侯家、泽库、葛家等镇，面积达200余公顷。

△　2017年文登企事业单位退休人员养老金调整工作全面结束并全部发放到位，共涉及退休人员81129人，其中机关事业单位退休人员8067人，人均月工资增加301.69元；企业退休人员73062人，人均月工资增加132.38元。

9月

1日　金融支持文登区新旧动能转换暨威海市金融顾问团“走进文登”启动仪式在倪氏海泰大酒店举行。区政府与中国人民银行威海市中心支行签订关于金融支持文登区新旧动能转换的合作备忘录。区委副书记、区长林恒，副区长孔军，中国人民银行威海市中心支行行长王延伟及威海市各银行机构负责人、金融顾问团成员出席启动仪式。

△　铁路冷藏集装箱班列首次抵达威海仪式在文登火车站举行。上午10时58分，装载24个货柜生鲜农产品的x89033次冷链运输班列由潍坊西站抵达文登火车站，随后货物由海运班轮发往韩国和日本。班列西与昆明至潍坊铁路冷链物流班列对接，东与威海至韩日海运航线对接，实现海铁衔接，东连韩日，南接东亚、东南亚和南亚的专业化铁路冷链物流通道全面形成。班列开行初期每周1班，装载总长432米，装载40英尺冷藏集装箱24个，每月运力规模200标箱。由昆明始发，经潍坊西站，最终到达文登火车站，贯穿山东、江苏、安徽、江西、河南、湖北、湖南、贵州、云南等9个省，全程3609千米，运行时长82小时，全程恒温冷链运输，不解列、编组和断链。副市长周永迪，中铁特货运输有限责任公司济南分公司总经理吴宏岭，济南铁路局货运处处长张演良，市铁路局局长刘鹏，中国外运山东有限公司胶东事业部总经理刘福，区领导吴宏飞、林恒、张建亭、毕庶杰、于晓东出席仪式。

2日　中欧班列（威海—二连浩特—汉堡）开通仪式在文登火车站举行。上午10时58分，首列由威海始发的铁路集装箱国际货运班列驶出文登火车站，直奔德国汉堡，标志着贯通韩日、中亚、欧洲的最便捷货运新通道就此打开。“中欧班列”初期每周发运1班、35车皮，经内蒙古二连浩特出境，途经蒙古国、俄罗斯、白俄罗斯、波兰，终到德国汉堡，全程约1.1万千米，运行时间为15至18天，比海运缩短10天以上，运费比空运节省80%，具有明显的流通成本优势。副市长高书良，中国外运华中区域总部副总经理顾传荣，济南铁路局货运处处长张演良，区领导林恒、于晓东、褚元鹏、黄梅花出席仪式。

9日　省政法委副书记梁战光带领调研组到文登，就政法综治工作进行调研。区领导吴宏飞、林恒、黄峻峰陪同调研。

14日　共青团威海市文登区第一次代表大会召开，区领导黄峻峰、王军华、邹大勇、王江炜出席会议，149名代表参加会议。黄峻峰在大会开幕式上讲话。

15日　中央党校副秘书长冯秋婷在省委和市委党校负责人的陪同下，到文登调查研究县级党校工作。区委书记、区委党校校长吴宏飞陪同察看区委党校模拟教室、党员网上学习平台、培训教室、食堂和学员公寓。

20日　2017年全国门球竞赛规则与裁判法培训班开班仪式在文登举行。中国门球协会秘书长张娜、副区长孟艳玲出席开班仪式。

22日　区政府与山东省海洋生物研究院威海分院签约仪式在文登区举行，这是山东省海洋生物研究院在全省设立的首个分院。双方签订战略合作框架协议，共同建设海洋生物技术研发中心、海洋生物活体展馆、山东渔文化历史展馆、山东国际渔业科技交流培训中心、近海海域综合实验中心5个板块。省海洋与渔业厅厅长王守信，区委书记吴宏飞，副区长孔军出席仪式。

27日　区政府与中电长城网际系统应用有限公司举行合作框架协议签约仪式。双方合作建设“CEC长城网际山东网络信息安全监测中心（威海）”，在大数据基础设施、城市云基础应用、“互联网＋政务服务”体系等方面开展深度合作。中国电子信息产业集团科技委副秘书长于庆宏，副市长张伟，区委副书记、区长林恒，副区长王亮出席仪式。

28日　中国西洋参健康养生市场高峰论坛在文登举行。中国医药物资协会副会长郭亚洲，副区长王亮出席会议。

29日　中铝职业教育园内的山东铝业职业学院威海校区举行启用暨开学典礼，首批入驻近万名师生。中铝职业教育园是由南海新区与世界500强企业中国铝业集团公司合作共建，总建筑面积30万平方米，包括中铝高等职业教育校区、中铝员工培训基地、研发基地、创新创业孵化基地和实训基地5个板块，设有经济管理、电气工程、汽车工程等10个教学部门，涉及电子商务、会计、金属压力加工、有色冶金技术等30个专业。区委副书记、南海新区工委书记、管委主任张海军出席典礼。

30日　区委全面深化改革工作领导小组召开第二十次会议，审议通过《威海市文登区群团改革方案》《威海市文登区总工会改革实施方案》《共青团威海市文登区委改革实施方案》《威海市文登区妇联改革实施方案》《威海市文登区科协系统改革实施方案》《关于开展“一村（社区）一法律顾问”工作的实施方案》《关于严明规范村级集体经济组织“三资”管理的意见》《关于加强城乡社区协商的实施方案》等改革文件。区委书记、区委全面深化改革领导小组组长吴宏飞主持会议并讲话，区委副书记、区长、领导小组副组长林恒，区委副书记、领导小组副组长黄峻峰，领导小组成员出席会议。

是月　国家体育总局发布《关于表彰2013－2016年度全国群众体育先进单位和先进个人的决定》，文登区荣获“2013－2016年度全国群众体育先进单位”称号。

△　筹资950万元购置的威海市首批38辆幼儿专用车新学期正式投入使用，为全区1700余名农村幼儿提供乘车服务。

△　按照省政府发布《山东省海洋主体功能区规划》有关要求，文登海域被列为重点开发区域。重点建设威海南海新城，发展海洋装备制造、临港物流、高端旅游业等产业，做好文登海洋生态国家级海洋特别保护区的保护工作。

△　因种种原因停工的楼盘“半岛蓝庭”，在区政府、法院和管理人的共同努力下重整，以“德红世纪华府”的名称正式复工，这是文登区首例房地产企业重整成功的案例。

△　2017丽水生态精品农博会暨中国长寿之乡养生名优产品博览会上，文登区被中国长寿之乡绿色产业发展联盟认定为“中国长寿之乡旅游文化服务示范城市”（共评选3个中国长寿之乡旅游文化服务示范城市）。

10月

9日　中小城市经济发展委员会、中小城市发展战略研究院、中国社会科学院发展与环境研究所等通过《人民日报》联合发布“2017年中国中小城市科学发展指数研究成果”，威海市文登区以第32名的成绩入选全国综合实力百强区。

10日　市委书记孙述涛到文登区调查研究河长制工作。要求各级认真贯彻习近平总书记关于生态文明建设的重要讲话精神，全面落实河长责任制，明确河道治理重点，提升河道治理水平，全力打造良好的水生态环境。市委常委、秘书长侯世超参加调研。区领导吴宏飞、林恒、孔军陪同。

12日　第三届文登西洋参文化节暨2017威海（文登）温泉旅游季在张家产镇启动，全国政协委员、中国农产品流通经纪人协会会长于培顺，中华全国供销合作总社经济发展与改革部副巡视员栾海波，山东省供销合作社联合社监事会副主任魏华，区委副书记、区长林恒，副区长孔军出席启动仪式。此次西洋参文化节的主题为“健康　养生　全域　融合”。3个西洋参合作项目进行集中签约。

△　全国教育科学“十三五”规划课题“中小学体育教学质量监测机制的研究”在葛家中学开题，这是威海市获批立项的首个国家级教育科学重点课题。

17日　区委召开全区领导干部会议，传达学习中共十八届七中全会精神、习近平总书记关于扶贫工作的重要批示和省市通知精神，部署文登的贯彻落实意见。区委书记吴宏飞主持会议并讲话。

△　文登西洋参被市农业局认定为威海市首批知名农产品区域公用品牌。文登绿洲蔬菜专业合作社沙柳村牌西红柿、威海山泰食品股份有限公司山泰牌桃、文登汇通果品专业合作社汇润牌苹果、文登德丰农业有限公司泽峰园牌苹果、威海市万鑫畜牧有限公司金汇来牌梨、威海金颐阳药业有限公司颐阳牌西洋参系列产品等企业产品被市农业局认定为威海市首批知名农产品企业产品品牌。

19日　市委副书记霍高原带领相关部门负责人到文登调研指导基层基础工作，看望慰问一线工作人员，要求切实把各类不稳定因素化解在萌芽、解决在源头。区委书记吴宏飞，区委副书记黄峻峰，区委常委、政法委书记刘黎宁，区政府党组成员、区公安分局局长刘斌陪同。

20日　由省羽毛球运动管理中心主办，威海市体育局和文登区体育局联合承办的2017年“中国体育彩票——翎美杯”山东省羽毛球冠军赛在区体育馆闭幕。此次比赛共有省内13个地市的250名运动员参赛。

△　光大生物能源（威海）有限公司文登生物质热电联产项目通过审核，总投资3.3亿元，注册资本1.11亿元。项目年处理生物质规模约30万吨，投产后年增加发电量2.07亿千瓦时。

25日　市委副书记、代市长张海波到文登就河长制工作开展情况、城乡河道综合整治和农业农村发展进行专题调研。副市长高书良参加调研。区领导吴宏飞、林恒、孔军陪同。

26日　“德丰利达杯”2017年中国门球冠军赛总决赛在葛家镇昆嵛健康养生园门球基地开幕。中国门球协会主席翁家忍授予文登“全国门球之乡”牌匾，文登区成为全国仅有的7处“全国门球之乡”之一。全国各地的100余支队伍近1000名运动员参赛。中国门球协会主席翁家忍，山东省门球协会副主席刘群，区委副书记、区长林恒，区委常委、副区长申万兵出席开幕式。

31日　全市推进河长制及河库绿化整治工作现场会议召开，副市长高书良带领与会人员到文登银河综合治理工程现场和西寨湿地修复工程现场进行实地考察督导。区委书记吴宏飞、副区长孔军陪同。是年，文登建立起区、镇两级延伸到村的河长体系和良性运行机制。设置区级总河长2名，副总河长3名，区级河长10名，任命镇级河长125名，村级河长606名，并将全区划分为10大河道管辖区域，实现区域内全覆盖。

是月　威海金晟国际贸易有限公司法定代表人刘义广领取文登首张电子营业执照，这是文登区首张全程电子化登记模式签发的营业执照，标志着文登区申领营业执照进入“无纸化”时代。

△ 文登区政府安排财政资金426万元，对80岁以上老年人发放高龄津贴，津贴惠及全区25838名老年人。

△ 界石镇梧桐庵村被住房和城乡建设部、中央农村工作领导小组办公室、财政部、环境保护部、农业部等五部委评为全国美丽乡村示范村。

△ 文登城乡居民社保会保障卡发放工作启动，首批28万张社保卡陆续发放到城乡居民参保人员手中。

11 月

2日 文登区政府公布启用最新的城市形象标识及“文德天下 登峰如画”城市宣传语。新发布的文登城市形象标识整体设计上，标识以汉字“文登”为原形进行艺术延伸，整体形象似秦朝建筑，又像文人墨客行礼，生动呼应“文登”名称由来。标识选用红色线条，由图案和标识用语两部分构成。图案中，最上方的三角形象征着山，最下方的祥云造型象征着海、温泉，中间为“登”字造型，其中的“豆”字图形形成一个“鼎”造型，作为文明的见证、文化的载体；图案下方为中英文标识用语“威海•文登”。区委副书记、区长林恒，区委常委、统战部长于晓东，区委常委、宣传部长王军华，区人大常委会副主任王丽珍，区政协副主席王江炜出席发布仪式。

2－3日 沈阳飞机工业（集团）有限公司董事长、党委书记郭殿满一行到文登参观考察工业发展情况。区领导吴宏飞、林恒、王肇刚介绍相关情况，并陪同到天润曲轴股份有限公司、北汽黑豹股份有限公司、文登威力工具集团有限公司和市民中心参观考察。

5日 中国共产党威海市文登区第一届委员会第二次全体会议召开。全会深入学习党的十九大精神和省委十一届二次全会、市委十五届三次全会精神，听取和讨论吴宏飞同志受区委常委会委托作的工作报告，审议通过《中共威海市文登区委关于深入学习贯彻党的十九大精神的意见》《中国共产党威海市文登区委员会工作规则》。全会由区委常委会主持。区委书记吴宏飞讲话。

10日 区政协召开十届三次常委会议，审议通过《政协威海市文登区委员会关于深入学习宣传贯彻中国共产党第十九次全国代表大会精神的决议》。区政协主席毕庶杰主持会议并讲话。区政协副主席王江炜、黄梅花，区政协党组副书记谷松，副主席姜浩宁和政协常委参加会议。

16日 学习贯彻党的十九大精神宣讲团成立暨宣讲工作动员会召开。区委书记吴宏飞出席会议并作动员讲话。区委常委、宣传部长王军华主持会议。区委宣讲团成员参加会议。11月22日至12月中旬，区委宣讲团34名成员分赴各镇街、有关单位、企业开展集中宣讲工作。

△ 学习贯彻党的十九大精神市委宣讲团报告会在文登举行。威海市委党校经济学教研部主任、副教授王东普作宣讲报告，区委书记吴宏飞主持报告会。区领导黄峻峰、隋同朋、姜全文、王肇刚、王军华等出席会议。

△ 省政府节能办主任刘续聪带领各地市节能办及全省各绿色制造系统集成项目负责人50人，到天润曲轴股份有限公司观摩绿色制造系统集成项目。副区长王亮陪同观摩并介绍有关情况。

18日 全区乡村振兴现场推进会议召开，贯彻落实党的十九大精神，分析解决“三农”工作面临的新情况、新问题，动员各镇街、有关部门立足实际、借鉴经验、探索创新，大力实施乡村振兴战略，推动全区乡村经济加快发展。区领导吴宏飞、黄峻峰、隋同朋、刘黎宁、王军华、孔军、张晓威、毕卫刚出席会议。

21日 在南海新区金花河上游发现震旦鸦雀、黄胸鹀和红颈苇鹀3种中国特有的珍稀鸟类，震旦鸦雀、黄胸鹀为濒危鸟类，红颈苇鹀为近危鸟类，在同一地方同时出现实属罕见。

21－23日 市委书记孙述涛，市委副书记、代市长张海波率领全市科学发展总体成果集中督导活动人员到文登，对2017年的项目建设工作进行现场观摩督导。区领导吴宏飞、张海军、姜进军、王肇刚、王亮等参加活动。

29日 全省优抚精细化管理服务推进会在文登区召开。省民政厅副厅长张魁中，区委副书记、区长林恒，副区长孔军出席会议。各市民政局分管负责人、优抚处（科）负责人，部分县（市、区）民政局优抚科负责人等参加会议。

29－30日 第三届（2017）山东毛皮动物产业发展大会在文登区举行，省畜牧兽医局原副巡视员、省畜牧协会原会长张洪本，省畜牧兽医局总畜牧师鲍霞，区委常委、副区长申万兵出席会议并讲话。

30日 市人大常委会主任王学文，副主任丛培卿、张竞、于东海率领视察组到文登，视察威海综合保税区南区建设工作。市政协副主席、威海综合保税区管委会主任徐东明，区人大常委会主任张建亭，区委副书记、威海综保区工委副书记、常务副主任姜进军陪同，并汇报工作。

是月 威海市政府与北京汽车集团有限公司举行合作成立新能源汽车零部件产业基金项目战略合作签约仪式，在南海新区联合打造新能源汽车零部件产业园。

△ 农业部公布2017年休闲渔业品牌创建主体认定名单，文登区3家企业入选。其中，威海三泉生态农业发展有限公司被评为全国精品休闲渔业示范基地，威海温泉溪谷休闲养生有限公司、文登区金滩牡蛎养殖专业合作社被评为全国休闲渔业示范基地。

△ 在中国水产科学研究院首届学术大会上，南海新区银泽生物科技有限公司博士张东的海马规模化繁育和养殖关键性技术被评选为2017中国水科院科技创新10大亮点之一。

12 月

6日 市委副书记、代市长张海

波到文登界石镇梧桐庵村和三瓣石村、米山镇西山后村和西铺头村宣讲中共十九大精神，研究推动美丽乡村建设、休闲旅游和精准扶贫工作，要求大力实施乡村振兴战略，坚决打赢脱贫攻坚战，力争在美丽乡村建设上走在全省前列。区委书记吴宏飞陪同调研。

11 日　山东省内首艘军民融合产业科考船“海梦号”在黄海造船厂顺利下水，进入海试阶段。“海梦号”是由南海新区自主设计、拥有 100% 自主知识产权的高精度多功能综合科考船。“海梦号”船长 35.79 米，宽 14.6 米，结构吃水 4.2 米，排水量 480 吨。

△　文登区河长制工作专题会议召开，贯彻落实中央、省、市关于全面推行河长制有关会议精神，安排部署全区河长制下阶段重点工作，进一步细化任务、压实责任，确保各项工作扎实有序推进。区领导林恒、王肇刚、于晓东、刘昌杰、孟艳玲、孔军、张晓威、王亮、毕卫刚出席会议。

14 日　一届区委全面深化改革领导小组召开第九次会议。区委书记、区委全面深化改革领导小组组长吴宏飞主持会议并讲话，区委副书记、区长、领导小组副组长林恒，区委副书记、领导小组副组长黄峻峰，领导小组成员出席会议。会议传达学习十九届中央全面深化改革领导小组第一次会议、十一届省委全面深化改革领导小组第四次会议和十五届市委全面深化改革领导小组第八次会议精神，审议通过《威海市文登区“十三五”重要改革举措实施规划》《关于深化“放管服”改革进一步优化政务环境的意见》《威海市文登区行业协会商会与行政机关脱钩实施方案》等改革文件。

△　区委召开常委（扩大）会议，传达学习习近平总书记关于进一步纠正“四风”加强作风建设的重要指示和相关文件精神，研究文登贯彻落实措施，督促各级各部门按照习近平总书记的重要指示精神，认真查找“四风”突出问题特别是形式主义、官僚主义的新表现，坚定不移抓好问题整改，把作风建设推向深入。区委书记吴宏飞主持会议并讲话，区委副书记、区长林恒传达习近平总书记关于进一步纠正“四风”加强作风建设的重要指示和相关文件精神。

△　文登区村和城市社区“两委”换届选举工作动员部署会议召开，区委、区政府要求各级提高思想认识，严明换届纪律，确保换届选举工作平稳有序进行。吴宏飞、林恒、张建亭、毕庶杰、黄峻峰等区领导出席会议。区委书记、全区村和城市社区“两委”换届选举工作领导小组组长吴宏飞主持会议并讲话。21 日，文登村两委换届选举工作观摩会在侯家镇崔家村召开，换届选举工作进入实施阶段。

15 日　省纪委第四纪检监察室主任张月波一行，在市委常委、市纪委书记傅逊的陪同下到文登，对扶贫领域专项治理、深化国家监察体制改革试点及党风廉政建设工作开展调查研究。区委书记吴宏飞，区委常委、区纪委书记姜全文，区人民检察院检察长谭鹏飞分别陪同。

19 日　区政府召开《文登市志（1991 — 2013）》志稿评审会，省史志办副主任李刚率领省、威海市修志业务专家咨询组成员，对志稿进行全面评审，认为《文登市志（1991 — 2013）》观点正确、资料丰富、内容全面，总体质量较好。区委副书记黄峻峰，副区长孟艳玲出席会议。

20 日　省中小企业局印发《关于公布第七批省级产业集群和第六批山东省特色产业镇的通知》，埠口港入选山东省特色产业镇。

22 日　区政府新闻办公室在新闻发布厅组织召开第一批信用“红黑名单”信息新闻发布会，标志着文登信用联合奖惩工作正式启动，通过区信用平台和“信用文登”网站，把各领域的信用“红黑名单”信息推送至相关部门，实施联合奖惩运行机制。

△　在省商务厅指导，省电子商务促进会、省互联网传媒集团共同主办的齐鲁电商节上，文登区荣获“山东省电子商务示范县”称号，威海大地食品有限公司被评为“2017 年度山东优秀网商”，威海金颐阳药业有限公司被评为“2017 年度山东优秀互联网品牌”。

24 日　天福山起义爆发 80 周年纪念日。由市委宣传部、文登区委和区政府、八一电影制片厂联合摄制的电影《天福山起义》，在中央电视台电影频道（CCTV — 6）播出。

25 日上午　威海国际机场 2017 年旅客吞吐量突破 200 万人次，标志着威海机场成功迈入全国中型机场行列。次日，由韩国仁川飞往威海国际机场的 KE839 次航班顺利抵达，2 时 26 分旅客于玲玲顺利通过自助通道，完成入境通关，成为威海边检站机场分站 2017 年度第 50 万名验放的出入境旅客，标志着威海国际机场口岸年度出入境旅客首度突破 50 万人次。

是月　区政府对 2017 年第二批区级行政权力事项和涉及行政审批及相关行政权力中介服务事项进行调整，共取消区级行政权力事项 12 项，其中行政处罚 1 项、行政确认 1 项、行政征收 1 项、其他行政权力 9 项；新增区级行政权力事项 12 项，其中行政强制 2 项、其他行政权力 10 项；调整区级涉行政审批及相关行政权力中介服务事项 10 项。

△　由全国省级党报联盟、海南省商务厅等主办的 2017 中国美丽乡村发展大会，公布“中国美丽乡村 • 山东美丽乡村（镇）”榜单，界石镇荣获“山东省十大美丽小镇”称号。

△　工业和信息化部公布第二批制造业单项冠军企业和单项冠军产品名单，文登威力工具集团有限公司荣获全国制造业单项冠军示范企业称号。

△　区供电公司全年供电量达到 18.53 亿千瓦时，同比增长 18.64%；售电量完成 17.8 亿千瓦时，增长 18.20%，电网最高负荷 35 万千瓦，增长 21.53%，取得历史性突破。

责任编辑　初云峰

文登概览

建置沿革

【地理位置】 文登区位于山东半岛东部，在北纬36°52′～37°22′、东经121°43′～122°19′之间。南傍黄海，西依昆嵛山与烟台市牟平区和乳山市相邻，北连威海市环翠区，东接荣成市。总面积1615.62平方千米，海岸线155.88千米。区治文登城，按直线距离计算，距威海市治36千米、省会济南450千米、首都北京580千米。

【建置隶属】 唐虞（尧舜），属嵎夷地。夏、商、周，属莱夷地。春秋，属东莱地。战国，属齐地。秦置郡县，属胶东郡腄县地。西汉，属东莱郡东牟、不夜、昌阳三县地。东汉，属青州东莱郡昌阳、东牟二县地。曹魏，属青州东莱郡观阳、东牟二县地。刘宋，属青州长广郡牟平县地。北魏，属光州东牟郡观阳、牟平二县地。

北齐天统四年（568），析牟平、观阳地置文登县，因文登山而得名，属光州长广郡。隋，属东莱郡。唐，属河南道。武德元年（618），境内置登州，文登县为其属；贞观元年（627），废登州，属莱州；如意元年（692），于牟平置登州；神龙三年（707），移登州治于蓬莱，文登为其属。宋，文登属京东东路登州。金，属山东东路宁海州。元，属直属中书省宁海州。明，属山东省登州府宁海州。清，属山东省登莱青胶道登州府。

1914年5月，属山东省胶东道，1925年，改属东海道。1928年，直属山东省。1934年1月，属山东省鲁东区。1936年1月，属山东省第七行政区。

1940年6月，中国共产党领导的文登县抗日民主政府成立，属胶东行政区东海专区。1941年12月，文登析为文登、文西两县。1945年春，文西县改为昆嵛县。1950年6月1日，胶东行政区撤销，东海专区改为文登专区，文、昆二县为其属。1956年3月，文、昆两县合并为文登县，属莱阳专区。1958年11月，改属烟台专区。1967年2月，改属烟台地区。1983年11月，改属烟台市。1987年6月，改属威海市。

1988年10月24日，国务院批准文登县改为省辖县级市，由威海市代管。2014年1月25日，国务院颁布撤销文登市，设立威海市文登区（不含汪疃镇、苘山镇）。同时将原文登市的汪疃镇、苘山镇划归威海市环翠区，仍由临港区管辖。

【行政区划】 元代至1923年，为都里制。清雍正十三年（1735）析置荣成县前，文登县设7都69里；析置荣成县之后，设6都50里1318村。光绪二十四年（1898），英国强租威海卫345村，文登县设5都973村。1924年改都为区。1930年，设5区28镇123乡1047村。1936年，全县设5区27镇17乡。1940年6月，抗日民主政府析第四区东部置第六区，全县设6区41乡。同年12月取消乡级建置。1941年2月，全县设8区61乡，同年12月，再次取消乡建置，文登县设1镇12区321个行政村；文西县设13区253个行政村。1952年初，文登县设15区158乡镇；昆嵛县设15区137乡镇。1956年12月，合并后的文登县设10区64乡镇。1958年9月，全县成立21处人民公社。1959年7月，取消乡建置。1966年4月，全县设23处人民公社941个生产大队4380个生产队。1982年，文城人民公社改为城关镇。1984年3月，原23处公社改为9镇14乡，共952个村。1989年12月，草庙子、侯家、小观、界石、晒字、苘山、铺集和米山共8乡改为镇，全市设17镇6乡952村。1992年5月，泽库、口子、张家产、天福山4乡改为镇。1992年8月，成立文登经济开发区（经济区划单位，经济开发区管理委员会为派出机构）。1993年10月，文登营、黄岚2乡改为镇，黄岚更名北郊。至此，全市设23镇952村。1994年6月，草庙子、初村两镇划入威海市环翠区，文登市辖1

区21镇872村。同年9月，设立双龙街道办事处，辖属13村改为居民区。1998年8月，撤销香水庵等31个村委会，以原村为基础改为31个居委会，仍以文城镇政府管理为主，业务受城市居民管理委员会指导。全市共21镇44个居民区828个村。

2001年5月，撤销文城镇，设立龙山路、天福路、环山路3个街道；北郊、晒字、铺集、天福山、口子、埠口镇，分别并入葛山、界石、葛家、文登营、大水泊、张家产镇；经济开发区辖属双龙街道更名为文登经济开发区街道；原44个居委会改为社区居委会，并增加凤凰台、横山、大观园、五龙、西濠、双桥、北山、德贤、香山、学府、峰山、棋山、桃园、温泉、文星、爬山、秀山、豹山、南山19个社区居委会。全市设4个街道14个镇63个社区828个村。

2002年7月，设立双龙社区。2003年2月，撤销经济开发区街道，双龙等14个社区隶属经济开发区；4月，撤销凤凰台社区，设立西凤凰台社区，隶属龙山路街道；设立东凤凰台社区，又析文登营镇漩奔村，隶属经济开发区；7月，经省政府批准，葛山镇的北陡埠和王埠庄村划归龙山路街道。2005年2月，成立埠口港管理委员会（派出机构），辖8个村，1个社区委员会。10月，文登营镇的柳家庄、单鲍产、柏果树、止马岭4个村划归经济开发区。2006年龙山路街道的金岭屯村并入西楼社区，经济开发区和3个街道的16个村先后改为社区。2007年6月，龙山路街道、天福路街道、环山路街道更名为龙山街道、天福街道、环山街道。2008年4月，经威海市政府决定，汪疃镇（58村）、葛山镇（65村3居）划归威海工业新区管理，未形成法律意义上的行政区划变动。12月，为适应社区建设需要，市政府决定将城区社区规模进行调整，将城区21个社区居委会合并为10个。2010年根据城市建设规划和南海新区发展需要，新成立4个社区居委会。12月，龙山街道吴家庵村并入西楼社区居委会。至2012年末，全市共有3个街道、12个镇、684个村，79个社区（不包括汪疃、葛山两镇）。2014年3月18日，威海市文登区正式成立。4月，泽头镇小洼村与北庄合并，沿用北庄村名；同时，在镇驻地东侧南海太阳城居民小区设立太阳城社区。年末，辖3个街道12个镇763个村居，其中村民委员会684个，社区居民委员会79个。

自然环境

【地质】 文登区位于新华夏系第二隆起的东部，文、荣凸起的中心部位。由于长期隆起，缺失中元古——中生界侏罗纪地层。总的特点是：地质简单，岩浆岩分布广泛，构造不太发育。地层以下元古界胶东岩群第二岩组变质岩系为主，第四纪堆积物遍布全境，有冲积、洪积、残坡积和海积等类型。褶皱简单，北部汪疃地区为一倒转复背斜，属乳山市至威海市环翠区倒转复背斜中段，轴向45°左右，轴面倾向南东。由于昆嵛山岩体的影响，向斜轴发生弯曲，中部向北西凸出。南部高村、侯家一带为单斜构造。由于伟德山、紫金山等岩体侵入，不仅与北部的地层断开，而且产状也不协调，形成一向南倾斜并凸出的宽缓单斜构造。境内断裂不多，较大的有4条：母猪河断裂，南北向展布，长40千米，宽50～100米；小洛至花岛断裂，长10千米，宽10～20米；泽库断裂，与小洛至花岛断裂平行，长4.5千米，宽数米；西字城至章子山断裂，延入荣成市境，全长14千米，宽数米。历史上破坏性地震的震中都不在文登境。

【地形】 境内地形复杂，丘陵起伏，沟壑纵横。平原沿河谷两岸及滨海地区呈带状展布。山地占总面积的19%，丘陵占58.4%，平原占22.6%。西部昆嵛山脉是胶东屋脊，为西部南北向分水岭，主峰泰礴顶海拔923米；东部凤台顶、老驴山、郐山、老青山等丘陵为东部南北向分水岭。全境两侧高，中间低，北部高，南部低，像一簸箕，口向南，伸向黄海。

【气候】 文登地处北温带，属于大陆性季风气候，四季分明。年平均气温11.9℃，1月份平均气温全年最低，为-2.3℃，8月平均气温全年最高，为24.7℃；有气象资料记录（1953年）以来年平均气温最高是13.0℃，出现在2017年；年平均气温最低是10.2℃，出现在1956年；自1987年以来，年平均气温均在11.0℃以上，年平均气温超过12.0℃出现在1994年以后，至2017年共有16个年度，2010年至2013年连续4年平均气温均在12.0℃以下，2014年平均气温升至12.7℃，2015年、2016年度平均气温均达12.8℃，2017年平均气温突破极值（1953年以来），达到13.0℃；1953年以来极端最高气温36.4℃，分别出现在1958年7月21日、1966年8月5日、1967年7月17日、2017年7月11日；极端最低气温-25.5℃，出现在1963年1月25日。年降水量767.8毫米，1953年以来降水量最多年份是1959年，降水量1183.6毫米，降水量超过1000毫米的年份有9个；降水量最少年份是1999年，降水量398.3毫米。年度降水分布不均，夏季较为集中，6—9月降水量约占全年70%，常出现暴雨，春秋季降水偏少，常发生干旱，冬季常出现大雪或暴雪。年日照时数2364.0小时，无霜期200天。冬季漫长，盛行从大陆北部吹来的干冷冬季风，气温偏低，为半岛地区低温站点；夏季最短，盛行从海洋吹来的暖湿夏季风，春秋两季属冬夏季风转换期，春季大风天气较多。

2017年度气候　年平均气温13.0℃，较常年偏高1.1℃，较上年偏高0.2℃，是有气象资料记录（1953年）以来年平均气温最高值（以前是12.8℃），也是1994年以来24年间第16次年平均气温达到或超过12.0℃。年极端最高气温36.4℃（与1953年以来最高值持平），出现在7月11日，

年极端最低气温 -9.1℃，出现在 1 月 21 日；年平均最高气温 17.7℃，年平均最低气温 9.5℃。气温特点：除 10 月平均气温较常年偏低 0.1℃，其他各月平均气温都较常年偏高。气温分布：冬（1 — 2 月）平均气温 0.1℃，较常年偏高 1.4℃，其中 1 月平均气温 -0.5℃，较常年偏高 1.8℃，2 月平均气温 0.7℃，较常年偏高 1.0℃；春季（3 — 5 月）平均气温 12.7℃，较常年偏高 2.0℃，明显偏高，其中 3 月较常年偏高 1.2℃，4 月较常年偏高 2.5℃，4 月是全年各月平均气温较常年偏高最大月，5 月较常年偏高 2.2℃；夏季（6 — 8 月）平均气温 24.7℃，较常年偏高 1.1℃，其中 7 月平均气温 26.6℃，较常年同期偏高 2.0℃，是全年平均气温最高月份；秋季（9 — 11 月）平均气温 14.4℃，较常年偏高 0.5℃，其中 9 月偏高 1.5℃，10 月偏低 0.1℃，11 月偏高 0.1℃；冬季 12 月平均气温 0.7℃，较常年偏高 0.2℃。全年气温明显偏高，夏季偏热。年降水量 633.6 毫米，较常年偏少 134.2 毫米，较上年偏多 72.0 毫米，是连续第三年降水较常年偏少，出现干旱，造成各水库蓄水不足，用水紧张。降水分布：冬季（1 — 2 月）、夏季降水较常偏多，春季、秋季、冬季（12 月）降水较常年偏少，降水较集中在 7 月和 8 月，两个月降水量 473.7 毫米，占全年降水量 74.8%。冬季（1 — 2 月）降水量 39.4 毫米，较常年偏多 12.5 毫米，降水偏多对冬小麦越冬及返青生长有利；春季（3 — 5 月）降水 27.2 毫米，较常年偏少 118.3 毫米，其中 3 月偏少 20.4 毫米，4 月偏少 26.0 毫米，5 月偏少 44.7 毫米，降水偏少，出现干旱，对小麦生长及春播不利；夏季（6 — 8 月）降水量 494.4 毫米，占全年降水量 78.0%，较常年偏多 42.0 毫米，降水分布不均，其中 6 月降水较常年偏少 63.0 毫米，7 月降水较常年偏少 36.4 毫米，8 月降水较常年偏多 141.4 毫米，夏季仅 8 月（8 月 4 日降水 152.3 毫米，8 月 10 日降水 62.3 毫米）出现两次暴雨天气，干旱持续到 7 月，对秋作物生长影响较大；秋季（9 — 11 月）降水量 61.2 毫米，较常年偏少 83.9 毫米，其中 9 月降水较常年偏少 67.9 毫米，10 月降水较常年偏多 15.2 毫米，11 月降水较常年偏少 31.2 毫米；冬（12 月）降水量 11.4 毫米，较常年偏少 13.7 毫米，出现两三次小雪过程，地面 8 天有积雪，最深 5 厘米。全年出现降水大于 25 毫米日数 6 天，大于 50 毫米（暴雨）降水日数 2 天，大于 150 毫米降水日数 1 天。最长连续降水日数 4 天，8 月 4 — 7 日，降水量 198.4 毫米，最长连续无降水日数 29 天（10 月 12 日至 11 月 9 日）。年日照时数 2265.8 小时，较常年少 98.2 小时。全年出现 7 级以上大风日数 29 天，除 6 月和 9 月外，其它各月均有大风出现，11 月最多，有 5 天，2 月 20 日出现年极大风速 23.1 米 / 秒，风力 9 级；雷暴日数 15 天，集中在 4 — 9 月；大雾日数 27 天，轻雾日数 208 天；霜日数 54 天，无霜期 245 天，终霜日期 3 月 15 日，初霜日期 11 月 16 日；露日数 55 天；地面积雪 19 天，多出现在 1 月、2 月和 12 月，最深积雪 2 月 22 日 9 厘米；结冰 95 天，最深冻土 7 厘米。

重大气候事件

干旱　2017 年度降水较常年偏少，是连续第 3 年降水偏少，其中 3 — 6 月降水偏少，出现较重的旱情，对小麦生产及春播生产物影响较大，且造成各水库蓄水量不足，出现用水紧张状况。

大暴雨　2017 年 8 月 4 日文登出现大暴雨天气，日降水量 152.3 毫米，此次降雨对增加蓄水、缓解用水紧张状况有利。

综合 2017 年气象资料分析，气温偏高，降水偏少且分布不均，日照时数偏少，出现较重旱情，气候年景偏差。

2017 年文登区气象资料表

年份	平均气压（毫巴）	平均气温（℃）	平均最高气温（℃）	平均最低气温（℃）	相对湿度（%）	降水量（毫米）	日照（小时）	无霜期（天）	最多风向	最大风速（米 / 秒）
多年平均	1017.5	11.9	16.8	7.7	68	767.8	2364.0	200	静风，北北西	32.1
2017	1003.2	13.0	17.7	9.5	67	633.6	2265.8	245	南南西	23.1

2017 年文登区气温资料表

单位：℃

年份	1月	2月	3月	4月	5月	6月	7月	8月	9月	10月	11月	12月	年均
常年	-2.3	-0.3	4.4	11.0	16.8	21.4	24.6	24.7	20.4	14.3	7.0	0.5	11.9
2017	-0.5	0.7	5.6	13.5	19.0	22.5	26.6	24.9	21.9	14.2	7.1	0.7	13.0

2017 年文登区降水量资料表

单位：毫米

年份	1月	2月	3月	4月	5月	6月	7月	8月	9月	10月	11月	12月	年总量
常年	14.7	12.2	22.5	36.7	59.1	83.7	173.8	194.9	82.7	30.4	32.0	25.1	767.8
2017	23.3	16.1	2.1	10.7	14.4	20.7	137.4	336.3	14.8	45.6	0.8	11.4	633.6

2017 年文登区日照时数资料表

单位：小时

年份	1月	2月	3月	4月	5月	6月	7月	8月	9月	10月	11月	12月	年总时数
常年	167.5	177.8	217.1	233.9	248.0	212.9	170.9	193.7	210.7	212.0	164.4	155.1	2364.0
2017	149.1	176.7	205.9	240.8	275.2	264.4	116.1	149.8	208.9	160.3	178.8	139.8	2265.8

（张夕国）

【水文】

水文气象　文登区地处北温带，属东亚季风区域大陆性气候。具有季风进退频繁，四季变化分明，春季回暖晚，干燥多风，夏季湿热多雨，秋季凉爽易旱，冬季漫长寒冷多雪等特点。全区多年平均气温 11.5℃，极端最高气温 36.4℃，极端最低气温 -25.5℃。域内多年平均降水量 803.6 毫米，降雨量多集中在 7、8、9 三个月。年均无霜期 194 天，平均日照 2540.7 小时，日照率为 57%。全年相对湿度为 71.5%，历年主导风向，夏季为东南风，冬季为西北风，平均风速 4 ～ 5 米 / 秒，水汽来源主要来自东南季风带来的大量水汽。

河流水系　境内河流属于胶东地区沿海边缘水系。主要河流有母猪河、青龙河、昌阳河和流经西南边界的黄垒河。边沿地区直接入海和流入荣成市境内的小河共 36 条。加上大小支流，全区大小河道共 1030 条，总长 1861 千米，沟壑密度为 1.25 千米 / 平方千米。其中共有流域面积 50 平方千米及以上河流 12 条，总长度为 416 千米。

全区河流均为雨源型河流，多为季节性间歇河流。枯水季节，除几条主要河流中下游有很小径流外，大都干涸断流。一降暴雨，则洪水汹涌。其特点是：源高、流短、涨快、退速。

母猪河　为境内第一大河。干流长 58 千米，流域面积 1115.18 平方千米，去掉草庙子镇、初村镇、汪疃镇、苘山镇的流域面积 316.54 平方千米，境内流域面积为 798.64 平方千米，占全区总面积的 49.4%，控制北、东北和西部的界石镇、葛家镇、泽头镇、汪疃镇、文登营镇、米山镇、宋村镇及天福街道、龙山街道、环山街道和经济开发区。又分东西两大干流，平均径流深 271 毫米。西母猪河：发源于昆嵛山主峰泰礴顶东侧和汪疃镇的角山，流经界石、汪疃、葛家镇、米山镇和苘山镇至泽头镇高家庄村东与东母猪河汇流，全长 49.8 千米，流域面积 680 平方千米。有主、支流 480 条，总长 844.95 千米。东母猪河：全长 50.6 千米，流域面积 360 平方千米。其北支发源于正棋山（今属威海市环翠区），旧称送驾河，今称柳林河。经北申格庄、南申格庄、东高格庄、中床、西床、陡埠、九里水头、七里水头，在柳林村与南支汇流。其南支流发源于驾山山脉的林子顶，称城南河或抱龙河。经前后驾山村东、东杜梨村南、姚家疃、营前、七里河，与北支合流后，经泊子、河圈、郭格庄、小床、大床、潘格庄、周格庄，在高家庄村东与西母猪河合流。东母猪河有主、支流 210 条，总长 376 千米。东西母猪河合流：东西母猪河于高家庄村东汇合后，河宽 200 ～ 500 米，经道口大桥，遇虎窠山转东北流，至姚山头村南，转东南至西海庄村西南入海。

青龙河　发源于驾山山脉的岳家口、天福山一带。经刘马庄西、大店和小店东南，岚宅、章子山东，大乔家、团山、山后孙家、北邢家、中邢家、河南邢家、孙家埠村、高村、河西、岭上董家，在望海倪家村西南流入埠口湾。平均径流深 273 毫米，控制文登营东部及大水泊和高村镇东部，流域面积 235.81 平方千米，占全区总面积的 13.2%。有主、支流 145 条，总长 302.75 千米，其中主河道长 31 千米。

昌阳河　发源于张家产镇泊石西山，流经张家产、车卧岛、汤村店、石羊，在西海庄南入海。全长 27.4 千米，流域面积 203 平方千米，占全区总面积的 11.4%。平均径流深 251.2 毫米。有主、支流 115 条，总长 186.65 千米。

黄垒河　发源于昆嵛山西麓。流经烟台市牟平区、乳山市、文登区，在浪暖口入黄海，流域面积 652 平方千米，全长 69 千米。文登境内自庙东村以下，沿文登区与乳山市边界南流长 17 千米，流域面积 115.73 平方千米。境内有主、支流45条，总长66.0千米。

（李海波）

【土壤】 根据全区第二次土壤普查资料，全区土壤有6个土类，10个亚类，14个土属，97个土种，179个变种。

棕壤 是在一定的生物气候条件下，由非钙质岩类，发育形成的一种地带性土壤，以棕色或棕褐色为主，淋溶淀积作用明显，心土层较黏重，无石灰反应，土壤呈微酸—酸性反应，PH值6左右，是全区主要土壤类型，分布于全区各地。可利用面积13.15万公顷，占可利用总面积的83.59%。棕壤按其剖面发育性态和潜水状况，可分为棕壤性土（俗称石碴土、岭砂土等）、棕壤亚类（俗称黄土、黄堰土）、白浆化棕壤（俗称白浆土、包浆土）和潮棕壤（俗称潮黄土、黑黄土、黑土）四个亚类。其分布与地形地貌关系密切，山丘中上部为棕壤性土，土体厚度一般小于60厘米，土壤疏松，结构较差；中下部为棕壤亚类，土体厚度在1米以上，心土层（即淀积层）较黏重，持水力强，生产能力中等；白浆化棕壤主要分布在缓坡地带，泽库镇北部和泽头镇上泊子等地较多，表土下有一含大量铁锰结构的白色土层，底部黏重紧实，极难透水，汛期易泡浆，滞水解涝，理化性能差；潮棕壤分布在地势较平坦的泊区，潜水位2～3米，土层深厚，水分状况较好，生产性能在棕壤土类中居首位。

潮土 是发育在河流冲积及海相沉积物上，受潜水作用形成的一类土壤。分布在沿河两岸及近海地带，土层深厚，质地层次明显，地下水位1～2米，土壤反应近中性。全区可利用面积2.19万公顷，占总面积的13.9%。按潜水水质等状况可分为潮土（俗称河淤土、淤土）和盐化潮土（俗称盐化土）2个亚类。

潮土亚类分布在河流两岸和近沿海处，除部分质地适中外，大部分属砂性土，易耕作，通透性强，漏水漏肥严重。

盐化潮土亚类，主要分布在小观、泽头、宋村、侯家、泽库等镇沿海地带，表层为沙壤或壤质土，潜水位1米左右，地表有不同程度的返盐现象，影响作物的出苗和生长发育。

水稻土 是盐化潮土经人为淹水耕作形成的，主要分布在昌阳农场和西廒村西部、南部。土层深厚，有返盐现象，呈中性至碱性反应，PH值7.5左右，可利用面积980公顷，占可利用总面积的0.62%。

盐土 由海相沉积而成。主要分布在沿海地带，土壤层全盐含量1.19～4.67%，土壤含盐量大，农作物难以生长，多生长芦苇、碱蓬、海角菜、盐蒿等耐盐植物，有的则成为光板地或人工盐田。全区总面积4233公顷，其中可利用面积1673公顷，占可利用总面积的1.07%。

风砂土 是河流冲积和风积共同作用形成的。主要分布在母猪河东岸，呈沙丘状，通体松砂，现多营造林木，春季仍有不同程度的风蚀现象，为半固定风砂土，可利用面积420公顷，占可利用总面积的0.27%。

山地草甸型土 分布在昆嵛山海拔700米左右的山体上，可利用面积866.7公顷，占可利用面积的0.55%。因海拔高、气温低、湿度大，风力强，乔木树种稀少，草本植物生长茂盛，土壤积累较厚腐殖质，有机质含量达6%。

（刘忠良）

【海域】 文登南临黄海，海岸线东起高村镇靳家店村南蔡官屯河口（122°13′36.80″E 37°02′14.50″N），曲折西去，止于黄垒河口（121°51′02.79″E 36°54′49.67″N）。全长155.88千米。

文登管辖海域总面积1650平方千米，其中确权面积567平方千米。沿海有靖海湾、五垒岛湾2处海湾。近海中有牛心岛（面积0.01平方千米）、里岛（面积0.006平方千米）、鳌头、华山、怀石、文登人石、陀螺头7个小岛屿，有低潮高地4处。

（许修强）

自然资源

【土地资源】 文登区总面积1615.62平方千米，海岸线155.88千米。全区土地总面积161562.54公顷，其中山地占19%，丘陵占58.4%，平原占22.6%。全区土地利用现状分类中，耕地54727.01公顷，占土地总面积的33.87%；园地11234.44公顷，占土地总面积的6.95%；林地27256.67公顷，占土地总面积的16.87%；草地3851.02公顷，占土地总面积的2.38%。城镇村及工矿用地24792.43公顷，占土地总面积的15.35%；交通运输用地8267.70公顷，占土地总面积的5.12%；水利设施用地18042.74公顷，占土地总面积的11.17%。其他用地13390.53公顷，占土地总面积的8.29%。

【矿产资源】 文登区大地构造地处新华夏系第二隆起带胶东起区的东部，文荣凸起的中心部位，矿产资源比较丰富。其中，花岗岩储量巨大，是境内的优势资源；地下热水是胶东半岛最多的县市；石墨、钾长石、大理石的储量也较可观。全区已发现的矿产资源有：花岗岩、大理石、矿泉水、黄金、铁、锰、银、铜、钾长石、石英砂、石墨、滑石、高岭土、磷矿、铁矿、蛭石、石英石、水晶、石榴石、云母、长石、石棉、泥炭、透辉石、砖瓦用黏土等27种。

（周晓鹏）

【水资源】

地表径流 文登区多年平均地表水天然资源总量为4.96亿立方米，多年平均径流深为271.2毫米。

地下水 文登区地下水资源量主要分两部分：山丘区地下水资源量和平原区地下水资源量。根据分析计算，文登区山丘区多年平均地下水资源量为1.00亿立方米。平原区多年平均地下水资源量为0.67亿立方米，全区多年平均地下水资源量为1.64亿立方米，重复计算量为0.03亿立方米，地下水产水模数为8.97万立方米/平方千米。

全区多年平均地下水可开采量为0.92亿立方米，(已扣除重复计算量)，地下水可开采模数为5.03万立方米/平方千米。根据文登区具体情况，现状工程技术条件下可开采利用量为0.62亿立方米。

水资源量　文登区多年平均降水量为810.7毫米，多年平均年径流深271.2毫米，多年平均水资源量为5.62亿立方米，其中：多年平均地表水资源量4.96亿立方米，多年平均地下水资源量1.64亿立方米，重复水量为0.98亿立方米。

现状条件下，全区多年平均水资源可供水量为1.9亿立方米。其中地表水可供水量分别为1.28亿立方米，地下水多年平均可供水量0.62亿立方米。

（李海波）

【生物资源】

陆地生物资源　文登区生物资源丰富，为发展生态林业提供有利条件，对保护自然环境、维护生态平衡发挥着重要作用。树种资源：有木本植物64科，312种（含亚种和变种），其中，乔木217种，山丘地主要有赤松、黑松、麻栎、栓皮栎、槲栎、板栗、刺槐、楸树、枫杨、赤杨、紫柳、胡桃、椴树等；灌木95种（含藤本），主要有胡枝子、卫茅、酸枣、多花蔷薇、小叶鼠李、白檀、锦带花、杜鹃、毛榛等。在沿海防风固沙林中有既耐干旱瘠薄又能抗海雾的树种：乔木有黑松；灌木有紫穗槐、单叶罗荆；河谷和沿海平原主要有刺槐、白榆、臭椿、泡桐、法桐、楸树、欧美杨类、毛白杨、柳类；人工栽培的灌木有紫穗槐、杞柳、白蜡等。盐土上生长的树种：适应重度盐化土生长有柽柳、紫穗槐、枸杞子；中度盐化土有刺槐、柳类、白榆、白蜡、皂荚、桑、臭椿、国槐、杜梨、侧柏；轻度盐化土有泡桐、悬铃木、小叶杨、合欢、山槐、黄连木、水杉。园林观赏树种44科109种，主要有雪松、龙柏、千头柏、万峰桧、蜀桧等；人工栽培的经济树有7科34种（不含变种、变型和杂交种），主要有苹果、梨、桃、杏、葡萄、山楂等；古、大、珍稀的树木有银杏9棵，树龄最大的为830年，最小的为220年；300年生的白玉兰；130年生的流苏。野生植物资源：野生经济植物有186种，其中药材58科130属162种，主要有野菊花、黄芩、桔梗、防风、柴胡、枸杞、王不留行等。野生动物资源有24目45科105种，其中，兽类9目14科20种，主要有兔、黄鼬、獾、狐、青蛙、蛇等；鸟类15目31科104种，主要有天鹅、大白鹭、苍鹭、野鸡、山鸡、灰喜鹊等。

（邢建环）

海洋生物资源　文登浅海和潮间带生物资源比较丰富，约有211种（属）。其中浮游植物有26种（属）。浮游动物18种（属），以低温高盐种中华哲水蚤、太平洋磷虾、细脚拟长、强壮箭虫、背针胸刺水蚤和夜光虫等为优势种。底生植物30种，分布在前岛、牛心岛、花岛等岛礁周围，其中绿藻7种，主要有石莼、孔石莼、浒苔等；褐藻11种，主要有海带、裙带菜等；红藻10种，主要有条斑紫菜、石花菜、江篱等；高等植物2种，主要有大叶藻和虾海藻。15米等深线内浅海底栖动物23种，以无疣齿吻沙蚕、异足索沙蚕、白樱蛤、胶洲湾角贝、双眼钩虾等为优势种。潮间带和5米等深线内浅海底栖动物113种，其中腔肠动物2种；扁形动物2种；纽形动物1种；环节动物14种；拟软体动物1种；软体动物62种，主要分布于潮间带和潮下带海域，以红螺、泥螺、泥蚶、毛蚶、贻贝、寻氏肌蛤、太平洋栉孔扇贝、褶牡蛎、近江牡蛎、文蛤、青蛤、菲律宾蛤仔、四角蛤蜊、中国蛤蜊、西施舌、长竹蛏、大竹蛏、缢蛏等为优势种；节肢动物23种，主要分布于15米等深线以内海域，以宽身大眼蟹、日本大眼蟹、黑斑虾蛄等为优势种。棘皮动物8种，主要分布于岩礁底质的潮间带海域，以海地瓜、海棒槌、粗钝海盘车为优势种；游泳生物种类较多，主要分布在浅海海域，经济价值及近年产量较高的优势种有中国团扇鳐、鳓鱼、太平洋鲱、青鳞鱼、远东拟沙丁鱼、黄鲫、海鳗、星鳗、鳕鱼、鲻鱼、梭鱼、鲈鱼、黑鳃梅童鱼、大黄鱼、小黄鱼、白姑鱼、真鲷、黑鲷、玉筋鱼、鲆类、带鱼、鲐鱼、蓝点马鲛、银鲳、舌鳎、条鳎、马面鲀。无脊椎动物分布在浅海水域，种类亦较多，常见的有日本枪乌贼、针乌贼、金乌贼、鱿鱼、长蛸、中国对虾、鹰爪虾、中国毛虾、日本毛虾、三疣梭子蟹等。2000年始引进的养殖新品种有大鲮鲆、南美白对虾、“黄海1号”中国对虾、红鳍东方鲀、菊黄东方鲀等品种。

（王海涛）

人口　民族

【人口】 2017年，全区总人口576457人，比2016年同期减少4822人，其中男性286550人、女性289907人；总户数215812户，平均每户2.67人；出生4767人，死亡9510人；省内迁入1110人，其中威海市内本区外迁入556人，省内其它地市迁入554人；省外迁入1418人；迁出省内本区外1768人，其中迁往威海市内本区外1104人，迁往省内其它地市664人；迁往省外942人；区内迁移总量3648人（次）；城区常住人口193917人。

（邵丽娜）

【民族】 2017年，文登区内有汉族、佤族、满族、朝鲜族、蒙古族、回族、藏族、维吾尔族、苗族、彝族、壮族、布依族、侗族、瑶族、白族、土家族、哈尼族、傣族、黎族、傈僳族、畲族、高山族、拉祜族、水族、纳西族、景颇族、土族、达尔族、仫佬族、布朗族、仡佬族、锡伯族、普米族、乌孜别克族、鄂温克族共35个民族。年末，汉族占全区总人口的99.6%，少数民族占总人口的0.4%。

（邵建胜）

2017年文登区国民经济和社会发展统计公报

2017年，面对复杂多变的宏观经济环境和各种困难挑战，全区上下认真贯彻落实区委、区政府的决策部署，坚持稳中求进的工作总基调，积极践行新的发展理念，以打造威海经济中心为目标，以供给侧结构性改革为主线，扎实做好各项工作，经济社会保持平稳健康发展，实现了“十三五”良好开局。

一、综合

国民经济平稳健康发展。初步核算，全年地区生产总值829.70亿元，按可比口径计算（下同），同比增长7.8%。其中，第一产业增加值62.85亿元，增长3.9%；第二产业增加值381.12亿元，增长8.9%；第三产业增加值385.73亿元，增长7.2%；三次产业结构调整为7.58∶45.93∶46.49。

财政收支良性运行。财政收入稳步增长。2017年全区公共财政预算收入51.68亿元，增长9.67%。税收收入41.79亿元，同比增长10.06%，增值税7.08亿元，同比增长32.39%，营业税0.19亿元，同比下降94.98%。2017年全区公共预算财政支出63.49亿元，增长4.18%。一般公共服务支出3.99亿元，同比下降12.59%，教育、社会保障和就业、农林水事物支出分别增长4.23%、5.82%、-10.57%，四项共计支出38.25亿元，占财政预算总支出的比重达60.24%。

二、农林牧渔业

农业生产形势良好。第一产业中，农业实现增加值15.91亿元，同比增长2.4%；林业增加值0.14亿元，同比增长3.9%；牧业增加值17.53亿元，同比增长3.5%；渔业增加值29.28亿元，同比增长4.9%，农林牧渔服务业增加值3.32亿元，同比增长4.9%。

肉类总产量4.94万吨，禽蛋总产量5.28万吨，奶类总产量8.10万吨，大牲畜年末存栏2.2万头，全年水产品产量45.08万吨。

全区水果种植面积14万亩，同比增长0.1%；其中苹果种植面积11.32万亩，同比增长1%，葡萄种植面积0.49万亩，同比增长5%，桃种植面积0.59万亩，同比下降1.3%，弥猴桃种植面积0.03万亩，同比增长0.7%，樱桃种植产量2636吨，同比增长0.3%。

三、工业、建筑业

工业经济保持稳定增长。全区规模以上工业企业实现总产值1546.25亿元，同比增长14.2%，其中轻工业产值591.83亿元，同比增长16.9%，重工业产值954.41亿元，同比增长12.6%；大中型工业总产值1118.65亿元，同比增长11.0%。按经济类型分：国有企业产值6.09亿元，同比增长0.4%，集体企业产值16.01亿元，同比增长15.2%，股份制企业产值893.15亿元，同比增长13.2%，外商及港澳台商投资企业产值446.49亿元，同比增长15.3%，其他经济类型企业产值186.27亿元，同比增长15.6%。

全区规模以上工业实现销售收入1515.09亿元，同比增长12.9%；利税120.92亿元，同比增长14.5%；利润82.03亿元，同比增长16.9%。全年高新技术产业完成工业总产值527.43亿元，同比增长13.2%；占工业总产值的比重为34.8%，较去年同期提高1.20个百分点。

建筑业企业综合竞争力不断提升。建筑施工企业全年房屋施工面积195.63万平方米，同比增长46.51%，房屋建筑竣工面积105.49万平方米，同比增63.02%。实现建筑业总产值20.09亿元，同比增10.4%。

2017年文登建筑企业共签订工程合同额35.42亿元，同比增长32.11%，其中，本年新签合同额23.44亿元，同比增长56.05%。

四、固定资产投资

固定资产投资规模不断扩大。2017年全区固定资产投资总量持续增长，规模以上固定资产投资比上年同期增长12.30%。

在规模以上固定资产投资中，第一产业完成投资10.03亿元，同比下降37.12%，占总投资的比重1.56%；第二产业完成投资416.90亿元，同比增长28.27%，占总投资的比重64.91%；第三产业完成投资215.34亿元，同比下降6.77%，占总投资的比重为33.53%。

五、国内贸易和物价

消费品市场持续健康发展。2017年全区社会消费品零售额累计达379.74亿元，比去年同期增加35.60亿元，同比增长10.35%。2017年限额以上企业实现社会消费品零售额79.99亿元，同比增长14.30%，占社会消费品零售总额的20.06%；2017年限额以下贸易企业实现零售额299.75亿元，同比增长9.34%，限额以上贸易企业增速快于限额以下企业增速4.96个百分点。

商品零售物价指数情况如下：

类别	指数
居民消费总指数（1—12月累计）	101.9
居民消费品价格指数（当月）	103.2
食品烟酒类	100.7
衣着类	98.3
居住	107.9
生活用品及服务类	103.3
交通和通信	104.3
教育文化和娱乐	105.3
医疗保健	100.6
其他用品和服务	102.6

六、对外经济

对外经济运行良好。2017年对外贸易进出口总额165.09亿元，增长27.1%，其中，出口102.15亿元，增长24.5%；进口62.94亿元，增长31.5%。从企业性质看，内资企业进出口114.47亿元，增长44.09%，占全市的61.1%；外商投资企业进出口50.62亿元，增长0.24%，占全市的30.66%。从贸易方式看，一般贸易进出口132.33亿元，增长36.27%，占全市的80.15%；加工贸易进出口32.37亿元，下降0.4%，占全市的19.61%；其他贸易进出口0.39亿元，下降35.89%，占全市的0.24%。

全年新批准外资项目29个；合同外资20.35亿元，增长9.1%；实际到账外资7.64亿元。从实际到账外资来源看，韩国到账外资1.55亿元，占全区的20.3%；香港到账外资4.81亿元，占全区的62.9%；其他到账外资1.28亿元，占全区的16.8%。从实际到账外资投向看，第二、三产业到账外资分别为5.65亿元、1.99亿元，分别占到账外资的73.95%、26.05%。

全年新核准设立境外企业（机构）2家，完成中方投资额15.96亿元；外派各类劳务人员2476人，下降19.4%。

七、金融与保险

金融运行稳健有序。2017年金融机构本外币存款余额579.63亿元，比年初增加59.60亿元，增长11.46%，同比少增29.71亿元，其中，住户存款余额为354.23亿元，比年初增加25.33亿元，增长7.7%，同比少增5.16亿元；非金融企业存款余额为137.26亿元，比年初增加30.68亿元，增长28.79%，同比少增13.54亿元。年末金融机构本外币贷款余额333.37亿元，比年初增加43.67亿元，增长15.08%，同比多增42.41亿元，；非金融企业及机关团体中长期贷款余额为234.29亿元，比年初增加38.53亿元，增长19.68%，同比多增32.48亿元。其中住户人民币存款余额350.06亿元，比年初增加25.32亿元，增长7.80%，同比少增4.25亿元。

全年保险机构保费收入13.53亿元，同比增长2.56%，其中，财产险保费收入3.45亿元，同比增长11.64%；人身险保费收入10.08亿元，同比下降3.1%。各项赔款和给付5.70亿元，同比增长4.3%，其中，财产险赔款和给付2.27亿元，同比增长25.4%；人身险赔款和给付3.43亿元，同比增长6.07%。

八、教育、卫生

教育事业稳步推进。2017年文登区共有普通中等专业学校3所，在校学生4413人，教职工530人；普通高中4所，在校学生5976人，教职工1116人；普通初中17所，在校学生13853人，教职工2109人；小学23所，在校学生18853人，教职工1700人；特殊教育（哑校）学校1所，在校生106人，教职工44人；幼儿园43所，在园幼儿11169人，教职工796人。

卫生服务能力增强。年末全区拥有卫生机构329个，其中，医院6个，门诊部2个、疾病预防控制机构1个，卫生监督机构1个，妇幼保健机构1个，专科疾病防治所（院）1个，社区卫生服务机构13个，镇卫生院14个，诊所、卫生所、医务室84所，村卫生室206所。全区各类卫生机构拥有床位4594张，其中医院拥有床位3540张；卫生事业机构总人数5960人，其中卫生技术人员4866人，执业医师及执业助理医师1659人，注册护士2355人。

九、人民生活和社会保障

城乡居民收入稳定增加。2017年城镇居民人均可支配收入40457元，增长8.4%；农村居民人均可支配收入20217元，增长7.9%。2017年城镇居民人均消费性支出25536元，增长8.6%；农村居民人均消费支出11506元，增长8.6%。

社会保障水平提高。至2017年末共有1598家企业98225人企业职工参加了基本养老保险，13672人机关事业单位在职职工参保；共有84052人（其中企业养老75574人）离退休职工享受基本养老保险，全年共为离退休职工发放离退休费216986万元（其中企业离退休费166615万元）。职工医疗保险参保人数达到130705人，参保率达到99.9%，居民基本医疗保险参保居民人数达393846人，参保率达到99.9%，居民基本养老保险参保人数261300人，参保率99%。

加快发展社会福利事业。2017年，再次提高"五保"供养标准，共供养"五保"老人2690人，其中集中供养1400人，分散供养1290人，共发放"五保"供养资金131.35万元。

稳固发展社会救助事业。通过不断加大救助政策宣传、进一步规范低保评定等工作，使全区社会救助工作更加公平和公正，2017年，全年共保障城镇居民最低生活保障人数531人，380户，共发放保障金236.97万元；农村居民最低生活保障人数6685人，5042户，共发放保障金1613.29万元；抚恤、补助优抚对象总人数7610人，共发放5829万元。全年开展了"慈善助学""慈善大病救助"等救助活动，扶贫及救助总支出达754.5万元。

十、科学技术、文化、体育

科技创新能力持续增强。2017年，全区共有省级工程技术研究中心20家，地级工程技术研究中心10家；院士工作站3家；全区省级以上孵化器达到4家，在孵企业数量稳步增长，达到326家。全区众创空间总数达到9家，其中国家级2家、省级7家；2家企业新建威海市工程技术研究中心，全区高新技术企业总数达到30家。全年高新技术产业完成工业总产值527.43亿元，同比增长13.2%；占工业总产值的比重为34.8%，较去年同期提高1.20个百分点。

文化建设成果显著。年末，全区拥有艺术表演团体1个，全年演出180场，观众人数达180千人次；文化馆1个，公共图书馆1个，文物管理机构1个，各类电影放映单位4个，其中电影院3座；艺术表演场馆1个，演出100场，观众人数达20千人次；组织公益性讲座10次，参加人数20千人；全区现有文化站17个。

体育运动蓬勃发展。2017年，全区共有124人次在省级以上比赛获得名次，其中：洲际比赛1人次获亚军，全国比赛6人次获冠军、6人次获亚军，省级比赛11人次获冠军、16人次获亚军、9人次获季军。在2017年举行的威海市第五届运动会中，文登区代表队参加了除帆船外其他21个大项的比赛，共获188.5枚金牌，获团体总分6409分，所获金牌总数、团体总分均列威海各区市首位。

十一、交通运输

交通运输服务能力进一步加强。年末区内共有公交线路42条，其中文登城区15条，文登乡下8条，南海19条，全区公交车运营线路总长度为1692千米。文登区共有公交车269辆，其中文登城区在线运营93辆，文登乡下在线运营53辆，南海新区范围内共有在线营运公交车68辆，其余为备用车；额定载客量达到12621人，客运量2065.4万人次，运营里程达1970.8万千米。

年末有区际公交线路4条（文登—威海，南海—威海，文登—初村，文登—荀山），共有营运公交车26辆，线路运营总里程为165千米。

注：

1. 公报所列地区生产总值、增加值指标绝对值按当年价格计算，增长速度按可比价格计算。

2. 规模以上工业数据、固定资产投资数据因统计制度变化，与往年数据不可比。

3. 本公报所列数字为初步统计数，正式数字以今后出版的《文登统计年鉴》为准。

4. 资料来源：本公报中社会保障数据来自区市人力资源和社会保障局；进出口、利用外资、内资数据来自区商务局；公交数据来自区交通运输局；财政数据来自区财政局；金融数据来自区人民银行；保险业数据来自金融办；科技、专利数据来自区科技局；教育数据来自区教育局；艺术表演团体、博物馆等数据来自区文化广电新闻出版局；卫生计生数据来自区卫生计生委；体育数据来自区体育局；社会福利数据来自区民政局；其他数据来自区统计局。

（区统计局）

机构与负责人

【中国共产党威海市文登区委员会】

书　记：吴宏飞
副书记：林　恒　　张海军（挂职）
　　　　黄峻峰　　姜进军（挂职）
常　委：吴宏飞　　林　恒
　　　　张海军　　黄峻峰
　　　　姜进军　　隋同朋
　　　　张　辉☆（挂职）
　　　　姜全文　　刘黎宁
　　　　王肇刚　　于晓东
　　　　刘昌杰　　王军华＊
　　　　申万兵（挂职）

办公室

主　任：王志勇
常　务
副主任：牛志宁
副主任：王安清　　李海明
　　　　姜志强

政策研究室

主　任：郭万松
副主任：卫志皓☆　郭万松☆

全面深化改革领导小组办公室

主　任：王志勇
副主任：王国智　　郭万松
　　　　于翔宇

农村工作领导小组办公室

主　任：卫志皓
副主任：周亚楠☆　尚志伟☆
　　　　荣　建　　刘　君

维护稳定工作办公室

主　任：鞠成彬
副主任：于翔宇☆　周　亮

区委巡察办

主　任：于　丰
副主任：刘丽娟＊

第一巡察组

组　长：毕明涛
副组长：王进军

第二巡察组

组　长：田序卫
副组长：李国波

第三巡察组

组　长：张述涛
副组长：黄志涛

信访局

局　长：姚新勇
副局长：刘晓锋☆　徐花水＊
　　　　周传锋　　马丰建（挂职）
　　　　宋海军

档案局（馆）

局　长：王丽杰☆　鞠红伟
馆　长：王丽杰☆　鞠红伟
副馆长：宋中华　　于炜炜＊
　　　　王钦璞＊

党史研究室

主　任：刘洪阳☆　于文华
副主任：赵险峰　　朱树森

工业工作委员会

书　记：于春盛
副书记：吕　杰　　于少波

非公有制经济组织和社会组织工委

书　记：侯志强
副书记：姜　磊☆　董　方

组织部

部　长：隋同朋
常　务
副部长：于　斌
副部长：于　斌☆　侯志强
　　　　于　丰☆　张佳惠＊
　　　　姜　磊

目标绩效管理考核工作委员会办公室

主　任：张佳惠＊☆李　赟
副主任：尚志伟　　周亚楠
　　　　丛　磊☆

党员电化教育中心

主　任：丛永胜
副主任：于跃海☆　周　鑫

组织员办公室

主　任：于　丰☆　张佳惠＊

说明：＊表示女性，☆表示年内离任

副主任：王　超　　孙向芳＊

老干部局

局　长：于　斌

副局长：崔荣文　　时永刚
　　　　黄汝民

离退休干部工作委员会

书　记：于　斌☆　崔荣文

副书记：丛永胜☆　崔　宁＊
　　　　陈艳萍＊

老年大学

校　长：崔荣文☆

副校长：林荣强　　林英英＊
　　　　张泰伟

机构编制委员会办公室

主　任：于军宁

副主任：郭　勇　　包爱君＊

事业单位监督管理局

副局长：刘栋梁　　段晓莹＊

宣传部

部　长：王军华＊

常　务

副部长：王汝辉

副部长：陈宏青　　丁永浩
　　　　马彧彰

精神文明建设委员会办公室

主　任：丁永浩

副主任：马彧彰☆　陈建文☆

社会科学界联合会

主　席：陈宏青

副主席：谭泉永

文学艺术界联合会

主　席：田序强

副主席：姜燕飞＊

革命传统教育基地管理中心

主　任：侯志强

副主任：许建中

统一战线工作部

部　长：于晓东

副部长：丛东日　　张永红＊
　　　　杨　杰　　毕曙光
　　　　马金波　　刘玉波

政法委员会

书　记：刘黎宁

常　务

副书记：刘　芳＊

副书记：于永进　　张英明
　　　　曲学伟

社会治安综合治理委员会办公室

主　任：于永进

副主任：杨承光　　王立波

区直机关工作委员会

书　记：毕崇江

副书记：王培兴☆　纪问波
　　　　姜　霞＊

【威海市文登区人民代表大会常务委员会】

主　任：张建亭

党　组

副书记：曲衍安☆　邹大勇

副主任：李健夫　　王丽珍＊
　　　　江先才　　孙显林
　　　　褚元鹏

办公室

主　任：邵象勇

副主任：宋　帅　　高志良

内务司法工作委员会

主　任：于旭波

副主任：邵永光

财政经济工作委员会

主　任：刘阿强

副主任：于周先

预算工作委员会

主　任：崔向前

教育科学文化卫生工作委员会

主　任：孙连忠

副主任：乔海明☆　毕庶静＊

城乡建设与环境资源保护工作委员会

主　任：慈惟东

副主任：郑　波

农业与农村工作委员会

主　任：李　波

副主任：刘　芳＊

人事代表工作委员会

主　任：荣文桥

副主任：李　霞＊

研究室

主　任：徐胜东

副主任：徐胜东☆　乔海明

【威海市文登区人民政府】

区　长：林　恒

副区长：王肇刚　　孟艳玲＊
　　　　孔　军　　张晓威
　　　　王　亮　　申万兵（挂职）
　　　　于昌利（挂职）
　　　　张　辉☆（挂职）

办公室

主　任：崔金龙

常　务

副主任：刘爱军

副主任：许修刚☆　于海清
　　　　谭辉宁

法制办公室

副主任：脱永鹏　　于剑凤＊

重点项目推进办公室

主　任：王建超

副主任：李　赟☆　孙福威☆
　　　　于　雷　　张　明

机关事务管理局

局　长：刘　军

副局长：郑开永　　王华宁

对外协作办公室

主　任：李文浩

副主任：李文浩☆

口岸办公室

主　任：刘玉波☆　齐海东

副主任：周惠鹏☆　毕　鹏
　　　　毕成森

地方史志办公室

主　任：于文华☆　许德忠

副主任：王淑君＊　鞠志强

民族宗教事务局

局　长：刘玉波

副局长：张世友☆　毕建伟
　　　　曲熙强

发展和改革局

局　长：王国智

党　委

副书记：张九龄

副局长：于卫东☆　刘广范
　　　　于豪杰

重点项目办公室

主　任：田秀敏＊

副主任：方　丽＊　牛序滕

蓝色经济区管理办公室

主　任：于卫东

副主任：牛立勇☆

粮食局

局　长：洪金阳☆　于进军

副局长：王大军　　鲁传建
　　　　刘海林

物价局
局　长：毕建民☆　张志勇
副局长：于营建　刘海林☆
　　　　王华忠
经济和信息化局
局　长：吕　杰
副局长：许春华　宋建新☆
　　　　于英俊　吕昭君*
行业管理办公室
主　任：刘维泽
副主任：毕庶军　于洪水
　　　　曲文广
企业总公司资产管理处
主　任：桑占平
副主任：李进永　时黎光
信息产业办公室
主　任：王利军
副主任：姜向阳　范九国
　　　　徐海兵
教育局
局　长：姜浩宁☆　杨波涛
党　委
副书记：张华山
副局长：邵名果　刘志强
教育督导室
总督学：张华山
主　任：赵凤芝*
副主任：刘志强☆　丛文勇
教育教学研究培训中心
主　任：张　宾
副主任：王　健　张英涛
　　　　于　忠
科学技术局
局　长：姜　利
副局长：张银燕*　赵东明
公安局
局　长：刘　斌
政　委：王基祥
副政委：吴俊虎☆
副局长：徐　强　刘雪峰
　　　　耿　涛
纪　委
书　记：原　军
刑事侦查大队
大 队 长：鞠成彬☆
教 导 员：于军强
副大队长：孙世平　于维腾
　　　　　于　涛
交通警察大队
大 队 长：刘永清
教 导 员：陈传强
副大队长：于国波　王夕胜
　　　　　滕海波　乔学强
纪委书记：王新建
特巡警大队
大 队 长：董崇妮*
教 导 员：刘宽明
副大队长：王述芳　丛日光
　　　　　宋修强　刘凤臣
经济开发区派出所
所　长：吕永军
副所长：陈永魁　刘　舰
南海综合指挥中心
主　任：邵维祝
教导员：王卫东
副主任：刘忠尧　温轶洲
监察局
局　长：杨林建
副局长：崔建平☆　王　凯
派驻第一监察室
主　任：孙永杰
副主任：徐升芳　刘永昌
　　　　宋文著☆　邵名志
　　　　隋宏宇*
派驻第二监察室
主　任：林敬泽
副主任：于正宁☆　李建礼☆
　　　　刘学文　于夕方
派驻第三监察室
主　任：王　岩
副主任：张清安　孙宝虎
　　　　肖　伟*
派驻第四监察室
主　任：张元德
副主任：刘传东　倪宝玲*
　　　　韩　刚
民政局
局　长：刘　丽*
副局长：牛志红*☆孙红光
老龄工作委员会办公室
主　任：邵茂训☆　牛志红*
副主任：王汶川　丛媛玲*
民间组织管理办公室
主　任：宋宗新
副主任：林　超　赵熙波
社区工作管理办公室
主　任：刘　丽*
副主任：寇正举
司法局
局　长：王基杰☆　王晓波
副局长：于剑凤*☆徐明岐
　　　　王建刚
财政局
局　长：毕卫刚
党　委
副书记：王祖超
副局长：杨　辉☆　于　波
　　　　姜君伟　邢钦栋
国有资产管理局
局　长：周海滨
副局长：隋旭明　郑春祥
会计事务管理局
局　长：丛盛日
副局长：丛龙江　张新红*
政府投融资管理中心
主　任：杨　辉
副主任：何　君
农业综合开发办公室
主　任：于红卫
副主任：宋建筑　李　波☆
　　　　丛龙斌
农村综合改革办公室
主　任：李彩霞*
副主任：赵红英*☆
公有资产经营公司
经　理：丁新军
副经理：于军生☆　王　兵
　　　　荣日霞*
人力资源和社会保障局
局　长：刘建方
党　委
副书记：冯伟杰
副局长：王　辉☆　李冬青*
　　　　侯力强
人力资源公共服务中心
主　任：梁志勇
副主任：孙　伟　于天亮
　　　　王建虎☆
社会保险服务中心
主　任：王　辉
副主任：李　宁　曲延方
　　　　包　慧*☆

社会保险基金稽查中心
主　任：张振军
副主任：林光明　黄宪峰
就业培训指导中心
主　任：王　斐
副主任：王洪洋
国土资源局
局　长：江元钢
党　委
副书记：苗华若
副局长：赛永忠　李序生
邱传模　宋　涛
土地储备交易中心
主　任：赛永忠
副主任：王康军　宋志钢
土地整理中心
主　任：侯登平
副主任：刘风军　曲传阳
国土资源局经济开发区分局
局　长：谭东红＊
副局长：王　勇
国土资源局南海分局
局　长：刘建良
副局长：王海波　吕志强
国土资源局城里分局
局　长：邢韶利
副局长：杨军明　孙德辉
住建局
局　长：徐文建
副局长：于永波　付国德
从　民☆　孙向阳
规划局
局　长：毕建卫
副局长：张大全　丛文献
园林局
局　长：滕世盛
副局长：丛培钦　苏浩杰
杜岩泽
市政工程管理处
主　任：于进军☆　李海强
副主任：管信江　吕　涛
董崇君
威海市水务集团文登公司
经　理：于守兴
副经理：俞晓霞＊　邵明宝
葛景波　丛　建
张金源　卢　宁

综合行政执法局
局　长：孙永卫☆　王基杰
副局长：慈景明　王　凯
林　合
城市管理行政执法局南海新区分局
局　长：刘建伟☆
副局长：徐国毅☆
城管办
主　任：王书强
副主任：孙健正　丛培杰
住房保障和房产管理局
局　长：姜福军☆　孙永卫
副局长：宋　琴＊☆徐海平
杨志刚　王　海
物业管理办公室
主　任：宫照光
副主任：谭　晓☆　于金水
交通运输局
局　长：邢利明
副局长：王建伟　柏华刚
交通战备办公室
副主任：孙　桥　林　丹
道路运输管理处
主　任：王建伟
副主任：丁夕俭　邢秀君☆
周永利
港航管理局
局　长：于忠诚
副局长：孙　杰　郭延清
公路建设管理处
主　任：李海强☆
副主任：姜　涛☆　李志永
邢秀君
农业局
局　长：宋政建
副局长：孙德华　崔　贤
农业广播电视分校
校　长：于海峰
副校长：黄显涛
农产品质量安全区域化管理办公室
主　任：孙宏伟
副主任：于正溥☆　杜鹏飞
林业局
局　长：姜　波
副局长：王文永　许常县
鞠传波
水利局
局　长：徐华国

副局长：王永毅☆　李文虎
陈常海
米山水库管理局
局　长：郑　阳☆　王大庆
党　委
书　记：毕可伟
副书记：郑　阳☆　王大庆
副局长：丛强滋　王　平
邵志勇
海洋与渔业局
局　长：曹玉胜
副局长：李　波　赵锦刚
海洋环境监测站
站　长：费豫楠
副站长：刘建伟
海洋与渔业执法大队
大 队 长：吕文波
副大队长：王　刚　邢志晓
董远胜
商务局
局　长：连黎泉
副局长：玉文德　林　超
中国国际商会文登区商会
会　长：孙广彦
副会长：孙晋科☆　孙广彦☆
外商投资服务中心
主　任：李宗文☆
副主任：曾　毅　李　华＊
李佳美＊
政府驻韩国办事处
副主任：金明律　徐文海
文化广电新闻出版局
局　长：鞠晨日
副局长：鲁传建☆　刘　辉
隋大文
卫生和计划生育局
局　长：徐　琳
党　委
副书记：于建军
副局长：王　东　于进池
疾病预防控制中心
主　任：邢为民☆　崔建平
副主任：王茂林　曲阳春＊
于　辉
妇幼保健计划生育服务中心
主　任：于德强
副主任：张天华＊　解英臻
吕　静＊

整骨医院

院　长：姜　猛

党　委

副书记：王占海

纪　委

书　记：姜浩宁

副院长：邵诗泽　姜红江　隋海明　杨永军

审计局

局　长：崔　文

副局长：侯登高　周世玲＊

领导干部任期经济责任审计办公室

主　任：鲍秀芝＊

副主任：王爱华＊　董文建

环境保护局

局　长：于柳红＊

副局长：蔡春桥　穆兴义　周志勇

统计局

局　长：王　峻

副局长：郝建有　邢军胜

市场监督管理局

局　长：姜　波☆　姜福军

副局长：张述涛☆　周晶涛　田　玲＊　于忠伟　王永泽

安全生产监督管理局

局　长：张可军☆　于向前

副局长：林建生　张传国　原宗武

食品药品监督管理局

局　长：李宗栋

副局长：刘志杰　吴　萍＊　丁永军

检验检测中心

主　任：于永峰

副主任：曲乃英＊　毕务文

【中国人民政治协商会议威海市文登区委员会】

主　席：毕庶杰

党　组

副书记：邓树科☆　谷　松

副主席：王江炜　杨学文　黄梅花＊　毕卫刚　姜浩宁　姜红江

办公室

主　任：毕洪光

副主任：陈建军　陈常海☆

经济科技委员会

主　任：王同亮

副主任：殷　萍＊

文教文史委员会

主　任：李向阳

副主任：迟燕莉＊☆曹东晓

提案法制委员会

主　任：刘建涛

副主任：李向阳☆　王　毅

“三胞”联谊委员会

主　任：所文平

副主任：吕　晨

委员活动室

主　任：于　军

【中国共产党威海市文登区纪律检查委员会】

书　记：姜全文

常　务

副书记：杨林建

副书记：邵　宁

派驻第一纪检组

组　长：孙永杰

副组长：徐升芳　刘永昌　宋文著☆　邵名志　隋宏宇＊

派驻第二纪检组

组　长：林敬泽

副组长：于正宁☆　李建礼☆　刘学文　于夕方

派驻第三纪检组

组　长：王　岩

副组长：张清安　孙宝虎　肖　伟＊

派驻第四纪检组

组　长：张元德

副组长：刘传东　倪宝玲＊　韩　刚

【法院】

院　长：申屠青＊

党　组

副书记：卫志海　毕明军

副院长：卫志海　毕明军　杨学文　王洪娟＊　侯成光

法院执行局

局　长：李福春

副局长：王晓光　姜瑞军

【检察院】

检 察 长：谭鹏飞

党　　组

副 书 记：姜洪阳　高　志＊

副检察长：姜洪阳　李金琳　梅延岗　孙书忠

反贪污贿赂局

局　长：孙书忠☆　曲志军

副局长：吕景明　姜丽波　于海建

派驻经济开发区检察室

副主任：侯云鹏

派驻南海新区检察室

主　任：崔建波

副主任：周世刚

【社会团体】

总工会

主　席：林治早

副主席：孙创显☆　王书江☆　汤顺玲＊　宋建新　孙　辕＊

共青团文登区委员会

书　记：于正军＊

副书记：张　欣＊　王潇如＊　刘　宾

妇女联合会

主　席：慈晓平＊

副主席：毕庶静＊☆邹本春＊　王建芬＊

科学技术协会

主　任：邵光明

副主任：荣学志　李世强　刘传坤

残疾人联合会

理 事 长：林乐健

副理事长：李胜利　崔　永　郭金刚

工商业联合会

主　席：倪永军

党　组

书　记：毕曙光

副主席：毕曙光　黄梅花＊　邵仁水☆　慈伯彦

曹东晓☆　周惠鹏

红十字会

会　　长：孟艳玲＊

常务副会长：丛树屏☆　张世友

副　会　长：林岩萍＊

归国华侨联合会

副主席：滕永萍＊　包　慧＊

【区属事业单位　经济组织】

区委党校

校　长：吴宏飞

常　务

副校长：鞠洪广

副校长：孙　浩　刘海鹰

文登日报社

总　编：邵相家

党　组

书　记：邵相家☆　刘洪阳

副总编：侯成胜　林　涛

方　燕＊

台湾工作办公室

主　任：娄太东☆　马金波

副主任：王胜文　于华龙

于永宁

威海市文登技师学院

党委书记：张建亭

院　长：王喜杰

副　院　长：刘玉进　刘　永

于向东

纪委书记：滕永波

金融工作办公室

主　任：梁向东☆　贾红阳

副主任：宋建军　牛序鑫

体育局

局　长：于进军

副局长：孙　浩　毕崇清＊

蔡智武　李永军

外事侨务办公室

主　任：吴玉军

副主任：张蓬军　王　海☆

林　涛　吴锦明

畜牧兽医局

局　长：于海洲

副局长：于政会　宋协华

于　水☆　邵建峰

旅游局

局　长：马金波☆　梁向东

副局长：于　明　王登科＊

谭　军

农业机械管理局

局　长：赵　刚

副局长：李建海☆　葛方海

丁英才　王永毅

广播电视台

台　长：王永利

党　组

副书记

总编辑：许德忠☆

副台长：谭永东☆　王　辉

陈　波　于喜军

副总编辑：倪曙光　于荣文

广电信息网络管理服务中心

主　任：于海波☆　谭永东

副主任：李文元　姜国辉

中小企业局

局　长：张志勇☆　王丽杰

副局长：丛永健　李国波☆

刘　杰　谭晓晖

家纺产业局

局　长：张志勇☆　王丽杰

副局长：徐广远

投资促进局

局　长：王大庆☆　王新华

副局长：侯洪玉　金海军

林　喆＊

人民防空办公室

主　任：王树强

副主任：王钦茂☆　宋　琴＊

李序海　赵洪德

政务服务中心管理办公室

主　任：于华军

副主任：于建军☆　于尘飞

王义玲＊　谭　晓

政务服务南海中心

主　任：王书武

副主任：俞铁军☆　徐黎明

贸易办公室

主　任：王新华☆

副主任：张福杰☆　孙明辉

刘昌胜　王平海

公共资源交易中心文登分中心

主　任：鞠洪泉

副主任：王兰芳☆　于大勇

时洪泉

社会管理服务中心办公室

主　任：贾红阳☆　迟　军

副主任：郑　永　孙建亭

解　辉

电子政务管理中心

主　任：许修刚

副主任：陈建文　张　健

文化市场综合执法局

局　长：王晓波☆　洪金阳

副局长：隋在东☆　朱树海

李红杰　于　水

供销合作社联合社

理事会

主　任：谭志杰

副主任：于　强　毕建明

邵　青＊

监事会

主　任：于丽波

副主任：邓炳林

【经济开发区】

工　委

副书记：刘昌杰　姜　斌

于向前☆　林志勇

曲学伟（挂职）

管　委

主　任：刘昌杰

常务副主任：姜　斌

副　主　任：姜海华＊　林志勇☆

王喜胜　陶　健

邢新湖

办公室

主　任：陶　健☆　刘元奎

副主任：罗文燕＊☆宋新征

刘建虎　宋　芳＊

周敬轩☆

经济发展局

局　长：刘河深☆　孙明军

副局长：马　刚　李艳霞＊

王　伟

经济合作局

局　长：李自森

副局长：刘建华　胡国伟

宋晓宁＊☆

规划建设局

局　长：孙　明

副局长：苏云强　王春林

财政局

局　长：邢新湖

副局长：李　强　袁良银

黄周章

商务局

局　长：谭亚军☆　于永君＊

副局长：姜新军　于庆波

服务业发展中心

主　任：于永君＊☆周敬轩

副主任：倪军炜☆　谭　平＊☆

董通升　王华娟＊

公用事业服务中心

主　任：刘　勇

副主任：邹长征　马勇敢

张义建

文登营工业园管委

主　任：孙新波

副主任：毕洪文　马　刚☆

孙英搁＊　王建辉

【威海南海新区】

工　委

书　记：张海军

副书记：邢海文

管　委

主　任：张海军

副主任：邢海文　乔新跃☆

迟永伟　丁晓胜☆

刘文杰　王大伟

纪工委

书　记：刘　澄

副书记：于正宁　侯立尧

办公室

主　任：傅　磊

副主任：张明军　刘韬政

财政局

局　长：赵堂朝

副局长：李海明　李永平☆

建设局

局　长：王言明

副局长：孙　超☆　刘洪光

于建杰

经济发展局

局　长：王建伟

副局长：毕明波　王圣文

商务局

局　长：石建奉

副局长：孙晋科　徐铭良

公用设施管理处

主　任：刘新庆

副主任：赵　明　林治虎

刘汶峰

科学技术局

局　长：鞠红伟☆　丛　磊

副局长：王海鹏

党群工作部

部　长：刁鹏飞

副部长：王原芳＊☆孙方勇☆

俞铁军　刘昌勇

文化旅游发展中心

副主任：陈　辉☆　丛友滋

宋　军

教育体育发展中心

主　任：刘强胜

副主任：宋文胜☆　吕冬冬

江　凯

社会综合管理服务中心

主　任：王年刚

副主任：孙晓模　姚军福

文登工业园管委

主　任：鞠红伟☆　王新奎

副主任：曲云军　于伟伟

文登高新技术产业开发区管委

主　任：谭志刚

副主任：王新奎☆　毕明波☆

李海明　李永平

【镇　街道　埠口港　金山】

龙山街道

工　委

书　记：杨波涛☆　林　斌

副书记：林　斌☆　陈　辉

于龙胜

办事处

主　任：林　斌☆　陈　辉

副主任：王文广　林　冰

邹红军　鞠明君＊

许　群＊（挂职）

天福街道

工　委

书　记：栾永峰

副书记：夏　辉　郑明军

办事处

主　任：夏　辉

副主任：娄泰榛　房德臻

王锦玲＊　迟丽娜＊

张睿洋（挂职）

环山街道

工　委

书　记：于春柏

副书记：丛赛英＊　刘东晓

办事处

主　任：丛赛英＊

副主任：孙玉君　鞠　芳＊

丛　光　荣邵华

文登营镇

党　委

书　记：崔军强

副书记：毕弘阳　张军伟

政　府

镇　长：毕弘阳

副镇长：王美玲＊　姜海威

吕洪波　林　毅

大水泊镇

党　委

书　记：滕新强

副书记：张先庆　卫红红＊

政　府

镇　长：张先庆

副镇长：刘晓燕＊　滕华军

宫志鹏　柯群群＊

威海空港工业园管委

主　任：吕世贵

副主任：许晓鹏　鞠传鹏

威海综合保税区筹建处

主　任：于元华

副主任：齐海东☆

张家产镇

党　委

书　记：刘新伟

副书记：柯华强　杨　静＊

政　府

镇　长：柯华强

副镇长：王海兵　王连芳

王世明　尹德武

高村镇

党　委

书　记：姜宗浩

副书记：丛亚平　王　涛

政　府

镇　长：丛亚平

副镇长：王金生　唐　军

孙　辉

泽库镇

党　委

书　记：肖永东

副书记：方　剑　孙明喆

政　府
镇　长：方　剑
副镇长：李春静＊　连敏杰（挂职）
　　　　邵伟强　陈泉君＊
　　　　姜妍洁＊（挂职）
　　　　邵云龙（挂职）

侯家镇
党　委
书　记：张永解
副书记：张　燕＊　徐海程
政　府
镇　长：张　燕＊
副镇长：李海波　李媛媛＊
　　　　丛腾飞

宋村镇
党　委
书　记：孙海军
副书记：于国瑞　周文华
政　府
镇　长：于国瑞
副镇长：董健男　韩明顺
　　　　孙静华＊　刘　成
　　　　吕思瑾＊（挂职）

泽头镇
党　委
书　记：许英翥
副书记：邵　洋　方冰洋
政　府
镇　长：邵　洋
副镇长：初泉建　王鹏飞
　　　　李永华☆　于国君

小观镇
党　委
书　记：董新志
副书记：隋洪强　邢鹏超
　　　　丛　磊（挂职）
政　府
镇　长：隋洪强
副镇长：孙福晓　王海燕＊
　　　　苏　洋　孙晓航

葛家镇
党　委
书　记：于虎振
副书记：于海君　刘明明＊
政　府
镇　长：于海君
副镇长：于哲源　曲春华＊
　　　　于晓婷＊　孙　涛（挂职）

圣经山景区管委会
书　记：吕永昭
副书记：黄　欣
副主任：吕永昭　丛建军
　　　　丛利军　宫军强

米山镇
党　委
书　记：陈　金
副书记：宋　伟　花　健
政　府
镇　长：宋　伟
副镇长：包军英＊　陈宁科
　　　　姚子阳　颜德军

界石镇
党　委
书　记：黄　欣
副书记：蔡凤华　王大海
政　府
镇　长：蔡凤华
副镇长：王科法　殷　杰＊
　　　　滕世广　于龙飞

埠口港
工　委
书　记：徐建海
副书记：刘京伟　王炳模
管　委
主　任：刘京伟
副主任：鞠洪钟　孙军强
　　　　曹　健

金山
党　委
书　记：于春开
副书记：丛　森　侯志军
管　委
主　任：丛　森
副主任：刘　涛　邱爱静＊

【市属以上驻文登单位】

国网供电公司
总经理：王志刚
副总经理：李健夫　王　晓
　　　　　方　明　徐兴华
　　　　　王海涛

地方税务局
局　长：林　波
副局长：许万青　邵诗伦
　　　　丛军威

国家税务局
局　长：丁　钢
副局长：王松涛　倪文平
　　　　周丽英＊

威海住房公积金管理中心文登管理处
主　任：李露明
副主任：徐海江

国家统计局文登调查队
队　长：于　浩
副队长：李　瑛

气象局
局　长：滕之山☆　宋华丽＊
副局长：张夕国　宋华丽＊☆

威海市文登公路管理局
局　长：王浥尘
副局长：林　波　于先伟
　　　　孙宏伟

威海铁路局文登火车站
站　长：李铁刚
副站长：徐建涛　李　军

中国人民银行文登支行
行　长：姜　春
副行长：王　军　宋吉刚

国家外汇管理局文登区支局
局　长：姜　春
副局长：王　军

银监局文登办事处
主　任：柳忠生

中国农业发展银行威海市文登区支行
行　长：陈京文
副行长：邹军波　邹积华＊

中国工商银行股份有限公司文登支行
行　长：宋震旦☆　许炜家
副行长：秦之开　董　剑
　　　　丛东明

中国农业银行股份有限公司威海文登支行
行　长：于春霞＊
副行长：吕志军　刘学军
　　　　郑春丽＊　王英军

中国银行股份有限公司文登支行
行　长：沙海涛☆　戴　青＊
副行长：戴　青＊☆梁华双＊
　　　　王晋平＊

中国建设银行股份有限公司威海文登支行
行　长：王风英＊
副行长：李传生　于晓光

中信银行股份有限公司威海文登支行
行　长：刁世波☆　丰向东
副行长：丰向东☆
威海市商业银行文登支行
行　长：王　文＊
副行长：王术军　沈　阳
　　　　杨彬彬
山东文登农村商业银行股份有限公司
董事长：吕增兵
行　长：李松旦
监事长：冯红赤
副行长：韩晓松　丁建平
　　　　迟文良
中国邮政储蓄银行文登支行
行　长：文道益
副行长：崔红光＊
文登建信村镇银行
董事长：隋学海
行　长：郭卫东
副行长：于波涛
招商银行文登支行
行　长：于　蓉＊
副行长：李凌霄＊
民生银行文登支行
行　长：于锡斌
副行长：张耀中
青岛银行股份有限公司威海文登支行
行　长：张晓芳＊
副行长：于　瑜＊　王卫科
齐商银行股份有限公司威海文登支行
行　长：崔喜祝
山东省文登师范学校
校　长：韩文斐
副校长：李永清　丛龙进
　　　　王志臣
威海市文登中心医院
院　长：丛海波
副院长：杨佐治　臧传农
　　　　隋建超　刘　船
　　　　徐承伟
威海市卫生学校
校　长：张立关
副校长：滕永胜　秦秀海
　　　　鞠丽虹＊　王祥汉
威海市文登区烟草专卖局
局　长：薛　毅
副局长：乔学友
威海烟草有限公司文登分公司
经　理：薛　毅
副经理：刘洪玲＊
中国邮政集团公司威海市文登区分公司
局　长：刘浩杰
副局长：栗昭浩　于海霞＊
　　　　毕重波
中国联合网络通信有限公司
威海市文登区分公司
总 经 理：杨红俊＊
副总经理：郭　壮　邓鲁辉
　　　　　荣崇华
中国移动通信集团山东有限公司文登分公司
经　理：赵海玉
副经理：刘伟峰　徐　晶
中国电信股份有限公司文登分公司
总经理：于军强☆　牛序合
副经理：路庆会
中石化山东威海文登石油分公司
经　理：鞠忠威☆　孙　波
副经理：李海滨
新华书店
总 经 理：李令光☆　吴　杰
副总经理：张国强　曲晨辉
　　　　　于文超　吴　杰☆
昆嵛山转播台
台　长：刘佃真
副台长：宋　毅　周昌龙
中国人民财产保险股份有限公司
文登支公司
经　理：高树宁
副经理：于胜远　于国友
　　　　何明阳　赛庆晔＊
中国人寿保险股份有限公司
文登支公司
经　理：李国滋
副经理：吴炳永　周　军
太平洋人寿保险公司文登支公司
经　理：尹朝辉
阳光财险文登支公司
经　理：丛　毅
中泰证券股份有限公司
文登米山路证券营业部
经　理：李海卫

（李　磊）

责任编辑　鞠志强

政党政务

中国共产党威海市文登区委员会

【概况】 2017年，中共文登区委贯彻落实中共十八大及历次全会和中共十九大精神，学习贯彻习近平新时代中国特色社会主义思想，以打造威海经济中心为目标，以提高发展质量和效益为中心，担当实干，创新进取，各方面工作都取得新的成绩。实施全域统筹战略，深化同城发展，推动经济开发区、南海新区、综合保税区、昆嵛山旅游度假区四个板块共同发展，打造特色小镇，推动乡村振兴，区域一体、同城融合、协同发展的格局基本形成。坚持“工业立区、工业强区”发展战略，加快新旧动能转换，促进工业转型升级，印发《加快新旧动能转换推动工业转型发展的意见》，推动传统产业技术改造、新兴产业培育壮大、骨干企业挂优靠强，工业发展质量和效益同步提高。加快服务业提质增效，现代物流、大数据、康养旅游、研发设计等新型业态加速突破。推动农业特色高效发展，做优做强西洋参产业，发展海洋经济，“文登蚝”注册地理标志证明商标。推进改革开放，深化政务、金融、社会事业、民主法治、农村、司法体制等各领域改革，开通“潍威韩”铁路冷藏集装箱班列和“威海—汉堡”中欧班列。加大民生保障力度，实施15项重点民生工程，推进精准脱贫，改善生态环境，深化社会治理，增强人民群众的获得感、幸福感和安全感。全面加强党的建设，强化管党治党责任，推进“两学一做”学习教育常态化、制度化，加强各级领导班子和干部队伍建设，强化基层党组织建设，落实党风廉政建设和反腐败工作，推动全面从严治党向纵深发展。全区统战、双拥、群团、老龄、残疾人、民族宗教、党管武装等工作均取得新成绩，有35项工作获省级以上荣誉。

【中共威海市文登区第一次代表大会】 1月20－21日召开。实有代表340名，出席会议代表331名。会议审议通过吴宏飞代表中共威海市文登区委员会所作《全力打造威海经济中心，在全面建成小康社会进程中走在前列》的工作报告和区纪律检查委员会工作报告；选举产生中共威海市文登区第一届委员会委员34名，候补委员7名；选举产生中共威海市文登区第一届纪律检查委员会委员25名；选举产生出席中共威海市第十五次代表大会代表58名。会议总结过去五年的发展成果，提出科学把握“四个全面”战略布局，践行“五大发展理念”，实施“全域统筹、工业带动、同城共建、创新开放、绿色发展、民生共享”六大战略，统筹推进经济建设、政治建设、文化建设、社会建设、生态文明建设和党的建设，推动文登在新起点上实现转型跨越发展。（注：按照中组部的规定，党的地方各级组织所在地方行政区划的名称变更，凡召开党代表大会进行换届选举的，其党代表大会的次数应重新排列。根据省委换届指导意见和市委批复精神，文登区新一届党代会从第一次重新排列计算。）

【区委全委会议】 年内，召开全委会议3次。

十三届十次全体会议 1月11日召开，会议审议通过中共威海市文登区第一次代表大会报告（审议稿），表决通过中共威海市文登区第一届委员会和纪律检查委员会组成原则和提名人选、中共威海市文登区第一次代表大会主席团常务委员会委员建议名单、出席威海市第十五次党代会代表候选人预备人选名单。

一届一次全体会议 1月21日召开，会议选举吴宏飞、林恒、黄峻峰、隋同朋、姜全文、刘黎宁、王肇刚、于晓东、刘昌杰、王军华为中共威海市文登区第一届委员会常务委员会委员，吴宏飞任书记，林恒、黄峻峰任副书记；表决通过中共威海市文登区第一届纪律检查委员会第一次全体会议选举的姜全文等7人为纪委常委，姜全文任书记。

一届二次全体会议 11月5日召开，会议学习贯彻中共十九大精神和省委十一届二次全会、市委十五届三次全会精神，听取和讨论区委常委会2017年工作报告，审议通过《中共威海市文登区委关于深入学习贯彻党的十九大精神的意见》《中国共产党威海市文登区委员会工作规则》，动员全区各级党组织和广大党员、干部，以习近平新时代中国特色社会主义思想为指引，不忘初心、牢记使命，积极投身新时代中国特色社会主义伟大实践。

【区委常委会会议】 2017年，共召开区委常委会（扩大）会议22次。会议由区委书记主持，全体常务委员参加，区人大常委会、区政协主要领导列席会议，区政府副区长除研究人事工作外，一般均列席会议。根据会议需要，镇（街道）、区直有关部门主要负责人列席会议。会议主要根据上级政策和指示精神，结合文登实际，对深化改革、党风廉政建设、“两学一做”学习教育常态化制度化、学习贯彻中共十九大精神、意识形态、作风建设、巡察工作、经济发展、城市建设、招商引资工作、农业农村工作、精准扶贫工作、组织人事工作、党建工作、民生建设、社会稳定工作、精神文明建设、安全生产工作等方面的重大问题进行讨论，研究制定规划、方案、措施等。区委办公室根据常委会会议形成常委会会议纪要，发至区委常委，区人大常委会、区政府、区政协党组，区纪委，各镇党委，各街道、南海新区、经济开发区、埠口港、金山党（工）委，区直有关部门党委（党组）。

【区委重要会议】 全年召开区委重要会议7次。

全区工作总结表彰暨机关作风建设动员大会 2月6日召开，总结成绩，表彰先进，动员各级各部门和广大党员干部群众，对照先进找差距，学习先进转作风，以崭新的精神风貌、扎实的工作作风，全力开创各项工作新局面。

全区经济工作部署会议 2月7日召开，贯彻落实中央和省、市经济工作会议精神，对2016年的工作进行总结，对2017年的经济工作具体任务进行安排部署，动员全区上下进一步统一思想、坚定信心，创新思路、真抓实干，努力开创各项工作新局面。

全区推进“两学一做”学习教育常态化制度化工作座谈会议 5月7日召开，传达学习全省、全市“两学一做”学习教育常态化制度化工作座谈会精神，对文登区“两学一做”学习教育常态化制度化工作进行安排部署。

全区工业表彰暨新旧动能转换推进会议 7月30日召开，贯彻落实省第十一次党代会、省委省政府重点工作推进情况视频会议、全省支持非公有制经济健康发展工作会议和市委十五届二次全会等系列会议精神，表彰在工业发展中表现突出的先进企业和先进个人，对全区下一步的新旧动能转换工作进行部署，动员和激励全区各级各部门和广大企业家，振奋精神、转变作风，创新实干、奋发作为，加快推进新旧动能转换，加快实现转型跨越发展，为打造威海经济中心、在全面建成小康社会进程中走在前列作出更大贡献。

全区落实全面从严治党主体责任专题会议 8月19日召开，通报市委、区委巡察组巡察以及对部分镇（街道）、部门2014年以后经济审计发现的问题，安排部署整改工作，各级各部门落实全面从严治党主体责任，抓好问题整改。

全区领导干部会议 10月26日召开，传达学习贯彻中共十九大精神，对全区学习宣传贯彻中共十九大精神进行安排部署。

全区村和城市社区“两委”换届选举工作动员部署会议 12月14日召开，对全区村和城市社区“两委”换届选举工作进行动员部署，各级提高思想认识，严守换届纪律，换届选举工作平稳有序进行。

【区委重要决策】 3月1日，印发《党风廉政建设主体责任和监督责任清单（试行）》，明确党风廉政建设党委主体责任和纪委监督责任总体要求，对“两个清单”制定进行部署。6月1日，印发《区委巡察工作办法》，明确巡察工作总则，围绕机构和人员、巡察范围和内容、工作方式和权限、工作程序、纪律与责任等方面进行部署。7月30日，印发《关于加快新旧动能转换推动工业转型发展的意见》，明确加快新旧动能转换推动工业转型发展的总体要求、发展目标、政策支撑、机制保障，对加快新旧动能转换推动工业转型发展进行部署。11月5日，印发《关于深入学习贯彻党的十九大精神的意见》，从中共十九大的重大意义、供给侧结构性改革、社会主义民主政治建设、文化繁荣发展、民生建设和社会治理、生态文明建设、全面从严治党等方面进行部署。12月19日，印发《关于建设廉洁文登的实施意见》，明确建设廉洁文登的指导思想、基本原则、总体目标、重点任务、组织保障，对建设廉洁文登进行部署。

【区委工作部门】 区委设置直属工作部门9个：区纪律检查委员会机关（区监察委员会与其合署）、区委办公室、区委组织部（非公有制经济组织和社会组织工委与其合署）、区委宣传部（区社会科学界联合会、区精神文明建设委员会办公室与其合署）、区委统一战线工作部（区民族宗教事务局与其合署）、区委政法委员会（区社会管理综合治理委员会办公室与其合署）、区委巡察工作领导小组办公室、区机构编制委员会办公室（区事业单位监督管理局与其合署）、区直机关工作委员会。设置由区委工作部门管理的机构2个：区委老干部局（区委离退休干部工作委员会与其合署、挂老干部党校牌子，由区委组织部管理），区委、区政府信访局（与区委群众工作部合署，由区委办公室、区政府办公室管理，以区委办公室为主）。设置区委直属事业单位4个：区委党校（增挂行政学校社会主义学院牌子）、区新闻中心（区广播电视台与其合署）、区委台湾工作办公室（增挂区政府台湾事务办公室牌子）和区革命传统教育基地管理中心（增挂区天福山起义纪念馆牌子）。

【区委办公室】 区委办公室内设政策研究室（增挂区全面深化改革领导小组办公室牌子）、机要局（增挂区密码管理局牌子）、督查室、保密委员会办公室（增挂区国家保密局牌子），及秘书一科、秘书二科、秘书三科、信息科、行政科、文秘科6个职能科室。管理区委党史研究室、农村工作领导小组办公室（增挂社会主义新农村建设领导小组办公室牌子）、区档案馆（增挂区档案局牌子）、区维护稳定工作办公室和区委、区政府信访局。

政策研究 围绕基层干部承担压力责任情况、基层治理等重大问题及群众关注热点，有针对性地开展调查研究，撰写《镇（街道）干部责任和压力情况的调研报告》《构建党建引领下的基层治理格局研究》等一批有数据、有分析、有对策建议的调研报告。以上级政策信息、外地有借鉴意义的经验做法等为主要内容，编发10期《领导参阅》，为领导科学决策提供依据。

文字工作 先后起草完成中共文登区第一次代表大会、全区经济工作部署会议、区委党校2017年春季开学典礼、全区工业表彰暨新旧动能转换推进会议等讲话材料，及党建引领基层社会治理工作汇报、开行冷藏集装箱班列和中欧班列加快建设威海市铁路物流产业园区汇报、学习宣传贯彻中共十九大精神情况汇报等100余篇文稿，对推动全区工作开展起到积极作用。编发《工作情况交流》15期，上报各类信息500余条，在市级以上刊物发表署名文章和调研文章30余篇，其中《抓早抓小治病救人》被中央政策研究室《学习与研究》、中直机关工委《中直党建》刊发。

改革工作 筹备召开9次全面深化改革领导小组全体会议，印发《区委全面深化改革领导小组2017年工作要点》《威海市文登区“十三五”重要改革举措实施规划》《威海市文登区群团改革方案》等29个改革方案，行政审批制度、金融体制、司法体制、社会事业等改革工作扎实推进，为经济社会发展注入新的动力。《上好基层党风廉政建设“三堂课”努力打通全面从严治党“最后一公里”》被省委改革办作为全省地方改革案例上报中央改革办，《“加减乘除”构建县级大统战工作格局》被省委统战部通报刊发，作为大统战改革典型在全省推广。

行政工作 贯彻落实中央八项规定精神、实施细则和厉行节约反对浪费等规定，减少会议活动开支、规范公务接待程序、完善公车管理。做好上级领导、各类检查和督导组、县级以上参观考察团等到文登的接待工作，搞好对内沟通协调，主动加强与区几套班子办公室、各镇（街道）部门之间的信息通报、建议反馈、协商协调和工作交流，形成上下联动、相互支持、密切协作的整体合力。强化内部管理，规范公章、公车、值班登记制度。全年共组织筹备大小会议60余次，下发各类文件、通知1.5万份，做到及时准确，无任何纰漏。

督查工作 按照“分级负责、归口办理”的原则，及时将区委常委会、专题办公会等全区性重要会议议定事项分解到相关领导和责任部门，督促落实；对领导批交件，坚持“立批立办、督促落实”的原则，建立台账，逐个落实，一批热点、难点问题得到有效解决；对于市委、市政府转交的批示件，认真研究、反复推敲，组织相关单位调查落实，按照坚持程序、确保质量的要求，及时办结，按时上报，做到件件有回音，事事有落实。

保密工作 做好计算机网络保密自查工作，配合市保密局做好保密检查工作，委托中孚公司对保密设备进行软硬件升级，加强保密教育和管理，组织开展保密培训。年内，全区没有发生丢失、泄密事件。

机要工作 做好中共十九大、“一带一路”国际合作高峰论坛、省十一次党代会等活动期间的密码通信保障工作，新建密码通信机房屏蔽室，开展应急移动通信演练，共收发上级来文、机要件和各类电报2500余份，办理各类电报1.2万人次，均做到安全及时，未出现错漏延误。

农村工作 加快推进美丽乡村建设，打造樱桃谷片区4个省级示范村，梧桐庵村成为全国美丽乡村示范村；对全区687个村全面推进标准化建设，统筹推进“七改”，农村生产生活条件进一步改善。推进精准扶贫工作，整合资金2100余万元，建设18个产业扶贫项目，年产生收益达170余万元；多方促进小额扶贫信贷工作开展，“富民生产贷”总额度达7705万元，实现省定扶贫工作重点村和贫困人口按标准全部退出。

维稳工作 加大全区重点信访群体稳控力度，突出抓好中共十九大维稳安保工作，印发《关于进一步落实信访维稳“一岗双责”的意见》，健全完善风险评估流程和配套制度，建立完善信访维稳工作日常管控和应急指挥体系、分级管控机制，提高全区信访维稳水平，文登区被评为全省党的十九大安保维稳工作先进集体。

（毕文虎）

【组织】 2017年，区委组织部设办公室、干部一科、干部二科、干部教育科（区知识分子工作领导小组办公室、人才工作科〔增挂区企业经营者人才评价推荐中心牌子〕与其合署）、干部监督科、组织科、研究室、基层组织建设工作办公室8个职能科室，内设区委组织员办公室（正科级）、目标绩效管理考核工作委员会办公室（正科级，内设综合科），下设区委党员电化教育中心（正科级事业单位，内设综合科和管理科），区党员干部现代远程教育管理站与其合署。有工作人员24人。年内，在区委和上级组织部门的领导下，区委组织部围绕全区工作大局，贯彻落实中共十九大精神，加强干部、人才、基层组织和自身建设，为打造威海经济中心、在全面建成小康社会进程中走在前列提供坚强组织保证。

领导班子和干部队伍建设

领导班子调整 以围绕中心、服

6月15日，举办区直部门年轻干部培训班

务大局为主线，突出事业导向，优化班子功能。2017年，根据需要先后进行5批次干部调整，进一步理顺和加强科级干部队伍。对区直部门重点加强工作急需人员的岗位进行选配补充，对部分任职时间较长的部门副职进行交流，进一步激发干部队伍活力。

年轻干部选拔培养　2017年，共提拔或重用70余名1980年左右出生、学历层次较高、年富力强的干部，选派17名年轻干部到镇（街道）挂职，3名镇（街道）干部到信访局挂职。创新遴选优秀年轻干部方式，对区直部门、开发区、南海新区1985年以后出生、全日制本科以上学历、任股级以上职务的160余名干部进行集中培训。

干部经常性考察　将知人识人作为选准用好干部的前提，不断拓展考察的广度和深度。坚持把经常性、近距离考察作为了解干部的重要手段，挑选一批区直重点部门开展蹲点调研，考察干部综合表现，通过跟踪了解项目建设、综治维稳、扶贫、政府三项治理等重点工作进展，全面了解干部能力水平。注重多向延伸，充分听取党委主要负责人、分管负责人及基层单位、服务对象的评价意见。对部门主要负责人的考察，广泛征求区领导、考核部门、项目推进部门和各职能部门的意见，根据部门履行职责、整体运转、工作效能和个人综合表现等情况进行分等次评价；对其他层面的干部，除重点了解部门主要负责人、分管负责人的评价外，还与其对口业务部门沟通衔接，全面了解相关干部在业务工作中的现实表现，增强考察工作的针对性。

干部教育工作　贯彻落实《干部教育培训工作条例》，把“四个意识”作为干部教育培训的首要任务，紧扣区委、区政府中心工作大局，聚焦理论教育、党性教育和能力培训三个重点，分层次、分类别、分领域组织开展精准培训和专题培训，提升干部教育培训质量和效果。理论教育方面，将中共十九大精神及习近平新时代中国特色社会主义思想列入党校主体班次，先后举办科级干部任职培训班、区直部门年轻干部培训班、党员发展对象和入党积极分子培训班。同时，抽调党校骨干力量，深入镇（街道）、区直部门开展“流动讲堂”送教上门活动，共举办“流动讲堂”200余场，培训干部达2万余人次。党性教育方面，以深化提升民族复兴（威海）教育基地文登教学点为契机，从硬件设施完善和软件内涵提升两方面，对天福山起义纪念馆和红色胶东馆进行提档升级，增强党性教育效果。8月，承接省委组织部召开的胶东党性教育基地建设专题研讨会，至年末，天福山起义纪念馆、红色胶东馆共接待区内外参观团体近1000批次，培训4万余人次。能力培训方面，突出问题导向，分层分类开展专业领域知识、法律法规、区直部门业务规范和镇（街道）工作实务等方面的专题培训，先后举办人大代表培训班、财税体制改革专题培训班、招商引资实务操作培训班、工会干部培训班等6个班次，培训干部800余人次；举办“走好新的长征路”系列专题讲座，定期邀请业内知名专家到文登对党政领导干部进行专题辅导，先后举办从严治党中如何加强党对经济工作的领导、如何做好新形势下的党建工作、金融服务实体经济的理论与实践等3期专题讲座，提升领导干部的能力水平；依托高校优质教学资源，开展合作办学，先后赴上海交大、全国市长研修学院举办党（工）委书记综合素质提升培

12月1日，举行中共文登区委党的十九大精神宣讲报告会

训班和城镇规划建设业务提升专题培训班；采取小团队分批培训的形式，突出产业转型升级，组织部分骨干企业和高成长性中小企业主要负责人赴广州、上海开展专题培训。

干部监督　畅通干部监督渠道，加强举报案件核查，利用信访、电话、网络和短信四位一体的举报受理平台，对反映的问题认真核查，准确认定，年内共处理来信来电来访22件次。开展领导干部个人有关事项报告工作，召开全区领导干部报告个人有关事项部署暨培训会议，全面传达上级精神，组织全区现（离）职处级干部认真填写报告表，严格审核指导。管好用好干部信息管理系统，明确纪检监察、公检法、信访、市场监管等16家责任部门的上传内容、时限和标准等，确保录入信息及时准确，为从严选拔管理干部、切实防止干部“带病提拔”提供可靠依据。强化领导干部经济责任审计监督，把经济责任审计作为对“一把手”进行监督的重要手段，拓展审计范围和内容，全年共安排经济责任审计47人次，其中任中经济责任审计15人次，离任经济责任审计32人次。发挥提醒、函询和诫勉的警示教育作用，让干部“红红脸、出出汗”成为常态，防止小毛病演变成大问题。落实因公出国（境）审查审批工作制度、备案制度和有关档案管理等制度，按照党政干部因公出国（境）程序办理出国手续，全年共办理因公出国团组43批次，审查因公出国人员105人次。

党的基层组织建设

2017年，全区共有基层党组织2281个，其中党委76个、党总支36个、党支部2169个。按行业分布情况：企业党组织818个，其中党委28个、党总支12个、党支部778个；事业单位党组织339个，其中党委15个、党总支6个、党支部318个；机关党组织171个，其中党委19个、党总支5个、党支部147个；其他行业党组织953个，其中党委14个、党总支13个、党支部926个。

农村党组织建设　开展“两聚三提”行动（聚焦突出问题、聚力攻坚克难，提升党员干部责任意识、提升基层党组织凝聚力、提升群众满意度），围绕解决基本组织、基本队伍、基本制度、基本保障、基本功能等方面的突出问题，明确5项基本任务21个子任务，确定牵头及责任单位。“两聚三提”行动纳入镇（街道）基层党建工作考核，年终作为镇（街道）党（工）委书记抓基层党建工作述职评议的重要内容，有效落实基层党建责任，提升党员干部责任意识、基层党组织凝聚力和群众满意度。完善党组织领导下的村级治理机制，相关做法入选第四届全国基层党建创新案例优秀案例。围绕解决机关党建“灯下黑”“两张皮”等问题，发挥昆嵛红讯党员教育系统、网上党校等平台作用，倡导“微型党课”“青年讲堂”等教育形式，推动机关事业单位党员学习教育抓在日常、融入经常。深入开展“两服务一满意”活动，筛选优秀案例汇编成册，相关做法于8月在文登区召开的全省市县机关工委书记座谈会上进行经验交流。结合“红色引擎”党建工作示范点和农村党员干部科技知识培训示范基地建设，申报实施基层党建攻坚突破项目，促进基层党建工作创新突破。年内，米山镇西山后村、界石镇梧桐庵村、龙山街道西凤凰台社区、威力工具集团有限公司、兴和食品有限公司、政务服务中心管理办公室等6家单位获评市级“红色引擎”党建工作示范点；张家产镇西洋参创新创业教育示范基地、泽头镇峰山有机苹果种植示范基地、界石镇百岁谷生态食品种养殖示范基地、葛家镇大德兴丹参种植示范基地、泽库镇海宽海珍品养殖示范基地等5家单位获评威海市农村党员干部科技知识培训示范基地。围绕实施乡村振兴战略，引导镇（街道）党（工）委立足自身资源，按照一镇一策的思路，探索形成高村镇农业社会化服务体系、葛家镇党委领办扶贫基地等不同发展模式，实现村集体持续增收、农民长期受益。高村镇农业社会化经验做法在全市抓党建促村级集体经济发展工作推进会上作为经验进行推广。

“两新”组织党建　建立“两新”组织动态管理制度，对原来87个联合党支部划小单元，全区809个非公有制企业和99个社会组织实现党的组织覆盖和工作覆盖全覆盖，相关做法在全省“两新”组织党建工作推进会议上做典型发言。建立全区党务工作人才库，制定管理办法，吸收37名离退休老干部担任企业党建工作指导员，协助企业开展党建工作。举办4期“益暖文登·志愿服务社区行”活动，组织社会组织开展法律援助、助教义诊、政策咨询、扶贫济困等公益活动，累计服务群众7000余人次。会同区司法局、财政局、教育局等部门出台加强律师、会计师、民办教育机构党建工作的意见，开展“党员律师在行动”等具有行业特色的党建活动。

城市社区党建　实施“五联五化（五联指组织联建、干部联动、阵地联用、资源联享、工作联抓，五化指治理结构系统化、工作力量有形化、场所利用高效化、资源配置集约化、服务群众品牌化）”工程，召开全区城市党建工作会议，印发《关于实施“五联五化”工程以城市基层党建带动基层治理创新的意见（试行）》，逐步构建城市大党建工作格局，相关纪实专题片在威海城市党建工作会议上展播。会同区民政局印发《关于规范社区职能推进减负增效的意见》，切实减轻社区负担，提升社区治理水平。印发《关于推进城市党建工作有关事项的通知》，组织全区166家部门单位、“两新”组织与社区签订《驻区单位党组织联系单》，开展共驻共建活动。开展党员到社区报到工作，组织在职党员到社区报到活动380余次。探索信息化管理创新方法，在龙山街道试点开发城市社区“智慧党建”信息平台。

党员队伍建设

党员构成　全区共有党员49081人。其中，正式党员48741人，预备党员340人；女性党员9482人，占19.32%；60岁以上党员占46.21%；大学专科以上文化程度的占27.76%；农牧渔民占46.85%。

2017 年文登区党员构成情况表

项目		2017	占百分比（%）
总数	总数	49081	100. 00
	正式党员	48741	99. 31
	预备党员	340	0. 69
性别	男	39599	80. 68
	女	9482	19. 32
民族	汉族	49032	99. 90
	少数民族	49	0. 10
年龄	35 岁及以下	4847	9. 88
	36 岁～ 45 岁	6376	12. 99
	46 岁～ 55 岁	10517	21. 42
	56 岁～ 60 岁	4664	9. 50
	61 岁及以上	22677	46. 21
文化程度	研究生	473	0. 96
	大学本科	7433	15. 14
	大学专科	5725	11. 66
	中专	4967	10. 12
	高中、中技	9538	19. 44
	初中及以下	20945	42. 68
入党时间	1937 年 7 月 6 日及以前	0	0
	1937 年 7 月 7 日至 1945 年 9 月 2 日	151	0. 31
	1945 年 9 月 3 日至 1949 年 9 月	924	1. 88
	1949 年 10 月至 1966 年 4 月	4842	9. 87
	1966 年 5 月至 1976 年 10 月	9226	18. 80
	1976 年 11 月至 2002 年 10 月	23025	46. 91
	2002 年 11 月及以后	10913	22. 23

党员发展　2017 年，全区共发展党员 340 人。其中，男性 213 人，女性 127 人；35 岁以下 148 人。新发展党员中，研究生学历 6 人，大学本科学历 127 人，大学专科学历 57 人，中专学历 43 人，高中和中等技术学校学历 61 人，初中及以下学历 46 人；机关事业单位工作人员 70 人，工人 20 人，农村党员 93 人。

党员教育培训　组织全区 800 余名村党支部书记、村委会主任，由区委领导和区直相关部门负责人进行集中培训授课，重点学习党对农村工作的领导、严肃政治纪律、严格依法办事等。为全区 683 个农村党支部订阅《塘约道路》，开阔农村干部发展村级集体经济的思路。为全区每名党员订购中共十九大报告单行本、《党章》《党的十九大报告学习辅导百问》《十九大党章修正案学习问答》等学习材料，结合主题党日，通过组织宣讲、集中研讨等方式，对广大党员进行培训教育。利用昆嵛红讯党员教育系统每月向全区党员推送大政方针、理论知识、实时热点，提高广大党员的政治意识、大局意识、核心意识、看齐意识，在党员政治生日时为党员发送生日祝福。

服务基层发展

包村联户工作　以“抓基层、强根基、促发展”为主题，突出建强村级组织、提升治理水平、发展集体经济、保障改善民生四项重点，实施精准脱贫。2017年，共安排150个部门单位包扶135个村，共帮助44个村整修硬化街道，为13个村改造自来水设施，整修村级组织活动场所33处，修建水库塘坝26个，引导包扶单位根据村情实际为41个村新确定集体增收项目53个。

选派第一书记　年内，在2016年选派38名第一书记的基础上，又从基层工作经验比较丰富、善于处理复杂问题的干部中选派15名第一书记，实现软弱涣散村第一书记全覆盖，协助镇党委做好软弱涣散村党组织整顿工作。成立由区委副书记任组长，区委常委、组织部部长和区委常委（挂职）、副区长（挂职）任副组长的区选派第一书记工作领导小组。通过召开第一书记工作交流座谈会、分组开展调研、在新闻媒体集中报道典型事迹、进村实地走访、每月报送工作实绩报告等形式，加强第一书记队伍建设，强化典型激励。发挥考核导向作用，综合日常表现、派驻村满意度测评结果、派出单位和镇（街道）党（工）委等多方面意见，对第一书记工作情况进行综合评价，确定考核等次。年终，给予高晖记三等功奖励，给予董海涛、孙康生、于夕广、邵宗敬、侯成毅、于国亭、侯会战等嘉奖奖励。至2017年末，第一书记共征集群众意见建议1500余条，协调化解矛盾纠纷、处置遗留问题340余件，组织开展群众文化活动290余次。

人才工作　优化人才工作考核体系，修订完善全区人才工作考核办法，将招才引智纳入招商引资一体化考核，通过引进高层次人才抵顶项目投入的形式，凝聚人才工作合力，形成全区招才引智一盘棋的工作格局。完善人才工作机制，根据工作需要及时调整区人才工作领导小组有关人员及成员单位和区级领导联系高层次人才名单，同步建立部门联系专家机制，为每名专家确定一个联系部门，加强对专家的经常性服务。加大高端人才引进力度，坚持合作引才，会同区人社局、经信局、科技局、供销合作社等部门举办2次威海英创会文登分会场活动。加快本土人才培养提升，开展专家带徒工作，提升金蓝领培训规模，组织开展文登产业工程领军人才、产学研特聘专家、乡村之星、和谐使者、十佳医师等区级人才评选。优化人才发展环境，新增省级示范工程技术研究中心1家、企业技术中心3家、科技孵化器1家。2017年，全区新增国家“千人计划”专家1人、泰山产业领军人才3人、“外专双百计划”专家（团队）各1名（个）、齐鲁首席技师2人、齐鲁乡村之星1人、市级各类高层次人才9人，累计争取项目资金2800余万元。

考核工作　统筹抓好对上对下考核，对上积极搞好沟通衔接，充分反映全区实绩，督促各承担部门做好数据上报和对上沟通工作，对财税、外资、进出口及部分统计数据进行重点监控，每月测算分析，发现问题及时与有关部门沟通，在威海市年终考核中，47个对上部门有36个位居第一或并列第一。对下按照整合精简、突出重点、科学合理、激励性强的原则，科学设置考核指标、权重和标准，突出对重点工作、质量效益指标的考核，对一些体现不出差距的考核指标进行调整。考核结果作为评先选优、干部使用的依据。

“两学一做”学习教育工作　制定落实区级“两学一做”学习教育实施方案、过硬支部建设意见、党员不合格表现负面清单等文件，提出“三四五”工作法、开展“主题党日”、创意组织生活等制度性要求，形成“1+3+X”（1即区委两学一做学习教育常态化制度化实施方案，3即推进过硬支部建设、党员不合格表现负面清单、“三四五”工作法，X即开展创意组织生活、推行主题党日及各党（工）委结合自身实际制定的其他方案）的综合实施方案，分层次分领域进行全覆盖部署安排。以庆祝建党96周年为契机，选树一批先进基层党组织和以泽头镇峰山村原党支部书记谭新华为代表的优秀党员，在报纸、电视、微信公众号上开设专栏进行集中宣传，推动以学促做、以做践学，确保学习教育取得实效。

村“两委”换届选举　成立村“两委”换届选举专题调研组，围绕16项重点问题，逐镇（街道）走访调研。各镇（街道）采取入户走访、召开座谈会和民主测评等形式，逐村摸排村情选情，确定74个软弱涣散村党组织和53个换届重点村，逐村制定整顿方案，全部按期完成整顿。结合村级审计督查试点工作，指导镇（街道）聘用第三方中介机构，对所有村级班子进行离任审计。建立由区纪委、组织部、宣传部、政法委、公安局、信访局等部门参加的基层党建工作联席会议制度，定期汇总沟通基层信访稳定情况，推动矛盾隐患化解。发挥电视台、报纸、微信公众号及镇村公开栏、农村IP广播等各类媒体作用，全方位宣传换届政策法规、“十严禁”换届纪律要求，通过开展主题党日活动、召开专题组织生活会等方式，教育引导党员发挥模范带头作用，全区共发放“提醒卡”16.5万张、通告6500余张、手册2800余本。12月14日，村“两委”换届选举工作正式启动。区委组织部举办全区换届选举骨干培训班。各镇（街道）采取模拟演练、观看往届视频、以老带新等方式，提高换届骨干力量的业务水平，为换届工作的组织实施提供坚强保障。

（尚志伟）

【宣传】区委宣传部内设办公室、理论教育科、宣传科、新闻报道科、企业政治工作科和区委对外宣传办公室（增挂区政府新闻办公室牌子，副科级）、文化体制改革和文化产业发展办公室（简称改发办）、研究室8个职能科室，与正科级行政机构——社会科学界联合会（简称社科联）、精神文明建设委员会办公室（简称文明办）合署办公。有工作人员20人。2017年，全区宣传文化系统围绕区委、区政府的决策部署和年初确定的工作要点，创新进取、真抓实干，各项工作取得新突破。

意识形态工作

推进责任落实　按照《党委（党组）落实意识形态工作责任制实施细则》和实施方案要求，召开意识形态工作联席会，对意识形态工作进行调度部署。各级党委（党组）每半年专题汇报意识形态工作。制定《2017年全区党委（党组）中心组理论学习计划安排意见》，意识形态工作列入专题学习范围。强化监督考核机制，意识形态工作纳入区委巡察范围，纳入镇（街道）党（工）委书记抓基层党建工作述职评议考核和全区目标绩效管理考核。

加强管理　推进“扫黄打非”工作，组织“护苗2017”等10余次专项行动。制定《关于报送2017年度拟举办的哲学社会科学报告、研讨会、讲座、论坛等情况的通知》，严格进行规范报备。按照《山东省党委（党组）网络意识形态工作责任制实施细则》，对“文登圈”“文登帮”“文登贴吧”等区内8个活跃的微信公众号、论坛、贴吧等开展登记备案，严格监管。

加强网络舆情管控　成立网络安全和信息化领导小组，定期联席研判分析全区网上舆情形势，对出现的苗头性、倾向性问题和存在炒作、发酵可能的事件，及早把握、及时通报、提前介入。落实24小时网上巡查机制，共监控处置不良信息147条。制定《关于组建文登区微信群和网络联络员信息统计的通知》，全区110家单位建立起本单位的微信群，群管理员加入由网信办组建的“文登交流群”，在“整骨医院患者伤医”事件、“开发区银海绿洲暴力”事件和“文登全城停水”不实消息的引导处置中取得明显成效。

理论教育工作　深化理论学习。用习近平新时代中国特色社会主义思想武装头脑，把坚定理想信念作为思想建设的首要任务，以学习宣传贯彻中共十九大精神、省第十一次党代会精神为主线，以党委（党组）中心组和领导干部为重点，组织宣讲团到各镇（街道）、区直部门、驻文登单位、企业开展宣讲200余场。加强百姓宣讲。推进“学理论、懂政策，做明白人”理论大众化普及活动，举办昆嵛讲坛市民大讲堂20期，编印4辑《悦读经典》，启动“中国梦·党在心中”百姓宣讲比赛暨巡回宣讲活动，35个单位参赛，组织9场巡回宣讲。加强社科研究。组织文登区第二次社会科学优秀成果奖评选，参评威海市第二十次社科奖。举办纪念天福山起义80周年理论研讨会。省人文社会科学重点课题《文登学文化的传承发展与现实应用研究》结题。

公共文化和文化产业

优化公共文化服务　创新公共文化服务运行机制，吸收基层社会力量参与公共文化服务。召开3次全区庄户剧团建设工作座谈会，选定27家庄户剧团开展“一村一年一场戏”文化惠民工程，送戏下乡684场次，播放公益电影8224场次。加强图书馆总分馆制建设，20家图书馆分馆硬件设施全部到位，并配备3000册以上图书。10月17日，文登区首个城市书房——文登区图书馆龙山分馆（位于区文山路109号）正式对外开放。推进基层综合文化服务中心建设，所有镇（街道）全部达标。组织开展春节晚会、活报表演等大型文化活动60余场次，参加威海市“岁月如歌”合唱会决赛，获5项金奖。

弘扬传统文化　年内，组织机关企事业单位、中小学校集中观看胶东革命历史题材故事片《天福山起义》420场5.5万人次。编排戏曲舞台剧《烽火》，于建军节前夕赶赴广西、福建等部分从天福山起义走出去的部队慰问演出。区博物馆红色胶东展馆被中国人民解放军国防大学确定为“现场教学基地”。加强文物保护力度，开展坤龙邢水库增容工程文物调查工作，确定昆嵛山长城遗址、丛镜月旧居保护方案。5人入选第四批“齐鲁文化之星”，漫画作品《粉饰》获第十届泰山文艺奖，8名非遗传承人被评为威海市级第四批非物质文化遗产项目代表性传承人。文登区入选第五批“山东省民间文化艺术之乡”。

推动文化产业发展　完成《文登区“十三五”文化产业发展规划》编制工作。印发《文登区推动文化产业发展奖励扶持办法》，设立文化产业发展专项资金1000万元，扶持相关文化产业企业和项目。制定《2017年文化产业发展重点任务安排意见》，落实9项重点工作、12个重点项目和8项节庆赛事活动，年内新增（转码）规模以上文化企业21家。争取上级政策性资金扶持，10个项目获省、市级文化产业发展专项资金515万元，2个项目被推荐到国家部委，6个项目入围省级扶持和省传统文化项目。

宣传推介和舆论引导

加强宣传推介　通过召开新闻例会、下发宣传工作重点、策划推出《担当·作为》等专题专栏的方式，加强正面引导，壮大主流声音。年内，在《人民日报》《大众日报》等省级及以上重点新闻媒体发稿300余篇，其中《大众日报》头版头条1个，《威海日报》头版头条20个，刊播中国梦、社会主义核心价值观公益广告近4万条。联系央视《走遍中国》《农广天地》等栏目组到文登拍摄，在《金桥》杂志推出文登故事和系列专题宣传，邀请重点媒体参与铁路冷链运输运抵、中欧班列开行等活动宣传，策划组织文登宣传语城市形象LoGo发布等活动，推出新版《文登》画册，多方位展示文登的良好形象。实施新闻发布质效提升工程，印发《2017年重点领域政府信息新闻发布工作的通知》和新闻发布计划，组织重点领域部门单位围绕热点话题举办12场新闻发布会。

提升新媒体影响力　办好“文登发布”微博、微信公众号，推送各类信息2400余条。组织19家单位上线政务微访谈，“文登发布·微访谈”话题累计阅读量达220余万次。组织开展全国网络媒体齐鲁行、网络名博威海行等活动。年内，微信公众号的粉丝量达到19万人，比上年增加12万人，位居“山东政务微信影响力排行榜”前20名行列。印发《加强全区政务微博微信规范管理的通知》，编印发放《互联网政策法规汇编》1万册，加强对新媒体的管理。

做好十九大期间新闻舆论工作　印发《关于落实习近平总书记“7•26”重要讲话精神的宣传报道方案》《进一步深化迎接党的十九大宣传报道工作方案》《党的十九大精神宣传工作方案》三个报道方案，制定《十九大网络敏感舆情排查化解工作实施方案》《十九大舆情引导管控方案》，召开全区互联网工作专题会议，做好中共十九大期间的新闻舆论工作。

【社科联】　社科联机关内设秘书科，与区委宣传部理论教育科合署。社科联机关行政编制和科级领导职数在宣传部内部调剂。2017年5月，文登区第二次社会科学优秀成果奖评选，评出《文登古籍通考》等一等奖3项，《文登地名志》等二等奖10项，《全景谋划一体推进　加快构建全域旅游发展新格局》等三等奖15项。6月，威海市第二十次社会科学优秀成果奖评选，文登区获二等奖1项（于向华论文《回归审判中心主义的撤诉规制》），三等奖9项（宋伟论文《试论新时期财政专项资金制度改革》、南海新区工委办公室论文《突出双创引领强化产城互动高效推进“三年突破发展”》《关于引入高端医疗机构实现医养医美互促共融发展》、李鲁静论文《关于特色种养业发展情况的调研报告》、林建强论文《积极的社会救助制度的构建与完善探索》、王祖超论文《基层审计机关如何推进政策落实跟踪审计》、谭泉永　林静论文《墙体广告的困惑与破解——威海市文登区倾力打造清朗文明城乡环境》、王磊论文《关于农村房屋改造屋顶材料使用的建议——以文登区为例》、连疆　丛龙海　邵洪旗著作《文登地名志》）。

（邢文浩）

【精神文明建设】　2017年，精神文明建设工作主要围绕社会主义核心价值观，开展群众性精神文明创建系列活动。

践行社会主义核心价值观　区级新闻媒体的主要版面、主打频道、黄金时段，大幅刊播以“我们的价值观”“中国梦”为主题的公益广告。以文登学公园、市中广场、文山路、步行街等为中心，设计制作以核心价值观为主题的灯箱、灯杆路旗、花卉造型、雕塑长廊等，将图说价值观与景观设置相融合，营造一步一绿影、一景一德行的生态景观和文明氛围。城区所有建筑工地围挡、居民生活小区、社区宣传栏，均以社会主义核心价值观为内容进行宣传。深化“君子之风•仁孝文登”主题创建活动，组织第五届威海市道德模范推荐评选，开展好人线索推荐，评选“文登好人”、推荐威海市级好人，举行君子之风•仁孝文登表彰仪式，推进“爱文明家园　做文明市民”三项行动，有2人荣登中国好人榜，6人荣膺山东好人榜，17人荣列威海好人榜。

拓展群众性精神文明创建活动　开展“创建文明城市、优化城乡环境”集中整治行动，对环境卫生、交通秩序、市场秩序进行全面整治。加大检查督查力度。年内，2次召开全区创建文明城市工作督查会。区级领导集中督查18次，创城办集中督查15次、综合测评5次，印发督查通报24份。加强文明单位创建工作，依据文明单位测评细则，采取实地考察、材料审核、调查评议等方式，组织复查和申报单位进行检查验收，推动各级文明单位抓好核心价值观培育、“四德”榜建设、志愿服务开展、文明礼仪培育等创建内容，提升创建质量和水平。深化乡村文明行动，抓好善行义举“四德”榜建设，实现行政村居、中小学校全覆盖，并延伸覆盖50%的机关和企事业单位。召开全区乡村文明行动现场观摩会议，全面提升工作水平。界石镇软枣林村获评全省第五批“百镇千村”示范村。

提升志愿服务制度化水平　以“关爱他人、关爱社会、关爱自然”和“邻里守望”为主题，设计志愿服务项目。每周六组织开展“志愿服务日”活动，每季度开展“益暖文登•志愿服务社区行”活动。围绕深化文明城市建设，开展“全城行动　关爱环卫”“垃圾不落地　城市更美丽”“小手拉大手　文明我践行”“文明家园　你我共建”等系列主题活动。引导蓝天救援、手拉手、爱心联盟等社会组织，承接牵手关爱、红色关爱、关爱失独家庭以及留守儿童等志愿服务项目，提升志愿服务工作的项目化、专业化水平。开展优秀志愿服务组织、优秀项目、优秀志愿者评选活动，有14个志愿服务组织和个人受到省、市表彰奖励。

加强未成年人思想道德建设　推进乡村学校少年宫建设，牵头对由中央专项彩票公益金支持建设的6个乡村学校少年宫进行全面检查验收，争取上级资金45万元。净化社会文化环境，抓住节假日、开学等关键节点，重点对网吧、校园周边、文化市场、视频声频进行治理。开展“做一个有道德的人”主题教育活动，组织开展经典诵读、清明祭英烈、童心向党、向国旗敬礼等“中国梦”系列主题教育实践活动。开展第五届美德少年、第三届国学小名士海选、践行君子之风好少年、乒乓球比赛、书法展示等活动，先后有46人次在省、市级评选或比赛中获奖。

（张俊君）

【统一战线】　区委统战部内设综合科、民主党派工作科、党外干部工作科、新阶层工作科，有工作人员7人。2017年，区委统战部围绕区委的中心工作和目标定位，贯彻落实中央、省、市统战部长会议精神，按照“服务大局出人才、服务发展出效益、服务群众出形象”工作要求，推进新形势下统一战线工作，在改革发展稳定大局中彰显统战工作价值。

“大统战”工作格局　在全省率先推行县级统战“大部制”试点。理顺体制机制。实现归口管理，将统战成员单位调整由统战部长统一分管，台办主任、工商联党组书记、民宗局局长均由统战部副部长兼任，领导班子成员达到7人；实现5个统战成员单位、7个民主党派、6个统战团体的集中办公，建立联席会议制度、协商议事制度、工作协调推进制度等。合理设置内设机构。取消原各单位的办公室，设立大综合科，负责党建、群团、文书档案、信访综治、文明创建等机关内务。按照上级业务对口需要，将业务科室从5个增加到10个，全面覆盖12类统战成员。调整充实4名科级干部和5名年轻干部进入大统战队伍。加强统战信息化建设。开发“智慧统战”信息管理系统，建立“一库一网三平台（统战系统资源数据库、统一战线新闻网、联动办公平台、统战地图平台、动态管理平台）”，与“文登统战”微信公众号链接同步，成立9个微信工作群，打造指尖上的统战。完善区、镇、村三级统战工作网络，在区级成立由区委书记任组长的统一战线工作领导小组，在镇级明确统战委员由宣传委员兼任，在村级设立统战联络员，“大统战”工作格局进一步完善。大统战工作做法获全市统一战线“三服务”优秀项目一等奖，在全省统战系统宣传推广，并在中央统一战线网、团结网、人民政协网、《山东统一战线》等新闻媒体刊发。区委统战部被省委统战部授予“全省统战理论调研宣传‘四新工程’县级先进单位”称号。

参政议政　配合做好区人大、政协、工商联换届工作，在人选的推荐提名和考察工作中，严格程序，坚持凡进必评。该次换届共推荐（选举）产生27名威海驻文登政协委员、232名区级政协委员、76名非党人大代表、181名工商联执委以上人选。通过组织开展党风廉政建设情况通报会、《政府工作报告》征求意见座谈会等，引导统战代表人士参政议政，为全区营造良好的政治生态打下基础。

非公有制经济　建立区级领导联系统战代表人士制度，与非公有制经济代表人士联谊交友，为非公有制企业解决实际困难，构建“亲”“清”新型政商关系。开展“下基层、摸实情、提对策”非公有制企业走访调研活动，走访企业130家，收集企业反映问题142个，协调解决问题16个、答复问题34个，摸清全区非公有制企业底数、发展现状、制约企业发展的瓶颈，为市、区党委政府科学决策提供可靠依据。联合区中小企业局、金融办、工商联、司法局等部门开展政策宣传、融资服务、法律援助等活动，营造良好的发展环境。依托侨联、温州商会、福建商会等社会组织，联系服务1100余家非公有制企业，通过组织专题研修、联谊交流引导非公有制企业破解难题、抱团发展。发挥各统战成员单位的优势开展精准招商，年内，统战系统新引进产业项目5个，达成意向项目3个。

党外代表人士队伍建设　注重党外代表人士的培养、选拔和作用发挥。设立20万元专项经费用于保障党外代表人士的教育培训，围绕政治素质、业务能力、创新发展能力等方面，组织6期党外代表人士培训班。建立党外代表人士实践锻炼基地，从基层选拔4名优秀党外代表人士到基地挂职锻炼，为党外干部储备打下基础。举荐48名党外代表人士担任司法机关和政府部门特约人员，进行执法监督，参与社会管理。做好民主党派工作，考察6名党外代表人士加入民主党派组织，成立致公党、民建两个支部和九三学社文登支社，全区民主党派支部增加到4个。指导民主党派按照“三个一”的要求，开展学习中共十九大精神活动，提高民主党派政治意识，强化自身建设。通过举办座谈交流、新春年会等联谊活动，引导党外人才在不同岗位贡献才智，助力地方发展。

光彩事业　区委统战部牵头参与精准扶贫，为包扶村提供5万元扶持资金，用于新兴农业项目的经营管理。引导统战成员投身脱贫攻坚行动，全区55个省定贫困村均安排非公有制企业结对帮扶，并实施蔬菜种植大棚、乡村家纺车间等30余个扶贫项目。对全区2500余名少数民族群众建档立卡，对54户少数民族困难家庭拟订帮扶计划。开展“同心助学”“泛海助学”活动，引导仁济基金、爱心基金两家非公募基金参与扶危济困，先后捐资720万元救助贫困学生。

统战品牌创新　打造体现特色、体现优势、体现亮点的统战工作品牌。完善开发区创业孵化基地“同心家园”服务功能，提高服务水平。在创客小镇增设软硬件设施，开展教育培训和志愿服务活动。创新民族宗教领域统战工作，组织24位“文登妈妈”与文登师范新疆班学生牵手结对，先后开展“亲子采摘”“爱国主义教育”“迎新年送温暖”等活动，以实际行动促进民族团结。

（胥建筑）

【巡察】2016年12月23日，区机构编制委员会印发《关于设立区委巡察工作机构的通知》，设立区委巡察工作领导小组，对区委负责并报告工作，主要负责巡察工作组织领导、任务安排、听取巡察情况汇报、研究巡察成果运用、对巡察组管理监督等工作；设立区委巡察工作领导小组办公室（简称区委巡察办），为区委巡察工作领导小组日常办事机构，正科级规格，列入区委工作部门序列，设在区纪委，主要承担巡察工作的统筹协调、组织指导、联络督查、政策研究、制度建设、监督管理、服务保障等工作。设立区委第一巡察组、第二巡察组、第三巡察组，巡察组在巡察工作领导小组领导下承担巡察任务，主要对巡察对象执行《中国共产党章程》和其他党内法规，遵守党的纪律，落实党风廉政建设主体责任和监督责任等情况进行监督。区委巡察办核定行政编制3名，配备主任1名、副主任1名，内设综合科（2017年12月18日，区委、区政府办公室印发《中共威海市文登区委巡察工作领导小组办公室主要职责内设机构和人员编制方案》，将区委巡察办内设机构调整为综合科和联络督查科2个职能科室，区委巡察办人员编制增至4名），区委巡察组每组核定行政编制3名，配备组长1名

（正科级领导职务）、副组长1名（副科级领导职务），内设综合科。2017年5月，区委巡察机构人员全部到位。6月，区委印发《关于成立威海市文登区委巡察工作领导小组的通知》，区委常委、区纪委书记担任区委巡察工作领导小组组长，区委常委、组织部部长担任副组长，区纪委常务副书记、区监察局局长，区委组织部副部长、区老干部局局长，区纪委副书记，区委巡察办主任为成员。

巡察队伍建设　5月，组织召开巡察工作人才库组建协调会，从区纪检、组织、财政、审计、农业、政法等部门以及镇（街道）从事政工、财政经管工作党员干部中筛选160余名专业人员（后期随着巡察工作需求，人才库扩增至210余人），组建巡察工作人才库。5月23日，举办为期一天的文登区巡察工作业务培训班。从巡察方案解读、巡察业务处理、分领域专题讲座等方面，对巡察机构、参加每轮巡察人员进行专题培训。2017年，共整理编发政策解读、巡察业务、法规制度、党建及重点工作相关资料9册。

巡察制度建设　2017年，印发巡察工作文件制度8份。其中，区委印发《中共威海市文登区委巡察工作办法》《中共威海市文登区委巡察工作规划（2017－2021年）》；区委巡察工作领导小组印发《关于建立区委巡察机构与有关部门协作配合机制的意见》；区委巡察办印发《区委巡察机构借调干部管理办法》《关于巡察信访件的处理意见》，制定《区委巡察组临时党支部工作规范》《巡察发现问题事项报备工作规范》《巡察工作档案管理办法》。

巡察工作开展　6月6日至7月16日，一届区委开展第一轮巡察。派出4个巡察组对区教育局、住房和城乡建设局、小观镇、环山街道党（工）委领导班子及其领导班子成员进行巡察。9月3日至10月31日，开展第二轮巡察。派出4个巡察组，采取“一托二”的方式，对区直机关工委、卫生和计划生育局、畜牧兽医局、粮食局领导班子及领导班子成员，米山镇新福庄村、龙山街道西古场村、天福街道中渠格村、金山柏果树社区党支部及“两委”班子成员进行巡察。两轮巡察结束后，区委巡察工作领导小组均向区委常委会汇报巡察综合情况。区委两轮巡察共受理来信、来电、来访195件，组织个别谈话961人次，发放民主测评票1294份，调阅文件资料和财务账簿18450余卷（册），根据巡察协作配合机制向有关单位发函调阅资料16次。发现突出问题257个，分别向被巡察单位党组织主要负责人和领导班子反馈；发现问题线索79条，均按照干部管理权限进行移交办理。共向区委提交巡察报告12份，提交专题报告9份，向被巡察党组织提出需立行立改问题92个、提出整改意见61条，向有关职能部门提出意见建议14条。

6月2日，召开一届文登区委第一轮巡察工作动员部署会

巡察成果运用

点上问题督查改　对巡察单位存在的突出问题，开展精准化、台账式督查。巡察期间，通过印发边巡边改通知书，督促对群众反映强烈、明显违反有关规定且能够及时解决的问题立行立改。巡察反馈结束后，召开整改工作部署会，印发《关于做好区委巡察整改有关工作的通知》，对巡察反馈的问题，纳入整改方案和整改台账，实行“挂号建账、对号查账、销号下账”管理模式，做到条条有整改、件件有着落。年内，以区委第一轮巡察4个巡察组为主体，对4个被巡察镇（街道）、区直部门整改情况进行验收检查；通过《文登大众》报、文登传媒网、文登廉政文化网，公开第一轮4个被巡察镇（街道）、区直部门整改情况通报。

线上问题系统改　针对市委巡察和区委巡察发现的执行财经纪律不严格、涉农站所财务管理不规范、危房改造工程漏洞多、“五保”低保审核把关不严等问题，从行业监管角度出发，实施系统性整改。召开巡察发现系统性问题整改座谈会，向区财政局、审计局、农业局、住建局、民政局等责任单位下发《巡察发现系统性问题整改建议书》，限时进行全面整改。区财政局、审计局印发《严肃财经纪律专项整治工作实施方案》，对全区所有独立设账、独立核算部门单位共180余名财务人员举办短期培训班，加强财政干部的纪律意识和业务素质。印发《关于推动巡察发现共性问题整改加强全面从严治党长效机制建设的意见》，推动全区进行16项全面从严治党长效机制建设，提升全区各级党组织管党治党水平。

面上问题引导改　对每轮巡察发现的问题进行系统梳理，印发《巡察发现问题清单》，组织全区各部门单位自觉对照检查、深入整改问题、强化制度建设。各部门单位建立《管党治党不严存在问题整改台账》，对照问题清单举一反三、即知即改、立行立改。年内，各部门单位深入查摆管党治党不严不实突出问题312个。11月，以区委巡察组为主体，组成3个督导组，对9个镇（街道）、27个区直部门贯彻全区落实全面从严治党主体责任专题会议情况进行督导，推进管党治党主体责任落实到位。

（盖怀志）

【机构编制】 文登区机构编制委员会办公室（简称区编办，文登区事业单位监督管理局与其合署办公）内设区人民政府行政审批制度改革办公室（副科级规格，2017年4月设立）、综合科、行政机构编制科、事业机构编制科、监督检查科（编制计划科与其合署），区事业单位监督管理局内设事业单位登记监管科。下设区机构编制信息中心，为全额拨款股级事业单位。有工作人员12人。2017年，区编办以习近平新时代中国特色社会主义思想为指导，贯彻落实中共十九大精神和省、市编办及区委、区政府的各项决策部署，扎实工作，圆满完成各项工作任务，为经济社会又好又快发展提供有力保障。2月，区编办被区委、区政府授予先进集体称号。3月，被授予威海市级文明单位称号。

行政审批制度改革 编制印发《文登区镇（街道）行政权力事项目录》。保留镇（街道）行政权力事项79项，其中行政处罚9项、行政强制2项、行政征收2项、行政裁决2项、行政确认1项、行政监督18项、其他行政权力45项。修订区级行政权力清单、中介服务事项清单，保留区级行政权力事项3185项，其中行政许可257项、行政处罚2252项、行政强制123项、行政征收43项、行政给付27项、行政裁决4项，行政确认43项、行政奖励19项、行政监督179项，其他权力238项，审核转报事项64项（列入行政权力事项目录但不计入总数）；保留区级涉行政审批及相关行政权力中介服务事项51项。规范行政审批行为，会同区政务服务中心管理办公室，对涉及事项调整的部门进一步规范行政权力运行，对承接上级下放或委托实施的事项、新增的事项，全部进驻政务服务中心集中办理，编写公开业务手册和服务指南，实现无缝衔接和规范审批。编制区直部门、南海新区、镇（街道）公共服务事项服务指南，通过区政府网站、机构编制网站及有关部门网站对外公开。开展清理无谓证明和繁琐手续工作，取消调整涉及16个部门、单位依申请办理的43个行政权力或公共服务事项中的62项证明和盖章类材料。开展清理年检和政府指定培训工作，保留区级年检事项37项和区级政府指定培训事项16项。

事业单位改革 撤销区新技术研究所和区小金星报社2个事业单位，完成从事生产经营活动事业单位改革工作。收回的事业编制向社会管理、保障改善民生等领域倾斜，满足全区经济社会发展需要。

机构编制总数 2017年末，区直党政群机关工作部门44个（区委工作部门9个、区委工作部门管理机构2个、区政府工作部门23个、区政府派出机构2个、按党章宪法及有关规定设置的机构2个、人民团体6个），编制962名。区级事业单位387个，编制9388名。镇（街道）15处，行政编制499名，事业编制562名。全区政法专项编制741名。

机构调整 区民族宗教事务局由隶属区政府办公室调整为与区委统战部合署办公，在区政府序列中保留名称。区电子政务管理中心由隶属区政府办公室调整为区政府直属事业单位，归口区政府办公室管理。区西洋参产业发展办公室挂文登省级农业科技园管理委员会牌子，调整为文登省级农业科技园管理委员会挂区西洋参产业发展办公室牌子，由隶属区农业局调整为隶属区科学技术局。区房地产交易中心、区房地产档案室、区房地产交易与产权监理处整合为区房屋交易与产权管理中心，副科级规格，由经费自理调整为财政拨款。区林业苗圃整建制划入区天福山林场，在区天福山林场挂区林业苗圃牌子；区天福山林场（挂区林业苗圃牌子）为公益一类财政拨款事业单位。区住房保障和房产管理局由直属区政府调整为隶属区住房和城乡建设局。区物业管理办公室（挂区住宅专项维修资金管理办公室牌子）由隶属区住房保障和房产管理局调整为隶属区住房和城乡建设局。区社会矛盾受理调处中心由在区委区政府信访局挂牌子调整为单独设置，隶属区委区政府信访局，副科级规格。在界石镇人民政府挂牌的文登区昆嵛山旅游风景名胜区管理委员会更名为文登区昆嵛山国家级自然保护区管理委员会，区林业局不再挂文登区昆嵛山国家级自然保护区管理委员会办公室牌子。区纪委、区监察委员会合署办公，实行一套工作机构、两个机关名称。区经济合作局更名为区投资促进局。区人民政府驻韩国办事处由隶属区商务局调整为隶属区投资促进局，不再挂区风电产业办公室牌子。区外商投资服务中心由隶属区商务局调整为隶属区投资促进局，更名为区投资服务中心，不再挂区翻译中心、区投资促进局牌子。区财贸办公室更名为区贸易办公室。区口岸办公室由隶属区人民政府办公室调整为隶属区商务局。文登日报社更名为文登区新闻中心，区广播电视台与区新闻中心合署办公。区农业技术推广站、区蔬菜技术推广站、区农业技术培训站整合为区农业技术推广中心，隶属区农业局，副科级规格。区青少年宫由在区小金星报社挂牌子调整为单独设置，同时挂区科技馆牌子。区农药监督管理站由在区农业行政执法大队挂牌子调整为与区种子管理站合署办公，股级规格。设立区价格监测中心，隶属区物价局，与区价格认证中心合署办公，为公益一类财政拨款事业单位，股级规格，后由合署办公调整为单独设置。

机构撤销 撤销区生态化工产业推进办公室。撤销区红十字会办公室。撤销区房屋交易与产权管理中心。撤销区信访信息中心（区涉法诉求工作站与其合署）。

机构设立　设立区传统文化教育中心，与区教育教学研究培训中心合署办公。设立文登海洋生态国家级海洋特别保护区管理中心，隶属区海洋与渔业局，为公益一类财政拨款事业单位，副科级规格。设立区政府和社会资本合作管理中心，隶属区财政局，为公益一类财政拨款事业单位，副科级规格。设立区法学会秘书处，隶属区委政法委，为公益一类财政拨款事业单位，股级规格。设立区价格举报中心，股级规格，与区价格监测中心合署办公。设立区统战服务中心，隶属区委统战部，为公益一类财政拨款事业单位，股级规格。以区城市管理行政执法局为基础，整合有关执法职责和机构，组建区综合行政执法局，挂区城市管理与行政执法局牌子，为区政府直属行政执法机构，正科级规格。整合区城市管理行政执法局所属的南海新区分局、城区执法大队、葛家中队、高村中队、大水泊中队、督查中队以及区国土资源执法大队、区农业行政执法大队，划转区种子管理站、区动物卫生监督所、区生猪定点屠宰办公室、区农业机械安全监理站部分编制和人员，组建区综合行政执法大队，隶属区综合行政执法局，为公益一类财政拨款事业单位，正科级规格。设立区森林防火指挥中心，隶属区林业局，为公益一类财政拨款事业单位，副科级规格。设立区人大离退休干部服务中心，隶属区人大常委会办公室，为公益一类财政拨款事业单位，副科级规格。设立区政协离退休干部服务中心，隶属区政协办公室，为公益一类财政拨款事业单位，副科级规格。

监督检查工作　2017年，按照上级部署，采取部门自查、发放调研问卷、实地评估及评估反馈等方式，对区财政局、区人力资源和社会保障局、区文化广电新闻出版局、区卫生和计划生育局、区审计局和区环境保护局6个政府部门开展机构编制实地评估工作。

事业单位管理　共有334家事业单位法人进行2017年度报告公开，办理事业单位法人设立登记8家、变更登记49家、注销登记5家。机关事业单位中文域名注册实现全覆盖。对区地质环境监测站、区农业机械管理局等10家事业单位开展“双随机、一公开”抽查和现场督导工作。

（王慧娟）

【区直机关工委】　区委区直机关工作委员会（简称区直机关工委），为区委正科级工作部门。2017年，内设机关武装部、工会、团委、妇委，有工作人员9人。辖党总支7个，党支部133个，党员2502名。年内，区直机关工委围绕全区工作大局，履行“服务中心、建设队伍”的工作职责，落实制度规范，不断提高区直机关党组织的创造力、凝聚力、战斗力。1月，被省机关党建研究专委会评为机关党建调查研究与实践创新先进单位。8月3－5日，全省、市、县机关工委书记座谈会暨党性教育培训班在文登召开。

配合区委第一巡察组巡查工作　按照区委部署，9月3日至11月1日，区委巡察工作领导小组派出第一巡察组对区直机关工委进行集中巡察，区直机关工委按照巡察组的要求和规定的工作程序，做好各项工作。针对查摆出的机关党建突出问题，做到即知即改，落实巡察组反馈的意见和建议，以实际成效推动机关党建各项工作的开展。

“两服务一满意”活动　2017年，区直机关工委将开展“两服务一满意”活动作为推进“两学一做”学习教育常态化、制度化的有效措施，推动区直机关各党组织形成重点突出、特色鲜明的服务品牌。4－8月，组织开展“两服务一满意”优秀机关党建工作案例评选活动，印发《“两服务一满意”优秀案例》，推介一批具有指导性、针对性、实践性的典型案例。11月，推荐政务服务中心参评第二届全国行政服务大厅典型案例展示活动，获“标准化优秀”称号。

思想建设　2017年，区直机关工委将加强机关党员的思想政治建设摆在首要位置，加大培训力度，创新教育形式，机关党员的党性观念和宗旨意识得到进一步提升。11月20－26日，区直机关工委组织区直部分党务干部50余人到张家港、苏州、宁波等地进行实地观摩，对基层党建、人才、干部、宣传等工作进行学习。中共十九大召开后，区直机关工委组织发放《党的十九大报告学习辅导百问》《党的十九大精神辅导读本》等辅导资料4800余册，印发专题学习笔记本2350本。

组织建设　机关党组织换届选举工作。6－12月，组织区直机关各党

1月13日，在区委党校召开区直部门党支部书记抓基层党建工作述职评议会议

组织进行换届选举工作，强化组织结构，配齐基层支部班子。发展党员工作。落实党员发展计划，加强对入党积极分子和党员发展对象的培养、教育和考察。9月，完成对党员发展对象的政审工作。11月，完成党员谈话、党委审批等工作。年内，发展党员35名。流动党员管理工作。年内，2次到北京调研在京流动党员情况。9月，在北京成立在京流动党员党支部。开展“灯塔—党建在线”管理系统的推广运行工作。对工委所属区直机关所有的党组织及党员相关信息重新进行采集核实录入，将工委所属各党（总）支部基本信息、党组织转接、党员基本信息等全部纳入管理系统中，对区直机关所有党员进行全面系统管理，实现区直机关党组织及党员管理的系统化、规范化。2017年，召开区直机关党组织支部书记、组织委员会议9次，布置“两学一做”常态化制度化检查、党费收缴、党组织及党员信息采集、基层党组织建设等方面工作。采取全年动态考核的方式，加强对基层党组织日常工作的督导、考核，定期通报工作落实情况，推动党务考核及机关党建的各项工作实现规范化、制度化。

作风建设　年内，区直机关工委根据机关特点，开展各类文体活动，引导区直机关党组织和党员干部职工转变工作作风，提高工作效能。3月10日，组织区直机关干部职工2000余人开展义务植树活动。同月，组织区直机关1500名机关干部参加春季健步走活动。5月20日，组织800余名区直机关干部参与登山节活动。24－26日，与区体育局、编办联合举办机关干部职工“三人制”男子篮球比赛，70支代表队500余名运动员参加190余场比赛。6－7月，组织开展庆祝地级威海市成立30周年“见证·辉煌30年”主题征文活动，收到征文作品100余篇，评选出一、二、三等奖共20篇。7－8月，组织举办“传承革命精神·勇于担当作为”全区机关干部演讲比赛。9月4日，“传承革命精神·勇于担当作为”全区机关干部演讲比赛决赛在区广播电视台演播大厅举行。7－9月，组织开展健康机关创建活动，评选出10个健康机关上报区健康城市建设工作领导小组办公室。9月9－10日，与区体育局、编办联合举办机关干部职工羽毛球比赛，来自各部门单位的32支代表队100余名运动员参加比赛。

（侯　丹）

【老干部管理与服务】　2017年，区委老干部局内设办公室、安置服务科，下辖区老年大学（正科级事业单位）、区干部休养所（副科级事业单位），有工作人员27人，管理服务全区8100余名离退休干部，其中离休干部439人，平均年龄90岁。年内，区委老干部局贯彻落实中共十九大精神，突出党建引领，落实好老干部各项政策待遇，推进文化养老服务，发挥老同志的重要作用，全区老干部工作取得新的成绩，被区委、区政府授予先进集体称号。

落实政治待遇　4月，印发《区直“星级离退休干部党支部”创建活动工作方案》，建立区直离退休干部党支部“星级”考核体系，对64个区直部门进行实地督导。年末，共评选出4个“五星级”离退休干部党支部、13个“四星级”离退休干部党支部和22个“三星级”离退休干部党支部。每季度对各镇（街道）离退休干部党支部党建工作进行实地督导和考核打分，促进镇（街道）离退休干部党建软硬件上档升级。其中《经费补贴+考核奖励，激发基层离退休干部党建工作新活力》的经验做法在省委老干部局《情况反映》刊发。1月，投入10万余元，为全区离退休干部补贴、订阅《老干部之家》《老年教育》《老干部参考》等报纸杂志；每月15日，为干休所、老年大学、北山老干部活动室及各镇（街道）送书1100余份。4月，省委老干部局调研组到文登调研推广离退休干部党建工作。同月，召开全区老干部工作会议，总结2016年工作，部署2017年工作。4月、8月、10月，分别举办3次全区离退休干部党支部书记培训班。6月，组织支部书记赴荣成郭永怀纪念馆红色教育基地进行参观学习。11月，召开全区离退休干部学习贯彻党的十九大精神动员会；同月，举办“欢庆十九大老少共筑中国梦”书画联展。

落实生活待遇　先后4次协调区财政局、人社局、卫计局，研究离休干部医疗报销等方面的问题。3－4月，登门走访威海市内的444名老干部，为离休干部建立个人健康档案，完善离休干部社区基本医疗健康和服务体系。6－8月，区老干局工作人员分组走访居住在威海市外的39名离休干部。8月，依托区卫生医疗信息化平台建设，运行离休干部健康管理系统，

4月25日，省委老干部局调研组到文登调研离退休干部党建工作

离休干部日常用药、住院记录及社保结算审核等实现信息共享。10月，申请财政资金40余万元，在区人民医院增设离休干部特护病床，并依托社区卫生服务中心开展上门诊疗、定期巡护等社区医疗服务。11月，离休干部健康管理系统基础数据录入，设备调试工作稳步进行。

做好走访慰问和信访工作。1月，制订春节前区领导走访慰问老干部方案，陪同区领导登门走访39名县处级领导干部。同月，为全区8100余名离退休干部发放春节慰问品，为200余名行政18级以上的离休干部提供春节特供商品。年内，配合外地老干部工作部门，做好易地安置离休干部走访慰问工作。按照军队工资政策，调整移交政府安置军休干部工资标准。为全区232名全额拨款单位离休干部拨付降温费；为全区203名企业和差额、自收自支事业单位离休干部遗属拨付困难救助金和取暖费共42万余元。研究落实《关于进一步规范组织离退休干部开展活动的通知》，推进和规范全区离退休干部活动开展。落实《关于调整离休干部两项经费标准的通知》，将离休干部“两项经费”总额由每人每年1500元调整为每人每年2000元。做好信访工作，老干部来信来访和上级部门批转信件，办结率达100%。

加强活动场所建设 按每个门球场3万元的标准，对镇（街道）进行补贴。申请财政资金50余万元，对干休所3处人造草丝门球场进行修缮。年末，在威海市率先普及镇（街道）人造草丝门球场地。

开展文体活动 春节前夕，组织老干部开展写春联赠市民活动。4月，开展“美丽威海30年”征文活动，共收到44篇作品，其中28篇作品在威海市局获奖。8月，承办威海市文化养老经验交流会，省委老干部局副局长、离退休干部工委副书记吕德义出席会议并对文登区的经验和做法给予充分肯定。5月、10月，分别举办春、秋两届老干部门球赛，全区25支代表队、400多名老同志参与。10月，由中国门球协会组织的“德丰利达杯2017年中国门球协会冠军赛”在葛家镇举办。同月，举办“庆祝十九大胜利召开”老干部书画展活动，共展出300余名老同志的500余幅作品。11月，泽头镇、张家产镇2处老干部活动中心及开发区双龙社区、龙山办大观园社区2处老干部服务中心获评威海市文化养老示范点，示范带动全区文化养老工作开展。年内，老年艺术团进社区、进校园、进养老院演出20余场次；关工委艺术团编排的吕剧“一个钱包”参加省老干部艺术节演出，获金奖。

发挥老干部作用 推进离退休干部志愿服务活动开展。全区老干部志愿者协会人数已发展到500余人，年内，法律服务队、农业科技队等8支老干部服务队共开展志愿服务活动60余次。推进关心下一代工作开展。5月，开展“学习急救、守护生命”光盘发放暨系列图书捐赠活动，为全区中小学生捐赠光盘及图书3000余册。7月，在全区范围内开展“五老”志愿者登记造册、颁发证书工作，共核实登记“五老”志愿者1500余名。9月，开展“中华优秀传统文化进校园”活动，为全区中学生捐赠图书《文登文艺民间文艺特刊》7600册；同月，区关工委被评为“山东省关心下一代工作先进集体”，其中黄汝民、王潇如、于忠涛、潘见志、张友伦5人被评为“山东省关心下一代工作先进工作者”。12月，开展学生食堂满意度调查活动，对全区高中和镇中小学生食堂进行实地检查和学生问卷调查。

老年大学工作 2017年，老年大学在校学员达到2600余人次，共开设34个专业、100个教学班。区老年大学突出办学特色，打造精品教学，其中声乐合唱团的节目《我的祖国》参加威海市合唱比赛，获银奖。3月，组织党员身份的学员100余人到荣成郭永怀纪念馆接受红色教育。12月，组织老年大学教学成果汇报展演，共展演节目31个。年内，组织老年大学学员到敬老院、社区演出近10场次。

（李秀芳）

2月1日，老干部书画志愿者开展“迎新春，送春联”活动

【信访】 区委、区政府信访局（简称区信访局）内设办公室、办信科、接待室、信访督查科、区政府信访事项复查办公室（增挂区政府信访事项听证办公室牌子），文登区委群众工作部与其合署办公；下设事业单位文登区社会矛盾受理调处中心。共有工作人员20人。区直32个重点部门建立信访机构或配备专职信访干部，各镇（街道）全部设立专职信访干部，村居社区、企业共有信访信息员1370名。

信访受理 2017年，区信访局共计受理各类信访案件3290件（批）。年内，受领市级交办信访积案化解10件。组织信访事项简易听证会81次，信访事项及时受理率、按期办理率均达到100%。全区纳入满意度评价的来

信及网上投诉事项对信访部门参评率为93.8%，责任单位参评率为92%；在已评的来信及网上投诉事项中，对信访部门的满意度为97.1%，对责任单位的满意度为98%。实现全国、全省"两会""一带一路"国际峰会、省第十一次党代会、中共十九大等重点时期"五个不发生"的工作目标。

落实区级领导定期接访制度，工作日每天都有一名区级领导坐班接访，重点受理分管领域的来信来访，面对面听取群众意见，解决实际问题。2017年，区级领导累计接待群众来访102批215人次。落实镇级领导干部定期接访制度，镇（街道）党政班子成员定时定点接待群众来访，党委书记每月至少接访2次。年内，区信访局将全区2015－2017年1300余件上访案件进行全面梳理，分单位建立台账，进行跟踪督导，至年末已化解490余件；各镇（街道）各部门落实"五个一"（一名包案领导、一个工作班子、一套化解方案、一份会办纪要、一套稳控措施）工作要求，采取集中会办、公开听证、救助救济等措施，逐案研究解决办法，及时解决群众反映的合理诉求，对无理或提出过高要求的最大限度地促其息诉罢访，提高群众满意率。

信访形势　2017年，区信访局加大越级访及非访治理，整治信访环境、规范信访秩序，全区总的信访形势趋于稳定，信访秩序良好；个别领域存在不稳定因素。劳动和社会保障问题，分别占上访案件和来信数量的23.5%和8.0%，主要反映工资福利、社会保险和农民工权益等方面的问题，其中农民工权益问题突出，占该类上访案件的51.0%；城乡建设方面，分别占上访案件和来信数量的16.9%和26.4%，主要反映城镇拆迁、住房保障、城市建设和市政管理等方面的问题；农村农业方面，分别占上访案件和来信数量的17.0%和6.6%，主要反映土地承包经营和村务管理等方面的问题；政法方面（即涉法涉诉问题），分别占上访案件和来信数量的19.3%和5.7%，主要反映诉讼、仲裁与调解、行政复议等方面的问题。

信访培训及宣传工作　11月9日，区信访局组织全区信访工作人员进行为期半天的全员培训工作，使基层信访干部熟悉各项操作规程、掌握信息系统使用，对业务规范做到应知应会、熟练运用。12月，区信访局依托《山东省信访条例》执法检查活动，连续一周在《文登大众》报上刊登《山东省信访条例》相关解读文章，为基层信访工作人员、信访群众办理信访事项提供遵循依据。

（李茂华）

【党校】　区委党校是区委直属正科级事业单位，增挂文登区行政学校、文登区社会主义学院牌子。2017年3月，成立科研处。至年末，内设办公室、教务处、政治理论教研室、经济理论教研室、总务处、科研处。有工作人员23人，其中高级讲师10人、讲师3人、会计师1人、参照公务员法管理9人。2017年2月，被区委、区政府授予2016年度先进集体称号。12月22日，被山东省委讲师团授予山东省理论宣教基地称号。

教学工作　2017年，区委党校负责组织全区2017年新任副科级干部、区直部门年轻干部、机关事业单位新入职人员、森林防火情景模拟及干部自主选学等培训班次的教学及管理工作，轮训党员干部9500余人次。年内，围绕学习贯彻中共十八届六中全会、省十一次党代会、市十五次党代会、习总书记"7•26"讲话、中共十九大精神及"两学一做"专题教育，完成200余场次、2.9万余人次的宣讲任务。先后开展6期突出森林防火、汛期防洪抢险、招商引资推介等6大主题的情景模拟教学活动和7次以红色文化为主题的现场教学活动。年初，开展2017年新课试讲暨精品观摩教学竞赛活动，评选出3堂精品课，其中《君子人格与为政之德》《红色胶东现象解读》，在威海市党校系统精品课竞赛中获2个一等奖。开发网络党建教育平台，在全省党校系统率先建成并应用威海市文登区干部网上培训平台和干部教育培训学习卡系统。至12月，文登网上党校注册学员13386人，访问量达到6095815次。

科研工作　完善《科研成果鉴定标准及奖励实施细则》，科研工作步入制度化、规范化管理轨道。组织教师到镇（街道）村居一线开展社会调研，推出多项精品成果。年内，在地级以上刊物发表论文14篇、理论研讨会获奖成果23项，1项成果进地级党委政府决策，完成省级立项课题1项、结项课题2项，地级结项课题1项。

行政后勤工作　实施考核机制，以《党校工作简报》为载体，完善岗位目标责任考评办法，明确分工职责，健全工作激励机制。年内，改建党建荣誉室，分为荣誉展示室和党建活动室两部分，荣誉展示室将党校获得的省、市、区级荣誉牌匾，集中悬挂展示；将"三会一课"相关党建制度制成刊版在党建活动室布展。在办公楼十五和十六楼走廊，增设文化刊版，打造文登党校校园文化特色走廊。

年内共承接区委办、政府办、组织部等部门组织的各种会议151场次，在教室卫生、餐厅服务、会务准备、行政接待等方面提供优质服务，得到区委领导及社会各界的肯定。加大增收节支管理工作力度，加强水、电、燃油等可控费用精细化管理，建设节约型党校。

（崔　玮）

【党史】　区委党史研究室为隶属区委办公室管理的参照公务员管理的正科级事业单位，内设办公室、征集科、编研科。2017年，有工作人员8人。

文献资料征编与利用　2017年5月，区党史研究室与档案局联合编辑的《文登印迹——文登历史发展档案图集》一书，由中共党史出版社出版发行。该部光影图书收集从清末至2017年间反映文登历史文化的各类照片，真实直观地记录文登的社会发展历史、百姓生活变迁、山川城乡风貌的演变，是文登首部以千年古县为题材的图书。

自2016年始，对走访征集到的胶

东革命斗争图片及文字史料进行系统整理。2017年11月，由九州出版社出版发行《烽火——纪念天福山起义80周年图集》一书。该书按照历史年代展现胶东人民的革命事迹，共11.3万字。

党史资料资政研究 《改革开放实录》是中央党史研究室按照中央的要求，组织启动的全国性重大课题。2016年，区委办牵头召开全区《改革开放实录》征编工作会议，在全区启动《改革开放实录》威海卷、文登卷的征编工作。区党史办制定统一的撰稿规范和编写说明，定期协调推进编写速度，指导修改文稿创作。其中《改革开放实录（威海卷）》的6个选题已按时报送威海，《改革开放实录（文登卷）》征编工作在2017年底前完成初稿的征集。

开展《文登县社会主义建设时期县委书记（县长）口述历史》征编工作。自2016年7月起，区党史研究室组织人员先后到烟台、青岛、济南等地征集当事人的相关资料，查找整理档案资料102卷，收集整理1949年至1979年文登县8任县委书记、6任县长和4任县革委会主任的工作讲话、回忆材料等30篇，至年末，已经编写文字课题10万余字，报送上级业务部门。

省委党史研究室开展征集、整理、编纂红军将士在山东战斗、工作、生活的资料工作，编纂《红军将士在山东》一书。区党史研究室安排专职人员专项负责，联络对接、上报名单、撰写稿件，其中整理报送土地革命时期的革命参加者简历3万余字、土地革命时期的烈士名录226条、在文登战斗过红军将士资料2篇和相关图片资料40幅。

党史宣传教育 与文登广播电台、电视台联合开办《红色文登》《记忆文登》栏目，采取主持人专题解读或嘉宾讲座的方式讲解党史故事，加强党史知识宣传。年内，《红色文登》开办120期，《记忆文登》开办12期，先后在文登新闻交通广播、音乐故事广播和电视台播出。参与区委组织部、区直机关工委主办的2017年文登区、南海新区党员发展对象培训班培训工作，为入党积极分子进行烽火天福山起义专题讲座。

（于　燕）

【档案】 区档案馆（增挂档案局牌子）内设办公室、综合科、业务指导科、档案管理科、编研科、文件阅览室。编制14人，专职档案人员11人，其中副研究馆员3人、馆员3人、助理馆员3人。全区有综合档案馆1个，专业档案馆1个，基层档案室1053个，专职档案人员80人，兼职档案人员1027人。2017年，基层档案工作按照《中华人民共和国档案法》《山东省档案条例》和省、市档案局关于档案管理的要求，围绕档案收集、整理、保管、利用及数字化建设工作提供人力和财力支持，主动完善档案保管设施，消除安全隐患，强化档案管理制度，提高服务质量，不断提高基层档案工作管理水平。

7月4日，区委书记吴宏飞到区档案局调研

馆藏档案 馆藏档案门类齐全，载体丰富，主要有文书档案、纪检档案、会计档案、婚姻档案、专业技术档案、科技档案、电子档案、实物档案、照片档案、印章档案、名人档案、普查档案、公证档案、死亡干部档案等。馆藏报刊主要有《人民日报》《新华月报》《大众日报》《文登大众》《昆嵛报》《抗战日报》等。图书资料主要有伟人著作、工具书、画册、文登学子著述录、家谱、部门志等。区档案馆共有全宗132个，案卷55322卷，归档文件200439件。馆藏照片档案3041张，录音录像磁带和影片档案54盘，软盘70张，光盘755张，底图28张。馆藏资料32564册，荣誉实物档案413件。寄存档案54342卷。

档案接收整理 2017年，组织接收整理2016年区直部门、镇办文书档案1万余件，整理资料417件；接收2014-2016年婚姻档案306盒，21988件；接收法制办政府信息公开文件50卷、书籍310本；接收死亡干部档案70卷；接收整理现行资料120册；接收法院、经信局、文登书协、整骨医院等档案照片40余份（卷）；重新整理光盘档案97册。

档案征集 区档案馆创新开展“让压箱底的宝贝重放异彩”档案资料公开征集活动，共征集《文登南桥孙氏家谱》《半岛烈火》等书籍、地契、地图、回忆录等89件，照片100余幅；配合组织部、宣传部开展“甲午国殇·民族复兴”威海将军馆史实资料收集工作，接收证书扫描件、复印件51件，实物7件。

档案保管 档案馆库房按时进行通风、防尘、消毒及温湿度调控，达到防火、防盗、防潮、防鼠、防虫、防尘、防光等7防要求。馆藏档案、资料分类合理，排列整齐，检索工具健全，档号编写规范，文书档案、珍贵档案、资料分类存放，定期对档案、资料进行清点整理，确保档案的安全完整。2017年，按照省档案局关于开展档案安全风险隐患排查的部署要求，重点在法律政策执行风险、制度安全风险、资源安全风险、档案实体安全风险、档案信息管理风险、档案保密开放与利用等方面进行全面排查，完成整改3项，确保不发生任何档案安全事故。

档案著录　2017年，区档案馆组织专门队伍对建国前革命历史档案文件进行包括题名、作者、时间、密级等23项考证和著录，共计完成革命历史档案500余条的著录上报工作。

档案开放利用　区档案馆对馆藏的各种档案、资料按规范要求编制各种检索工具。档案的提供利用多种多样，有来馆查阅、电话代查等多种形式，每年均及时对档案利用情况进行分析。2017年，向社会个人提供利用档案资料1115人次，案卷档案3131卷次，归档文件2261件次，资料516册次，其中婚姻档案614人次，457件次。根据查档记录编写实例汇编20余例。

档案宣传　2017年，为迎接第十个“国际档案日”，区档案局推动全区档案宣传工作常态化。通过新媒体举办档案知识有奖答题赠红包活动，提高广大市民参与积极性，广泛普及档案知识；在《文登大众》开设“档案故事—红色记忆”专栏，通过挖掘档案资料再现文登革命战争时期的峥嵘岁月，发挥档案存凭留史、资政育人的作用；走进文登二中校园，通过发放网络读书卡和《中国的世界记忆遗产》宣传册，引导师生增进档案意识；邀请文登师范学生走进档案局，学习档案管理知识，体验档案工作流程，增强学生们对档案文化的认识。6月9日，威海市“国际档案日”宣传活动在文登启动，区档案局利用馆藏资源，推出“天福烽火耀胶东”图片展，真实地再现胶东抗战史，以史鉴今、以史育人，收到良好社会效益。10月19日，天福山起义走出去的胶东子弟兵后代90余人，参观“天福烽火耀胶东”图片展，并与档案局互赠胶东革命史料研究丛书，共同传承胶东革命历史，世代相传胶东革命精神。

6月9日，威海市“国际档案日”宣传活动在文登启动

档案培训　2017年，举办档案业务培训班，课程涉及机关归档文件整理操作规范、声像档案管理、档案编研以及世纪科怡档案管理系统（威海版）的操作等方面，对镇（街道）、区直各部门及部分企业档案管理人员95人进行档案业务培训，让档案工作人员及时掌握档案管理工作规范，促进档案工作扎实有效地开展。

档案科学化管理　按照《山东省档案工作科学化管理规范》的要求，区档案局积极推进全区档案工作科学化、规范化，完成2017年度科学化管理申报、测评工作。年内，国网山东省电力公司威海市文登区供电公司达到省科学化管理示范单位标准；区市场监督管理局、区水利局达到省科学化管理先进单位标准；文登经济开发区等11个单位达到省科学化管理合格单位标准。

档案编研　2017年7月，区档案局深度挖掘馆藏档案资源，历时两年五稿编辑文字88万、图片1470余张，以档案的视角、纪实的手法、图片的形式展现《文登印迹——文登历史发展图集》出版发行。11月，与区委党

12月17日，区供电公司档案工作通过省科学化管理示范单位测评验收

《文登印迹》《烽火》（12月8日摄）

史研究室合作编写出版11万字的《烽火——纪念天福山起义80周年图集》。为《山东档案年鉴（2017）》文登部分和《文登年鉴（2017）》档案部分供稿。配合《威海名人》出版，报送文登名人268人。

档案法治　按照省档案局、省法制办《关于开展行政执法案卷档案管理执法检查的通知》要求，区档案局2017年开展两次大规模执法检查，检查指导机关事业单位近百次。到农业局指导农村土地确权档案和村居集体产权制度改革档案的管理；与区委扶贫办对接，检查精准扶贫档案，为后期接收做好准备工作。

档案数据容灾管理　根据中办发〔2014〕15号文件关于“建立健全确保档案安全保密的档案安全体系”的精神和《山东省电子档案容灾备份工作管理办法》的要求，确定在山东省电子文件（档案）容灾备份中心建立威海市文登区档案局备份电子档案异地备份库。2017年9月，威海市文登区档案局向山东省电子文件（档案）容灾备份中心报送备份数据。

（潘高峰　宋中华）

【革命传统教育基地】　根据威海市编办《关于设立威海市文登区革命传统教育基地管理中心的批复》精神，2016年8月，设立威海市文登区革命传统教育基地管理中心，增挂威海市文登区天福山起义纪念馆牌子，为区委直属公益一类财政拨款事业单位，正科级规格，编制6名。主要职责是：负责保护管理天福山革命遗址等革命传统教育场所；收集、整理革命历史文物和资料，研究、挖掘文登红色文化资源，丰富革命传统教育基地内涵；做好革命传统教育陈列布展和展览工作；开展革命传统教育活动。2017年，共接待各类团体班次557批次23820人次，普通游客21161人次，总计44981人次。

基地建设　2017年，按照胶东（威海）党性教育基地对文登教学区的功能定位，在场馆建设上不断深化提升。先后投资100余万元，改造天福山起义纪念馆尾厅，增设理琪雕塑，安装电子屏等；聘请中央电视台新影制作中心团队制作《胶东之魂》《红色胶东何以红》等4部电视教学片；按照修旧如旧的思路对胶东特委临时会址进行修缮；投资50余万元新建符合标准的洗手间、无障碍通道等，为参观学习提供良好的设施环境。

宣传教育　通过借调、招聘等方式组建一支具有较高水平的讲解员队伍。2017年8月，成立红色胶东研究会，围绕红色胶东现象和胶东精神开展学术研究和交流，为教育基地建设提供全方位智力支持。为天福山起义纪念馆和红色胶东馆配备同步解说系统，开通微信公众号，通过在线观展、语音导览、视频教学、互动留言、电子画册等模块，使每位学员和参观者都能通过自助导游机或者手机扫描二维码的方式来收听语音讲解。

加强对外宣传。与合肥市赖少其艺术馆合作，先后在合肥市、广州市举办纪念中国人民解放军建军90周年暨胶东革命文献史料展。结合纪念天福山起义80周年，配合有关部门举办纪念天福山起义80周年理论研讨会、拍摄电影《天福山起义》，组织选拔优秀讲解员参与演出。设计制作天福山起义纪念馆宣传折页，联合八路军山东抗日根据地研究会胶东分会对《胶东子弟兵》一书进行修订加印。在报纸、电视台、党建公众号开设“红色

10月20日，胶东子弟兵革命后代到天福山寻根

文登”专栏，刊发讲述红色故事的系列报道30余期。与区委宣传部联合编著《天福山革命遗址》一书，由中宣部纳入全国爱国主义教育基地巡礼丛书，在全国发行。与区艺术团一道到73、74、75集团军所辖的从天福山走出的6个旅进行慰问演出。

史料征集 邀请黎玉之子黎小弟、宋澄之女宋韧夫妇、宋竹庭之子宋小秋等先辈后代到文登，围绕挖掘提炼胶东红色文化，弘扬天福山起义精神进行探讨交流。抽调工作人员组成征集小组，先后用时20余天，到达北京、辽宁、江苏、安徽等省、市，走访张玉华、高厚福、于得水等文登籍革命前辈本人和其亲属及其他革命历史的亲历者等重点征集对象20余人，征集到有关柳运光、张玉华等的史料及文物，提高基地展示内容的真实性。

（于新水）

文登区人民代表大会

【概况】 区第十八届人民代表大会实有代表237人。2017年，区人大常委会在区委的领导下，贯彻落实中共十八大及历次全会和中共十九大精神，依法履职，为加快全区经济社会发展和民主法治进程做出积极贡献。

【区人民代表大会代表】 2016年9－12月，第十八届人民代表大会代表换届选举工作选举产生区第十八届人民代表大会代表237名。全区共划分选举区人大代表选区84个，平均每一选区分配代表名额2.8名，每一选区分配的代表名额均不超过3名，每一代表所代表的人口数大致相等。全区登记选民433018名，占全区总人口数的75.29%。全区共提名推荐区人大代表候选人321名，是应选代表的1.35倍。每一选区确定的区人大代表候选人名额均比应选代表名额多1名，实行差额选举，符合《中华人民共和国选举法》和《威海市文登区选举委员会关于威海市文登区区镇两级人民代表大会换届选举工作的实施方案》的规定。其中政党、人民团体单独或者联合提名推荐321名，占总数的100%。经过酝酿协商，最终确定区级正式代表候选人321名，比应选代表多84名。全区参加投票选举代表的选民323707名，参选率74.76%。选举以无记名投票的方式进行。237名区人大代表在全区84个区人大代表选区中均一次当选。237名区人大代表中，35岁以下的19名，占代表总数的8.02%；36岁至55岁的190名，占代表总数的80.17%；56岁以上的28名，占代表总数的11.81%。具有大学本科以上文化程度的代表102名，占代表总数的43.04%；具有大专文化程度的代表53名，占代表总数的22.36%；具有中专及高中文化程度的代表56名，占代表总数的23.63%；初中以下文化程度代表26名，占代表总数的10.97%。人大代表文化素质趋向知识化，整体素质进一步提高。妇女代表58名，占代表总数的24.47%。企业负责人、工人、农民代表140名，占代表总数的59.07%；干部代表57名，占代表总数的24.05%；解放军代表1名，占代表总数的0.42%；专业技术人员代表32名，占代表总数的13.5%。

【区人民代表大会会议】

文登区第十八届人民代表大会第一次会议 2017年1月23－25日在市民文化中心举行，应到代表237人，实到代表232人。下列范围中不是区人大代表的人员列席会议：区委副书记（挂职），区委常委（含挂职），区十七届人大常委会副主任，区政府副区长（含挂职），区法院院长，区检察院检察长，各镇、街道、埠口港、金山党（工）委书记，各镇人大副主席，各街道、埠口港人大代表工作办公室主任、副主任，区人大常委会经济开发区工作委员会副主任；区直部门和驻文登单位主要负责人，区纪委各派驻纪检组主要负责人，区人大常委会各委室负责人。出席区政协十届一次会议的委员列席有关全体会议。大会听取和审议区人大常委会、区政府、区法院、区检察院工作报告；审议区政府关于威海市文登区2016年国民经济和社会发展计划执行情况及2017年国民经济和社会发展计划（草案）的报告，审查批准威海市文登区2016年国民经济和社会发展计划执行情况与2017年国民经济和社会发展计划；审议区政府关于威海市文登区2016年财政预算执行情况和2017年财政预算（草案）的报告，审查批准威海市文登区2016年财政预算执行情况和2017年财政预算。会议期间共收到代表建议55件。会议选举张建亭为威海市文登区人大常委会主任，李健夫、王丽珍（女）、江先才、孙显林、褚元鹏为威海市文登区人大常委会副主任，选举产生区人大常委会委员27名；选举林恒为威海市文登区人民政府区长，王肇刚、孟艳玲（女）、孔军、张晓

1月23日，威海市文登区第十八届人民代表大会第一次会议召开

威、王亮为威海市文登区人民政府副区长；选举申屠青（女）为威海市文登区人民法院院长；选举谭鹏飞为威海市文登区人民检察院检察长并报威海市人民检察院检察长提请威海市人民代表大会常务委员会批准；表决设立威海市文登区第十八届人民代表大会内务司法委员会、财政经济委员会、教育科学文化卫生委员会、城乡建设与环境资源保护委员会、农业与农村委员会，并通过组成人员名单；选举产生出席威海市第十七届人民代表大会的代表75名。

【区人大常委会】

组成人员 2017年末，区人大常委会组成人员33名，其中，主任1人，副主任5人，委员27人。常委会设专职党组副书记1人。

工作机构 区人大常委会设办公室、研究室、人事代表工作委员会、财政经济工作委员会、预算工作委员会、内务司法工作委员会、教育科学文化卫生工作委员会、城乡建设与环境资源保护工作委员会、农业与农村工作委员会，办公室下设行政科、秘书科、来信来访科、老干部科，有工作人员39人。

人大常委会会议

十八届人大常委会第一次会议 3月14日举行。会议以无记名投票的方式决定人事任免事项；审议通过区十八届人大常委会代表资格审查委员会主任委员、副主任委员、委员名单；审议通过区人大常委会2017年工作要点；讨论通过关于开展“遵纪守法教育月”的活动方案；学习传达区委书记吴宏飞在区纪委一届二次全体会议上的讲话。

十八届人大常委会第二次会议 5月12日举行。会议听取和审议区政府关于将威海综合保税区基础设施和公共服务设施PPP项目可行性缺口补助资金纳入中长期财政规划的议案、区法院关于执行工作情况的报告、区政府关于国税工作情况的报告、区人大财经委员会关于推进工业带动战略情况专项调研报告。

十八届人大常委会第三次会议 8月4日举行。会议听取和审查区政府关于2016年财政决算情况的报告，并做出决议；听取和审议审计机关关于2016年度区级预算执行和其他财政收支的审计工作报告、区政府关于水利工作情况的报告；通报区政府《关于推进工业带动战略情况专项调研报告》办理情况；以无记名投票的方式决定人事任免事项。会议集体学习《中华人民共和国民法总则》。

十八届人大常委会第四次会议 10月16日举行。会议听取和审议区政府关于2017年国民经济和社会发展计划上半年执行情况的报告、关于2017年财政预算上半年执行情况的报告、关于环保工作情况的报告、关于区十八届人大一次会议代表建议、批评和意见办理情况的报告；通报“人大代表活动月”情况；以无记名投票的方式决定人事任免事项。会议集体学习《习近平的七年知青岁月》《习近平总书记的成长之路》等学习材料。

十八届人大常委会第五次会议 12月4日举行。会议组织与会人员参观文登人大馆，审查和批准区政府关于区2017年地方政府债券分配使用意见及区级财政预算调整方案的报告，并作出相关决议；听取和审议区政府关于全域旅游工作情况的报告；集体学习中共十九大精神，中央政治局委员、全国人大常委会副委员长兼秘书长王晨在2017年第三期县级人大常委会负责同志学习班上的讲话，区委一届二次全会精神；通过关于深入学习贯彻中共十九大精神的决议。

十八届人大常委会第六次会议 12月26日举行。会议听取关于威海市文登区第十八届人民代表大会第二次会议筹备工作情况的报告；通过威海市文登区人大常委会关于召开威海市文登区第十八届人民代表大会第二次会议的决定；通过威海市文登区第十八届人民代表大会第二次会议主席团和秘书长建议名单；通过关于威海市文登区第十八届人民代表大会第二次会议列席人员范围的决定；通过威海市文登区人大常委会关于接受代表辞职请求的决定；听取威海市文登区人大常委会代表资格审查委员会关于威海市文登区第十八届人民代表大会代表变动情况的报告；审议通过威海市文登区人大常委会关于发挥人大代表在社会治理中作用的决议（草案）；审议通过威海市文登区人大常委会工作报告；审议通过威海市文登区人大常委会2018年监督工作计划和工作要点；审议通过关于设立人大代表学习教育实践基地的决定；听取关于特色小镇专题调研情况的汇报；以无记名投票的方式决定了人事任免事项。

决定重大事项 全年常委会共作出决定、决议17项，通过2017年常委会工作要点，决定十八届人大一次会议、十八届人大二次会议有关事项，批准威海市文登区2016年财政决算，批准威海市文登区2017年区级预算调整方案，通过关于深入学习党的十九大精神的决议，决定设立人大代表学习教育实践基地，接受个别代表辞职。

监督工作 主要采取听取和审议、审查专项工作报告及视察检查等方式开展工作监督，先后听取审议“一府两院”工作报告12个，组织专项调研、执法检查和视察活动21次。围绕新旧动能转换重大战略部署，组织对“工业带动”战略实施情况进行专题调研；围绕推动“镇域经济”发展，组织开展特色小镇调研活动。审查2016年财政决算情况、2016年度财政预算和其他财政收支的审计情况、2017年国民经济和社会发展计划上半年执行情况和财政预算上半年执行情况。听取和审议国税、水利、环境保护、代表建议办理、全域旅游、法院执行等工作情况的报告，提出审议意见，交有关部门办理并督促整改和落实。视察公安工作、精准扶贫工作，对食品安全法、安全生产法贯彻情况进行检查，推动经济社会全面发展。

配合上级人大工作 5月4日，省人大常委会原副主任于建成到文登考察。8月3日，省人大常委会内务司法委员会主任委员郭建昌、城乡建设与环境资源保护委员会副主任委员刘俭朴、教科文卫委员会副主任委员刘奇带领调研组到文登对人大代表小组活动室建设情况进行调研。8月29日，省人大常委会农业与农村委员会主任委员战树毅、省海洋与渔业厅副厅长崔凤友带领调研组到文登调研海洋与渔业工作。配合市人大常委会到文登就《威海市饮用水水源地保护条例（草案）》《威海市节约用水条例（草案）》开展立法调研，对文登旅游要素整合利用情况、现代农业发展情况进行调研，对文登推进实施市委重大决策部署情况进行集中督导，对威海综合保税区南区建设工作进行视察。

人事任免　任免常委会工作人员6人次，其中任命4人、免职2人。任免政府工作人员36人次，其中任命32人、免职4人。任免法院工作人员24人次，其中任命19人、免职5人。任免检察院工作人员3人次，其中任命1人、免职2人。

代表工作

构建“1234X活动机制”　建立人大代表活动机制，每年召开1次人代会，进行2次集中专题调研，开展遵纪守法教育月、代表活动月、代表述职月3次专项活动，确保每季度1次执法检查或视察，“X”为创造性开展自选活动，使全年人大代表工作常态化、规范化。

遵纪守法教育月　将每年3月定为遵纪守法教育月，通过组织各级人大代表参加法纪教育、专题讨论、警示学习等活动，让代表受警示、明底线、知敬畏，在思想上划出红线、在行为上明确界线，做到敬法畏法、遵规守矩。

代表活动月　每年8月定为人大代表活动月，以代表小组为单位，采取经验交流、座谈讨论等形式，就如何更好地履行代表职责、开展代表工作进行集中学习讨论；各基层人大组织代表对项目建设、民生工程、农村环境整治等群众普遍关心的事项开展视察检查，提出了切实可行的建议意见。活动月中，各级人大代表共开展视察检查17次，热心为群众办好事460余件。

代表述职月　每年12月定为代表述职月，区镇两级人大代表一届任期内利用4年的时间，向原选区选民报告一次履职情况。2017年，首批203名代表面对面向选民报告履职情况，由选民代表现场评议，选民满意率达到98%以上，代表与人民群众的关系日益密切。

代表培训　2月、5月，分别组织各级人大代表、机关工作人员、镇（街道）人大负责人进行集中培训，增强代表履职意识，提高代表履职水平。共培训全区各级人大代表500余人次。

代表建议办理　将区十八届人大一次会议收到的代表建议、批评和意见及闭会期间代表所提建议进行专题研究和整理，集中交政府及有关部门办理。建立承办单位与代表先见面、先沟通、先协商、后办理的办理模式，健全上门督导、现场考察、回访了解、监督落实等机制，对一些事关发展全局、群众普遍关心的重点建议，召开主任会议专题研究，由分管主任牵头、各工作委对口联系进行重点督办。年内，办理代表建议、批评和意见72件。

信访工作　年内，接待群众来信来访78件次，对群众来信来访案件进行认真调查，及时转交有关部门办理，较好地解决群众的合理诉求，维护群众的利益。

镇级人大工作　指导各镇人大开好镇第十九届人民代表大会。组织各镇（街道）人大工作负责人进行相关培训。指导各镇（街道）人大在闭会期间组织代表开展视察评议、走访调研等活动。推进各镇（街道）人大工作室和代表小组活动室规范化建设工作。

文登人大馆　9月，文登人大馆建成。馆室面积300余平方米，以人民当家作主为主题，以讲述文登人大故事为主线，通过“前言、发展历程、忠诚履职、亲切关怀”四个板块，展示文登人民当家作主的光辉历程和近十届人大常委会的发展成果，成为文登人大学习教育、对外宣传、扩大影响的良好阵地。

（丛晓科）

文登区人民政府

【概况】 2017年，区政府贯彻中共十九大精神，以习近平新时代中国特色社会主义思想为指导，树立和贯彻落实新发展理念，统筹做好稳增长、促改革、调结构、惠民生、防风险等各项工作，经济社会保持平稳健康发展。2017年，全区生产总值增长7.8%，工业增加值增长9.5%，固定资产投资增长12.3%，公共财政预算收入增长9.7%，社会消费品零售总额增长10.4%。

【区政府序列工作部门】 2017年，区政府设置工作部门23个：区政府办公室、区发展和改革局、区经济和信息化局、区教育局、区科学技术局、市公安局文登分局、区监察局（与区纪律检查委员会机关合署）、区司法局、区民政局、区财政局、区人力资源和社会保障局、区国土资源局、区住房和城乡建设局（增挂区城市管理行政执法局牌子）、区交通运输局、区水利局、区农业局、区海洋与渔业局、区商务局、区文化广电新闻出版局、区卫生和计划生育局、区审计局、区环境保护局、区市场监督管理局、区安全生产监督管理局、区食品药品监督管理局（增挂区食品安全委员会办公室牌子）。区监察局、威海市公安局文登分局列入区政府工作部门不计个数。

【区政府直属事业单位】 2017年，区政府设直属事业单位17个：威海市文登技师学院、区体育局、区旅游局、区经济合作局、区中小企业局、区广播电视台、区住房保障和房产管理局、区外事侨务办公室（归国华侨联合会与其合署）、区人民防空办公室、区财贸办、区金融工作办公室、区社会管理服务中心办公室、区供销合作社联合社（增挂供销合作总社、农民合作社联合社牌子）、区机关事务管理局、区检验检测中心、威海市公共资源交易中心文登分中心、电子政务管理中心。

【区政府常务会议】 区政府常务会议由区长主持，参加人员有副区长、政府办公室主任、副主任及有关部门主要负责人。2017年，区政府共召开常务会议11次。会议主要内容有：研究通过《全区经济工作会议讲话（讨论稿）》《2017年区政府民生工程项目安排意见》《2017年威海市文登区区级重点项目安排意见》《2017年威海市文登区城建重点工程安排意见》《威海市文登区2016年财政预算执行情况和2017年财政预算（草案）的报告》《关于建立合同审查备案制度的意见》《关于加强政府自身建设的意见》《威海市文登区推行“一窗式”“一门式”服务模式改革实施方案》《关于公布区政府规范性文件清理结果的决定》《文登区畜禽养殖污染综合治理实施方案》《文登区城区老旧小区物业管理奖补意见》《威海市文登区城市责任单位三包管理规定》《威海市文登区区属国有企业功能界定与分类方案》《威海市文登区区管企业负责人经营业绩考核办法》《威海市文登区区管企业负责人薪酬管理办法》《关于进一步改进和加强行政应诉工作的意见》《关于调整区政府议事协调机构及成员的意见》《威海市文登区农村集中式饮用水水源地环境保护规划》《威海市文登区全面实行河长制工作方案》《威海市文登区深入推进村（居）集体产权制度改革实施方案》《关于加快新旧动能转换推动工业转型发展的意见》《威海市文登区镇（街道）行政权力事项目录》《威海市文登区关于加强品牌建设的意见》《威海市文登区砂资源管理办法》《威海市文登区关于加快推进生态文明建设的工作方案》《威海市文登区水污染防治工作方案》《威海市文登区镇级党委、政府及有关部门环境保护工作职责（试行）》威海市文登区人民政府工作规则》《关于促进开放型经济发展的奖励办法（试行）》《重点招商项目协调推进联席会议制度》《威海市文登区重特大疾病医疗救助实施办法》《文登区新旧动能转换重大工程工作方案（草案）》《文登区公立医院法人治理结构建设工作实施方案》《文登区属实行法人治理结构事业单位外部监事管理办法》《文登区属实行法人治理结构事业单位外部理事（董事）管理办法》《文登区属实行法人治理结构事业单位外部理事外部监事报酬管理暂行办法》《关于加强和改进新形势下公安基层基础工作的实施意见》《关于开展“一村（社区）一法律顾问”工作实施方案》《文登区公共信用信息管理办法》《文登区守信联合激励和失信联合惩戒办法》《关于在市场体系建设中建立公平竞争审查制度的实施意见》《关于加强城乡社区协商的实施方案》《关于严明规范村级集体经济组织“三资”管理的意见》《威海市文登区病死畜禽无害化处理工作实施方案》《威海市文登区关于落实城镇失业（无业）人员独生子女奖励费的意见》《威海市文登区禁养区畜禽养殖场户关闭搬迁的意见》《关于对社区居民委员会进行调整的意见》《威海市文登区安全生产行政责任制规定》《关于深化放管服改革进一步优化政务环境的意见》《威海市文登区土壤污染防治工作方案》《威海市文登区河库绿化整治实施方案》《政府工作报告（讨论稿）》《2018年区政府民生工程项目安排意见》《2018年威海市文登区区级重点项目安排意见》《2018年威海市文登区城建重点工程安排意见》《威海市文登区2017年财政预算执行情况和2018年财政预算（草案）的报告》《关于推进法治政府建设的实施意见》《威海市文登区人民政府重大行政决策程序规定》《关于农村无害化卫生厕所长效管护机制的实施办法》。

【区政府专题会议】 2017年，共召开区政府专题会议28次，会议由分管副区长主持，相关部门主要负责人或负责人参加。其中，研究重点工程项目建设的专题会议有：皮肤病医院搬迁工作专题会议、筹建紫光学校有关问题专题会议、携程华东呼叫中心项目建设专题会议、深圳长和光导科技光纤预制棒项目专题会议、整骨医院医养结合项目有关问题专题会议等。研究部署旧村改造搬迁的专题会议有：棚户区改造工作有关问题专题会议、蓝海公司收购人和房地产开发有限公司有关问题专题会议、侯家镇福尚苑小区土地出让问题专题会议等。研究专项资金和土地的专题会议有：加强青少年活动中心建设、建设大溪谷国防基地、设立威海卓信投资有限公司等。其他类别的专题会议有：两中心资产移交专题会议、省道204初张线城区段养护管理移交问题专题会议、安源机动车驾校及检测公司改制有关问题专题会议、坤龙邢水库有关问题专题会议、解决非诉行政案件执行问题专题会议、科技局有关人员内退工作专题会议。

【施政辑要】

产业转型升级 坚持工业立区、工业强区，印发《加快新旧动能转换推动工业转型发展的意见》，工业专项发展资金由1亿元增加到2亿元，兑现8700余万元奖励资金，支持企业改造升级，实施的70个技改项目完成投入40亿元，完工或投产项目20个，工业整体装备水平、智能制造能力和规模效益迈上新台阶，规模以上工业主营业务收入增长12.9%，工业用电量增长17.7%，天润曲轴股份有限公司获评国家智能制造试点示范项目企业、省引进人才重点支持企业，威力工具集团有限公司成为全国制造业单项冠军示范企业。骨干企业挂优靠强取得新突破，鸿通管材股份有限公司进入中石油供应链条，宏安集团有限公司与深圳长和光导合作的光纤预制棒项目实施，与中航工业、中国光大、中电集团等央企开展的合作项目加快推进，为企业发展注入新的活力。全域旅游扎实推进，福地传奇水上乐园二期等项目加快建设，大溪谷文化创意小镇被评为国家AAA级旅游景区，列入省级特色小镇创建名单，获批省级健康服务业创新发展试验区。商贸物流业繁荣发展，威海铁路物流产业园区启动建设，浙商城、七里汤农贸市场投入使用，成为全省电子商务示范县。大数据、研发设计等现代服务业加速突破，引进威海设计谷项目，北京等4省市联通呼叫中心、京东生鲜馆投入运营，环维大数据呼叫产业基地一期试运营，成为全市重要的大数据产业集聚区。特色高效农业快速发展，新增9个成片连方农业园，威高生态园成为山东省生态休闲农业示范园。西洋参种植面积突破3666.67公顷，新引进汉广参业等5个精深加工项目，交易中心建成投入使用，西洋参药食同源通过论证，“文登西洋参”入选全国最受消费者喜爱的农产品区域公用品牌。海洋经济加快破题，启动4个海上休闲渔业平台建设，获批12个省级渔业专项转移支付项目，“文登蚝”注册地理标志证明商标，新获批3个国家级休闲渔业示范基地、1个省级田园型海洋牧场，山东省海洋生物研究院威海分院落户文登区。

区域一体发展 同城化向深度融合加速发展，防震抗灾、城市风貌保护等专项规划纳入市级编制范围，202省道改线、110千伏秀山输变电站和农网建设改造工程加快推进，“北拓南扩中疏”道路工程启动实施，新开通9条城乡公交线路，公交停保场建成使用，完成城北片区等9个老旧小区改造，城市管理纳入威海市精细化管理范围，城管平台交办案件处结率达到94%，所有镇卫生院和社区卫生服务中心均与市中医院结成医联体，并在全市率先实现国医堂建设全覆盖，居民养老、城乡低保、“五保”供养等保障水平同步提高。重点区域开发建设加快推进，经济开发区，加快实施转型升级五年行动计划，推动“二次创业”，启动惠州路改造等6项重点基础设施工程，新引进翔泽环保科技等15个项目，产业升级和转型发展步伐不断加快。南海新区，深入实施全省经济开发区体制机制创新试点，启动与12所大学合作的北京高科联盟威海科创城建设，中铝职教园投入使用，新引进永固新型材料等14个项目，区域创新能力和产业发展水平进一步提升。综合保税区，区内路网、海关商检联检等设施全部完工，基本达到封关验收条件。昆嵛山旅游度假区，借助抽水蓄能电站项目带动，加快骨干路网、河道整治、集中供热等建设。坚持把镇域作为解决发展不平衡不充分的突破口，连续两年安排专项财政资金扶持，完善承载功能，培植特色产业，各镇共引进建设产业项目34个，铺设雨污管网124千米，镇区供气实现全覆盖，7个镇区实现集中供暖。高标准推进美丽乡村建设，规划建设11个美丽乡村示范片区，实施棚户区改造项目24个，完成农村旱厕改造3.19万户，全区70%的村达到美丽乡村B级以上标准，4个村列入省级美丽乡村示范村创建名单，梧桐庵被评为全国美丽乡村示范村。

改革创新 创新活力加速释放，签订产学研合作协议27项，新创建省级企业技术中心3处，“千人计划”专家等省级以上高层次人才增加到77人。改革动力持续迸发，推进“放管服”改革，推行“一窗式”“一门式”政务服务模式，成为全省首个由政务服务中心代办原产地证书的区市，利企便民服务进一步优化，市场主体总数达到4.5万家，增长14.4%；深化金融服务创新，在全国率先开展西洋参种植保险业务，引进创客空间金服综合体，新增“新三板”和区域股权市场挂牌企业6家，信贷增量创历史新高；完成310个村居的产权制度改革工作，增强集体经济发展活力。开放潜力不断显现，印发《关于促进开放型经济发展的奖励办法（试行）》，加大精准招商和项目建设力度，列入市级考核的31个重点项目超额完成全年投资计划，引进过亿元或千万美元项目32个；开通“潍威韩”铁路冷藏集装箱班列和“威海—汉堡”中欧班列，形成对内通达全国9省，对外东接韩日、西连中亚及欧洲的海铁联运物流通道，成为“一带一路”的关键节点城市；搭建威海智汇港等外贸综合服务平台，引导服务企业开展对外贸易，外贸进出口总额增长27.1%。

生态环境 推动企业开展绿色制造，加快节能降耗，天润曲轴股份有限公司成为全国首批绿色制造示范单位。推进大气、水、土壤污染综合治理，实施空气质量优化升级行动，落实“压煤”“治气”等措施，空气质量综合指数改善10.4%；284条河流全部推行“河长制”，完成城乡河道综合整治24.7千米，饮用水水源地水质达标率100%；实施3个海岸带修复整治项目，入选山东省海洋开发重点区域；加强植树造林，成片造林1066.67公顷，新建及完善绿色通道20千米。落实耕地和基本农田保护制度，推广节水灌溉技术，促进资源节约集约利用，被评为全省高效节水灌溉示范县。

民生建设 把改善民生放在财力保障的优先位置，推动公共财政向民生领域倾斜。围绕群众需求，办好15项重点民生工程。新建改造小学2处、幼儿园1处，在全市率先购置38辆幼儿专用车，为全区43所中小学购买直饮水设备，引进全国著名教育机构创建威海紫光实验学校；镇级全民健身中心实现全覆盖，编制全国首个县级“健康白皮书”，成为全国第7个门球之乡；建成“城市书房”1处，提升农村综合性文化服务中心74处，电影《天福山起义》公映；实施全民参保登记计划，全区社会保险参保率达到99%以上。人防、民兵预备役、民族宗教、妇女儿童、外侨、对台、档案、史志、地震、气象等各项事业都取得新进步。做好安全生产、生态环保、脱贫攻坚、金融风险防控、社会稳定工作，营造安全和谐的社会环境。按照行业监管、属地管理、企业为主、社会监督的方式，组织开展安全生产大检查和专项整治行动，排查清除隐患1800余项。加强道路交通、建筑施工等重点行业领域安全监管和治理，推进化工产业安全生产转型升级，加强海上安全管理，安全生产形势总体稳定，没有发生较大以上安全事故。以中央、省环保督察和国家海洋督察为契机，开展环境保护突出问题排查整治，集中抓好群众反映强烈问题的整改，完成“散乱污”企业取缔整治、燃煤锅炉淘汰治理和禁养区内畜禽养殖场（户）关闭搬迁，燃煤机组实现超低排放改造。采取镇级基地带动、村企合作共建、特色产业培育等多种模式，增强村级持续增收能力，在完成所有贫困户脱贫的基础上，省定55个贫困村全部“摘帽”。开展金融风险排查处置专项行动、防范和打击非法集资活动、互联网金融风险专项整治，推动“破圈断链”工作，加强涉众型经济案件预警宣传，强化企业流动性风险防范，保持金融市场平稳健康发展。加强和创新社会治理，建立社会调解员专家库，网格化管理实现全覆盖。加强社会信用体系建设，“一网三库”公共信用信息平台基本建成。强化平安法治文登建设，推行公共法律服务中心、法律顾问进镇（街道）进村居，加强和改进信访维稳工作，排查化解社会矛盾，全区治安案件受理数下降11.4%，电信网络诈骗警情数下降22.3%，经济社会保持健康发展、和谐稳定的良好局面。

【区政府办公室】 2017年，区政府办公室内设文秘科、秘书一科、秘书二科、秘书三科、行政接待科、信息科6个职能科室。区政府办公室另挂区政府法制办牌子，区法制办增挂区政府行政复议办公室牌子，有区政府调查研究室、区政府应急管理办公室、区政府督查室3个副科级内设机构，辖重点项目推进办公室、区地方史志办公室、区人民政府对外协作办公室、区电子政务管理中心4个正科级事业单位，区机关事务管理局归口区政府办公室管理。

调研工作 围绕不动产登记、产业发展等方面，组织撰写调研材料10余篇，以《政务参阅》的形式呈报相关领导，为领导决策提供参考依据。

文字工作 完成政府工作报告、经济形势分析会、总结表彰会等大型会议、活动材料的拟写，全年共撰写各类讲话、汇报、通报等综合材料610余篇。完善信息公开制度，加强信息报送工作，实行全员采写信息，年内，共采写政务信息360余篇。共核拟各类正式文电1000余份，接办各类文电1万余份。

行政接待 年内，接待省部级以上高层领导6次、上级检查督导组100余个、调研组110余个、县级以上参观考察团15个、外国考察团15个、投资客商60余批，接待人数3000余人次。先后筹备2017年中国门球冠军赛总决赛、中国西洋参健康养生市场高峰论坛、第三届文登西洋参文化节暨2017威海（文登）温泉旅游季启动仪式、2017年全国群众登山健身大会（文登站）暨第十三届中国·威海（文登）昆嵛山樱桃节、全省优抚精细化管理服务推进会议等重大活动。

（脱永鹏）

【政务服务】 区政务服务中心管理办公室为区政府派出正科级行政机构，内设综合科、业务协调科、监督检查科、网络信息科、项目服务科、政工科，在编人员14人。2017年，进驻部门单位36家，中介、公共服务机构33家，进驻工作人员260余人，区级行政许可事项纳入中心大厅集中办理达257项，进驻率达100%，基本实现“进一个门、办一切事”。年内，中心共办理各类审批服务事项84.2万件（中心大厅29.4万件，分中心、综合窗口40万件，镇级便民服务中心9.3万件，中介公共服务超市5.5万件），群众满意度达99.97%。中心大厅被评为“全国‘百优’行政服务大厅”称号，标准化建设经验做法入选全国行政服务大厅典型案例。中心党委作为全区唯一区直部门被威海市委组织部授予“威海市2017年‘红色引擎’党建工作示范点”称号，学习宣传贯彻中共十九大精神经验做法被《文登组工简讯》刊发推广。威海市“一窗式”“一门式”政务服务模式改革现场会在区政务服务中心召开。年内，省、地市领导先后到中心视察调研，共接待各地来访团组44个、500余人次。

开展集约化服务 按照“能进全进、应进必进、因事设岗、因岗定人”的原则和“中心之外无审批”的要求，落实“两集中、四到位”（审批事项集中到行政许可科、行政许可科集中办理审批业务，窗口设置到位、领导授权到位、事项进驻到位、工作人员服务到位。）工作制度，将行政许可事项全部集中到政务服务中心办理，并全部使用政务服务平台网上办理。对区政府同意单独设立的办事大厅（社会保险、车辆管理、农机服务），加挂分中心牌子，接受中心业务指导和管理考核。全面推行窗口政务服务首席代表负责制，固化选派条件、工作职责、审批权限，提高现场办事效率。对照区级行政权力事项目录，将行政确认、其他权力、公共服务事项中非涉密依申请类型的事项进行整合纳入到中心大厅窗口和政务服务平台网上集中办理，以区政府文件公布进驻事项实施

7月28日，威海市“一窗式”“一门式”服务模式改革现场会在文登区政务服务中心召开

清单，其中进驻中心506项、分中心79项，镇级便民服务中心77项，实行"一站式、集约化"办公，彻底解决"多头审批""体外循环"等问题。2017年，各类政务服务事项整合率、进厅率、上网率均达到100%。

推行事项办理标准化 建立"双向服务规范"。对外统一印发政务服务事项服务指南，明确每个事项的办理条件、申请材料、基本流程、办理时限等16项要素；对内编制业务手册，对审查环节、要点、时限、注意事项等进行量化规范，为工作人员办事提供标准依据。利用政务服务网动态公布所涉及的行政事业性、政府基金性及中介服务收费项目，利用政府权力清单查询机、一次性告知查询打印机规范服务行为。对进驻中心大厅的政务服务事项，以公开承诺方式，将承诺时限全部压缩至法定时限的30%以内，最大限度地让企业、群众少跑腿、零跑腿。

推进"一窗式一门式"改革 设立建设工程项目、市场主体设立、社会经济事务三个"一窗式"功能区，按照前台综合受理、后台分类审批、统一窗口出件的模式开展相关服务，解决群众"多头跑、反复跑"的问题。市场主体设立方面，区市场监管局10个窗口实行"一窗式"办理，统一发放执照；综合受理窗口负责一次性告知及组织2个以上后置事项的联审联批。年内，为新设立企业出具一次性事项清单500份，为20个企业的后置事项开展联审联批。建设项目模块化审批方面，将2个建设项目全链条纳入综合受理系统，避免群众在多个窗口来回跑。将便民服务延伸到镇（街道）。在镇级便民服务中心全面开展"一门式"服务模式改革，由镇政府统派窗口工作人员，落实统一机构设置、统一进驻事项、统一办理标准、统一网上平台、统一管理规范、统一监督考核"六统一"，将15项行政权力事项和62项镇级公共服务事项纳入政务服务平台集中办理，建立健全首问负责、一次性告知、限时办结、负面清单等规范性制度标准，全面提升镇级便民服务水平。

提升中介服务水平 2017年，区政务服务中心大厅结合国、地税联合办厅的进驻和出入境护照办理的新形势，新引进世嘉、航天信息、弘文等中介机构，进一步完善了政务服务链条。建立完善执业公示、合同管理、过程考核、即时退出、警示名单和黑名单等服务规范，全面公示中介企业名称、执业资质、服务事项、服务时限、收费标准，提高信息公开透明度，自觉接受社会监督。加强对进厅中介服务的全过程监管与考核，提高中介即时服务水平，营造公平竞争、规范有序的中介服务超市。

加快信息化进程 建立覆盖各部门、贯通各镇（街道）的政务服务网络平台，公布第一批零跑腿、最多跑一次的行政许可事项，引入EMS邮政免费快递业务，85%的事项达到全程网办等级。完善智能引导系统和自助服务功能，引导办事企业和群众利用政务服务平台、投资项目在线监管平台等，实行网上查询、网上申报、网上备案、网上审批，年内网上发布公告667条，网上答复咨询229人次，解答常见问题444件。投资50万元，建成运行办件状态公示系统，对各部门、各镇（街道）政务服务平台办件情况进行实时监控。完成覆盖政务服务中心、分中心和镇级便民服务中心、公共服务企业的电子监察系统方案。

坚持党建统领全局 坚持党委每周例会制度，加强班子整体建设。实行党委委员联系支部制度，落实"三会一课"制度、规范党费收缴管理，推进过硬支部建设。结合"两学一做"学习教育常态化制度化，开展"两服务一满意"活动，在全区率先推行佩戴党徽上岗，创建"共产党员岗"，每季度评选"党员先锋岗""先进党支部""优质服务窗口"和"优质服务标兵"，每年年底评选"优秀共产党员""先进工作者""十佳服务明星"。建设高标准党建活动室，编印《中心党委党建工作纪实画册》，到天福山起义纪念馆开展"缅怀张玉华将军、重温入党誓词"活动，到刘公岛甲午海战纪念馆、荣成郭永怀事迹纪念馆开展红色主题教育活动。组织学习宣传中共十九大精神活动，印发《关于深入学习宣传贯彻中共十九大精神的实施方案》，开展活动。

推进党风廉政建设 落实全面从严治党主体责任。按照全区落实全面从严治党主体责任专题会议精神，对照区委、区纪委两次巡察反馈意见，开展自查自纠，根据查摆出的问题，定职责、定措施，限期整改；编制中心党委班子及班子成员"党风廉政建设主体责任和监督责任清单""纪实手册""工作台账"，确保党风廉政建设两个责任工作稳步推进。开展"不作为乱作为慢作为"专项整治活动。成

区政务服务中心党建室（4月13日摄）

立专门领导小组，制定工作方案，层层落实整改。落实“三重一大”事项报备制度。做到“三个坚持”（坚持严格执行请示报备制度、坚持明确请示报备内容、坚持严格请示报备程序），讨论相关重大议题，杜绝先斩后奏的情况发生。推进廉政文化建设。组织党员干部参观天福山起义纪念馆、“昆嵛清风馆”和廉政书画展，参加区纪委组织的“德廉和党风党纪”知识考试、“廉洁威海”书画征文大赛，在中心“党建室”增设“廉政文化”板块、中心大厅和其他办公区域增挂廉政文化宣传刊板。

推行精细化管理　完善《2017年度目标绩效管理考核办法》《先进党支部和党员先锋岗评选表彰办法》《优质服务窗口和优质服务标兵评选表彰办法》等文件，印发《2017年度劳务派遣人员绩效管理考核暂行办法》，推行周五固定日学习制度，规范请销假、节假日值班等制度，开展“增强服务意识、提升服务效能”整改、纪律作风集中整治等一系列活动，实现大厅“一日工作制度化”。配合开展创城工作。根据区文明办实地考察和责任分工清单的14项标准，制定工作方案，落实改进，取得区文明办中央测评实地考察场所抽查测评100分的成绩。采取社会调查问卷、电话回访、意见卡、留言薄、主任邮箱、走访座谈“六回访”方式倾听群众诉求，利用督查通报、中心简报、政府网站等载体来回应社会关切，与监察部门建立监督联动机制，强化执纪问责，建立“三位一体”长效管控机制。举办户外拓展训练，组织参加机关职工羽毛球、工会书画摄影等比赛，促进机关和谐文化建设。

（林驰萍　贺嘉婧）

【电子政务管理】 区电子政务管理中心为区政府办公室管理的正科级单位，下设综合科、网络建设科。负责全区电子政务的规划、建设、管理、协调和技术支持等工作。2017年，区电子政务管理中心贯彻区委、区政府关于网站整合、政务网络建设、政务信息资源整合共享等工作要求，真抓实干，优质高效完成各项工作任务。

9月14日，文登区政务信息资源目录编制暨政务信息资源普查培训会议召开

网站整合　6月，把“威海市文登区人民政府网站”和“文登网”合并为新的威海市文登区人民政府网站。整合后的政府门户网站重新设计制作政务公开、文登新闻、行风热线、认识文登、文登TV、文登电台等7个频道，内容覆盖广泛，最大限度的发挥政府网站信息传播作用；根据技术与安全需求，重新部署网站防火墙，安装防护软件；采用联通、电信双网运行，通过智能DNS解析，最大程度的提升网站反应速度。合并后的新网站在全省135个县级政府网站绩效评估中取得第三名的成绩，顺利通过2017年度全国政府网站抽查。

政务网络建设　政务外网行政服务域方面，在硬件设施架设、应用系统选择使用上，与市政务外网行政服务域实现统一，全面优化网络环境，推进无纸化办公。政务外网公共服务域方面，将全区涉及行政审批事项的92个镇（街道）、部门全部纳入政务外网公共服务域，在威海市率先完成接入任务，实现政务外网公共服务域在镇（街道）的全覆盖，基本具备跨层级、跨地域、跨部门、跨业务的支撑服务能力。

政务信息资源整合共享　整合应用系统。对全区88个部门、单位的机房、网络、应用系统进行专项检查，本着“应关尽关、统一整合”的原则，清理整合业务系统92个，机房23个，各种局域网络105个，虚拟机系统3套，数据库系统5套。关停全部“僵尸系统”。编制政务信息资源共享目录。加快建立文登区政府数据资源目录体系，推进政府数据资源的国家统筹管理。年内，完成项目录入总数2667个，数据总量约为420249G的政务信息资源目录。其中，政务信息资源目录2607个，结构化政务信息资源目录510条。

（林　斐）

【社会管理服务】 社会管理服务中心办公室（另挂区人民政府区长公开电话办公室牌子）为区政府直属正科级事业单位。3月，设立网络信息科。年末，内设综合科、督办科、受理科、社情民意调查科、网络信息科，在编人员11人，劳务派遣人员19人。年内，社会管理服务中心办公室围绕部门重点工作，开拓进取、锐意创新，完成各项工作任务。被区委、区政府授予先进集体称号。

区重点专项工作　中共十九大期间，组织部分工作人员到区安保维稳战时指挥部协助工作，配合完成安保维稳工作。按照全区环境督查工作统一部署，开展专项督办工作。发挥热线平台诉求渠道畅通、收集民意广泛的作用，建立健全环境保护诉求落实工作台账，每日汇总整理涉及环境保护方面的诉求和报告，及时上报区工作组，为区环保督查工作提供第一手资料。建立联动工作机制，将环保类群众诉求及时转交责任部门和属地镇（街道）共同落实，将落实时限压缩至3个工作日（包括周六、周日）。年内，平台共受理涉及环境保护方面诉求356件次，解决水污染、大气污染、噪音污染等问题330件。

政务服务热线工作　2017年，平台共受理群众来电、来信181360件，同比增长17.53%，转交部门办理39424件，直接办结141936件，办结率达100%。区社会管理服务中心办公室转变工作方式，把诉求现场、基层一线作为重点督办地，以领导批示、人民网、省长信箱及群众重复投诉、久拖不决、部门推诿的诉求作为重点，开展调研并召集相关部门现场办公研究。对能现场解决的，现场承诺办理时限；对现场解决有困难或暂不具备条件的，确定牵头部门，限期解决。全年共对生活噪音、交通出行、居民生活等方面的重、难点群众诉求，现场调研、督办73次。其中，涉及中高考期间建筑施工及广场舞噪音扰民、苏家东街居民楼污水违法排放等问题得到有效解决。12月22日，区社会管理服务中心办公室争创的省级政务服务热线标准化试点通过验收。

信息平台建设　区社会管理服务中心办公室利用政务服务热线系统中累积的各类民生数据资源，组建专业团队开发建设数据分析系统。系统试运行期间，对全区各级信息人员展开专项培训15次，对发现问题及时完善。通过新系统深度分析，直观、形象、实时地展现数据变化情况，提高各级对热点、焦点问题的预警能力，实现大数据服务大民生。

（黄先成）

【口岸管理】　区口岸办公室（简称区口岸办）是区政府办公室管理的正科级事业单位。3月，区口岸办编制名额增加3名。9月，撤销综合业务科，设立综合科、通关协调科（另挂规划管理科牌子）。12月，区口岸办由隶属区人民政府办公室管理调整为隶属区商务局管理，有工作人员7人。

口岸开放工作　按照口岸开放程序，南海新港口岸扩大开放获批后，口岸开放范围需经山东海事局通告。区口岸办协调山东海事局及威海海事局，4月7日，中华人民共和国山东海事局发布通告，公布南海新港口岸开放范围和航道、锚地坐标。为加强海上安全监管，区口岸办协调文登联通公司及施工单位，为威海文登海事处位于南海新港的新办公用房开通业务专网，并对视频会议系统、码头监控系统进行调试。7月5日，威海海事系统半年工作现场会在威海文登海事处新址召开。

代办原产地证书业务　按照威海市委、市政府“全域城市化、市域一体化”发展要求，区口岸办对接山东和威海出入境检验检疫局，及时反映文登外贸企业情况，上报《关于文登区政务服务中心代办原产地证书的请示》。3月17日，山东出入境检验检疫局下发《关于同意威海市进口商会在威海市文登区政务服务中心代办原产地证书的函》，同意威海市进口商会在文登区政务服务中心代办原产地证书，实现文登出口企业就近签证、便捷出口的愿望，文登成为全省首个政务服务中心代办设立原产地证书的县市区。

威海出入境检验检疫局文登办事处进驻文登城区　因威海出入境检验检疫局文登办事处机构在威海机场办事处挂牌，只办理机场业务，文登外贸企业需要到威海办理检验检疫手续，给企业发展带来诸多不便。经协调，威海出入境检验检疫局文登办事处进驻文登城区，办公用房设在文登区海洋大厦14楼。区口岸办对接威海出入境检验检疫局，多次就办公用房、检验检疫报检大厅改造装修及配套设施建设征求意见，至2017年12月，前期各项设计方案全部完成。

AEO高级企业认证工作　海关AEO互认制度的实施，给外贸企业带来查验率低、通关速度快等多项便利优惠政策。区口岸办贯彻这一优惠政策的实施，引导辖区内外贸企业申请认证。4月，邀请威海海关到奥文电机、宏安集团就AEO高级企业认证工作进行现场指导。12月，宏安集团通过AEO高级企业认证。

（崔爱建）

【史志】　区地方史志办公室（简称区史志办）是区政府办公室管理的实行职称工资制的正科级事业单位。内设综合科、编纂科、资料科、年鉴科，有工作人员8人。6月，根据《全国地方志事业发展规划纲要》《山东省地方史志事业发展规划纲要》和威海市《关于推进地方史志事业发展的实施方案》，制定《威海市文登区地方史志事业发展规划纲要（2017－2020）》，由区政府办公室印发，进一步规范地方志和年鉴的编纂和管理。年内，按照省、市史志办公室的要求按时完成《山东年鉴》《山东史志年鉴》《威海年鉴》《威海名人》中文登部分的供稿任务，共计6万余字。开展史志成果“进机关、进农村、进军营、进社区、进学校”活动，赠送志鉴书籍2000册。开展方志理论研究，在《山东史志》上发表二轮修志方面的论文1篇，提供给山东省方志理论研讨会论文2篇。取消区情网，改为在区政府网站设立区情栏目。采用省情网统一的地情资料库软件将《文登年鉴（2017）》录入地情资料库。

二轮修志　6月，形成230万字的《文登市志（1991－2013）》资料长编。10月，完成160余万字的二轮志书评议稿。12月19日，召开《文登市志（1991－2013）》专家评审会，二轮志稿得到与会省、市领导和专家的充分肯定。会后，在评议稿的基础上，根据专家的修改意见，对志稿进行完善和修改，争取及时完成《文登市志》（送审稿）。

年鉴编纂　12月，出版发行《文登年鉴（2017）》。该年鉴记述时限为2016年1月1日至12月31日，采用分类编辑法，主要设栏目、分目、条目3个层次，部分条目下设子目、子目下设子子目。卷首设图片专辑和目录，卷末设索引，卷中设特载、大事记、文登概况、区镇概况、政党政务、人民团体、国防、公安司法、经济管理与监督、工业、农业、交通邮政信息产业、城乡建设、建筑业与房地产开发、环境保护、商贸服务业、旅游、对外贸易与经济合作、财政税务、金融、教育、科技、文化、体育、卫生、社会民生、人物、附载28个栏目，共78万余字，全面、系统、准确地记载文登区自然、政治、经济、文化、社会等方面发展变化的基本情况，获山东省优秀年鉴一等奖。

方志馆建设　年内，收集全国各地出版的地情文献资料100本，为社会各单位和个人提供资料查阅服务200余人次。至2017年末，方志馆收藏各省市县首轮修志以后出版的新方志、年鉴和其他地情文献29种，全国其他地区的同类文献、地方志编纂必备的历史资料、业务期刊、工具书、本地旧方志（为复制品）等收藏齐全。方志馆面积200平方米，书库面积100平方米，入馆资料图书达15类2000余册，总数达12000余册，为全国各地的三级志书、年鉴及基层志鉴。

基层修志　按《地方志工作条例》《山东省地方史志工作条例》《威海市地方史志工作管理办法》《威海市文登区地方志工作办法》的规定，指导区直部门、单位、村镇开展志鉴编纂工作。年内，《南桥村志》获省优秀成果奖，《文登地名志》《文登文化志》出版发行，《文登劳动人事志》《林村志》开启编纂工作，指导协助编纂《孙氏家谱》。

（荣凤娟）

【人力资源和社会保障】 2017年，区人力资源和社会保障局内设职能科室11个，下设区人力资源公共服务中心（就业培训指导中心与其合署）、区社会保险服务中心、区社会保险基金稽查中心3个正科级事业单位，区创业指导服务中心、区居民养老保险事业处、区专业技术人员管理办公室（挂区外国专家办公室牌子）、区考试培训中心、区军官转业安置办公室、区劳动人事争议仲裁院、区劳动保障监察大队7个副科级事业单位，区职业技能鉴定中心（挂区职业技术培训中心牌子）、区人力资源和社会保障局信息网络服务中心、区人力资源和社会保障局档案室、区人力资源和社会保障热线服务中心4个股级事业单位。编制总数184人。5月，区人力资源和社会保障局团支部被中国共产主义青年团中央委员会授予2016年度“全国五四红旗团委（团支部）”称号。8月，区社会保险服务中心被山东省社会保险事业局授予全省医疗保险先进经办机构称号。9月，区人力资源和社会保障局被山东省人力资源和社会保障厅授予“2017年全省人力资源社会保障宣传先进单位”称号。

人才队伍建设

人才引进　建立动态掌握人才总量及需求制度，在全区范围内开展2017年度海内外高层次人才和技术项目需求信息征集工作，编制全区企业名册和人才信息库，收集到37家企业的人才岗位需求141个，技术及项目需求7个，向企业提供海内外人才项目信息342条。人力资源中心联合社保中心在全区范围内筛选80余家企业开展企业大走访活动，通过面对面交流的方式，听取企业的意见建议，掌握企业在人才引进使用中的大量一手资料。通过走出去请进来的方式，帮助企业引进各类急需的人才智力，2017年，共向全区80余家高新技术企业推荐海外专家信息351条，组织15家重点企业参加威海“英创会（2017年中国威海国际英才创新创业大会）”主会场活动，举办“乌克兰专家威海行—走进文登项目对接推介会”，15名乌克兰专家携带项目参会，32家企业参会洽谈。协调区供销社、经信局等部门组织“西洋参产业科技成果发布及西洋参产业发展研讨会”“企业经营战略与人才管理论坛”等“英创会”分会场活动，“英创会”活动期间共签订合作协议5个（山东颐阳酒业有限公司与翁立朝的环保生物技术产业化项目、威海市蓝色经济研究院与黎溪楠的海洋生物运用超临界二氧化碳萃取提纯项目、文登奥文电机有限公司与王青春的电机驱动及节能技术项目、山东省文登整骨医院与外专“千人计划”专家周萱的干细胞项目；天润曲轴股份有限公司与乌克兰国家科学院物理工艺研究所所长阿纳托利教授的天润曲轴滚压校直模拟分析项目）。

人才培养和专家选拔　推荐威海银泽生物科技有限公司的张东入选“2017年省泰山产业领军人才”；推荐威海市科博乐汽车电子有限公司获批“2017年度威海市留学人员企业一次性创业资助资金”最高档次扶持资金30万元；推荐威海汇衍科技有限公司的杜娟入选“2017年威海重点产业紧缺人才”；推荐威海新视讯光电有限公司的李强入选“2017年社会力量引进高层次人才拟奖励对象”；推荐威海纳川管材的胡贯宇入选“威海市第六批人才项目产业工程特聘专家”；组织完成“2017年文登产业领军人才”申报工作，威海设计谷创意设计有限公司的李久太、威海市科博乐汽车电子有限公司的丛文豪、威海元程信息科技有限公司的赵立峰、威海鸿通管材股份有限公司的阎军4人入选。至2017年末，全区享受国务院特殊津贴人员共有朱惠芳、王殿太、王国忠、孙文学、谭远超、丛建臣、孙海涛、杨茂清、韩明涛、张恩忠、黄相杰、姜红江、隋海明、田世科14人，在管理期内的山东省有突出贡献的中青年专家有丛红日、姜红江，在管理期内的威海市有突出贡献的中青年专家有邢毅丽、邵诗波、田兆青、杨永军、孙军、夏世珍、刘德忠7人。

引进国外智力　2017年，威海金太阳光热发电设备有限公司和威海纳川管材有限公司申报项目入选省“外专双百计划”。威海五洲卫星导航科技有限公司、文登市凯程机械有限公司、威海银华石油装备科技发展有限公司、威海瑞奇生物科技有限公司、威海市吉辰电子有限公司5家单位获批威海市级引智项目。年内，文登区共获得市级引智经费25万元。

专业技术职务资格评审 2017年，815人申报专业技术职务评审，605人取得相应专业技术资格，其中，高级职务171人，中级职务270人，初级职务164人，另有符合条件的全日制大中专毕业生确认初级专业技术职务资格125人，中级专业技术职务资格7人。

2017年文登区新增专业技术职务人员情况统计表

单位：人

类别	级别	人数	类别	级别	人数
教育	初级	101	档案专业	高级	8
其他	初级	63	建设工程	高级	7
地质勘查	中级	11	工程技术正高	高级	2
公证员	中级	1	广播电视工程	高级	2
体育教练	中级	4	经济专业	高级	51
环保工程	中级	2	农业技术	高级	3
工程技术	中级	22	交通工程	高级	2
水产工程	中级	15	卫生副高	高级	27
广电工程	中级	2	水利工程	高级	1
技校教师	中级	28	工程技术副高	高级	3
建设工程	中级	51	技校教师	高级	17
交通工程	中级	5	中小学教师副高	高级	37
质量工程	中级	1	会计专业	高级	5
中小学教师	中级	117	环保工程	高级	1
水利工程	中级	6	水产工程	高级	2
林业工程	中级	2	中小学教师正高	高级	2
中专教师	中级	3	审计专业	高级	1

资格考试 2017年，完成18项资格考试1206人次的现场资格审查工作，办理及发放14项资格考试合格证书337本。

2017年度资格考试报名情况统计表

单位：人

类别	人数	类别	人数
卫生	538	执业药师	52
经济	386	房地产估价师	17
审计	12	造价工程师	22
统计	4	环境影响评价工程师	2

续表

类别	人数	类别	人数
社会工作者	68	注册消防工程师	36
监理工程师	2	一级建造师	31
翻译	1	注册测绘师	2
二级注册计量师	2	注册环保工程师	1
注册安全工程师	25	注册城乡规划师	5

2017年度文登区合格证书发放情况统计表

单位：人

类别	人数	类别	人数
卫生	180	执业药师	21
经济	65	注册环保工程师	3
审计	2	造价工程师	4
会计	26	注册测绘师	2
注册电气工程师	1	一级建造师	6
一级注册结构工程师	1	注册消防工程师	3
计算机技术与软件	4	职称计算机	19

技能人才建设 2017年，共培养高级工以上技能人才100人。山东芸祥绣品有限公司田世科技能大师工作室获评齐鲁技能大师特色工作站、威海昆嵛酒店有限公司的刘铁柱获评“山东省技术能手”“齐鲁首席技师”、天润曲轴股份有限公司的武刚获评“齐鲁首席技师”。推荐天润曲轴股份有限公司的丛凌玉参与“山东省技术能手”评选，推荐威海汤泊温泉度假有限公司的丁德刚和文登奥文电机股份有限公司的于海游参与“山东省有突出贡献技师”评选。至2017年年末，全区全国技术能手共有田世科、徐东升2人，国务院特殊津贴人员（技能人才）有田世科1人，齐鲁首席技师有王培万、王力、田世科、徐东升、王刚、尹伟宁、张秀川、刘铁柱、武刚9人，在管理期内的威海市首席技师有于晓阳、程照辉、张永忠、周经财、李百序、夏永平、于永幸、邹积生、于爱民、邵世建、王胜忠11人。

技能鉴定 2017年，文登区开展技能鉴定1056人次，涉及家政服务员、保育员、维修电工、焊工、中式面点等9个工种，收取鉴定费169980元。举办机械加工行业技能大赛，来自全区各企事业单位的21支代表队、120余名一线在职职工参加比赛。天润曲轴股份有限公司、汤泊温泉等9家企业分获各赛项一等奖，各工种前三名的企业代表文登区参加市级比赛。全区事业单位工勤人员技术等级考核人员18名，涉及专业汽车驾驶员、农艺工、渠道维修工等9个工种，通过理论考试和实操考试考核成绩全部合格。

公务员管理 2017年，录用公务员39人（含区直机关14人、镇（街道）机关5人、公安分局10人、法院4人、检察院5人、审计局1人）。年内，参加年度考核的公务员2122人，考核结果为：优秀395人，称职1679人，不定等次48人；参加年度考核的参公事业单位工作人员159人，考核结果为：优秀24人，称职133人，不定等次1人，不称职1人。

提请任免与先进申报 2017年，提请人大任免64人次，提请政府任免192人次。年内，文登区表彰先进个人742人，其中记三等功169人、嘉奖573人。

事业单位人事管理 2017年，招聘事业单位工作人员193人，其中硕士研究生及以上学历的29人。政策安置服务期满“三支一扶”大学生20人充实镇（街道）基层事业单位人员队伍。年内，参加年度考核的事业单位工作人员10678人，考核结果为：优秀1571人，合格9044人，未定档次56人，不参加考核3人，不合格4人。

军转安置 2017年，共接收安置军转干部29人。其中，计划安置8人，自主择业21人。按照“公开个人分值、公开安置岗位、公开自主选岗、公开安置结果”的原则，计划安置的军转干部全部安排到公务员岗位。对1名随军随调家属，参照本人职务等级和从事的职业合理安排工作。

工资福利和退休人员管理　至2017年末，文登区共有机关事业离休人员272人，退休8185人，退职282人。自2017年10月1日起，文登城乡居民生活保障标准由每人每月540元调整为580元。机关事业单位遗属生活困难补助标准，退休遗属由每人每月810元提高到870元，离休遗属由每人每月1053元提高到1131元。

（郑　伟）

10月26日，巴基斯坦拉合尔市商贸部副部长阿力尔一行到米山镇考察调研

【外事】　区外事侨务办公室（简称区外侨办）内设综合科、出国管理科、侨务科、联络接待科，有工作人员14人。

来访接待　2017年，共接待到文登区观光交流、探亲访友、商贸洽谈的海内外友人、侨胞12批63人次，向海外分发宣传材料200余份。4月21日，德国山东商会会长曲永刚、阿联酋中正集团董事长包有增一行4人到访，就中阿（富吉拉）商贸物流园推进、促进园区拓展及威海与阿联酋开展进一步合作等进行深入交流。7月27日，巴基斯坦（中国）山东商会会长程晓耘一行3人到文登区对威海浙商城（五金建材城）进行考察。10月26日，巴基斯坦拉合尔市商贸部副部长阿力尔一行2人到米山镇考察调研工业和现代农业项目。

出访与考察　2017年，文登区因公出国考察团37批96人次。7月，应巴基斯坦旁遮普省投资贸易委员会的邀请，文登区侨联带领文登3家侨资企业相关人员赴巴基斯坦开展侨务及经贸促进活动。8月，文登区分别与蒙古国乌兰巴托市苏赫巴托区和蒙古国中央省就建立友好合作城市关系，签署合作意愿书。

互派公务员　2017年，为加大文登与韩国在经贸、文化、教育等方面的进一步交流合作，韩国天安市厅与文登区人民政府继续互派公务员1人。

【港澳事务与华侨事务】　至2017年12月，文登区有华侨华人和港澳同胞15644人。其中，华侨11698人，外籍华人1305人，港澳同胞2641人。主要分布在亚洲、欧洲和大洋洲的20个国家和地区，以朝鲜、韩国、俄罗斯、美国、日本、巴西、新加坡、加拿大、西班牙、荷兰、印度尼西亚和中国香港、澳门居多。华侨、华人籍贯区内分布主要在张家产、宋村、葛家、高村等镇。

2017年文登区华侨、华人国外分布情况统计表

国　别	人　数	国　别	人　数
韩　国	3449	蒙　古	32
朝　鲜	3745	菲律宾	16
俄罗斯	3008	荷　兰	32
美　国	1176	加拿大	140
日　本	712	巴　西	256
新加坡	174	印度尼西亚	32
阿根廷	32	澳大利亚	46
英　国	48	泰　国	16

续表

国　别	人　数	国　别	人　数
西班牙	53	瑞　士	1
意大利	13	厄瓜多尔	1
德　国	19	阿拉伯联合酋长国	1
葡萄牙	1	合　计	13003

2017 年文登区华侨、华人区内分布情况统计表

单　位	人　数	单　位	人　数
环山街道	548	界石镇	432
龙山街道	631	泽头镇	592
天福街道	692	泽库镇	696
张家产镇	2341	小观镇	160
葛家镇	1173	米山镇	559
宋村镇	2400	大水泊镇	592
侯家镇	626	高村镇	1077
文登营镇	448	埠口港	0
经济开发区	36	合　计	13003

2017 年文登区港澳同胞区内分布情况统计表

单　位	人　数	单　位	人　数
环山街道	142	界石镇	128
龙山街道	124	泽头镇	113
天福街道	269	泽库镇	144
张家产镇	106	小观镇	224
葛家镇	224	米山镇	48
宋村镇	240	大水泊镇	192
侯家镇	96	高村镇	160
文登营镇	400	埠口港	0
经济开发区	31	合　计	2641

归侨与侨眷（侨属） 至2017年12月，全区共有归侨69人。主要来自朝鲜、韩国、前苏联、泰国、日本等侨居国。有侨眷（侨属）17712人，其中侨眷13419人，港澳眷属4293人。

2017年文登区归国华侨区内分布情况统计表

单　位	人　数	单　位	人　数
环山街道	3	界石镇	2
龙山街道	10	泽头镇	5
天福街道	4	泽库镇	6
张家产镇	3	米山镇	9
葛家镇	2	大水泊镇	0
宋村镇	19	高村镇	3
侯家镇	1	文登营镇	2
合　计	69		

2017年文登区侨眷、港澳眷属分布情况统计表

镇（街道）	侨　眷（人）	港澳眷属（人）
环山街道	432	136
龙山街道	330	135
天福街道	197	86
张家产镇	2619	860
葛家镇	1402	480
宋村镇	2288	690
侯家镇	760	183
文登营镇	450	99
界石镇	500	131
泽头镇	690	239
泽库镇	870	310
小观镇	125	38
米山镇	679	202
大水泊镇	706	221
高村镇	1266	431
经济开发区	13	24
埠口港	92	28
合　计	13419	4293

侨务工作　落实上级颁布的各项惠侨政策，做好侨界民生工作。为困难归侨发放生活补助10余万元，为6名贫困归侨侨眷争取到医疗补助金；为4名高考生办理“三侨考生”身份认定。用心为侨胞办实事。5月，帮助美籍华裔美国伊利诺伊大学医学教授林治义找到在张家产镇林家床村的亲人。10月，帮助美籍华人温树林找到在张家产镇车卧岛村的亲人。为侨企服务工作。先后开展百家侨资企业大走访、侨资企业进出口和投资情况摸底调查工作，组织人员分批次对全区21家重点侨资企业进行走访调研，倾听企业提出的意见和建议，帮助企业解决发展中的困难和问题，为侨企提供政策咨询10余次，帮助侨企解决实际问题2件。8月，组织文登区三家企业随同威海外侨办组团赴阿联酋和巴基斯坦进行经贸考察，其中中恒管桩与驻巴基斯坦中国华能以及peakWord集团达成合作事宜。开展“侨爱工程—万侨助万村”活动。2月，侨眷丛滋岗联系本村在烟台创业的人士回村开展“献爱心送温暖”活动，累计捐款20余万元。其中为村里306户村民每户送大米2袋、鱼2方，肉6斤等节日生活用品；为252名60岁以上的老人每人发放200元慰问金；捐赠6万元用于村公益事业建设。做好《中华人民共和国归侨侨眷权益保护法》宣传和社区侨务工作。采取各种形式组织归侨、侨眷学习《中华人民共和国归侨侨眷权益保护法》的相关知识，开展“《侨法》宣传日”活动，发放《侨法》宣传资料1000余份。加强泽头镇岛集侨务社区、龙山街道河埠庄侨务社区软硬件建设，营造知侨、爱侨、依法护侨的良好社会氛围。

（邢　斐）

【台湾事务】　区委台湾工作办公室、区政府台湾事务办公室（简称区台办），一个机构两块牌子。5月，设立联络交流科，取消综合科。年末，有工作人员12人。2017年，区台办按照区委部署，配合做好大统战试点工作。以习近平新时代中国特色社会主义思想为指导，改进工作作风，发挥部门职能作用，组织、指导、管理、协调好全区对台工作，拓展文（登）台（湾）间经贸、文化、旅游、农业等多领域的交流、合作与交往，做好对台招商引资、对台宣传、涉台教育、涉台稳定等工作。全年共投入资金10万元开展包村联户工作，为包扶村修建会计室和党员活动室，配置办公桌椅。

对台经贸及招商引资　9月1—4日，区台办组织区商务局、区经济合作局、汤泊温泉度假区等5个单位4家企业，参加在潍坊举行的第23届鲁台经贸洽谈会，通过与台湾农会、台湾国际文化创意产业协会、联华聚能科技、唐旺绿能科技等台湾相关协会、企业对接洽谈，在养生养老、精准农业、旅游开发、文化产业、新能源等方面达成合作意向。12—13日，北方华录集团山东大区总经理孟昭新一行4人，到文登考察旅游及文化产业项目，初步达成合作意向。10月22—26日，深圳太平洋航空集团金诗杰董事长一行6人，到文登考察航空小镇项目，初步达成在文登区建设航空小镇的意向。11月3—4日，颐高集团市场总监李东东一行3人，就颐高集团在文登开发区建设新旧动能转换创客中心项目到文登区进行考察，初步达成建设意向。12月8日，安徽客商孙英霞女士一行3人，到文登区考察家纺产业项目，通过考察，达成在文登合作建设纺织工艺品展览馆项目协议。12月22—23日，受台湾青创发展中心、两岸企业家联合会邀请，区台办组织有关人员参加在上海举办的第6届两岸经营者协会年度峰会，通过与台湾连展科技集团、爱之味公司、碧波庭贸易（上海）有限公司、上海（台北）青创公司等台湾协会企业沟通洽谈，在健康食品加工、青创基地建设、化妆品生产等方面达成合作协议。

两岸交往交流　2017年，共办理8批13人次赴台学习交流材料的审核上报工作。赴台团组是经台北市农经会、台湾乡村旅游协会、台湾农渔业经济发展协会等岛内协会邀请，由省林业厅、水利厅、海洋与渔业厅、旅游发展委员会、威海市农业局、民政局等上级单位组织，涉及林业资源保护、水利科技创新、乡村旅游、渔业生产技术、社区管理等方面，通过学习交流、沟通洽谈，达成多项共识和合作意向。

对台宣传、涉台教育和涉台稳定　年内，区台办贯彻“和平统一　一国两制”的基本方针和政策，秉持“两岸一家亲”的重要理念，以服务于祖国统一、经济建设为目标，开展对台宣传、涉台教育和涉台稳定工作。通过各种形式，举办涉台教育活动2次。利用春节、中秋节走访慰问在文登居住、经商的台胞及部分台属102人（户），向台湾岛内的台湾同胞邮寄明信片100份。通过接待台胞、外出招商和走访台资、台属企业等形式分发涉台政策、法规宣传品200余份。维护台胞合法权益，协调解决威海佳霖生态农业有限公司遗留的部分问题、台资企业威海又日新建材有限公司占地问题、台湾新东阳公司与高村镇政府土地纠纷问题。定期和不定期对台资台属企业进行走访，帮助他们解决生产生活中出现的问题。

（曲熙光）

【民族宗教】　区民族宗教事务局（简称区民宗局），内设民族科、宗教科，有工作人员6人。2017年，区民宗局在区委、区政府的领导下，学习贯彻中央、省、市民族宗教工作会议精神，围绕走在前列的总要求，推进民族团结进步事业，依法加强宗教事务管理，有力地维护全区民族团结与宗教和谐。

民族工作

开展民族团结进步活动　10月，举办民族团结进步宣传月活动，在市中广场法制宣传栏开辟专栏，印发民族知识明白纸，开展民族团结宣传教育。同月，以共同团结奋斗，共同繁荣发展为主题，开展爱我家乡征文活动，宣传各族群众身边的民族团结典型，推荐上报稿件6篇。

促进少数民族群众经济发展　协

助成立文登宏达少数民族蔬菜专业合作社、靓果合作社，辐射带动周边少数民族群众共同致富。与区食品药品监督管理局联合对清真餐饮示范店创建活动情况进行检查，将文登区义乌化隆牛肉拉面店、文登区福玉拉面馆两家符合创建条件的清真餐饮店上报威海市民宗局，规范清真餐饮经营管理。

维护民族领域和谐稳定　建立健全民族宗教工作三级网络，推进社区民族工作网格化管理。定期开展少数民族职工权益保障情况检查，督促使用少数民族职工企业落实民族政策，满足少数民族特殊需求。

宗教工作

规范化管理宗教事务　指导宗教活动场所建立安全责任制，加强季节性和宗教重大节日的安全检查，组织开展学习贯彻《宗教教职人员行为规范》活动。联合威海市公安局文登分局国内安全保卫大队、威海市国家安全局文登分局等部门对宗教场所进行社会治安风险等级评估，推动建立宗教场所视频监控系统，做好与公共安全视频监控的联网对接，全区重点宗教场所公共区域视频监控全覆盖。

加强爱国宗教团体自身建设　6月，开展宗教政策法规学习月活动。以宗教政策法规为基础，加强宣传教育，提高宗教界人士的思想政治素质。落实《威海市宗教团体管理制度》的规定，加强宗教团体政治学习教育。推进宗教公益慈善工作。指导各宗教团体结合自身实际，以扶贫济困为重点，选择适合自身特点的慈善项目，推动全区宗教公益慈善活动常态化。年内，区佛协和区基督教三自爱委会分别捐款捐物达3万余元。

宗教活动专项治理　加强对佛、道教场所的综合整治管理，配合文登佛协理顺香岩寺相关手续，为青龙山香岩寺改名、为开发区“香岩寺”办理相关手续，配合葛家镇理顺圣经山管理体制。开展青龙山观音像、圣经山老子造像专项整治工作，维护宗教界合法权益。开展矛盾风险排查，成立中共十九大安保维稳工作领导小组，会同威海市公安局文登分局国内安全保卫大队、威海市国家安全局文登分局在会议期间对辖区内宗教活动场所进行排查。对宗教活动场所以外的非法宗教活动进行排查，确保社会秩序安定。做好抵御境内外宗教势力渗透活动，及时有效处置宗教渗透案件。

（邵建胜）

【机关事务管理】区机关事务管理局内设办公室、财务科、采购供应科、保卫科、公共机构节能管理科（外挂文登区公共机构节能管理办公室牌子）、办公用房管理科、公务用车管理科，下辖区机关食堂（财政拨款事业单位）、区直属机关物业管理所（自收自支事业单位）、区机关印刷所（自收自支事业单位）。2017年，有工作人员57人。年内，在区委、区政府的领导下，区机关事务管理局落实《山东省机关事务管理办法》，推进机关事务管理科学化、服务规范化、保障法制化，打造“管理到位、保障到家、服务到人”的文登机关事务管理服务品牌。

财务管理　贯彻执行中央八项规定，厉行勤俭节约、反对铺张浪费，按照“大额开支有预算、日常开支按进度”的管理办法，加强对区直22家代账单位的经费管理。所有开支单据实行一把手和经办人两人签字报销制度，并加盖单位公章，缺一不可，确保财政预算收支平衡、无违纪开支。公务接待执行公函制度。对接待单位加强接待费的审核报销，在批准的接待费预算规模内，对有明确接待范围、对象和目的，经单位负责人批准且符合规定的接待费用予以报销，报销凭证包括派出单位公函、接待审批单、财务票据和接待清单等。

节能管理　宣传贯彻《公共机构节约能源资源“十三五”规划》，组织各级各类公共机构开展多种形式的节能宣传活动。组织开展公共机构节约能源资源示范单位创建活动，发挥示范单位的示范引领作用。年内，组织区人社局争创威海市级公共机构能源资源节约示范单位创建工作。

公车管理　按照上级核定的车辆编制数量保留公务用车。按照威海市党政机关公务用车制度改革领导小组统一安排，全区共保留各类公务用车454辆，包括实物保障工作用车30辆、机要通信与应急用车98辆、接待调研用车2辆、17部门内执法执勤用车211辆、17部门内特种专业技术用车97辆、17部门外行政执法用车46辆。依规做好取消公务车辆的处置工作。按照全区党政机关公务用车制度改革实施方案的要求共处置车辆399辆，其中集中报废124辆、公开拍卖203辆、为事业单位调剂使用72辆，所有处置车辆按照国有资产管理部门规定的程序进行处置。加强公务用车管理平台建设。公务用车平台建设分为监管平台建设和服务平台建设两个部分，全区共有430辆公务用车完成信息化改装，执法执勤部门外的116辆公务用车完成标识化管理，实现上级关于保留公务用车信息化、标识化管理的目标。

公房管理　在区直机关事业单位执行办公用房“三统一”管理模式。全区办公用房资产统一划归区公有资产经营公司，落实办公用房统一调配使用的有关规定。年内，共为区纪委、统战部、妇联、发改局、畜牧兽医局、红色教育基地管理办公室等部门调整办公用房，为10余家区直部门的办公用房调整及改造工作提出具体的指导建议。巩固和保持办公用房清理清退工作成果。按照上级关于办公用房清理整顿工作的相关要求，组织工作人员对区直党政机关、事业单位的办公用房进行逐单位、逐间办公室测量核实，建立办公用房登记台账。按照异地任职区级领导干部周转房使用管理规定，对区领导干部周转房建立登记台账、制定完善使用管理制度。

安全保卫　落实安全责任制，加大对政府机关大院安全保卫的督促和检查。按照省应急管理工作电视会议精神，制定、完善《文登区机关事务管理局突发公共事件应急预案》，加强落实应急体制、预案、信息上报等工作。与特巡警部门联手协作，提高安保服务工作水平，完善机关大院电子监控系统，强化安保人员的责任意识，为领导和机关干部创造安全有序的工作生活环境。

物业管理 区直属机关物业管理所有工作人员17人，负责区直机关办公区及机关生活小区的物业管理、环境卫生、绿化美化工作。机关物业管理所加强对机关办公区和生活小区的改造建设和日常维护管理，坚持24小时值班制度，保障政府机关办公区、生活区水、电、暖正常使用，为机关干部提供贴心的物业管理服务。

生活管理 机关食堂有工作人员10人，负责机关干部的餐饮服务工作。年内，争取区财政局等部门的支持，筹资对机关食堂进行改造，提高饭菜质量。

文印服务 机关印刷所有工作人员6人，负责区直机关的文件印刷及保密工作。印刷所坚持24小时工作服务制，加强安全生产措施，健全保密工作制度，及时、高标准、高质量地完成区直机关的各项文印服务工作。

（孙　琳）

中国人民政治协商会议文登区委员会

【概况】 2017年，中国人民政治协商会议第十届威海市文登区委员会（简称区政协）有主席1人、副主席6人、委员232名、常务委员40名。政协机关设办公室、经济科技委员会、提案法制委员会、文教文史委员会、“三胞”联谊委员会和委员活动室6个正科级委室。12月，增设离退休干部服务中心，为副科级事业单位，共有机关工作人员30人。

【政协全体会议】

政协第十届威海市文登区委员会第一次会议 2017年1月21－24日在市民文化中心举行，应到委员232名，实到217名。会议的主要议程：听取并审议政协第九届威海市文登区委员会常务委员会工作报告；听取并审议政协第九届威海市文登区委员会常务委员会提案工作报告；列席威海市文登区第十八届人民代表大会第一次会议，听取并讨论政府工作报告及其他报告；选举政协第十届威海市文登区委员会主席、副主席、常务委员；通过政协第十届威海市文登区委员会第一次会议决议；听取中共威海市文登区委书记吴宏飞同志的讲话。会议选举毕庶杰为主席，王江炜、杨学文、黄梅花、毕卫刚、姜浩宁、姜红江为副主席。

【政协常委会议】 2017年，区政协举行常委会议4次。主要议题有：传达学习区委全委会议精神，讨论修改常委会工作报告、提案工作报告，审议通过关于召开政协第十届威海市文登区委员会第一次会议有关事项；传达学习全区总结表彰会议精神，审议通过区政协2017年工作要点；听取区政府关于全区上半年经济和社会各项事业发展情况的通报，听取和审议区政府办公室关于区政协十届一次会议以后政协提案办理情况的报告，通报全区政协委员干事创业、招商引资和为民办实事情况；传达学习中国共产党第十九次全国代表大会精神；传达学习威海市政协十三届三次常委会议和区委一届二次全会精神；审议通过《政协威海市文登区委员会关于深入学习宣传贯彻中国共产党第十九次全国代表大会精神的决议》。

【政协主席会议】 2017年，区政协召开主席会议18次。主要议题有：通报区委近期主要工作情况；筹备召开常委会议、全委会议等有关事宜；传达威海市政协有关会议精神和区委全委会议精神；研究区政协2017年总体工作；研究区政协专题调研、提案办理和舆论宣传等工作；调度政协各委室工作情况以及委员干事创业、招商引资和为民办实事情况；研究区政协包村联户工作；讨论走访委员有关事宜；安排部署区政协视察工作等。

【政治协商】 区政协对全区经济社会发展的重要问题在决策之前和决策执行过程中进行协商的主要形式有：会议协商，通过全体会议、常委会议、主席会议等对区委、区政府的重要决策进行讨论协商；列席区人民代表大会，对区政府的年度工作安排和全区经济与社会发展中、长期规划等提出意见和建议；召开座谈会，征求民主党派、无党派人士、人民团体和社会各界的意见和建议，向区委、区政府反馈；区政协常委会、各工作委员会与区委、区政府相关职能部门进行专题协商、对口协商、界别协商、提案办理协商。2017年，第十届区政协通过以上形式，组织委员围绕加快新旧动能转换，促进产业转型升级；加大实体经济扶持力度，增创区域发展新优势；推进同城共建，促进城乡共荣；争创健康城市，优化人居环境；完善社保体系，增进民生福祉等角度深入协商议政，向区委、区政府报送议政发言材料16份，提出协商意见建议180条。

【民主监督】 区政协对宪法、法律、法规的实施，国家重大方针政策的贯彻执行、地方国家机关及其工作人员的工作情况进行民主监督，监督的主要形式有：通过区政协全体会议、常委会议向区委、区政府提出改进工作的建议和意见；通过组织政协常委、政协委员或有关界别的委员进行调查、视察，对有关方面的工作提出意见和建议；通过组织特约监督员和信息员参加优化评议、调查问卷、行风检查和价格听证等活动，促进有关部门转作风、提效能；通过提案、社情民意信息向党委政府和有关部门单位提出建设性意见。2017年，第十届区政协组织委员围绕社会治安、民生建设、招商引资、环境保护等工作，先后对公安分局、区社保中心、车管所、农机服务中心、商务局、环保局等单位的工作进行视察，并提出建立常态化打防机制、完善立体化防控体系、提高信息化应用能力、创新服务理念、优化办事流程、提升智能化服务水平等建议66条。共收到委员提案109件，经审查立案91件，委员提案答复率100%，委员满意率达98%。围绕加强民间借贷监管、强化食品安全管理和规范老年代步车管理等提案，开展重点提案协商座谈会，组织提案者与办理单位面对面协商，推动提案的落实，确保取得实实在在的效果。收集和反映社情民意信息60条，为党政部门准确把握社会动态和群情脉搏、进一步提升民生工作的针对性和实效性提供可靠的依据。

【参政议政】 按照“站位高、选题精、调研深、建议实”的原则，2017年，第十届区政协围绕“推动农业向特色化、标准化、产业化发展”这一题目，组织委员分别从促进农产品扩大出口、推动休闲观光农业发展、提升西洋参产业发展水平、加强农产品质量安全管理和加快农业电子商务发展5个方面进行调研。通过广泛走访有关部门单位、农产品加工企业、农业合作社和种养大户，学习山东省安丘市、河南省西峡县等地区的先进经验，从组织领导、顶层设计、平台建设、制度保障及人才引进培养等29个方面提出建设性意见，并就意见落实与区政府分管领导，区农业、商务、科技、旅游、财贸等部门的负责同志进行专题协商。

（王　毅）

纪检　监察

【概况】 中国共产党威海市文登区纪律检查委员会与威海市文登区监察委员会合署办公（以下简称区纪委监委）。区监察委员会设主任1名，由书记兼任；副主任2名，由常务副书记和副书记兼任；委员4人，其中区纪委常委兼任2人；区纪委委员25人。工作人员77人，其中，纪委监委机关52人，派驻纪检监察组16人，巡察机构9人。机关设办公室、组织部、宣传部、党风政风监督室、信访室、案件监督管理室、第一至第七纪检监察室、案件审理室。区纪委监委设4个派驻纪检监察组。

【区纪委书记办公会及常委会】 2017年，召开区纪委书记办公会、常委会36次。会议主要议题有：传达学习上级纪委和区委会议精神，研究部署2017年工作任务；学习上级有关文件精神，研究落实中央八项规定及纠正“四风”工作，安排部署巡察工作；研究开展“两学一做”学习教育常态化、制度化相关工作；研究部署“三堂课”现场会、加强作风建设等工作；研究通过区纪委向党代会的工作报告；研究区纪委新一届纪委委员候选人名单；研究班子分工、制定行风热线上线计划、监督落实“两个责任”清单、开展不作为慢作为乱作为专项整治活动；研究来信来访调查报告和案件的定性处理意见；印发《关于做好文登区纪委监察局微信公众平台“廉洁文登”推广使用工作的通知》等文件。

【区纪委全委会】 1月21日，中国共产党威海市文登区第一届纪律检查委员会举行第一次全体会议。黄峻峰在会上作关于一届区纪委常委和书记、副书记候选人预备人选名单的说明。姜全文主持会议。与会的25名纪委委员以无记名投票的方式，选举出中国共产党威海市文登区第一届纪律检查委员会常务委员会委员、书记、副书记，并将选举结果提交中国共产党威海市文登区第一届委员会第一次全体会议通过。

2月17日，中共威海市文登区纪委一届二次全体会议在昆嵛酒店三楼会议室举行。会议主要任务是：学习贯彻中共十八届中央纪委第七次全会、省纪委十届八次全会、市纪委十四届八次全会精神；回顾总结2016年全区纪律检查工作，部署2017年工作任务。参加会议的有：区委、区人大、区政府、区政协负责人；区法院院长、检察院检察长；各镇、街道、埠口港、金山党（工）委书记、镇长（主任）、纪（工）委书记，南海新区、经济开发区工委分管负责人；区直各部门、驻文登各单位主要负责人、纪委书记（纪检组长）或分管负责人；区纪委各派驻纪检组组长、副组长，委局机关各室（部）负责人；部分基层党代表。

11月5日，中共威海市文登区纪委一届三次全体会议在区教育局20楼会议室召开。会议传达省纪委十一届二次全会和市纪委十五届二次全会精神，区委常委、区纪委书记姜全文讲话。区纪委委员24人出席。不是区纪委委员的监察局副局长，委局机关各室（部）、派驻机构和巡察机构负责同志列席会议。

【监察体制改革】 12月22日，区编委印发《关于国家监察体制改革有关机构编制事项的通知》，区纪委、区监察委员会合署办公，实行一套工作机构、两个机关名称。撤销区监察局和区人民检察院反贪污贿赂局、反渎职侵权局、预防科，将其相关职责、人员划转至区监察委员会。划转后，区纪委、区监察委员会机关行政编制56名（不含区委巡察机构编制）。区纪委、区监察委员会共同设立内设机构，机关共设置14个部室，分别是办公室、组织部、宣传部、党风政风监督室、信访室、案件监督管理室、第一至第七纪检监察室、案件审理室。将区纪委（监察局）第一、第二、第三、第四派驻纪检组（监察室）更名为区纪委、区监察委员会第一、第二、第三、第四派驻纪检监察组。

文登区被列为山东省深化国家监察体制改革试点工作先行示范区，结合工作实际提出“一二三”的工作思路，即：一个工作目标（不忘初心，牢记使命，先行示范实干，打造“文登样本”）；两项重点工程（人员转隶和机构组建挂牌）；三大施工路径（三融——思想融合，感情融合，工作融合；三创——思路举措创新，制度机制创新，工作品牌创新；三提升——素质能力提升，工作成效提升，群众获得感提升）。11月21日，区委印发《中共威海市文登区委关于成立中共威海市文登区深化监察体制改革试点工作小组的通知》，成立由区委书记吴宏飞任组长的区深化国家监察体制改革试点工作小组，工作小组办公室设在区纪委，落实统筹谋划、协调推进职责。从区纪委机关、检察院、编办等部门抽调22人组成3个工作组，启动试点工作。围绕“机构组建”“人员转隶”两大重点工作，敲定时间表，设计施工路径，将试点工作细化为5大类29个小项工作，挂图作业、压茬推进。建立“日调度”“周总结”工作机制，做到统筹管理、强力推进。12月4日，区委书记、区深化国家监察体制改革试点工作小组组长吴宏飞组织召开区深化国家监察体制改革先行示范工作动员部署会议，会议学习贯彻中共十九大精神，以习近平新时代中国特色社会主义思想为指导，按照中央关于深化国家监察体制改革试点工作的部署，省委、市委的相关要求，对全区推开深化国家监察体制改革试点工作进行动员部署。12月19日，区委印发《中共威海市文登区委关于印发〈威海市文登区深化国家监察体制改革试点工作实施方案〉的通知》，确定改革目标、试点任务和实施步骤。12月22日，召开区深化国家监察体制改革试点工作小组第二次会议，研究全区改革试点人员转隶工作方案及监察委员会组建方案，并对下一步工作进行安排部署。12月28日，举行转隶人员见面会，区人民检察院18名转隶人员报到。

【党内监督】 2017年，聚焦“两个责任”，构建责任落实链条，全过程传导压力。明责促担当。按照“责任清单化、清单项目化”要求，研究制定《党风廉政建设主体责任和监督责任清单》，把规定责任具体化，实现清单到人、台账管理。建立健全清单写实制度，督促党员领导干部看账知责、照单履责，确保履责全程留痕。督责促履职。建立领导分包、专项检查、专题通报“三位一体”常态化督导机制，通过每月领导班子成员联系督导、每季度召开工作例会、每半年召开一次落实全面从严治党主体责任专题会议等方式，强化对管党治党责任落实的监督检查，督促履职尽责。问责促压力。把问责作为倒逼责任落实的重要利器，对全面从严治党主体责任缺失、监督责任缺位的，区分情节轻重，依规依纪问责追究、公开通报曝光。在问责方法上，突出一案双查和责任倒查，确保问责从严、全面。年内，共约谈履责不力的镇（街道）党（工）委书记4人、纪委书记7人次，对3起违纪问题进行“一案双查”。坚持凡查必报，全方位通报曝光41起44人，形成有力震慑。

聚焦党内监督，完善全覆盖监督体系，扎紧制约权力的笼子。结合农村基层党风廉政建设标准化制度，不断深化“三堂课”（廉政教育课、集中议廉课、述廉评议课）制度，创新廉政教育课自选动作，扩大集中议廉课在制约权力中的运用，强化述廉评议课的监督作用，探索实施“四全四零”阳光采购平台等11项新举措，贯彻融入“三堂课”，实现常抓常新。强化监督抽查，推进“三堂课”落到实处、见到实效。全年共组织召开“三堂课”3000余场（次），议廉问题264个。健全派驻机构工作机制，加强统一管理，定期听取工作汇报。推行派驻监督精细化管理，每名干部分包6～7个部门，任务到组、责任到人，强化对被监督单位领导班子及其成员的监督。结合外出考察经验做法，探索实践精准监督机制，提高发现问题、解决问题的能力。

【纪律审查】 注重转变监督执纪思路，强化协作配合机制，既注重市区联动开展重要节点异地互查，又注重与财政、审计、公安、税务等部门联动互通，通过公共场所突击检查、调阅公安监控视频、查阅发票开出单位等方式，严肃查处公车私用、公款吃喝等问题6起，给予党政纪处分7人。印发《文登区委实践监督执纪“四种形态”意见》，明确各级党委（党组）践行“四种形态”的责任，凝聚管党治党合力。注重抓早抓小抓预防，在前两种形态上下足功夫，全区运用前两种形态处置问题线索144起，占总数的60.76%，第四种形态占29.54%。从严查处群众身边腐败问题，抓住省纪委联系督导县的契机，围绕政策、资金落实及扶贫领域“四风”问题，开展专项整治和监督执纪问责工作，19个主责部门开展自查自纠和整改落实。区纪委成立检查组，不定期进行监督抽查，建立台账146份，排查问题线索95起，完善制度措施72项，立案查处47起，给予党纪处分5人，批评教育、诫勉谈话等45人。省纪委督办的两批10起问题线索已全部办结。创新实行专项述责机制，扶贫责任部门围绕履职情况现场述责，并接受区纪

6月8日，召开全区扶贫惠农领域不正之风和腐败问题专项整治工作会议

委常委、部分两代表一委员质询，共质询问题32个。

【作风建设】 巩固深化作风建设成果，建立中央八项规定精神督促检查机制，采取常态化明查和突击性暗访相结合的方式，开展多轮次、滚动式检查活动，查纠工作纪律问题30余个。注重共性问题面上整治，组织开展不作为、乱作为、慢作为专项整治活动，重点解决态度粗暴、效率低下、推诿扯皮等突出问题492个。把群众反映强烈的民生问题作为整治查处重点，督促集中整治违章停车、占道经营、环境污染30余次，办结问题20余起，行政执法服务水平得到改进。

【行风建设】 坚持把“行风热线”工作作为改进政风行风的有效载体，通过不断丰富节目形式，实现早上电台热线直播，晚上电视热线追踪，文登网同步联动，畅通行政执法部门与广大群众沟通渠道，在解决群众诉求的同时，促进上线部门单位不断改进作风。2017年，共举办行风热线118期，接听群众来电并回复195个。

【党风党纪教育】 加强廉政警示教育。组织开展农村干部党课培训班、“廉政教育月”、德廉和党风党纪知识测试、廉政历史舞台剧《徐士林》专场演出、全区领导干部警示教育大会等“五个一”活动，贯穿于廉政警示教育全过程，逐个推进，连点成线，不断强化党章党规党纪意识。加强廉政文化建设。制定加强廉政文化建设，出台“昆嵛清风”品牌的实施意见，创建廉政文化示范点74个，推动廉洁意识深入人心。加强正面引导，开通运用“廉洁文登”微信公众号，每周推送基层动态、廉政文化等内容，成为党员干部网上学习新阵地；举办“昆嵛清风杯”廉政书画大展赛，展出各类作品389幅，营造浓厚氛围。组织“树清廉家风，创最美家庭”主题宣讲活动，讲好家风故事，提升良好家风影响力和渗透力。加强舆论宣传引导。在报纸开设“作风建设”“昆嵛清风”等主题专栏，刊发“全面从严治党这五年”“两学一做，重拾自信”等作品100余篇；围绕全面从严治党进行电视访谈，推送廉政公益标语，引导正确舆论方向。

【队伍建设】 抓培训强素质。开展“不忘初心、牢记使命”主题教育，组织征文和演讲比赛。注重业务培训，开展“每周一课”、专项培训、岗位轮训、带班带案等4项活动，采取以学促知、专题研讨、实战锻炼等方式，提升能力素质。抓管理强队伍。健全工作流程，组织人员对省纪检监察厅、政法单位起草的22项制度开展专题研讨、征求意见，并着手拟定过渡期间执纪监督监察试行办法及常用文书，做好工作衔接。强化内部管理，完善机关监督管理制度，制定负面清单，坚决防止“灯下黑”；加强镇（街道）层面工作考核，注重村级纪检委员工作制度建设，提升履职能力。抓监督强担当。强化经常性督促指导，坚决查处纪检监察干部不担当、不负责行为。年内，调离2名不适合纪检监察岗位的干部，对1名原镇纪委书记因任职期间办理群众信访举报不细致、不认真进行处理，给予党内警告处分。

（刘艳慧）

责任编辑　荣凤娟

人民团体

文登区总工会

【概况】 文登区总工会位于文山路111号，内设办公室、生产保障部、财务资产管理部、基层工作部（挂经费审查委员会办公室牌子），辖设文登区职工服务中心。年末，在编工作人员13人。全区共组建基层工会组织682家，其中基层法人单位工会组织759家，工会会员6.3万人。区总工会出资20万元委托勤达职业培训学校，举办10期下岗女职工、农民工家政服务、母婴护理等方面专业培训班，培训学员308人次，其中260人实现再就业，就业率达到84%。慰问一线职工1.3万人次，发放降暑物品6.8万元；救助困难职工子女55名，发放助学金14.5万元。救助困难职工426人，发放救助金63.5万元。第8期爱心互助医疗保障项目参保单位445家，参保职工4万余人，理赔金额230万元，惠及职工950名。开展女职工“节约十元钱，姐妹献爱心”捐助活动，募集款项6.5万元，救助困难女职工58人；联合区卫生和计划生育局对全区2万名35～64岁女职工进行免费“两癌”筛查，在火车站、汽车站、医院等人员密集区建成14家“妈妈小屋”。5月，区总工会出资16万元，组织162名市级劳模、优秀职工进行体检；落实劳模（工匠）创新工作室创建申报工作，“许祖闵创新工作室”等6家创新工作室通过验收。打造侯家镇、宏利物流等13个不同领域的工资集体协商示范点，签订各类专项集体合同82份，建制率达99%。

【家政产业工会委员会成立】 年内，全区注册的家政企业37家，在册下岗就业职工、农民工483人。7月，区总工会组织15家家政企业联合成立全区首家非公有制产业工会——家政产业工会委员会。家政产业工会委员会制定协商要约，规范与行政方的协商程序，以集体协商和集体合同制度为重要手段，解决职工最关心的利益问题。

【区工会第一次代表大会召开】 9月11日，区总工会在昆嵛大厦召开文登区工会第一次代表大会，应到代表217人，实到代表209人。会议主要议程：审议通过文登区工会委员会所作的《把握新机遇 适应新形势 迎接新挑战 团结动员全区职工全力打造威海经济中心》的工作报告，审议批准文登区工会委员会财务工作报告、文登区工会经费审查委员会工作报告。

10月18日晚，区首届男子篮球联赛在区总工会职工篮球场举办

【职工文体活动】 3月和5月，区总工会分2次举办“全民健身促健康•同心共筑中国梦”“健康中国·活力文登”健步行活动。5月，举办“中国梦·劳动美·幸福路”全区职工书画摄影展，共征集各类作品293幅，其中推荐42幅作品参加威海市比赛，获得一等奖3个、二等奖6个、三等奖8个。9月，在威海市总工会举办的全市职工合唱比赛中，文登代表队获得一等奖。10月，联合区体育局、区文化广电新闻局在区总工会职工篮球场举办为期10日的文登区第七届全民健身运动会“华利汽车杯”首届男子篮球联赛，共有13支职工队伍参加，推动群众性篮球运动发展。

【“查保促”群众性安全生产活动】 年初，区总工会召开全区“查保促”群众性安全生产表彰大会，表彰奖励2016年度“查保促”工作成绩突出的优胜单位和个人：20个示范班组，20个查隐患能手，20个先进个人，共发放奖金13.7万元。3月，区总工会召开全区“查保促”活动动员部署大会，督促企业继续推广“手指口述”操作法，收集“安全生产合理化建议征集”“安全隐患随手拍”等材料；与高危行业的企业协商推广应用“一法三卡”（事故隐患和职业危害监控法，安全检查提示卡、有毒有害化学物质信息卡、危险源点警示卡）。7月，区总工会印发《〈全区化工行业“查身边隐患、保职工安全、促企业发展”专项行动方案〉的通知》，配合区经信局深入摸底排查辖区内化工企业数量和生产经营情况，建立化工企业档案，由专人督导检查，构建安全生产长效机制。

【全区职工技能竞赛活动】 9月7日，区总工会联合区人社局、威海市技师学院举办全区职工职业技能竞赛活动，共有参赛代表队21支，选手120名，其中有27名选手获得各类奖项。10月，文登区27名获奖选手参加在威海市环翠区举办的全市职工技能竞赛，获得团体二等奖，天润曲轴股份有限公司从凌玉、威海威登时装有限公司邢新永分别被授予“威海市技术能手”“威海市金牌职工”称号。

（邓　涛）

共青团威海市文登区委员会

【概况】 中国共产主义青年团威海市文登区委员会（简称团区委）内设组织部、宣传部、学校少年部、办公室，有工作人员7人。6月，辖设股级事业单位小金星报社被撤销，区青少年宫由在区小金星报社挂牌被调整为单独设置，并加挂科技馆牌子，其编制、经费来源等均保持不变。全区共有共青团员2.9万人，区直部门团委18个、镇（街道）团（工）委17个、企业团委4个、学校团委25个，团支部480个。人力资源和社会保障局机关团支部被共青团中央授予2016年度“全国五四红旗团支部”称号；文登整骨医院丁勇被共青团中央授予2017年“全国向上向善好青年”称号。

【共青团威海市文登区第一次代表大会】 9月14日，共青团威海市文登区第一次代表大会在市民文化中心召开，149名代表参加会议，区镇两级团委换届全面完成。共青团文登区委向大会作题为《引领青春梦想　凝聚青年力量　全面推进新形势下共青团改革创新》的工作报告，大会选举产生第一届团区委委员和候补委员，在共青团威海市文登区第一届委员会第一次全体会议上，选举产生共青团威海市文登区第一届委员会常委、书记、副书记。

【基层团组织建设】 10月，区委审议通过共青团改革实施方案。团区委在全区团员中开展“学习总书记讲话，做合格共青团员”教育实践活动，全区440个基层团组织通过举办动员会、报告会、培训班、征文等形式，认真落实三会两制一课制度，召开专题组织生活会，强化团员教育，开展“不忘初心跟党走”入团仪式60次。开展团干部直接联系青年（1+100）工作，采取线上线下活动、青年点赞和评论等方式，全区53名专兼职团干部联系青年5500人，开展线下活动526场。

【志愿服务工作】 是年，团区委每季度开展“益暖文登·志愿服务社区行”活动，定期举办志愿者培训班，邀请威海党校教师、蓝天救援队员及威海红十字会专业讲师授课，600名志愿者骨干接受培训。3月，举办“学雷锋志愿行”文艺演出暨表彰仪式，表彰全区优秀志愿组织、优秀志愿者。制作文登志愿者之歌《心愿》专题片。为志愿者联合会安排办公场所，配置办公设施，申报“护苗行动关爱农村留守儿童”公益创投项目，申请获得财政项目资金3.5万元，为20名留守儿童全方位服务。年内，区团委邀请老干部志愿者协会、蓝天救援文登分队、区公安局网络安全保卫大队和禁毒大队等志愿者走进20所中小学及大中专院校，为青少年讲授书法、安全自护、网络安全、禁毒等知识。

【助力青年创业服务项目】 是年，团区委实施“鲁青基准贷”项目服务，为创业青年提供贴息贷款近600万元；与供销社联合推介供销e家创业项目，为50名创业人员设立终端网点；邀请专家开展“青创板”讲座、创业沙龙等知识培训，培训人员42人。以“青年电商创业”为主题，区团委举办“共青团与人大代表、政协委员面对面”座谈会议，助力文登青年电商培育工作更好更快发展。

【爱心志愿项目】 年内，团区委实施“微心愿”项目，引导爱心人士积极参与“微心愿”认领活动，共捐助物资6万余元，使300名困难学生受益。实施“牵手关爱”项目，组织志愿者为60名留守儿童进行学业辅导和亲情陪护，到天福山起义纪念馆、荣成海洋馆等场所参观学习。实施“金晖助老”项目，招募200名志愿者，每月入户为100名建档立卡的老人开展“五个一”志愿服务，为每位老人送去棉衣、马夹、常用药品及300元的生活物资。实施“靓居工程”项目。争取资金18万元，为110个建档立卡的贫困户粉刷房屋内墙。启动“文登·峄城手牵手心愿直通车”项目，为枣庄市峄城区51个贫困儿童圆梦微心愿。争取实施“希望工程”项目，为葛家小学争取价值2万元的图书（太平洋寿险文登支公司捐赠），为10名贫困学生发放1万元的助学金。

【少年先锋队工作】 2017年，区少先总队设38个大队、400个中队，共有少先队员1.8万人，全区中小学少先队队室配备率达到100%。6月13日，威海少先队“喜迎十九大——我向习爷爷说句心里话”主题队日暨大型少先队入队仪式观摩活动在区第一实验小学举办，全市145名少先大队辅导员参加活动。

（温丽萍）

6月13日，第一实验小学举行“喜迎十九大”少先队入队仪式

文登区妇女联合会

【概况】 文登区妇女联合会（简称区妇联）内设办公室、宣传部、组织部、妇女儿童工作委员会办公室与妇女儿童权益部（妇女儿童工作委员会办公室与妇女儿童权益部合署办公，妇女儿童工作委员会办公室主任按副科级配备），有工作人员7人。全区有12处镇妇联、3处街道办事处妇联、1处埠口港管委妇联、1处金山管委妇联，23个区直单位妇女工作委员会（简称妇委会），744个村（居）妇联。3月7日，区妇联召开纪念“三八”国际劳动妇女节107周年暨“强化责任担当，彰显巾帼作为”全区妇女干部会议，表彰15个妇女工作先进集体和30名优秀妇女干部。

【巾帼创业创新行动】 2017年，区妇联创新服务模式，在葛家镇、界石镇建立2处妇女培训基地，开设月嫂、育婴师、电商、微商、厨艺等各类培训班，共举办培训班25期，培训1500人，其中贫困村妇女55人，有200人实现就业和再就业。培训从事微电商经营职业的妇女89人、从事电商经纪人职业的妇女11人，电商经营年销售额2000余万元。开展创建“星级巾帼示范基地”活动，发挥女企业家和规模种植业户、“巾帼示范基地”的示范引领作用，带动更多的妇女从事农业特色经营。是年，建立“巾帼示范基地”36个、“星级巾帼示范基地”10个，为周边村妇女和贫困家庭妇女提供各类岗位600余个，人均年增收1.4万元。

【参与“美丽乡村”建设】 6月和8月，区妇联分两批组织界石镇分管“美丽乡村”工作的负责人、项目建设村支部书记和主任、农家乐和民宿经营户，外出参观学习乡村旅游的经验和做法，加快推进农家乐和民宿工作进程，引导妇女依托采摘、观光等生态休闲旅游业，实现居家就业增收。加强与界石镇和相关部门的沟通与合作，到界石镇梧桐庵村进行实地指导，按照“以点带面，分类实施，合力推进”的原则，对原有的经营户提档升级，打造特色项目，凸显界石镇特有的美丽风光和地方传统文化。制定80余项农家乐和民宿场所设施要求、从业要求、经营管理办法、卫生标准、服务标准，统一制作菜谱、星级经营户牌，实行动态管理，促进农家乐与民宿的规范经营。争取威海妇联8万元专项资金支持，并将发展民宿、农家乐项目的妇女优先纳入妇女小额担保贴息贷款扶持范围，为其提供资金扶持，使之成为农民增收、村集体经济发展的主导产业。全年支持、扶持民宿和农家乐经营业户12户。开展“新农村新生活”培训114场次，培训妇女7700人，引领广大妇女在新农村建设中发挥积极作用。

【巾帼脱贫行动】 年内，区妇联实施精准有效扶贫工作，对全区55个贫困村及贫困户进行全面调查摸底，为全区1261户贫困妇女家庭、3764名贫困妇女建立详实的分类档案。因人施策，采用帮助、资助、救助等方式开展精准扶贫，对55名贫困妇女进行月嫂、电商知识培训，其中34名妇女实现就业；发动社会各届爱心人士捐赠物资1386件，惠及贫困妇女367名；拓宽“乡村车间”经营模式，支持面食加工企业到乡下设点，共设5个面食加工点，让妇女在家门口、家中实现就业，共有180余名妇女受益，年均增收1.6万元。开展“两癌”（宫颈癌和乳腺癌）妇女救助活动，为39名“两癌”贫困妇女发放救助金21万元，出资2.1万元为全区310名贫困妇女办理女性安康保险。开展“社会妈妈”活动，为全区178名贫困儿童建立信息档案，发动社会爱心人士救助50名贫困儿童，捐款捐物折款12万元。开展“巾帼暖童心　点亮幸福‘微心愿’”活动，向20名贫困儿童赠送幸福“微心愿”礼物。建立“爱心流动超市”23处，其中13处设在精准贫困村。开展“巾帼送暖　扶贫济困”关爱活动，组织区直妇委会、镇办妇联发动干部职工献爱心，社会各界共捐赠各种爱心物品7000余件，折价60余万元，惠及贫困群众560人。与枣庄市峄城区妇联搞好对接、协作工作，扶持200名贫困家庭妇女发展家庭种养业。

【家庭文明建设】 2017年，区妇联广泛开展最美家庭、环保家庭、书香家庭、平安家庭等6类家庭评选活动，树立60个各类家庭典型。开展第二届“最美家庭”表彰活动，评选表彰10个文登区“最美家庭”，以家庭的和美促进社会的文明和谐发展。组织开展“传承好家风•共圆中国梦”书画大赛，以画抒情，共征集参赛作品221幅，推动优良家风传承，助推社会文明程度的整体提升。开展“树清廉家风　创最美家庭”主题活动，通过发放一封信、邀请专家讲课、好家风好家训征集展示和举办全区“树清廉家风，创最美家庭”主题宣讲活动，突出家庭助廉在廉政文化建设中和家属在家庭助廉当中所发挥和应起到的双重作用。开展“最美家庭讲家风”活动，充分利用妇女之家、妇女儿童家园等阵地，举办“讲家风故事”“晒家风家训”活动116场次，弘扬家庭美德、倡导文明新风，以良好家风滋养好的社会风气，参与人数3万余人。开展“父母学堂进基层”活动，举办培训班6期，有500名家长参加学习。在城区74个家长学校开展培训1100期次，为6000名家长普及家教知识。

【妇女文化建设】 年内，区妇联举办“巾帼巧手共筑中国梦—‘庆新春’传承与创新产品展”活动，展示妇女制作或生产的节能环保巧手作品、“妇字号”品牌、民间手工艺品、面食等6大类1000余件产品，扩大“妇字号”品牌知名度。联合区委宣传部、区文化广电新闻出版局举办庆元宵民俗活报表演，10个镇（街道）近千名巾帼文体队成员参加表演，展现妇女良好的精神风貌。邀请省委党校袁永新教授围绕“经济形势与任务”主题，对全区600名专职妇女干部和村妇代会主任进行培训，讲解如何更好发挥女性在经济社会发展中的作用。开展“美好瞬间　幸福随手拍”“喜迎建市30周年亲子有奖问答”和“我心中的威海”主题网上征文比赛等4场主题活动，与区电视台、区体育局联合举办健步行活动，共组织4000名妇女参加；与区老年人体育协会、区体育局联合举办“庆国庆，喜迎十九大”大型秧歌舞比赛，与区文化广电新闻出版局联合举办健身操培训班，共组织110名妇女参加。

区妇联在文登学广场举办元宵节手工艺品展（2月17日摄）

【“两新”妇女组织建设】 2017年，区妇联在“两新”组织（新经济组织和新社会组织的简称）中新建30个妇女组织，在城乡15人以上的文体活动队中建立497个妇女工作小组，在大众、城北、香水等8个流动妇女集中的城区社区建立“流动妇女平安之家”，新建8个妇女组织。在龙山办事处西凤凰台和大观园社区新建2处妇女儿童家园，设有培训中心、家庭文化建设中心等不同功能的活动室，方便社区2000名妇女儿童开展活动。

【全区妇女儿童发展“十三五”规划】 年内，区妇联制定《威海市文登区妇女发展“十三五”规划》和《威海市文登区儿童发展“十三五”规划》，印发《文登区“儿童安全”示范项目实施方案》，并进行目标任务分解，召开全区妇女儿童工作会议，有29个成员单位和6个相关区直部门参加，全面落实全省妇女儿童“十三五”规划“儿童安全”项目示范区的具体工作，确保在规划要求的时间内高标准完成任务，顺利通过省妇联检查验收。印发《威海市文登区2017年为妇女儿童办好十六件实事》，明确各责任部门完成事项和时限，全力推进妇女儿童办实事项目。

【维护妇女儿童合法权益】 年内，区妇联开展“三八维权周”“法制宣传月”等活动，大力宣传反家庭暴力法、妇女儿童权益保障法等法律法规和禁毒知识，发放明白纸5000份，引导妇女知法、学法、懂法、用法。利用12338妇女维权热线，做好信访矛盾纠纷化解工作，接信接访17件次，热线答疑15人次，处结率达100%。构建全社会共同关心关爱留守流动儿童的关爱服务体系，为全区44个留守流动儿童学校开展行之有效的活动，确保留守流动儿童“身心有人护、学业有人管、困难有人帮”。联合区卫计局为全区2.25万名妇女免费进行“两癌”筛查，出资6880元为全区170名建档立卡的贫困妇女办理女性安康保险。

（王建芬）

文登区科学技术协会

【概况】 威海市文登区科学技术协会（简称区科协）内设办公室、科普部、学会部，有工作人员7人。年末，有国家级科普示范基地5个、协会9个、社区4个，科普带头人8人。是年，区科协被中国科协授予全国科普日优秀组织单位称号。

【科普信息化建设】 年内，区科协改变传统的赶科普大集、发放科普资料等宣传模式，拓展“互联网+科普”工作新途径，全方位推动科普工作转型升级。依托省科协、省财政厅联合实施的山东省数字科普工程，在城镇和农村社区的开放式服务场所、公众文化活动场所以及人群集聚场所，安装109台数字播放终端，定时定向播放科普节目，实现科学传播的常态化。在界石中学校园建设1处流动科技馆，由40余件互动式科普展台及部分科学体验项目组成，内容涵盖力学、电学、光学、数学、声学、机械学等方面，给学生提供参与科普、了解科普的平台。与区新闻中心合作在电视台开辟科普宣传专栏，每周2天定时播放农业技术科普节目，在《文登大众》开设“科普之窗”专栏，每周2期，重点围绕“食品安全、生活常识、疾病防治、应急知识”等与公众日常生活相关的内容进行宣传；利用购买服务的方式，建立“科普养生文登”微信公众号，每天推出3～5条保健、养生信息，让市民随时随地获取权威科学的养生知识；在涉农科普示范基地、协会中创建行业微信群，邀请农业专家、种植户入群，加强产前、产中、产后技术指导与服务，帮助种植户足不出户解决生产难题，拓宽“科普惠农”“科普兴农”的措施途径。是年，张家产西洋参协会被中国农村专业技术协会授予中国科普奖，为威海地区唯一受表彰的单位；同时，组织人员编辑出版《科普养生文登》月刊，每月印发600册，面向养老机构、老年大学、城市社区免费赠阅。在西凤凰台社区、金山社区建设以VR虚拟现实、3D打印为主题的现代科普体验馆，购置先进的科普设备，采用数字技术将科学知识进行虚拟展示，以浏览、参与、互动和体验的方式进行科学普及，激发和培养社区居民学科学、爱科学、用科学的兴趣。

【青少年科普工作】 年内，区科协与区教育局联合组织开展青少年科技创新大赛活动，共收集作品506件，涉及数学、物理、植物、动物、环境科学、卫生健康等领域，其中获得威海市一等奖21个、二等奖25个、三等奖25个；省级一等奖10个、二等奖6个、三等奖4个；国家级二等奖3个，辅导员创新成果三等奖1个，获得第八届全国青少年科学映像三等奖1个。4月24－25日，区科协联系省、市科协，邀请中国科学院老科学家科普演讲团和省青少年科普专家团5名教授专家到威海市传授科普知识，举办的2017年威海市暨文登区“青少年科普报告百校行”威海站所有活动，全部安排在文登区20个中小学举行。

【社区科普工作】 2017年，区科协将科普重点人群目标转移至社区居民，在社区创建科普网络书屋、科普教学点、科普体验馆、科普e站，并深入学府路社区、金山社区等居民区开展科普宣传活动，发放科普书籍，推广养生文登微信公众号等，并在金山社区举行文登区全国科普日启动仪式。

【科普惠农示范工程】 年初，区科协召开全区镇办科协负责人会议，开展农村专业技术协会等工作，文登区丹参协会、金山社区被省科协、财政厅分别授予全省科普惠农先进单位、全省科普示范社区称号。有2个基地、4个农村专业技术协会、2个科普带头人获得威海市科普惠农示范工程先进单位和个人称号，共获得奖补资金26.4万元。

【学会人才工作】 年内，区科协开展青年科技奖、优秀工程师、优秀科技工作者、自然科学奖推荐评选工作，有3人被授予威海市青年科技奖，天润曲轴股份有限公司于海明被授予省级优秀科技工作者称号，并被省科协、

4月24日，威海市暨文登区“青少年科普报告百校行”——文登二中专题讲座现场

省人社厅记二等功。做好威海市科技智库专家遴选工作，动员国家“千人计划”专家、“万人计划”专家、泰山学者、泰山产业领军人才、突出贡献专家等高层次人才进行申报，共推荐7人参加遴选。组织天润曲轴股份有限公司、文登威力工具集团有限公司、北汽黑豹股份有限公司、正大环保科技股份有限公司等16家企业申报科技信息服务项目签约企业，为企业技术创新、专利发明提供信息技术支持；组织威力工具集团有限公司、文登奥文电机有限公司、北汽黑豹股份有限公司等14家企业的23名职工参加市机电工程与自动化学会，为产学研深度融合搭建新的平台。建立日常调查、走访、座谈等工作机制，组织科技工作者进行4次状况调查，完成问卷调查600份，为企业发展“科猫”网络社交平台会员600人。

（毕馨文）

文登区工商业联合会

【概况】 2017年，文登区工商业联合会（简称区工商联）内设非公有制经济科、会员服务科，有工作人员10人。全区有17个镇（街道）基层商会和工商联温州商会、工商联福建商会2个异地商会。区工商联设主席（会长）1人、党组书记1人、副主席24人（企业家副主席19人）、副会长29人（企业家副会长24人），特邀顾问6人，常务委员43人，执行委员89人，会员983人。

【区工商联换届工作】 年初，区工商联按照《文登区工商联（总商会）2016年换届工作的实施意见》，成立换届工作领导小组，加强对换届工作的领导。做好换届工作的民主推荐、全面考察、综合评价、公示等各项工作，考察企业300家，遴选出181家会员企业。4月12日，在海泰大酒店召开第七次会员代表大会。大会选举产生主席（会长）1人、副主席24人、副会长29人，常务委员43人、执行委员89人，特邀顾问6人。

4月12日，威海市文登区工商联第七届会员大会在海泰大酒店召开

【组织会员企业交流学习】 3月，区工商联组织区内女性会员企业负责人参加“相约春光里龙乡巾帼行”活动，到宏安集团有限公司、博康特建材有限公司、威力工具集团有限公司、山东颐阳酒业有限公司、威海大溪谷文化传播有限公司等进行观摩学习。5月，组织10家会员企业负责人赴福州市长乐区、秀屿区、仙游区和永泰县参观考察，并与长乐区工商联建立友好合作关系。7月初，组织80名会员企业负责人到山泰食品有限公司对现代化种养殖模式进行交流学习。9月26日，推荐6名青年会员企业负责人参加威海青年企业家商会，促进年轻企业家间的沟通联系。

【宣传推介工作】 年内，区工商联开设文登区工商联网站，发挥网络传播范围广等优势，及时展现区内企业的发展风貌。创办的季刊《文登商界》，被发行到全省工商联系统和威海市各企事业单位、酒店宾馆，宣传区内企业的创业事迹和企业家心路历程，至年末共发行23期。通过工商联微信群等新媒体资源，及时向会员企业做好宣传发动工作，为全区企业对外宣传打造新亮点。

【商会、企业的公益和扶贫济困事业】 年内，区工商联倡导“致富思源、富而思进、发展企业、回馈社会”的经营理念，引导企业投身社会公益事业、光彩事业和扶贫济困事业。文登工商联福建商会出资2.4万元资助12名学生、出资2万元参与侯家镇朝阳基金活动。文登工商联温州商会出资4.8万元资助12名学生，出资8000元资助白血病患者；东方爱婴学校为白血病患者举办义卖活动，筹资1.2万元；山东东海集团有限公司设立“东海关爱基金”，每年向基金注资10万元，与全区各项救助办法和救助体系相衔接，主要用于救助全区范围内的贫困中小学生、奖励品学兼优学生。文登市双力板簧有限公司联合文登海府水产有限公司、威海市宝隆石油专材有限公司等企业共投资3万余元，连续为高村镇中小学和幼儿园的720名学生免费提供1次营养午餐的时间达27周。区工商联捐助2万元，用于帮扶村文登营镇范家店村集体的基础设施建设。山东颐阳酒业有限公司总裁刘燕、科力化工材料有限公司董事长赵旭超、瑞云祥养老服务有限公司总经理丛瑜佟等女性企业负责人，与在文登学习的新疆孩子结成帮扶对子，当上“文登妈妈”，帮助解决新疆孩子在文登学习和生活中的困难。

（刘日廷）

责任编辑　初云峰

军　事

文登区人民武装部

【概况】 2017年，中国人民解放军山东省威海市文登区人民武装部（简称区人武部）在威海军分区党委和文登区委、区政府的双重领导下，做好民兵整组、军事训练、兵役登记、兵员征集、国防教育、正规化建设、军民共建等工作，年度各项任务进展顺利，全面建设进一步提高，民兵预备役建设取得长足发展。

【民兵预备役】

民兵整组　2017年，区人武部严格执行《民兵组织整顿实施办法》，及时召开整组任务部署会，对各类库室、软件资料、工作程序等进一步细化规范、统一标准，核实各民兵分队编制、人员，确保人员编配做到合理可行，突出抓好常备应急分队建设。11月，在做好国防动员检验评估同时，调查细化民兵整组工作，按照“实兵、实装、实战”的要求，贴近民兵分队任务，编强分队干部、骨干，配全装备器材，通过点验和训练，提高民兵分队整体建设水平。

军事训练　2017年，区人武部认真制定民兵训练计划，提高现役干部能力素质，重点组织军事理论、业务技能等课目训练，在岗位实践中不断提高业务素质；结合民兵组织整顿工作，先后在威海军分区教导队、文登区民兵训练基地，分10个批次组织基层武装部长、民兵干部、民兵作战分队、应急分队进行军事训练。7月，组织2个民兵专业技术分队进行为期15天的训练，使民兵熟练地掌握军事技能，提高遂行任务的能力，增强应急分队、专业技术分队训练实效，落实成建制集中训练和战术演练，做好应对各种突发情况的准备。5月，界石镇发生山火，共出动200余人参与扑救山火，圆满完成任务。

国防教育　2017年，区人武部采取灵活多样的方式，充分调动宣传、文化、民政、教育及工、青、妇等社会各界的积极性，深入开展全民国防教育活动。抓好领导干部国防教育。为区、镇、企业领导每人订1份《中国民兵》《中国国防报》《山东国防报》等报刊。同时，根据上级要求，协调区委将国防教育纳入区委党校教学计划，确保培训干部都能接受国防教育。抓住重大节日等时机进行国防教育宣传。“公祭日”期间，组织全区各单位、驻军和在校学生近7000人，在烈士陵园举行集体扫墓、敬献花圈活动；“七一”期间，组织全体专武人员到烈士纪念碑下重温入党誓词；“八一”期

12月12日，区武装部组织民兵进行军事训练

1 月 17 日，武装部专武人员到天福山向烈士敬献花圈

间，组织全区武装工作负责人过军事日，通过观看国内外军事形势分析录像、实弹射击、座谈等方式，提高各级干部的国防意识。开展评选先进活动，发挥典型带动作用。天福街道党工委书记栾永峰、大水泊镇党委书记滕新强被威海市委、威海军分区表彰为“基层党管武装工作好书记”。

【征兵工作】 按照“一季征兵、全年准备”的要求，春节前夕利用传统手段进行宣传，发挥微信、公众号等新兴媒体作用，取得较好效果。结合网上兵役登记和征兵报名工作，组织各镇（街道）武装部在全区 36 个报刊栏张贴《2017 年度征兵政策解读》，协调区广播电视台，制作播放征兵宣传视频，利用微信平台发布征兵动态，通过图文并茂的新闻报道方式增加宣传感染力和亲和力。与区人民医院合作，推行“一站式”征兵体检，投资 20 余万元更新体检设施，提高体检工作的效率。制作发放《致适龄青年及家长的公开信》，向每名应征青年及家长说明征接兵工作程序、政策规定、纪律要求、举报方式等，对应征大学生进行政策宣传，通过口口相传和朋友圈传播不断扩大宣传面，提高应征大学生参军入伍热情。深入文登一中、文登新一中、南海高中、文登师范、文登技师学院开展大学生征兵政策宣传，将优惠政策制成宣传手册发放到所有适龄青年手中，与广大应届毕业生面对面交流。通过扎实有效地开展大学生征兵宣传工作，辖区大学生征兵比例达到 69%，圆满完成大学生征兵任务。严格落实廉洁征兵政策规定，坚持按原则、按标准、按程序办事，做到依法征兵、廉洁征兵。积极接受群众监督，制作“举报箱”，印制《廉洁征兵情况反馈卡》，组织征兵工作人员和各基层武装部长签订廉洁征兵承诺书，接受应征青年家长的监督，维护其合法权益。8 月 21 日至 9 月 3 日，分 2 期组织预定新兵进行役前教育，让新兵端正入伍动机、打牢身体基础、提高适应能力。接兵部队满意度高，无责任退兵。

新兵入伍（9 月 7 日摄）

【正规化建设】 按照省军区《人武部正规化建设量化考评标准》和《基层武装部规范化建设要则》，抓好营区硬件建设改造，立足现有办公楼条件，改善办公环境；提升作战室、作战值班室、微机室建设水平。持续进行民兵训练基地和装备仓库改造，完善训练场地等配套附属设施，提升保障能力。全面建设基层武装部，完善相关制度，开展达标建设验收活动，全区基层武装部正规化建设均有较大提高。

（朱　建）

人民防空

【概况】 2017 年，文登区人民防空办公室（简称区人防办）内设综合科、工程管理科、指挥通讯科、法规与宣传科，有工作人员 14 人。全区人防工作坚持“长期准备、重点建设、平战结合”的方针，通过抓队伍提高班子素质和能力，抓机制提高班子管理和运行水平，抓创新推动人防工作发展，围绕年初制定工作目标，全面加强机关工作人员的思想、作风、业务建设，推进全区防空防灾体系建设。年末，文登区被山东省国防动员委员会授予“全省人民防空先进城市”称号。

【人防工程】

人防工程管理 2017年，区人防

6月5日，区人防办对地下人防工程设施进行安全检查

办实行审批工作“一次性跑腿制度”，减少程序，方便群众，不降低要求，制定《文登区人民防空办公室行政执法审核制度实施细则》《文登区人民防空办公室行政执法公示制度实施细则》《文登区人民防空办公室执法全过程记录制度实施细则》。同时，对所有人防工程设施进行安全检查，排除隐患。先后3次进行大规模、拉网式排查，对存在的问题，下达5份整改通知，限期整改。

指挥通信建设 2017年，区人防办进一步完善警报系统和指挥中心应用功能。新安装5台固定式电声防空警报器，安装调试完成北斗导航定位系统、对讲调度平台系统，改装机动指挥车1辆。将3G单兵信息采集系统升级为4G传输，使单兵设备远距离音、视频传输图像更加清晰稳定，通话质量、机动性进一步增强。同时，为每名干部配备应急救援包、安全防护帽、无线手机对讲机等救援设备。打造临战快速反应人防队伍，实现专业队伍与指挥系统、救援装备的有机结合。

【防空宣传暨演练】 2017年，区人防办结合警报试鸣，在文登大众开设“发展人防事业，共建和谐家园”专栏，进行4期宣传，在区电视台进行3期宣传。在实验中学等3个中学开设人防知识课堂，听课人数500余人次。同时，向公司职工发放人防知识有奖问答试题、在厂区人行道两侧摆放人防知识刊板，通过手机短信向市民发放试鸣通告，营造浓厚的社会氛

5月24日，芸祥绣品集团公司员工在观看人防知识宣传栏

11月2日，区人防办工作人员在安装防空警报器

围。5月24日，区人防办联合区公安分局、卫计局、教育局、消防大队等单位，首次在劳动密集型企业——芸祥绣品集团公司进行多部门、多项目、多内容的防空、防灾、反恐综合性联合演练。演练共有2000余人参加，在厂区内共设置15处炸点，出动消防车2辆、救护车2辆，疏散演练结束后进行反恐演练和灭火技能演示。整个演练体现选位正确、全区联动、规模宏大、策划科学、设备到位、效果明显六大特点，提高区政府、企业及各有关单位应对突发事件

的指挥协调、应急救援和协同作战能力。

（王均佳）

中国人民武装警察部队威海市文登区边防大队

【概况】 2017年，中国人民武装警察部队威海市文登区边防大队（简称武警文登区边防大队）开展“两学一做”学习教育常态化制度化、“维护核心、听从指挥”主题教育、“喜迎十九大、忠诚保平安”等活动，打造“亮剑南海 骧啸昆嵛”政治文化品牌，践行“讲政治、敢担当、重实干、勇争先”的山东边防精神，聚焦能打仗、打胜仗，着眼强根基、利长远，圆满完成各项安保任务。年内，被授予全省边防系统“基层建设先进单位”、威海市边防系统“安全工作先进单位”称号，有2人被省武警总队记三等功、1人被武警省边防总队授予“优秀共产党员”称号，有1名官兵家属被威海市公安局授予“好警嫂”称号。

10月5日，边防官兵成功救助落水群众

【基层基础建设】 按照基层基础三年攻坚战部署要求，为辖区123个村队配齐警务助理，建立警务助理工作群、渔船民管理群、特种行业管理群12个，进一步扩大信息搜集渠道，提升情报线索收集能力。开展“执法突出问题排查整治”“执法场所安全隐患摸底排查”“民警跟班践学”等活动，制订《案件办理督导单》，完善《接处警现场情况登记表》，对基层单位办案场所进行规范化升级改造，统一购置执法记录仪，完成智能化办案区建设，提高基层单位执勤执法水平。

【部队管理】 创新推出晨检制度，制订《一周晨检情况登记表》，发现纠正各类问题隐患380余处，确保部队内部安全稳定。施行“建言献策”工作机制，共收集官兵在班子建设、队伍管理等方面的意见建议26条，及时解决制约部队发展的瓶颈问题。根据派出所分类建设要求，将所属派出所科学设置为二类边防派出所，按照社区警务、船管户籍、执法办案、内勤等岗位设置民警，领导干部直接参与社区、船管、执法等业务工作。推行潮汐用警工作机制，组织大队部干部先后驻所办公，派出所干部轮岗交流，进一步完善勤务运行模式。部署开展“肃风纪、明措施、抓执行、促发展”纪律作风整顿活动，严格落实中央军委禁酒令、部局“九项铁规”和总队“十条禁令”，提升官兵执行力，增强队伍凝聚力，年内，大队官兵无一违规违纪。

【维稳防控工作】 开展打击“盗抢骗”“固边4号”“卫海2017会战”、海上集中整治、毗邻国家人员非法入境及小学校、小医院、小网吧等小场所集中整治等专项行动，确保辖区维稳，圆满完成各项安保任务。年内，共打击处理违法犯罪嫌疑人168人次，抓获潜逃24年且漂白身份的命案逃犯2名。查获小口径猎枪1支、改装气枪3支、小口径猎枪子弹4发、气枪子弹414发、钢珠998发。查获涉嫌走私成品油案1起，核查出海船舶576艘次，处罚违规船只103艘次，办理边境通行证110个。查获7名“三非”（非法入境、非法居留、非法就业）缅甸人。检查小学校、小医院、小网吧等小场所1232家次，处罚361家。

【船舶管理】 通过系统开展海上集中整治专项行动，进一步规范沿海船舶边防治安管理，防范和打击偷渡、越界捕捞等违法犯罪活动，预防和减少海上各类案事件发生。招聘专职船管辅警，核查出海船舶576艘次，处罚违规船只103艘次。

【后勤保障】 全面落实为基层办实事项目，投资10余万元更换基层单位的警用装备，投资10万余元改善大队部办公室条件，筹资11万元改造泽头所营区环境。继续加大对军械运输装备的建设力度，改善装备性能结构，提高装备利用率，严格规范管理，落实好车辆保养、维修、派遣，油料消耗，枪弹管理等各项制度，建立健全相关台账，提升管理水平，确保装备性能良好。

中国人民武装警察部队威海市公安消防支队文登区大队

【概况】 2017年，威海市公安消防支队文登区大队共完成政治教育日96个，开展维护核心、听从指挥主题教育活动和推进“两学一做”学习教育常态化制度化，组织四个专题学习教育、三个专题研讨交流；围绕建党96周年，开展主题大讨论、“微党课”、帮扶济困等活动，为退伍患病战友王正波募捐6100元；开展“学强军思想、讲强军故事、干强军事业”群众性主题实践活动、庆祝建军90周年系列活动、作风纪律教育整顿、“条令条例学习月”“迎接十九大奋战一百天忠诚保平安”部队纪律作风整训工作等活动，通过队列训练、条令条例知识竞赛、观看案例教学片等多种形式，全面提高官兵的条令条例意识和安全意识。年内，广州路中队被公安部消防局授予“消防安保工作先进中队”称号，被省消防总队授予“先进中队”称号。

【消防设施】 2017年，有消防车12辆，其中抢险救援消防车2辆、A类泡沫消防车1辆、远程供水车1辆、水罐消防车3辆、举高喷射消防车1辆、42米云梯消防车1辆、城市主战消防车1辆、重型泡沫车2辆；消防头盔、消防员灭火防护服、消防手套、消防安全腰带等基本防护装备1802套；新型战斗服、消防隔热服、避火服、重型防化服、消防过滤式综合防毒面具、氧气呼吸器、移动供气源等32项特种防护装备535套（具）；侦检器材、警戒器材、救生器材、破拆器材、堵漏器材、输转器材等抢险救援器材425套（具）。

【军事训练、战备执勤】 年内，消防官兵科学安排战备执勤，实行无缝对接，认真维护执勤车辆、装备器材，及时修理、配足配齐损坏或因数量不足而影响执勤的器材，确保装备器材时刻处于完好状态。开展灭火救援实战化练兵。开展全员体能达标，加强单兵技能及紧急避险训练，突出抓好“一高一低一大一化”等灭火救援能力建设，对110家单位进行实战演练，修订重点单位灭火救援预案161份，修订完善地下建筑大（中）队级预案11份，并建立“一楼一档”。对全区市政消火栓和天然水源进行普查，摸排城区居民小区消防车道，排查市政消火栓258个，熟悉居民小区61个。对堵塞消防通道的小区物业进行查处。共排查市政消火栓258个。

【消防安全监管】 年内，先后部署开展今冬明春火灾防控专项治理、夏季消防安全专项治理、物流仓储企业治理、涉氨企业治理、足浴汗蒸、高层地下建筑、电气火灾、石油化工企业、高风险场所等专项治理行动，先后5次约谈消防安全重点单位负责人，推动开展消防安全自查自纠活动。召集全区高层建筑单位召开高层建筑综合治理推进会，部署落实“电动车”三集中、高层公共建筑经理人、高层居住建筑“楼长”制度。联合教育、民政、安监等部门先后对全区95家学校幼儿园、40家养老院、4家医院、37家化工企业、90家成品油经营单位开展集中整治，排查火灾隐患497处。邀请消防支队专家成立8个小组，开展消防安全重点单位异地互查，共检查消防安全重点单位161家、一般单位106家，发现火灾隐患882处。在全区开展消防安全隐患集中清查行动，检查各类小场所2588家，发现动态性隐患398处。开展5次社会面治安清查整治行动。借助“一村一警务助理”工程，推动平安社区建设。在公安“1+2+N”模式中，整合已有网格员和警务助理，建立消防安全网格，夯实村、居消防安全管控基础。开办17期“一村一警务助理”消防业务知识培训班，完成辖区派出所村级警务助理消防业务知识培训工作。

【火灾扑救】 全年共接出警606起，出动车辆1261辆次，抢救被困人员71人，疏散被困人员54人，抢救财产价值2000余万元，扑救火灾270起。

7月12日，消防官兵扑救泽头镇小埠村冷藏厂突发火灾

中国人民武装警察部队文登区中队

【概况】 2017年，中国人民武装警察部队文登区中队（简称武警文登区中队）围绕“维护核心、听从指挥”主题教育活动，采取集中授课辅导、撰写个人心得、歌咏比赛、向革命先烈敬献花圈等形式，开展思想政治教育，筑牢听党话、跟党走的思想，激发献

5月7日，武警文登区中队组织搏击训练

身国防、不辱使命的革命热情。武警文登区中队被省武警总队授予“正规化执勤一级中队”称号，有2人分别被省武警总队授予“新闻报道先进个人”“优秀教练员”称号，有2人分别被威海市支队记三等功和授予“优秀基层干部”称号，11人获“优秀士兵”称号、12人获嘉奖。

【战备执勤】 年内，完成防暴狱、防自然灾害、防外来袭击等应急训练演练20余次，常态化拉动10人应急班和3人应急小组，全面提高官兵应急处置能力。协助看守所完成押送20余次、临时押解勤务40余次，确保全年看押工作安全无事故。

【军事训练】 按照军事训练要求，完善训练场地，培养教练员，开展以队列为主要内容的作风纪律训练，以单双杠、5000米跑为主要内容的体能训练；以射击、刺杀操、搏击对抗、擒敌拳、反袭击、反劫持等为主要内容的技能战术训练等军事训练活动，全年完成训练日140个。

（邵丽娜）

责任编辑　王宏伟

法　治

政法委及综治工作

【概况】 区委政法委员会（简称区政法委）与区社会治安综合治理委员会办公室（简称综治办）合署办公，内设办公室（调研科）、政工科、执法督查科、综合治理科和区打击走私、反偷渡、反贩毒领导小组办公室（副科级），下属正科级事业单位——中共威海市文登区委防范和处理邪教问题领导小组办公室（简称防处办）。2017年，区政法委围绕全区经济社会发展大局，以维护社会稳定、优化治安环境、规范经济秩序为根本目标，重点解决影响辖区社会和谐稳定的突出问题，全面提升政法工作服务于经济社会发展的能力，推动全区政法维稳事业科学发展。

【服务保障经济社会发展】

服务重大战略实施　围绕区委中心任务，调整政法工作重心，细化服务举措，帮助企业解决项目运行中的涉法问题。2017年，依法妥善审结各类涉企纠纷910件，为企业回笼外欠款1.27亿元。依法推进供给侧结构性改革，妥善审结供销公司等4家企业破产案件，使产能过剩、落后淘汰的企业有序退出市场。

打击经济领域犯罪　开展“春雷”“秋风”等专项行动，依法严厉打击金融、财税、保险等领域的严重经济犯罪，突出查办集资诈骗、传销和变相传销等经济犯罪，平等保护各类市场主体的合法权益，维护良好的市场经济秩序。2017年，共破获涉众型经济案件11起，涉案价值1400余万元。

服务社会民生　为农民工开辟法律援助绿色通道，对申请法律援助的农民工，免于经济困难审查。在团区委、区妇联、看守所分别设立青少年法律援助联络站、妇女法律援助联络站、区法律援助中心驻看守所工作站，并在部分律师事务所设立法律援助窗口。年内，共办理法律援助案件900余起。

【维护国家安全和社会稳定】 全力化解各类信访案件，促进全区信访局面进一步好转。2017年，去威海、到省、进京越级访均显著下降，全国全省“两会”“一带一路”高峰论坛、省党代会、中共十九大等敏感时期，实现到省进京上访“零登记”“零通报”和“五个不发生”的工作目标。有效化解各类涉法涉诉信访案件，28起涉法涉诉信访案件化解23起，化解率达到82.1%。

【人民调解组织建设】 完善矛盾纠纷多元化解机制，健全区、镇、片、村四级人民调解网络。发挥医疗卫生、海洋渔业等专业人民调解委员会的作用，有效化解各类矛盾纠纷123起。以交通事故案件为突破点，构建“诉前调解＋委托调解＋司法确认”的解决纠纷模式。年内，共收进入诉讼程序的交通事故类案件253件，结案244件，调撤率达75%。深化公共法律服务体系建设，在全市率先建立起覆盖城乡的三级公共法律服务体系。年内，各级法律服务中心共受理并成功调处矛盾纠纷300余起，解答法律咨询3000余件，办理法律援助案件13起，办理其他类法律服务事项93件。

【平安文登建设】

提升打击防范犯罪能力水平　2017年，全区爆炸、绑架、投危险物犯罪实现“零发案”，强奸、纵火等严重影响群众安全感的案件同比分别下降17%和67%。加强社区警务建设，全区744个行政村实现警务助理全覆盖。年内，警务助理共提供预警信息171条，提供线索协助抓获违法犯罪人员33名，破获案件47起。

综治中心和“雪亮工程”建设　高标准推进区、镇、村三级综治中心规范化建设。区级综治中心，整合10余个部门1.9万余个监控摄像头，统一接入指挥中心共享使用。镇级综治中心，在全覆盖的基础上，重新划分功能板块，统一进行标准化改造升级；以镇级综治中心为基础，逐步将村级综治中心向全区铺开，50%以上的村级综治中心建成并投入使用。加快推进“雪亮工程”建设，全面启动投资2000万元、布点3000处的四期工程，新建整合升级渔港码头视频监控89路，67个学校、305个高清监控布设工作有序推进。统筹全区农村视频监控设计布点工作，农村视频监控实现全覆盖。

四类风险隐患排查整改 开展暴力恐怖事件、群体性事件、个人极端事件、安全事故等四类风险隐患排查防范工作，成立专项行动领导小组，先后召开15次专题会分解任务、落实责任。全年共组织明查暗访117次，对排查发现的风险隐患，明确分管领导和责任单位，限期整改。至年末，排查出的800余个突出隐患问题已全部整改到位。

调动社会力量投身社会治理 建成由老党员、老干部、知识分子等组成的1500余人的综治信息员队伍，强化基层综治信息员队伍建设。以“命案必破、命案必防”为目标，开展“两无”综治主题创建活动，全区无命案镇（街道）、无刑事案件村（社区）比例分别达到82.3%和65.7%，均超过市级考核标准。

【提升法治文登建设水平】

落实司法体制和社会治理体制改革 推进法官检察官单独职务序列改革和法官检察官遴选工作，首批44名员额法官、28名员额检察官遴选工作完成。科学组建办案团队，成立法官考评委员会，设立35个审判团队、5个执行团队；完成“三类人员”分类定岗工作，形成6个办案组与16名独任检察官相结合的办案团队，明确各类人员职责关系。执行证据裁判原则，强化证据裁判意识，严格证据审查使用，努力解决非法证据启动难、认定难、排除难问题，切实防止冤假错案。

普法和依法治理工作 贯彻实施“七五”普法和2016－2020年依法治区规划，推进宪法和法律宣传，健全完善以案释法制度，做好领导干部和青少年等重点群体的法治宣传教育，开展“法律六进”等活动，推动落实“谁执法谁普法”的普法责任制，动员社会力量广泛参与，构建大普法工作格局。年内，共组织开展各类普法宣传活动30余次，发放法治宣传材料4万余册，惠及群众30余万人。

执法司法规范化建设 开展“百日会战”“百日攻坚”等专项活动，开展集中执行行动50余次，共拘传、拘留115人，其中103人履行义务。加大国家司法救助力度，调查审核申请救助案件27起，发放国家司法救助资金60余万元。推进涉法涉诉信访工作改革，提前完成全区政法部门涉法涉诉信访信息综合分析平台建设及信息录入工作。加强社区矫正工作管理，在全市率先挂牌成立社区矫正管理局，通过政府购买服务方式招聘16名社区矫正专职工作者。年内，全区在矫社区服刑人员307人，在册安置帮教人员1352名，无一人托管漏管。

（邵　帅）

法治政府建设

【概况】 区政府法制办公室为区政府办公室内设的正科级单位（另挂区人民政府行政复议办公室牌子），下设综合科、行政复议应诉科。负责区政府规范性文件的制定审查、行政执法协调监督、行政复议案件审理等工作。2017年，区政府办公室印发《关于建立合同审查备案制度的通知》，要求全区各级各部门、单位及其他使用区级财政资金的机关事业单位签订的标的额超过100万元人民币的合同均须报送区法制办，由法制办统一进行审查，出具书面审查意见，统一登记、编号备案。年内，区法制办共审查政府合同200余件。推进政府法律顾问工作。区法制办组织法律顾问全程参与政府各项法制工作，通过提供书面法律论证意见、参加现场协调会、参与合同备案管理审核等形式，为征地拆迁、企业投融资及社会风险稳控等做出风险预防和矛盾纠纷化解方案，将相关事项的法律风险降到最低，发挥参谋助手作用，促进法治政府建设。

【推进法治政府建设】 2017年，区委、区政府印发《关于推进法治政府建设的实施意见》，将法制工作全面贯穿于全区“五位一体”的总体布局之中。将法治政府建设工作任务逐一细化、量化，明确牵头单位和参与单位，法治政府建设工作实现全员参与和各负其责的有机统一。年内，区政府法制办修订《威海市文登区人民政府工作规则》，明确区政府组成人员及职责，强调正确履行政府职能，坚持依法行政，实行科学民主决策，推进政务公开，健全监督制度，规范公文处理相关制度，深化廉政和作风建设，推进法治政府、服务型政府、廉洁政府建设，将法治政府建设摆在与经济建设同等重要的位置。

【规范性文件制定与审查】 2017年，区法制办完成规范性文件审查并发文7件，内容涉及文化产业奖励扶持、政府工作规则、公共信用信息管理等方面。审查备案区物价局出台的规范性文件14件，财政局出台的规范性文件2件。执行规范性文件统一登记、统一编号、统一备案制度，以区政府名义下发的文件，均在规定时限向威海市政府法制办和区人大常委会报备。年内，组织开展全区规范性文件清理工作，经部门初审、法制审核、意见反馈后，对区政府规范性文件保留23件，修改9件，废止23件，宣布失效5件。保留的区政府规范性文件，重新登记编号；未设定有效期的，设定有效期。决定修改的区政府规范性文件，由起草或组织实施机关按要求修改后，重新向社会公布。

【行政复议应诉】 行政诉讼方面，全区落实省、市关于行政负责人出庭应诉的相关规定，各部门对行政案件均由本机关负责人或委托工作人员、律师出庭应诉。将负责人出庭应诉纳入到依法行政目标责任制考核。年内，区政府共出庭应诉13件。行政复议方面，2017年，区政府共收到行政复议申请104件，自开展行政复议工作以来，案件数量首次破百。区法制办落实立审分离，依法处理，所有案件均在法定期限内审结，其中维持原行政行为53件，当事人撤回申请43件，确认违法8件。

【行政执法监督指导】 推进行政执法三项制度贯彻实施。督导各部门、单位落实《山东省重大行政执法决定法制审核办法》《山东省行政执法全过程记录制度》《山东省行政执法案卷评查办法》《山东省行政执法文书示范文本》，将部门法制机构审核纳入重大执法决定全过程，并对行政执法事项清单和行政执法流程进行公示。加大案卷抽查的数量和比例，开展部门案卷互评，审查重大执法决定的法制审核程序。做好行政执法人员及证件管理工作。2017年，共举办两次行政执法证新申领人员培训，累计培训400余人次；举办两次行政执法证新申领考试，共226人参与并通过考试。

【推进政府信息公开】 2017年，全面推进政务公开，通过政府门户网站及各级各部门、单位门户网站主动公开信息21500余条，通过电视、报纸、广播等新闻媒体公布政府信息3000余条，通过政务微博、微信发布政务信息4000余条，召开新闻发布会25次，累计发布政府公报3期，发布政策解读信息58条。依申请公开方面，共接收群众申请和上级政府转办信息公开案件28件，均按法定时限予以办结。

【办理建议提案】 2017年，区法制办落实责任、规范制度，共组织办理区人大代表建议53件，政协委员提案86件，答复率和满意率都达到100%。

（王冠峰）

公 安

【概况】 年内，共破获各类刑事案件1683起，移送起诉489人，打掉涉恶犯罪团伙18个，抓获犯罪成员73名。加强情报预警，上报情报信息248条次；打击处理涉稳违法犯罪人员57名，劝返到省进京上访人员362名。加强网情管控，没有发生涉文涉警重大负面舆情；圆满完成中共十九大等重大安保任务和“两委”换届选举安保工作，投入警力6100余人次，查办涉选案件24起28人。安装电动自行车智能防盗系统1300余套，电动车被盗案件同比下降21%。投资1978万元完成智能交通建设，整改交通安全隐患132处，查纠交通违法行为23万余起。投资800万元启动智慧消防建设，新建微型消防站65处，连续10年实现较大以上火灾事故“零发案”。强化危险爆炸物品管控，查处违规企业、单位7家，查改安全隐患32处。开展清查行动27场次，查处“黄赌毒”案件149起。争取资金2200余万元，完成1处派出所、2处公安检查站新建、改建工程，新建、改建警务室21个，配备专职民警35名、辅警48名、网格员393名、物建警务助理744人，全区刑事案件“零发案”的村（社区）有603个，占总数的81%。投资340余万元，购置防暴运兵车2辆、警用无人机1架、电动巡逻车10辆和智能单警平衡车2辆，充实派出所警力37人，派出所警力占比提高7.9%。投资1700万元，启动基础信息化建设，视频监控四期工程布点3300处。投资650余万元，在14个业务所队建成勤务指挥室。投资300余万元，升级改造20处执法办案场所，有5个达到一级、15个达到二级。威海市公安局文登分局先后被评为全省社会治安综合治理先进单位，全市优秀公安局。

【机构改革】 6月，根据威文编办〔2017〕17号文件，交通警察大队撤销高速公路中队，增设政工科、科技设施科；九中队更名为违法处理室，不再挂交通违法处理中队牌子；十中队更名为驾考中心，不再挂机动车驾驶员考试中队牌子。10月，根据威文编办〔2017〕36号文件，增设文登东站站前派出所，为股级单位。12月，根据威文编办〔2017〕44号文件，政治工作室增设辅警管理科。年末，威海市公安局文登分局设指挥中心（内设秘书科、机要通信科、指挥调度科、情报中心）、政治工作室（内设宣传科、辅警管理科）、法制大队（内设控申科，受案立案管理科，一、二中队）、警务保障室、警务督察大队、治安管理大队（内设综合中队、基层基

4月24日，文登分局与青海省共和县公安局签约警务交流合作协议

础中队、治安管理中队、行动中队、经济文化保卫中队、户口管理科)、国内安全保卫大队(内设综合科、基础调查科、现行案件侦察科、反邪教侦察科)、经济犯罪侦查大队(内设综合中队,一、二中队)、出入境管理大队、网络安全保卫大队(内设互联网监控中心,一、二中队)10个副科级单位,交通警察大队(内设综合科、政工科、财务科、宣传科、交通管理科、科技设施科、车辆管理所、违法处理室、驾考中心、肇事处理中队,一、二、三、四、五、六、七、八中队)、刑事侦查大队(内设综合中队、刑事技术中队、情报资料中队,一、二、三、四、五、六中队)、特巡警大队(内设综合中队、特警中队、便衣侦查中队、文登南公安检查站、高家台公安检查站、赤金泊公安检查站,一、二、三、四、五、六中队)3个正科级单位和禁毒大队、食品药品与环境犯罪侦查大队、审计科3个股级单位;下设南海综合指挥中心(内设办公室、刑事侦查大队、治安管理大队、交通警察大队、特巡警大队),经济开发区(文登营派出所与其合署办公)、天福、龙山、环山、大水泊、高村、张家产、侯家、南海、宋村、米山、葛家、界石、文登东站站前等14处派出所;辖看守所(内设一、二、三中队)、拘留所(内设一、二中队)、森林公安局、中国人民武装警察部队文登区中队、威海市公安边防支队文登区公安边防大队及所属埠口、五垒岛、小观、泽头4处边防派出所,威海市公安消防支队文登区大队及所属龙山、广州路2个中队和海上保安大队(事业单位)。

3月28日,天福派出所与文登农商银行在北山社区联合举办防范宣传进社区活动

【打击犯罪】 2017年,共开展打击杀人、黑恶、强奸等有重大社会影响的暴力犯罪,抢劫、抢夺、扒窃等街面犯罪,爬楼、撬门、技术开锁等入室盗窃犯罪,盗抢汽车、农用车、摩托车、电动车等机动车犯罪活动,网络涉枪、电信网络诈骗、侵害公民个人信息等新型犯罪,团伙性、流窜性、系列性为重点的“侵财犯罪”等专项打击行动20余次。共立案各类刑事案件1187起,其中放火1起、杀人4起、伤害46起、强奸5起、抢劫10起、诈骗249起、盗窃638起、涉毒17起、经济犯罪67起、其他150起。破获各类刑事案件1684起,其中现案881起、积案264起、外地案539起;刑事拘留犯罪嫌疑人250名,逮捕136人,移送起诉489人;打掉犯罪团伙18个,成员73人;抓获网上逃犯87名,其中市内逃犯24名,外市逃犯20名,外省逃犯43名。勘查各类现场1364处,其中,勘查盗抢类刑事案件现场708处,提取现场痕迹800个,收集、整理和录入违法犯罪嫌疑人痕迹等信息3400余条。通过现场勘查和信息研判,串并案件18串160余起,侦破10串90余起,利用指纹、DNA信息、测谎等技术直接破案60余起。

打击经济犯罪　全年开展打击传销“斩草”执法行动、打击整治传销“春雷”专项行动、打击风险性经济犯罪“云端”等专项行动。侦破各类经济案件31起,其中,组织领导传销活动案12起,虚开增值税专用发票案10起,职务侵占案4起,合同诈骗案2起,信用卡诈骗案、假冒注册商标案、隐匿会计凭证案各1起。刑事拘留犯罪嫌疑人27人,取保候审40人,逮捕8人,移诉案件19起31人,涉案金额7.7亿元,挽回直接经济损失1363万元,避免损失8500余万元,遣返传销人员360人。侦破山东阔嘉煤炭有限公司虚开增值税专用发票案,涉案金额6000万元。

打击网络犯罪　全年开展打击整治黑客攻击破坏犯罪和网络侵犯公民个人信息犯罪等专项行动,破获涉网犯罪案件2起,协助抓获各类违法犯罪嫌疑人41人。协助抓获公安部督办涉嫌侵犯公民个人信息罪犯罪嫌疑人程某,涉案价值140余万元;协助江苏警方抓获涉嫌非法侵入计算机信息系统罪网上逃犯田某;协助抓获涉嫌编造、故意传播虚假信息罪犯罪嫌疑人张某等。协同派出所检查网吧1000余家次,处罚违规网吧48家次;核实备案网站及微信公众号备案208个,关闭网站58个;完成等级保护为三级保护的网站1家、系统6个。

打击毒品犯罪　全年开展三年禁毒人民战争、“天目”铲毒战役、“十九大”安保“清零”行动等专项行动,破获涉毒刑事案件21起,刑事拘留犯罪嫌疑人25人,移送起诉16人,缴获毒品560余克。查处涉毒行政案件146起,处罚吸毒人员176人次,新发现吸毒人员78人,强制隔离戒毒34人,共见面核查吸毒人员569人。为举报毒品违法犯罪群众发放奖金近6万元。审核、审批易制毒化学品购买备案证明500余批次,减少易制毒化学品流入非法渠道。查处2起购买易制毒化学品不如实记录交易情况案，共罚款2万元。开展禁种铲毒工作，铲除罂粟6万余株，刑事处罚1人，行政处罚19人，批评教育100余人，通过国家禁毒办的航拍抽查。年内，有311名民警经培训考试合格，取得吸毒检测执法资格，152名民警取得吸毒成瘾认定工作资格。

6月26日，区禁毒大队在市中广场开展禁毒宣传活动

打击食品药品与环境犯罪　年内，破获食品药品与环境犯罪案件13起，其中食品犯罪案件4起、药品犯罪案件2起、环境犯罪案件7起，抓获违法犯罪嫌疑人78人，移送起诉58人，涉案价值达660余万元。侦破省公安厅督办的特大污染环境案，抓获团伙犯罪成员23名。先后组织开展元旦、春节食品安全整治、调味品市场整治、饲料加工专项整治、“利剑行动”等食药安全专项整治行动13次，抽检保健药品、辣椒及其制品、牛羊肉及制品等20余种，抽取问题样品40个批次。迎接中央环保督导组的检查工作，派驻专门力量开展环保督查，调查处理群众举报问题21件。与环保局联合开展排查整治非法排放、倾倒、处置危险废物违法犯罪专项行动，对2家不符合规定的企业进行现场指导和整改，查处1起未依法进行环境影响评价、拒不停止建设案，行政处罚1人。完成食品、药品、环境污染物“快检技术室”建设，通过快检技术室快速检测抽检样品7个批次，立案侦查4起。

【治安管理】 2017年，共查处各类治安案件2878起，行政处罚违法人员1445人次，其中拘留785人次、罚款657人次、警告3人次。

特种行业管理　年内，对全区260家旅馆、31家娱乐场所实行动态管理，培训从业人员256人次，先后开展清查行动9次，检查旅馆150余家次，查处违规旅馆52家，下发整改通知书15份，吊销涉黄旅馆1家，取缔擅自经营旅馆7家。完成全区88家二手手机店、11家二手车交易场所、3家典当行的备案、建档工作，并定期开展日常检查与监督指导。全年组织召开全区21家开锁业管理会议2次，建立开锁业微信群，并在群内发布开锁业相关法律法规，提高从业人员的法律意识。

危险物品管理　全年列管民爆物品使用和销售单位5家、剧毒物品销售使用单位5家、放射源使用单位2家，列管烟花爆竹批发企业3家、个体零售点117家及限放区域内临时许可零售24家。查处某公司未按规定落实民用爆炸物品运输许可案件，给予行政罚款20万元。收缴气枪20支、子弹580发、手榴弹2个，集中销毁往年收缴的猎枪58支、土枪11支、气枪14支、仿真枪144支。加大对违规燃放烟花爆竹的打击力度，查处违规燃放烟花爆竹案件90余起。联合相关部门检查全区92家加油站，及时发现并督促整改安全隐患16起，下发整改通知书16份。

【户政管理】

户籍管理　2017年，全区总人口576457人，其中男性286550人、女性289907人；总户数215812户，平均每户2.67人；出生4767人，死亡9510人；省内迁入1110人，其中威海市内文登区外迁入556人，省内其他地市迁入554人，省外迁入1418人；迁出省内文登区外1768人，其中迁往威海市内文登区外1104人，迁往省内其他地市664人，迁往省外942人；文登区内迁移总量3648人（次）；城区常住人口193917人。全面解决无户口人员登记户口问题，查出并解决应由文登区落户的无户口人员31人。为大水泊镇敬老院安置已居住3个月以上，仍无法确认身份的33名无家可归流浪乞讨人员落户，并为其申请办理居民身份证。推出由户口所在地派出所受理临时居民身份证申请业务、调整部分户籍审批业务由派出所一窗式快捷办结的办理流程、利用人口信息系统及户籍档案最大限度方便群众、户籍民警转递审批材料缩短业务审批时限、建立疑难户口登记制度等五项便民措施，进一步简化户籍业务办理流程。

居民身份证管理　年内，共审核、签发当地证件31362条，省内异地证件644条，省外异地证件1575条，发放成品证件25089张；受理制作临时证件1347张。挂失证件9952条，解除挂失79条，捡拾登记9条，发还证件2张。为驻文登部队上报制证申请47批次，通过核查200条，审核制证171张。开展死亡未注销、入伍注销户口人员信息核对工作，共清理核实疑似死亡未注销信息11612人、入伍未销人员信息86人，注销已死亡未销信息6414人。公安部系统推送的疑似重户口比对数据677对，通过核实排除重户口嫌疑652对，确定重户口数据25对，应由文登删除的重户口8人

11 月 28 日，户籍民警为大水泊敬老院集中安置的 33 名流浪乞讨人员落户并办理居民身份证

已全部处理。

流动人口管理　年内，共采集实有人口信息 11.1 万余条、出租房屋 1.3 万余户，其中流动人口 8.7 万余条，办理居住证 15870 个，通过流动人口管理抓获网上逃犯 5 名。

门楼牌管理　全年共编排各类门楼牌 2.2 万个，安装门楼牌 8154 个。其中，为配合创建文明城市，补充、装订城区缺失的楼牌，共制作、装订门楼牌 366 个。年内，为馥地家园、宝悦佳园、翡翠郡、海岸嘉居、凤鸣港、龙昊、汤西等 7 个居民小区进行命名，并对新建居民小区现场逐一登记，编排门牌 6540 个，安装门牌 3222 个。

【出入境管理】

公民因私出国（境）管理　2017 年，启用全国公安出入境管理信息系统，改变以往各省自行建设信息系统的局面，避免重复投入，强化监督制约。全年受理公民出国申请 34906 份。

外国人入境管理　7 月 1 日，按照公安部的统一部署，正式启用 2017 版外国人永久居留身份证。年内，妥善处置化解涉外案（事）件 6 起，查处外国人“三非”（非法入境、非法居留、非法就业）案件 12 起 13 人，查处违反外国人住宿登记规定案件 4 起 4 人，罚款 7 人，警告 8 人，遣送出境 2 人。全年共有常住外国人 347 人，主要来自韩国，其中投资兴业占 10%、就业占 58%、随行家属占 32%。

公民前往香港、澳门及台湾地区的管理　1 月 1 日，启动电子港澳证签注制作业务，文登成为全省首批承担签注制作职能的 25 个县（市、区）公安机关之一。全年共受理公民往来港澳通行证及签注申请 16216 份，赴港澳定居申请 2 份，其中电子证件及签注申请 623 件次。4 月 24 日，启动电子往来台湾通行证业务，全年共受理往来台湾通行证及签注申请 1278 份，其中电子通行证及签注申请 881 份。

香港、澳门及台湾同胞到文登的管理　全年共接待香港、澳门、台湾同胞临时入境 523 人次，其中香港同胞 179 人次、澳门同胞 1 人次、台湾同胞 343 人次。

【交通安全管理】

全年共查处各类交通违法行为 19.34 万余起，其中危险驾驶 73 起、无证驾驶 16 起、行政拘留 16 人；非现场执法 11.92 万起，占查处违法总量 61.8%。全区发生道路交通事故（一般以上）30 起，死亡 29 人，受伤 10 人，直接经济损失 7.75 万元，与上年同期相比分别持平、持平、下降 23%、上升 0.65%。

道路安全管理　年内，开展“平安行，你我他”“安全生产月”“全警上路查违法”等专项整治行动，规范城区停车管理，治理“僵尸车”，对农村道路实行安全管理。先后组织 783 名交通管理（协管）员培训 11 次，向 18 个单位出具社会单位车辆责任追究通报单 37 份。投资 595.9 万元，整改道路交通安全隐患 132 处。招考录用 40 名辅警队员和 40 名公益性岗位交通管理协管员，并进行封闭式岗前培训，全部充实到一线，在城区实行高峰站岗、低峰巡线，不间断疏导交通。全面启动智能交通建设项目，强化大数据应用，适时增设违章停车抓拍点位 19 处、不礼让行人抓拍点位 9 处，进一步加大非现场执法管控力度，非现场执法率达 61.8%，缉查布控查纠违法 750 起。

交通设施建设　年内，新增大水

12 月 20 日，奥沃斯教育机构的两位南非籍外教与学校工作人员向外管民警赠送锦旗

泊五岔口、文昌中学、师范北校区、七里中学、人社局、大溪谷、七里水头等15处灯控路口。文登学公园路口加装行人过街自助信号灯，城区中心路段百货岗增加行人过街语音提示和汉字显示信号灯，新一中转盘处增加自发光导流标志牌16面、柔性隔离反光柱300余根。维修交通护栏1500余米，更换防撞桶180余个、人行隔离桩18处；维修红绿灯80余组；施划冷漆标线18万余平方米、热熔标线2万余平方米；城区安装大标牌24面、禁停禁左等标牌160余面，协调区园林局修剪龙山路遮挡交通信号灯和标志牌的树木200余棵。初张路、龙山路调整为全路段绿波通行模式，分时协调劳动岗、百货岗、利群岗、中信岗等城区主要灯控路口路段，增加通行量，缓解高峰拥堵问题。

交通安全宣传　年内，组织民警走进直播间，录制电子警察、礼让斑马线、严重交通违法举报、交通安全提示、交通违法整治等内容，每天早晚两个时段在文登广播电台“87.7说交通”节目中播出。与文登广播电台合作播放“道路交通公益广告提示”，每周4期，全天不定时播放30次。在区电视台《百姓关注》栏目开办“平安行·你我他”专栏，共播放21期，广泛宣传春运工作、礼让斑马线、文明交通、交通事故等内容。同区艺术团合作，编制快板《文明出行》节目，并列为艺术团下乡巡回演出的必演节目，全年演出30余场。在广场开展大型交通安全专题宣传活动4场次，印制宣传材料5000余份，制作并悬挂条幅40条。利用宣传车开展交通安全宣传进集市21场次、进社区6次。城区10块LED显示屏滚动播放交通安全提示语700余次。利用GPS监管平台和教育校讯平台向440名客运驾驶人、4.6万余名学生家长发送倡导安全文明驾驶短信。组建宣教小分队在城区各中小学开展各类交通安全教育15场次，深入26个机关、事业、企业单位为4000余名干部职工进行专题讲座。对辖区4处驾校每期招收的新学员开展上车前交通安全培训教育12场次，受教育学员1万余人。

机动车管理　年内，新增机动车11822辆，其中，大型汽车174辆，小型汽车10384辆，低速载货汽车102辆，摩托车1162辆。车辆过户15332辆。年末，全区机动车保有量164252辆。

机动车驾驶人管理　年内，新增摩托车驾驶人207人，三轮汽车驾驶人6人。换领各类机动车驾驶证11257本，补领驾驶证2108本，降级397本；大中型汽车驾驶人参加审验4542人次，满分学习教育950人次，提交身体条件证明67份。年末，全区机动车驾驶人保有量226256人。

道路交通事故处理　全年共受理交通事故1780起，因交通事故受伤1357人、死亡35人，直接经济损失171.95万元。侦破各类交通肇事逃逸案件84起，查处涉嫌危险驾驶罪106起，涉嫌交通肇事罪84起。因交通肇事罪刑事拘留33人、取保候审117人、逮捕17人、行政拘留22人，罚款33.2万元。全区发生列入统计范围的一般以上道路交通事故30起，死亡29人、伤10人，直接经济损失7.75万元，与上年同期相比分别持平、持平、下降23%、上升0.65%。运用“交管12123”手机APP，推广应用轻微交通事故快速处理机制；加强与各保险公司协调，完善道路交通事故保险快速理赔服务点6处，实现道路交通事故快速处理和保险理赔“一站式”服务全覆盖。引导市民适用交通事故快速理赔方式，推进加快应用微事故微处理机制，减轻事故现场交通影响，共办理微事故微处理187起。

12月8日，全省车驾管重点工作现场推进会在文登召开

【安全保卫】　年内，圆满完成中共“十九大”安保与全区675个村居“两委”换届选举安保工作，其中查处涉选违法案件24起，处理违法人员28名，维护良好选举秩序。

警务室与警务助理　全年投资150余万元，新建、改建规范化警务室21个；投资180余万元，为警务助理配发APP专用手机。警务助理共提供破案线索1522条次，协助破案26起。

安全警卫　全年共出动警力235人次，圆满完成警卫任务2次，其中一级警卫1次、三级警卫1次；出动警力1254人次，完成正月活报、李龙文化山会等大型安保活动22次。

反恐工作　严格落实“四见四知”（见人、见证、见住地、见随身物品，知房东、知房屋结构、知本人及同行人员使用车辆、知水电暖等关键点）工作措施，开展反恐演练2次，落地核查重点籍贯人员271人次、无轨迹人员6名，抓获涉恐逃犯4名，涉嫌盗窃、抢劫嫌疑人2名。

治安巡逻　年内，处置各类警情

10月16日，特巡警在市中广场武装巡逻

540余起，检查可疑车辆1.26万辆次、盘查可疑人员1.57万人次，抓获网上逃犯4名、犯罪嫌疑人78名、违法嫌疑人120名，打掉盗窃团伙3个，破获各类案件159起，开展警务协作68起次，抓获各类违法犯罪嫌疑人50余名，刑事、可防性案件同比分别下降34.6%、22.1%，城区扒窃案件发案同比下降59.2%，城区公交线路实现全年零发案。

“110”报警服务　年内，建成勤务指挥室14个，值班负责人每日坐镇勤务指挥室带班，调度警情处置，分析近期发案规律特点，动态调整一线勤务，实现处警高效化、勤务灵活化、防控动态化，提升工作实效。全年“110”报警服务台接警10.8万起，有效警情25269起，其中刑事警情1214起、治安警情2985起、群众求助442起、举报投诉21起、社会联动1808起、消防救援246起、交通事故10818起、其他7735起。

防控设施　年内，新增高清数字监控3300个，主要以城郊结合部、公交站点、开放式小区、封闭式小区的进出口、两红绿灯之间、临街商铺为监控重点；各乡镇以集市及主要街道为监控重点。针对城区、各镇及309国道、初张路等重要路段在制高点增加高点球机监控设施，提高社会面监控覆盖率。每周召开两次由联通公司、电业、维保单位相关人员参加的工作调度会，通报前期监控设施维护情况，部署下步工作。故障点维持在10个左右，日均上线率达98%以上。

【监所管理】　1月17日，8名未成年在押人员移交威海市看守所羁押，文登看守所改为集中关押威海地区女性犯罪嫌疑人、罪犯及需要在看守所临时羁押的女性在押人员。全年共收押违法犯罪嫌疑人407人（临时羁押67人），其中刑事拘留375人、逮捕32人。上年转入119人，出所329人，其中投送监狱48人、刑满释放51人、转取保候审219人、转本市其它监所8人、撤案释放3人。年末，在押140人，其中，法院未结68人，检察院未结16人，公安机关未结8人，留所服刑2人，其他46人。依法将判决生效的48名罪犯安全投送监狱执行刑罚，刑满释放51人，办理各类人员出所222人次，组织在押人员出所就医42人次。全年共收押被拘留人员742人（男性609人，女性133人），其中，行政拘留701人（吸毒人员113人，殴打他人172人，寻衅滋事26人，扰乱公共秩序23人，盗窃71人，交通肇事逃逸19人，其他277人），司法拘留41人，转刑事拘留13人，转强制戒毒所25人。日均在押量23人。

（邵丽娜）

检　察

【概况】　12月22日，根据威文编办〔2017〕42号文件，撤销反贪污贿赂局（正科级）、反渎职侵权局（副科级）和预防科。年末，区人民检察院（简称区检察院）内设办公室（与行政装备科合署办公）、政治处、侦查监督科、公诉科、监所检察科、民事行政检察科、控告申诉科、检察技术科、法警大队、人民监督员办公室、监察室、检察委员会办公室、未成年人犯罪检察科和案件管理中心14个科室，下设派驻经济开发区检察室（正科级）、派驻南海新区检察室（正科级）、派驻高村镇检察室、派驻葛家镇检察室和派驻宋村镇检察室。有员额检察官20人。检察工作坚持“立检为公，执法为民”的宗旨，深入推进平安建设、法治建设、过硬队伍建设。推进司法办案责任制，遴选产生28名员额检察官，建立检察官单独职务序列，完成员额检察官、检察辅助人员和司法行政人员分类定岗；落实检察官办案职权清单，建立“随机分案为主、指定分案为辅”的案件分配机制，稳步推进“权责明晰、监管有效、保障有力”的检察权运行新模式。依托区委党校网上学习平台、省检察院网络培训平台，建立干警学习考核评价机制，推动学习型检察院建设，有5名干警获市级以上表彰、2名干警获省级优秀办案人称号。年内，区检察院被山东省人民检察院评为全省检察文化建设示范院，未成年人犯罪检察科被共青团山东省委、山东省人民检察院评为青少年维权岗，控告申诉科被山东省老龄工作委员会办公室等6部门联合评为山东省老年人公益维权服务示范站。

12 月 4 日，区检察院在市中广场举行普法宣传活动

【查办和预防职务犯罪】 全年查办贪污贿赂犯罪 10 件 16 人、渎职侵权犯罪 3 件 4 人，其中处级干部 3 人、科级干部 1 人。通过办案为国家挽回经济损失 114 万余元。办理的威海职业学院苗某（副处级）等 8 人行贿、受贿、私分国有资产串案，受到社会各界的关注，打击震慑了犯罪。针对办案发现的问题，向发案单位提出堵塞漏洞、完善制度等建议 5 次，开展警示性检察预防约谈 3 次。开展廉政宣讲活动，举办警示教育讲座，组织干部参观院警示教育基地 42 场次，受教育干部 4400 余人。开展预防职务犯罪“绿色邮路”活动，发送廉政宣传材料 1 万余份、各类信息 15 万条，畅通行贿犯罪查询“绿色通道”，为企业、工程招投标提供查询服务 3378 份，营造公平竞争、诚信经营的市场环境。深化检察官联系大项目活动，对接省检察院挂牌重点联系的南海新区华山金屿产业园、威海综合保税区（南区）等 6 个重点项目，协助排查廉政风险。区检察院“三个一”预防犯罪新模式被《检察日报》刊发推广。

【刑事检察】 全年共办结审查逮捕案件 184 件 255 人，其中批准逮捕 132 件 166 人、不批准逮捕 52 件 89 人；办结审查起诉案件 564 件 707 人，其中提起公诉 450 件 543 人。加强刑事诉讼监督，立案监督 9 件，提出刑事抗诉 2 件 2 人，追捕追诉漏犯 18 人，纠正侦查活动违法 9 件，提出补充侦查建议 81 件次。立案监督的刘某销售有毒、有害食品致人死亡案件被省检察院评为精品案件。严格证据标准和证据审查，加大对电子证据、鉴定结果、实物证据的审查运用，因事实不清、证据不足依法不捕、不诉 85 人。把握宽严相济的审查标准，对犯罪情节轻微、社会危险性较小以及未成年犯罪嫌疑人当宽则宽，依法不捕不诉 52 人。加强与区公安分局、区法院的沟通协作，提前介入侦查案件 13 件次。完善涉罪未成年人“捕诉监防”一体化机制，帮助 8 名涉罪未成年人改过自新、回归社会。

【民事行政检察】 全年共受理民事行政案件 41 件，其中诉讼违法调查案件 8 件、行政执法监督案件 16 件、执行监督案件 8 件、提出再审检察建议 4 件、提请抗诉 3 件、公益诉讼案件 1 件、不支持监督 1 件。完善多元化民事行政监督格局，对已生效的裁判、调解提请抗诉和提出再审检察建议 7 件，法院采纳、改判 9 件（含往年）；对审判、执行程序提出纠正建议 15 件。针对部分当事人无理缠诉的现象，配合区法院耐心做好息诉服判工作，共同维护司法权威。

【监所检察】 年内，与公安机关联合开展看守所安全监管大检查 24 次，对刑罚执行和监管环节中存在的问题提出纠正、整改意见 10 次，办理羁押必要性审查案件 11 件。开展财产刑执行专项检察，监督纠正判实刑未收监执行案件 1 起，对社区矫正、财产刑执行等提出纠正意见 12 件，维护刑罚执行公平公正。

【控告申诉检察】 全年共接待来信来访 179 件，受理各类来信来访 65 件，其中来信 12 件、来访 53 件 96 人。区检察院负责人接访 8 件 19 人，受理民事监督申请案件 20 件，办理国家赔偿执行案件 1 起，办理刑事申诉案件 6 件，提请抗诉 1 件，办理初核案件 3 件，办理不立案线索审查 2 件。加强对困难、特殊群体的司法保护，对 9 名生活困难的老龄刑事被害人或其近亲属提供司法救助，全年发放司法救助款 5 万元。

【检察技术】 做好法医文证审查工作，全年对侦查监督部门和公诉部门拟作证据使用的法医鉴定结论进行文证审查 50 件 50 人。发挥检察技术部门辅助侦查的职能作用，协助职务犯罪侦查部门做好检验鉴定、现场勘查、录音录像及证据固定等工作。讯问职务犯罪嫌疑人全程同步录音录像 12 件 15 人，共 93 次 256 小时，为检察工作提供有力技术支持和保障。

（任　慧）

法　院

【概况】 区人民法院（简称区法院）内设办公室、政治处、研究室、立案庭、民事审判一庭、民事审判二庭、民事审判三庭、刑事审判庭、少年审判庭、行政审判庭、审判监督庭、法警大队、信访室、技术室、监察科、审判委员会办公室和执行局（正科级，内设执行一庭、执行二庭），下设葛家、高村、宋村 3 处副科级法庭和经济开发区、南海新区2处正科级法庭，有员额法官44人。区法院以“努力让人民群众在每一个司法案件中感受到公平正义”为目标，狠抓执法办案，推进司法改革，强化队伍建设，各项工作取得新进展。全年共受理案件10494件，审执结案10546件，同比分别上升15%和10.4%。区法院被山东省高级人民法院荣记集体二等功，经济开发区法庭被山东省高级人民法院评为全省法院先进集体，并荣记集体一等功；民事审判一庭、执行局分别被威海市中级人民法院荣记集体三等功。

【立案】 年内，改革立案登记制度，对依法应当受理的案件，做到有案必立、有诉必理，当场登记立案率达到96%。规范立案行为，实行首问首接负责制和材料补正一次性全面告知制度。严格案件的审查力度，严格按保全规定执行，逐案登记备案，共受理保全案件655件，其中诉前125件、诉讼447件；对当事人提出管辖权异议的案件，认真分析研究，及时作出管辖裁定，共作出管辖裁定99件。实行案件繁简分流，对标的额不大、案件事实清楚、权利义务关系清晰的案件，分流适用速裁程序和调解程序。开展多元化调解机制，加强诉调对接中心建设，设立人民调解室、律师值班室，由人民调解员和律师常驻区法院办公，加强法律业务指导，全面推进人民调解、行业调解与诉讼调解对接。

【民事审判】 坚持调解优先，注重因案施策，促进家庭和美、邻里和睦、社会和谐，全年共审结民事案件4312件，调撤率达65%。其中，审结离婚、赡养、抚养、遗产继承等家事类案件1185件；审结交通事故、人身伤害、医疗损害等侵权案件934件；审结劳动争议、雇员受害赔偿等案件429件；审结建设工程、商品房买卖等案件626件；审结其他案件1138件。妥善解决龙泽苑、银海绿洲等业主与物业公司的系列纠纷、水榭花都业主与开发商逾期交房办证等纠纷，维护了广大业主的合法权益，保障房地产市场有序发展。

【商事审判】 坚持服务实体经济、防控金融风险、保障金融改革，倡树诚信，制裁违约，全年共审结商事案件2178件。其中，审结买卖、租赁、承揽、保险等传统合同纠纷896件，审结金融借款、民间借贷等资金融通纠纷1182件。针对金融纠纷高发态势，开通集中审判通道，快速审结涉银信部门借款合同纠纷602件，标的额5.42亿元，保障银行信贷安全。向人民银行提出完善合同格式、约定送达地址等司法建议，严格审查民间借贷成因，防止虚假诉讼，及时与公安机关对接，防范涉嫌非法吸收存款、集资诈骗等犯罪案件发生。妥善审结泰宇皮件等9起破产清算案件，使产能过剩、落后淘汰的企业有序退出市场。

【刑事审判】 坚持惩罚犯罪与保障人权并重，落实以审判为中心的刑事诉讼制度改革，全年共审结刑事案件441件，判处465人。其中，审结故意杀人、伤害等案件58件69人，审结“两抢一盗”等案件64件89人，审结“酒驾”、交通肇事等案件239件242人，审结污染环境、非法捕捞、销售假冒注册商标产品等新类型案件4件7人，审结贪污渎职、行贿受贿等职务犯罪案件6件6人，审结其他案件70件52人。坚持宽严相济政策，推进量刑规范化，有131人被判处非监禁刑并纳入社区矫正。坚持惩治与教育相结合，积极主动做好未成年人犯罪预防和审判工作，审结未成年人犯罪案件5件7人，未成年人犯罪率明显下降。审结刑事附带民事案件171件，规劝被告人主动赔偿300余万元，调解率达99.6%。

6月7日，区法院举行首批员额法官宣誓仪式

【行政审判】 坚持保障权益与监督支持并重，全年共审结行政案件121件。其中，判决原告败诉22件，判决支持原告诉请6件，经协调原告主动撤诉15件，审查行政非诉案件78件。妥善处理涉政府信息公开、建设项目行政审批、滴滴快车行政处罚及区检察院提起公益诉讼等案件16件，为化解新型行政争议案件提供裁判指引。通过法律宣讲、提出司法建议、发布“白皮书”等方式，促进行政机关提升执法水平。采取依法送达、通知备案、庭前提醒等方式，促使行政机关负责人出庭应诉，出庭应诉率达到92.3%，同比上升41.1%。

【审判监督】 注重审判监督实效，做到依法裁判与化解矛盾并重。完善工作机制，确保质量兼顾效率，高质效审理复杂案件，根本性解决疑难问题。对发现信访渠道错误启动再审的案件，做好调解和息诉罢访工作，在源头上减轻信访压力。全年共新收再审案件18件，审结11件。用好审判监督成果，做到依法办案与业务指导并重，详细分析汇总1—7月80件二审改发案件的具体情况，汇总成两期材料发送各审判庭，促进全院审判质量不断提高。

2月16日，区法院在区交警大队设立道路交通事故法庭

【执行工作】 全年共执结案件3494件，其中，除确无财产可供执行的案件依法终止本次执行外，实际执结2229件，同比增长111%，执行到位金额4.59亿元。建立团队化、集约式执行新模式，执行干警由29人增至53人，组建1个指挥中心、5个执行团队，加强执行指挥中心建设，配备7部执行用车、9部执法记录仪和5部单兵装备，实现执行现场的无线传输和远程指挥。强化执行流程管理，明确立案分案、财产查控、评估拍卖、款物管理等要求，执行过程更加透明。加大财产保全力度，共实施诉前和诉讼保全498件，保全财产标的额3.37亿元。强化财产网络查控，网上冻结存款6500余万元，快速查询房产、车辆2400余件次。推行网上公开拍卖，网拍成交18件，成交金额2860余万元，成交率达81.8%。强化联合惩戒，2564名失信被执行人被纳入失信“黑名单库”，并同步上传区公共信用信息平台，促使458人主动履行义务。开展“百日执行攻坚”活动和涉民生、涉金融等专项清理活动，加大凌晨突击执行力度，共组织大规模集中执行60余次，拘留拘传256人，查扣财产价值9325万元，5人涉嫌拒不执行判决、裁定罪移送公安机关侦查，1人被提起公诉。

【司法改革】 贯彻司法体制改革决策部署，推行司法责任制改革，遴选员额法官，组建新型团队。2016年12月30日，确定首批遴选员额法官44名，其中9名班子成员有6名入选，一线办案骨干全部入选。以员额法官为核心，27名未入选法官被确定为法官助理，与42名书记员分流调整至辅助岗位，建立“法官＋法官助理或书记员”模式的35个审判执行团队。突出员额法官主体地位，裁判文书由独任法官或合议庭直接签发，院长、庭长不再签发未参加审理案件的法律文书。2017年6月22日，成立刑事、民事、执行3个专业法官会议，对疑难复杂案件进行研究讨论，为主审法官提供参考意见。细化法官、法官助理和书记员岗位职责，量化办案指标，明确责任分工。坚持“入额必办案”，明确办案数量要求。院长、庭长通过参加专业法官会议、听取大要案报告等方式行使监督职责，并全程留痕，做到放权不放任、监督不越位。7月11日，成立法官考评委员会，制定业绩考评办法，客观公正地评价法官的工作绩效，奖罚分明，确保法官依法履职。

（卢伟杰）

司法行政

【概况】 区司法局内设办公室（挂政工科牌子）、法规教育宣传科、基层工作科、公证律师管理科（挂行政许可科牌子）、社区矫正与帮教安置科5个科室，下设法律援助中心、公证处2个副科级事业单位和16处镇（街道）司法所，辖5个律师事务所、10个法律服务所、2个司法鉴定所和1个仲裁工作站。年末，局机关在编人员15人，基层司法所28人，区法律援助中心6人，公证处7人。全区有执业律师65人，基层法律服务工作者47人，司法鉴定人14人。4月6日，区司法局作为全省唯一县市区代表在全国首届公共法律服务建设观摩研讨会上作典型经验交流。9月26日，威海市公共法律服务体系建设推进会在文登区召开，市领导对文登公共法律服务体系建设工作给予高度评价。

【普法宣传】 落实普法责任制，区司法局在《文登大众》报开办《普法园地》栏目，刊登200余期；在文登电视台开通《法治一线》栏目，播出8期，通过律师、执法人员讲解案例，为群众传递法律知识，提高群众的法治意识。开展主题法治宣传教育活动，先后组织“反对校园暴力”“党员律师在行动”“学习贯彻党的十九大精神，法律精准扶贫在行动”“深入推进法治宣传，助推乡村精准扶贫”“12•4国家宪法日”等各类主题法治宣传活动20余场次，共发放法治宣传资料5万余份，解答群众咨询3万余人次。开展民主法治示范村（社区）创建活动，龙山街道西凤凰台社区被评为第七批省级民主法治示范村（社区），界石镇南截山村、张家产镇永福殷家村、环山街道桃园社区和天福街道峰西社区被评为第七批市级民主法治示范村（社区）。年末，全区共有425个村（社区）被评为威海市级以上民主法治示范村，覆盖率达到56%。文登区普法依法治理工作在全市考核中取得第一名。

【律师事务】 2017年，全区共有律师事务所8家，其中普通合伙律师事务所6家、个人律师事务所2家。律师人数10人以上的4家，分别是联志律师事务所和阔海大地律师事务所、昀

10月13日，区司法局在环山小学举办“拒绝校园暴力　预防校园欺凌”法制教育讲座

明律师事务所、昆嵛先锋律师事务所。全区共有65名律师、其他辅助人员8名，有15名律师担任区政府法律顾问。全年共办理各类案件1633件，其中刑事案件77件、民事代理1341件、非诉讼案件214件，涉及金额7000余万元，避免和挽回经济损失3700余万元。代写法律文719份，担任法律顾问249家，解答法律咨询5000余次。

【公证事务】 文登公证处有工作人员16人，其中公证员7人。2017年，共办理各类公证11369件，涉及金额近5亿元，其中办理国内民事公证7826件、国内经济公证1件、涉外公证3512件。为伤残军人、孤寡老人、行动不便的病人等免费上门服务近70人次，减免公证费近30万元。接待群众来访咨询近千人次，提出司法建议500余条。办理公证的准确率达到100%，无一起错证或因公证案件而发生民事纠纷案件。

【法律援助】 2017年，区法律援助中心接待来访群众3700余人次，代写法律文书190余件，为弱势群体办理法律援助案件915件，减免法律费用300余万元，帮助300余名农民工解决被拖欠的工资500余万元。依托社会管理服务中心开通法律服务绿色通道，整合法律援助、律师、仲裁、司法鉴定等法律服务职能部门，实现法律服务“一站式”服务，降低法律援助门槛，最大限度地满足弱势群体的法律需求。在区看守所建立威海市文登区法律援助中心驻看守所工作站，方便在押人员及其家属及时申请法律援助。在区检察院、区劳动仲裁院、区公证处分别建立法律援助工作站，在16个镇（街道）建立16处法律服务工作站。

【司法鉴定】 全区有威海鉴正司法鉴定所、威海科真司法鉴定所2家司法鉴定机构，共有司法鉴定人员14人。全年共办理法医临床司法鉴定案件1234起。

【仲裁工作】 2017年，威海仲裁委员会文登工作站共受理各类案件130件，其中商品房预售合同纠纷案件26件，保险合同纠纷案件29件，租赁合同纠纷案件11件，建筑工程施工合同纠纷案件32件，民间借贷合同纠纷案件8件，买卖合同纠纷案件5件，借款合同纠纷案件4件，债权纠纷案件3件，物业合同纠纷案件12件；案件标的额8967万元，收费额53万元。举办仲裁法律知识培训班6期，参加培训人数136人，向市民发放仲裁法律知识宣传材料500余份。

【社区矫正与安置帮教】 年内，以预防和减少社区服刑人员、安置帮教对象重新违法犯罪为目的，以排查整治社区矫正、安置帮教工作安全隐患为主线，逐步完善各项制度，提高矫正质量。探索社会力量参与社区矫正工作的新思路，区司法局多次召开专题会议，研究制定《文登区关于开展社区矫正工作实施方案》，面向社会招聘16名社区矫正工作者，充实到16个镇（街道）司法所，形成由专职社区矫正工作者参与社区矫正的新型队伍模式。开展形式多样的排查隐患活动，根据省司法厅《关于进一步加强下落不明刑满释放人员、托管漏管社区服刑人员查找工作的通知》要求，与各镇（街道）派出所做好沟通衔接。投资60余万元，建成区级社区矫正监

9月26日，威海市公共法律服务体系建设推进会在文登召开

控信息平台，加强与各镇（街道）司法所的互联互通，发挥信息化对排查工作的促进和引导作用。建立“四色”社区矫正与就业帮扶基地，其中，依托天福山革命教育基地建立“红色基地”、依托南海中韩合资企业建设“蓝色基地”、依托金岭山庄新农村建设建立“金色基地”、依托区园林局苗圃基地建设“绿色基地”，分期分批组织社区服刑人员到矫正基地接受劳动教育。根据社区服刑人员在矫正过程中的不同特点、所处矫正阶段的不同、所犯罪名不同等情况，分别制定教育矫正方案，实施不同的矫正教育方法。共组织370余人次到基地接受教育，累计参与劳动服务3万余小时，有41名社区服刑人员和20名安置帮教对象接受专业心理医师的心理辅导。年末，全区有社区矫正服刑人员321人、安置帮教人员1347人。

【人民调解】 2017年，区司法局建立联调联动的大调解工作机制，推进矛盾纠纷的化解方式多元化，构建起区、镇、片、村四级调解网络。区人民调解中心在市民中心设立窗口，全区16个镇（街道）的人民调解委员会全部进驻镇级公共法律服务中心。全区共有953个村（社区）人民调解委员会、调解员2859人。其中600余个有条件的村（社区）建立村级人民调解室，每5至10个村为单位建立人民调解片，并创新性的在全国率先成立147个片人民调解委员会。探索构建“人民调解员＋法官”联手处置矛盾纠纷的新模式，诉前化解矛盾150余起，诉中化解矛盾80余起，诉后化解矛盾50余起，将诉讼的“事后补救”变为调解的“事前预防”。在城乡建设、交通事故、海洋渔业、劳动人事等行业设立10个行业性专业调解委员会，年均调解矛盾纠纷300余起。探索出调解片长坐班制经验。为提高调解员的工作积极性，葛家镇为调解片长每年发放基础补贴8000元，高村镇按月为调解片长发放补贴600元，镇调解片长在镇公共法律服务中心或综治中心轮流值班，每月值班不少于20天，调解片长坐班了解社情民意，排查、调处矛盾纠纷，协助镇党委、政府开展社会治安综合治理和信访维稳工作，解决多年未解决的疑难纠纷。全年共审查人民调解协议司法确认案件150起，确认通过率达到100%，最大程度地降低办案成本；化解基层矛盾纠纷9013件，调处成功率达99.7%；避免民转刑案件23起，防止矛盾激化案件8起，进京上访事件3起。

【基层法律服务】 2017年，区司法局加强对基层法律服务市场的监管，整顿法律服务秩序，监督基层法律服务工作者依法依规正当执业。建立规范化执业资格认定和执业准入控制制度，对全区10个法律服务所和47名法律服务工作者进行登记、年检注册。全年基层法律服务工作者共参加社区法律服务活动90余次，解答法律咨询6830人次，代写诉讼文书1420件，代理诉讼案件6930件。12月，全面启动“一村（社区）一法律顾问”工作，有7个法律服务所的20名基层法律服务工作者被聘为村（社区）法律顾问，并发放人民调解证书，在村（社区）和镇公共法律服务中心坐班，开展法律咨询、法制宣传、法律援助、人民调解等工作，引导群众通过合法途径表达利益诉求，在源头预防和化解矛盾纠纷。

（颜晓涵）

责任编辑 王淑君

经济管理与监督

发展和改革

【概况】 2017年，区发展和改革局内设办公室、综合科（挂体改科、国民经济动员办公室牌子）、工业科（挂外资科牌子）、农业科、投资科（挂行政许可科牌子）、财贸科6个科室，下辖重点项目办公室（正科级）、蓝色经济区管理办公室（正科级）、社会信用管理中心（副科级）、服务业办公室（副科级）4个事业单位，共有干部职工29人。年末，被国家发改委评为全国优秀农村经济动态监测点，被山东省文明委评为省级文明机关，被文登区委、区政府授予2017年度先进集体称号。

【国民经济和社会发展计划执行情况】 2017年，全区生产总值达到829.7亿元，增长7.8%，其中第一、二、三产业增加值分别达到62.9亿元、381.1亿元、385.7亿元；固定资产投资642.3亿元，增长12.3%；公共财政预算收入51.7亿元，外贸进出口总额165.1亿元，城镇居民人均可支配收入40457元、农村居民人均可支配收入20217元，分别增长8.4%和7.9%；社会消费品零售总额379.7亿元，增长10.4%。

【深化改革】 3月27日，文登区成功获批全省第二批健康服务业创新发展试验区，在简政放权、健康服务业项目建设、养老服务体系建设、设立创新发展基金等方面获得省级层面政策支持。继续有序推进公务用车制度改革，1月19日，召开全区公务用车制度改革新闻发布会，完成党政机关保留的机要通信与应急用车、接待调研车、行政执法车的标识化管理工作。继续推进医疗卫生体制改革，配合开展公立医院法人治理结构改革，推进公立医院建立现代化管理机制。

【蓝色经济区建设】 2017年，杜营河下游河段综合治理工程等4个省级资金项目通过市专家组评估验收。区发展和改革局积极争取省、市两级蓝区建设政策性资金，大溪谷国际文化创意小镇基础设施建设项目获得省区域战略推进专项切块资金550万元，功能型海参肽保健品的开发及产业链构建等2个项目争取市蓝区专项资金200万元。聚焦新旧动能转化重大工程，突出海洋战略顶层设计，编制完成《文登区推动海洋经济新旧动能转换相关思路措施》。

【资金融通】 2017年，区发展和改革局积极筛选项目争取上级扶持，共争取上级无偿资金1.68亿元。其中，千亿斤粮食生产能力规划田间工程争取中央资金2400万元；区妇幼保健院综合大楼改造建设项目争取中央资金360万元；加大粮食进口配额争取工作力度，为凌航食品等企业争取大米、小麦等农产品进口关税配额10731吨。

【服务业管理】 2017年，全区服务业实现增加值385.73亿元，比上年同期增长7.2%，服务业增加值占GDP比重达到46.49%，高于第二产业占GDP比重0.56个百分点。服务业投资达到215.35亿元，占全区固定资产投资的33.53%，投资额比2016年减少23.9%。服务业规模进一步壮大，全区新增各类规模以上服务业企业56家。倪氏海泰集团有限公司、山东金田小商品市场发展有限公司被评为山东省重点服务业企业，西铺头村休闲农业生态园有限公司张玉钧教授获评威海市第六批人才项目产业工程特聘专家。资金争取工作取得新成绩，威海市润通橡胶有限公司橡胶及制品检验检测公共服务平台建设项目获批省级服务业引导资金100万元，山泰生态农业旅游观光园建设等9个项目共获得威海市服务业专项资金320万元。

【大项目调度管理】 威海综合保税区基础设施建设项目被列入2017年省重点建设项目，区内主干路网、管网、围网全部完工，查验场地、查验仓库、海关监管信息化系统全面建成，共完成投资3亿元；文登抽水蓄能电站建设项目已完成电站场区道路、交通洞、通风洞、业主营地等基础工程建设，完成投资13.96亿元，占总投资的16.3%。年内，全区共有31个项目被列为威海市级重点建设项目，重点项目年度考核成绩位列小组第一。润通橡胶硫化胶囊、携程网威海客服中心等14个项目建成投产或投入使用。

【转方式调结构】 区发展和改革局加强创新平台申报工作，威海顺意电机股份有限公司单相异步电动机工程实验室获批威海市工程实验室；编制完成《威海市文登区热电联产规划（2017－2030年）》，光大生物质发电、环文垃圾焚烧发电等热电联产项目列入规划。文登区被列入省级小康用电示范县，切实保障农村地区生产生活用电需求。

【项目审批】 区发展和改革局推进“放管服”改革，制定新的建设工程项目模块化审批流程再造立项阶段实施细则。立项实现全程网上办理，备案项目实现材料“零提交”，并缩短办结时间，对符合办理条件的建设项目，能当时办结的当时办结。全年政务服务中心发改窗口共受理立项539个，总投资284.7亿元，总建筑面积403.3万平方米，全部在承诺期限内办结，办结率达100%，群众满意率100%。

【信用体系建设】 9月29日，区发展和改革局制定印发《威海市文登区守信联合激励和失信联合惩戒办法》《威海市文登区公共信用信息管理办法的通知》等8个政策性文件。11月23日，召开全区信用体系建设培训会议，会后分8个批次深入各部门、单位进行培训调研，推进社会信用体系建设。年末，全区公共信用信息平台框架基本搭建成型，共征集信用数据1580万条，“双公示”信息85780条，信用数据基本涵盖全区主要信用信息。12月22日，组织召开全区第一批信用“红黑名单”信息新闻发布会，共发布红名单72条、黑名单42条。

（王建明）

统计管理

【概况】 2017年，区统计局内设办公室（挂法规检查科牌子）、综合统计科、工业交通和投资统计科、农村经济统计科4个科室，下辖普查办公室（副科级）、区统计信息技术中心（股级）2个事业单位，共有干部职工27人，其中事业编制11人。年末，被山东省文明委评为省级文明单位，被山东省农业普查办公室评为省级先进集体。

【统计服务】 区统计局发挥数据资源优势，编辑发行《统计月报》《统计年鉴》等资料，为各级领导决策提供优质服务。发挥统计参谋助手作用，做好统计分析、信息工作，全年共撰写各类统计分析、调研文章26篇，统计信息84篇，提供各类统计咨询5000余人次。

【1%人口抽样调查】 区统计局明确人口抽样调查办公室人员组成和职责分工，并做好经费预算，为人口抽样调查提供经费保障。认真做好调查员和调查指导员的培训、管理与指导，同时开展调查样本点的宣传工作，发放各种宣传材料6000余份。全年先后完成抽样框抽取、人口摸底、小区划分、小区图编制、pda数据录入等工作，顺利通过威海市统计局的抽审。

【第三次全国农业普查】 2017年，区第三次农业普查领导小组办公室先后完成全区农户129218户、规模户1590户、农业产业活动单位1990家的农业普查基础数据采集、录入、审核、验收工作。

【统计普法执法】 区统计局强化文登统计信息网、政府信息公开平台载体建设，深化专业QQ群、微信群互联沟通，围绕中国统计开放日、国家宪法日、《中华人民共和国统计法》颁布纪念日，开展统计普法宣传。完成《中华人民共和国统计法》普法知识答卷发放工作，回收有效答卷1300份。按照“双随机”抽查要求，全年组织开展统计执法检查17次，未发现违法现象。

12月4日，区统计局在国家宪法日开展统计普法宣传

【基层基础建设】 区统计局继续做好月度例会、以会代训、小团组培训，加大综合性培训力度，提高基层统计人员的业务能力。同时完善对镇（街道）统计工作的考核办法，做到人员、时间、设备三落实，充分调动基层统计人员的积极性。全年开展劳资、投

资、信息化、农业、建筑业、工业、房地产、贸易、服务业等专业专题业务培训20余场次，培训基层统计人员1000余人次。

（高福武）

审计监督

【概况】 3月，根据威文政办发〔2017〕3号文件，法制科更名法规科（挂审计执行科牌子），经贸审计科（挂外资运用审计科牌子）更名企业审计科（挂外资审计科牌子），农业与环保审计科更名农业资源环保审计科。年末，区审计局内设办公室（挂信息科牌子）、法规科（挂审计执行科牌子）、财政金融审计科（挂社会保障审计科牌子）、行政事业审计科、农业资源环保审计科、企业审计科（挂外资审计科牌子）6个科室，下辖领导干部任期经济责任审计办公室1个正科级事业单位和政府投资审计办公室、经济开发区审计中心、南海新区审计中心3个副科级事业单位，共有工作人员42人，其中事业编制28人。全年共完成审计项目87个，查出不规范资金5.89亿元，促进增收2814万元，核减工程造价4018万元，促进被审计单位健全制度38项，制定整改措施72项。

【财政预算执行情况审计】 区审计局将财政审计与经济责任审计、专项审计调查有效结合，实现审计成果共享。年初，结合经济责任审计项目，有针对性地选择6个镇（街道）和6个一级预算单位同步开展单位预算执行和决算审计，查出违规金额1800余万元，管理不规范金额1.5亿元，促进财政增收770万元。围绕加强涉农资金监督管理，发挥资金使用效益，对领取涉农补贴信息进行筛查，共筛查涉农补贴疑点17299条、4459人，其中275人不符合领取政策，违规领取补贴42.5万元，并以审计专报的形式向区委、区政府汇报。

【领导干部任期经济责任审计】 区领导干部任期经济责任审计办公室加大任中审计力度，扩大交接审计的审计范围，严格贯彻落实《文登区经济责任审计对象分类管理暂行办法》和《领导干部离任经济责任事项交接暂行办法》，重点做好7个镇（街道）的领导干部任期经济责任审计，同时，将镇属部门单位全部纳入审计范围，重点对各镇属农业技术服务中心进行审计，查出种子返利收入不完整、私设小金库、个人挪用公款等共性问题。全年共完成经济责任审计项目55个，其中离任审计36个、任中审计19个；查处管理不规范金额3.1亿元，违规金额2.2亿元；促进财政增收1310万元，提出审计建议96条，促进被审计单位制定整改措施40项，进一步规范各部门的财经行为，促进领导干部依法行政。

【政府投资审计】 区政府投资审计办公室加强对重大政府投资项目建设管理情况审计，重点对威海综合保税区文登境内的新兴科技大厦等系列工程、第二实验小学扩建、文登经济开发区银河景观建设工程等重点项目实行政府审计和社会审计相结合的跟踪审计模式，加强事前监督，在源头上抓好立项、设计、招投标3个关键环节，严把程序合规、投资合理关，审计提报招标控制价16883.7万元，审定招标控制价15640.2万元，审减工程造价1243.4万元；审计已竣工提报工程结算的高村中学教学楼实验楼、文山东路、柳林小学综合楼、南海昌阳河景观绿化等工程投资10785.56万元，初步审减工程造价2344.74万元；对区中小学校舍安全工程进行结算审计和决算审计，审计提报工程决算投资17121.42万元，审减工程结算值1975万元。

【专项资金审计调查】 按照省审计厅和威海市审计局的统一部署，区审计局对公立医院综合改革、水环境保护和污染防治、精准扶贫、盘活财政存量资金、“海上粮仓”建设等政策落实情况开展跟踪审计，同时，完成区国有企业资产质量情况、2016年度精准扶贫政策落实及资金管理使用情况2个专项审计调查。审计发现项目进展缓慢、资金闲置、医疗服务体制改革不到位、排污费征缴不及时等方面存在问题，提出加强排污费征收管理、建立科学用药新机制、规范预算编制管理等审计建议。针对审计发现的问题，指导相关部门及时整改，并做好沟通协调，确保审计任务的圆满完成。

【内部审计】 区内审协会根据《威海市文登区人民政府关于进一步加强行政事业单位内部审计工作的意见》，进一步加强对行政事业单位内部审计工作的指导，强化内部审计机构和队伍建设，健全完善行政事业单位内部审

4月12日，审计人员在施工现场审计区第二实验小学扩建方案

计工作制度，提升全区内部审计工作的规范化水平。全区有内审会员单位123家，共完成各类审计项目1853个，提出合理化建议654条，促进增收节支4019万元。区内审协会被省审计厅和省内审协会授予内审工作先进单位、内审宣传工作先进单位等称号。

（毕洪杉）

市场监督管理

【概况】 2017年，区市场监督管理局（简称区市场监管局）内设办公室、政工科、财务科、政策法规科、市场合同管理科、商标广告管理科、消费者权益保护科、标准计量科、质量与认证监督管理科、特种设备安全监察科10个科室和企业注册局、公平交易局2个副科级直属局，下设城里、新城区、南海新区、经济开发区、大水泊、高村、张家产、侯家、泽头、葛家、界石等11个市场监督管理所和区市场监督管理局稽查大队（财政全额拨款，副科级）、区市场监督管理局投诉中心（财政全额拨款，股级）、区个体私营经济服务中心（财政差额拨款，股级）、区工商事务服务中心（经费自理，股级）、区计量所（经费自理，股级）、区质量技术信息所（经费自理，股级）等6个事业单位。共有在编工作人员181人，其中公务员100人、事业编制人员78人、机关工勤3人。年内，区市场监管局被省精神文明委员会评为省级文明单位，被山东省档案局评为山东省档案工作科学化管理先进单位，被威海市工商行政管理局评为全市工商行政管理系统先进单位；新城区、城里、葛家3个市场监管所被威海市精神文明委员会评为市级文明单位；南海新区、经济开发区、大水泊、高村、张家产、侯家、泽头、界石8个市场监管所和企业注册局被区精神文明委员会评为区级文明单位；企业注册局被山东省工商行政管理局评为全省工商（市场监管）系统“十佳企业登记示范窗口”，被威海市工商行政管理局评为威海市工商行政管理系统“规范型、高效型、满意型”企业登记窗口，被文登区委组织部、区直机关工委评为“两服务，一满意”活动模范窗口。

【注册登记管理】 2017年，全区新设立各类市场主体9027户，新登记注册资本（金）130.23亿元；期末实有各类市场主体44571户，注册资本（金）823.92亿元。其中，国有集体企业新设立58户，注册资金10.52亿元，注销登记20户；期末实有国有集体企业1093户，注册资金171.82亿元。私营企业新设立1930户，注册资金84.78亿元，注销登记907户；期末实有私营企业9743户，注册资金507.17亿元。外资企业新设立33户，注册资本3.39亿美元，投资总额8.58亿美元，注销登记12户；期末实有外资企业334户，注册资本13.90亿美元，投资总额24.4亿美元。个体工商户新设立6793户，资金总额4.99亿元，注销登记2518户；期末实有个体工商户32229户，资金总额18.49亿元。农民专业合作社新登记213户，成员72417人（个），其中农民成员达72309人，出资总额6.57亿元，注销11户；期末实有1172户，出资总额30.52亿元。

商事制度改革 3月1日，区企业注册局推行企业简易注销程序。至年末，共有277户企业办理简易注销登记。9月1日，注册登记实施“多证合一”改革，实行“一套材料、一表登记、一窗受理”的工作模式，开展企业登记全程电子化和电子营业执照工作，实行窗口登记与全程电子化登记多种登记方式并行，根据企业需求核发电子营业执照或纸质营业执照。9月30日，核发全区首张电子营业执照。年末，换发加载统一社会信用代码的新版营业执照3979份。

登记审批模式创新 6月20日，区企业注册局在威海市率先推行“信用承诺，容缺审批；全程代办，只跑一次。”的登记审批模式，为申请人提供免费的制式文书样本，提交的登记材料齐全合法，可现场领取《营业执照》，特殊情况不能当场发照的可免费邮寄《营业执照》。至年末，全程代办核发各类市场主体营业执照4151份。7月起，将企业档案查询业务由原在局档案室办理，调整到市民中心由企业注册局登记窗口办理，现场免费打印企业查询的资料。自行开发应用企业登记全程电子化辅助处理系统，实现内外网数据对接和电子签名确认，减少现场签名和多次审核环节。

市场主体年报公示 通过发放宣传材料、媒体宣传、上门指导等形式，区企业注册局广泛宣传发动，提高市场主体年报公示的社会知晓度，督导市场主体自主公示年报。6月30日，全区企业年报率达到93.09%，个体工商户年报率达到95.39%，农民专业合作社年报率达到96.69%。有685户企业、1228户个体工商户、32户农民专业合作社未按时进行2016年度年报公示，被列入（标记）经营异常名录（状态）。

市场主体经营行为和年报信息抽查 区企业注册局开展企业年报公示信息和经营行为跨部门“双随机”联合抽查，以及个体工商户、农民专业合作社登记事项和年报信息抽查，规范市场主体经营行为。2017年，省工商行政管理局通过国家企业信用信息公示系统（山东）协同监管平台随机摇号抽取确定文登区抽查对象1118户。抽查的326户企业中，通过登记住所无法联系的41户，公示信息隐瞒真实情况、弄虚作假的66户，无法提供账本不予配合的18户，将通过登记的住所无法联系、公示信息隐瞒真实情况、弄虚作假的107户市场主体列入经营异常名录，并通过企业信用信息公示系统公示；抽查的757户个体工商户中，通过登记住所无法联系的76户，隐瞒真实情况、弄虚作假的1户，不予配合情节严重的1户，标记经营状态异常的77户，对不予配合情节严重的1户，通过企业信用信息公示系统对外公示；抽查的35户农民专业合作社中，正常的34户，通过登记住所无法联系的1户，列入经营异常名录的1户，通过企业信用信息公示系统公示。

2017年文登区企业类别登记情况一览表

单位：户、万元、人

	合计		内资企业		私营企业			个体工商户		
	户数	注册资金	户数	注册资金	户数	注册资金	从业人员	户数	注册资金	从业人员
合计	43065	6974817.80	1093	1718198.72	9743	5071729.95	68678	32229	184889.13	50930
农林牧渔业	2172	393272.15	28	8296.80	822	327470.25	4408	1322	57505.10	3114
采掘业	38	18240.40	3	560.00	32	17677.40	318	3	3.00	3
制造业	4344	1149385.02	96	235701.60	2029	899166.72	16853	2219	14516.70	6065
电力煤气及水的生产和供应业	75	151954.23	30	87271.23	43	64680.00	247	2	3.00	2
建筑业	1124	992819.49	97	368998.70	814	621593.13	5170	213	2227.66	539
地质勘探、水利管理业	57	143535.47	5	97807.47	45	45596.00	320	7	132.00	75
交通运输、仓储及邮政通信业	776	137309.10	37	5705.00	206	127610.10	1459	533	3994.00	862
批发和零售贸易餐饮业	26420	922990.13	395	91711.96	3357	748705.09	23126	22668	82573.08	32440
金融、保险业	261	224220.00	207	161000.00	54	63220.00	242	0	0.00	
房地产业	759	878501.95	49	59163.88	421	817083.77	3651	289	2254.30	405
社会服务业	6138	1134452.35	110	526398.26	1305	589071.70	9163	4723	18982.39	6917
卫生体育和社会福利业	80	112032.00	1	0.00	24	111665.00	146	55	367.00	113
教育、文化艺术及广播电视业	265	156797.50	14	9600.50	146	145227.70	871	105	1969.30	254
科学研究和综合技术服务业	556	559308.01	21	65983.32	445	492963.09	2704	90	361.60	141

【品牌建设】 2016年12月，成功认定“文登苹果”“文登大樱桃”为中国地理标志证明商标。2017年，区市场监管局摸底排查全区重点企业，建立品牌发展数据库，有步骤、分类别、分层次地开展国家、省、市级品牌培育、申报工作。成功注册“文登花香菇”“文登蚝”“文登刺参”“文登对虾”“文登海蜇”“文登蠓子虾酱”等6件中国地理标志证明商标。至年末，全区有4家企业获得山东名牌产品，4家企业获得山东省服务名牌，中国地理标志证明商标发展到9件。

2017 年文登区获得山东名牌产品一览表

序号	单位名称	产品名称	名牌
1	文登奥文电机有限公司	系列超高效电动机	AUWIN奥文
2	山东万得集团有限公司	床品四件套	贵安居
3	威海鸿通管材股份有限公司	塑料合金防腐蚀复合管	
4	天润曲轴股份有限公司	轮毂	天

2017 年文登区获得山东省服务名牌一览表

序号	单位名称	服务项目	服务品牌
1	威海昆嵛酒店有限公司	餐饮、住宿、洗浴	昆嵛大酒店
2	山东汇润实业集团有限公司	农业技术推广	汇润
3	文登市秀嘉商城	鞋服零售	秀嘉
4	威海天沐温泉度假区	餐饮、住宿	

2017 年文登区获得中国地理标志证明商标一览表

序号	地标名称	注册公告日期	申请人
1	文登花香菇	6 月 7 日	威海市文登区大水泊镇农业综合服务中心
2	文登蚝	10 月 7 日	威海市文登区水产养殖协会
3	文登蠓子虾酱	12 月 28 日	威海市文登区水产养殖协会
4	文登刺参	12 月 28 日	威海市文登区水产养殖协会
5	文登海蜇	12 月 28 日	威海市文登区水产养殖协会
6	文登对虾	12 月 28 日	威海市文登区水产养殖协会

2月22日，文登区打击传销工作联席会议在区市场监管局召开

【广告管理】 区市场监管局根据《广告发布登记管理规定》（2016年11月1日国家工商行政管理总局令第89号）的要求，指导文登电视台做好广告发布登记管理工作，准予文登电视台《新闻综合频道》《仁孝频道》等4套媒介从事广告发布业务，并向社会公示。组织广告经营单位参加山东省第十六届广告节“泰山杯”广告作品、第24届中国国际广告节广告作品、山东省“党风廉政建设”和“讲文明、树新风”公益广告大赛，共征集参赛作品13幅。组织广告经营单位参与“广告助推品牌提升”活动，金象广告、鸿涛广告、楚元广告公司入选威海市工商局《全市重点广告传媒单位汇编》。加强媒体广告、户外广告监测平台案件转办工作。通过“国家工商总局广告监管平台”“国家工商总局户外广告监管平台”认领14起广告违法案件，下达《行政告诫书》2份、《责令改正通知书》12份。开展网贷从业机构广告监测的检查活动、互联网金融广告及以投资理财名义从事金融活动风险专项整治、涉嫌非法集资广告资讯信息排查清理活动，检查以投资理财名义从事金融活动企业506家，排查、检查互联网金融广告74条次、涉网金融类企业7户，排查涉嫌非法集资广告资讯91条，行政指导2次，清理涉嫌非法集资广告资讯信息5条。

【公平交易管理】 年内，区公平交易局立案查处一般程序违法违章案件360起，其中，无照经营案件70起，流通领域产品质量案件123起，未建立农资进销货台账案件22起，广告案件19起，商标案件17起，采购塑料袋未索取相关证照及未建立购销台账案件13起，特种设备违法案件11起，生产领域产品质量案件11起，计量违法案件2起，质量认证案件2起。会同南海新区管委和公安部门，集中打击南海新区从事互助理财的非法传销活动，共出动执法人员290人次，处理案件举报线索27起，依法取缔68处涉嫌传销组织窝点，遣散传销人员320人，向公安机关移交涉嫌犯罪人员19人，解救参与传销人员1人。开展打击非法集会营销活动，根据群众举报，严肃查处虚假宣传、欺诈消费等违法经营行为，对18家会销保健食品、医疗器械场所进行检查，查处虚假宣传案件3起。开展打击侵权假冒、反不正当竞争专项行动和液化石油气充装、食品包装材料生产企业、加油站加油机、电商等领域专项执法检查，督促企业落实主体责任，依法生产经营。

【消费者权益保护】 根据中国消费者协会确定的“网络诚信，消费无忧”的主题，广泛开展“3·15”国际消费者权益日纪念活动。区市场监管局、区食药监局、区公安分局经侦大队等9个部门在活动现场设立咨询台，宣传消费者维权知识。区市场监管局在活动现场为文登区获得威海市第十一届消费者满意单位称号的15家企业授牌。年内，在商场、超市、企业新设立消费维权服务站30个，健全完善消费维权服务站工作职责、受理消费者投诉行为范围等规章制度，在经营场所醒目位置公示服务站的负责人和联系方式，落实岗位责任，规范工作流程，推进消费维权关口前移、重心下移。在25家商场、超市建立质量责任首负承诺制度，为消费者依法维权提供优先保障。全年共处结区长信箱、转办、上门、来电、12315转办等举

3月11日，区市场监管局执法人员在社区宣传普及消费维权知识

报案件2157起，接受咨询546件，处结率、满意率均达100%，为消费者挽回经济损失80余万元。

【市场监督管理】 年内，重点开展成品油、煤炭、农资市场专项整治活动。在成品油市场监管中，3月和11月分别召开成品油经营企业行政约谈会和规范成品油市场经营秩序工作会议，与成品油经营单位签订《诚信经营承诺书》，并在经营场所醒目位置对外公示。建立健全全区93家成品油经营单位一户一档监管档案，实现成品油市场的精准化管理。12月1日，威海市成品油市场监管工作现场会在文登召开，推广文登成品油市场监管的典型经验。全面开展成品油质量抽检，年内共抽检成品油样品386个批次，对销售不合格成品油行为进行立案查处。在农资市场专项整治中，开展春耕与秋种季节农资产品质量抽检，共抽查农资经营户122家，抽检农资样品116个批次，对销售不合格农资产品的行为进行立案查处。在煤炭市场监管中，3月，对2016年度经营不合格煤炭的8家煤炭经营户进行行政约谈，限期整改。8月，印发《关于开展煤炭市场专项整治行动的通知》《2017年煤炭质量抽查检验工作方案》，组织开展煤炭市场专项整治行动，对49家煤炭经营户进行质量抽查检验，共抽检煤炭97个批次，合格率100%。开展禁燃区内煤炭销售行为监督检查，限期停止散煤经营行为，立案查处禁燃区内有煤炭销售行为的企业1家。全年根据年度抽检计划，抽检液化气21个批次、天然气个3批次、建筑材料（钢筋、镀锌管、工业电器、金属制品、防水材料）43个批次、装饰材料（细木工板、生态板、家具）26个批次，抽检太阳膜、成人纸尿裤、照明灯、消防产品、家用小电器、电动车等256个批次，对经营不合格商品行为进行立案查处。

12月1日，威海市工商（市场监管）系统成品油监管工作现场会在文登召开

【合同监督管理】 区市场监管局开展威海市级"守合同重信用"企业公示活动，共有64家企业参加公示活动，其中18家企业入选威海市级守合同重信用企业公示名单。开展动产抵押登记，拓宽企业融资渠道。全年共办理抵押登记41户，帮助中小企业融资6.76亿元；变更登记1户，抵押物价值0.38亿元；办理注销登记22户，抵押物价值2.7亿元。开展合同格式条款专项整治活动，以美容美发店、健身、洗浴、餐饮、宾馆、酒店、洗衣店、洗车行等发放预付卡范围广、社会关注度高、消费者反映问题比较集中的行业为重点行业，以整顿规范经营者利用预付卡的合同格式条款免除自身责任、加重消费者责任、排除消费者权利等3类违法行为为重点内容，开展预付卡格式条款专项整治行动，检查经营户178家，下达《责令整改通知书》9份。

【网络商品交易监管】 区市场监管局依托山东工商网络交易监管平台，健全完善区网络商品交易监管数据库，网监系统建档率和建档准确率均达到100%。12月，组织开展网络市场定向监测工作，按照"双十二""圣诞节"和"元旦"3个集中促销节点对其主体信息、交易行为和商品信息进行定向监测，并对网上销售的部分商品进行质量抽检。全年共监测网页信息876条次，实地检查网站、网店经营者76个次，删除违法商品信息12条。责令改正未贴标亮照行为3起，立案查处当事人利用网络主页对商品作引人误解的虚假宣传行为5起、利用网页销售"三无"产品行为1起。

【质量认证监督管理】 区市场监管局制定《工业产品质量监督抽查工作规范》和《2017年工业产品质量监督抽查计划》，进一步规范质量监督抽查工作。开展电线电缆、危险化学品、消防产品、电动机重点工业产品专项整治活动，在国家级和省级工业产品抽检中，工业产品质量全部合格，合格率位居威海市各区市前列。年内，新获得工业产品生产许可证的企业5家，许可证扩项、变更的企业10家。对获证企业开展证后监管，确保获证企业保持发证时条件不变。对新取证及换证企业作为现场审查的观察员，监督审查过程的公正性。强化对检验检测机构的监督管理，重点对机动车、食品、环保、危化品等资质认定实验室开展监督检查。加强对3C强制认证、质量管理体系和环境管理体系认证、食品农产品认证的监督。新增质量、环境、职业健康等体系认证78个。先后两次组织企业参加首席质量官培训，新增首席质量官113人次。开展全区卓越绩效评价标准准则培训活动，邀请全国卓越绩效管理专家授课，对87家企业主要负责人进行系统培训。为20家企业办理商品条码注册，续展商品条码企业24家，指导企业完成中国

3月11日，区市场监管局在市中广场开展质量月宣传活动

商品条码成员商品信息的申报和录入工作。举办“威海中恒管桩”杯质量知识竞赛，通过文登电视台、《文登大众》、微信公众号、微博等媒体，广泛宣传质量知识和质量典型事迹，营造人人关心质量、人人重视质量、质量成果人人共享的社会氛围。

【标准化建设】 区市场监管局落实2017年“山东标准”计划项目，加大标准化工作推广力度，鼓励企业参与国家标准、行业标准制修订。山东汇银新能源科技有限公司、威力工具集团有限公司主持参与国际标准制修订，实现区内企业进军国际标准领域“零”的突破。山东汇银新能源有限公司成为全区首家主持制定行业团体标准的企业。年初，西洋参国家级综合标准化试点项目立项成功，试点建设工作稳步开展，搭建标准化体系的初步框架。在服务业标准化建设中，瑞云祥休闲养老公寓、山泰生态园申报的2017年省级服务标准化及省级农业示范区项目通过立项，并列入2017年“山东标准”计划项目。文登区社会管理服务中心服务标准化项目经现场审核，通过验收。推进企业产品标准自我声明公开工作，逐一走访全区1554家工业产品生产企业，有425家企业进行网上产品标准自我声明公开，公开企业比率由年初的3%增至57.71%。

【计量监督管理】 区市场监管局加强对贸易结算、医疗卫生、安全防护、环境监测等强检计量器具的检定和监督管理，确保在用计量器具量值准确可靠。贯彻落实《财政部、国家发改委关于清理规范一批行政事业性收费有关政策的通知》《质检总局关于贯彻落实取消或停征4项行政事业性收费决定的通知》，4月1日起，停征强制检定收费。对强制检定计量器具停征执行时间、强检计量器具范围、强检工作具体办理事项、备案流程等进行公示。新建液态物实定量灌装机检定装置、耐压测试仪检定装置、其他形状位置类计量标准3项社会公用计量标准，30项计量标准通过省质监局复查考核。开展计量惠民工作，在国际消费者权益日、世界计量日等活动期间，免费为群众检定血压计、人体秤、民用四表等计量器具2300余件，惠及群众1500余人次。加强对重点用能单位的监督检查，督促重点用能单位在线采集能源计量数据，提高用能单位降低能源消耗，提高能源利用效率。年内，共为1020家企业提供计量服务，检定计量器具25405台件，检测定量包装商品净含量72个批次。

【特种设备监察】 区市场监管局构筑特种设备安全网络，实行监察与服务、重点整治与全面规范相结合，全年未发生特种设备安全责任事故。以电梯、气瓶充装单位、燃煤锅炉、化工产业特种设备为重点，组织开展各项特种设备专项整治、安全大检查等14次，共出动执法人员1100余人（次），检查各类特种设备生产使用单位500余家，排查安全隐患160处，下达安全监察指令书99份，及时消除事故隐患，确保特种设备安全运行。10月20日，在峰山公园国华游乐场组织大型游乐设施安全事故演练，提高应急防范和处置能力、自我保护意识和自救能力，强化特种设备使用主体的责任意识，提升应急响应水平和处理突发事件的能力。开展“安全生产月”“3·15”等宣传活动，制作宣传刊版，设立安全知识咨询台，印发《特种设备安全法》《山东省特种设备安全条例》等宣传资料2000余份，普及特种设备安全法律法规知识，提高群众的安全防范意识。

【非公有制企业党建】 区市场监管局在非公有制企业中开展“亮身份、亮职责、亮承诺”活动，树立党员经营户标杆。以“诚信立身、信誉兴业”为主题，开展市、区两级“党员诚信示范商户”“诚信经营示范商户（企业）”评选活动，共有60个党员经营户被评为市、区两级“党员诚信示范商户”和“诚信经营示范商户（企业）”。在文登电视台开设《创业故事汇》专栏，每周播出一期，讲述创业者的事迹，宣传创业典型，为创业者提供圆梦舞台。组织部分非公企业党员到刘公岛爱国主义教育基地、天福山起义纪念馆、革命烈士纪念馆参观，重温入党誓词，接受革命教育，坚定理想信念，推动非公经济持续健康发展。

（田永建）

物价管理

【概况】 2017年，区物价局内设办公室（政策法规科与其合署办公）、价格管理科、收费管理科3个科室，下辖价格监督检查局（副科级，内设检查科）和农产品成本调查室、价格认证中心（事业单位）、价格监测中心（事业单位，价格举报中心与其合署）4个股级单位，共有工作人员26人，其中公务员13人、事业编制13人。

【价格管理】 2017年，文登区居民消费价格总指数同比上涨1.9%。八大类商品有7类上涨，食品烟酒、衣着、居住、生活用品及服务、交通和通信、教育文化和娱乐、医疗保健分别较2016年上涨2.9%、0.5%、1.6%、2.2%，1.4%、4.9%、2.6%，居住、生活用品和服务较上年下降3.5%。食品烟酒4个分类中，茶及饮料、在外餐饮同比上涨7.6%和11.5%，食品、烟酒同比下降0.1%和0.3%。其中食品类属14类分类中，粮食、水产品、奶类、干鲜瓜果类、糖果糕点类、其他食品类，价格分别上涨8.6%、2.6%、4.8%、6.8%、4.4%、20.3%，薯类、豆类、食用油、菜、畜肉类、禽肉类、蛋类、调味品价格分别下降5.9%、0.1%、3.1%、1.4%、9.6%、0.5%、2.6%、4.5%。

价格调整

成品油价格 年内，17次调整成品油价格，其中11次上调、6次下调。首次调整时间为1月12日24时，每吨92国Ⅴ汽油由8538元上调为8613元、0国Ⅴ车用柴油由7055元上调为7125元。最后一次调整时间为11月16日24时，每吨92国Ⅴ汽油由8644元上调为8925元、0国Ⅴ车用柴油由7155元上调为7405元。

工业蒸汽价格 按照《文登区煤炭热汽价格联动办法》规定，4月1日，将0.8Mpa（汽轮机出口表压）热汽价格每吨由184元调整为211元。

天然气价格 年内，3次降低非居民用管道天然气销售价格，每立方米价格由3.975元降为3.38元。天然气价格下降，年可减轻企业用气负担430余万元。

用水价格 根据财政部、省财政厅的文件规定，4月1日，取消非居民和特种行业用水综合水价中的城市公用事业附加费，下调非居民用水和特种行业用水综合水价。非居民用水综合水价由每立方米4.05元调整为3.90元；特种行业用水综合水价由每立方米7.20元调整为6.80元。两类用水综合水价调整，年可减少企业用水支出50万元。

供水价格 年内，调整葛家镇、侯家镇、宋村镇和埠口港的自来水价格。葛家镇每立方米居民生活用水价格为2.30元，生产经营及其它用水价格为2.60元；侯家镇每立方米居民生活用水价格为2.00元，生产经营及其它用水价格为3.00元；宋村镇每立方米居民生活用水价格为2.80元，生产经营及其它用水价格为3.30元；埠口港每立方米居民生活用水价格为2.15元，生产经营及其它用水价格为3.10元。

供热价格 年内，调整居民独立采暖天然气阶梯价格，对不具备集中供热条件的天然气独立采暖居民用户，按户年用气量分两个阶梯，第一阶梯为年用气量1800立方米（含）以内的部分，价格为每立方米3.20元；第二阶梯为年用气量1800立方米以上的部分，价格为每立方米3.90元。对用户具备分户用热计量条件并按用热量收费的，实行基本热价和计量热价相结合的两部制热价，其中，基本热价按面积计费价格的30%核算，居民用户为每平方米6.9元，计量热价为每吉焦36.4元（每千瓦时0.1310元）。非居民用户基本热价为每平方米9元，计量热价为每吉焦47.6元（每千瓦时0.1714元）。

供电价格 2017年，根据省、市物价部门统一部署，贯彻落实居民峰谷分时电价政策，鼓励居民用户根据电采暖设施用电特性自愿选择执行居民峰谷分时电价政策，执行电价标准：在现行阶梯电价标准基础上，第一档峰段电价每千瓦时（下同）0.5769元、谷段电价0.3769元；第二、三档峰、谷电价分别在第一档峰、谷电价基础上加价0.05元、0.30元。

【收费管理】

行政事业性收费 区物价局理顺全区收费项目及收费标准，编印《文登区现行收费项目及收费标准汇编（2017版）》，包括全区25个系统收取的61项行政事业性收费及经营服务性收费项目，并将现行价格法律法规及2016年以来各级清理收费的文件编入《汇编》，方便各收费单位和企业了解有关政策。组织全区各收费单位，利用威海市收费网上申报系统平台，实施收费情况网上申报，并对各单位上报的数据进行认真审核、汇总、分析，形成书面收费统计报告，按要求完成上报任务。2016年度行政事业性收费总额为1.36亿元。

教育收费 2017年，规范全区幼儿园收费政策，改变民办幼儿园收费管理方式，取消民办幼儿园收费备案制度，明确服务性收费项目和代收费项目，包括：伙食费、校车接送费、意外伤害保险费、居民基本医疗保险费、床上用品费。公办幼儿园保教费实行政府定价或政府指导价，具体的收费标准为：省级示范园410元/生•月，市级示范园350元/生•月，市级一类园230元/生•月，市级二类园190元/生•月，市级三类园160元/生•月。确定区老年大学收费最高标准，学校可根据不同专业类别及培养层次，每生每学期收取140元到230元不等的学费。

殡葬服务收费 根据省市物价部门有关文件，会同区财政局、区民政局规范区殡葬服务收费，出台殡葬基本服务收费新标准。明确殡葬基本项目包括遗体接运费、遗体存放费、遗体火化费、骨灰寄存费四大类七个细分项目。此外，殡仪馆提供的延伸服务项目及丧葬用品均实行市场调节价，由殡仪馆根据成本及市场需求情况自主制定。

污水处理收费 2017年，各镇公共供水管网内居民用水污水处理费为每立方米0.85元，非居民用水、特殊行业用水污水处理费为每立方米1.20元。超采区居民使用地下水污水处理费为每立方米1.70元，非居民用地下水污水处理费为每立方米2.40元，特种行业用地下水污水处理费为每立方米 3.40 元。允许开采区居民用地下污水处理费为每立方米 0.85 元，非居民用地下水污水处理费为每立方米 1.20 元，特种行业用地下水污水处理费为每立方米 1.20 元。

有线电视收费　取消每机每月 10 元的停机占用费，重新明确有线电视收费标准及相关规定，实行政府定价管理的有线电视收费包括新建有线电视一次性建设费和有线数字电视基本收视维护费，每户免费领用一台基本型机顶盒。

经营服务性收费

医疗收费　2017 年，区物价局与区卫计局、区人社局联合发布《关于印发〈威海市文登区医疗机构医疗服务价格（2017 年版）〉的通知》，4416 项医疗服务项目中确定价格的项目有 3805 项。其中，修改完善现行 64 项医疗服务价格的说明、内涵、计价单位、价格等；增加 183 项省级新立项及区内已开展临时价格备案但无编码的医疗项目；新增一次性医用耗材项目 22 个，放开 288 项医疗服务价格由医疗机构自主制定；直接区分不同级别医疗机构医疗服务价格，将一级医院收费标准高于二、三级医院的 14 项大型设备检查项目价格降至二级医院标准，12 项手术费标准降至三级医院的 86%；确定对 6 周岁以下儿童患者开展的部分一般治疗操作、有创活检、探查项目及手术治疗价格加收 20% 的政策。按照威海市物价局、市卫计局、市人社局制定的中医优势病种单病种收费文件精神，确定区二级以上医疗机构开展的中医优势病种收费标准。全区纳入按病种收费的中医优势病种共有 39 个，其中骨科优势病种 16 个、其他专科优势病种 23 个，收费标准为 2900 元至 21300 元。具体收费标准包括患者入院诊断治疗期间至按治疗标准出院整个过程中所发生的检验、检查、诊疗、手术、床位、护理、注射、药品及医用耗材等各项费用，其中，中医骨科病种包括患者首次入院诊断治疗及第二次入院复查治疗发生的费用。

物业收费　加大前期物业收费公示审核力度，要求各物业服务企业启动收费时根据小区设施设备的配备及绿化建设等情况调整实际服务等级及收费标准，制作公示牌，在小区显著位置公示后方可收费，方便业主了解小区物业服务内容及收费标准，同时督促物业服务企业提高物业服务水平，向业主提供质价相称的服务。全年共指导 29 个住宅小区完成前期物业服务等级标准选定、合同备案、启动收费以及合同到期后的合同续签备案等手续，有 13 个政府改造后的老旧小区按照新规定由社区居委会与选定物业公司签订物业服务合同。

景区收费　2017 年，全区实行政府指导价管理的景区有无染寺景区，价格为 55 元 / 人次。

【价格监测及信息服务】　全区共设立 43 个重点物价监测点，对居民生产、生活相关的重要商品进行市场价格监测，每月对价格有较大变化的商品及时分析上报。每月 3 次向山东省物价局监测报送种子价格、农村居民服务价格、主产县原粮购销价格、主产县夏秋粮食购销价格；每周监测报送居民生活消费品零售价格、生猪仔猪收购交易价格。每月 3 次向威海市物价局监测报送主要居民生活消费品零售价格、农村重要商品价格、化工商品零售价格；每周监测报送 2 次粮油等副食品价格、农副产品收购价格；每周通过电视台“百姓关注”栏目、《文登大众》报发布市场价格动态。同时在政府网站发布有关价格信息和政策。年内，撰写市场价格形势分析、农产品专题调查报告及各类价格信息共计 47 篇，被各级报刊与电视台采用 15 篇。

【农产品成本调查】　区物价局承担国家发改委布置的小麦、玉米、花生、生猪等直报、常规报、专项调查等农产品成本调查任务，重点完成农户种植意向、农资购买情况、农户存粮情况、农户收支情况 4 个专题调查，并对调查的情况进行分析，撰写调查分析报告；全年调查小麦、玉米、花生、生猪等 10 余种农产品的生产成本及效益，撰写《威海市文登区农户存粮售粮情况调查》《威海文登西洋参成本及收益调查》《文登区 2017 花生生产调查》等调研报告和专题报道，指导全区农业生产，为农业增效、农民增收服务，对全区的农业结构调整起到较好地指导作用。

2017 年文登区主要农产品成本效益调查表

项　目	单位 / 亩	小　麦	玉　米	花　生
主产品产量	千克	263.00	371.82	307.39
产值合计	元	634.78	622.54	1619.22
主产品产值	元	621.89	601.08	1596.60
副产品产值	元	12.89	21.46	22.62
总成本	元	952.54	984.18	1214.75
生产成本	元	812.54	854.18	1034.75

续表

项　目	单位／亩	小　麦	玉　米	花　生
物质与服务费用	元	498.14	512.78	564.35
人工成本	元	314.40	341.40	470.40
净利润	元	-313.76	-361.64	404.47
成本利润率	%	-33.36	-36.75	33.30
每 50 千克出售价格	元	118.23	80.83	259.70

2017 年文登区生猪成本效益调查表

项　目	单　位	2017 年
主产品产量	千克	121.25
产值合计	元	2407.99
主产品产值	元	2385.23
副产品产值	元	22.76
总成本	元	1659.88
生产成本	元	1657.03
物质与服务费用	元	1532.74
人工成本	元	124.29
净利润	元	748.11
耗粮数量	元	205.33
成本利润率	%	45.07
每 50 千克出售价格	元	983.60

【价格监督检查】 强化市场价格监管，规范价格收费秩序，严格执行《价格行政处罚程序规定》，合理行使处罚裁量权，建立价格执法人员名单库及相关监管行业经营者名录库，完善市场巡查信息台账制度、市场巡查周报制度，制定《涉旅价格投诉应急处置预案》，健全涉旅投诉应急处理工作机制。2017 年，开展 8 次专项检查，对存在违价问题的 11 个单位实施行政处罚，收缴罚没款 42959.78 元。规范市场价格秩序，积极推进网格化监管模式，围绕旅游景区、商品零售、客运物流以及餐饮服务等领域，组织开展市场价格秩序专项整治，每月定期

12 月 15 日，区物价局工作人员在售楼处进行商品房价格检查

进行1次市场巡查，节假日期间，重点对连锁超市、大型商场、宾馆酒店等场所进行集中检查，严肃查处虚构原价、搞虚假宣传促销以及不按规定明码标价等价格违法行为。9月下旬，联合区旅游局开展以规范明码标价、杜绝价格欺诈为主题的整治活动，对天沐、汤泊、无染寺等旅游景区和昆嵛大厦、倪氏海泰大酒店等星级酒店以及家家悦、利群、大润发等综合性商场进行督导检查，指导经营者诚实守信经营，杜绝"宰客"现象发生。加强对与群众日常生活关系密切的教育、医疗、住房、交通、购物等民生价格的监管。3月，开展医疗收费检查，对妇幼医院、口腔医院等12家医疗机构收费情况进行检查，立案处理存在违价问题的4家医院；9月，开展教育收费检查，抽查21所公办学校及民营教育机构，检查情况通过区政府网站公示；11月，开展LNG销售价格市场巡查活动；12月，联合区房管局开展商品房销售价格检查，对城区楼盘销售量前20位的房地产企业进行检查，定制一批商品房标价展柜，免费发放到各房产企业，专门用于展示《商品房明码标价手册》《前期物业服务合同》以及影响销售价格的相关资料，方便消费者查阅，减少购房者入住后的价格纠纷。开展涉企收费检查，联合区中小企业局召开涉企收费座谈会，了解企业收费成本负担，联合区政务中心对进驻中心的收费部门及中介服务机构进行重点检查，对全区涉企收费的行政事业单位及行业协会、商会收费情况进行抽查。全区收费秩序良好，没有发现大的违规收费行为。

【价格投诉举报】 区物价局落实节假日、旅游旺季价格投诉举报24小时值班制度，安排专人负责价格举报平台接听接访，畅通群众价格利益诉求渠道。共受理群众来电来访190余件（次），达成价格调解协议16件（次），消费者获得赔偿款共计2.8万元。

【价格认证】 区价格认证中心完成涉案物品价格认定业务81起，认定总额1760万元。完成价格纠纷调解业务5起，调解标的额10.5万元。积极参与区委组织部考核办对全区招商项目的价格评估工作和全区征地拆迁有争议标的物的价格认定工作，全年涉案物品价格认定业务无复核和重新认定现象发生，保证认定质量，维护司法公正和涉案当事人的权益，为司法机关依法办案提供价格依据。

（李玉婷）

国土资源管理

【概况】 9月20日，区政府根据威文编（2017）26号文件组建区综合行政执法局，区国土资源执法大队整建制划入区综合行政执法局，划转人员9人。年末，区国土资源局内设办公室、政工科、财务科、规划科、监察科（政策法规科与其合署）、耕地保护科（征地管理科与其合署）、土地利用科（挂地租征收科牌子）、地籍管理科（挂行政许可科牌子）、矿产开发管理科（地质勘查储量科与其合署）、测绘管理科等10个科室，下设土地矿产储备中心、土地整理中心、地质环境监测站、地租征收所、地理信息中心和威海市不动产登记中心文登分中心6个直属事业单位，辖南海分局、经济开发区分局、城里分局、大水泊分局、宋村分局和泽头、侯家、米山、高村、泽库、葛家、张家产、界石、埠口港等14个国土资源所。有在编干部职工108人，其中机关17人、直属事业单位37人、派出机构54人。

【耕地保护】 耕地保护实行行政首长负责制，区政府将耕地保护纳入年度工作目标管理考核。完成永久基本农田划定工作，代表威海市迎接省级永久基本农田划定成果验收外业核查。加强土地复垦监督管理，督促存储土地复垦费用488万元。严格规范临时用地、设施农用地管理，将临时用地、土地复垦验收审批和设施农用地备案事项纳入集体会审，全年共审批临时用地13宗39公顷、备案设施农用地6宗4.2公顷。2016年度高标准农田建设项目已完工待验收，2016年度区级土地整治项目已完工待审计。葛家镇土地综合整治项目新增321.87公顷耕地通过省国土资源厅报备。完成2017年度耕地保护目标任务，全区实有耕地面积54721.73公顷、基本农田保护面积46997.67公顷，分别超出威海市下达指标625.67公顷、11.6公顷，连续17年实现耕地占补平衡。

【土地规划利用变更调查】 2017年，

7月5日，威海市永久基本农田划定成果省级验收会议在文登召开

新增建设用地指标202.93公顷，其中上级下达用地指标39.73公顷，争取用地指标165.87公顷。土地规划调整工作完成，增加城镇建设用地规模1433.73公顷、村镇建设用地规模1665公顷。完成“十三五”土地整治规划编制工作。强化建设项目用地预审，全年完成区级用地预审45件（次）、市级用地预审3件（次）。城乡增减挂钩和工矿废弃地复垦利用工作稳步推进，完成2016年度4个项目区的复垦验收，复垦项目总规模27.6公顷。2017年度土地变更调查工作完成，变更建设用地、农用地等各类图斑895个，变更面积317.66公顷。年末，辖区土地总面积161562.54公顷，其中耕地净增加55.16公顷，园地净减少20.10公顷，林地净减少66.31公顷，草地净减少19.15公顷，城镇村及工矿用地净增加71.94公顷，交通运输用地净增加70.41公顷，水利设施用地净增加4.56公顷，其他土地净减少96.51公顷。

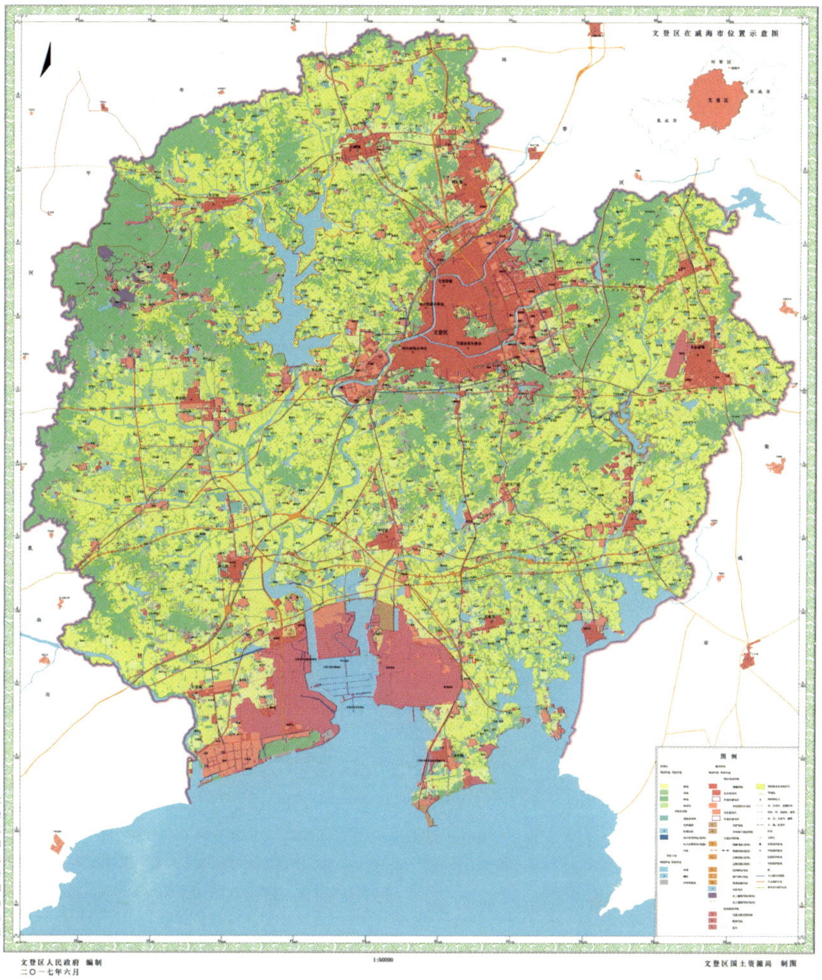

文登区土地利用总体规划图（2006—2020）（8月11日摄）

【地籍管理】 区国土资源局加强地籍档案管理规范化建设，区分和扫描需要归档的材料，进行再整理再装订，保证地籍档案数据完整、准确。全年共扫描档案近76万张，录入基本信息6万余条，装订整理档案7.6万份。推进集体土地使用权确权登记发证工作，完成384村11.9万宗土地的权属调查，发放土地使用证8万余本。

【不动产统一登记管理】 威海市不动产登记中心文登分中心全力推进不动产统一登记工作，设立南海服务窗口，开展规范、优质、高效服务，提升服务水平。建成覆盖全区的不动产登记数据库平台，整合不动产统一登记信息68万条，上报国家平台42万条。妥善解决大量不动产登记的历史遗留问题。全年受理各类业务4.6万件，其中发放不动产权证书2.08万件、不动产登记证明1.61万件、登记不发证0.91万件。调查回复市长信箱和市长热线反映的问题、受理法院查封解封业务9139件（次），出具查询结果证明等49814份，收取登记费727万余元。在威海市率先开展农村宅基地登记发证和继承办理业务，规范办理流程，节省群众办理业务时间和费用。

【建设用地管理】 年内，区国土资源局通过征地管理系统上报建设用地13个批次、单独选址项目3个、市级农转用卷宗1个，总面积281.8公顷，其中新增建设用地252.93公顷。积极督促协调用地单位执行征地预存款制度，全年为财政收缴征地补偿款约2亿元，保证征地补偿费及时足额拨付。规范征地程序，维护被征地农民的合法权益，推行征地信息公开，共发布拟征地公告及征地公告138份，发布征收土地补偿安置方案公示120份。积极沟通协调，为文莱高速公路项目争取耕地开垦费4192万元。共办理宅基地转让手续226宗，补办新建宅基地手续162宗。

【土地市场】 2017年，区国土资源局加强规范国有建设用地使用权收回和经营性用地出让工作，共收回国有建设用地使用权59宗，面积257.13公顷；出让经营性用地158宗，面积651.13公顷，成交价款74亿元；出让工业用地39宗，面积160.8公顷，成交价款3.6亿元。规范国有建设用地使用权划拨和协议出让工作流程，共办理划拨用地17宗，面积215.47公顷，收缴划拨费用9212万元，收缴地租44万元。稳妥推进滞纳金收缴及地上违法建筑处置相关工作，共收取滞纳金3.5万元，收缴地上附着物价款1651万元。顺利移交国有建设用地使用权网上交易工作，与区公共资源交易中心及时沟通对接，全年发布出让公告27次。主动参与棚户区改造项目的前期论证，提前介入规划修改、土地征收、土地供应等环节，配合区住建局做好相关工作。

【土地集约节约利用】 区国土资源局以提高土地利用效率为目标，全面加大闲置、低效及空闲土地盘活处置力度，盘活空闲土地161宗、755公顷，顺利完成省国土资源厅下达的目标任务。推进土地供应及批后监管工作，采取灵活有效的措施加快土地供应，2012年至2016年平均供地率达到92.8%，圆满完成省、市的供地率考核目标。积极开展土地节约集约利用评价和基准地价更新工作，顺利通过省国土资源厅验收。城区土地基准地价级别由综合定级变为分等定级，工业地价不变，商业用地和住宅用地价格略有上涨。

【土地执法监察】 土地执法监察工作以卫片执法监督检查和全天候遥感监测执法工作为主线，严厉打击国土资源违法行为。土地卫片执法方面，国家下发遥感监测图斑866个，面积604.07公顷（耕地287.57公顷），其中违法用地44宗，已全部处理到位，收缴罚没款1616.77万元，没收违法建筑物3.35万平方米，党纪政纪处分22人。全天候卫片执法工作实地核实核查、上报全天候监测遥感图斑信息192个，面积152.6公顷。反馈重点图斑20个，面积35.93公顷。已完成整改19个，面积31.47公顷，占面积总数87.61%，顺利通过国家土地督察济南局审核。实施网格化动态巡查管理工作制度，全年共组织巡查61次，发现违法违规行为45起，依法制止37起，立案查处23起。与环保、林业等部门合作，关停实心砖生产企业3处，关停以收拾尾矿名义生产的企业3处，顺利通过中央环保督察组检查。重视信访稳定工作，稳妥处置各类突发事件，全年受理上级交办、部门转办、媒体反映等群众来信57件，接待来访群众32起51人（次），回复区长公开电话53次，办结率100%。

【矿产资源开发利用】 2017年，区国土资源局深化矿山安全生产源头治理，关闭露天石材矿山企业5个。年末，文登区共有矿山企业24个，其中集体企业2个、有限责任公司18个、私营企业4个，从业人员401人，矿石总产量211万吨，工业总产值3300万元。开采矿种有5个，分别为金矿1个、地热4个、矿泉水3个、饰面用花岗岩9个、建筑用花岗岩7个。金矿、地热、矿泉水为地下开采，其他16个非金属矿山开采企业均为露天开采。

【采矿权市场】 全年有偿出让采矿权6个，收取采矿权价款205万元。办理采矿权延续手续9个，注销采矿许可证1个。

【地质环境保护】 区国土资源局组织开展安全隐患排查整治活动和安全生产应急演练，将隐患整改、年检结果与采矿权延续申请直接挂钩，实现全年安全生产零责任事故的目标。收缴地质环境治理保证金547万元。制订《文登区2017年地质灾害防治方案》，调整完善文登区地灾群测群防体系。对文登区地灾隐患点、废弃矿井和已关停露天石材矿山进行安全隐患全面排查，全区43处地质灾害隐患点全部埋设警示牌，并进行汛前、汛中、汛后检查。完成米山镇西铺头村北废弃矿山地质环境治理项目并通过上级验收。争取区级资金2400万元，启动文登营镇张皮村废弃采石场等3个废弃矿山治理项目。完成文登区地下采空区和废弃矿井调查工作，争取资金1566万元，开展埠口港上冷家村等3处采空区治理工作。争取区级资金1100万元，用于侯家镇历史遗留取土坑的恢复治理。

【测绘管理】 2017年，区地理信息中心编制完成《文登区“十三五”基础测绘规划方案》，并发布实施。同时完成“数字文登”的基础测绘数据更新工作，为接入国家数字城市节点做好准备。基础测绘成果得到广泛应用，全年共受理基础测绘成果使用申请8件，向区农业局、林业局、交通局、水利局等单位及社会各界提供各种图件近300张。做好日常测绘服务，全年审核整理业务图形数据1308宗，及时将数据更新到土地节约集约移动管理系统中。

（周晓鹏）

住房保障和房产管理

【概况】 3月，根据威文编〔2017〕11号文件，区房地产交易中心、区房地产档案室、区房地产交易与产权监理处整合为区房屋交易与产权管理中心，为副科级事业单位。10月，根据威文编〔2017〕28号文件，区住房保障和房产管理局由直属区政府调整为隶属区住房和城乡建设局；区物业管理办公室调整为隶属区住房和城乡建设局。年末，区住房保障和房产管理局（简称区房管局）内设办公室、计划财务科、住房保障科、房屋征收管理科、政策法规科5个科室，编制10人；下辖区房屋交易与产权管理中心1个副科级事业单位，编制13人。年末，共有编制23人。

【房产交易管理】 2017年，区政务服务中心和南海政务服务中心，共受理查档申请7203件，出具各种房屋信息查询证明2649份，协助法院执行房地产案件1270宗；批准商品房预售许可348份，预售面积129.79万平方米；出具租赁登记证明343份，租赁房屋面积4.56万平方米。商品房买卖合同备案16223套，成交面积148.48万平方米，成交金额68.27亿元，其中，全区商品房外销11014套、面积96.67万平方米、金额47.76亿元，分别占全区销售总量的67.89%、65.11%和69.96%。

【物业管理】 区物业管理办公室加强物业管理指导，对城区所有居民小区物业管理情况进行摸底调研，为每个

6月13日，威海世源有限公司向区政务服务中心房管窗口赠送锦旗

居民小区建立物业档案。4月28日，区政府召开全区物业管理工作会议，全面部署物业管理工作。5月19日，区政府办公室印发《文登区城区老旧小区物业管理奖补意见》，为老旧小区长效管护机制的建立提供政策支持和资金保障，同时配套严格的考核办法和监督检查制度。区房管局会同区物价部门联合制定《老旧小区普通住宅物业服务收费及有关问题的通知》，确定简易物业服务内容，统一简易物业服务收费标准。已整治改造的老旧小区，引进物业管理，启动物业服务收费。2015年、2016年全区共实施改造13个老旧小区，总面积126.1万平方米，涉及497幢楼、1345个单元、12281户居民。至2017年末全部落实物业管理主体，签订物业合同，并对物业服务内容、收费标准、收费价格进行公示。2017年，改造10个老旧小区，改造总面积76万平方米，共9087户，全部落实物业管理主体。全面推行属地管理和行业管理“双重考核”机制，初步构建起“区—街道—社区”三级物业服务行业管理体系。充分发挥行业主管部门的作用，通过建立日常巡查、重点抽查等制度，全面推动物业服务质量和水平的不断提升。为温阳海港城等7个物业项目，通过公开招投标的方式选聘前期物业服务企业；对嘉和花园等8个物业项目进行前期物业服务合同备案；对南海·清岛湾等14个项目进行前期物业服务合同续签备案及资金管理备案。

【房屋征收管理】 2017年，围绕区政府重点工程，区房管局积极协调拆迁公司、评估公司、测绘公司等中介部门参与棚户区改造工程，共完成拆迁450余户，面积约40万平方米，涉及3个乡镇的改造项目全部拆除完工，有6个镇613户群众签订拆迁安置协议。完成1501户棚户区改造的前期测绘工作，分配拆迁安置房1102户，完成火车站物流园区改扩建面积66.67公顷，搬迁群众房屋279户、厂房26栋的整村改造项目。

【住房保障】 2017年，区房管局全面开展经济适用住房、廉租住房、公共租赁住房等住房保障工作，有65户家庭取得经济适用住房保障资格。发放经济适用住房货币补贴192万元。廉租住房实行应保尽保，通过资格审核的廉租住房家庭有94户，发放廉租住房货币补贴36.45万元。6月，为解决新就业职工和外来务工人员的住房问题，区政府在新港明珠生活小区购买的72套公共租赁住房交付使用，17户有资格家庭搬进新居，余下房源正在进行公开招租。城区威建河畔花园小区的27套公共租赁住房已完成招租工作，承租家庭已全部入住。

（徐彩华）

安全生产监督管理

【概况】 区安全生产监督管理局（简称区安监局）内设办公室（挂法规科牌子）、综合监督管理科、工商贸监督管理科（挂职业卫生监督管理科牌子）、矿山安全监督管理科、危险化学品安全监督管理科（挂行政许可科牌子）5个科室，编制14人。下辖安全生产监察大队（副科级事业单位），内设2个中队，编制10人。年末，区安监局被评为山东省安全生产先进单位。

【安全生产许可证发放】 区安监局依法履行危险化学品、非煤矿山生产经营企业和烟花爆竹经营安全生产许可工作，2017年，审核发放危险化学品生产经营许可证37份，培训危险化学品生产经营单位主要负责人和安全管理员1100人。对130个申请烟花爆竹办证的人员进行安全培训、考试，通过安全条件审查，共审核发放烟花爆竹长期经营许可证28个，比2016年减少8个；烟花爆竹临时经营许可证78个，比2016年减少17个。修订行政许可事项服务指南5项，编制公共服务事项目录8项、行政权力事项目录4项，行政审批事项全部纳入行政审批窗口集中办理，通过全省政务服务审批系统实行线上线下办理，提高政务服务水平和行政效能。

【安全生产综合监管】 区安监局先后召开安全生产专题会议17次，组织开展全区性安全生产大检查4次、专项检查30余次，组织专家300余人次对重点行业企业进行诊断式检查，查出隐患1100个，并进行整改。

【安全生产目标责任考核】 年初，区政府安全生产委员会办公室对安全生产控制指标进行分解，制定《2017年度威海市文登区安全生产责任目标考核办法》，对安全生产工作进行考核。3月，区政府与17个镇政府、街道办事处、园区签订安全生产责任书；各镇政府、街道办事处、园区与辖区企业签订安全生产责任书。全区建立“党政同责、一岗双责、齐抓共管、失职追责”安全生产责任体系，对发生重大事故的部门和单位，严格落实安全生产“一票否决”制度。年内，实行生产经营单位主要负责人安全生产履责制度和生产经营单位安全生产约谈制度，约谈企业负责人34人。

12月2日，执法检查人员在企业检查安全生产工作

【安全生产执法检查】 2017年，区安监局加强非煤矿山、危险化学品、烟花爆竹等高危行业的安全监管和执法检查力度，建立风险管控和隐患排查治理双重预防体系，组织协调各部门开展烟花爆竹、非煤矿山、海上渔业、建筑施工、人员密集场所、危险化学品道路运输、作业场所职业卫生、特种设备、城市地下网管等行业和领域安全生产专项整治，严厉打击非法违法生产经营建设行为。持续开展安全生产隐患大排查、快整治、严执法集中行动和各类安全生产专项治理，“五一”节期间、夏季、汛期、国庆节期间及中共“十九大”期间开展安全生产大检查，对非煤矿山、烟花爆竹、百日安全、有限空间作业、涉氨制冷、修造船企业、职业病危害、商场超市、养老机构、旅游、消防、校园校车、电力、燃气、公路安全生命防护工程、节后开工复产等20余个重点行业领域进行专项治理，全年整改事故隐患2.1万处，下发隐患整改指令书710份，安全隐患整改率达97%以上，对3家存在重大安全隐患的生产经营单位进行挂牌督办，限期整改。全区非煤矿山、危险化学品和烟花爆竹高危企业没有发生死亡事故，安全生产各项指标均控制在威海市下达的指标之内。建立安全生产信用机制、安全生产诚信体系和企业不良记录“黑名单”制度，将2家拒不履行安全生产行政处罚决定的企业列入安全生产“黑名单”，通过相关网站对外公布，对信用缺失行动实行联合惩戒。

【安全生产转型升级建设】 开展非煤矿山行业安全生产转型升级建设，有12家非煤矿山企业按规定完成安全生产、环境保护、矿产资源开发利用、质量效益“四评级”工作，其中10家企业被评为标准化企业。开展化工企业安全生产转型升级建设，有50家化工企业完成“三评级一评价”工作，对反馈的106个安全隐患问题进行整改，其中43家企业被评为标准化企业。

【安全生产应急管理体系建设】 区安监局修订和完善非煤矿山、危险化学品、烟花爆竹等高危行业安全生产应急救援预案，有120家重点企业进行生产安全事故应急预备案，100余家企业进行作业场所职业病危害申报。2017年，全区各矿山企业、危险化学品企业、工商贸企业、学校、道路交通共开展生产安全事故应急救援演练42场（次）。6月30日，区住建局组织北京燃气集团文登分公司开展场站管道泄漏应急抢险演练，有50余名职工参加演练，20分钟内妥善处置泄漏险情，并完成抢修和恢复供气工作。

【安全生产宣传培训】 2017年，区安监局分期分批举办危险化学品、烟花爆竹和特种岗位人员培训班25期，有2200余名企业负责人、企业安全管理员、各镇（街道）园区干部、电工、电焊工人分期分批接受安全生产教育和安全知识培训。6月，开展以“全面落实企业安全生产主体责任”为主题的第十六个安全生产月活动。6月16日，在市中广场举办安全生产月主题宣传活动，共展出安全生产宣传漫画360幅，发放宣传材料7000余份。

（吕以智）

食品药品监督管理

【概况】 2017年，区食品药品监督管理局（简称区食药监局）挂威海市文登区食品安全委员会办公室牌子，内设办公室（挂综合协调科、财务科牌子）、政工科、政策法规科（挂行政许可科牌子）、食品生产监管科、食品流通监管科（挂保健食品化妆品监管科牌子）、餐饮服务食品监管科、药品医疗器械监管科7个科室和食品药品稽查大队（事业单位），下设经济开发区、天福、环山、龙山、文登营、大水泊、高村、张家产、泽库、侯家、宋村、泽头、小观、葛家、米山、界石等16个食品药品监督管理所，共有编制120人，实有工作人员109人。年末，区食药监局被评为威海市药品不良反应监测工作先进集体，被区委、区政府授予先进集体称号。

【国家食品安全城市创建】 区食药监局以创建省级食品安全先进区为契机，先后开展以食用农产品、干制海产品、发酵面制品、酱腌菜、肉制品、大桶水等高风险品种为重点的专项整治23次，立案查处案件1114起。加强对美团、饿了么等网络销售经营者文登办事处的监督检查，督促其落实好网络食品经营主体责任。为全区所有基层监管所、“三品一标”基地和农贸批发市场配备建设检测室，全年共完成食品安全抽检4200个批次，组织开展食品快检47场次，发现并及时处置不合格食品68个批次。建立公安、农产品安全、食品安全“三安联动”工作机制，探索建立食品安全“派出所+”模式，全年共侦办食品犯罪案件17起，有力地打击违法违规行为。开展科普宣传活动20余场，发放宣传培训资料12万份，投放公益广告180余条，群众知晓率、满意度、参与意识及自我保护意识明显提高。5月，文登区在全省创建食品安全先进县区中期测评中，成绩名列全省前列；12月，文登区顺利通过山东省食品安全先进区省级验收。

【食品生产监管】 区食药监局根据食品风险等级和企业生产过程控制水平对全区111家食品生产加工企业进行分级分类监管，划定A级企业（低风险）18家、B级企业（较低风险）79家、C级企业（较高风险）12家、D级企业（高风险）2家，并按照等级要求科学制定并实施监管工作计划。同时，推进食品安全诚信体系建设，按照一企一档的原则建立健全食品生产企业信用档案，增强企业诚信意识。年末，全区111家食品生产企业和95家小作坊的信用档案全部建成。年内，先后开展食用农产品、干制海产品、发酵面制品、肉制品、酱腌菜、大桶水等重点产品专项治理工作23次。

【食品流通监管】 区食药监局对食品流通实施风险等级分类监管，根据业户经营的不同品种、面积等条件确定业户食品安全风险等级，根据不同等级实施不同频次、内容的管理。对全区3066家食品经营业户进行风险等级评定，划定A级（较低风险）26家、B级（一般风险）3023家、C级（较高风险）17家，并将评定结果在区政府网站、业户经营现场向社会公示。全面加强食品安全追溯体系建设工作，强化落实业户进货销货查验制度，全面推广使用“一票通”。同时以食品批发业户为重点，开展源头治理和各类食品专项整治，先后开展学校及校园周边食品安全整治、批发市场专项整治、水产品市场专项整治、进口食品专项整治等专项整治活动23次，整改违法行为241起，查办违反“一票通”制度案件87起。

1月10日，执法人员在家家悦超市检查食品安全

【餐饮服务食品监管】 区食药监局重点做好重大活动食品安全保障工作，结合不同活动的特殊要求，采取驻店监督、全程监管、重点巡查等形式，实时督促和指导餐饮单位落实餐饮食品安全操作规范。年内，圆满完成文登区“两会”、山东省青少年山地自行车锦标赛、高考、国际摩托艇锦标赛、生蚝节等重大活动保障10次，保障参加活动人员的饮食安全。以“场所洁净、人员健康、加工规范”为目标，在全区餐饮业开展后厨洁净工程，重点治理设施不齐全、卫生脏乱差、操

10月2日，执法人员在南海生蚝旅游文化节现场检查食品安全

作不规范等问题。先后检查餐饮服务单位1473家，发现整改问题558项，立案查处违法行为4起，在城区、乡镇设置15条“后厨洁净工程”示范街，确定73家后厨洁净卫生餐饮单位为示范创建单位。

【药品、医疗器械监管】 区食药监局加强药品新版GSP认证工作力度，全区338家药店全部完成新版GSP认证。结合日常监督检查工作，先后开展二类疫苗、执业药师在职在岗情况、中药材和中药饮片、化妆品标签标识、角膜接触镜、流感防控医疗器械、特殊药品、隐形眼镜、定制式义齿等16个专项检查，全年累计出动执法人员4356人次，共检查药品经营单位1327家次、药品使用单位513家次、药品生产企业16家次、医疗器械经营单位326家次，完成抽检90批次，不合格的3批次，合格率为96.7%。积极开展不良反应监测及上报工作，全年上报药品不良反应1150例，其中新的、严重的335例，新严比例为29%；上报医疗器械不良事件651例，其中严重的222例，占上报数的34%；上报化妆品不良反应145例；填报药物滥用调查表112份，进一步完善药品不良反应监测和医疗器械不良事件监测工作各项制度，加强对监测单位的量化考核。

【行政许可】 区食药监局按照审批更简、监管更强、服务更优的要求深化改革，将食品经营许可的审批业务直接授权下放到15个基层所，方便群众就近直接在辖区基层所办理审核、取证业务，全年共办理各类行政许可3015件。

（黄建昌）

盐政管理

【概况】 区盐务局内设办公室、综合业务科、财务科、预算管理科、专营科（含小工业盐运销科）和盐政科（挂盐政稽查大队牌子）6个科室，派出机构有盐运站1处、盐务所2处，有在编人员52人。下属威海市高岛制盐有限公司、盐业建筑工程处2个企业。12月27日，根据威文政发（2017）89号文件，撤销区盐务局，区经信局为区政府盐业主管部门，负责全区盐业行业管理、食盐专营管理工作；区食药监局为区政府食盐质量安全监管部门，负责食盐质量安全管理与监督工作。年内，全区盐场共生产原盐2.63万吨、销售食盐产品6440吨。

【食盐专营】 区盐务局履行政府职能，确保市场供应充足安全。按照年初与威海市盐务局签订的食盐安全责任书，制定全年盐产品销售计划，并将盐政执法与食盐销售纳入统筹考核，印发《盐务局盐政管理和食盐专营考核细则》。全年共销售各类盐产品6440吨，圆满完成年度计划。食盐计划完成率、合格碘盐食用率、碘盐覆盖率均达100%，食盐价格按照国家规定执行，全年未发生食盐安全事故。

【盐政宣传】 区盐务局以联合执法机制为重点，健全完善盐业市场管理机制，为食盐专营创造良好的市场环境。“3·15”“5·15”期间，会同区疾控办、电视台等单位在市中广场举办以“科学补碘，健康一生”为主题、“食用加碘盐，健康全家人”为主要内容的宣传活动。树立气拱门1座，悬挂宣传横幅，摆放宣传展板，散发宣传单2000余份，接受宣传咨询人数200余人（次）。

（李心雨）

产品质量检验检测

【概况】 2017年，区检验检测中心内设综合科、财务科、食品药品检验科、农产品检验科、技术设备保障科5个科室，下设产品质量检验所（股级事业单位），与山东省农产品质量安全监督检验测试中心（文登）合署办公。实验室面积3200余平方米，仪器设备295余台，固定资产达2100余万元。年末，有工作人员46人，其中事业编制21人，招聘人员25人。

【检验检测】 年内，区检验检测中心共检验糕点、酒类、调味品等各种食品2167批次，检验生鲜乳（主检三聚氰胺）450批次，检验果蔬、化肥、饲料、禽蛋等农畜产品2255批次（其中，承担省农业厅韭菜质量安全监测60批次，承担省畜牧兽医局肉、蛋、尿液质量安全监测215批次），检验柴油等工业产品222批次，检验家纺产

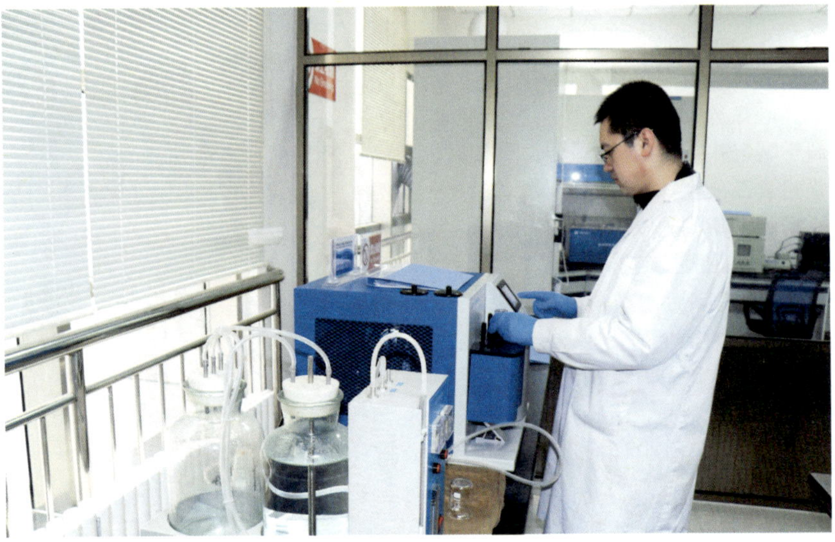

9月15日，区检验检测中心技术人员在进行车用柴油检测

品123批次（其中，承担省质监局内衣、西服质量安全监测62批次），全年累计检验检测各种样品5217批次。

【扩项认证】 3月，省质监局对区检验检测中心83个产品标准和检测方法进行现场评审变更。5月，省质监局组织专家组对区检验检测中心申请的扩项进行现场评审，批准17个食品产品、120个检测方法和25个非食品产品的资质认定。该次扩项认证，除食品检验检测项目外，增加对车用汽油、柴油、冷冻机油、航空润滑油、液压油等各类油品中的馏程、蒸气压、硫含量、辛烷值、润滑性、闪点、倾点、凝点、灰份、运动粘度等30余个检验检测项目。7月，通过省农业厅对区检验检测中心申请承检的人参、西洋参及39个农产品参数扩项的现场考核评审。9月，省质监局通过现场评审后，又批准区检验检测中心6个产品、6个检测方法的扩项和63个检测方法的标准变更。12月，省畜牧兽医局批准4个产品和35个检测方法的扩项工作，标志着区检验检测中心具备对鲜（冻）畜、禽产品、猪牛羊尿液等的检测能力。

【技术服务平台建设】 区检验检测中心加大检测设备资金投入力度，结合检验检测工作开展的实际情况，争取财政资金400余万元，招标购置电感耦合等离子体质谱仪、原子吸收光谱仪、傅立叶变换红外光谱仪、气相色谱仪等先进检测仪器设备，满足食品及西洋参等农产品检验检测业务需求。

【技术队伍建设】 区检验检测中心实施人才培育计划，先后派出28人次参加大专院校、上级业务部门、产品质量监管部门以及相关技术协会等举办的业务知识培训，邀请4名相关检测领域专家、工程师现场授课，传授仪器设备的应用及检测方法，招聘6名专业技术人员，充实技术人才队伍。

（隋材珂）

责任编辑　王淑君

工　业

综　述

【工业发展概况】 2017年，全区国有及年销售收入2000万元以上的非国有工业企业（简称规模以上工业企业）492家，实现工业总产值（当年价，下同）1538.06亿元，工业销售产值1530.28亿元，完成利税总额120.39亿元、利润总额81.31亿元。

是年，全区31种可比的主要工业产品产量，较上年增长的有16种，占总数的51.61%。较上年下降的有15种，占总数的48.39%。

2017年文登区主要工业产品产量表

产品名称	计量单位	数量
粉末冶金零件	吨	6891.00
金属切削工具	万件	15.88
低速载货汽车	辆	1996.00
饲　料	吨	28353.00
原　盐	吨	26343.31
轻　革	平方米	3328781.00
日用玻璃制品	吨	39747.00
民用钢质船舶	载重吨	8120.00
钢质机动非货船	载重吨	8120.00
电动机	千瓦	1722151.00
交流电动机	千瓦	1722151.00
纸制品	吨	184223.11
其中：瓦楞纸箱	吨	184004.00
起重机	吨	538.92
单色印刷品	令	2188.00

续表

产品名称	计量单位	数量
塑料制品	吨	2570.00
电力电缆	千米	4380.00
软饮料	吨	746895.00
包装饮用水	吨	746895.00
橡胶轮胎外胎	条	463029.00
载货汽车橡胶轮胎外胎	条	399615.00
工程机械用橡胶轮胎外胎	条	63285.00
农、林机械用橡胶轮胎外胎	条	129.00
中成药	吨	2.53
变压器	千伏安	31869.00
天然花岗石建筑板材	平方米	17700.00
服　装	万件	811.90
针织服装	万件	456.59
梭织服装	万件	355.31
印染布	万米	1290.00
蚕丝被	万条	130.00
光　缆	芯千米	15201000.00
皮革服装	万件	39.73
纱	吨	1774.00
棉纱	吨	1774.00
饮料酒	千升	3642.00
其中：白酒（折65度，商品量）	千升	3642.00
烧碱（折100%）	吨	56493.00

【管理机构】

区经济和信息化局（简称区经信局）内设办公室、政工科、节能办、综合科、经济运行办、企业科、技术改造科、技术进步办、财审科、交通物流科、外经科等11个职能科室，有在编人员28人。辖设区行业管理办公室（正科级）、区企业总公司资产管理处（正科级）、区信息产业办公室（正科级）、区中小企业局（正科级）、区无线电管理委员会办公室（副科级）、区技术进步办公室（副科级）、区散装水泥办公室（正股级）等7个事业单位。区经信局、区行业管理办公室、区企业总公司资产管理处共有在编人员64人。

区行业管理办公室　隶属区经信局。内设综合科、劳资科、老干部科、行业管理一科、行业管理二科、行业管理三科、财务审计、禁止化学武器公约事务办公室8个科室，有在编人员24人。

区企业总公司资产管理处　隶属区经信局。内设综合科、资产管理科、政策法规科3个科室，有在编人员12人。

区中小企业局　为正科级事业单位，另挂区民营经济办公室、区中小企业协会的牌子。内设办公室、业务科、发展规划科、统计科、家纺科5个科室，有在编人员15人。辖区中小企业信息服务部、中小企业公共服务中心2个股级事业单位，有在编人员分别为14人、1人。

区家纺产业局　为正科级事业单位，与区中小企业局合署办公，经费为财政全额拨款。所需人员编制从区中小企业局内部调剂。

【企业技术改造】 2017年，全区百家骨干企业共实施70个技术改造项目，完成投资40亿元，全年有20个项目完工或投产。天润曲轴股份有限公司的工厂自动化和信息化技术改造项目进行设备的安装调试；威海市润通橡胶有限公司轮胎硫化胶囊生产、文登市文胜玻璃有限公司扩建、文登沁源卫生用品有限公司宠物用卫生用品扩建、威海市景程新材料有限公司PE新材料生产、明池玻璃股份有限公司高档乘用车玻璃配套生产转型升级技术改造等项目投产。宏安集团有限公司的光纤预制棒生产、威海博康特建材有限公司的二期扩建等新项目顺利推进。

【企业技术创新】 年内，山东威达粉末冶金有限公司、文登市西郊热电有限公司、威海泰富西玛电机有限公司3家企业被认定为“省级企业技术中心”。宏安集团有限公司、威海市正大环保设备股份有限公司2家企业被认定为“市级工业设计中心”。威海金颐阳药业有限公司、文登市三峰轮胎有限公司2家企业被认定为“市级企业技术中心”。至年末，全区拥有“国家级企业技术中心”2家，“省级企业技术中心”19家、“省级工业设计中心”3家，“市级企业技术中心”11家、“市级工业设计中心”4家。

【企业节能降耗】 2017年，文登奥文电机有限公司AW3系列高效电机再制造技术荣获“2016年山东省循环经济十大创新科技成果”称号。天润曲轴股份有限公司获得工信部2017年第一批绿色工厂示范企业称号、2017年度山东省循环经济创新科技重大成果奖。全年争取国家、省和威海市各种政策性奖励资金2900余万元，推动开展全区节能、清洁生产、循环经济等方面工作。区经信局印发《关于印发文登区煤炭清洁高效利用和散煤清洁化治理行动计划的通知》等系列文件，开展散煤清洁化治理工作；引导企业利用高效电机替代落后电机，推广使用1.2万千瓦时的高效电机和15万千伏安的高效配电变压器；推进清洁生产，发展循环经济，扩大资源综合利用规模，全区万元GDP能耗下降4.13%，工业固体废弃物综合利用率达95%以上。

工业企业与产业结构

【工业企业】

内资企业　2017年，全区规模以上内资工业企业有398家，其中集体企业6家、有限责任公司58家、股份有限公司11家、私营企业319家、其他企业4家。完成工业总产值1092.47亿元，实现利税88.82亿元、利润59.27亿元。

港澳台商投资企业　全区规模以上港澳台商投资工业企业有10家，其中合资经营企业5家、独资经营企业3家、其他港澳台商投资企业2家。完成工业总产值7.14亿元，实现利税0.58亿元、利润0.45亿元。

外商投资企业　全区规模以上外商投资工业企业有84家，其中中外合资经营企业10家、中外合作经营企业3家、外资企业51家、外商投资股份有限公司4家、其他外商投资企业16家。完成工业总产值438.45亿元，实现利税30.99亿元、利润21.59亿元。

2017年文登区规模以上工业各经济类型主要指标一览表（一）

单位：亿元

项目			企业个数	工业总产值（当年值）	工业销售产值（当年值）	从业人员平均人数
总计			492	1538.06	1530.28	133342
按登记注册类型分	内资企业	国有企业	-	-	-	-
		集体企业	6	14.35	14.35	999
		有限责任公司	58	197.24	197.91	21651
		股份有限公司	11	42.17	42.01	5044
		私营企业	319	826.51	818.32	71111
		其他企业	4	12.19	12.19	724
	港澳台商投资企业	合资经营企业	5	2.87	2.90	757
		独资经营企业	3	2.91	3.05	509
		其他港澳台商投资企业	2	1.36	1.36	167

续表

项　　目			企业个数	工业总产值（当年值）	工业销售产值（当年值）	从业人员平均人数
按登记注册类型分	外商投资企业	中外合资经营企业	10	17.00	17.00	1561
		中外合作经营企业	3	9.94	9.94	789
		外资企业	51	330.50	330.25	24746
		投资股份有限公司	4	26.49	26.49	1809
		其他外商投资企业	16	54.52	54.52	3475

2017年文登区规模以上工业各经济类型主要指标一览表（二）

单位：亿元

项　　目			固定资产合计	利税总额	利润总额	出口交货值
总　计			470.27	120.39	81.31	64.32
按登记注册类型分	内资企业	国有企业	-	-	-	-
		集体企业	3.63	0.84	0.53	0
		有限责任公司	90.58	15.27	9.29	14.32
		股份有限公司	23.78	3.97	2.67	0.12
		私营企业	243.59	67.69	46.03	11.57
		其他企业	3.74	1.06	0.76	0
	港澳台商投资企业	合资经营企业	1.76	0.38	0.38	0.36
		独资经营企业	0.49	0.15	0.04	1.89
		其他港澳台商投资企业	0.51	0.05	0.04	0
	外商投资企业	中外合资经营企业	6.96	1.31	0.87	0
		中外合作经营企业	2.35	0.71	0.48	0
		外资企业	69.65	24.03	16.66	14.66
		投资股份有限公司	6.49	2.25	1.52	0
		其他外商投资企业	16.74	2.70	2.05	21.40

【产业结构】 2017年，全区规模以上工业企业由3大门类（采矿业，制造业，电力、热力、燃气及水生产和供应业）31个行业构成。产值30亿元或利税3亿元以上的骨干行业共14个，分别为农副食品加工业，食品制造业，纺织业，皮革、毛皮、羽毛及其制品和制鞋业，文教、工美、体育和娱乐用品制造业，化学原料和化学制品制造业，橡胶和塑料制品业，非金属矿物制品业，金属制品业，通用设备制造业，专用设备制造业，汽车制造业，电气机械和器材制造业，计算机、通信和其他电子设备制造业。共有企业402家，完成工业总产值1357.50亿元，实现利税105.92亿元。14个骨干行业中，工业产值和利税总额首位均是电气机械和器材制造业，共有企业35家，实现工业总产值261.23亿元、利税21.05亿元。

2017年文登区工业各行业主要经济指标表（一）

单位：亿元

行业分类	企业个数	工业总产值（当年值）	工业销售产值（当年值）	出口交货值
有色金属矿采选业	1	0.57	0.57	0
非金属矿采选业	5	4.18	3.80	0
其他采矿业	1	4.78	4.78	0
农副食品加工业	53	119.58	119.46	1.39
食品制造业	17	51.66	51.74	0.36
酒、饮料和精制茶制造业	7	25.20	25.12	0.001
纺织业	22	67.07	67.07	0
纺织服装、服饰业	23	23.40	23.40	0.92
皮革、毛皮、羽毛及其制品和制鞋业	36	48.77	48.53	2.58
木材加工和木、竹、藤、棕、草制品业	2	3.78	3.78	0
造纸和纸制品业	8	21.46	21.46	0
印刷和记录媒介复制业	7	11.20	11.20	0
文教、工美、体育和娱乐用品制造业	51	135.05	134.96	27.55
化学原料和化学制品制造业	24	49.44	47.79	0
医药制造业	6	5.69	4.93	0.39
化学纤维制造业	4	5.18	5.18	1.82
橡胶和塑料制品业	20	60.79	60.40	1.04
非金属矿物制品业	29	44.82	45.07	0.40
黑色金属冶炼和压延加工业	2	4.90	4.90	0
有色金属冶炼和压延加工业	9	23.70	23.31	0.41
金属制品业	27	67.74	67.74	6.10
通用设备制造业	26	155.96	151.63	3.34
专用设备制造业	20	98.63	99.12	0
汽车制造业	12	35.86	36.09	1.67
铁路、船舶、航空航天和其他运输设备制造业	3	16.22	16.21	6.19
电气机械和器材制造业	35	261.23	260.99	9.38
计算机、通信和其他电子设备制造业	30	160.92	160.78	0.79
仪器仪表制造业	4	4.25	4.25	0
其他制造业	3	5.95	5.95	0
电力、热力生产和供应业	2	5.88	5.88	0
水的生产和供应业	3	14.20	14.20	0
总　计	492	1538.06	1530.28	64.32

2017年文登区工业各行业主要经济指标表（二）

单位：亿元

行业分类	固定资产合计	利润总额	利税总额	从业人员平均数（人）
有色金属矿采选业	0.09	0.03	0.06	95
非金属矿采选业	1.17	0.18	0.29	547
其他采矿业	1.95	0.07	0.19	248
农副食品加工业	38.53	5.58	8.51	9182
食品制造业	20.53	3.34	4.96	5581
酒、饮料和精制茶制造业	7.94	1.45	2.45	1384
纺织业	8.28	4.01	6.15	6213
纺织服装、服饰业	5.94	1.34	1.88	2653
皮革、毛皮、羽毛及其制品和制鞋业	15.89	2.31	3.39	4230
木材加工和木、竹、藤、棕、草制品业	1.01	0.26	0.32	246
造纸和纸制品业	6.70	1.20	1.79	1459
印刷和记录媒介复制业	1.83	0.54	0.93	2527
文教、工美、体育和娱乐用品制造业	40.01	5.76	8.92	11920
化学原料和化学制品制造业	23.07	2.15	3.44	4792
医药制造业	2.15	0.57	0.67	1055
化学纤维制造业	1.57	0.19	0.30	415
橡胶和塑料制品业	24.04	3.11	4.59	4829
非金属矿物制品业	15.17	3.62	5.02	5221
黑色金属冶炼和压延加工业	8.02	0.72	0.89	1401
有色金属冶炼和压延加工业	6.00	1.34	1.77	2743
金属制品业	18.48	3.76	5.87	7792
通用设备制造业	68.03	8.40	12.17	11702
专用设备制造业	22.49	5.84	8.35	7806
汽车制造业	19.91	0.42	1.12	4330
铁路、船舶、航空航天和其他运输设备制造业	3.71	0.59	0.94	1466
电气机械和器材制造业	69.75	14.93	21.05	18982
计算机、通信和其他电子设备制造业	18.93	8.15	12.38	12344
仪器仪表制造业	1.29	0.14	0.23	283
其他制造业	1.93	0.50	0.67	536
电力、热力的生产和供应业	2.83	0.01	0.03	575
水的生产和供应业	13.04	0.80	1.08	785
总 计	470.26	81.31	120.39	133342

机电五金工具业

【行业概况】 包括金属制品业、电气机械和器材制造业、专用设备制造业。2017年，全区有规模以上机电五金工具业企业82家，年平均职工人数3.46万人，固定资产合计110.72亿元。主要企业有文登威力工具集团有限公司、威海鸿通管材股份有限公司、山东威达机械股份有限公司、威海文隆电池有限公司、文登奥文电机有限公司、威海市泰富西玛电机有限公司、盛源电力变压器有限公司、威海岱韩特种金属有限公司等。名牌产品有"MAXPOWER"牌活扳手、孔雀牌钻夹头、文宝牌单相及三相小功率异步电动机、有利牌密封阀控铅酸蓄电池等。主导产品年产量：起重机538.92吨、变压器31869千伏安、交流电动机1722151千瓦、电力电缆4380千米等。是年，完成工业总产值427.59亿元、工业销售产值427.84亿元，实现利税总额35.27亿元、利润总额24.53亿元、出口交货值15.47亿元。年内，文登威力工具集团有限公司被国家工信部授予"全国制造业单项冠军示范企业"称号。

【威力工具集团有限公司开发高效智能扭矩扳手】 2017年，文登威力工具集团有限公司开发应用于高铁、航空等高精尖领域的新产品——高效智能扭矩扳手。该产品是在数显扭力扳手的基础上设置WIFI模块，利用互联网和现代技术，将每个扭矩信息实时传输到后台管理系统，方便专业维修技师对每次作业进行管理和追踪，有效预防或减少人为操作失误造成的损失，该产品是中国手工具行业的首款高效智能工具。

【奥文电机有限公司成立全资子公司】 3月，文登奥文电机有限公司投资的全资子公司"威海雄鹿节能科技有限公司"注册成立。该公司主要从事高效电机产品及节能技术的服务与推广、企业整体机电节能方案的提供、高效电机再制造技术及产品的推广等业务。

【企业选介】

文登威力工具集团有限公司 始建于1968年，时称县五金厂。1973年，更名为文登县工具厂，开始生产活扳手。1988年，与香港国际招商贸易投资有限公司合资经营，成立文登威力工具（集团）有限公司。1999年，改制为股份合作制企业，更名为文登威力工具总厂。2004年，始称文登威力工具集团有限公司。2007年，公司由米山路103号迁至开发区深圳路8号。2011年9月，成立以文登威力工具集团有限公司为母公司，文登迈泊工具有限公司、文登威力高档工具有限公司、文登市威力风机有限公司、文登环保设备有限公司为子公司的企业集团。公司占地面积66公顷，建筑面积33万平方米，总资产5.7亿元。有职工3500人，其中大中专以上专业技术人员500人。为中国五金制品协会副理事长单位和工具分会执行理事长单位，设有国家级技术开发中心、CNAS国家认定实验室、高新技术企业、院长工作站、省五金工具技术研究中心（2009年被认定为省级工程技术研究中心）、省特种风机技术工程研究中心。主导产品有活扳手、管钳、断线钳、大力钳、套筒、棘轮扳手、内六角、两用扳手、航空剪、F夹、C型夹、水泵钳、鹰嘴钳、锂鱼钳、扁凿、汽车扳手等手工具和风机、除尘设备等，年生产能力4000万支（台），注册商标"MAXPOWER迈泊""威达 WD&WL"，获得"中国驰名商标""山东省著名商标""山东名牌""山东省出口名牌"等称号。为全球最大的活扳手制造企业，有800余个销售网点，产品远销欧、美、非及东南亚等100余个国家和地区。1996年在全国同行业首家通过ISO 9001质量管理体系认证，取得韩国KS、日本JIS、德国VPA/GS、ISO 14001环境管理、OHSAS 18001职业健康安全管理等体系认证。被认定为国家高新技术企业、山东省高新技术企业。获得"中国轻工业出口创汇优秀企业银奖"，企业被授予"山东省五金工具生产基地龙头企业""全国五金制品优秀企业""中国工具优秀企业""中国工具十强企业"等称号。2012年1月，公司与中物南海投资有限公司合资成立威海久威材料科技有限公司。依靠中国物理研究院的科技力量，公司实施刀具模具热处理工艺技术改造。2013年8月，与韩国东洋物产企业株式会社合资成立威海东洋机械有限公司，从事花生联合收获机的研发、生产和销售。2017年，公司实验室被中国合格评定国家认可委员会认定为CNAS国家认可实验室，公司被中国轻工业联合会授予"中国轻工业五金制品行业十强企业"称号，被山东省"厚道鲁商"促进会评为山东省"厚道鲁商"品牌形象榜上榜企业。公司投资2000万元对原有的生产技术和工艺进行创新和改良，淘汰和改造老旧设备，实现半自动化生产，提高产品生产质量和生产效率。是年，完成销售收入71723万元，比上年增长11.4%；实现利税9983万元，比上年增长16.4%。

文登奥文电机有限公司 始建于1955年，时称昆嵛县联社修配社，主要从事小农具和手工具的维修和制造。1982年6月，更名为县电器制修厂，开始生产微型电机。1986年，成为县技工学校实习工厂，称文登县电机厂。1998年，改制为股份制企业。2001年，兼并原文登机械设备总公司。2003年，始称文登奥文电机有限公司。2011年，企业生产厂区和总部由环山路62号迁至昆嵛北路196号。占地面积27万平方米，建筑面积18.5万平方米。总资产3.5亿元，其中固定资产总额2.2亿元。辖有3个生产厂区、1个全资子公司。有在职职工900人，其中工程技术人员120人。为中国电器工业协会中小型电机分会的理事单位，为中国电器工业协会分马力电机分会的理事单位，中国电器工业协会电动工具分会的会员单位。主要生产高效和超高效电机、永磁伺服电机、橡塑机械变频专用电机、摆线机专用制动电

文登奥文电机有限公司生产车间（6月11日摄）

机、台式电动抛光工具、台钻、带锯、园林工具等产品，形成100个系列1000余个规格的产品规模。年产各类电动工具150万台，各类电动机100万千瓦。产品出口50余个国家和地区，年出口额7000万美元。取得“长城”中国电工产品安全认证和“CCC”认证、美国“UL”认证、加拿大“CSA”认证、德国“GS”认证、欧洲“CE”认证等，获国家专利60余项，参加9项国家及行业标准的制修订工作。1996年，在全国同行业中率先通过ISO 9001质量管理体系认证，获全国首批机电产品出口质量认证。率先通过知识产权管理体系认证，被国家知识产权局授予国家知识产权优势企业，通过国际AEO海关认证（海关高级认证）。公司是国家高新技术企业，设有山东省台式电动工具工程技术研究中心、山东省高效和超高效电机企业技术中心、山东省机电工具工业设计中心、山东省IE4超高效电机工程实验室，以及1个高效电机再制造中心。是山东省能效领跑企业，获批国家第二批再制造试点单位。AW3和PM两大系列再制造高效电机被工信部列入《再制造产品目录》，这是省内唯一被列入该目录的电机产品。PM系列高效电机被列入国家第七批《节能机电设备（产品）推荐目录》。公司的三相异步电动机、单相异步电动机、台式电动工具、超高效电机等产品被授予5个“山东省名牌产品”、2个“山东省著名商标”、1个“山东省重点培育和发展的国际知名品牌”称号。2017年4月，AW3系列高效电机再制造技术被授予“山东省循环经济创新科技成果奖一等奖”和“山东省循环经济十大创新科技成果”称号。7月，企业通过省级节水型企业的现场审核。9月，企业超高效三相异步电动机设计制造技术获得4项山东省优秀节能成果奖。10月，AW3及PM系列超高效三相电机产品被评为“山东省名牌产品”。12月，公司通过海关高级认证审查，获得海关高级认证证书（AEO认证）；被国家知识产权局授予“国家知识产权优势企业”称号。2017年，公司技改总投资2000万元，完成企业专利申报25项、海外商标注册2个。完成销售收入4.5亿元，实现利税5000万元，出口额7000万美元。

威海鸿通管材股份有限公司 始建于1994年，时称文登市富和管材有限公司。2001年，文登市富和管材有限公司与香港鸿沛国际有限公司合资经营，生产新型塑料合金复合管，为中国最早将耐压25MPa以上的非金属管材大批量应用于油田生产的企业。是年，企业通过ISO 9001：2000质量管理体系认证。公司产品得到中国石油化工股份有限公司、中国石油天然气股份有限公司的认可，并大面积推广使用。2002年，与新疆克拉玛依市华隆实业总公司共同出资1500万元成立华隆鸿通管材公司，主要向克拉玛依油田销售鸿通管材，至2009年，产品占克拉玛依油田市场份额的70%。2004年，在胜利油田成立胜利油田鸿通管材有限公司。年内，文登鸿通管材有限公司规模跃居全国同行业之首。2005年，获得国家质量监督检验检疫局颁发的《中华人民共和国特种设备制造许可证》（压力管道）。2008年，通过美国石油协会的APIQI认证。2009年，为配合企业做好改制上市工作，香港鸿沛国际有限公司进行股权转让，退出合营公司，企业变更为内资企业。公司由横山路甲3号迁至广州路87号。2015年，公司更名为威海鸿通管材股份有限公司。占地面积4.66万平方米，建筑面积2.8万平方米，总资产1.5亿元，有职工235人，其中专业技术人员80人。拥有塑料挤出设备4套、缠绕流水线6套、固化及管头加工流水线2条，以及各类检测设备50余台套。主导产品为塑料合金复合管，年生产各种塑料合金复合管1000千米，口径从DN40到DN350，压力等级从PN1.6MPa至PN32MPa，其中压力25MPa以上的鸿通管材为国内最早批量应用到油田生产中的非金属管材。其产品应用范围从油田输油扩大到注水、注聚合物及为化工领域输送各种腐蚀性液体等，有效解决聚合物降解等问题，属国家产业政策鼓励开发的环保型产品。设有鸿通院士工作站（国内管材生产企业首个院士工作站）和山东省塑料合金防腐蚀复合管工程技术研发中心，被山东省科技厅认定为高新技术企业，拥有多项国家发明专利和实用新型专利。公司被列入首批战略新兴产业重点调度企业名录，被省政府授予“先进民营企业”称号。“鸿通”图形商标被评为山东省著名商标。公司承担的“海洋深水非金属材料复合管研制”项目实施方案，通过科技部组织的专家组评审，获准列入2013年国家863计划，是文登区企业牵头承担的首个863计划项目。主导产品高压高温塑料合金复合管材被评为国家重点新产品。2015年，文登鸿通管材有限公司在全国中小企业股份转让系统成功挂牌，证券简称“鸿通管材”（代码832234）。2017年，公司新产品玻璃钢敷缆复合连续油管成功入选2017年度山东省首（台）套技术装备名录。新疆油田准东采油厂采用该公司的玻璃钢敷缆复合连续油管，使用量为50口井，总长度达70千米，运行平稳可靠。是年，公司完成销售收入13087万元，实现利税3535万元。

汽车及零部件业

【行业概况】 包括通用设备制造业，汽车制造业，铁路、船舶、航空航天和其他运输设备制造业。2017年，全区有规模以上汽车及零部件配套企业41家，年平均职工人数1.75万人，固定资产合计91.64亿元。主要企业有中航黑豹股份有限公司、天润曲轴股份有限公司、文登市双力板簧有限公司、文登市鼎泰机械有限公司（主要生产汽车半轴及汽车零部件）等。名牌产品有“黑豹”牌汽车、“天”牌曲轴、“双力”牌板簧等。主导产品年产量：低速载货汽车1996辆、民用钢制船舶8120载重吨、各类曲轴160万支、连杆279万支。是年，完成工业总产值208.04亿元、工业销售产值203.93亿元，实现利税总额14.23亿元、利润总额9.41亿元，完成出口交货值11.19亿元。

【天润曲轴股份有限公司被列为首批制造业单项冠军示范企业】 1月17日，工业和信息化部、中国工业经济联合会公布第一批制造业单项冠军示范（培育）企业名单。天润曲轴股份有限公司的“曲轴连杆数字化车间试点示范项目”，入围2017年全国首批智能制造试点示范企业名单。天润曲轴股份有限公司被列为首批制造业单项冠军培育企业。

【天润曲轴股份有限公司新产品开发和技术创新成效显著】 2017年，天润曲轴股份有限公司完成戴姆勒、潍柴、福田康明斯等主机厂96个曲轴新产品的开发试制工作，23个曲轴新产品进入批量生产阶段（包括转量产控制），7个曲轴新产品进入小批量生产阶段；完成卡特彼勒、潍柴、康明斯等主机厂63个连杆新产品开发试制工作；完成卡特彼勒、云内、格林策巴赫等主机厂20个曲轴铸件新产品、30个外协铸件新产品试制工作；完成卡特彼勒、潍柴、扬柴等主机厂27个锻件新产品开发试制工作。同时，公司做好生产线提效的技术创新工作，完成残余应力对曲轴可靠性影响的研究、滚压力、材料特性、产品结构与滚压伸长量规律的研究等4项基础技术研究，完成插补圆角磨削工艺、六缸球铁曲轴毛坯减余量攻关等3项先进工艺研究，有效缩短生产等待时间。

【企业选介】

天润曲轴股份有限公司 始建于1954年，前身为吕家集铁业生产合作社。1982年，开始生产曲轴和铸铁件，称山东文登曲轴厂。1993年，更名为山东曲轴总厂。1995年，与香港鸿运贸易有限公司合资成立文登天润曲轴有限公司。1996年，合资合作方变更为美国美林集团公司。1999年，改称为天润曲轴有限公司。2007年，企业经股份制改造，称天润曲轴股份有限公司。2002年，曲轴工程技术研究中心被认定为全国曲轴行业首个国家级开发技术中心。2003年，建立起国家博士后流动科研工作站。2005年，在全国同行业首个通过ISO/TS 16949：2002质量管理体系认证。2009年8月21日，在深圳证券交易所A股上市。公司有员工2800人，各类专业技术人才800人。厂区占地面积86.8万平方米，总资产62亿元。辖设文登恒润锻造有限公司、南海铸锻基地和潍坊分公司，主要业务领域涉及内燃机动力零部件和铁路设备的生产和加工。主营业务范围包括船机，重型、中轻型和轿车曲轴，以及连杆、铸件、锻件等7个类别。有年产100余种型号、220余万支优质锻钢曲轴和球墨铸铁曲轴、400万支胀断连杆、8万吨铸件及11万吨锻件的生产能力。2010年9月，省科技厅批准在天润曲轴股份有限公司设立“山东省院士工作站”。设有国家认定企业技术中心、国家博士后科研工作站、山东省曲轴连杆工程技术研究中心、曲轴/连杆省级工程研究室和山东省发动机曲轴/连杆技术重点实验室等研发平台。公司获得“国家高新技术企业”“火炬计划

天润曲轴股份有限公司车间一角（11月11日摄）

重点高新技术企业”“山东省创新性试点企业”“中国内燃机零部件行业排头兵企业”“中国百佳零部件供应商”“中国汽车零部件百强企业”“中国公众良好信誉企业”“国家产品免检企业”等称号。公司通过ISO 9002质量管理体系认证、QS 9000质量管理体系认证、TS 16949国际质量体系认证和ISO 14001环境管理体系认证。“天”牌商标被评为“中国驰名商标”，“天”牌曲轴被认定为“中国公认名牌产品”。2017年，公司搭建集团化管控的事业部、子公司型组织架构，设立2个董事会常设机构、7个职能部门、5个共享服务部门、4个事业部、5个子公司，将业务板块经营主体下移，实施精细化管理和专业服务。同时，集中力量发展商用车优质客户，成功发展广汽三菱、康沃动力等2个国内新客户，韩国现代1个国际新客户，豪迈、卡特彼勒等5个铸件新客户，市场占有率持续保持行业领先。是年，公司共生产各类曲轴160.13万支、连杆278.83万支、铸件5.56万吨、锻件266.96万支，实现营业总收入30.22亿元，全口径税收收入17358万元。

北汽黑豹（威海）汽车有限公司 前身为文登肉类机械厂。1990年，始生产农用运输车。企业自主研发的黑豹0.5吨系列产品，开创小吨位低速货车的先河，是首个载入全国货车目录的0.5吨四轮低速货车。1992年，称山东文登农用运输车厂。1993年，经股份制改造，成立山东文登黑豹股份有限公司。1996年，更名为山东黑豹股份有限公司，在上海证券交易所上市（代码600760），为威海市首家在国内上市的股份制企业。2003年，与哈尔滨东安发动机集团公司实现资产重组。2004年，改称东安黑豹股份有限公司。2010年，东安黑豹股份有限公司与中国航空工业集团公司实现资产重组，更名为中航黑豹股份有限公司。2015年4月，北京汽车制造厂有限公司与中航黑豹股份有限公司共同成立北汽黑豹（威海）汽车有限公司。地址由龙山路107号迁至珠海东路35号，占地面积45.6万平方米，总资产12.82亿元。有职工778人，其中专业技术人员80人。主导产品为北汽轻卡、“黑豹”牌微型载货汽车、工程自卸车、厢式运输车等。产品行销全国各地（西藏、港澳台地区除外），销售服务网点有1300余家。公司通过国家“3C”产品质量认证和ISO 9001：2000质量管理体系认证，设有山东省企业技术开发中心，拥有41项国家专利、9项山东省技术创新优秀成果，获得6项威海市科技进步奖，被授予山东省“机械工业百强企业”、山东省“高新技术企业”和威海市“市级文明企业”等称号。公司与哈尔滨工业大学、吉林工业大学汽车工程学院、上海同捷科技股份有限公司等高校及科研院所建立合作关系，缩短产品研发周期。自2011年8月24日起，工信部撤销所有“黑豹牌”汽车产品公告，公司终端销售受到严重影响。2015年4月，与北京汽车制造厂有限公司共同出资建立北汽黑豹（威海）汽车有限公司。全年成功申报专利11项。2017年，公司在国内率先推出N1类柴油国五车型。同时，利用原有平台与北京汽车股份有限公司、哈尔滨工业大学共同研制开发1030、1036系列电动物流车。全年共申报专利16项。实现营业收入2.65亿元，上缴税金1589万元。

北汽黑豹（威海）汽车有限公司的汽车生产线（12月3日摄）

山东双力板簧有限公司 始建于1954年，时称高村镇铁木业生产合作社。1983年，更名为文登平板弹簧厂。1998年，改为股份制企业，称文登市双力板簧有限公司。2014年，公司更名为山东双力板簧有限公司。总公司位于高村镇河西村南，北制簧车间位于墩后村南，辖设炼钢厂、轧钢厂、制簧厂、运输公司、汽车大修厂。占地面积13万平方米，建筑面积7万平方米。总资产1亿元，职工700人。公司通过ISO 9001：2000和ISO/TS 16949：2002质量管理体系认证，具有自营进出口权。拥有冶炼、精炼、连铸和连轧生产线，年可生产微卡、轻卡、重卡及各种客车等汽车板簧5万吨。产品销售全国各大知名厂家，并出口菲律宾、新加坡等国家。1993年，建立2条年生产能力为6000吨的板簧生产线。1994年，建起第一条汽车板簧生产线。1995年4月，开始按汽车板簧标准要求生产汽车钢板弹簧，主要为烟台汽车、黑豹汽车生产配套产品。1996年，买断破产的威海钢厂。2006年，投资400余万元建立汽车板簧检测中心，配置板簧专用检测设备，建成包含性能测试室、金相室、探伤室、光谱室以及疲劳实验室等全部板簧检测项目室。是年，公司生产的“双力”牌汽车钢板弹簧产品被评为“山东省名牌产品”。2007年，投资1.2亿元，新上2套中频炉和2套315轧机、350轧机。2008年，公司注册使用的“双力及图”商标被评为山东省著名商标。2009年，建成10000平方米车间，新上4条重卡汽车板簧生产线，使板簧生产能力突破5万吨，炼钢厂拥有年产15万吨优质弹簧钢的能力，轧钢厂拥有年产15万吨各规格弹簧扁钢的能力，成为国内板簧行业唯一拥有炼钢、轧钢的汽车板簧专业生产厂家，是国内重要的汽车钢板弹簧生产基地。2016年，投资1500余万元新上电泳及静电喷漆生产线等设备，解决生产过程中废气、废渣和废水问题，提升产品的防锈能力及外在质量。2017年，完成产值14355万元、销售收入14300万元，实现利税905万元。

工艺家纺业

【行业概况】 包括纺织业，纺织服装、服饰业。2017年，全区有规模以上工艺家纺业企业45家，年平均职工人数8866人，固定资产合计14.23亿元。主要企业有山东省艺达有限公司、山东芸祥绣品有限公司、山东万得集团有限公司、山东云龙绣品有限公司、山东银丰家用纺织品有限公司、威海金领家纺有限公司、文登市金城绣品有限公司、文登市鲁东艺品有限公司等。名牌产品有“WON&WON”牌台布、“云龙”牌系列化纤制品、“艺达”牌家纺系列产品。主导产品产量：棉纱1774吨、服装811.9万件、印染布1290万米、蚕丝被130万条等。是年，完成工业总产值90.47亿元、工业销售产值90.47亿元，实现利税总额8.03亿元、利润总额5.35亿元、出口交货值0.92亿元。

【芸祥绣品有限公司获“山东省文化企业30强”称号】 8月25日，第六届山东文化产业博览交易会重点文化产业项目签约暨首届山东省文化企业30强发布仪式在济南国际会展中心举行，山东芸祥绣品有限公司通过首届“山东省文化企业30强”评审委员会对公司的社会效益、经济效益和管理创新指标的综合考评，被授予“山东省文化企业30强”称号。

【芸祥绣品有限公司家纺设计师系列作品获奖】 年内，山东芸祥绣品有限公司家纺设计大师田世科创作的作品《荷塘清韵》在2017第九届中国（山东）工艺美术博览会荣获“神龙杯”山东省工艺美术精品奖金奖；山东芸祥绣品有限公司家纺设计师周川川创作的鲁绣《立体雕孔台布》在2017第九届中国（山东）工艺美术博览会荣获“神龙杯”“山东省工艺美术精品奖金奖；山东芸祥绣品有限公司家纺设计师王培万创作的鲁绣《生生不息》在2017第九届中国（山东）工艺美术博览会荣获“神龙杯”山东省工艺美术设计创新奖金奖；山东芸祥绣品有限公司家纺设计师鞠英波的鲁绣作品《富贵大吉》在2017第九届中国（山东）工艺美术博览会荣获“神龙杯”山东省工艺美术设计创新奖金奖；山东芸祥绣品有限公司家纺设计师张明的鲁绣作品《古典纹祥桌旗三件套》在2017第九届中国（山东）工艺美术博览会荣获“神龙杯”山东省工艺美术创意奖银奖。

【芸祥绣品有限公司与高校合作开发新项目】 2016－2017年，山东芸祥绣品有限公司与山东大学教授张承瑞合作开发《扣锁智能化新技术的研究应用》新项目，利用“电脑绣＋激光切割一体化生产技术”实现传统扣锁绣“手绣＋小机绣”生产的产品效果，采用电脑打版、电脑切、绣、锁，生产效率提高20倍以上，成本降低35%，质量一次交验合格率提高到98%。项目技术共申报3项发明专利，授权1项实用新型专利“一种多功能剪刀”，被列为文登区科技计划，并获得2016年威海市文登区科技二等奖。山东芸祥绣品有限公司与山东大学机械学院联合开发《基于物联技术的工艺家纺智能化生产技术的研究与应用》新项目，被批准为威海市人才项目工程。

【企业选介】

山东省艺达有限公司　始建于1985年，是文登县轻工业局与上海合新雨衣服装厂合作成立的文登县沪文服装厂。1992年，兼并文登市玩具厂。1993年，以沪文服装厂为基础，成立文登市艺利达抽纱制衣集团公司。1995年，兼并文登市服装厂、文登市二轻商场和文登市华瑞鞋厂。1998年，兼并文登市地毯厂。2001年，经股份制改造，更名为山东省艺达有限公司，又称山东艺达集团公司（此名称仅用于工商注册登记）。公司总部位于横山路21号。辖设抽纱进出口、家纺进出口、服装进出口、工艺品进出口、外贸开发、经贸、商贸等7个贸易型公司和抽纱工业、家纺工业2个生产型公司。占地面积130万平方米，建筑面积70万平方米，总资产12亿元。2001年，公司投资从瑞士引进具有世界先进水平的HP4040飞梭电脑彩绣机，嫁接改造手绣、小机绣、万能机绣等传统生产方式；创建贸易公司和自主品牌“艺达”，取得自营进出口权。2002年，公司通过ISO 9001质量管理体系认证、ISO 14001环境管理体系和OHSAS 18001职业健康安全管理体系认证。2004年4月，公司在定陶县仿山经济开发区建成艺达菏泽工业园。自此形成艺达文登和菏泽两大工业园区。是年，拥有60多台瑞士产飞梭电脑绣花机，100余台（套）绗缝设备、800余台多头电脑绣花机、360台特宽幅喷汽式织机等先进设备，是全国最大的专业从事床上用品研发、设计、生产加工和销售的企业，具有年生产加工床上用品1500万件（套）、织造坯布1亿米的生产能力。“艺达”牌产品被认定为“国家免检产品”，“艺达”商标被认定为“山东省著名商标”。2005年，艺达家纺产品获“中国名牌产品”称号，公司荣获“全国工业旅游示范点”称号。2007年，兼并重组同大机绣厂，建设艺达文登工业园扩建项目。2009年，1万平方米的艺达家纺艺术馆正式对外开放。公司拥有自营进出口权和50项产品专利，建立1个省级电脑绣工程技术中心和1个行业技术中心。公司在国内有500余家加盟专卖店。获得“全国十佳诚信企业”“全国纺织工业先进集体”“全国青年文明号”“山东省质量管理奖”“山东省重点培育和发展的国际知名品牌”“山东省重点文化产品出口和服务企业”等称号。被认定为“中国纺织服装行业出口百强企业”“中国纺织服装企业竞争力500强企业”。2017年，公司实现销售收入22815万元，出口交货值6264万元，上缴税金2710万元。

山东芸祥绣品有限公司　始建于1992年，前身为文登云龙绣品集团公司抽纱二厂。1997年，经股份制改造，成立文登市芸祥绣品有限公司。2002年，改称山东芸祥绣品有限公司。位于香山北路1号，占地面积15万平方米，建筑面积12万平方米，有国际标准化生产厂房8.6万平方米，员工2000人，总资产4亿元。辖设文登市芸祥绣品有限公司、文登市锦绣抽纱有限公司两家全资子公司及纳可—新港（威海）家纺有限公司、威海英特曼家居有限公司两家合资公司。拥有多功能电脑绣花机、激光雕刻机、电脑锁链绣机、电脑绗缝机、超声波轧花机等科研、生产设备1800余台。主导产品为床上、台上、装饰布艺、婴幼儿系列工艺家用纺织品和抽纱刺绣高档工艺品，高档工艺家用纺织品年生产能力达到500万套、产值12亿元，产品出口美国、英国、西班牙、南非、俄罗斯等30余个国家和地区。公司被认定为中国家纺行业协会副会长单位、中国工艺美术协会常务理事单位、山东省工艺美术协会副会长单位、山东省鲁绣文化艺术产业联盟牵头单位。公司研发中心被认定为山东省家纺特种工艺工程技术研究中心、山东省企业技术中心、山东省工业设计中心和山东省鲁绣工艺技术研究中心，设有中国家纺协会工艺家纺艺术馆、技能大师工作室，有中、高级工艺美术师和设计师68人（包括中国工艺美术大师1名、山东省工艺美术大师1名，山东省首席技师2名）。公司拥有发明专利2项、实用新型专利5项、外观专利288项、省部级科研成果7项。通过ISO 9001质量管理、ISO 14001环境管理、OHSAS 18001职业健康安全管理、SA 8000社会责任管理等体系认证，及“Oeko－Tex Standard 100一级生态纺织品”产品认证，被授予“全国纺织工业先进集体”“中国AAA级信用企业”“中国海关诚信企业”“山东省青年文明号”“中国专利山东明星企业”“山东省文明诚信民营企业”“山东省轻工业50强”“山东省纺织行业管理创新企业”“山东省守合同重信用企业”“山东省消费者满意单位”“山东省重点文化企业”等称号。拥有“一品绣”“芸祥绣品”“THIS NIGHT”等知名品牌，其中“一品绣”“芸祥绣品”系列产品被认定为“国家免检产品”“山东名牌产品”“山东省重点培育和发展的出口名牌产品”。“一品绣”和“芸祥绣品”商标被评为“中国驰名商标”“山东省著名商标”。2012年5月，田世科的刺绣作品《荣华富贵》获中国轻工业联合会、中国工艺美术学会、中国轻工业珠宝首饰中心联合举办的第七届中国工艺美术“百花奖”评比金奖。2016年，公司被山东省科技厅评为山东省鲁绣文化产业创意设计众创空间，取得知识产权管理体系认证证书，获得安全生产标准化三级企业认证。2017年，公司被评为中国家用纺织品行业协会（CHTA）团体标准化技术委员会委员单位，2017中国家纺行业卓越绩效模式先导企业；获得ISO 9001：2008质量管理体系，ISO 14001：2004环境管理体系、OHSAS 18001：2007职业健康安全管理体系认证。公司产品通过Oeko-Tex Standard 100Y生态纺织品认证。是年，公司实现销售收入48110万元，上缴税金2566万元，出口创汇6013万元。

山东万得集团有限公司　始建于1993年，前身为文登云龙绣品集团公司抽纱一厂。1999年12月，更名为文登市华龙绣品有限公司。2002年12月，改称山东万得集团有限公司。位于昆嵛北路58号，成品生产基地占地面积15万平方米，建筑面积12万平方米。印染印花产业园区占地面积32万平方米，建筑面积5.2万平方米。有职工3000人，辖设6个子公司、1个成品产业园和1个印染印花产业园。总资产3亿元，有电脑绣花机、单针绗缝机、万能绣花机、高速平缝机等专业设备和印染、印花流水线3000台（套），产品包括床上用品、窗帘、台布和染色、印花纺织品等，有1万多个花色品种，年产家纺产品1500万件（套）。产品销往国内及美国、加拿大、英国、法国、德国、澳大利亚等20余个国家和地区。公司通过ISO 9001质量管理体系认证、ISO 14001环境管理体系认证、OHSAS 18001职业健康安全管理体系认证和生态纺织品质量环保认证。万得家纺产品被评为“中国名牌产品”“国家免检产品”“山东出口名牌产品”。“WON&WON”牌商标被国家工商行政管理局评为“中国驰名商

山东万得集团有限公司的电脑绣花车间（5月7日摄）

标”。获得国家发明专利2项，实用新型专利1项，国家外观设计专利123项。公司被评为“中国纺织服装企业竞争力500强企业”“中国轻工业工艺美行业十强企业”“中国轻工业百强企业”，是省级劳动关系和谐企业。公司设有“山东省生态绣业工程技术研究中心”“山东省企业技术中心”。2013年，公司获得国家商务部、宣传部、文化部联合颁发的国家文化出口重点项目证书。2017年，公司投资400余万元购置国外产整纬仪1台和国产绗缝一体机、电脑绣花机47台，建设1条高档鲁绣产品产业化生产线；获得授权实用新型专利5项。是年，实现销售收入17475万元，利税1518万元。

山东云龙绣品有限公司　1981年11月由县刺绣厂分立，原名文登县绣品厂。1992年，改组为文登云龙绣品工业（集团）公司。1998年，实行股份制改造，成立山东云龙集团公司。2000年，更名为山东云龙绣品工业公司。2001年，始称山东云龙绣品有限公司。公司占地面积33.33公顷，建筑面积30万平方米，有职工500人，其中专业技术人员80人（含1名中国工艺美术大师），拥有lontex复合材料生产线、大型飞梭绣花机、多功能电脑绣花机、万能绣花机和高速平缝机等30种600余台（套）生产设备。辖设威海云龙复合纺织材料有限公司、威海云龙国际贸易有限公司、山东省复合仿生纺织材料工程技术研究中心。获国家专利权290项，其中国家发明专利4项。在1985年、1990年连续两届中国工艺美术百花奖评选中，“云龙”牌家纺产品获国家最高质量金杯奖，代表作品被中国工艺美术馆选定为首批收藏品。“云龙牌”商标被注册成国际商标，按照商标国际注册马德里协定，商标使用范围覆盖美国、英国、法国、德国、意大利等12个国家和地区。主导产品包括机绣抽纱工艺品、服装服饰品、绗缝制品、日用化工产品和复合纺织材料5个产品类别，床上、台面、墙面、家具、家电、服装服饰品等6个装饰系列200余个规格品种，外销欧美60余个国家和地区。公司通过ISO 9001质量管理体系认证、ISO 14001国际环境标准管理体系认证和SA8000社会责任标准体系认证。被评为“全国轻工业出口创汇先进企业”“全国轻工业优秀企业”“全国外经贸质量效益型先进企业”“全国实施用户满意工程先进单位”，被授予“全国五·一劳动奖状”“中国知名品牌优秀质量管理奖”“中国功能家纺贡献奖”。“云龙牌”产品被评为全国用户满意产品、山东名牌产品、中国名牌产品、重点支持和发展的中国出口名牌商品。2017年，实现销售收入4594万元，上缴税金156万元，出口创汇2480万元。

食品工业

【行业概况】　包括农副食品加工业，食品制造业，酒、饮料和精制茶制造业。2017年，全区有规模以上食品工业企业77家，年平均职工人数1.61万人，固定资产合计66.99亿元。主要企业有山东颐阳酒业有限公司、家家悦生鲜加工配送有限公司、山东金旦旦食品有限公司等。主导产品产量：饮料酒3642千升、饲料28353吨、软饮料746895吨等。是年，完成工业总产值196.44亿元、工业销售产值196.33亿元，实现利税总额15.91亿元、利润总额10.37亿元、出口交货值1.75亿元。

【企业选介】

山东颐阳酒业有限公司　始建于1956年，前身为文登酿酒厂。1996年改为文登酿酒总厂。1998年改制为有限责任公司。国家节约能源一级企业、山东省粮食白酒重点生产企业、山东省低度浓香白酒著名企业、山东省轻工业诚信经营单位、山东省高新技术企业、威海市农业产业化重点龙头企业。公司位于文登经济开发区珠海东路26号，有职工1000人。辖设山东颐阳酒业有限公司、威海金颐阳药业有限公司、山东颐阳生物科技有限公司、包装印刷公司等经济实体，主要产品有文登学白酒、药酒、保健酒、西洋参酒系列100余个花色品种，销往全国10余个省、市和地区，并出口韩国、新西兰。“文登学”白酒连续22年被评为省优级粮食酒，并获“全国浓香白酒优质产品”“全国酒类产品质量安全诚信推荐品牌”“山东名牌产品”“山东白酒十大品牌”“好客山东十佳名酒金榜品牌”“威海首届消费者满意品牌”等称号。“颐阳补酒”系国家批准的保健产品，在同行业中率先获得药品生产GMP认证与保健食品GMP认证，被授予“中国优质保健品金奖”“山东省科技进步奖”“中国轻工总会新产品开发一等奖”等奖项。“颐阳”和“文登学”商标被认定为山东省著名商标。2009年，公司投资2亿元扩建10公顷的新园区，建设5万平方米的标准车间，安装4条国内先进的自动化流水线，扩建原有的药酒、补酒、包装彩印等项目；新上西洋参深加工项目，建设1万平方米的标准化西洋参深加工车间及粗加工工厂，年加工鲜参3000吨、干参4000吨（包括西洋参皂苷和深加工产品）。2013年11月，公司获得中药饮片的药品GMP认证，为威海地区唯一具有国家许可资质的中药材加工企业。2016年，颐阳补酒制作技艺入选省级非物质文化遗产名录。7月，公司深加工车间取得SC认证，产品有即食参、口含片、袋用茶、颗粒冲剂、饮料等。12月8日，金颐阳药业公司成为国家商务部山东中药材流通追溯体系建设试点单位，承担《文登西洋参土壤生物修复技术推广》《西洋参精深加工及产业化开发》2项国家级星火计划项目。2017年3月17日，公司与山东省海洋资源与环境研究院联合成立科技成果转化基地与研究生科研创新培训基地。是年，实现销售收入14574万元，上缴税金1066万元，出口创汇230万元。

非金属矿物采制业

【行业概况】 包括非金属矿采选业，非金属矿物制品业。2017 年，全区有规模以上非金属采制企业 34 家，年平均职工人数 5768 人，固定资产合计 16.34 亿元。主要企业有威海市高岛盐场、明池安全玻璃有限公司、文登市文胜玻璃有限公司等。主导产品年产量：原盐 26343.31 吨、日用玻璃制品 39747 吨。是年，完成工业总产值 49 亿元、工业销售产值 48.87 亿元，实现利税总额 5.31 亿元、利润总额 3.80 亿元、出口交货值 0.40 亿元。

【原盐生产】 2017 年，全区盐田有效生产面积 120 公顷。生产原盐 2.63 万吨，加工成品盐 6440 吨。全年销售食盐产品 6440 吨，全部为食用盐。

【企业选介】

明池玻璃股份有限公司 始建于 1986 年，原名文登市五金建材加工厂。1998 年，更名为文登市安全玻璃厂。2003 年，改称文登市明池安全玻璃有限公司。2015 年，完成股份制改造，更名为明池玻璃股份有限公司。位于南海新区明池路 3 号，占地面积 5.82 万平方米，固定资产总额 9617.62 万元。有职工 265 人，其中专业技术人员 52 人。主导产品为汽车玻璃，为北汽福田、青岛一汽、中国重汽、华泰汽车、淄博唐骏、中航黑豹、五征汽车等汽车厂家生产配套产品，年产 100 万套汽车玻璃。公司连续 16 年被北汽福田评为“优秀供应商”和战略合作伙伴，为通用汽车全球采购供应商。拥有 4 条玻璃预处理切、割、磨、洗全自动日本坂东生产线，4 条后挡玻璃钢化生产线，2 条全自动丝网印刷生产线。通过 ISO 9002：2000 和 ISO/TS 16949：2002 质量管理体系认证，汽车玻璃产品通过中国 CCC 认证、欧曼经济委员会 ECE 认证、美国道路交通部质量安全认证（DOT）、巴西国家认可机构 Inmetro 认证。公司生产的汽车玻璃被评为“山东省名牌产品”，“明池”牌商标被认定为“山东省著名商标”。公司设有威海市安全玻璃工程技术研发中心、山东省企业技术开发中心等技术研发机构。2013 年，公司被评为“中国安全玻璃行业 30 强企业”。2017 年，公司投资 310 万美元引进美国格拉斯泰克水平辊道炉膛玻璃弯钢化设备，实现玻璃加工的炉内一体成型。新建 8 号车间为全自动数字化工厂，引进 ABB 机器人实现玻璃切割自动识别生产及自动化连线生产，购置瑞士百超侧窗玻璃切割机及泰芬热弯炉。是年，生产汽车玻璃 186.18 万平方米，完成销售额 14760 万元，实现利税 795.91 万元。

文登市文胜玻璃有限公司 始建于 1977 年，时称文登县玻璃制品厂。1988 年，更名为文登市玻璃制品厂。2004 年 9 月，经股份制改造，成立文登市文胜玻璃有限公司。位于埠口港岚山路，占地面积 6.43 万平方米，建筑面积 1.06 万平方米，资产总额 2.7 亿元。有职工 170 人，其中专业技术人员 23 人。主要设备有 2 座 60 平方米玻璃窑炉、4 台 H10D 型行列式制瓶机。年生产各种玻璃制品 9 万吨，主导产品为 750ML、600ML、330ML（翠绿色、古典绿、墨绿、棕色、白色）玻璃瓶，500ML 罐头瓶，220ML 高档饮料瓶，750ML 高档葡萄酒瓶及各种规格的中高等白酒瓶。所生产啤酒瓶、白酒瓶、各种中高档葡萄酒瓶在历次国家质量抽检中均符合轻工部和国家规定的标准，被评为优质产品。企业有自营进出口权，产品畅销全国 12 个省市和地区，并远销美国、加拿大等国家。2006 年，通过 ISO 9001 质量管理体系认证。2017 年，实现销售收入 1.5 亿元、利税 1334 万元。

威海市高岛制盐有限公司 始建于 1956 年，前身是文登市高岛盐场。2000 年，实行股份制改造。2002 年，更名为威海市高岛盐场。2009 年，改称威海市高岛制盐有限公司。公司位于母猪河下游东侧，占地面积 21 平方千米，建筑面积 15 万平方米，有职工 500 人。场区设在距泽库镇西泊村 1 千米处，盐田有效生产面积 120 公顷，海产养殖面积 100 公顷，育苗容积 3 万立方水体。主导产品为工业盐、食用盐、颗粒盐，是威海市工业盐、加工盐生产规模最大、产量最高的厂家。食用盐为“鲁晶”牌加碘盐以及 14 个规格的颗粒盐，产品质量达到国家一、二级标准，企业被省技术监督局授予“AAA 级标准化良好行为企业”称号。“高岛”牌商标被省工商局评为山东省著名商标，“颗粒盐”被评为山东省名牌商品。2017 年，公司实现销售收入 2615 万元、利润 135 万元、利税 158 万元，生产原盐 1.5 万吨。

化学工业

【行业概况】 包括化学纤维制造业、化学原料和化学制品制造业、橡胶和塑料制品业。2017 年，全区有规模以上化学工业企业 48 家，年平均职工人数 1 万人，固定资产合计 48.68 亿元。主导产品年产量：橡胶轮胎外胎 463029 条、烧碱（折 100%）56493 吨、塑料制品 2570 吨等。主要企业有文登市三峰轮胎有限公司、威海市润通橡胶有限公司、文登中达轿车内装饰公司、文登市凤凰婷装饰布有限公司、文登市西郊热电有限公司、山东万图高分子材料有限公司、威海华泰分子筛有限公司等。名牌产品有“三峰”牌轮胎。是年，完成工业总产值 115.41 亿元、工业销售产值 113.36 亿元，实现利税总额 8.33 亿元、利润总额 5.45 亿元、出口交货值 2.86 亿元。

【企业选介】

文登市西郊热电有限公司 始建于 1989 年，前身为文登市氯碱厂。1997 年，更名为山东省航天发泡剂总厂。2000 年，兼并宏达制氧有限公司和文登市供销公司。2001 年，改制为股份合作制企业。2004年，更名为文登市西郊热电有限公司。位于米山路289号，占地面积20万平方米，建筑面积7万平方米，固定资产3亿元。有职工600人，其中专业技术人员69人。拥有“省级企业技术中心”。辖设氯碱厂、精细化工厂、氧气厂、自备电厂、加气砖厂等5个分厂。有各类设备2000余台（套）。主要产品为烧碱、盐酸、液氯、次氯酸钠、ADC发泡剂、溶解乙炔等，是威海地区重要的基础化工原料生产基地。年产折百离子膜碱 6万吨、盐酸 3 万吨、液氯5万吨、加气砖10万立方米、硅酸铝耐火纤维 1000 吨、商品氧气 100 万立方米，精细化工产品 1.5万吨。自备电厂装机总容量 30 MW，其中有2台75吨中温中压锅炉和1台130吨高温高压锅炉，具备提供200吨/小时以上的蒸汽供应能力，循环水供暖能力为200万平方米以上，承担城区西部工业用汽和居民集中供暖。公司通过ISO 9001：2000质量管理体系认证和ISO 14001:2004环境管理体系认证，产品远销韩国、印度、巴基斯坦、越南等10个国家和地区。2016年9月，公司通过北京中安质环认证中心对ISO 9001：2015、ISO 14001：2015、GB/T 28001-2011/OHSAS 18001：2007等体系认证。是年，公司荣获“2016年度纳税先进企业”“2016年度科学技术三等奖”“2016年度技术改造先进企业”等称号。2017年，实现销售收入2.8亿元、上缴税金2118万元。

文登市三峰轮胎有限公司 1974年，县轮胎翻新厂（后更名为文登县橡胶厂）建成投产，生产三角带兼翻新轮胎。1992年开始生产新胎。1996年更名为文登市三峰轮胎有限公司。2002年，实行股份制改造。公司占地6万平方米，固定资产总值8972万元，有职工200人，其中工程技术人员28人。设有威海市级企业技术中心，申请并取得6项专利，为国内房车、拖车无内胎轮胎生产企业。获得ISO 9001质量管理体系认证、国家CCC强制性产品认证、美国道路交通部质量安全认证（DOT）、ISO 14001环境管理体系认证、28001职业健康安全管理体系认证、ISO 50001能源管理体系认证和安全标准化二级企业达标。主导产品包括工业轮胎、农业轮胎、林业轮胎、工程机械轮胎、特种拖车轮胎、ATV/GOLF轮胎、卡客车载重轮胎等系列200余个规格品种，年生产能力100万套。2001年5月，企业取得自营进出口权，取得“SOLID-WAY”“TRACTRACE”等国际商标注册证书；产品90%以上销往欧洲和南、北美洲等国际市场。2017年，公司实现销售收入8741万元，上缴税金704万元。

威海市润通橡胶有限公司的全自动注射式硫化机（12月23日摄）

威海市润通橡胶有限公司 始建于1983年，前身为国营文登市第二橡胶厂，主要从事鞋材料的制造。1995年开始生产内胎。2005年，迁至文登经济开发区宁波路23号，改称威海市润通橡胶有限公司。占地面积20余万平方米，注册资金2000万元，固定资产1.8亿元。有职工600人，其中各类专业技术人员70人。公司主导产品包括丁基橡胶内胎、天然橡胶内胎、轮胎硫化胶囊3个系列1000余种规格，具有年生产内胎1500万条、胶囊50万条的产能，为国内规模最大的工程内胎生产企业。通过英国国家质量保证有限公司的16949：2016认证、北京中化联合质量认证有限公司的HQC产品认证、印度尼西亚国家标准SNI认证等。拥有“文峰”“金泰”“圣润”“高泰”4个品牌，其中“文峰”“金泰”商标被评为“山东省著名商标”“威海市知名商标”。拥有5台行业内最先进的密炼机、8条国际水准的台湾产内胎压出线及300余台（套）内胎专用设备。公司通过北京中化联合质量认证有限公司的产品认证、上海恩可埃英国国家质量保证有限公司的ISO 9001、ISO/TS 16949认证。产品畅销全国30余个省、市、自治区和中东、欧洲、东南亚、南美洲等国际市场，为普利斯通、倍耐力、固特异、河南风神、浦林成山、上海双钱、青岛双星、山东恒丰等著名轮胎企业提供配套服务。2017年，公司接管东营金泰轮胎胶囊有限公司的营销工作，成为风神轮胎股份有限公司（世界轮胎20强企业）工程内胎配套唯一供应商，投资4000余万元扩充和完善生产设施。是年，实现销售收入2.8亿元，利税2734万元。

文登中达轿车内装饰有限公司 始建于1992年11月，原称山东文登中达轿车内装饰有限公司，为一汽—大众汽车有限公司、奇瑞汽车有限公司配套生产高档轿车成型地毯。1994年，获得一汽—大众汽车有限公司A级配套认可证书。1996年，改为股份制企业。2004年，企业轿车内饰件工程技术研究中心被省科技厅批准为山东省轿车内饰件工程技术研究中心，是山东省唯一的汽车内饰件工程技术研究中心。2008年，更名为文登中达轿车内装饰有限公司。公司总部位于经济开发区广州路36号，占地面积52000平方米，固定资产总额9000万元。有职工200人，其中工程技术人员35人。有5个成型地毯生产基地，分布于长春、威海（2个厂区）、芜湖、成都。拥有10条各类生产线，其中单台德国R+S公司生产的全自动用成型地毯生产线设备年生产能力20万套，1条瑞士进口背涂生产线年产量300万平方米，撒粉装置适合于PE、PP、PVC等多种粉末，3台高频焊设备、3台高压水机器人切割机和1台R+S全自动液压切割机、1台高档轿车PUR发泡设备，能满足各种轿车成型地毯生产工艺要求。配备三维检测仪、色差分析仪、冷凝检测仪、精密天平、燃烧仪、甲醛试验仪等各种检测设备。公司产品广泛应用于一汽大众JETTA、BORA、CADDY、GOLF、NEW-BORA、MAGOTAN，奇瑞公司A11、A15、A18、A21等车型，年产各类地毯120万套。公司通过ISO 9001质量管理体系认证、德国汽车工业联合会VDA6.1认证、ISO 14001环境管理体系认证、ISO/TS 16949：2002质量管理体系认证、国家3C认证等。2017年，公司投资1800万元，新上2条无纺布生产线，年生产无纺布600余万平方米；投资120万元新增注塑设备自动生产线；投资500万元建成4条处理边角料的针刺混纺毡生产线，年可将600余吨边角料处理成可循环利用的原料；新上2条地毯涂塑生产线用于PE\PP的单涂层涂塑和多涂层涂塑，年加工地毯500万平方米。是年，实现工业总产值25638万元，上缴税金1416万元。

电子通信设备制造业

【行业概况】 2017年，全区有规模以上计算机、通信和其他电子设备制造业企业30家，年平均职工人数1.23万人，固定资产合计18.93亿元。主导产品年产量：光缆15201000芯千米。主要企业有宏安集团有限公司、三吉电子有限公司、文登卡尔马斯特电子有限公司等。名牌产品有七五牌通信电缆。是年，完成工业总产值160.92亿元、工业销售产值160.77亿元，实现利税总额12.39亿元、利润总额8.15亿元、出口交货值0.79亿元。

【企业选介】

宏安集团有限公司 创建于1985年，前身为文登县通讯器材厂。1986年，易名为文登县通讯电缆厂。1993年8月，成立集团公司，更名为文登通讯电缆集团公司。1999年10月，始称宏安集团有限公司。2001年，公司改制为有限责任公司。总部位于横山路88号，占地100万平方米，建筑面积40万平方米，总资产18.2亿元，固定资产11.1亿元。有职工800人，其中专业技术人员300人。辖设宏安通信电缆有限公司、威海市长和光缆有限公司、威海威信光纤科技有限公司、文登市融汇仓储有限公司、深圳宏安通信科技有限公司、深圳市西迪特科技有限公司等全资或控股子公司。设有省级企业技术开发中心和宏安博士后科研工作站。有研发人员32人（其中博士2人、硕士8人）、外聘专家3人。与上海电缆研究所、武汉邮电科学研究院、山东大学、哈尔滨理工大学等院校合作建立起完善的科技创新体系。与美国康宁、日本藤仓、美国朗讯、法国阿尔卡特等国外著名光纤制造公司合作，进行光纤光缆最新技术的研制与开发。共开发生产光电通信线缆等新产品81种，获专利33项，有23项创新成果获市级以上科技进步成果奖。其中在光纤预制棒、光纤和光缆领域的超低损耗光纤预制棒制备技术、超高速的光纤拉丝生产技术达到国际先进水平。公司产品主要客户为中国移动、中国电信、中国联通、中国广电、TTT、LTC等通信运营商。2012-2017年，投资3亿元建成1期6塔12线、二期6塔12线光纤生产基地；投资6亿元建成1期年产能200吨光纤预制棒生产基地；持续追加投资15亿元，实现年产600吨超低损耗光纤预制棒的生产能力。“宏安”“七五”牌商标被评为“山东省著名商标”。在国内同行业中率先取得信息产业部通信设备进网质量认证证书、总参国防通信网设备器材进网许可证、中国泰尔实验室认证，通过ISO 9001质量管理体系认证。承担完成1个国家火炬计划项目和2个国债专项资金项目。获国家优秀新产品奖，取得9项国家专利。公司被授予“国家火炬计划重点高新技术企业”“中国光纤光

宏安集团有限公司的光缆成缆生产线（3月9日摄）

缆十大著名品牌”“中国光纤光缆10强企业”“中国电线电缆行业科技创新质量过硬知名品牌”“国家守合同重信用企业”“山东名牌”“山东省标志产品”等称号。2017年，实现工业总产值13.9亿元，销售收入13.9亿元，实现利税2.3亿元、利润1.7亿元，出口创汇2亿元。

皮革制品业

【行业概况】 2017年，全区有规模以上皮革、毛皮、羽毛及其制品和制鞋业企业36家，年平均职工人数4230人，固定资产合计15.89亿元。主要企业有文登市森鹿制革有限公司。名牌产品有“花鹿”牌皮革。主导产品年产量为轻革3328781平方米、皮革服装39.73万件。是年，完成工业总产值48.77亿元、工业销售产值48.53亿元，实现利税总额3.39亿元、利润总额2.31亿元、出口交货值2.57亿元。

【企业选介】

文登市森鹿制革有限公司 始建于1953年，原称文登市制革厂。2002年3月公司改制，改称文登市森鹿制革有限公司。厂区面积40万平方米，建筑面积20万平方米，有职工700人，固定资产14亿元。辖设永生制革厂、恒生制革厂、丰润厂3家分厂，年可生产牛皮革150万张、轿车装饰布200万平方米，是国内重要的制革企业之一。生产的花鹿牌皮革产品销往美国、日本、韩国、欧洲、中国香港、中国台湾等国家和地区。公司经济效益连续多年名列全国同行业前茅，被评为“中国500家最佳经济效益工业企业—皮革、毛皮、羽绒及其制品业第一位”“中国综合评价最优500家工业企业”“中国轻工业200强企业”“中国行业10强企业”“山东省轻工业系统明星企业”、威海市三星级“劳动关系和谐企业”、威海市“纳税明星企业”。2004年，通过ISO 9001质量管理体系认证。2017年，实现销售收入6.23亿元，利税3750万元，上缴税金5822万元。

电力工业

【行业概况】 2017年，全区有规模以上电力、热力的生产和供应企业2家（文登热电厂、文登西郊热电有限公司），年平均职工人数575人，固定资产合计2.83亿元。主导产品产量：火电发电量56481.37万千瓦时、风电发电量38646.57万千瓦时，分别比上年增长10.1%和11.63%。其中中国广核集团有限公司文登张家产风电场发电量8794.02万千瓦时、文登紫金山风电场发电量7880.25万千瓦时、大唐文登风力发电量14352.35万千瓦时、威海鼎能泽库风电场发电量7619.95万千瓦时。是年，完成工业总产值5.88亿元、工业销售产值5.88亿元，实现利税总额0.03亿元、利润总额0.01亿元。

位于宋村镇神格庄的国电电力文登风力发电有限公司风力发电场（8月18日摄）

【企业选介】

国网威海市文登区供电公司（简称区供电公司） 始建于1978年，前身为文登市电业总公司，2012年7月，更名为文登市供电公司。2013年7月，改称国网文登市供电公司。2015年12月，更名为国网威海市文登区供电公司，属国有大（二）型企业，位于市区龙山路17号。2017年，内设7个职能部门（办公室、组织部、财务资产部、安全监察质量部、发展建设部、党建工作部、电力调度控制中心）和3个业务支撑机构（运维检修部、客户服务中心、综合服务中心），辖设大水泊供电所、开发区供电所、南海供电所、葛家供电所、米山供电所、张家产供电所、泽头供电所、界石供电所、文登营供电所、高村供电所、宋村供电所、侯家供电所12个单位。辖属威海市文登区中强电力安装有限公司、威海市文登区光明电力服务有限责任公司2家集体企业，代管威海市文登区德利源电力运输公司、威海市文登区电力建筑工程有限公司、威海市文登区电建房产开发工程处、威海市文登区恒源物业服务有限公司、威海市青龙生态旅游度假村、威海市文登区三联家电有限公司、威海市文登区恒源安全培训中心、威海市德利源电力设备有限公司、威海市文登区恒源矿泉水有限公司、威海市文登区恒源电力物资有限公司、威海市中强玻璃钢有限公司等11家国有企业。国网威海市文登区供电公司承担威海市文登区14个镇、3个街道办事处的供电服务任务，供电区域面积1615平方千米，有高压客户3800户、低压客户28.4万户，辖区内有500千伏变电站1座、220千伏变电站2座、110千伏变电站6座、35千伏变电站18座；500千伏和220千伏线路258千米、110千伏线路215千米、35千伏输电线路536千米、10千伏配电线路1943千米，形成以220千伏为枢纽、110千伏为骨架、35千伏为支撑的供电网络体系。

电力供应　2017年，区供电公司完成售电量17.80亿千瓦时，比上年增长18.2%。完成供电量18.53亿千瓦时，比上年增长18.64%，全网最高用电负荷349.6兆瓦，同比增长21.38%；综合线损率3.59%，平均售电单价553.85元/千瓦时。电费销售收入9.85亿元，比上年增长17.39%。电价政策执行到位率、电费回收率100%。

电网建设与改造　2017年，区供电公司投资5931万元建设的110千伏秀山输变电站投入运营。投资3041万元的35千伏米山变电站开工建设，进一步完善城区东部、南部电网结构。投资8600万元新建改造10千伏农网工程线路69千米，新装配电柜87台（容量18.6兆伏安），解决低电压台区36个、低压用户332户，10千伏线路拉手率由69%提升至73%，架空线路绝缘率由40.5提升至42.4%。全区供电可靠率和电压合格率分别达到99.93%、99.99%。投资8041万元完成110千伏西郊站等7个技改项目，有效解决文登西部区域供电紧张问题。投资2093万元进行计量项目升级改造，投资514万元对西谭家口、莱园子等16个贫困村进行农网改造，为居民提供优质高效的供电服务。

电力营销　2017年，区供电公司不断提升公共服务水平，实行“定人、定期、定制”服务，建立起星级客户服务档案，对长和光导光纤预制棒等重点项目开辟绿色通道。推行电能替代转换和主动抢修工作，实施电锅炉等13个替代项目，实现替代电量5600万千瓦时，95588故障抢修工单平均处理时长由65.95分钟压降到38.59分钟，配网自动化线路覆盖率由71%提升至86%。供电所优化设置成12个，建成1个四星级、2个三星级供电所。全年带电作业由728次提高到1521次，带电作业通过全省首批国网公司质量评估。

（林海龙　滕　杰）

其他工业行业

【行业概况】　其他工业行业包括12个行业。共有规模以上其他工业行业企业97家，其中有色金属矿采选业1家，其他采矿业1家，木材加工和木、竹、藤、棕、草制品业2家，造纸和纸制品业8家，印刷和记录媒介复制业7家，文教、工美、体育和娱乐用品制造业51家，医药制造业6家，黑色金属冶炼和压延加工业2家，有色金属冶炼和压延加工业9家，仪器仪表制造业4家，其他制造业3家，水的生产和供应业3家。年平均职工人数2.33万人，固定资产合计84亿元。主导产品年产量：纸制品184223.11吨、单色印刷品2188令、中成药2.53吨、天然花岗石建筑板材17700平方米。主要企业有光威启明星渔具有限公司（以渔杆生产为主）、威海隆力富渔具有限公司（以渔杆生产为主）、文登市正兴钨业有限公司、福格印染有限公司等。是年，完成工业总产值235.54亿元、工业销售产值234.30亿元，实现利税17.51亿元、利润11.93亿元、出口交货值28.36亿元。

【企业选介】

文登市正兴钨业有限公司　始建于2005年，时称文登市恒丰钨业有限公司。2006年，更名为文登市正兴钨业有限公司。公司占地面积2万平方米，建筑面积5000平方米，固定资产总额2760万元。有职工51人，其中专业技术人员16人。主导产品为氧化钨、钨粉、碳化钨粉等，年生产氧化钨3000吨、钨粉1000吨、碳化钨粉1000吨。企业通过ISO 9001：2000质量管理体系认证和国家钨制品出口供货企业资格认证。2007年，公司由米山路120号整体迁至米山西路5号。2017年，实现工业总产值6426.35万元、利税总额267.01万元、利润总额95万元。

（于少波　侯喜玲　徐广远　于　琴　王健棋　于玉萍　蒋虹君　丛　囡　张　毅　李心雨　孙新超）

责任编辑　初云峰

农　业

综　述

【农业与农村经济发展概况】 农业生产形势良好。2017年，第一产业中，农业实现增加值15.91亿元，同比增长2.4%；林业增加值0.14亿元，同比增长3.9%；牧业增加值17.53亿元，同比增长3.5%；渔业增加值29.28亿元，同比增长4.9%，农林牧渔服务业增加值3.32亿元，同比增长4.9%。

全区耕地面积5.47万公顷，基本农田保护面积4.70万公顷，实现粮食总产量19.72万吨。水果种植面积9300余公顷，同比增长0.1%。完成肉类总产量4.94万吨，禽蛋总产量5.28万吨，奶类总产量8.10万吨，大牲畜年末存栏2.2万头，水产品产量45.08万吨。加快水利惠农改革，新增改善灌溉面积1006.7公顷，拥有农机总动力145.75万千瓦，农机综合机械化水平达到90.6%。农村居民人均可支配收入20217元，增长7.9%。农村居民人均消费支出11506元，增长8.6%。

【管理机构】

区农业局　3月10日，根据区编办通知，文登区西洋参产业发展办公室调整为隶属区科学技术局管理。9月20日，区农业行政执法大队被整合纳入区综合行政执法局。12月22日，所辖区农业技术推广站、区蔬菜技术推广站、区农业技术培训站被整合为区农业技术推广中心，为副科级事业单位。年末，内设办公室、政工科、财务科、市场与经济信息科（挂法规科教科牌子）、生产计划科，有工作人员21人。下辖正科级事业单位1个：农产品质量安全区域化管理办公室；副科级事业单位3个：中央农业广播电视学校威海市文登区分校、农村经济经营管理办公室、农业技术推广中心；股级事业单位由14个调减为11个：果业技术指导站、农业环境保护站、农村能源办公室、植物保护站、植物检疫站、药材技术推广站、土壤肥料工作站、种子管理站、农业技术培训中心、农业技术咨询服务站、花卉技术服务站。小型国有企业3个：良种繁育场、西郊园艺场、佳禾种业有限公司。全系统有工作人员153人，在专业技术人员71人中，正高级职称1人、副高级职称18人、中级职称43人、初级职称9人。

区畜牧兽医局　内设办公室、财务审计科、饲料科、生产统计科、医政药政科、畜产品质量安全监管科，下辖畜牧兽医技术服务中心、动物卫生监督所、生猪定点屠宰管理办公室、奶畜繁育发展中心及城关、文登营、大水泊、张家产、泽头、泽库、宋村、高村、界石、小观、侯家、葛家、米山畜牧兽医工作站，有工作人员160人。

区林业局　内设办公室、政工科、财务科、林政科，编制12人，实有13人；威海市文登区森林公安局（挂威海市公安局文登分局森林警察大队牌子），编制6人，实有5人；辖全额拨款事业单位7个：区森林防火指挥中心（10月18日设立，公益一类，副科级），编制8人；区林业工作站，编制8人，实有7人；区野生动植物保护站，编制5人，实有5人；区林木种子站，编制3人，实有4人；区经济林管理站，编制2人，实有3人；区天福山林场，编制10人，实有13人；区草场庵林场，编制6人，实有6人。

区水利局　内设办公室、政工科、财务科、水政科、规划建设科，下属水资源管理站、基层水利服务中心、水利移民服务中心、水土保持委员会办公室、水利工程管理站、水利勘测设计院、水利测量队、河道管理所、水土保持试验站9个事业单位；辖米山水库管理局（正科级事业单位）、坤龙邢水库管理所、南圈水库管理所、昆嵛山水库管理所4个水库管理单位，有工作人员161人。

区海洋与渔业局　内设办公室、政工科、财务科、海洋管理与环境保护科、渔业管理科（挂行政许可科牌子）、市场与质量监管科。下辖2个正科级全额拨款事业单位：威海市文登区海洋环境监测站（挂国家海洋局文登海洋环境监测站牌子）、威海市文登区海洋与渔业执法大队；3个副科级全额拨款事业单位：威海市文登区水产技术推广站（同威海市文登区水生动物防疫检疫站两机构合署办公）、文登海洋生态国家级海洋特别保护区管理中心（3月10日成立，公益一类）；1个国有企业：威海市文登区滩涂养殖开发公司。全系统共有在编职工129人，其中局机关行政编制14人、工勤编制1人，实有18人；事业单位编制86人，实有92人；企业20人。

区农业机械管理局　简称区农机局。内设办公室、政工科、财审科、管理科，编制11人，实有12人。下辖农业机械安全监理站，编制17人，实有16人；农业机械化学校，编制11人，实有9人；农机技术推广服务站，编制9人，实有8人。

【农业综合开发】　2017年度，全区农业综合开发项目为高标准农田建设项目2个，分别在葛家镇、界石镇实施面积933公顷，总投资2100万元。产业化发展财政补助项目6个，总投资1009万元。省级试点项目5个，总投资740万元。2016年度实施的张家产镇666公顷的农业综合开发高标准农田建设等3个土地治理项目和4000吨果品储藏冷风库新建等6个产业化发展项目，在2017年内通过验收。在2016－2017年度高标准农田建设项目方面，争取上级财政部门补助为主，市级财政补助为辅，筹集资金560余万元，对15个贫困村进行高标准农田建设项目重点扶持。

【农村经济管理】　2017年，全区农村经济管理工作以“改革、创新、服务、监管”为一体，落实各项惠农政策，强化农村集体“三资”（资金、资产、资源）监管，做好农村土地承包确权登记颁证、农村集体产权改革工作，稳妥引导农村土地流转，培育新型农业经营主体和服务主体，加快构建现代农业经营体系。

农村财务管理　3月，区农经办对全区农村财会人员进行业务培训，分6个批次培训650余人。与区委组织部等有关部门制定《关于严明规范村级集体经济组织“三资”管理的意见》《关于严明规范村级集体经济组织“三资”管理的实施细则》，强化村级“三资”管理规范，促进农村集体经济健康发展。配合组织和审计部门搞好农村换届审计工作。每月10日对“三资”管理平台进行调度，定时通报。

农村集体产权改革　区农业局制定《2017年农村改革工作考核实施办法》，将考核结果纳入全区目标管理绩效考核。对农村集体产权改革村（居）负责人、报账会计、村务监督委员会成员、镇（街道）相关负责人进行产权改革知识培训，共培训人员500余人。规范农村集体产权改革工作程序和公示制度，为区委、区政府制订《威海市文登区农村产权交易规则》。投资40余万元，建设产权交易中心平台，建立区级产权交易中心和镇级分中心17处，已录入产权交易信息398条，其中成交338宗，金额600余万元。至2017年年末，文登区（不包括南海）有289个村（居）完成集体产权改制。其中年内完成131个村（居），含有5个省定贫困村：宋村镇的宋疃庄、张家产镇的顾家、泽库镇的南辛庄、界石镇的南截山和晒字村。

农村土地确权颁证　区委、区政府召开各镇（街道）主要负责人会议，安排部署2017年农村土地承包经营权证书及合同书的发放工作，按照《2017年农村改革工作考核实施办法》，每月进行情况通报，年终考评。组成督导组，逐镇督导经营权证书的发放，每天将督导情况及时报送区政府分管领导。至年末，全区共颁发经营权证的村594个。

农村土地流转管理　做好农村土地流转信息服务中心建设、土地流转工作程序规范工作，为农村土地流转提供法律、政策、信息和协调等全方位的服务，引导农村土地承包经营权有序流转，搞活土地经营权，提高农业的生产能力和效益，构筑农村经济发展新优势。至年末，新增土地流转面积667公顷，累计土地流转面积1.96万公顷，其中规模流转1万公顷。

农民负担监督管理　做好村级公益事业建设一事一议筹资筹劳工作，做好提前酝酿“广泛议”和严格程序“按步议”工作，推行“三议三公示”法，即议提案、公示提案，议议案、公示决议，议减免、公示减免名单。同时，按有关法规审核各村上报的筹资筹劳审批表，确保不因农村环境综合整治增加农民负担。2017年，全区有4个村公益事业建设一事一议财政奖补项目通过验收。

农民专业合作社指导管理　引导农民专业合作社规范健康发展，开展示范社创建工程，促进农业增效和农民持续增收，全区农民专业合作社已发展到865家，其中年内新增农民专业合作社49家，新增市级示范社6家。做好农村土地流转工作程序规范工作，引导农村土地承包经营权有序流转，发展规模经营，培育家庭农场。至年末，共培育发展家庭农场449个，其中新增家庭农场64个（含新增的3个市级示范家庭农场）。区农经办在55个扶贫重点村成立农民专业合作社，吸收230户贫困户加入合作社。

核查集体经济薄弱村情况　制订《文登区发展壮大村级集体经济实施方案（试行）》《文登区2017年度发展壮大集体经济薄弱村考核办法》，建立常态调度和督导制度，统计摸清底数，细化目标任务。年末，在核查的165个经济薄弱村中，村集体经营性经济收入达到3万元以上有39个村，占总数的23.6%。

【农业龙头企业】　年内，区农业局发挥职能优势，宣传推介蔬菜名优特色产品，推荐高村镇沙柳村申报第七批全国一村一品示范村镇。年末，共有全国一村一品示范村镇两家：张家产镇（西洋参）、高村镇沙柳村（西红柿），山东省一村一品示范村镇4家（不包括两个国家级示范村镇）：宋村镇（蔬菜）、葛家镇（苹果）、泽头镇峰山村（苹果）、界石镇（樱桃）。文登区共有省级农业产业化重点龙头企业5家：威海山泰食品股份有限公司、威海盛泰园食品有限公司、山东德正乳业有限公司、山东汇润实业集团有限公司、山东众鑫食品有限公司，威海市农业产业化重点龙头企业32家：威海君利得食品有限公司、威海天智皮毛制品有限公司、威海佳农化工有限公司、威海市万鑫畜牧有限公司、山东颐阳酒业有限公司等。37家龙头企业中，涉及种植业及加工业的25家，涉及畜禽养殖加工及乳品业的9家，涉及水产品加工业的3家。

【基层农业技术推广补助项目】 年内，根据《2017年度威海市文登区基层农业技术推广补助项目实施方案》的要求，确定苹果、蔬菜、玉米为三大主导产业；推广烟富3、烟富6、农大108、登海605、郑单958、普罗斯旺（西红柿）、B79（黄瓜）等7个主导品种，主推苹果套袋关键技术、苹果水肥一体化技术、苹果矮砧轻减集约栽培技术、玉米“一增四改”高产栽培技术、玉米“一防双减”技术、玉米适期晚收增产技术、西红柿越夏栽培技术、黄瓜越冬栽培技术等8个主推技术。在全区遴选出70名技术指导员、63名特聘农技员、563个科技示范主体、6个科技示范基地。组织专家到各镇（街道）对技术指导员和科技示范户进行培训，共举办培训班40余期，组织技术员入户指导3000余人次。通过项目实施，完善农技推广体系，主导品种和主推技术入户率达95%以上。

【农产品质量管理】

网格化监管模式　实施农安网格化监管模式，农产品质量安全监管基本实现制度化、责任化和规范化，“层层负责、网格到底、责任到人、全面覆盖”的区、镇（街道）、村（居）农产品质量安全管理体系逐步完善，强化属地管理责任，完善全程管理，建立农产品质量安全管理的长效机制，推动农产品质量安全监管工作整体发展。

镇农安属地管理　明确镇级农安工作人员和村级农安监管员任务，各镇（街道）重新确定2名专职农安工作人员，重新遴选村级监管人员，加强对检测场所、速测仪等硬件设施的使用管理；为每个镇（街道）提供速测经费，开办镇级速测人员培训班，对全区镇级农药残留检测人员进行两次系统培训。按照“组织管理体系”“检测体系”等六大体系，规范档案监管，全面落实属地管理责任。

质量检测　健全和完善检测体系，加大质量检测密度，2017年，配合省厅完成7次省级抽检，共抽检农产品样品257个。区级定量检测622个样品，合格率为100%。完成全区镇级速测农产品样品（农药残留）3.48万个。

【农产品质量安全认证】 2017年，威海市科普粮油专业合作社生产的玉米获得无公害农产品认证证书，认证面积800公顷；文登市绿洲蔬菜种植专业合作社的小西瓜、蜜瓜、黄瓜和威海市文登区栗景种植专业合作社的草莓、蓝莓共5个产品获得绿色食品认证证书；威海海宽海洋生物科技有限公司的鲜刺参原料、鲜刺参、淡干刺参、高压即食刺参、超低压即食刺参、冷蒸鲜食刺参、盐渍刺参7个品种新获得有机食品认证证书，认证面积321公顷，填补文登区刺参有机认证的空白。同时，区农业局为35个绿色食品企业的50个产品进行年检，完成6个企业的6个绿色产品续展工作；完成威海市万鑫畜牧有限公司的新高梨、华山梨、圆黄梨，威海市文登区勾勾吉果品专业合作社的油桃、毛桃、蟠桃，威海市文登区秀德猕猴桃专业合作社的新美猕猴桃、海沃德猕猴桃、红心美猕猴桃、徐香猕猴桃，威海市文登区金滩牡蛎养殖专业合作社的鲜生蚝、单冻生蚝肉、半壳生蚝、鲜生蚝肉，威海刘公岛茶业有限公司的茶青、威海市厚德大樱桃专业合作社的大樱桃和冬桃共6家企业的17个产品进行有机食品再认证工作。其中威海市万鑫畜牧有限公司在原来有机梨系列产品的基础上，2017年新增有机素梨膏1个加工品种，探索文登区有机产品由初级农产品向加工食品转型的新路。至年末，全区通过“三品”认证的产品222个，认证基地面积3万余公顷。

绿色、有机食品参展　5月25—27日，组织威海市万鑫畜牧有限公司和威海市文登区金滩牡蛎养殖专业合作社参加第十一届中国国际有机食品博览会，金滩牡蛎养殖专业合作社品贝鲜牌鲜牡蛎荣获博览会产品金奖。9月21—24日，“文登苹果”和“文登西洋参”两个农产品地理标志品牌参加在北京举办的第十五届国际农产品交易会暨第三届全国农产品地理标志推介会，其中“文登苹果”做为欧盟互认产品参展，“文登西洋参”作为山东省唯一农产品地理标志产品进行推介，中央电视台七台进行追踪采访报道。

中欧地理标志农产品互认　6月3日，国家地理标志产品“文登苹果”成为全国首批中欧地理标志产品互认推荐清单公示的100个地理标志产品之一，8月，获互认证书，标志“文登苹果”在欧盟及其成员国内享受与欧盟地理标志产品相等的产权保护和监管。

重金属普查　按照上级要求，加快推进全省农产品产地土壤—农作物重金属污染协同监测项目的实施，9月，对全区12个镇（街道）17个点位进行土壤及农产品的抽样检测。通过现场找点、填表、取样、晾干、分拣、处理及包装，送往指定地点进行检测。

省级农业标准化生产基地建设项目　根据《山东省省级农业标准化生产基地建设与管理办法（试行）》，按照上级部门对农产品质量安全的系列要求，上半年，区农业环保站筛选推荐符合要求“三品”认证的基地进行上报。通过督促监管，对申报基地在农业投入品、基地制度建设、生产记录档案及配备检测设备方面进行重点检查，发现缺项和不符合要求的逐一补充完善。文登绿图蔬菜种植专业合作社、文登区富益丰果蔬专业合作社、威海市景翔果蔬专业合作社、文登德丰农业有限公司、山东百岁谷生态农业有限公司5家企业通过省专家组验收。

威海市农业标准化生产示范基地项目 根据《威海市农业标准化生产示范基地项目资金奖励办法》《威海市农业标准化生产示范基地项目验收及资金使用管理办法》文件精神，区农业局筛选出基础较好的基地，全部实行条形码管理制度，加强全程质量控制溯源信息的可追溯管理。按照《威海市农业标准化生产示范基地项目验收考评表》对认证基地逐项进行审核，全区共筛选出威海市科普粮油专业合作社、威海市景翔果蔬专业合作社、山东百岁谷生态农业科技有限公司、威海市文登区兴农西洋参专业合作社、文登市柘阳果品专业合作社、文登市青山果业种植专业合作社、威海山泰食品股份有限公司、文登市华厦果品专业合作社、威海市厚德大樱桃专业合作社、威海市文登区金滩牡蛎养殖专业合作社10家认证企业通过文登区财政与农业部门的实地检查和初审。12月，均通过威海市财政局、农业局等相关部门专家组的现场检查验收，获威海市奖励资金62万元。

种植业

【概况】 全区常用耕地面积5.47万公顷，2017年，夏粮播种面积1.50万公顷，产量达5.55万吨。秋粮播种面积2.22万公顷，产量14.17万吨。其中，玉米播种面积2.09万公顷，产量13.66万吨；大豆播种1060公顷，产量0.29万吨；地瓜栽植267公顷，产量0.22万吨。

【农业支持保护补贴】

耕地地力保护补贴 将80%的农资综合补贴存量资金、种粮农民直接补贴和农作物良种补贴资金，用于支持耕地地力保护。依据小麦种植面积，每亩按照不低于125元的标准发放补贴，补贴对象为种植小麦的农民。补贴资金主要用于减少农药化肥施用量，用好畜禽粪便，多施农家肥；鼓励有效利用农作物秸秆，通过青贮发展食草畜牧业，禁止焚烧秸秆，控制农业面源污染；发展节水农业，推广水肥一体化等农业绿色产业发展的重大技术措施，主动保护地力；鼓励深松整地，改善土壤耕层结构，提高蓄水保墒和抗旱能力；发展和巩固城乡环卫一体化成果，搞好垃圾、污水处理和厕所改造，为农产品质量安全创造良好的环境。调整农作物良种补贴政策，花生、小麦、玉米良种补贴一并纳入耕地地力保护补贴，不再单独实施，由各地从支持粮食适度规模经营资金中，采取多种形式支持农业部门和社会化服务组织实施小麦良种统一供种，确保小麦良种质量和覆盖率。2017年，全区共核实小麦种植面积1.51万公顷，发放耕地地力保护补贴款2830.1万元；核实种粮大户150户，发放种粮大户补贴117万元（肥料折价）。

支持粮食适度规模经营 将20%的农资综合补贴存量资金、种粮大户补贴试点资金和农业“三项补贴”增量资金，用于支持粮食适度规模经营，重点支持种粮大户、家庭农场、农民合作社、农业社会化服务组织等新型经营主体。其中，对经营面积3.33公顷以上的种粮大户和种植粮食家庭农场，每公顷按照900元标准补贴，每户限额补贴1.2万元。2017年，取消大户现金补贴，改为物化补贴。

【花生绿色高产高效创建项目】 2016年文登区花生绿色高产创建项目根据省实施方案要求，结合文登实际，于2017年实施。省财政总投资195万元，在龙山街道金岭山庄建立面积6.67公顷的试验区，以大水泊镇章子山村为核心打造面积333公顷的示范区，试验示范推广花生绿色高产高效综合配套技术，开展重点区域共性技术瓶颈攻关，集成组装绿色高产高效技术模式，并对项目区部分贫困户实现物化帮扶，辐射带动周边文登营、大水泊等镇农民提高绿色种植技术水平，从而带动全区花生的标准化、规模化生产，提高花生单产和品质，降低花生生产成本，提高生产效率，改善生态环境。

【粮食高产创建示范方建设项目】 项目于2013－2017年分5个阶段实施，建设总面积1.55万公顷。2017年，主要在宋村镇、泽库镇、侯家镇建立面积4000公顷的粮食高产示范方，示范方内主要通过实施粮食产量提升工程、粮食模式增产集成推广工程、农田基础设施建设提升工程，提高示范方内粮食生产水平。示范方建设通过省市专家组测产验收，小麦平均公顷产7500千克，玉米平均公顷产9000千克。

【政策性农业保险】 2016－2017年，境内小麦遭受多年不遇的旱灾，区农业局技术人员积极协助人保财险公司文登支公司理赔工作人员做好小麦灾后农损鉴定工作。2017年，全区小麦参保面积9267公顷，全部不同程度受灾，理赔金额2100.55万元；玉米、花生参保面积分别为1.19万公顷、4006公顷，下半年降雨量猛增，部分玉米、花生不同程度遭受涝灾，受灾面积分别为421.60公顷、180.4公顷，分别理赔67.51万元、33.15万元；三大粮油作物合计理赔款达2201.21万元，为灾后农民恢复生产发挥积极作用。

【推广种植业新品种、新技术】 2017年，农技部门继续加大新品种、新技术的引进示范推广力度，通过项目培训、技术指导、电视讲座、技术资料宣传发放，普及推广小麦、玉米、花生等粮油作物良种20余种及配套栽培技术20余项。其中试验示范筛选配套一系列适应境内花生的高产高效施肥、栽培种植密度及降解膜生态种植技术：花生专用控释肥及套餐肥试验示范、优化花生群体质量栽培试验示范、花生降解地膜试验示范。

【农技指导、培训】 根据农时需要，及时拟定播种技术意见及田间管理技术意见，做好小麦、玉米、花生主要作物各时期的生长调查工作，全年苗情调查产量核查20余次，编写报告60余篇，印发各类技术意见100余份；开展技术指导500余次，通过电视台新闻频道、百姓关注栏目及农业科普栏目，开展技术讲座及技术宣传10余场次，并通过《威海晚报》《文登大众》、文登农业信息网等编发农业信息宣传资料。

【蔬菜生产】 2017年，全区蔬菜年播种面积1万公顷，年总产量45.28万吨，年实现总产值6.97亿元；其中设施蔬菜播种面积2866.7公顷，包括日光温室1433.3公顷、大中拱棚833.3公顷、小拱棚600公顷，实现总产值4.3亿元。

新品种引进、试验及推广　2017年，区蔬菜站先后引进217、Q7、金鹏9号、黑珍珠和黑紫等番茄品种，麻辣105和三道筋等辣椒品种，海阳白等黄瓜品种，黄凤凰、绿凤凰等小型西瓜品种，“橘红系列”等大白菜品种，烈火金刚、抗热王和夏钻等耐热菠菜新品种，共29个品种通过栽培试验，筛选性状表现良好的新品种进行推广，充实蔬菜品种种质资源，提高全区优良品种覆盖率。

试验情况　区蔬菜站直接或间接进行夏秋淡季蔬菜安全高效生产模式和技术试验示范、番茄品种对比、设施黄瓜双减等5项试验，经试验，总结出夏秋淡季蔬菜安全高效生产模式，筛选出适合的蔬菜品种。

技术引进推广　区蔬菜站加强技术引进推广力度，引进天敌昆虫、降温膜、白色降温膜，推广应用熊蜂授粉、黏虫板、防虫网、大棚水肥一体化、自动放风、秸秆反应堆等先进技术。

宣传培训服务　蔬菜站通过电视台、报纸、网络等媒介，对蔬菜越冬栽培管理技术、越夏蔬菜栽培管理技术、冬季日光温室各种蔬菜病害防治和棚室安全生产等进行重点宣传、培训，提高农户种植管理水平。在市级、区级电视台举办电视讲座、新闻报道18期，解答电话咨询、现场咨询、回复区长信箱共计180余次，年培训菜农1800余人次。

【果园生草技术推广】 继续在全区范围内重点实施以保护耕地质量为主旨的土壤健康工程，推广果园生草技术。年末，已累计推广面积200余公顷。

【土壤酸化改良技术推广】 继续进行土壤酸化改良技术推广工作，发放土壤酸化宣传材料1000余份，开展技术讲座，面对面指导酸化严重农户150余户，向农民讲解土壤酸化改良技术，基本达到技术全覆盖。

【实施2017年耕地质量提升和化肥减量增效项目】 项目总投资13万元。主要在全区选择有代表性的农户、种植大户、新型经营主体等60户，定点定户开展肥情连续跟踪调查监测，掌握农户购肥和作物施肥情况变化动态，按时上报肥情信息。完成试验示范2处，其中小麦肥料利用率试验1处、苹果土壤酸化改良试验1处。在全区采土样96个。化验项目包括土壤pH、有机质、碱解氮、有效磷、速效钾；选择其中18个样品（含定位监测点样品）加测中微量元素和重金属（铅、铬、镉、汞、砷、铜、锌、镍）。

【2017年千亿斤粮食项目建设】 项目建设总投资3000万元，规划粮田面积1333公顷。9月4日开工建设，计划2018年4月完工。分3个片区，涉及米山镇、宋村镇、小观镇共28个行政村，面积分别为400公顷、600公顷、333公顷。

【土壤墒情监测】 针对2017年文登区持续干旱的情况，结合农业实际，开展土壤墒情监测活动，由原来的每月2次监测，加密为每月4次监测，同时上报和发布墒情简报19期，为抗旱工作提供重要的数据支持。

【补充耕地质量验收评定】 区农业局配合区国土资源局完成威海市文登区2016年度高标准农田建设项目、威海市文登区2016年度区级土地整理项目、宋村镇藏格矿区土地复垦项目的补充耕地质量验收评定工作。现场采集土样26个，组织专家验收，共出具26份补充耕地质量验收评定报告。

【药材生产】 2017年，全区中药材的种植面积达到4000公顷，西洋参的种植面积达到3000公顷，其中绿色西洋参基地认证面积533公顷。西洋参已成为文登区中药材的主要种植品种，文登成为国内西洋参农田栽培面积最大的主产区，主要分布在高村镇、大水泊镇、侯家镇、张家产镇；太子参种植面积133公顷，主要分布在张家产镇、小观镇、文登营镇；丹参种植面积400公顷，主要分布在侯家镇、张家产镇、高村镇、大水泊镇。年末，全区共有西洋参种植面积超过3.33公顷的大户200余户，种植面积在6.67公顷以上的有50余户，种植面积13.33公顷以上10余户，最大种植面积达66.67公顷。共有张家产镇的北水道、口子李、登登口；侯家镇的山前、江山泊等西洋参种植专业村18个。

良种配套种植技术示范与推广　年内，区农业局与山东农业大学建立教学科研实践育人基地，双方开展科研合作，共同申报课题。年内，开展西洋参生物肥料试验、连作障碍研究及病虫害防控研究。以点带面，推广优良品种“文登西洋参”，转化技术成果，实现全区3000公顷西洋参标准化生产，公顷产鲜参7500公斤以上，与贫困村农户结成帮扶对子，结对帮扶贫困户15户，辅助建立西洋参标准化基地1公顷，为贫困村找寻致富路。

丹参精准扶贫　年内，与文登市大德兴农庄农产品有限公司共同实施“丹参高产、丹参酮ⅡA高含量品种改良与标准化种植技术示范推广”项目，推广航天丹参品种“德丹一号”，建立精准扶贫丹参基地23公顷。

黄精种植　在葛家镇西孙疃村建立黄精实验基地，对黄精进行试种，黄精种植面积达3.33公顷，其中种苗栽培田面积3公顷、育苗田面积0.33公顷，探索黄精种植技术。

【文登西洋参生产标准化示范区项目】 2月8日，国家标准委印发《关于下达第九批国家农业标准化示范项目的通知》，区农业局组织申报的西洋参生产标准化示范区项目入选，成为国家西洋参生产标准示范区（SF 09-80，共203项）、山东省农产品品牌建设标准化示范项目（全省共6项）、威海市唯一实施此项目的市区。该项目计划执行时间为3年，2019年末完成示范任务。重点工作有四项：建设集西洋参种植、西洋参加工、集散销售、科技研发四大功能为一体的现代化西洋参示范区；建设标准化种植园区，与威海市文登传福参业有限公司共同建设西洋参标准化基地200公顷、重茬试验田1.33公顷，带动全区发展西洋参标准化基地3333公顷；建设西洋参加工园区，以威海市金颐阳药业等企业为龙头，成立山东省西洋参产业技术创新战略联盟，建立33.33公顷的西洋参烘干、切片、磨粉等初加工为主的产业园，引进现代化西洋参深加工生产线，生产西洋参口服液、氨基酸口服液、参片、含片、参粉、软胶囊等保健食品；建设西洋参科技研发服务区，组建文登西洋参栽培技术研究中心、西洋参培训中心，构建文登区西洋参信息网络平台，成立西洋参区域服务站。

【推广西洋参种植保险】 区金融办、财政局、农业局、西洋参产业发展办公室与太平财产保险有限公司威海中心支公司联合协作，经过充分调研论证，为文登区西洋参种植户量身制定《文登西洋参种植保险》条款。该保险按照“政府引导、市场运作、自主自愿、协调推进”的原则和“低费率、保成本、广覆盖”的工作思路，建立政府、保险、参农“三位一体”的西洋参产业保险长效机制。为鼓励区内参农参加西洋参种植保险，经区政府同意，对参保参农给予缴纳保费60%的补贴。该保险是文登区自筹资金补贴的地方政策性农业保险，在全省种植业保险中属首创，开创地方财政扶持地方特色性农业发展的先河。3月，太平财保文登支公司在文登区推出西洋参种植保险业务。6月，首批西洋参种植保险赔款支付，赔款涉及受损参农7户。8月，太平财产保险有限公司威海中心支公司又支付单笔30万元的赔款。2017年度，太平财产保险有限公司威海中心支公司共承保户数119户，承保面积133.58公顷，承保金额2003.67万元，保费收入59.83万元；赔款户数88户，赔付面积14.16公顷，赔款66.54万元。保险赔款使受灾参农迅速恢复生产，通过保险的转嫁机制，有效增强参农抵御风险的能力，发挥保险对农业实体经济发展的风险保障作用。

【种子市场管理】 开展种子打假护权专项活动，加强种子管理力度。2017年，先后出动执法车辆100余车次、执法人员200余人次，检查种子生产经营企业7家次，检查种子经营门店400余户次，检查集市50余次，现场纠正经营散装蔬菜种子、拆包销售、经营档案记录不全等轻微违法经营行为20余起，发放法律法规及购种须知等宣传材料2万余份；处理农作物种子质量纠纷案件3起，组织田间鉴定2次，依法检查种子市场，杜绝未审定、假劣等违法种子流入文登市场，维护农民权益。

推行种子生产经营许可制度，发放农作物种子生产经营许可证1个。推行种子经营登记备案制度，备案委托代销种子经营户8家，备案不再分装种子品种193个。保障农民用种安全，从源头确保种子质量的合格率。

通过公开招标的方式确定小麦良种供种中标企业，完成统一供种126.66万千克。开展农作物新品种示范推广工作，包括国家玉米品种展示示范、山东省玉米品种跟踪评价、省级小麦新品种展示、区级玉米新品种展示、花生新品种展示共204个，分别为玉米品种141个、小麦品种48个、花生品种15个，是近年间示范品种数量最多的1年。初步建成区、镇、村的三级新品种示范推广体系，建立面积5公顷的区级示范中心、8处镇级示范站。

果 业

【概况】 2017年，全区果园面积1.79万公顷，果品总产量达到28.9万吨，实现产值9.2亿元。其中，苹果种植面积1.42万公顷，产量22.8万吨，完成产值6.9亿元；梨种植面积926公顷，产量2.8万吨，完成产值0.5亿元；樱桃种植面积730公顷，产量0.4万吨，产值0.5亿元；桃种植面积688公顷，产量0.9万吨，实现产值0.5亿元；葡萄栽植面积461公顷，产量0.8万吨，实现产值0.5亿元。苹果、梨、桃等水果共套袋17亿只，有袋栽培比率达到85%以上，其中苹果套袋15亿只，苹果套袋栽培比率达95%以上。全区建有果品冷风库68座、气调库19座，贮存能力达19.2万吨。

文登小樱桃　小樱桃又名中国（中华）樱桃，有“春果第一枝”的美称。境内昆嵛山区地理位置优越，光源丰富，热量条件较好，降水较多，年平均气温11.4℃，海拔在300～600米、紫外线照射强、昼夜温差大，土壤肥沃，山泉水灌溉，极适宜小樱桃栽植生长，造就文登小樱桃的独特美味。20世纪初，境内昆嵛山区界石镇农户就有在房前屋后栽植的传统，多为自产自销自食。20世纪80年代，文登小樱桃开始山地规模化栽植，90年代大面积推广，主要集中在界石镇六度寺、晒字、三瓣石、楚岘、软枣林、宫家庄等村，至2017年年末，种植面积167.53公顷，每公顷产量为3.75万千克。文登小樱桃生长期在4月，成熟期在5月中下旬。单粒果重3～5克，色泽鲜红，玲珑剔透，味美形娇，甜度高，营养丰富，医疗保健价值高。据检测，每100克鲜果中含蛋白质1.2克、糖分8克、磷3.1

克、铁 5.9 克，并含有多种微量元素，以水果食之甜美可口；加工成樱桃饮料、樱桃酒，对软化血管、抵抗衰老、减少癌症病患具有良好效果。文登小樱桃盛名在外。2005 年 5 月 15 日至 6 月 20 日，文登市在界石镇举办以文登小樱桃为主要采摘品种的第一届昆嵛山樱桃节，开展采摘樱桃、品特色农家宴、游中国道教名山圣经山等活动，共接待来自韩国、新加坡、英国等 5 个国家和国内广东、上海、北京等 8 省市及山东周边市区的游客 20 余万人次，旅游总收入 2000 万元。至 2017 年，文登已连续举办十三届樱桃节。樱桃节成为境内影响力最大的节庆，带动农民致富，推动县域经济发展，成为文登响当当的品牌。其经验做法被国务院发展研究中心确定为建设社会主义新农村的研究课题，被国家旅游局作为重点向全国推广。樱桃擂台赛、民间艺术品制作、品农家特色美食、广场舞大赛、登山赛等活动已成为樱桃节期间的传统项目。其保护范围为文登区所辖地域，地理坐标为北纬 36°52′～37°22′、东经 121°43′～122°19′。

文登草莓　文登草莓根系分布浅、蒸腾量大，对水分要求严格，不同生长期对水分的要求也有不同。境内部分地区属中低山温暖区，包括宋村、米山、界石、泽头、葛家等 5 个镇部分地区共 87 个自然村，其气候特点是光源丰富，热量条件较好，降水较多，年平均气温 11.4℃，0℃以上积温不低于 4400℃，10℃以上积温不低于 3900℃，无霜期 200～205 天，降水量 850～900 毫米，土壤大部分属砂性土，易耕作，有机质丰富，保水力强，通气性良好，pH 值呈弱酸性或中性的肥沃土地，特别适合草莓的生长。文登草莓营养价值高，含有多种营养物质，且有保健功效。20 世纪 80 年代初开始栽培种植，1996 年种植面积发展到 45 公顷。2004 年，文登草莓栽培面积达到 870 公顷，产量达到 1.54 万吨。宋村、米山、界石等镇建设以草莓采摘为主的休闲观光农业示范区，每逢草莓成熟季节，采摘的游客络绎不绝。草莓采摘是文登休闲农业和乡村旅游发展的一大特色，已发展成为文登市果品类及旅游业的重要经济来源之一。草莓种植技术不断创新、突破，西铺头村引进大棚草莓新品种——“白雪公主”，并按照有机食品的标准进行生产，效益良好。2014 年，文登市果蔬站首次在宋村镇的山泰生态园试验草莓水肥一体化无土立体栽培技术，为威海市新型栽培模式，亩栽培面积和产量分别是传统栽培模式的 2.5 倍、2 倍。应用无土立体模式及水肥一体化技术种植的草莓，口感佳，采摘安全、卫生，深受消费者青睐。2017 年，文登草莓种植面积 1300 公顷，亩产量达 4000 千克。文登草莓保护范围为文登区所辖地域，地理坐标为北纬 36°52′～37°22′、东经 121°43′～122°19′。

文登油桃　油桃又名桃驳李，其表皮无毛而光滑、发亮、颜色较鲜艳，象涂一层油而得名。文登油桃种植始于 20 世纪 90 年代初期，全市 20 余个乡镇均种植油桃。文登油桃果肉白色，半粘核，硬度高，耐贮运，含可溶性固形物 13.2%～15.2%，脆甜可口。1996 年，种植品种有五月火、超五月火、早美光、ＺＬ－76 等 6 个。2010 年，山东省农业产业化重点龙头企业——山泰食品有限公司在宋村镇建成千亩油桃采摘园区，被列入文登市旅游重点建设项目。2015 年，区农业环境保护站申报无公害农产品 3 个，威海市文登区勾勾吉果品专业合作社的油桃、毛桃、蟠桃为其中之一。2016 年，举办文登首届油桃采摘文化节，半个月的采摘时间接待游客 5000 余人次，2017 年，举办第二届油桃采摘文化节，上万人次参加。是年，油桃种植面积达到 67 公顷，亩产 2500 千克。“文登油桃”参加第十五届中国国际农产品交易会，获参展农产品金奖；“山泰品牌油桃”荣获山东省知名农产品企业产品品牌。文登油桃借力打入北京市场，与各大商场、超市对接，产品获得市场和消费者认可。文登油桃保护范围为文登区所辖地域，地理坐标为北纬 36°52′～37°22′、东经 121°43′～122°19′。

【苹果收购价格略升　果农自入库比例上升】　继 2016 年严重干旱后，2017 年文登连续遭遇春旱、夏涝，苹果产量下降，同比减产 5.0%。由于残次果增多，优果率下降，加之连年苹果收购价格低迷，苹果贮藏企业或商贩亏损严重。价格较 2016 年同期略高，前期套袋红富士苹果果径 80 毫米以上混级收购价格为 4 元 / 千克左右，后期果径 80 毫米以上混级收购价格为 4.5 元 / 千克左右，但收购标准严格，果农多选择自行入库，自行入库苹果贮藏量占总贮藏量的 60% 左右，比 2016 年上升 10% 左右。

【苹果种植面积连续两年负增长】　在苹果价格封顶效应和成本抬升的双重挤压下，造成果农、果商亏损严重，赚钱效益大幅降低，甚至出现“卖果难”的现象。“果贱伤农”，已造成部分果园进行刨树。年内，全区苹果刨树面积达 433.6 公顷，而新栽面积 234.53 公顷，连续两年负增长。改变栽培模式，提质节本增效，成为稳定苹果种植，保持果业持续发展的必由之路。

【高效特色农业发展平台苹果产业项目】　2017 年，文登区实施山东省高效特色农业发展平台苹果产业项目，新建现代苹果矮砧集约栽培示范园 6 处，面积 100 公顷，分别为威海市文登区金桃源果蔬专业合作社、威海市景翔果蔬专业合作社、威海林青农林科技有限公司、威海四季红生态农业有限公司、威海华宸果蔬专业合作社、威海市文登区昆嵛人家农业科技有限公司。该项目总投资 1502 万元，其中省财政资金 600 万元、实施主体自筹资金 902 万元，示范园建设已全部完成。项目新建示范园按照现代苹果管理模式要求，推广应用“梯改坡”、矮砧大苗、宽行密株、果园生草、设立支架、水肥一体化、机械化作业和高纺锤树形等先进适用技术。示范园建设规模大、标准高、品种优、配套设施齐全、发展前景良好，示范带动作用显著。

【申报威海市现代苹果产业发展奖励】 区农业局组织全区符合威海市现代苹果产业发展奖励标准的果品企业、合作社、家庭农场和种植大户参加申报。通过相关镇（街道）筛选、推荐和验收等环节，最终5处现代苹果矮砧集约栽培模式新建示范园（山东北辰益丰农业科技发展有限公司、文登区文庆果蔬专业合作社、文登区大水泊镇辉煌家庭农场、文登区葛家镇福华家庭农场、文登区大水泊镇沐阳岭家庭农场），2处市级苗木繁育基地（威海昱昊园林科技有限公司、文登区大水泊镇沐阳岭家庭农场）符合奖励条件，共争取市级奖励资金67万元。在示范园的辐射带动作用下，全区新上现代苹果园面积200公顷，提高苹果产业的综合生产能力、市场竞争力和可持续发展能力。

【参加威海市第八届苹果擂台赛】 按照威海市苹果擂台赛要求，区果树站指导现代果业基地加强果园管理和品牌建设，提升文登苹果品质，并通过果农自选、果树站初评等环节，选送14份样品参加11月18－19日举办的威海市第八届苹果擂台赛。威海市鼎欣果蔬专业合作社的“富芝嘉”牌富士苹果和威海市良盟进出口有限公司的“良盟”富士苹果均获一等奖，另有12个样品获得二等奖6名、优秀奖6名。

【开展技术推广与培训活动】 为解决果业劳动力匮乏、果园管理人工成本过高等难题，区果树站与山东农业大学、青岛农业大学、省果树所等科研机构合作进行苹果郁闭园改造、化学疏花疏果剂、无袋苹果桃小食心虫、梨小食心虫、棉铃虫和玉米螟防治及发生规律调查、老龄苹果园更新改建及现代苹果矮砧集约栽培技术的试验示范推广等试验研究。举办大型培训班2期、现场观摩3期，邀请专家授课10人次，发放技术手册及明白纸1万份，培训果农3000余人次。

（牛新威　李维新　孙　静）

畜牧业

【概况】 2017年，全区畜牧兽医工作是做好重大动物疫病防控，加强畜产品质量安全监管，推进畜禽养殖污染综合治理，加快畜牧业新旧动能转换，实现畜牧业绿色健康发展。全区生猪存栏31.25万头，出栏51.61万头；家禽存栏709.22万羽，出栏1772.13万羽；牛存栏5598头；羊存栏18101只；特种毛皮动物存栏67.54万只，出皮223.79万张，未发生重大动物疫情和畜产品质量安全事件。6月9日，文登区被列入山东省2017年畜牧业绿色发展示范县名单，为威海市唯一入选县市区。11月1日，区畜牧兽医局被省畜牧兽医局评为2016年山东省畜牧业统计监测工作绩效考评优秀单位。12月27日，区畜牧兽医技术服务中心被山东省人力资源和社会保障厅、山东省畜牧兽医局、山东省公务员局评为全省畜牧兽医工作先进集体。11月29－30日，省畜牧兽医协会、市畜牧兽医局主办，区畜牧兽医局协办的“第三届（2017）山东毛皮动物产业发展大会”在文登召开，全国毛皮动物产业领域专家教授、全国毛皮动物养殖加工销售行业企业家、省畜牧兽医局及省畜牧协会相关人员参加会议。

【动物疫病防控】

重大动物疫病防控 按照“政府保免疫密度，业务部门保免疫质量”的总体要求，采用集中免疫与日常补免相结合的疫病免疫方案，开展重大动物疫病防控工作。2017年，全区共完成47.5万头生猪、1.62万头牛、3.8万只羊、887万羽家禽的免疫工作；发放禽流感疫苗400万毫升、猪口蹄疫苗80万毫升、牛羊口蹄疫苗12万毫升、小反刍兽疫疫苗2万头份，畜禽免疫密度达到100%。牛、羊、猪、鸡的防疫密度常年保持在100%，牲畜挂标率100%，免疫抗体合格率稳步提高，是威海春季防疫检查中唯一各项免疫抗体指标均合格的县市区。

动物疫病血清学和病原学监测 按照“五结合”（主动监测与被动监测相结合、病原监测与抗体监测相结合、常规监测与定点监测相结合、专项调查与紧急调查相结合、疫病监测与净化评估相结合）的原则，做好全区动物疫情监测与流行病学调查工作。2017年，完成4万余份血清学抗体监测及2500余份抗原检测工作，确保畜牧业健康发展和公共卫生安全。

H7N9流行病学调查及监测 4月

11月29－30日，第三届（2017）山东毛皮动物产业发展大会在文登召开

18日后，受人感染H7N9禽流感疫情影响，区畜牧兽医局加大对全区范围内规模养殖场、散养户及社会环境的消毒灭源工作力度，每隔3～5天进行一次社会大面积消毒，累计消毒面积达7000余万平方米，实现养殖区域消毒全覆盖。区畜牧兽医技术服务中心做好动物疫病集中监测、日常监测、定时定点监测工作，监测全区460个种禽场、养殖场（户）和禽类屠宰点，检测结果均为阴性。动物卫生监督所联合公安、交通、公路等有关部门，分别在界石镇与牟平区交界处、青威高速南出口设立临时检查站，检查站分别设置流动检查卡点，实行24小时值班制度，对过往车辆进行严格审查消毒，未发现违规现象。及时向社会发布信息，澄清事实，消除紧张气氛，保障畜牧业健康发展和群众生命安全。

开展人畜共患病防控 2017年，开展人畜共患病——布鲁氏菌病（简称布病）基线调查及流行病学调查，对13处镇（街道）的55个村开展布病、流行病学调查，填写布病防控知识调查表，共调查牛484头、羊3460只；对53个牛养殖场（户）的1428份血清样品、1217个羊养殖场（户）的5043份血清样品进行布病检测。

【畜产品质量安全监管】 年初，区畜牧兽医局与全区母猪存栏20头以上、蛋鸡存栏1000羽以上、肉鸡年出栏3000羽以上、牛存栏10头以上、奶山羊存栏10只以上的929家规模养殖场（户）签订畜产品质量安全责任书和质量安全承诺书。围绕畜产品质量安全重点领域和薄弱环节，印发《文登区畜产品质量安全专项整治方案》，持续开展“瘦肉精”、生鲜乳违禁物质、兽用抗生素、生猪屠宰、农资打假5个专项整治行动，提升畜产品质量安全水平。为保障畜产品质量安全，保证人民群众吃得安心，不间断地对肉、蛋、奶、兽药、饲料、尿液等进行抽样检测。全年共抽检畜牧投入品和畜产品样品6036份、“瘦肉精”1.8万份，经检测全部达标；出动执法人员600余人次，检查生产、经营企业

9月19日，区动监所、食药监所、公安局联合检查七里汤市场鲜肉产品

3家、使用企业286家、动物诊疗机构24家，查处兽药案件2起，没收销毁假劣及过期兽药35千克。

动物卫生监督 按照动物检疫规程要求规范检疫行为，做好产地检疫和屠宰检疫，落实检疫申报制度，加强检疫痕迹化管理。2017年，全区共完成猪、牛、羊产地检疫67.4万头（只），家禽产地检疫12435.5万羽，屠宰检疫603.8万只，申报检疫率达到100%。加大监督执法力度，共出动执法车辆300辆次、执法人员1000余人次，检查市集等经营场点180余个，监督检查规模养殖场300余家，发现逃避检疫和运输、加工、贩卖病死动物及动物产品等违法行为立案查处23起。加强专业技术人员队伍建设，全年组织4期技术培训班，培训人员达1000余人次，提高专业素质。

【畜禽养殖污染综合整治】 2月，区政府印发《威海市文登区畜禽养殖“三区”规划方案》，科学划定禁养区、控养区和适养区，摸清禁养区内养殖场名单。7月28日，确定畜禽养殖场（小区）13个、养殖专业户101个。区畜牧兽医局制定《威海市文登区畜禽禁养区养殖场（户）关闭或搬迁方案》，对禁养区内114家养殖场（户）实施关闭搬迁工作。6月，区政府印发《文

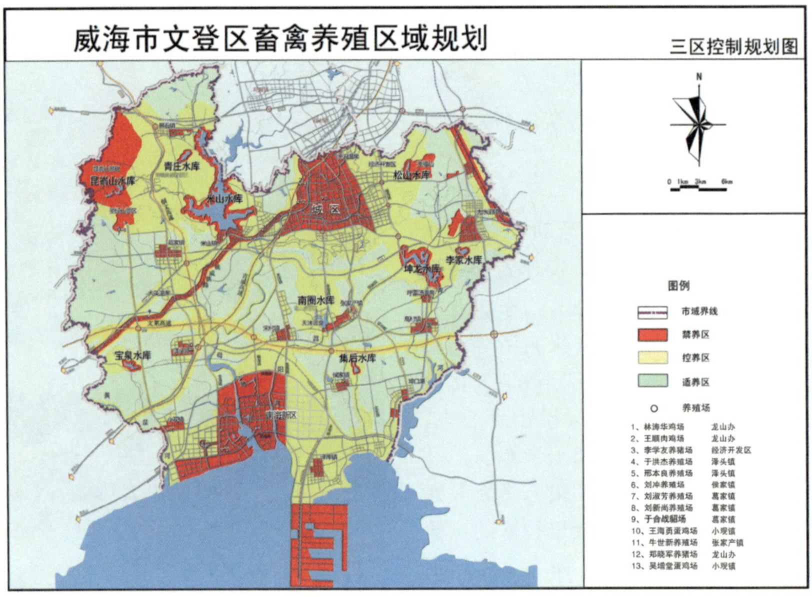

文登区畜禽养殖“三区”规划图（7月29日摄）

登区畜禽养殖污染综合治理实施方案》，重点抓好饮用水源地畜禽养殖污染治理工作，完成对米山水库和坤龙邢水库两个水源地所涉及的高村、大水泊、米山、界石、龙山5个镇（街道）共389家养殖场（户）的综合治理工作。

【畜禽标准化建设】 2017年，重点抓好规模养殖场设施设备的提档升级，规范企业制度建设，培育和树立标准化管理工作典型。共创建国家级畜禽养殖标准化示范场1处：荣成市桃园种禽有限公司文登林村养鸡场；省级畜禽养殖标准化示范场3处：威海环山种猪有限公司、威海宏昌牧业有限公司、文登区金禾畜禽良种繁育场；市级畜禽养殖标准化示范场6处：山东仙坛股份有限公司种鸡二十场、威海荣发种禽养殖有限公司、威海市合鑫农业发展有限公司、威海市五京农牧有限公司、文登区望海初家张玮养鸡场、威海顺和良种羊有限公司。指导企业做好无公害畜产品的认证申报，文登区鸿利源生态养猪场、文登区天牧畜禽良种繁育场、威海华育宋村养殖有限公司3家企业通过省级委托市级的现场验收，获得农业部颁发的无公害农产品证书和省畜牧兽医局颁发的无公害产地认定证书。全区无公害认证企业数量达到19家。为推动和促进全区畜牧业发展，发挥政策性资金的带动作用，区畜牧兽医局共争取政策性资金1281.34万元，主要有：2017年生猪调出大县奖励资金100万元、现代畜牧业示范县项目资金385万元、粮改饲试点项目资金96万元、基层农技推广项目资金20万元、财政促进金融支持畜牧业发展补贴资金51万元、育肥猪能繁母猪保险补贴134.66万元。

【病死畜禽无害化处理】 病死畜禽无害化处理工作为年内重点建设项目。投资建设方为威海天保生物科技有限公司，专业无害化处理厂位于侯家镇大时家村南，总投资2500万元，占地面积1.33公顷，建成后日处理病死畜禽及特种毛皮动物胴体100吨。该项目2016年5月开工，2017年5月竣工。7月通过省畜牧兽医局专家组验收，取得动物防疫条件合格证和环评手续。8月，面向全区养殖场（户）开展病死畜禽统一收集、集中处理试运行工作。共无害化处理生猪12.4万余头、鸡5000余羽、牛羊60余头（只），其中专业无害化处理厂处理病死生猪9.2万余头。无害化处理厂的建成投产，结束文登区无动物无害化处理厂的历史。该厂使用先进的无害化处理技术平台，涵盖无害化处理中心、保险公司、养殖户等单位的全方位管理信息平台，为无害化过程中病死畜禽报收、收集、取证、补贴拨款等诸多环节提供便利及决策依据。11月25日，省畜牧兽医局在全省推广文登区病死畜禽无害化处理和保险联动机制的先进经验。

（王军辉 毕建斌）

8月16日，文登区举办病死畜禽无害化处理培训班

林 业

【概况】 2017年，全区完成营造林面积1174公顷，实有林地面积4.70万公顷，林木覆盖率29.1%，完成林业产值29.68亿元。境内有国家级湿地公园——五垒岛湾湿地公园，省级湿地公园——青龙河湿地公园。

【造林绿化】 区林业局坚持科学规划原则，组织技术力量，做好造林绿化规划，以绿色通道建设、经济林、水系造林、退耕还林还果建设等工作为重点，做到点、线、面相衔接，城乡绿化美化相结合。2017年，全区共完成营造林面积1174公顷，其中完成新增人工造林面积545公顷，退化林更新面积611公顷，完成威海市林业局制定计划任务的102%。新增人工造林中，完成水系造林面积127公顷，荒山荒滩荒地造林面积114公顷，退耕还林还果面积599公顷，绿色通道造林面积40公顷；在合格造林面积中，防护林面积497公顷，经济林面积448公顷；新建完善绿色通道20千米；完成森林抚育面积3333公顷；新上林业育苗67公顷。3月，机关、事业单位干部职工、驻文登部队官兵及志愿者3000余人，在文登营镇范家店村东荒山开展义务植树活动，栽植绿化苗木黑松、速生法桐共2.4万棵。

绿色通道工程 结合中央投资沿海防护林重点工程建设，以小观镇、文登营镇等新修主干道两侧绿色通道绿化为主，2017年，完成南海新区小观镇环海路等主干道绿化15.5千米、文登营镇南七线主干路绿化4.5千米，共新建完善绿色通道20千米，新增成片造林面积39.73公顷。栽植树种主要以黑松、蜀桧、龙柏、樱花、紫叶李、百日红、杨树、柳树等为主。

森林抚育　2017年，区林业局争取中央财政资金500万元，抚育公益林面积3333公顷，共区划小班281个，涉及国有集体林场施工单位14个，全部采用卫生伐方式，小班作业质量综合评价分数在85分以上的合格面积3333公顷，占计划的100%。施工小班内，均按规定建立中幼龄林抚育管理档案，档案管理资料齐全，图表、数据和影像资料对应，做好各项施工记录。

退耕还林　鼓励有条件的镇（街道）结合区农业局现代果园栽培等项目，发展退耕还果还林工程，退耕还果以苹果现代园栽培为主，同时鼓励发展栽植核桃、榛子等干杂果。2017年，退耕还林以葛家镇议城、威高生态园、小观镇东浪暖、宋村镇青龙夼、高村镇莲花城、大水泊镇栏杆河等苹果新栽植模式成片示范园项目建设为主，共完成退耕还林还果成片造林面积599.07公顷。

【林业产业】　区林业局围绕以核桃、板栗等为主的特色经济林产业，以林下种养为主的林下经济产业，挖掘林业产业的增收潜力，鼓励农民通过转包、出租、互换、转让、股份合作等形式进行林地承包经营权流转，促进林地向种植大户、龙头企业集中，制定一系列鼓励林业产业发展的配套扶持政策，扶持发展林下经济、规模以上育苗基地、干果经济林等。2017年，共发放造林补贴、林下经济补助资金140万元，鼓励发展以采摘园、家庭农场为主的干杂果成片示范园，新上核桃、板栗、榛子、蓝莓、无花果等干果经济林40公顷。

【林木病虫害防治】　实行“预防为主，综合治理，依法监管，强化责任”，发挥各级政府和部门在林业有害生物防治工作中的主导和监管作用，落实防治责任，加强资金投入，完善政府社会专业公司防治服务机制，推行专业公司绩效承包的综合防控模式。利用报纸、广播、电视等新闻媒体加强媒介宣传，印发各类科普宣传材料10余万份，加强对松材线虫病、美国白蛾等林业有害生物的防控宣传力度，6月，联合文登景观黑松协会举办松材线虫病防控培训，提高群众认知参与度。

2017年初，抽调专业技术人员组成监测普查队伍，采取专项普查和常年监测相结合的方法，对辖区范围内的松林进行监测。采取踏查的方法，对全区松林进行详细调查；同时为确保监测工作的连续性，在每个有松林的镇（街道）设立1个监测点，负责本区域的松材线虫病监测工作，监测覆盖率达100%。普查工作以昆嵛山区和天福山区及与泽库镇相邻的南部沿海各镇作为重点地区，投资30万元，首次招标监测公司实行无人机监测松材线虫病枯死木面积1.33万公顷。通过普查，葛家镇病死树疫情已蔓延至五牙山林场以东、圣经山以西山林，对圣经山风景区已构成严重威胁。区林业局将山东省松材线虫病死树砍伐处理规程印发至各镇（街道），严格按规程进行操作。对疫情严重的葛家镇，招标专业公司，采取绩效承包方式委托荣成市国伟生物防治公司、济南森林一号公司进行综合防治，至11月20日，伐除病死松树8万余株。

采取综合防控措施防治松材线虫病。根据松材线虫病的发生规律和特点，坚持人工喷药和悬挂诱捕器相结合的办法消灭媒介昆虫，6月、7月，两次对文登营镇、界石镇、葛家镇、张家产镇及2处国有林场进行地面防治，防治面积1333公顷。对重点防治区按2公顷1个、一般防控区域按3.33公顷1个、预防区按6.67公顷1个悬挂诱捕器，共购置诱捕器2000余套，松褐天牛诱捕器分别安放在泽库、小观、界石、葛家等重点监控镇及天福山林场、草场庵林场，诱杀松褐天牛75.68万头。

【动植物检疫】　加强对林业有害生物的检疫执法，在309国道和初张路两条大型运输车辆进出市区的必经之路强化检疫检查，加强对调入的种苗、木材和林产品的检疫、检查和消毒，禁止无检疫调运。2017年，共开出检疫证书327份，调运苗木、花卉3.77万株。“爱鸟周”“野生动物保护月”期间，联合公安、工商等部门加强集贸市场管理，严禁出售国家和省市保护物种，对手续不全和无证经营的限期整改，对不具备驯养繁殖和经营条件的予以查处，全年无重大野生动物违法案件发生。

【森林防火】　区林业局按照区政府印发的《森林防火能力建设三年行动计划》，加快提升以水灭火能力向专业化、智慧化方向转变。2017年，基础设施建设方面，新建防火通道200余千米，基本实现主要山系“3千米半径作业圈”的目标。规划设置10处森林防火专用消防水栓，按照护林房与瞭望塔相结合，全域视距可全覆、对讲机能互通的原则，新建护林房14处，整修瞭望塔2处，并已投入使用。装备建设方面，投资600余万元，新增防火服装400套、往复式灭火水枪100套、运兵车18辆、串联水泵3套、对讲机180部，保障全区护林员人手一部对讲机，使专业森林消防队伍的装备水平基本达到机具化的要求，提高森林消防队伍的扑火效率。队伍建设方面，新增森林防火大队专业防火队员10名，每人月增工资500元，同时，重新粉刷队员宿舍，新购置床铺、储物柜等，提高防火队员的生活质量。成立8人编制的区森林防火指挥中心，增强森林防护指挥能力。年内，全区专业及半专业森林消防人员达到400人，初步形成扑救森林火灾以区森林消防大队为主、以镇森林消防中队为补充、干部群众扑火相结合的合理机制，有效提升全区森林防火工作水平。机制建设方面，森林防火期内，采取定时点名与不定时抽查相结合的方式，检查各镇（街道）防火人员值班情况。护林房和瞭望塔每天两次定时报告防火情况，确保区指挥中心及时掌控火情信息。各镇（街道）采取护林房定点观察与分组巡逻相结合的方法，严厉打击野外违规违法用火行为。针对境内丧葬习俗，对近3年去世人员进行全面调查登记，建立台账分发到护林员手中，做到每1起上坟祭祀都有护林员监督，尽最大可能减少森林火灾的发生。组织开展森林防火演练，3月16日，在文登营镇营东屯村荒山荒地开展全区森林防火应急演练，森林防火指挥部成员单位及各镇（街道）、林场共280余人参加。5月4日，举办全区森林防火指挥员及专业骨干培训班，组织邀请防火专家对全区青年干部进行专业防火技能培训，提升整体防火灭火能力。

【林业执法】 执行“十三五”采伐限额，按照采伐审批程序和审批权限，严把审查环节，全年共办理林木采伐520起，采伐各种树木12.4万棵，林木蓄积1.81万立方米，并对20余起不符合审批条件的采伐申请不予审批。开展《威海市林地保护办法》宣传，深入采石场、林区等重点区域开展专项宣传，提升全社会保护森林资源的自觉性。施行专项巡查，发现违法占用林地案件3起，督促4个工程项目办理林地占用手续，制止3起非法占用林地行为，发放《责令停止违法行为通知书》4份。完善项目协调机制，对30余起建设项目使用林地进行前期审查和年度批次用地审查，杜绝违法使用林地行为。年内，共受理建设项目使用林地许可18起，其中直接为林业生产服务的12起；对5个建设项目使用林地报批进行协调、指导。实施征占用林地行政许可，共检查建设项目6个。加强林业行政案件查处力度，依法管理山林资源，打击破坏森林资源违法犯罪行为，维护森林资源安全。2017年，全区共查处行政案件13起，罚款21万元，行政处罚14人次。开展2017年政策性公益林投保工作，对全区3.05万公顷公益林进行政策性投保，并协调完成3起森林火灾和森林病虫害的理赔工作。

【第九次森林资源清查】 为了解全区资源的动态变化，评价一定时期内人为活动对森林资源的影响，加快推进生态文明建设，真实地反映全区森林资源现状，为政府决策提供真实依据，按照《山东省第九次连续清查数据采集系统使用手册》和《山东省第九次森林资源清查操作细则》的具体要求，2017年6月，区林业局启动第九次森林资源调查工作，成立以林业站站长、经济林站站长和多次参加连续清查工作的技术骨干为成员共10人的一类资源清查调查队伍，对96个样地进行调查复位。分别采用原调查队员和向导直接复位、GPS辅助复位、原引线点复位、地形图及地貌特征复位等复位方法，做到全部样地复位、样木复位，达到连清复查《技术操作细则》的技术标准，调查组成员认真填写平板数据、GPS数据库纪录，轨迹记录，并对上期填写的各项调查因子进行互检自查。在进行外业调查的过程中，调查组对每个样地的西南角、定位树、样地概况及人物工作等情况进行照相摄影，为下次森林资源清查工作积累影像资料。

【林场与苗圃】 区林业局下属区天福山林场、区草场庵林场和区林业苗圃，天福山林场面积240公顷（其中国有面积50公顷），草场庵林场面积70公顷，区林业苗圃面积7公顷。天福山林场和草场庵林场均为省政府划定的生态公益型林场，功能定位于保护培育森林资源、维护生态安全，主要承担森林保护和培育森林资源等生态公益服务职责。年内，区林业局按照《威海市文登区国有林场改革方案》，推动国有林场改革。5月25日，将区林业苗圃整建制划入区天福山林场，在区天福山林场加挂区林业苗圃牌子；区天福山林场和区草场庵林场由差额拨款事业单位改为公益一类财政拨款事业单位，改革工作全部完成。

（徐金华）

水 利

【概况】 文登境域有大型水库1座、中型水库2座、在建中型水库1座、小型水库70座、塘坝917座，母猪河、青龙河、昌阳河、黄垒河等大小河流1030条。2017年，全区水利工作践行新时期治水方针，全面实行河长制，新增、改善灌溉面积1006.7公顷，治理疏浚河道30余千米，解决和改善109个村居民的吃水问题。

【水利基础设施建设】

农田水利项目县建设 文登区2017年度农田水利项目县项目于2016年11月开工建设，2017年6月30日完工，新建及配套整治塘坝11处、平塘2处及其他小型水源工程，共实施节水灌溉面积1006.7公顷，完成工程总投资1975.27万元。2017年12月，通过威海市水利局、财政局组织的竣工验收。同年10月，通过全省公开竞

大水泊镇泊岳家风光互补供水工程（5月13日摄）

百岁谷高效节水灌溉工程（5月3日摄）

标，文登区成为第十批农田水利项目县（2018－2020）。

高效节水灌溉示范县 3月，省水利厅印发《关于开展省级高效节水灌溉示范县创建工作的通知》，文登按照示范县申请报告编写大纲要求和评估办法，从发展政策环境、高效节水灌溉发展水平、灌溉用水管理水平、工程长效运行管护机制建设、信息化建设5个方面，编制申报材料，10月，经过省专家组综合评审，文登区被审定为6个省级高效节水灌溉示范县之一。创建高效节水灌溉示范县，在争取省以上项目资金时将获得政策倾斜，促进全区高效节水灌溉更好发展。

农村饮水安全工程 投资584.94万元，实施农村供水消毒设施配套工程，共安装消毒净化设备155处，惠及16个镇（街道）155个村。该项目2017年1月开工，3月完工。利用2015年贫困村结余资金，投资70.25万元，实施2015年贫困村饮水工程结余资金项目，为洪家庄村安装全自动电子水位控制器1套、郤家村新建高位水池2座、南郑格和口子后村进行村内管网改造（包括新建或维修户外集中水表井）、岚村更换部分村内主管网、顶子村维修村内水表井。加大农村集中供水和城市供水管网延伸改造力度，编制《2017年农村规模化供水工程实施方案》，投资4000余万元，新建晒字集中供水工程1处、改扩建埠口集中供水工程1处、高村镇和张家产镇的集中供水管网延伸工程1处，延伸覆盖91个村。

农村饮水安全工程，图为侯家镇朱家村净水供应（12月28日摄）

塘坝除险加固工程 继续推进病险塘坝除险加固5年计划，2017年共完成68座塘坝加固任务。对新出险的9座小型水库进行除险加固，主要包括大水泊镇的三庄水库、初家水库，文登营镇的西北岔水库，高村镇的庙后水库，天福街道的十里头水库，界石镇的四清水库，葛家镇的于家口、北石、姜新庄水库。该工程于11月初开工，12月末完工。

穿村过镇小河流治理 结合河长制确定的水环境治理、水生态修复等主要任务，重新补充完善《文登区穿村过镇小河道综合治理工程实施方案》，计划2017－2018年，投资3.4亿元，治理镇村小河流45条，治理河道60.8千米。2017年末，完成6条镇村小河流治理，共投资8000余万元。

【抗旱防汛】 2017年，全区总降水量604.3毫米，比多年同期偏少25%。受连年干旱影响，汛前，全区水利工程蓄水量严重不足，大中型水库蓄水不足多年平均值的30%，小型水库、塘坝工程有近1/3干涸，农作物受旱灾总面积4.31万公顷，其中绝收1.08万公顷。全区共152个村、7.6万人口因干旱发生饮水困难。针对持续干旱情况，区水利局争取中央特大防汛抗旱资金和省财政水利工程补助资金250万元，实施抗旱应急供水项目、河道拦蓄工程、新建和改扩建平塘等30处，挖掘本地水源潜力，保障用水需求。利用威海市抗旱应急资金，投资110.62万元实施2017年度饮水安全抗旱应急工程，为葛家、高村、宋村、张家产、文登营、界石6个镇的8个村，新建高位水池3座、村内管网及水表井改造4处、打井5处、配备压力罐供水设备1处。同时，利用中央抗旱应急打井资金为全区44个村打井解决水源问题。进入汛期，为应对可能出现的极端天气，区水利局始终坚持“安全第一，常备不懈，以防为主，全力抢险”的方针，加强汛前、汛中、汛后的巡察检查力度，督促整改安全隐患，确保全区所有蓄水和行洪工程不出问题。成立5个防汛检查组，对各镇（街道）防汛责任制落实、防汛应急物资储备、水利工程安全状况等进行全面检查。对检查发现的30余处险工隐患，及时下发险工处理通知，限期整改，确保安全度汛。

【水土保持】 争取上级资金100万元，累计投资127.77万元，实施文登区合子沟小流域综合治理水土保持项目，治理水土面积2.0平方千米，发展经济林18.7公顷、经果林34.6公顷，种植牧草6.7公顷，封育治理面积140.6公顷，新建谷坊3座。加大水土保持建设项目监管力度，2017年审批开发建设项目水土保持报告书（表）4份，征收水土保持设施补偿费508万元，下达限期缴纳水土保持补偿费的决定13份。配合威海市水文局做好“天地一体化”监管示范工作，收集整理2009－2017年开发建设项目水土保持设施建设情况，上报水文局资料近100份。部署各镇（街道）开展山东省生态清洁小流域规划（2018－2030年）填报工作。

【水资源管理与水行政执法】 利用“世界水日”“中国水周”等有利时机，通过电视、报纸、“两微一端”等媒介，宣传普及涉水法律法规，倡导节水意识。依托水资源管理监控系统，强化取水许可审批、用水定额管理、水资源有偿使用等制度措施，动态监管全区165家用水单位，对水资源消耗总量和强度实行“双控”。2017年，新办取水许可证54个、续办24个，新安装水表54块，审批水资源论证表78份，论证年用水量139.97万立方米。征收水资源费、污水处理费等涉水规费149.6万元。加强对城区内洗车、洗浴等高耗水用水户的巡查检查，封停关闭城区洗车自备井23家，强化水政执法力度，查处非法打井案件30余起。

水资源费改税 10－11月，对辖区内直接取用地表水、地下水的用水户，全部进行入户核查，共走访企业186家，其中有取水许可证企业60家、未办理取水许可证的企业126家；对未办理取水许可证的用水户，按照“先核实信息，后规范管理”的原则，责令限期补办取水许可审批手续，并及时完善纳税人相关信息。将用户信息全部录入“山东省水资源税信息管理系统”，为实际征收水资源税打好基础。填写《水资源税纳税人调查确认表》130份，移交地税部门取用水户信息130家，文登区水资源税首个征期为2017年12月1日至12月31日。根据《山东省水利厅关于开展取水计量“零点行动”的通知》要求，区水利局及时通知各用水户按规定上报“零点”水表计量数据，并对各用水户征期用水量进行核定，产生核定书，为水资源税征收提供依据。据区地税部门统计，已交税单位128家，占应交单位130家的98.5%；共缴纳水资源税73万元，其中区自来水公司缴纳水资源税52万元，占水资源税总量的71.2%。

【库区移民工作】 2017年，文登区共核减大中型水库移民232人、三峡工程移民8人。共发放大中型水库移民后期扶持直补资金共616.31万元，发放三峡移民后期扶持直补资金共17.7万元。开展大中型水库移民后期扶持人口核查清理工作，共核查清理不符合条件184人。利用该地区2016年人口自然变化结余资金91.2万元，申报扶持项目4项，为4个村硬化道路1.03万平方米。全年实施水库移民项目46项，其中：文登区2016年大中型水库移民后期扶持结余资金项目17项，资金438万元，2017年5月全部完工；2017年大中型水库移民后期扶持结余资金项目8项，资金185万元，11月8日，完成施工招标，确定施工单位，并开始施工；2015年度小型水库移民扶助基金项目10项，资金230万元，2017年5月，工程竣工；2016年小型水库移民扶助基金项目9项，资金200万元，2017年7月18日，完成施工招标，11月全部完成；文登区大中型水库移民避险解困项目总投资4706.4万元，位于高村镇，将汤东村、河南邢家村109户、222名村民搬迁到高村镇中心社区集中安置，3栋移民安置楼房已封顶，完成投资3280万元；“美丽移民村”建设试点村1个，资金200万元，11月10日，完成施工招标，确定施工单位，当年未完工。

【全面实行河长制】 年内，按照中央、山东省关于全面实行河长制的安排部署，文登迅速启动此项工作。区委、区政府先后审议通过《文登区全面实行河长制工作方案》，制定区级河长会议制度、部门联动制度、信息报送制度、工作督查督办制度、工作信息公开共享制度、联系单位工作规则、巡查制度、办公室工作规则、工作区级考核办法、区级验收办法等10项制度办法。区级层面，区委书记和区长担任总河长，区委副书记、常务副区长、分管农业农村工作的副区长担任副总河长；将母猪河等21条重要河道，按流域面积划分为10大区域，设立10名区级河长，由区级负责人担任。镇级层面，各镇（街道）根据确定的136条镇级河流，任命镇级河长123名，由镇（街道）负责人担任；村级河道，由各镇（街道）根据实际情况，确定河长延伸到村，任命村级河长592名，建立区、镇两级延伸到村的河长体系。区水利局抽调局属各科室人员，负责河长制实施中的组织协调、调度督导、检查考核等具体工作，协调有关部门、单位按照职责分工落实责任，监督指导下级河长制办事机构完成任务，总体推进河道管理保护工作等。按照横向到边、纵向到底的要求，确定区、镇两级重要河道名录，已落实区级河流21条、镇级河流136条、村级河流128条。按照“一河一策”的要求，完成区、镇级河道综合整治方案编制工作。开展“清河行动”，排查整治涉河各类违法违规行为185处。加强水功能区和入河排污口监督管理，全面排查入河口402处，确认排污口41处。针对排查情况编制入河排污口整治方案，征求有关部门意见后，报区政府批准实施。在各河段重要位置设立公示牌，公布河段管护范围、姓名职务、职责和联系方式，为公众监督治水、参与治水提供便利。建设河长制信息平台，在整合和接入水利、环保等部门共享的视频监控点、水质监测点的基础上，新建一批监测站点，搭建河长制网络服务平台，实现包含电脑端和手机端的集约化信息化综合管理。

【米山水库管理】 年内，米山水库管理局按照国家级规范化管理要求，做好防汛、灌区管理、城市供水等工作，为全区经济社会发展和人民生命财产安全提供可靠保障。由于干渠的灌溉作用日趋消失，原来灌区管理所主要承担的灌溉职能也相应弱化，年内灌区管理主要任务是防止在干渠管理范围内出现侵占、损毁等人为破坏情况，在汛期防止出现干渠、建筑物等被山洪冲毁等现象，2017年灌区安全度汛。全年向威海市供水3300万立方米、文登市区供水850万立方米。

防汛工作　汛期，通过水库调度指挥中心，与威海水利综合信息网、威海水文信息网连接，利用现代化科技手段，随时迅速准确掌握米山水库流域内的天气、降雨、水库水情、工程运行等情况。为确保水库工程安全度汛，汛前对泄洪设施、输水设备、电力线路、水情遥测遥控自动化测报系统、备用供电系统、防汛物料等重要的防汛措施进行系统检查、维护；调整充实防汛队伍，修改完善《防汛工作意见》《防洪抢险应急预案》《大坝安全管理应急预案》《调度规程》。准备防汛物料：草麻袋1.5万条、土工布6000平方米、铁丝1.15吨、木材10立方米、砂石1800立方米、土1000立方米、救生衣100件、冲锋舟2艘、救生艇4艘；落实防汛常备队20人、防汛抢险队100人、预备队100人；防汛设施设备检修、试车完好。入汛后，实行班子成员带班制度，加强防汛值班工作，重要岗位做到24小时有人值守。降雨期间安排专人对大坝迎水坡、背水坡进行昼夜巡逻检查。定时对测压管内水位进行测量、计算、校核，比较坝体内水位变化幅度，为确保水库大坝安全提供技术支撑。

工程规范化管理　按照国家级水利工程规范化管理要求，从水库工程组织管理、安全管理、运行管理和经济管理4个方面进行分解，成立规范化管理单位工作领导小组，制定管理考核实施方案。健全完善党务、行政、财务、人事、安全管理、工程管理、后勤管理制度。完善视频监控系统、水库自动化监测、水情自动化测报系统建设。本着“经常养护、及时维修、养重于修、修重于抢”的原则，通过招投标聘请专业养护队伍对坝区已建绿化工程进行日常管理养护，硬化防汛路4100平方米，拆除与安装放水洞防护栏杆154米，安装库区防护网640米，硬化东山场地570平方米、停车场220平方米，铺设水泥花砖路面200平方米，栽植各种绿化苗木1700余株。

水源地保护　由米山水库派出所、水政监察中队、库区管理所、保卫科等科室负责水库水源地的安全保障工作，加强对水库库区周围及水面的安全巡查。受干旱影响，水库水位持续下降，裸露滩地较大，采砂取土违规种植等各类违法案件增多。米山水库管理局采取宣传单、明白纸以及协调相关镇（街道）印发文件等形式，在作物种植关键时期进村入户宣传《威海市饮用水水源地保护条例》，取得群众的理解和支持。加大巡查力度，做到检查巡查经常性，及时制止检查巡查中发现的违法行为，并留取影像资料和巡查记录，依法进行处理。为预防水库藻类繁殖过剩，共投放滤食性鲢、鳙等鱼种70余万尾，增强水库自净能力。

（李海波　王铭雪）

海洋与渔业

【概况】 文登区海岸线东起高村镇靳家店村南蔡官屯河口，曲折西去，止于黄垒河口，全长155.88千米，海岸线至领海外部界限海域总面积1650平方千米。沿海有靖海湾、五垒岛湾2处海湾，近海中有牛心岛、里岛、鳌头、华山、怀石、文登人石、陀螺头7个海岛，低潮高地4处。2017年，全区海洋与渔业工作按照现代渔业发展要求，转方式、调结构，推行规模化、标准化、产业化发展模式，发展远洋渔业、水产品养殖业、水产品加工业，实现产业增殖增效。全区实现水产品总产量45.08万吨，实现产值67.73亿元、渔业总收入98.66亿元。其中：近海捕捞产量10.84万吨，实现产值11.15亿元；海水养殖产量31.83万吨，实现产值50.21亿元；淡水养殖产量2.42万吨，实现产值3.33亿元。机动渔船拥有量805艘，水产品加工企业76个，渔业从业人员5.1万人。

【水产品质量安全管理】

推进“省级食品安全先进区”建设　2017年，文登区备战“山东省食品安全先进区”的考核验收工作，区海洋与渔业局按照上级关于食品安全先进区创建的总体部署，对照创先进区细则准备材料，多次检查上报的监管业态企业名录，指导企业准备相关验收资料。迎接市、区组织的模拟测评、双“随机”现场检查、创先进区现场观摩检查等10余次测评检查，助力文登区通过“山东省食品安全先进区”的验收。

渔业标准化生产　建立健全企业动态数据库，全区所有育苗场、大型养殖场、无公害产地全部纳入质量安全监管，与其签订“水产品质量安全责任书”。严格落实规定，为标准化育苗养殖单位统一制作“饲料进出库及使用记录”“药物进出库及使用登记记录”“投苗转池情况记录”等记录本，督促企业对渔业投入品采购、出入库和使用等情况进行真实完整的记录。各单位对外购买苗种必须向生产厂家索要产品检测合格报告和正式发票，对外出售的苗种必须具有产品检测合格报告，做到有案可查、有据可依。做好无公害、绿色、地理标志产品后续认证工作，以产地认定和产品认证来推行渔业标准化生产，实施全过程质量控制。开展水产品追溯软件试点推广工作，筛选质量安全追溯试点主体，年末，文登区骏马水产食品有限公司、威海海宽海洋生物科技有限公司、威海市文登区海和水产育苗有限公司、山东盛鸿海洋生物科技有限公司、文登市二王家村金滩牡蛎养殖专业合作社5家企业已安装追溯系统并使用。

加强渔业投入品专项整治 围绕重点产品、重点单位、重点区域组织开展渔业投入品专项整治工作，共出动执法人员300余人次，突击检查辖区内所有的水产育苗、养殖企业，监管覆盖率达100%。共抽检水产品样品273个，品种涵盖海参、鱼类、对虾、贝类、梭子蟹5个大类的苗种及成品。针对海参开展分片、分区域的全面摸底抽检工作，共抽检海参样品200余个，重点抽检高岛周围池塘的个体养殖户30余家，经检测样品全部合格。加强对增殖放流单位的监督管理，进行拉网式监督抽检，确保增殖放流苗种质量安全。

品牌建设 利用报纸、电视媒体及微信公众号、官方微博等媒体平台，宣传文登水产品品牌。组织威海海宽海洋生物科技有限公司、文登区金滩牡蛎养殖专业合作社参加2017年中国水产品品牌大会，“海宽刺参”入围2017年最具影响力水产品企业品牌候选名单。年末，文登区共有海产品无公害产地16个、产品22个，绿色食品2个，有机农产品认证2个，地理标志产品2个，地理标志证明商标5个。文登区金滩牡蛎养殖专业合作社的“品贝鲜”被评为威海市知名商标。

水产原良种场建设 加大政策支持力度，加强与科研单位合作，加强对原良种的宣传与引导，推进现代水产种业建设与提高水产原良种覆盖率，保障水产养殖业持续健康发展。完成威海银泽海马良种场和红鳍东方鲀原种场、威海三泉罗非鱼良种场、威海海和大泷六线鱼原种场的材料申报。

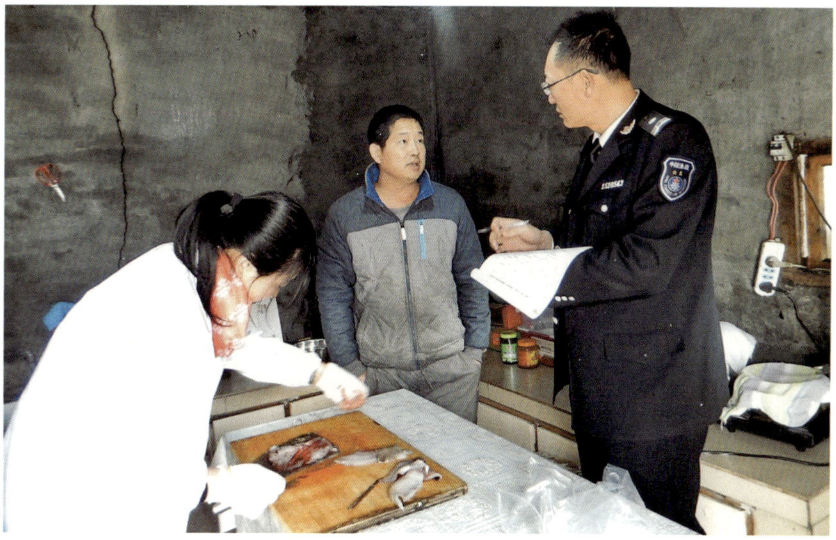

12月30日，区海洋与渔业局工作人员配合省质检中心工作人员对水产品质量进行监督抽检

【中国地理标志证明商标（海产品）】

年内，由威海市文登区水产养殖协会申报的文登蚝、文登蠓子虾酱、文登刺参、文登海蜇、文登对虾获得中国地理标志证明商标，其专利期限，文登蚝为2017.10.07－2027.10.06，其余4个均为2017.12.28－2027.12.27。

【水产养殖技术推广】

引进推广海水养殖新品种 2014年5月引进“高抗一号”刺参良种，此良种耐高温能力强，抗逆能力强、生长速度快，对提高刺参养殖产量和效益，促进刺参养殖业的稳健发展具有积极的推动作用。2017年，威海海宽海洋生物科技有限公司、山东盛鸿海洋生物科技有限公司、山东庆源生物科技有限公司3处育苗单位共培育刺参稚参1.6亿头，经室外池塘网箱中间培育，共培育200～400头/千克的大规格刺参苗20万千克以上，推广面积达到600公顷。11月，“引进耐高温型刺参室内育苗与池塘网箱中间培育技术研究”项目获威海市科学技术二等奖。“黄选一号”三疣梭子蟹是中国水产科学研究院黄海水产研究所培育的国内第一个海水蟹类新品种，具有养殖个体增重明显、养殖成活率高、抗病能力强、肥满度高等优点。在侯家镇、埠口港等3处面积7公顷的池塘，与本地区未经选育的梭子蟹进行对比试验，“黄选一号”梭子蟹平均产量1461.9千克/公顷，增产21.93%；平均体重284.2克/尾，增重8.65%；平均成活率28.6%，提高12.2%。年内，推广养殖面积180公顷。8月，“引进‘黄选一号’梭子蟹池塘生态养殖技术研究与应用”项目获山东省海洋与渔业科学技术三等奖。

基层渔技推广体系改革与建设项目 2017年，文登区全面实施基层渔技推广体系改革与建设补助项目，以文登区泽库五垒岛湾周边刺参养殖区和南海新区鲆鲽鱼类工厂化养殖区为主，并兼顾侯家、小观、埠口、泽头、宋村、高村镇及高岛盐场等多家养殖企业。完善多元化推广服务体制，鼓励和支持渔业产业化龙头企业、渔民专业合作社等开展渔技推广服务，发挥技术服务实效性。创新机制，利用现代“渔业通”管理系统将养殖前端的影像和检测数据传输到“渔业通”技术管理平台和渔业指挥服务中心，实现专家、技术指导员面对面的交流，及时有效地解决问题。结合多项现代

物联网技术，进行养殖信息数据采集，同中国农业大学联合，利用现代最新的遥感监测技术、水质传感器监测技术及无线网络搜索技术等，把渔业生产管理技术中的病害防治与水温、水质遥感相结合，将数据采集和养殖精准化信息相融合，建立健全渔业远程技术管理服务系统。

新型渔民养殖户培训 2017年，文登区共组织基层渔技推广体系补助项目培训班4期，分别对春、夏、秋、冬各个季节的不同时期进行渔业养殖及渔业远程数据系统的知识培训，培训580余人次，发放实用养殖技术资料1200余份，提高渔民科学养殖水平。通过电视、广播、报纸等新闻媒体、印发渔业科技明白纸等形式，加大渔业科技宣传力度，发挥科技示范户的示范作用，吸引渔民养殖户参与，增强养殖户学科技、用科技和传播科技的自觉性。

【海洋环境监测】

常规监测 按照《2017年山东省海洋环境监测工作方案》的要求，文登区海洋环境监测站完成近岸海域趋势性监测、海洋沉积物监测、海洋生物多样性监测、生物质量监测、文登海洋特别保护区监测、靖海湾松江鲈鱼国家级水产种质保护区监测、陆源入海排污口及邻近海域监测、入海河流监测、海水增养殖监测、海洋垃圾监测，编制评价报告51份。文登区海洋环境监测站被山东省海洋环境监测中心评为2017年度全省海洋生态环境监测先进单位。

海洋水文、气象观测 按照《海洋观测规范》要求，对前岛验潮站、气象观测场的仪器设备、供电、通讯系统进行定期检查维护以及数据比对。8月，对验潮站观测设备进行更换升级，保证观测系统、通讯系统稳定运行。根据国家防灾减灾二期工程进度安排，协助国家海洋局烟台海洋监测中心站改造前岛气象场。区监测站被国家海洋局烟台海洋环境监测中心评为2017年度海洋防灾减灾及应急工作先进单位。

应急监测 6月，文登沿海出现浒苔后，自是月16日起，在南海公园、文涛阁（母猪河口西）、昌阳河入海口、前岛设置4处观测点，连续巡视33天，并及时向国家海洋局烟台海洋环境监测中心站上报浒苔观测简报。区监测站被国家海洋局烟台海洋环境监测中心评为2017年度海洋环境应急监测先进单位。

陆源入海排污口排查工作 8月，根据国家海洋局北海分局《黄海陆源入海污染源排查工作方案》，协助国家海洋局烟台海洋环境监测中心完成文登区内62个入海排污口、入海河流的排查工作。11月，根据国家海洋局《关于印发黄海、东海、南海陆源入海污染源排查方案的通知》以及威海市海洋与渔业局《关于进一步配合做好黄海陆源入海污染源排查工作的通知》要求，完成入海排污口的排查。12月，在前期入海排污口污染源排查的基础上，根据国家海洋局北海分局《黄海中北部陆源入海污染源补充调查工作方案》，完成文登区内37个陆源入海污染源的补充调查。

举办首次海洋环境监测实验室开放日活动 6月8日海洋日，邀请天福小学部分师生参加海洋环境监测实验室开放日活动，组织师生参观海洋环境监测站实验室、海洋环境图片展览，开展海洋知识讲座，发放海洋环境保护宣传单，让学生对海洋环境监测、海洋环境保护有初步了解，激发学生探索海洋的兴趣，引导学生从小爱护海洋、保护海洋环境。

通过外控样考核 2017年参加省海洋环境监测中心组织的外控样考核，考核项目为海水氨氮和石油类；参加国家海洋局北海分局组织的外控样考核，考核项目为氨氮、铅和化学需氧量，两次考核，监测站全部一次通过。

【海洋与渔业执法】

渔船监管 通过细分执法责任，将执法人员分为渔港码头巡查组、区外巡查组、海上巡查组和技术管控组，实行“陆上防、港上堵、海上查”，严格落实24小时渔业安全值班和领导带班制度，随时掌握渔港、渔船的最新动态，重点做好对涉韩入渔和远洋渔船终端设备的全程监控，确保海上生产秩序良好。开展新一轮渔业安全生产隐患“大排查、快整治、严执法”集中行动，对所有作业渔船逐艘登船检查AIS防避碰设施、北斗定位系统和号灯号型等安全设施，对排查出的隐患，采取销号管理办法，逐一登记建档，建立隐患台账，实行“一对一”挂牌督办，限期整改到位。

渔船包保责任制 制定《渔船包保责任制管理办法》，将每艘渔船落实到所在镇政府的机关干部和村干部，落实管理责任，全区共落实包保镇机关干部151名和包保村干部99名，每天定时报告，掌握渔船作业动态，传达上级政策要求，落实管控措施。实施渔船作业编队制度，建立编队档案，确立带队渔船，所有出海作业渔船实施编队作业，通过集体瞭望、互助合作、互通互联等方式，提高共同预警、互助自救的能力。严厉打击越界捕捞和超抗风等级、超航区、超载作业等违法违规行为，保障海洋渔业安全生产秩序。

海上渔业生产管理 严厉查处外省籍渔船非法跨界作业，维护近海渔业生产和治安秩序稳定，保障辖区渔民合法权益。山东省海洋与渔业监督监察总队第二支队、市公安边防支队、山东海警第一支队，市海洋与渔业监督监察支队共同组织开展大型海上联合执法行动，建立定期巡航机制，确保海上执法检查常态化，打击非法作业捕捞行为，维护辖区海域渔业生产秩序稳定。

伏季休渔时间渔船管理 2017年，国家调整海洋伏季休渔时间，北纬35度以北的渤海和黄海海域的休渔时间为为5月1日12时至9月1日12时，比原来的休渔时间提前1个月，对整个海洋渔业产业链条产生重大影响。区海洋与渔业局在伏季休渔开始之前提前部署，加强宣传教育，确保伏休政策宣传到位，开展船东、船长、船员“大走访”活动，面对面座谈交流，提升渔民守法生产意识，在所有渔村、

码头张贴宣传公告，发放宣传材料3600余份，在电视台制作宣传短片4期，进行休渔政策宣传，连续2周滚动播放宣传标语，短信平台发送伏季休渔短信1.3余万条，让船员充分认识伏休违规的严重性。落实渔船包保责任，每艘渔船落实1名镇机关干部、1名村干部和1名渔业执法人员，负责每天清点船位，填写《渔船管控日志》，做到每艘渔船、每个环节都有具体的包保人，详细摸清渔船信息，准确掌握船位情况。加强执法检查力度，设立5个执法小组、1个海上组、3个陆地组和1个技术管控组。海上工作组安排2艘渔政执法船在海上进行蹲守和巡查，查获的违规渔船按规定押回港口依法处理。3个陆地组每天对渔港码头巡回检查，并将大马力渔船、异地坞修渔船作为重点管理对象，每天清点船数，随时掌握渔船动向。技术管控组安排4名工作人员利用北斗定位系统、视频监控管理系统、卫星电话等现代通信技术手段，对在外作业的7艘远洋渔船进行重点管制和实时监控，同时用好港口视频监控、射频识别（RFID）、北斗定位等系统，实行24小时值班制，将所有渔港、渔船都纳入技术管控。

清理取缔“三无”船舶 加强对“三无”船舶联合执法检查，规范认定拆解程序，全程录像与关键节点拍照，做到拆解过程文字、影像资料齐全，一船一档永久存档备查。文登区在威海市率先完成清理取缔海洋涉渔“三无”船舶任务，共认定拆解处置海洋涉渔“三无”船舶285艘。

创建渔港规范化管理体系 与上级部门沟通，做好张家埠渔港经济区建设试点申报工作，改善渔港环境，促进渔港规范化管理。对辖区内各渔港码头安装89个动态视频监控，做到全覆盖、无盲区。同时，建立完善的动态监控指挥体系，对进出各渔港的渔船有效管控。加强与渔港经营人的联系，组织辖区内各渔港创建省、市“文明渔港”，落实“以港管船”制度。印发渔船进出港登记簿、渔业船员登记簿，发放到各渔港，对进出港渔船进行严格登记。

船员管理培训 结合渔船生产实际情况，建立专人签证制度，加强对职务船员、普通船员证书的审核，防止发生证书借用现象，并对船员证书缺少的船只予以登记造册，统一组织考试发证。年内，共举办普通船员培训班16期，累计培训普通船员409人，办理渔船进出港签证263艘次。

（钟 熙）

5月2日，区海洋与渔业局执法人员联合公安边防人员对渔船安全设备、救生设备、消防设备进行检查

农业机械

【概况】 2017年末，全区农机总动力达145.75万千瓦，拥有大中型拖拉机7770台、35.32万千瓦，小型拖拉机83657台、54.58万千瓦，联合收割机1967台、7.62万千瓦；各类配套机具达165437台套，小麦联合收获机1373台，玉米联合收获机594台，小麦免耕施肥播种机4880台，花生收获机358台。文登区农机技术推广服务站、文登市永丰农机合作社农机跨区作业队被山东省农业机械管理局评为2017年山东省明星农机跨区作业队。文登区泽峰农机专业合作社被农业部评为全国农机合作社示范社。文登区华鑫农机专业合作社被山东省农业机械管理局确定为五星级文明农机维修网点。

【农业机械化水平】 2017年，全区小麦播种、收获脱粒全部实现机械化；玉米播种基本实现机械化，机收率达到90%；花生免耕播种和联合收获面积逐年扩大，全区农机综合机械化水平达到90.6%。全区机耕面积4.02万公顷，机播作物面积5.62万公顷。机播、机收小麦面积1.50万公顷，占播种面积的99.98%。机播玉米面积2.09万公顷，占播种面积的100%；机收玉米1.88万公顷，占种植面积的90%。机播花生面积1.88万公顷，占播种面积的96.13%；机收花生面积1.80万公顷，占种植面积的92%。

【农机社会化服务】 5月19日，威海市首个农机综合服务信息平台——文登区农机服务信息平台开通运行。平台运转与局内各项工作相结合，将农机购置补贴、农机服务市场、农机合作社、政策通知、行政服务等服务职能悉数纳入信息平台，将平台打造成提高效能服务便民的窗口，为农机专业服务市场提供载体支撑，为供需双方搭建沟通桥梁提供有效对接，推动农机社会化服务以信息化、市场化的方式运行，实现农机部门和农机手的零距离接触。

通过媒体宣传农机合作社及机械化作业发展，引导农机手组成合作社抱团闯市场，带动农民群众将土地以订单作业或托管的形式交给合作社经营管理，激发市场需求。发挥部门优势，对全区大型农业机械、专业农机服务等信息资料收集归档，印发《文登区农机服务信息指南》文本，对专业农机服务、服务组织和农机服务信息平台进行全方位宣传推介。结合日常工作，采取多种形式开展供需对接活动，为供需双方牵线搭桥、创造合作机会。

“三夏”“三秋”期间，区农机部门做好农业机械的组织协调、接待调度、物资供应、油料保障、维修服务、安全生产等工作。“三夏”期间累计上阵各类机具5.9万余台（套），其中小麦联合收割机1500余台（含外地联合收割机200余台），玉米播种机7000余台（套），收获小麦1.5万公顷，播种玉米2.07万公顷，小麦机收、玉米机播率均为99%以上，基本实现主要农作物生产全程机械化。“三秋”生产期间，全区上阵各类农业机械6.8万台，其中玉米联合收割机594台，花生收获机358台（含花生联合收获机40台）。“三夏”“三秋”生产的主战场上，农机合作社成为农机专业化、社会化服务的主力军、农业适度规模经营的推进器，引领小农户和现代农业发展有机衔接。

【农机监理】 2017年，区农机局开展以“行政执法规范化、行业服务信息化、审批精简公开化”为主要内容的“农机监理三化建设年”活动。9月20日，按照区机构编制委员会《关于推进综合行政执法体制改革的实施意见》要求，将区农机局所承担的农业机械管理方面法律、法规、规章规定的行政处罚权纳入区综合行政执法机构。

本着服务便民、依规合法的原则，进一步简化农机监理行政服务程序，规范执法行为，提升农机监理工作水平。协调区委将镇（街道）农机监理工作纳入区级专项工作考核，突出农机安全、农机年检、农机牌证业务、农机合作社管理等4个重点，调动基层农机站所工作人员的积极性。依托农机服务信息平台，有针对性地发送手机提醒短信，告知拖拉机参加年检的时间和地点，组织监理站工作人员分队分区域，采取大型机械进镇、手扶拖拉机进村的方式进行免费年检，消除农机源头安全隐患，实现农机年检的精准化，让群众感受到贴心服务。农机监理人员深入全区600余个村庄，年检拖拉机11107台，新办驾驶证136本，登记挂牌270辆。

6月22日，区农业机械监理站组织农机安全生产事故应急预案演练活动，提高农机监理人员应对突发农机事故快速反应能力、处置能力、配合协调能力。5月、9月和11月，区农机局联合区交警部门在重要时段和路段，针对拖拉机和变型拖拉机开展农机安全联合整治行动，排查整改隐患、纠正违章行为，确保全区农机安全生产形势稳定。

【农业机械科技推广】 区农机局结合本地产业特点，提高农机技术推广的针对性，突出花生和中药材两种经济作物的全程机械化推广。

山东省花生生产全程机械化项目 分别在高村镇、泽头镇、界石镇建立3处花生全程机械化生产示范区，总面积333公顷，其中用于贫困户作业面积67公顷。项目依托永丰农机专业合作社、泽峰农机专业合作社、顺发农机专业合作社以全程托管的方式为农民提供从播种到收获的全过程机械化服务，实现花生生产机械化、规模化、专业化。农机技术指导员居中联络，提供农机化技术指导及培训等，建立完善以农机局为主导、农机专业合作社为依托、农机化创新示范基地为平台、农机技术指导员为纽带的花生生产全过程机械化推广服务体系，创新形成机械深松联合整地—化肥深施覆膜播种—节水灌溉—高效植保—联合收获的花生全程机械化生产技术路径。9月26日，区农机局联合区农业局共同主办的花生全程机械化收获暨农机深松联合整地作业现场会在界石镇召开，农机合作社理事长、农机大户、农业规模种植户及各镇（街道）农机服务中心负责人、农机和农业部门相关技术人员共200余人参加。

山东省农机装备研发创新计划项目 获得省级研发资金50万元，扶持威海市佳润农业机械有限公司联合青岛农业大学研发成功丹参收获机，为丹参产业的可持续发展提供有力支撑。10月21日，由山东省农机装备研发创新计划项目承担单位青岛农业大学与威海市农业机械管理局联合召开的2017年中药材生产全程机械化现场演

9月26日，文登区花生全程机械化收获现场会在界石镇召开

示会在文登区举办，省内农机系统各级相关负责人、中药材行业专家、农机生产经销企业和种植大户等100余人参会，西洋参播种机、西洋参收获机、丹参收获机等一批文登区农机企业和民间自主研发成果在会上推广，区农机局推广中药材全程机械化生产模式，促进中药材规模化种植。文登区以西洋参、丹参为主的中药材生产已基本实现全程机械化。10月，威海市佳润农业机械有限公司研发的大蒜集束收获机获得国家发明专利。

基层农机推广体系改革与建设项目 9月，区农机局入选山东省2017年基层农机推广体系改革与建设项目。在全区遴选6家农机专业合作社作为科技示范户，建立4个长期稳定的试验示范基地，探索小麦、玉米、花生及中药材、林果生产等绿色高效适用技术。“基层站所＋示范基地＋农户”的农机推广模式成为文登区农机工作新亮点。通过农机服务信息平台，实现推广体系各环节间信息互联互通，打通农机推广“最后一公里”。

农机深松作业补助项目 依托32个农机合作社，继续实施深松作业面积2000公顷，每公顷补助525元，共计补助105万元。区农机局强化对项目全程监管，建立项目承诺书制度、过程抽检制度和业务科室、财审科联动补位把关机制，对项目进度和财政资金使用共同把关，确保项目进度情况与拨付资金明细两清楚、相匹配，确保资金安全。

【农机购置补贴】 2017年，争取农机购置补贴资金1557万元，实际发放补贴资金1038.7395万元，补贴农机具901台套，受益农户488户。农机补贴工作以“缩范围、控定额、促敞开”为基本原则，在补贴范围方面，重点支持主要粮食作物全程机械化和大宗优势经济作物关键环节生产机械化，兼顾畜牧、林果和渔业机械化，新增水肥一体化和精准农业发展机具，对深松整地、免耕播种、水肥一体化等12类机械设备实行敞开补贴。在补贴方式方面，实行在资金额度范围内先购机后补贴。在补贴标准方面，继续实行定额补贴。在补贴数量方面，支持农业生产经营组织，将其享受补贴额在3万元以上的机械数量放宽到8台套。根据文登区实际，对非敞开补贴且补贴额在2000元以下的机械不予补贴。区农机局依托农机服务信息平台，规范补贴操作流程，无缝隙无漏洞，购机者、机械信息、领取补贴户“三落实”，机械核实、信息登录、资金核付“三同一”，确保补贴工作严谨、公开、高效、有序。8月1日，威海市农机购置补贴操作流程培训班在文登举行，文登区农机补贴操作流程在威海市推广。文登区依托农机服务信息平台精准发送补贴审核通过及资金发放到卡两次短信提醒，让购机户及时了解补贴进展情况的作法经验，被山东省农机局通报表扬。

2017年，继续开展报废更新补贴，报废农机具12台套，发放补贴资金6.2万元。区农机局监督拆解企业档案管理规范（人机合影、回收证明、报废申请）情况，加强拆解前、中、后三个环节影像资料的管理，确保一机一档，台账完善。

【农机合作社建设】 至2017年年末，文登区在工商部门注册成立的农机专业合作社53家，社员人数1465（户）。其中国家级示范社3个、省级示范社2个。12月20日，文登区泽峰农机专业合作社被农业部评为“2017年全国农机合作社示范社”，为威海市唯一。5月19日，威海市农机合作社规范化建设观摩现场会在文登区召开。威海市农机局负责人、文登区分管副区长及各区市农机部门主要负责人、农机合作社理事长参加现场会。

区农机局建立局班子成员联系重点合作社制度，印发《关于加强文登区农机专业合作社建设的意见》，在全区示范推广合作社“一账五目”（登记设立、内部管理、功能发挥、财务管理、运行绩效等5个科目）管理，引导合作社建台账。对合作社运行发展情况进行星级评定、动态管理，在全区评定三星级合作社5家、二星级合作社9家，以典型引领推动合作社规范管理。加强政策扶持，推动合作社服务能力提升。建立合作社星级与项目承揽竞争挂钩工作机制，依托合作社开展花生全程机械化生产、农机基层推广体系建设、深松作业补助等项目，以合作社能力提高保障项目落实，以项目实施提高合作社服务能力。农机购置补贴政策向合作社倾斜，扶持合作社发展应用新机械新技术。2017年，农机合作社等服务组织享受补贴资金占全区农机购置资金总额的41.6%。

5月19日，威海市农机合作社规范化建设观摩现场会在文登区召开

2017年文登区新增农机专业合作社情况一览表

名　称	法人代表	创建时间	注册资金（万元）	地　址
威海一田农机专业合作社	王桂忠	2017.04.11	100	张家产镇西官道村154号
威海子淋农机专业合作社	孙军伟	2017.04.19	100	小观镇坦埠村
文登区悦农农机专业合作社	王文光	2017.02.10	100	大水泊镇西堡子后村
威海市文登区精耕农机专业合作社	刘　军	2017.04.07	100	大水泊镇鞠家疃
威海谷泰农机专业合作社	于进海	2017.03.16	170	泽头镇北庄村139号
威海佳谷农机专业合作社	丛培新	2017.03.10	200	天福街道朝阳路503号
威海市荣氏农机专业合作社	荣培坊	2017.11.22	110	大水泊镇口子村351号

【农机培训】 区农机局发挥农机化学校培训主体的作用，依托合作社建立3个农机专业化培训点，方便机手就近学习。开通网上农机培训，提供灵活便捷、智能高效的在线教育培训、移动互联服务和全程跟踪指导，实现线上线下融合，组建能操作、会维修、懂农机并且会经营管理的现代化农机队伍，为培育农机专业服务市场提供保障，更好地服务农业发展。12月20－22日，依托永丰农机专业合作社、泽峰农机专业合作社、顺发农机专业合作社，举办农机手实用技术培训班3期，165名农机技能人才参加培训。全年共培训3280人次，其中农机操作人员3020人次、监理人员72人次、农机技术人员98人次、农机管理人员90人次。

6月30日，威海首届农机职业技能大赛颁奖现场

威海市首届农机职业技能竞赛 6月30日，由威海市农机局主办、区农机局及五征集团有限公司共同承办的“五征杯”威海市首届农机职业技能大赛在文登区体育中心举行，全市5支代表队的29名农机手参加角逐。经过农机具移库赛、农机穿针引线、蛇形垂钓赛3场激烈的淘汰赛，界石镇顺发农机合作社的参赛选手高林获得第一名，12名选手分获一、二、三等奖及优秀奖，前10名将代表威海市参加省级比赛。区农机局邀请全区农机专业合作社、农业种植大户、农机研发营销企业现场观看。通过农机手专业技能与先进机械的展示，为职业化的农机合作社与规模化种植户搭建农机服务供需交流平台，推动农机专业服务市场的发展。

（郑雪芹）

责任编辑　高燕妮

交通 邮政 信息产业

交 通

【概况】 2017年9月，“交通运输监察大队”更名为“交通运输综合执法大队”。至年末，区交通运输局内设办公室、政工科、规划基建科、财务科（与审计科合署办公）、政策法规科（挂行政许可科牌子）、安全监督科（与运输管理科合署办公）、区交通战备办公室（副科级）7个科室，下设道路运输管理处、港航管理局、公路建设管理处、交通运输综合执法大队、交通行政服务中心、交通工程质量监督站、区公安局交通派出所、城里分局及各交管所等16个事业单位，在编职工139人。年内，区交通运输局全面推进重点项目立项和建设工作，继续深化城乡公交一体化改革，加大农村公路建设及管养力度，强化安全监管措施，助推全区经济社会快速发展，先后被授予“全省宣教基地”“威海市安全生产先进单位”等称号。

【公路建设】 2017年，区交通运输局公路建设大项目有文莱高速及圣经山连接线和省道202改线（福海路）工程，其中文莱高速及圣经山连接线工程在按规划建设中。

省道202改线（福海路）工程。该工程在临港区草庙子镇贾家庄直角弯处，直接向南展布，穿过206国道与道呼线相连。全长11.6千米，文登境内10.4千米，按一级公路技术标准建设，设计速度80千米/小时，双向4车道，中间2米分隔带，路基宽25.5米，总投资4.03亿元。2014年开工建设，计划2018年建成通车。至2017年末，除马格庄小桥未完工外，其他中、小桥涵及全线路基土石方工程均已完工。年内，共完成路基土石方挖运约170万立方米，何家店中桥

2月2日，公交公司工作人员在向市民介绍智能公交电子站牌

2月12日，202省道改建工程文登营镇五龙石山挖方施工现场

1座及小桥涵18道，完成南七线—广州路1.1千米路面（半幅）施工。

【农村公路管理养护】 2017年，投资2300余万元，完善全区390余千米县乡公路安全生命防护设施；投资500余万元，完成32个精准扶贫村、21.8千米农村道路硬化改造工作。全年修补路面1.3万余平方米，填补坑槽4000余平方米，并组织人员协同设计单位对水毁严重路段进行勘查设计，投资410余万元由专业队伍进行施工修复。同时，加大路产路权保护力度，全年共上路巡查360人次，清除路障40余处，纠正各类路政违章47件，处理路产损赔案件31起，赔偿金额1.3万余元，路政案件查处率、结案率均达到100%。

11月3日，精准扶贫农村公路工程项目泽库镇南辛庄道路硬化改造现场

【港航管理】 年内，区港航管理局以企业经营资质管理为主线，狠抓经营资质预警及动态监管，规范辖区水路运输市场秩序，完成2017年水路运输业及水路运输服务业年审工作。指导成立威海圣海航运有限公司，壮大文登航运企业规模。完成张家埠港《危险货物港口作业附证》的年审工作。

【交通综合执法】 2017年，为维护道路运输市场的健康稳定发展，全区交通运输综合执法工作坚持以“打非治违”为重点，在加强路查力度的同时，结合群众举报、投诉情况及时调查落实，严厉打击各类非法营运行为。全年共检查车辆1025辆次，查处客车违法行为31起，其中违规客运班车（旅游包车）19起、出租车12起；货车违法行为67起，其中超限超载车辆9起、扬撒货车33起、违法危险品运输车辆5起、货车其他违法20起。特别是网约车新政出台后，为维护出租客运行业正常运营秩序，加强与公安等有关部门沟通协作，形成齐抓共管局面，全年查处非法经营“黑车”108辆次，其中网约车90辆次、其他黑车18辆次，有力维护出租客运行业稳定。

【公交管理】 2017年，投资100万元在城区主干道建设智能电子站牌20个，并分期分批启动城区公交候车设施改造升级工作，已投资12万元新建站亭2个；投资165万元为55个省定扶贫村修建公交候车亭，进一步改善群众候车环境。优化调整全区城乡客运线路，新增2条、延伸7条城乡公交线路，延伸里程达21.2千米，运行城乡公交车共53部，办理各类公交卡5702张（大多数市民已办理了威海市市民卡），农村群众出行条件得到提升。7月20日，区政府出资5000万元，建设占地面积27120平方米，集停车、维修保养、车辆安全检测、办公于一体的综合性场站——文登区公交停保场及智能化调度中心投入使用。

【客运管理】 2017年，全区共有客运线路57条，其中省际线路7条、市际线路31条、县际线路19条。有客运班车159辆，其中威海宏利客运有限公司36辆、威海交通运输集团有限公司三分公司94辆、威海龙之旅省际客运包车24辆、威海南海新区公共交通有限公司市际客运包车5辆。至年末，文登汽车站进站运营班车共282辆，其中县内班车81辆、县际班车47辆、市际班车87辆、省际班车67辆；始发班车210辆，途经班车72辆。全站日均运行465个班次，日均客流量约4800人次，全年旅客发送量约175.2万人次。2017年，在2016年与携程网合作的基础上，开通畅途网网上购票业务。同时，加大汽车站安保工作力度，严格落实实名制售票、检票查验工作，实名制客票打印工作步入正

7月20日，文登区公交停保场及智能化调度中心投入使用

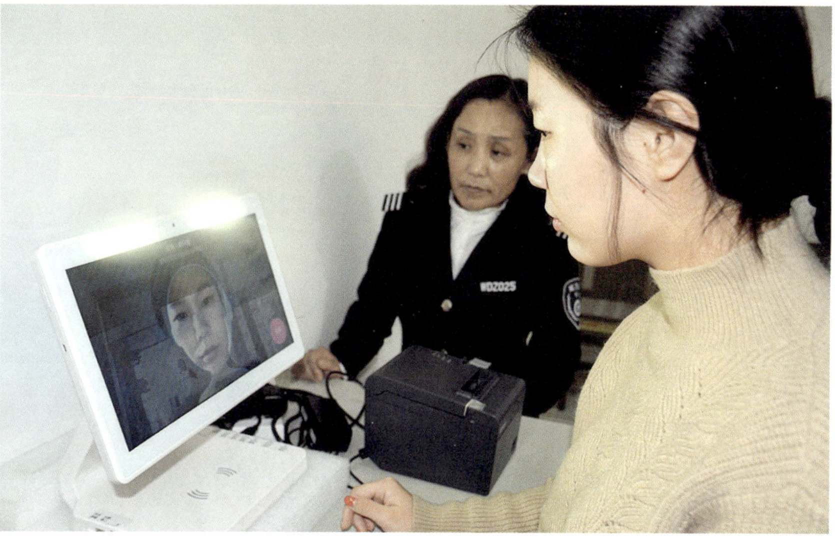

10 月 17 日，文登汽车站人证查验系统投入使用

轨。10 月 17 日，文登汽车站行包检测查勘处启用通过式金属探测安检门，人证查验系统正式投入使用。新设备采用快速抓拍人脸图像，与二代身份证信息结合，通过接入相关职能部门网络，实行车站“一票、一人、一证”的核查模式。

【出租车管理】 2017 年，全区共有出租车 344 辆，其中，合作经营的城区出租车 271 辆，公营雷锋车 3 辆，南海新区公营出租车 70 辆。城区出租车全部更新。多次举办雷锋车队、爱心车队等公益活动，提升出租行业形象。9 月 1 日《威海市网络预约出租汽车经营服务管理实施细则》正式实施。12 月 29 日，武汉斑马快跑科技有限公司文登分公司获区交通运输局颁发的《网络预约出租汽车经营许可证》，成为文登区首个具备线下服务资格的网约车平台，是文登区第一个获得网约出租车经营许可证的平台企业。同时，展开巡游出租汽车驾驶员证办理工作，首批办理巡游出租汽车驾驶员证 294 个。

【货运管理】 2017 年，全区共有道路货物运输业户 3589 户，普通货运企业 97 家，大型物件运输企业（户）14 家，道路货物专用运输企业（户）45 家，危货运输企业 6 家；道路货物运输车辆 5348 辆，危险货物运输车辆 164 辆。年内，对新增 39 家道路普通货物运输企业严格按照规定进行许可，强化安全生产条件的审查；全面核查 34 家道路普通货物运输企业，实现运政系统、许可档案卷宗相一致；依法注销不具备经营许可条件或安全生产条件不达标的 13 家企业经管许可证。完成 1799 辆营运性运输车辆的北斗卫星定位终端安装工作。对 415 辆道路运输证超过审验有效期等无效、失效证件车辆按照规定程序核准进行注销，确保系统在册率与实际运营车辆数据一致。组织危险品运输企业开展日常、专题培训，开展应急演练 15 次，参加演练 581 人次，运输车辆动态监管平台处理违章 271 次，排查整改安全隐患 187 项。在全区集中开展交通运输物流安全专项整治行动，检查物流企业 190 家，签订承诺书 190 份。

【道路运输从业人员管理】 2017 年，全区共办理道路运输证 512 件。道路运输证年审 2316 件、换证 425 件，道路运输许可证换证 286 件，注销运输证 167 件、许可证 80 件，运输证报废 128 件，异地过出车辆 35 辆，行政许可审验 1207 件，补发运输证 63 件、许可证 23 件，办理各部门运输证、许可证 632 件。完成从业人员诚信考核 6157 人，换发道路运输从业资格证 632 件，补发道路运输从业资格证 82 件。共开办道路运输驾驶员继续教育培训班 17 期（白班 14 期、夜班 3 期），培训从业人员 3677 人。10 月 19 日，文登首批网约出租车驾驶员资格培训开班，45 人参加培训。

【驾驶员培训管理】 2017 年 3 月，驾驶员培训机构新增威海市润通驾驶人培训有限公司，其培训资质为小型车辆三级，教练车 20 辆。至年末，全区共有驾驶员培训机构 5 家：文登富强驾驶员培训有限公司、威海安原机动车驾驶员培训有限公司、威海大成驾驶培训有限公司、威海通达驾驶员培训有限公司和威海市润通驾驶人培训有限公司，教练员 248 人，教练车 225 辆。区运管处在全区驾驶员培训机构开展质量信誉考核初审工作（威海市润通驾驶人培训有限公司不满一年，不需参加），4 家驾驶员培训机构均达到质量信誉 AAA 级标准；共 184 辆教练车参加年度审验，全部符合要求，并新增 7 辆、更换 4 辆教练车。全区 5 家驾驶员培训机构报名学员共计 7872 名，结业学员 5589 名。

【车辆维修管理】 2017 年，全区共有一类汽车维修企业 6 家、二类汽车维修企业 55 家、三类维修业户 401 家、摩托车维修业户 74 家，从业人员 2350 余人。汽车维修行业协会健康发展，至年末，共有 100 余个单位会员。邀请中国汽车技术研究中心专家讲师讲解汽车养护和新能源汽车方面的知识。5 月，开展 2016 年度机动车维修企业质量信誉考核工作，对全区 53 家一、二类企业进行考核，其中达到 AAA 级企业 10 家、AA 级企业 14 家、A 级企业 18 家、B 级企业 11 家。

【汽车综合性能检查】 2017 年，全区有汽车综合性能检测机构——威海中海川汽车检测有限公司，从业人员 28 人，全年检测营运车辆 4375 辆次。提交申请并通过初步勘验的综合性能检测机构 2 家，为威海润通汽车检测公司、威海富强机动车检测有限公司，须通过验收并经威海道路运输管理处许可方可进入市场。

（于明玉）

8月18日，省桥检中心对区国省干线公路桥梁进行检测

【威海市文登公路管理局】 威海市文登公路管理局（简称文登公路局）是威海市公路管理局派驻文登的正科级全民事业单位，主要负责文登境内国、省干线公路建设的组织管理、养护管理和路政管理工作。2017年，文登公路局内设办公室、政工科、财务科、工程科、养护科、应急保障养护管理中心、路政科、安监科、工会9个科室，下设大水泊、张家产、宋村和葛家4个公路站，有工作人员138人。

工程建设 年内，承建上泽线、荣文线、文三线养护大中修工程和威青线改建工程，项目总里程83.3千米，省总投资2.3亿元。公路建设坚持“质量、进度、安全、廉政、环保”的原则，推进精品工程战略，城区主干道米山路中修罩面过程中，科学制定交通组织方案，实行路警联动联管机制，全程错峰施工、避峰施工，最大化方便市民出行。贯彻落实上级环保工作部署，严格做好防尘、废料处理、噪音控制措施，打造绿色公路施工环境。

养护管理 文登公路局完善养护运行机制，精简优化养路员队伍，提升公路养护管理效能。实施常态化、精细化养护，做好干线公路小修保养、日常保洁、绿化抚育、桥梁监管等工作，全年完成坑槽修补、刨铣罩面9万平方米，栽植绿化苗木3475株，清理桥下垃圾700立方米。提升公路安全保障能力，建成文登公路应急保障中心，更换、安装各类安全标志105处，施划标线1100平方米，全年累计出动防汛抢险机械设备90余台套、人员2000人次，出动清雪保障机械设备38台套/472台班，撒布融雪剂1700吨。

路政管理 文登公路局定期组织路政人员开展业务培训，提升路政文明执法和服务水平。加强与交警部门、沿线镇（街道）合作，联合开展车辆漏撒、占道打场晒粮、占道经营等专项治理行动，提升路域综合环境。加强涉路工程管理，依据公路工程施工设计，制定科学合理的管线埋设方案。全年共完成路政巡查20万千米，处理路政事案63起，未发生行政复议和诉讼案件。

（毕旭东）

8月9日，米山路中修罩面工程施工现场

【铁路运输】 威海地方铁路管理局文登火车站（简称文登火车站）是隶属于威海市地方铁路管理局的正科级事业单位，为客、货运营业站。位于米山镇东铺头村北，占地面积30.7公顷，其中候车大楼总面积为5852平方米、站前广场占地面积1.69万平方米。2017年，内设办公室、客运室、货运室、运转室，负责管理铺集站。驻站单位有工务段、电务段、铁路公安派出所等。

文登火车站站内设有5股道，其中正线1股、到发线2股、货物线2股。货场内拥有封闭仓库1座、高站台货位1个、低货位货物线1条、40吨龙门吊1座，另有宏安集团专用线和文登电力燃料公司专用线各1条。铺集站位于文登区葛家镇小英村南，1997年9月10日设立，主要办理列车的接发、通过和会让业务。站内设有2股道，其中正线1股、到发线1股，有文登国家粮食储备库专用线1条。

货运 文登火车站办理直通全国各地的整车货物运输、批量快运、军事运输、集装箱运输、汽车板架箱运输及JSQ凹底双层汽车专用运输业务。2017年，完成货运量187424吨。

客运　开行文登—北京、文登—济南、文登—汉口、文登—菏泽图定旅客列车。2017年，完成客运量（发送人次）199018人次。

（单熙涛）

【青烟威荣城际铁路文登东站】 青烟威荣城际铁路文登东站（简称城铁文登东站）隶属于济南铁路局烟台车务段，位于威海市文登区文登营镇柯家庄村，是青荣城际铁路的中间站，按三等车站规范管理，建筑面积2490平方米。9月21日，调整部分动车时间及新增荣成至上海虹桥、上海虹桥至荣成、荣成至青岛、荣成至济南西等4趟动车。至年末，有22趟动车停靠城铁文登东站，包括：荣成至青岛北7趟，荣成至青岛1趟，荣成至北京南、济南、济南西各3趟，荣成至西安北2趟，荣成至上海虹桥2趟，及烟台至荣成1趟。停靠时间分别为：上行列车，6∶52荣成至青岛北G6552，8∶55荣成至北京南G476，9∶57荣成至济南D6074，10∶12荣成至西安北G1846/3，12∶10荣成至北京南（高峰车）G4218，13∶32荣成至上海虹桥G458/5，15∶07荣成至济南西D6078，16∶04荣成至青岛C6504/1，17∶27荣成至济南西（高峰车）D9458，18∶42荣成至青岛北C6574，19∶47荣成至青岛北C6576。下行列车，8∶04青岛北至荣成C6551，8∶52烟台至荣成D6093，9∶24青岛北至荣成C6557，10∶13济南至荣成（高峰车）D9455，12∶05青岛北至荣成C6563，15∶01上海虹桥至荣成G456/7，16∶56青岛北至荣成C6573，17∶23济南至荣成D6073，18∶50西安北至荣成G1844/5，22∶03北京南至荣成G475，22∶22济南西至荣成D6079。日均发送人数400人次左右，日均最高上车人数1144人。全年接受到达旅客14余万人，发送人数15.5万人。

（林　波）

【民用航空】 2017年，威海国际机场集团有限公司全面提高安全保障能力、航线网络构建、内部经营管理、服务品质提升等，各项经营指标显著增长。全年机场共实现运输飞行17686架次，同比增长16.8%；旅客吞吐量达到203.7万人次，同比增长17.4%；货邮量突破5000吨，同比增长9%，正式跨入国内中型机场行列。

安全保障　威海国际机场集团有限公司在航线航班、吞吐量大幅增长，保障压力剧增情况下，坚持把安全生产摆在突出位置，进行为期3个月的安全教育专项整顿，查摆安全隐患160余项，全部完成整改；进行3次不提前通知、无脚本应急演练，全系统快速反应能力以及应急处置水平得到显著提高；全运会、金砖峰会、“一带一路”高峰论坛等一系列时期的重要保障任务，布控周密、措施得力；安全专项累计投入720余万元，硬件安保设备得到强化，顺利通过年度安全检查，圆满实现第22个航空安全年。

航线网络构建　2017年2月，国家民航局暂不予受理、不予审批国内新增日韩航班经营许可及航权。威海国际机场集团有限公司在确保已有韩国航线稳定运营的基础上，及时将航线航班工作重点调整为主攻国内航线，全力做好航班的开发与维护，扎实开展航班宣传推广，确保主营业务的稳定增长。年内，新增3个国内通航点、4条贯穿航线；沈阳、长春、南京、哈尔滨、杭州等干线城市航班全面加密；大连航班达到每周24班，“威大空中快线”基本成型。通航以后，首次实现淡季周航班量达到200班以上，初步建成“内外互补，干支结合，南北贯穿，辐射西部”的航线网络体系。

经营管理　威海国际机场集团有限公司结合公司运营的新情况，逐步理顺、完善机构设置、岗位配置，编订集团公司“工作手册”，强化制度管控、流程管控，内部运转效率持续提高，在确保安全生产的前提下，压缩经营成本。各经营单位围绕主业，积极拓宽增收渠道，争取新的利润增长点，经营管理水平明显提高。实施新的《航班正常性管理规定》《机场服务质量标准》，巩固“民航服务专项行动”工作成果，全面梳理机场服务工作，开展服务礼仪竞赛、推行岗位规范服务用语，全面理顺航班延误处置工作，在夏秋季航班延误情况较多，通宵保障频繁以及冬春季首次发生国际航班大面积延误等服务保障过程中，以更加细化的举措、更加优质的服务，塑造机场对外服务“第一窗口”的品牌。

（于军见）

12月25日，威海机场工作人员为第200万名旅客献花

邮　政

【概况】 2017 年，中国邮政集团公司威海市文登区分公司（简称文登邮政公司）内设综合办公室、市场营销部 2 个部室，代理金融部、包裹快递部、渠道平台部、集邮与文化传媒部 4 大专业局，辖 27 处支局（农村 20 处、城市 7 处），有工作人员 149 人。

贯彻落实“一体两翼”发展战略，开展服务提升活动，采取“普访 + 精访”相结合的客户走访方式和厅堂优惠购活动、法定节假日会员大抽奖活动、会员积分换礼、灵活的金融竞赛政策，夯实金融发展基础，壮大金融翼。通过精细走访电商户、开展农产品寄递，做好支局联动，提档优质客户、做好“双十一、双十二”电商节，保证客户的售前售后服务，提升寄递翼。通过服务“三农”，加快“三农”直营店与服务站建站进度，壮大“买卖惠”农村电商发展，引入“320 电商节、919 邮乐购、邮乐爽十一、会战 50 天、能力大提升”等促销活动，让利百姓推进渠道平台发展。开展“图书进校园”“集邮品鉴会”“网点集邮微沙”等文化活动，全面提升邮政的服务水平。至年末，金融总量突破 10 亿元，金融总规模突破 47 亿元，农村电商等多项业务整合发展，包裹快递量收齐增，文化传媒加快整合，企业发展和效益明显提升。

【邮政业务】

函件业务　2017 年，国内包件完成 51.75 万件，比上年增长 132.8%。函件业务完成 27.56 万件，比上年下降 3.7%，其中义务兵免费平常函件 756 件，比上年下降 5.7%；报纸累计期发份数完成 785.98 万份，比上年下降 0.8%；杂志累计期发份数完成 33.83 万份，比上年下降 1.8%；国际及中国港澳台地区函件达到 0.07 万件，比上年下降 12.5%；国际及中国港澳台地区特快专递达到 0.04 万件，比上年下降 20%。特快专递业务量完成 6.56 万件，比上年增长 87.97%。销售集邮邮票 27.66 万枚，比上年减少 2.1%。

邮件投递　年内，继续深化集团公司“一体两翼”战略部署，快递包裹出口量及进口量均明显攀升，在“双十一”“双十二”等电商节期间，快递包裹当日出口高峰达 9000 余件，邮件进口快递包裹长期保持在 2000 件以上。为应对投递压力，发挥邮政服务优势，积极参与政府公共服务均等化建设，投资 130 余万元改进网运场地和设备，构建现代化邮件分拣中心，同时全区邮线由原来 2 条增加为 3 条，提高邮件传递速度，满足客户用邮需求。

分销物流　文登邮政公司以提高核心竞争力为中心，以市场需求为导向，以信息技术为支撑，以邮政网络为依托，坚持高起点、优质服务的基本思路，加快改善邮政分销配送体系、布局“三农”服务站渠道，拓宽服务的辐射范围，解决农村配送“最后一公里”的难题，搭建“名特优新”“一村一品”等农产品进城产品体系，年末，“三农”服务站达 600 余处，全区 800 余个行政村网络覆盖率达到 82%，为农村及时配送质优价廉的农资产品，方便农民生产生活。为加快现代化农业科技的普及推广，创新建设科技示范田，以种植合作社为纽带建立“会员 + 示范田”的运作模式帮助农民扩产增收。

农村电子商务　文登邮政公司以“买卖惠”电子商务平台和覆盖城乡的实体网络为依托，打造集“网络代购 + 平台批销 + 农产品进城 + 公共服务 + 普惠金融 + 物流配送”为一体的邮政农村电子商务服务体系，发挥邮政主渠道优势，将农村电子商务与精准扶贫工作紧密结合，将邮政遍布城乡的渠道优势与文登丰富的农特产品深度融合，闯出一条具有邮政特色的扶贫新路，让更多的贫困群众走上“互联网 + 特色产业”致富奔小康的新路。年内，以昆嵛山大樱桃寄递为主的农产品进城项目，通过平台销售寄递大樱桃 2.25 余万千克。同时举办“320 电商节”“919 邮乐购”“邮乐爽十一”等活动，并在电商平台定期和不定期组织优惠活动，利用平台上线的优惠产品、折扣政策等促销活动，最大限度让利客户。

便民服务　年内，围绕消费品下乡、农产品进城等服务项目，全力打造集聚便民缴费、代收代投、农资分销、助农取款、科技指导、电商服务“六站合一”的全功能便民服务站，让百姓能够享受到“一站式”服务。继续与区国税局合作，在开发区支局、义乌支局、宋村支局、侯家支局等 11 个网点引入邮政代开国税普通发票业务，将纳税服务功能延伸到乡镇、社区，填补服务空白区域，延伸服务空间，有效解决偏远地区纳税人办理普通涉税业务跑远路、排长队的问题，降低纳税人的办税成本，方便纳税人就近办理业务。为满足居民对交通意外、一般意外保障需求，文登邮政公司将简易险业务引入便民站销售，方便百姓在便民站购买简易险，满足客户对于普通意外保障需求。

（于浩男）

信息产业

【文登区信息产业办公室】 2017 年，区信息产业办公室内设综合科、信息化推进科、电子信息科、电子政务与信息安全科，有工作人员 10 人。

政务信息化工作　智慧城市建设按年初计划有序推进，区政府数据中心机房扩容升级改造完成，机房面积由原 45 平方米扩大到 120 平方米，可容纳 40 面机柜，为“智慧文登”建设项目提供统一、优质的计算、存储、安全设施等服务，信用平台、市民网服务平台、平安城市四期、智慧环保、统战等应用系统已纳入政府数据中心，实现部分业务与数据的集中。年末，智慧政务项目已形成统一的互联网出口，系统整体运行平稳；“智慧统战”项目建设已完成并投入使用，效果良好；智慧教育项目，已完成投资330余万元，用于教育局机房改造及部分学校的校园网建设；“信用文登”系统已完工，包括“一网（信用威海网）、三库（企业法人、非企业法人、自然人公共信用基础数据库）、一平台（公共信用信息交换共享平台）、七功能（信用报告、信用信息查询、信用核查、信用预警、重点行业领域监管应用、“信用文登”绩效考核应用、“信用文登”宣传应用）”；市民公共信息平台，采用云服务的方式聚合政府服务资源、社会公共服务资源和商业便民服务资源，为用户提供丰富的信息产品和信息消费内容，已完成定制后台相关业务系统，实现基础硬件支撑功能；平安城市四期建设已完成，完善立体化社会治安防控体系，实现现有监控应用系统的技术升级、应用升级和功能升级；“智慧林业”项目，已通过区财政局的预算审核，正在组织建设；“智慧环保”项目是威海市智慧环保项目的延伸，已全部建成；“城市运管中心”“智慧水利”“智慧气象”“智慧医疗”等项目正在协商确定中；智慧城管、智慧党建、数字地下管网、智慧食安、社区网格化管理、智慧安监等项目已投入使用。

企业信息化工作　信息化带动工业化是区委、区政府的重大决策，信息产业办把企业信息化建设作为推动科学发展的根本举措。2017年，指导宏安集团入选国家级两化融合贯标试点企业，威力工具入选省级两化融合贯标试点企业。年末，天润曲轴、芸祥绣品、宏安集团入选国家级两化融合贯标试点企业，其中天润曲轴已顺利通过国家首批体系认定。北汽黑豹、万得集团、芸祥绣品、天润曲轴、威力工具入选省级两化融合贯标试点企业。

（潘　栩）

5月17日，联通公司工作人员进企业服务

【文登联通公司】 中国联合网络通信有限公司文登区分公司（简称文登联通公司），经营范围涵盖4G移动通信、固定宽带网、基础数据通信、数字电视、系统集成、固定电话等多种信息化业务，并承担普遍服务和党政专用通信、应急通信等任务。2017年，加快推进混合所有制改革，努力提高信息化服务能力，打造联通信息化服务品牌，不断深化信息化应用普及，整体运营效益、服务水平稳步提升，企业发展呈现新态势。3月，被威海市第十一届消费者满意单位创建委员会授予“威海市消费者满意单位”称号。12月，撤销集团客户中心、中小企业中心、社会渠道中心、自有渠道中心，设立市场营销中心、政企客户中心，成立环山营服中心、开发区营服中心、政企营服中心、昆嵛营服中心、天福营服中心5个营销部门。至年末，公司设综合部、市场营销中心、建设维护中心、政企客户中心4个支撑部门和环山营服中心、开发区营服中心、政企营服中心、昆嵛营服中心、天福营服中心5个营销部门，辖13个镇（街道）营业部。

网络建设　加快无线通信网络延伸覆盖和优化，新开通各类基站60余处，基站总量达1100余处，网络覆盖率、信号接通率、通话质量、无线上网速度等指标不断改善。加快固定宽带网络提速升级，新增FTTH宽带端口1万余个，宽带总端口达到17万个，实现网络全面提速，基础网速达100M，具备200M接入服务能力，宽带整体网络承载能力、集成化程度、通信效能、安全性能明显增强。积极做好招商项目的通信配套建设，先后完成综合保税区、昆嵛山蓄能电站、界石美丽乡村建设、202省道改造等10余个重大项目的通信设施配套，为地方经济信息化建设提供有力保障。

业务工作　加快普及“互联网+”、物联网等信息化。助力执法局智慧执法、法院等保测评、金融在线、银行移动办公等行业信息化项目，配合公安系统完成平安监控、一村一警、电动卫士等信息化应用项目，配合政务部门完成市长热线平台升级、雪亮工程、医保专线、智慧党建等项目，带动行业用户信息化转型升级。为规模较大企业开通移动办公、销售管家、电子政务等“互联网+”信息化应用平台，为企业在办公、生产、管理、销售等各个领域的信息化应用提供一站式解决方案。推出“冰激凌”不限量、“钉钉卡”“大王卡”等业务，不断降低流量资费；完成固定宽带网络提速，普通用户宽带速率免费提至100M，逐步推行200M宽带接入服务；加快宽带、手机、电视、固话融合服务产品推广，以“一站式”综合服务产品回馈客户；取消手机用户语音国内长途费、漫游费，降费惠民，服务大众。

客户服务　做好宽带“免费无条件提速、速率货真价实、480限时服务”三项承诺服务，装机平均历时0.83小时，修机平均历时0.45小时。

联通公司工作人员走上街头进行服务咨询（3月12日摄）

组织营业员服务规范培训、演练6次，组织宽带、固话装维入户服务培训、演练6次，培训900余人次，做到培训全员覆盖。以10010综合业务平台为中心，建立客户咨询、查询、业务受理及投诉快速反应的服务机制，维护、业务监查中心，对全区的电话、宽带的装、移、修等各流程进行监督。设立重点客户故障受理平台，为重点客户提供“一站式”服务的绿色通道。

（张海涛　于博凡）

【文登电信公司】 中国电信股份公司文登分公司（简称文登电信公司）主要经营189、133、153、180、181、177、173、199号段的数字蜂窝移动通讯业务，基于电信网络的语音、数据、图像、互联网等电信基础业务及增值业务。2017年，文登电信公司内设综合部、销售部、政企部、营业部，下设1个主营业厅、10个支局、80余个代理商。文登电信公司以提升基础业务产能为重心，以深化划小机制改革为动力，以建设天翼4G和全光网“双百兆”精品网络为保障，大力发展互联网+、大数据、云和物联网等新技术新应用，全力助推“智慧城市”建设，实现全业务规模快速发展。

网络建设　文登电信公司建成天翼4G和全光网“双百兆”两张精品网络。继续推进FDD 4G网络建设，全年投资1000余万元，建设LTE五期和六期工程，新开通4G基站100余个，至年末，基本实现覆盖全区90%以上城区和30%以上农村地区。4G业务感知优良率达到95.5%，语音掉话率和断站率指标在全省系统内排名均为第1。推进“宽带中国　光网城市”战略，全年投资1000余万元，实施宽带光纤到户，全年新接入商务楼宇、居民小区和行政村84个，全区互联网出口带宽120G，出口利用率65%，宽带端口5.5万个，文登城区宽带网覆盖达90%以上。推进“提速降费”工作，全面推广光宽提速，降低移动业务和宽带业务资费，让利于民。在全区主推“50M普及百兆引领”，免费提速宽带用户达到4万余户，基本实现50M起步，最高200M入户，全区电信有线家庭宽带用户平均网速达到70M，100M及以上速率宽带用户占比达到40%以上。大幅下调业务资费，让利于民。相继推出大流量和不限量套餐，并搭配光网宽带和天翼高清电视业务融合，三网融合后用户综合价格下降幅度达50%以上。

业务工作　利用在传统网络、物联网产业、云及大数据等方面的优势，推动企业和政府部门信息化改革，为客户提供私人订制的信息化解决方案，以最优惠资费，最好服务，助力企业改革发展，为促进地方经济的转型发展贡献力量。通过智慧党建系统、智慧安监系统、智慧交通系统等应用，优化政府职能部门工作流程，使政府职能部门工作有迹可循，将政府部门原来大量人工作业交给后台云端，将自动化办公理念与云端大数据结合，提高工作效率。发挥物联网优势，整合物联网产业链资源，助力本地企业向智能制造、智慧制造转型。6月，中国电信成为全球首家NB-IOT网络全面商用的运营商。文登电信公司抓住机遇，走访了解本地制造企业，整合产业上游资源，降低模组成本，同时为企业制定优惠的物联网资费套餐，为适合进行物联网转型的企业制定量身的物联网改造计划，消除传统企业在进行物联网业务发展顾虑，将传统附加值低产品改造成为具有科技含量高附加值产品，先后联合多家本地知名企业进行物联网产品开发。同时，利用自身的渠道优势，帮助物联网企业进行物联网产品营销，完成物联网产业链上下游的链接，使整个物联网产业形成可持续的良性循环。结合自身网络优势，推出云网融合业务，将云计算产品同强大的互联网专线结合起来，为企业提供周到的一站式服务，进一步降低企业成本，为企业信息化发展减负助力。针对技术力量薄弱的企业，联合本地互联网公司，打造基于“天翼云”的软件应用，可直接向企业提供云端服务，进行定制化开发，为企业进行新旧动能转换提供强大信息化支撑。

客户服务　文登电信公司秉承“用户至上，用心服务”服务理念，围绕“服务社会，和谐发展”行风建设主题，把服务社会、服务大众作为公司生产经营、行风建设工作出发点和立足点，构建和谐融洽企业和客户关系。开展装维服务专项提升活动，提高电信宽带客户的服务感知。7月，向社会公布“当日装、当日修、慢必赔”服务举措，面向光纤宽带用户提供星级直享服务。年内，装机平均时长、修障平均时长和装机履约率等主要指标均在全省系统内排名前列。聚焦客户服务关键问题点，严格落实“首问负责制”，组织开展“诚信经营、感谢有你”专项“服务提升”行动，提高各客户触点服务问题响应的及时性和客户感知度。提升窗口服务水平。开展营业厅服务评价，落实三级自营厅服务达标，每季度根据省公司综合满意度评价及暗访数据采样，及时分析客户综合度及营业厅服务达标情况，采取每月一个重点服务达标项，有针对性地分步提升。同时，强化营业厅管理，落实服务公示与承诺，严格规范各渠道营销动作，加强各渠道节日营销行为管控，营业厅内公布投诉电话和用户意见簿，及时处理用户意见和建议，用户满意达98%以上。提升服务差异化与显性化，提升用户感知。组织开展“新媒体客服劳动竞赛”，通过新媒体手段满足移动互联网时代客服诉求，传播服务文化。组织客服人员开展“星级服务评定工作”“投诉处理人员服务技能大赛”“装维光宽带智慧家庭技能竞赛”等活动，弘扬服务文化。畅通社会监督渠道，提升行业满意度。优化投诉处理流程，建立和完善投诉热点问题源头控制机制和“投诉预警机制”，提升投诉处理及时率，提升投申诉管控水平。

（姜彩霞）

【文登移动公司】 中国移动通信集团山东有限公司文登分公司（简称文登移动公司）位于米山路甲84号。2017年，公司内设综合部、业务运营部、集团客户服务中心、建设维护部4个部室，下辖1个中心营业厅、11个乡镇经营部、4个城区经营部，有员工136人。主要负责文登境内134、135、136、137、138、139、150、151、152、147、157、158、159、182、183、187、188、184数字移动通信网、中国移动互联网络、2G、3G（TD-SCDMA）、4G（TD-LTE）、WLAN网络建设、家庭宽带与各项业务，通信网络全面覆盖文登城乡。

移动网络建设 2017年，文登移动公司共完成基站建设投资8000余万元，新建并开通LTE基站152处、室内分布系统54处。共建基站815处，完成1420处家庭宽带站点建设，实现所有农村、主要商业圈宽带全覆盖，小区宽带覆盖达到95%以上，在满足当前语音和数据的需求下，做好规划，提升网络优势，实现近海深度覆盖，形成对外四通八达、对内无缝覆盖、海路陆路高效畅通的现代化移动网。

业务发展 2017年，文登移动公司服务文登“智慧城市信息化”建设，建设公车管理平台、农产品溯源平台、社区党建服务平台、乡镇中心村社保卡查询机等项目，提高企事业单位办事效率，保障食品安全。围绕客户需求、立足客户体验，开展渠道效能专项提升活动，进行社会渠道再次转型，提升渠道整体质量和优化渠道资源使用率。继续加大宽带基础建设投资，提升有线宽带服务能力，优化“魔百和”4K视频业务平台。通过光网建设，FTTH已覆盖各个小区和楼盘，覆盖20万户家庭，宽带接入可达100～1000M，满足全家高速上网，网上购物、视频点播、网络游戏、远程教育等需求。基于宽带基础之上的移动魔百和业务，是中国移动互联网电视业务，以电视机等大屏幕为显示终端，向家庭用户提供数字电视、互联网内容点播、支付等一站式服务。魔百和共有100路标清直播节目，共有8路高清节目，频道会持续增加；30万小时的正版授权内容并保持持续更新；4天节目任意回看，3小时任意时移；魔K影院专区，以优质的内容、高清的片源质量，丰富用户的试听体验；专业队伍上门安装，一个电话，上门服务。智能高清摄像头，广泛应用于家庭防护，关爱老人、照看小孩、看护宠物、生活点滴分享，中小商铺管理等领域，具有实时分享、双向语音通话、视频回看最长30天、24小时连续云存储、红外夜视拍摄等功能，银行级加密安全有保障。

企业理念与服务 文登移动公司创新服务模式，坚持“客户为根、服务为本”的经营理念，不断提高服务质量和客户认知，提升客户的满意度。全面实行首问负责制，及时有效处理客户投诉问题，始终把客户满意度放在最重要的位置。为确保客户消费省时、省事、省心，不断更新服务理念、创新服务举措、拓展服务渠道，以“为民服务，创先争优”为主题，在充分调研客户意见基础上，进一步完善网络质量、信息安全、透明消费、窗口服务、资费惠民等方面服务措施，满足客户需求，打造客户服务管理体系。实施“短信测评”的服务举措，通过提高服务能力、提供业务预处理、简化业务办理流程、增设自助终端等方式有效提升营业厅窗口服务质量。开展“慈善一日捐”“帮扶困难户”“公益志愿者”“小红帽创城活动”等各项社会公益、慈善事业，积极践行企业社会责任。年内，文登移动公司在威海移动“赢在集客＊拥抱互联网＋”客户经理比武技能大赛中，获团体一等奖；在威海移动“移路精彩＊赢在服务”窗口业务服务技能大赛中，获团体二等奖；米山路营业厅被威海市团委授予2017年“市级青年文明号”称号。

（刘　杰）

责任编辑　王宏伟

城乡建设

综 述

2017年，全区住房和城乡建设事业围绕市域一体化、同城共建的总体部署，坚持“以人为本”“建管并重”和“提升品质”的发展思路，推进同城建设规划和城市建设运营工作，加快实施城中村棚户区改造、农村危房改造项目，抓好城市道路建设、园林绿化、污水处理设施改造和生活垃圾处理工作，完善农民工用工管理、城区载体服务、镇区基础设施建设和智慧城建档案，强化数字化城管平台、环境综合整治、建筑行业质量监管和城市运营监督管理，建立燃气热力行业定期巡查和安全风险隐患排查机制，规范整治建筑市场，促进建筑业、房地产经济健康发展。年内，界石镇梧桐庵村被住房和城乡建设部、中央农村工作领导小组办公室、财政部、环境保护部、农业部评为全国美丽乡村示范村。界石镇被全国省级党报联盟、海南省商务厅评为山东省十大美丽小镇。至年末，全社会城市市政公用设施建设固定资产投资7.32亿元，城区建成区面积49.5平方千米，城区常驻人口32.4万人。

2017年文登区城市建设情况统计表

指标名称	单位	数量
城区人口密度	人/平方千米	735
人均日生活用水量	升	119.14
用水普及率	%	100
燃气普及率	%	100
每万人拥有公共交通车辆	标台	—
人均城市道路面积	平方米	35.87
建成区路网密度	千米/平方千米	10.34
建成区供水管理密度	千米/平方千米	13.92
建成区排水管道密度	千米/平方千米	20.81
污水再生利用率	%	—
人均公园绿地面积	平方米	26.2
建成区绿地率	%	43.97

续表

指标名称	单位	数量
建成区绿化覆盖率	%	46.03
生活垃圾无害化处理率	%	100
粪便处理率	%	100
水冲公厕比率	%	100

2017 年文登区市政公用设施基本情况统计表

项目	单位	数量
道路总面积	万平方米	1162.15
道路总长度	千米	511.89
人行道面积	万平方米	251.47
桥梁总座数	座	200
供水管道长度	千米	689.05
排水管道长度	千米	1030.05
污水日处理能力	万吨	8
路灯总盏数	盏	23691
安装路灯道路长度	千米	435.11
绿化覆盖面积	公顷	2698.80
园林绿地面积	公顷	2604.70
公共绿地面积	公顷	847.60
公厕总座数	座	76
自来水厂数	个	2
市区供水总量	万立方米	2753.70
年供天然气总量	万立方米	3200

说明：城区建成区范围东至虎山路、北至 202 省道、西至青威高速公路、南至 309 国道南侧 1 公里处，“2017 年文登区市政公用设施基本情况表”的区域范围包括城区、文登营镇、米山镇、小观镇、经济开发区

建设规划

【专项规划】 2017 年，区城乡规划管理局组织编制《米山水源生态湿地保护概念规划》《海绵城市专项规划》《农村供暖专项规划》《乡村规划》《昆嵛山旅游度假区策划方案》等 5 个专项规划。其中《昆嵛山旅游度假区策划方案》经城市规划委员会审查，并按其意见进行修改；《米山水源生态湿地保护概念规划》编制完成，并按照城市规划委员会预审会意见进行修改。《海绵城市专项规划》《农村供暖专项规划》编制完成，并通过专家评审；《乡村规划》按进度安排，编制完成全区 415 个村的村庄规划。

【镇区建设规划】 年内，葛家镇、大水泊镇、界石镇、泽库镇、宋村镇、张家产镇、米山镇、泽头镇、埠口港、高村镇、侯家镇总体规划及控制性详细规划编制完成，并通过专家组评审及政府审批。《昆嵛山樱桃谷美丽乡村专项策划及规划方案》编制完成，并

经城市规划委员会审查通过；《昆嵛山省级风景名胜区（文登部分）—圣经山景区总体规划》（2016－2030）按环保督查要求编制完成。

城区建设

【道路】 2017年，区市政工程管理处在城区修建昌盛路、保成路和庙山路，改造豹山路、横山路，拆除原路基，筑水泥稳定类基层，铺设沥青路面。年末，城区共有道路189条511.89千米，其中主干道19条，长138.24千米。道路面积1162.15万平方米，其中人行道面积251.47万平方米，道路完好率达96%。

昌盛路　南北向。北起文山路，南至米山路，长884米，沥青路面宽15米。2017年新建。

保成路　东西向。东起文昌路，西至世纪大道，长987米，沥青路面宽12米。是年，修建自世纪大道向东400米。

庙山路　东西向。东起圣海路，西至昆嵛路，长488米，沥青路面宽13米。2017年修建。

豹山路　南北向。南起309国道，北至横山路，长2300米，沥青路面宽10米。2017年，改造南起309国道，北至文山西路，长1299米的路面。

横山路　东西向。东起昆嵛路，西至豹山路，长2730米，沥青路面宽10米。2017年，改造东起柳林桥，西至宏安桥，长1039米的路面。

米山路　东西向。东起虎山路，西至泊子桥，长12000米，沥青路面宽20米。2017年，铺设虎山路至宅库村长2800米的路面，安装道边石，铺设人行道板。

文盛路（原称棋山路）　南北向。南起老车管所，北至米山路，长2610米，沥青路面宽7米。2017年，沥青路面罩面。

城北街　南北向。南起峰山路，北至香水路，长770米，沥青路面宽6米和11米。2017年，加宽改造自峰山路向北长190米的道路。

【桥梁】 至年末，城区共有跨河桥52座，多为钢筋混凝土空心板桥，分布在抱龙河、柳林河、九里河等河流上；其中大、中型桥梁25座。年内，建成全区首座过街天桥。

实验中学过街天桥　8月，全区首个过街天桥——实验中学过街天桥在实验中学正门偏西处正式建成，并投入使用。过街天桥主桥高度5.1米、宽度5米，梯桥宽度4米，整体采用“工”字型结构，为简支连续钢箱架。总投资420万元，整体用钢量约380吨，设计使用年限为50年，安全等级为一级，抗震烈度为八度。

【城市照明】 2017年，共安装路灯64基，改造342基，亮化5座桥，包括文昌路北桥、文山东路桥、米山东路桥、工会桥、文山西路桥。年末，城区共有路灯7604基、11167盏，高压钠灯占90%以上。路灯按50米杆距安装，长度335千米。有路灯专用变压器137台，亮灯率98%。

【排水、排污设施】 2017年，市政工程处在海泰庄园—保成路、阳普街、宋家沟村、万德路东安装排水管道13886米，均为雨污分流排水管道，其中万德路以东污水砌方沟1000米。至年末，城区排水管道全长1030.05千米，直径500～1200毫米，污水年排放量为2789万吨。

【园林绿化】 至年末，文登区建成区绿化覆盖面积2698.8万平方米，园林绿地面积2604.7万平方米，绿化覆盖率和绿地率分别达到46.03%、43.97%，人均公共绿地面积26.2平方米。是年，城区新增绿化面积6.5万平方米，主要有保成路、站前路、庙山路等绿化工程，改造公园、绿地面积3.1万平方米。共栽植各类乔灌木34.7万株，地被植物面积3.4万平方米，铺设草坪面积20598平方米，摆放草花40余万盆。

5月3日，区园林局工作人员在抱龙河河道清理水草

村镇建设

【镇村基础设施及公共服务设施建设】

镇区基础设施和公共服务设施建设　2017年，各镇政府共投资5.83亿元，对镇区主要道路实施硬化、亮化、绿化和地下管网的改造工程，并进行敬老院、医院等公共服务设施建设。其中高村镇投资5000万元，升级改造兴高路西线、老道呼线、兴高路东线等4条道路；小观镇投资3800万元，升级改造黄垒河沿岸公路（滨河路）、观海路、光威路等5条道路；界石镇投资3500万元打造花海景观，

界石镇梧桐庵村一角（4月28日摄）

对晒字河河道、晒字镇区、昆嵛路蒿埔至牟村路段进行绿化；葛家镇投资2000万元，升级改造德胜路、议城路、紫金路等8条道路。侯家镇投资3000万元，对镇区敬老院、卫生院等公共服务设施进行提标升级改造。

村庄基础设施建设 2017年，按照农村住房建设工作转入常态化的要求，区住建局继续以城中村改造、镇区村庄改造以及“三区”集中改造为重点，推动居住向社区集中、人口向镇区集中、产业向园区集中的发展趋势。全区共实施棚户区改造项目24个、5070户，涉及动迁18个村庄。全区共开工建设21个农村新型社区，整治改造18个村庄，完成投资30.42亿元。同时，以全面建成美丽乡村为目标，实施农村环境综合整治工作，包括基础设施建设、村容村貌整治、村庄绿化亮化、富民产业培育、公共服务设施建设等，村庄绿化、亮化、供水等各项基础设施配套齐全。年内，全区申报并打造市级美丽乡村示范村3个、市级美丽乡村连片示范区1个，包括梧桐庵村、三瓣石村、六度寺村和界石镇片区。8月，界石镇梧桐庵村被住房和城乡建设部、中央农村工作领导小组办公室、财政部、环境保护部、农业部等五部委认定为全国美丽乡村示范村。

农村厕所无害化改造项目 2016年起，区住建局在全区实施3年农村厕所无害化改造项目，以常住人口为基础，共改造厕所7.8万户。该项目室内全部采用节水型坐便器，室外采用发酵腐熟效果最好的三格式化粪池（砖砌式三格化粪池、混凝土现浇式三格化粪池、注塑式三格化粪池3种方式选择1项）。每户改造预算在1100元左右，每户省级财政补助300元、市级财政补助300元、区级财政补助450元，其余部分由镇政府自筹解决。区住建局成立办公室，负责组织发动、督促落实。至2017年末，共改造农村厕所50483户，其中2016年18583户、2017年31900户。

农村危房改造项目 2017年，区住建局对全区农村低保户、分散供养五保户、贫困残疾人、建档立卡贫困户等重点保障群众的住宅实施危房改造项目，采取修缮加固和翻新重建两种方式进行改造，全年共投资358万元（其中获得上级农村危房改造名额188户，改造资金242万元，财政兜底自筹资金116万元），为254户农村困难群众改造所居住的房屋。

【传统村落保护建设选记】

葛家镇东于疃村 位于葛家镇西北部圣经山脚下，距文登城区29.2千米，东临议城村，西接西于疃村，南与迟家庄、于家埠接壤，北靠圣经山风景区。全村有村民253户、668人，占地面积202.82公顷，其中村域面积23.45公顷、耕地面积103.28公顷。该村地处山区，地势平坦，村庄绿化率达到60%，两条主要街道在村中部相交，将村庄分为4部分。村落北部为传统建筑集中地，村南为20世纪70年代建设新房。该村房屋多为砖石结构，现存的传统建筑大部分建于清代末期和民国时期，具有典型胶东山地建筑特色，其中代表性建筑为丛镜月故居、李魁梧故居，丛镜月故居占地面积4000平方米，由南北分开的大院组成；存有建筑2栋，房屋33间。李魁梧故居是三进院式，有厢房、正房、耳房等12个房间。1991年，开发的圣经山风景区，给该村带来新的发展机遇，部分村民积极种植苹果、樱桃、杏子、桃子等经济作物，建设以5－6月樱桃采摘为主的果蔬种植

丛镜月故居大门（6月7日摄）

园，开办农家乐餐饮，打造乡村旅游精品村居。2011年7月，从镜月故居、李魁梧故居被公布为威海市控制保护建筑。2017年5月3日，该村被省文化厅、文物局、财政厅、国土厅、农业厅、旅发委认定为第四批省级传统村落（全省共有100个村庄被认定为山东省第四批传统村落），省财政补助该村资金20万元用于传统发展规划编制、档案建立和历史遗存修复等工作。年末，该村人均年收入1.3万元。

公用事业

【供水】

供水量与售水量 是年，城区（不包括南海新区）供水总量2753.7万立方米、售水总量2430.7万立方米。水厂日供水能力达到10万立方米／天，全年人均日生活用水量119.14升。

供水基础设施建设 2017年，市自来水公司对主城区及经济开发区实施供水基础设施升级、改造工程，共安装、改造供水管道30155米。更换米山净水厂主控阀门及部分坏损钢管，对水厂、泵站、水池供水设施全部除锈上漆。同时升级改造中心化验室、米山水厂化验室内部环境及设施设备，新建磨山净水厂化验室，加强水质检测能力建设；实施米山水厂出厂水主管道母猪河城区段新安钢管碰头工程，并配套安装主控阀门，保证供水主管道畅通。更换泊子河东岸DN400毫米主管道撤水阀门，改造主城区昌盛路、豹山路，经济开发区宁波路、惠州路、九发路及文登营工业园的老旧主管网。维修市政消防栓117座、保养209座，并全部涂刷防锈漆。为27处新建住宅小区新安装区内供水设施，安装各类口径计量水表4784块；对31处老旧小区实施供水设施二次改造，改造表前管1万米、户表5018户；改造银河花园、宋家沟村等8大片区供水主管网，接收改造龙泽苑、中央龙湾、祥和花园等6处小区无负压设备，提升终端用户供水服务质量。

【供热】

热源 城区供热主要由威海市文登区热电厂有限公司和文登市西郊热电有限公司负责。区恒源供热有限公司主要负责文登区虎山路以西、马山路以东（除龙山路以西、抱龙河以南）区域；虎山路以东、文山东路以南区域内的居民采暖，热源为威海市文登热电厂有限公司，装机总容量为90兆瓦（其中35兆瓦机组1台、49兆瓦机组1台、6兆瓦机组1台），锅炉装机总容量为1095吨／小时（其中170吨／小时锅炉3个、220吨／小时锅炉1个、240吨／小时锅炉1个、90吨／小时锅炉1个、35吨／小时锅炉1个）。文登市西郊热电有限公司主要负责文登区马山路以西、309国道以北、横山路以南；龙山路以西、抱龙河以南的域内的居民采暖。装机总容量为30兆瓦（其中6兆瓦机组3台、12兆瓦机组1台），锅炉装机总容量为280吨／小时（75吨／小时锅炉2个、130吨／小时锅炉1个）。

供热设施建设 2017年，区恒源供热有限公司开始建设南线循环水管道工程，管道直径（单位：毫米，以下同）DN800、DN700，主管道长度2250米；天福工业园循环水管道工程，管道直径DN400，主管道长度1600米；深圳路循环水管道工程，管道直径DN600、DN350，主管道长度2700米；开发区南线蒸汽管道工程颐阳酒厂分支工程，管道直径DN300，主管道长度2500米；润通橡胶蒸汽管道工程，管道直径DN200，主管道长度1100米；艺鑫包装蒸汽管道工程，管道直径DN150，主管道长度860米。文登西郊热电有限公司配套建设西寨循环水供暖工程，管道直径DN500/350/300、主管道长度3890米；豹山路循环水供暖工程，管道直径DN600/500、主管道长度1071米。

2017年文登城区主要循环水管线明细表（不包括区内管网、DN ≧ 300）

循环水管道	直径（毫米）	长度（米）
南线循环水（棋山路至三八路）	DN800	950
南线循环水（三八路至昆嵛南路）	DN700	1300
天福工业园循环水（环山东路至天福工业园）	DN400	1600
深圳路循环水（香山路至昆嵛路）	DN600	1700
深圳路循环水（昆嵛路至龙山路）	DN350	1000
豹山路管循环水管道工程	DN600/500	1071
西寨循环水管道工程	DN500/350/300	3890

【供气】

天然气供应　至年末，全区累计铺设燃气管线580千米。其中，次高压管线84.26千米，中压管线240.46千米。发展管道燃气用户82000余户（包括未用气住户），各镇区均接通管道天然气。是年，管道天然气用气量3200.2万立方米。工商业用户通气421户，用气居民总户数78003户，用气总人口21.3万人，城市燃气普及率100%，管道燃气普及率78%。

2017年文登城区新增天然气主要管线明细表

路段名称	长度（千米）	管道运行参数			
		规格型号（DE）	材质（PE）	介质	压力级别
豹山路（文山路—米山路）	0.5	110	80	天然气	中压
董家店—埠口镇	7.1	200	80	天然气	中压
环山工业园	2.1	110	80	天然气	中压
张家产中学	1.4	110	80	天然气	中压
高村中学	0.5	90	80	天然气	中压
大水泊保税区	1.4	200	80	天然气	中压
西铺头	1.3	110	80	天然气	中压
河佑路	2.2	200	PE100	天然气	中压A
漳州路	0.9	110	PE100	天然气	中压A
林河路	0.16	110	PE100	天然气	中压A
界石镇	1.8	260	PE100	天然气	中压A

建设管理

【管理机构】

区住房和城乡建设局（简称区住建局）　10月，根据威海市编委《关于撤并市住房保障和房产管理局有关机构编制事项的通知》精神，区住房保障和房产管理局由直属区政府调整为隶属区住房和城乡建设局，编制20人，其它保持不变；区物业管理办公室由直属区住房保障和房产管理局调整为隶属区住房和城乡建设局，其中编制11名，其他保持不变。年末，内设办公室（政策法规科与其合署办公）、政工科、财审科、工程科、村镇科、城建科6个科室，有在编人员16人。辖区住房保障和房产管理局、物业管理办公室、园林管理局、城乡规划管理局、市政工程管理处、城市综合管理委员会办公室、环境卫生管理处、建筑工程质量监督站、建筑工程管理处（室内装饰管理办公室、建设工程勘察设计中心与其合署办公）、城建档案馆、建筑企业劳动保险费用管理站、燃气热力管理办公室（市城市节约用水管理办公室与其合署办公）、建设工程招标投标服务中心13个事业单位，撤销区房屋交易与产权管理中心和区住房和城乡建设局内设的房地产开发管理办公室。全系统实有在编人员335人。

威海市文登区综合行政执法局　9月20日，根据威海市文登区机构编制委员会《关于推进综合行政执法体制改革的实施意见》，设立威海市文登区综合行政执法局，挂区城市管理与行政执法局牌子，为区政府直属行政执法机构。年末，内设办公室（挂财务装备科牌子）、政工科、法制宣传科、案件处置督办科（挂信访科牌子）、行政审批科5个科室，辖设区综合行政执法大队（包括17个中队），在编人员115人。

威海市水务集团文登区自来水公司（简称区自来水公司）　隶属威海市水务集团有限公司，主要承担文登主城区、经济开发区、南海新区及部分镇的供水服务工作。内设15个科室，有在职职工199人，其中专业技术人员27人。辖设文登区恒通供水安装工程有限公司、开发区自来水公司2个全资子公司，米山、磨山、松山3座净水厂及义乌、西藕湾、三里河3处自动变频泵站。

【城乡规划管理】　2017年，区城乡规划管理局发放出让地块规划示意图65

份，累计发放项目选址意见书24份、用地规划许可证80份、工程规划许可证101份；对接威海市规划局，争取资金790万元。山东正元航空遥感技术有限公司配合威海地理信息中心实施《文登片区二期（南海、昆嵛山）航空数字地形图测绘工程》项目，并于12月进行验收；完成南海新区、昆嵛山总面积323平方千米的地形图测绘工作。区城乡规划管理局在城区修测1∶500数字化地形图1.2平方千米，编辑处理1∶500城区地形图1.8平方千米；为威海市华廷房地产开发有限公司、文登福鑫置业有限公司、区环卫处、山东威达置业股份有限公司等建筑单位，共90余栋建筑物提供定位放线服务，放线面积35万平方米；为市政工程处、北京燃气文登分公司等提供道路、管线、绿线、围墙12千米的放线服务；为河景东城、浙商城等项目提供测绘竣工图28份，共0.9平方千米；配合老旧小区改造工作，为2017年进行的老旧小区改造项目提供放线服务，并为2018年度准备进行的老旧小区改造项目提供基础地形图，将规划阶段验收与质监部门的各项验收有机结合，实行全方位的跟踪管理，确保各项规划的顺利实施。是年，进行基槽验线34.6万平方米，竣工验收64.7万平方米；进行违法认定17份，办结12319热线90起，保证各项规划的顺利实施。

【城市执法管理】

餐饮油烟、噪声治理 5月，区综合行政执法局成立餐饮油烟、噪声污染整治工作领导小组，实施局班子成员负责中队的“一线工作法”，加强工作指导。建立整治工作台账，把责任目标落实到具体岗位和具体人员。继续推广环保无烟烧烤炉具，发放各类通知、宣传材料共5000份，为《文登大众》、电视台等媒体提供各类信息素材20条。5月20日，城区执法大队通过“文登发布·微访谈”，就“规范烧烤经营管理 优化城市生活环境”相关问题回答市民的提问，做好宣传引导、现场指导工作，督促餐饮业户就地规范整改。7月初，成立夜间巡查分队，每晚对餐饮油烟排放、噪声污染、门前容貌情况进行巡查。8月中旬，再次对露天烧烤、餐饮油烟等方面存在的问题，开展联合执法检查和治理工作，印发《关于进一步加强城市管理领域环保执法监管工作的实施方案》，对城乡所有餐饮店发放《文明就餐倡议书》《关于进一步加强夜间烧烤经营管理的通知》，向所有建筑施工工地发放《关于加强建筑施工噪声污染控制管理的通知》，建立检查和治理效果工作台账，不定期展开排查，发现存在违法违规操作行为立即发放《限期改正通知书》，限期1～3天自行整改，对在规定期限内不予整改或整改不到位的，按规定进行行政处罚。抽调区市场监督管理局、区食品药品监督管理局、区公安局、各街道办事处工作人员，成立联合执法小组，对不配合整治工作或不予整改的餐饮业户，由联合执法小组进行重点跟进，按照法律法规进行处罚。整治期间，联合执法小组加大巡查力度，增加监督检查频率，搞好跟踪调查，确保整治效果。

违法建设治理 2017年，区综合行政执法局在全区范围内共拆除违法建筑面积15.98万平方米，补办审批手续46.53万平方米，完成全年治理任务，在威海市5区2市治理违章建筑排行榜中位列第3名。3月17日，区政府召开违法建设分类处置工作部署会议，印发《违法建设分类处置实施方案》《关于进一步做好违法建设治理工作的通知》，定期召开由区主要领导主持的违法建设治理调度会，发放《致各镇街党委书记的一封信》，按照整改情况对镇（街道）及相关单位进行打分排名。建立新增违法建设每日“零报告”制度，实现对新增违法建设做到第一时间发现、报告、制止、拆除。针对治理违章建设工作中有些单位存在的等靠思想和“拆旧”“控新”工作不力等问题，及时跟踪督导，对18个镇政府和街道办事处发放《关于加快存量违法建设治理的通知》，对开展分类处置工作不力的4个镇政府和街道办事处督办治理，要求按照消存量、控增量的原则，健全三位一体监管网络，发挥辖区“违建信息员”的监督作用，实现动态监管；畅通投诉举报渠道，通过短信平台、宣传橱窗、信访接待等方式，引导群众及时提供违建线索。年内，共受理群众举报案件130件，有效遏制违建隐患。通过舆论引导和思想疏导，依法治理与有情操作相结合，采取“温柔拆违”“自愿拆除”“惠民治违”等治违方式，全区实现自拆和助拆占总拆迁量的95%以上，强拆控制在5%以内。

6月23日，区综合行政执法局执法队员向业户发放“实行‘门前三包’制度”通知

路名标志牌安装工作 4月11日，

区综合行政执法局完成前期设计方案确定、审核校对道路名称、现场定位放线等准备工作，并在公共资源网发布招标公告。5月4日，正式开标，确定施工单位。与中标企业签订950块街路名标志牌的购买安装合同，其中包括F型910块、T性40块。此次采用的街路名标志牌材质选择和设计规范严格按照《中华人民共和国家标准》GB17733-2008标准。街路名标志牌为双面双向反光牌，长1200毫米、宽360毫米、厚45毫米，内衬铝型材骨架，外贴铝板，铝板壁厚1.5毫米，面板及字帖进口工程级3M反光膜。标志牌立柱的总高度3000毫米，上部分为直径76毫米、高850毫米热镀锌圆管，下部分为直径89毫米的热镀锌圆管、壁厚3毫米，上帽及下托盘为ABS优质材质。按照街道的走向设置的不同颜色的标志牌，东西走向标志牌为蓝色，南北走向标志牌则是绿色。

户外高空广告治理 年内，区综合行政执法局牵头制定《文登区户外广告专项整治工作实施方案》，成立由22个部门和单位参加的整治工作领导小组，扎实推进治理工作。6月，采取面上排查、入户调查、逐一核查的方式，对城区范围内未经审批或不符合要求的、严重影响市容和安全的大型广告设施进行“地毯式”排查，共摸排“问题”广告牌匾121块，逐一分类造册，列出详细清单。8月，区政府采取市场化运作模式，拨付专项资金进行5次拆除行动，集中拆除文山路、马山路、横山路、金山路等6处楼顶或墙体大型广告牌，面积900平方米。区综合行政执法局与117家大型立柱广告、墙体楼顶广告业主签订《户外广告监管协议书》，对责任单位自我管理不到位、维护达不到标准要求的，按照责令整改、行政处罚、限期拆除3个类别进行处置。组织粉刷大型广告立柱104根，督促业主更换破损大型广告画面140块。区综合行政执法局指导设置新上门头广告牌390块，无一违反标准、擅自设置，按照事前告知、事中监督、事后验收的管理举措，加强跟踪督导和日常巡查，及时发现和清除沿街破损、遗弃以及有碍观瞻的广告设施；对存在版面歪斜、锈蚀破损、缺字断亮、掉漆褪色的，及时督促权属单位和使用单位进行修缮。2017年，共发现和拆除不符合容貌标准的广告设施750处。实施门头广告牌“上档升级”工程，要求新设门头广告牌，必须采用亚克力板、铝塑板、钢化玻璃等材质，彻底取缔喷绘布材质，并达到“亮化”标准。

季节性惠民摊点 5月，区综合行政执法局在城区峰山路北侧、市立医院、圣经山路阳光家家悦北、龙山路桥南、米山路龙河花园小区、五龙街南、昆嵛路大润发东、职工街南侧等处设置8个“季节性惠民摊点”，供自产自销的农民所用，不收取任何费用。要求进入“季节性惠民摊点”销售的农民，必须严格遵守规定经营，保证摊位周围的环境卫生，不得将机动车停放在人行道等。是年，区综合行政执法局根据销售经营情况，延长“季节性惠民摊点”的使用时间至11月中旬。

【城市综合管理】

数字化城管信息平台 2017年，按照“派遣精确、处置标准、落实及时、考评公正”的原则，区城市管理委员会办公室全面推进数字化城管平台建设，将精细化管理工作纳入区目标绩效考核范围，进行公开考核，提升平台案件的处置效率，各街道办事处、经济开发区案件处置率均达100%。与采集公司和23个处置单位加强沟通对接，帮助解决处置工作中的实际问题。针对一些管辖职责和区域存在争议的案件，通过现场办公的形式，明确责任，解决推诿扯皮的现象，提升城市精细化管理水平。是年，全区共受理城管信息平台案件80947件，比上年增长20%；完成案件处置76601万件，案件办结率为94.63%，比上年增长50.9%。

“12319”城建服务热线 2017年，区城市管理委员会办公室树立“群众的小事，就是我们的大事”服务理念，通过“12319”服务热线，受理群众对市政公用设施、供热供气、规划管理、房地产开发、安全监管等方面的咨询、投诉和建议，做好案件的接受、派遣、督导和反馈、回访工作，全面实行案件“零延期”制度，提高案件办结质量与速度。全年共受理各类案件5000余件，结案率达到100%。

铁路沿线环境整治 年内，区城市管理委员会办公室制定《文登区铁路沿线环境综合整治实施方案》，对区内城际铁路文登段9.8千米、桃威铁路文登段36.4千米沿线环境进行集中整治，指导协调铁路沿线的5个镇政府、街道办事处，采取“清、搬、绿、刷、拆、遮”等措施，完成63处铁路沿线环境问题整治任务，共清运垃圾7.8万立方米，活动土石方总量38.3万立方米，栽植苗木50余万株，增加绿化面积29.4万平方米，复垦土地10公顷，粉刷建筑物面积13000平方米，总投资1144万元，问题治理率达100%，铁路沿线宜林地段绿化率达100%。

【环境卫生管理】

城区环卫基础设施建设 是年，区环境卫生管理处投资380万元，新建文山路河滨公厕、高铁站公厕、圣经山东路滨河公厕等3座公厕，全部安装暖气、残疾人无障碍设施等，有保洁员24小时值班保洁，内部环境和保洁质量得到明显提升。投资25.8万元在城区圣经山路、米山路、峰山路、文山路等12个主要路段增设果皮箱300个。至年末，城区共有76座公厕、500个果皮箱。

垃圾处理场 年内，区环境卫生管理处投资180万元实施垃圾场填埋区覆盖膜工程，共覆膜45000平方米，可有效分流雨水，减少渗滤液产生量，缓解处理压力。投资400万元，新建2万立方米污水调节池工程，提高渗滤液处理能力。

餐厨垃圾处理 为加强餐厨废弃物管理，从源头解决餐厨垃圾给城市带来的污染，杜绝地沟油的回收生产，3月3日，区环境卫生管理处正式启

区环境卫生管理处启用的餐厨垃圾车（3月3日摄）

用2辆餐厨垃圾车，对城区内的餐厨垃圾实施统一收运集中处理，各餐饮单位对餐厨废弃物进行初步分拣，将餐厨垃圾倾倒至专用垃圾桶内，餐厨垃圾车定时定点收集，运送到威海餐厨垃圾处理厂。2017年，与运恒大酒店、运广食府、海泰大酒店、昆嵛大酒店、晶华宾馆、喜庆大厦、三千里烤肉等20余家单位达成协议，试运行情况良好。

【供水管理】

水质监管　年内，区自来水公司对4座净水厂的过滤、排污等制水工艺实施局部改造，健全水质三级检测体系，购置水质检测专用车，上门解答用户水质问题咨询，收集意见反馈，同时升级改造中心化验室、米山水厂化验室内部环境及设施设备，新建磨山净水厂化验室，全面加强水质检测能力建设；在管网工程设计阶段增加水平衡测试环节，满足新建项目对水量、水压的需求。

供水服务　2017年，区自来水公司采取接收总表管理小区的办法，不断提高供水质量和服务水平。全年共接管18处总表管理小区，涉及用户11872户。实施老旧主管网改造、无负压设备改造和表前镀锌管改造等工程，彻底解决经济开发区部分高位区域、文登营工业园、主城区三里河片区及银河花园等小区存在的水压偏低问题。严格推行“统一规划、统一设计、统一建设、统一管理”的“四统一”模式，规范供水项目建设，提高热线承办效率。是年，共接听、受理用户电话12261次，回复处置区长公开电话及城管数字平台督办案件1518件，理顺管网抢修业务流程，提高抢修效率和质量。全年累计抢修DN100毫米以上管道151次、DN50毫米以上阀门69次、故障表289块，查修侧漏点96次，保养主阀门60处，处理数字城管反馈单310次，处结率100%。利用微信公众号进行收费，收费系统与集团公司联网，方便用户跨区缴纳、查询水费。

【燃气热力管理】　2017年，区住建局强化城市燃气、供热设施安全运行保障工作，督促燃气、供热企业履行管网等设施保护、入户安检等法定职责，实现城市燃气、供热设施的安全平稳运行。全年组织6次燃气供热行业安全管理会议，发放《关于持续深入开展燃气热力行业安全生产隐患“大排查快整治严执法”集中行动方案》《关于做好2017年燃气热力行业防汛工作的通知》《关于组织开展全区燃气热力行业2017年“安全生产月”活动的通知》《关于组织开展燃气热力行业安全生产百日攻坚治理行动工作的通知》《文登区岁末年初燃气、供热行业安全生产大检查实施方案》等文件，开展7次燃气热力行业安全生产大检查，督促燃气热力企业积极落实安全生产责任制。同时，联合公安、交通、镇（街道）等部门在全区范围内集中开展2次液化石油气市场整治联合执法行动。在全区范围内开展工业企业违规建设LNG等燃料用气储存使用设施安全专项治理工作，共检查13家生产经营单位燃料用气。

【城市建设档案管理】

城建档案接收与管理　2017年，区城建档案管理处（馆）做好城建档案的收集、整理、立卷、归档工作，对接收进馆的档案严格按照《城建档案整理规范》的要求，及时进行审验、

6月7日、区自来水公司在经济开发区进行管道安装作业

归档，共审核工程档案189个，接收入库工程档案141个，共890卷。区城建档案管理处（馆）馆藏档案包括城市勘测、规划、建设管理、市政工程、公用设施、交通运输、工业与民用建筑、名胜古迹、园林绿化、环境保护、地下管线、声像档案等15个大类、55个属类，馆藏档案32791卷（包括建筑节能档案备份）、贴签底图2121幅、地下管线图12641张、数字化档案19487卷、图书报刊17585份、照片69367张、录像带146盘（8350分钟）、声像光盘278张，存放数字化档案光盘816张，形成档案数据1994.8GB。

两书管理与培训制度 区城市建设档案处（馆）与建设单位在办理工程建设审批手续时，要求签订《山东省建设工程竣工档案移交责任书（合同书）》。在城建档案资料审验后，发放“山东省建设工程竣工档案预验收意见书”，作为办理工程竣工验收备案依据。全年共签订“建设工程档案管理人员责任卡”56份、《山东省建设工程档案移交合同书（责任书）》58份，发放“预验收意见书”27份、“城建档案预验收意见备忘录”11份。同时，每月26日组织签订《山东省建设工程档案移交责任书（合同书）》的建设和施工单位进行集中培训，学习“建设工程竣工档案的归档内容”和“建设工程竣工档案整理的基本要求”。2017年，共培训53人次，发放材料53份。

智慧城建档案建设 年内，区城建档案管理处（馆）分别实施2016年、2017年“智慧城建档案”项目，共完成10000卷城建档案数字化及备份、数据库更新，以及7000卷城建档案空间地理位置挂接，开发建设文登区地下管线三维可视化系统，完成划定区域内1900千米地下管线三维模型建设和30平方千米地上附属物三维模型建设，并录入三维可视化信息系统中。探测改造完成的老旧小区地下管线392.3千米，修补探测市政道路地下管线310.5千米，并将数据录入相关的平台中。

区城建档案馆地上库房内景（3月20日摄）

声像档案收集管理 年内，区城建档案管理处（馆）利用声像资源优势，重点做好市政基础设施、建筑工程、重点工程建设、环境整治、创建全国文明城市、古树名木、农房改造、外墙保温、为民做实事等方面的拍摄、制作、归档工作。全年共拍摄照片7901张、录像带660分钟。

库房管理 区城建档案管理处（馆）严格按照“五防”标准进行科学规范的管理，配备空调、除湿机、吸尘器、温湿度测量仪、臭氧杀毒机等设备。年内，新增4个干粉灭火器（灭火器总数达到8个），满足库房防火要求。对原有地下2个库房，严格按照库房建设标准进行消防、温湿度控制、监控等环境控制改造，并与楼上库房的监控设备进行整合，解决库房全天候监控不到位的问题，做好库房的安全保卫工作。至年末，库房总面积400平方米，安装移动密集架、底图柜。

城建档案咨询与利用 2017年，区城建档案管理处（馆）提供利用档案393次、复印文件1229张，在产权办理、资产评估、房屋改造、房产办理等方面提供原始依据，服务满意率达100%。

（徐海青　鞠成林　张　钰　王大伟　张云果　刘　鹏　王圣翔　王宜琦　卢晓楠　孙　超　荣龙飞　丛大斌　李英丽）

责任编辑　初云峰

建筑业与房地产开发

建筑业

【概况】 2017年，全区共有注册登记的建筑业企业126家，在建工程144处，在建房屋建筑施工面积56.05万平方米，竣工面积50.43万平方米。全区共创建省级安全文明工地1处、威海市级安全文明工地5处。

【建筑工程勘察设计】

勘察设计企业　至年末，全区有在区工商行政管理部门登记注册的工程勘察设计单位4家，共有职工107人，其中专业技术人员93人；有注册执业资格人员18人。全区工程勘察企业完成勘察项目87个，勘探进尺3.2万米，工程合格率100%。建筑设计企业完成设计项目94个，施工图设计建筑面积260万平方米。

2017年文登区建筑工程勘察设计单位情况表

单位名称	资质	人员情况	
		专业技术人员	执业注册人员
山东源鑫建筑设计有限公司	建筑工程设计甲级资质	高级11人 中级22人 初级16人	一级注册建筑师3人 二级注册建筑师2人 一级注册结构师3人 注册电气师1人 注册设备师2人
文登市水利勘测设计院	建筑工程设计丙级资质 水利工程设计丙级资质	高级11人 中级13人 初级8人	一级注册建筑师1人 一级注册结构师1人 注册电气师1人
威海广厦岩土工程有限公司	岩土工程（勘察）乙级资质	中级4人 初级2人	注册岩土师2人
文登利丰建设管理有限公司	岩土工程（勘察）乙级资质	高级2人 中级5人 初级1人	注册岩土师2人

建筑勘察设计管理　区住建局继续加强对勘察设计市场的监督管理，依法查处勘察设计活动中的违法、违规行为；开展勘察设计市场大检查，确保全区勘察设计单位的办公场所、技术实力、业绩质量和市场行为等达到合格标准。按照《威海市建设市场信用档案管理办法》，对勘察设计企业进行严格登记审查，加强对企业及从业人员信誉的综合调查、复核，严禁有不良行为记录及信誉差的企业进入文登市场；推行勘察设计行业质量体系建设，严格执行工程勘察设计审查制度和勘察设计合同备案管理制度。2017年，共审查工程勘察报告80份、

施工图392套，面积154.96万平方米。出具施工图审查合格证57个，建筑面积124.19万平方米。

绿色建筑与建筑节能　2017年，全区新增节能建筑面积51.47万平方米，设计阶段执行节能设计标准比例100%。区住建局在施工图纸审查时，把节能设计作为专项审查内容，对无节能设计或节能设计不达标的不予审查或审查为不合格。同时，严格施工阶段现场检查，在节能专项检查中重点检查施工现场建筑节能施工内容是否与施工图纸相符，材料是否取得备案认证等。所有已实施的节能工程、原材料报验、见证取样、检测均能够按照国家有关规范执行，确保新建筑节能合格率达100%。

新型墙材生产与使用　2017年，区住建局严格执行新型墙体材料专项基金的征收返还政策，运用经济手段限制黏土实心砖的生产和使用，鼓励和支持发展新型墙体材料。全年共返退新型墙体材料专项基金218.99万元。全区建设工程墙材应用总量0.33亿块标准砖，全部为新型墙材，新型墙材应用率100%。至年末，全区共有新型墙材生产厂家7家，新型墙体材料年产量31万立方米。

2017年文登区新型墙体材料主要生产厂家情况一览表

单位：立方米

单位名称	产品名称	年设计能力	年产量
文登市盛塬建材有限公司	蒸压加气混凝土砌块	100000	50000
文登市良怡轻质砌块加工厂	蒸压加气混凝土砌块	100000	50000
文登市天源建材有限公司	蒸压加气混凝土砌块	100000	40000
威海宇程新型建材有限公司	蒸压加气混凝土砌块	100000	40000
文登市航华工贸有限公司	蒸压加气混凝土砌块	100000	40000
文登市腾达加气砖有限公司	蒸压加气混凝土砌块	100000	50000
文登市大正建材有限公司	蒸压加气混凝土砌块	100000	40000

【建筑施工】2017年，全区新增施工总承包三级企业7家。至年末，全区共有注册登记建筑业企业126家，其中施工总承包企业30家、专业承包企业56家、建筑施工劳务分包企业26家、外地进文登建筑企业14家。全年房屋建筑施工面积329088.25平方米，实现建筑业总产值17.99亿元、竣工产值19.28亿元、利润总额0.89亿元，年末从业人数6951人，其中工程技术人员1274人。

【建机生产企业与建机管理】

建机生产企业　年末，全区建筑机械（简称建机）生产企业共13家，其中建筑起重机企业10家、起重机械配件企业3家，共有从业人员230余人。

建机管理　2017年，区住建局按照《山东省建筑起重机械备案登记实施细则》有关规定，做好全区建筑起重机械的管理，严格审查建筑机械的备案证件信息，严格审核安装（拆卸）和使用建筑机械单位的资质证书和特殊工种人员证件，禁止无资质作业和人员无证上岗。全年共为建筑起重机械产权单位办理塔机、施工升降机和电动吊篮产权备案登记91台，办理产权变更备案手续7份、建机安装（拆卸）告知申请和使用登记申请共247台（其中塔机106台、施工升降机5台、电动吊篮136台）。全年建筑起重机械检查一次性合格率达99%以上，复检合格率达100%。4月，威海建管处将全区建筑机械产权备案职责转移至区建筑工程管理处管理，产权备案号码采用新编制号码，建筑机械的备案、安装、使用和拆卸等要求纳入威海市建筑质量安全监管平台，实行威海区域信息共享。2017年，建筑机械产权备案登记被纳入威海市建筑质量安全监管平台管理。

【建筑业行业监管】

建筑市场管理　2017年，区住建局与全区建筑总承包企业、专业承包企业、外地进文登企业以及监理企业签订安全生产责任书，明确各责任主体相关职责，加强施工企业年度综合考核，着重考核企业内部管理、项目管理、现场安全生产管理以及农民工工资管理发放情况。加大打击安全生产中非法和违法行为力度，规范建筑市场法治秩序，组织开展房屋建筑和市政工程“打非治违”及隐患排查大型专项治理行动，全面排查全区房屋和市政在建工程，严厉打击建筑工程肢解分包、违法分包、违法施工等行为，惩治违规违章行为，对整治过程中发现的各种事故隐患提出整改建议，并及时制止存在的违法行为。全年共检查在建工程（含市政工程）260个，发放隐患整改通知书52份，停工整改通知10份。

建设工程招标与投标

建设工程招标代理　年末，全区共有山东弘文工程管理咨询有限公司、文登诚信建设监理有限公司和文登利丰建设管理有限公司3家招标代理公司。山东弘文工程管理咨询有限公司是专业工程咨询公司，具有工程造价咨询甲级资质、招标代理甲级资质、政府采购甲级资质、中央投资项目招标代理资质。是年，共承接文登区人民医院和威海综合保税区项目建设、文登区综合管廊及葛家镇旅游基础设施改造升级等招投标项目200个，实现招标代理营业收入280万元。威海诚信建设项目管理有限公司有工程招标代理机构乙级资质，共承接2017年农村无害化厕所改造系列工程、宋村镇农机大院1#、2#商业楼工程、威海市文登区气象局一般站综合改善项目等20个工程招标代理项目的招标业务。文登利丰建设管理有限公司2015年9月获得招标代理暂定级资质。年内，未开展招投标活动。

建设工程招标与投标管理 年内，区招标投标服务中心严格贯彻执行《中华人民共和国招标投标法实施条例》《山东省房屋建筑和市政工程招标投标办法》等法律法规，不断完善信用监管为核心的责任主体监管体系，在招标投标环节中增加招标人、投标人及评标专家信用承诺书，强化责任主体责任。实行失信被执行人联合惩戒制度。开标现场招标人或招标代理机构应当通过“信用中国”网站、“中国执行信息公开网”查询投标人及其法定代表人、项目经理是否为失信被执行人。招投标监管部门落实责任、健全机制，对所有公开招标的工程进行全过程监管，查处违法违规行为。招标投标活动实行信息公开制度，设立举报电话，向社会发布，评标专家统一纳入“山东省公共资源交易综合评标评审专家库”，发挥社会监督作用。全年招投标工程105项，总投资估算额为87656万元；开标工程91项，中标金额达78756万元，审查招投标文件105个，发放中标通知书、合同备案72份。12月28日起，各级住房城乡建设部门不再受理招标代理机构资格认定申请，停止招标代理机构资格审批。

安全生产管理 2017年，区住建局在“两会”、重大节假日及特殊季节期间，组织12次各类建筑施工安全生产检查，确保全区建筑工程安全监督覆盖率达100%。全年共检查施工现场520次，检查各类安全生产隐患736条，发放整改通知单160份、停工整改通知23份、停工通知单4份，记录不良行为记录5份，留存图案图片530张。同时，组织全区总承包企业、外地进文登企业、开发区企业参加“安全文明施工”现场会，促进全区标准化管理工作健康有序发展。是年，全区共创建省级安全文明工地1处、威海市级安全文明工地5处。在“安全生产月”活动期间，区住建局广泛开展各类建筑领域安全生产宣传教育活动，组织全区建筑施工企业召开建筑领域“安全生产月”活动动员大会，举办“安全生产咨询日”活动，展出宣传图板8块，接受群众咨询200人次，散发各类宣传资料300份。发动施工、监理企业相关安全管理人员学习国家安全法律、法规，开展安全监督业务培训班，提高建筑施工企业安全管理人员业务水平。利用施工淡季，区住建局组织建筑施工企业进行各类职业技能培训，开展继续教育，共培训教育“三类人员”（建筑施工企业主要负责人、项目负责人、专职安全生产管理人员）611人、特种作业人员419人。

文明施工管理 2017年，区住建局按照《文登区建筑工地环保治理方案》，采取专项检查与日常巡查相结合的方式，加强全区建筑施工环境污染防治工作，推进建筑施工产生的环境污染治理工作。通过封闭施工、道路硬化、场区绿化、土方遮盖、出入口使用冲洗设备，安装环境检测仪、局部扬尘施工作业使用雾炮机降尘等措施，强化施工现场组织和管理，确保建设各方主体责任的落实。同时，加强日常施工现场标准化、信息化、集约化管理，提升全区建设工程安全文明施工标准化水平。

建筑工程质量监督管理 2017年，区建筑工程质量监督站共对全区149个新开工工程进行监督，总建筑面积达70万平方米；出具竣工工程质量监督报告225份，面积74万平方米。发放不合格材料通知单236份，开具质量隐患整改通知书145份。威海建设集团股份有限公司第一建筑分公司承建的南海新区中铝职业教育园一期公共教学实验楼工程获山东省建筑工程优质结构杯奖。按照建筑市场监管与诚信信息一体化平台要求，对施工许可办理推行网上申报施工许可程序，严格履行建设手续，严禁没有施工许可证的工程开工建设，对擅自开工工程进行行政处罚。为在区内从事施工、监理活动的10个企业办理见证、取样人员网上登记录入工作，严格审查见证、取样人员个人信息及资格，强化事中监管，督导落实文登区内施工现场主要建筑材料的见证取样管理工作。严厉查处不履行见证取样职责、弄虚作假等不良行为，加大对钢筋、保温材料、防水材料等抽查力度，严防工程使用“瘦身钢筋、地条钢”等劣质材料。是年，现场抽样全区19个工程，共抽钢筋108组，合格106组，合格率98%。

工程造价管理 根据《山东省建设工程造价管理办法》有关规定，威海市住房城乡建设行政主管部门负责行政区域内建设工程造价活动的监督管理工作，文登区建筑工程质量监督站承担建设工程造价的具体工作。2014年1月1日（文登撤市设区之日）起，全区的造价管理工作陆续移交威海市行政主管部门，至2016年已经全部移交完毕。

建设工程质量检测 年末，区建设工程质量检测有限公司有各类检测设备630台（套），工程技术人员70人，其中高级工程师5人、中级以上技术职称26人、国家注册结构工程师2人、注册岩土工程师1人，所有检测人员和管理人员均经过省级专业技术培训和考试考核，持证上岗。是年，区建设工程质量检测有限公司新增脚手架扣件、防雷等检测项目，入选省建工局颁发的2017年度政府投资工程质量检测机构推荐名录，获得检测机构信用等级A级证书。全年共对29929组材料、构配件和1802组现场质量进行检测，共检测出各种不合格样品 299 组。

工程监理

监理企业 2017 年，全区有威海诚信建设项目管理有限公司、威海广厦监理工程有限公司、文登利丰建设管理有限公司、山东弘文工程管理咨询有限公司 4 家监理企业。全区监理企业共有工民建、给排水、电气、采暖通风、建筑规划和工程经济等各类专业技术人员 239 人，其中有注册监理工程师 86 人、注册造价工程师 17 人、注册一级建造师 10 人、高级工程师 4 人。是年，共承接在建和完工的监理工程 189 万平方米，合同履约率达 100%。威海诚信建设项目管理有限公司具有房屋建筑工程监理甲级资质、市政工程监理甲级资质，有工程技术人员 80 名（其中有国家注册监理工程师 25 人、省建设工程评标专家 18 人），持证上岗监理人员 61 人。全年共完成各项监理工程 65 万平方米，获威海市“优质结构工程”奖 5 项、“山东省安全文明工地”奖 1 项、“威海市安全文明工地”奖 5 项。

监理工作与监理行业管理 2017 年，区住建局组织对全区及所有进文登监理企业的在建项目进行抽查，检查中发现有个别监理企业注册人数未达到资质人员注册要求，现场监理资料整理存在不及时、不齐全，未与工程同步、旁站记录无安全管理内容等问题，对问题较多的监理单位开具不良行为通知单，并要求限期整改。通过对全区及所有进文监理企业动态核查，对监理企业的综合管理、市场行为、监理人员配备、项目管理机构工作条件、质量控制、安全生产监理责任落实、监理资料管理等方面进行全面督导。年内，区住建局执行《工程监理企业资质管理规定》和《关于印发〈工程监理企业资质管理规定实施意见〉的通知》的有关规定，从严控制监理企业实有人数和市场行为，加强对进入文登区的外地监理企业的监管。根据威海市《关于进一步规范房地产建筑和市政工程招标投标的意见》及《关于进一步规范房地产建筑和市政工程招标投标的意见》的有关要求，明确招标范围和招标方式，简化房地产开发项目审批程序，开展民营投资工业建筑项目招标投标活动，在房地产开发项目招标投标方面除政府、国有及国有控股企业的房地产开发项目外，其他的房地产开发项目可由企业自主选择符合资质条件的监理企业。民营企业投资工业建筑项目（煤炭、石油、化工、天然气、电力、新能源以及危险化学生产、存储场所等依法必须招标的项目除外），其工程建设由建设单位自主决定是否委托监理（国家规定必须实行监理的除外）的有关规定，严格审查在建项目的建设规模和投资范围，明确建设单位（开发企业）对监理企业的选择方式，需要实行监理的建设项目必须通过招标、投标或直接发包环节来选择监理队伍，实行建设监理。区住建局对参与招标、投标或直接发包监理企业的资格进行严格审查，并定期组织对在监现场的检查工作，切实提高监理现场管理水平，加大对监理企业全过程监管的力度。

农民工用工管理 2017 年，区住建局发布《关于进一步加强建筑工程领域农民工工资管理工作的通知》，推行建筑劳务工人实名制和农民工工资按月支付制度，要求所有施工现场设置人脸识别考勤设备，工程在开工前，施工企业将从业人员有关信息登记，并报建管处备案。施工总承包企业每月将考勤数据和农民工工资表报建筑工程管理处，施工现场设置农民工工资发放公示牌，将当月工资表予以公示，设立“农民工维权告知牌”，公布农民工按月领取工资的权利。全区所有工地现场全面设置人脸考勤设备、农民工工资公示牌和农民工维权告知牌。按照《文登区房屋建筑工程领域农民工工资预储金管理暂行办法》（试行）的要求，新开工工程建设单位必须缴纳 18% 预储金用于支付工人工资，会同银行部门建立健全工资支付程序，全年共有 25 家建设单位的 25 个项目交付预储金。年内，区住建局重点监控开工面积大、用工数量多的单项工程，发现并排除各类用工制度隐患 25 项。先后处理欠薪上访案件 8 起，其中电话投诉 2 起；涉及外地施工企业 5 起、本地施工企业 3 起。累计接待上访农民工 130 人，清理拖欠工资金额 380 万元，所有因拖欠而上访的农民工，在查清事实的基础上，均圆满解决。

房地产开发

【房地产开发企业】 2017 年，全区房地产开发企业资产总值 236.14 亿元，利润总额亿元。年末，全区房地产开发企业共 79 个，具备二级资质的 1 家、三级资质的 3 家、四级资质的 46 家、暂定资质 29 家、其他资质 1 家。其中 2017 年新申报房地产开发企业资质 10 家，资质升级 7 家，资质变更 16 家，到期延续换证 12 家，核发限定项目资质 3 家，注销资质 1 家。

2017 年文登区新增、晋升、注销房地产开发企业情况一览表

单位名称	法人代表	企业地址	注册资本（万元）	批准从事房地产开发营业时间	资质等级
威海市华廷房地产开发有限公司	李晨虎	天福街道北宫街 24-7 号	3000	2017 年 1 月	暂定资质
威海宝宇实业有限公司	佟　朋	天福街道世纪大道 90 号	2000	2017 年 2 月	暂定资质

续表

单位名称	法人代表	企业地址	注册资本（万元）	批准从事房地产开发营业时间	资质等级
威海禹辰置业有限公司	董 威（王艳玲）	经济开发区珠海路205号	3000	2017年2月	暂定资质
威海柏源置业有限公司	刘晓燕	天福街道朝阳路8号	3000	2017年2月	暂定资质
威海三圆置业有限公司	鲍星畅	经济开发区金山路甲27-20号	1018	2017年5月	暂定资质
威海圣美房地产开发有限公司	赵立年	崇武路甲7号	3000	2017年7月	暂定资质
山东德圣房地产开发有限公司	刘小兵	开发区珠海路148号	5110	2017年10月	暂定资质
威海庆和房地产开发有限公司	侯爱范	天福街道福谐路南	3000	2017年10月	暂定资质
威海万城置业有限公司	吕玉祥	界石镇亮夼村西	1650	2017年10月	暂定资质
威海市屹宇房产开发有限公司	丛培喜	环山街道环山路108号	1000	2017年11月	暂定资质
文登市绿扬置业有限公司	丁德林	天福街道天福路35号	3000	2010年10月	三级资质
文登市万发房地产开发有限公司	于国杰	埠口港管委会驻地	1000	2010年8月	四级资质
威海山伟房地产开发有限公司	林 猛	环山街道昆嵛南路53-9号	3000	2014年1月	四级资质
威海南源房地产开发有限公司	胡启立	龙山街道西壕街18号	3000	2010年9月	四级资质
威海元业房地产开发有限公司	李元添	环山街道米山路122号五楼	5000	2012年8月	四级资质
世源（威海）置业有限公司	许莉莉	香水路南、保利路北世源·峰山御园居民小区甲1号楼	1.2亿港元	2014年6月	四级资质
威海市宏榕房地产开发有限公司	于海峰	米山镇西铺头村	3000	2010年9月	四级资质
威海万意鸿利置业有限公司	王海涛	天福街道米山东路西15号	3000	2016年8月	注销资质

【房地产市场】 2017年，全区房地产开发投资42.36亿元，比上年增长5.4%；房屋施工面积1920.4万平方米，比上年增长3.76%；文登主城区在建房地产开发项目共65个，比上年增长20.75%，在建面积362.38万平方米，比上年增长19.88%。文登城区新开工商品房建筑面积108.34万平方米，比上年增长131.9%；竣工面积38.75万平方米，比上年增长6.48%；全区共成交商品房9429套，比上年增长13.9%，商品房销售面积94.57万平方米，比上年增长22.54%，销售额39.06亿元，比上年增长50.4%。根据房地产信息统计数据显示，商品住宅销售均价为每平方米4140元，比上年增长11.38%。（以上数据均不含威海南海新区）

绿城·溪谷小镇建筑一角（4月7日摄）

2017年文登区主要商品房开发项目一览表

单位：平方米

区位	建设单位	项目名称	项目位置	项目总建筑面积
文化商务区	威海博泰地产投资有限公司	博泰世嘉	文山路与登云路交叉路口东侧	92077
	文登市峰西工贸总公司	万润城一期	环山东路南、文化路东	46769
	世源（威海）置业公司	世源·峰山御园	香水路南、保利路北	100102
	山东倪氏房地产开发有限公司	万利城	义乌小商品市场东，环山东路北	183708
	文登市绿扬置业有限公司	绿扬·河景东城	309北、登云路东	111935
	威海闵广置业有限公司	闵广·新天地	米山东路北、体育场南侧	74224
	山东省倪氏房地产开发有限公司	海泰庄园三期	世纪大道西、保利路南	47100
老城区	威海圣美房地产开发有限公司	圣美·天福尚城	城北街西、郭家街北	32371
	文登市碧桂园房地产开发有限公司	碧桂园翡翠郡	昆嵛路东、庙山路南	58210
	威海市文登区文城建设房产开发有限公司	城西·水岸明珠	马山路东、文山西路南	24969
	威海榕鹏房地产开发有限公司	榕鹏·上尚城	环山路北、庆丰路西	23673
	威海柏源置业有限公司	宝悦佳园	香水路南、香山路西	32895
	威海华晟永泰置业有限公司	永泰商业广场	龙山路东、凤西街南、三里河路西	5906
	文登文海置业有限公司	德红华府	香水路北、龙山路东	260000
	文登泰隆置业有限公司	天福·抱龙居	环山东路北、棋山路东	73595
	文登文海置业有限公司	书香府邸	环岛公园西、珠海路南	30718
	威海市茂铭房地产开发有限公司文登分公司	茂铭·逸品学府商住区	原文登学酒厂	74114
	威海兆和置业有限公司	兆和学府家园	环山路南、上海国际花园西	16577
	威海天鸿土石方工程有限公司	天鸿花园生活小区	米山路南、豹山路东	27736
	威海市文登城西基础工程有限公司	西城裕府	文山西路南、马山路东	14581
	威海市文登城西基础工程有限公司	锦绣花园	马山路西、山语绿城南	31226
经济开发区	威海创意投资有限公司	威海中韩影音创意基地—悠港公寓SOHO公寓、A公寓	经济开发区珠海路南，金山路东	53606
	威海恒峰房地产开发有限公司	新罗小镇	金山路东九龙路南	680000
	文登市圣光房地产开发有限公司	九龙新城二期	九龙路北	120000
	威海市盛林置业有限公司	“明典居”小区	文登经济开发区珠海路北，梁家沟村东	153000
镇	威海市荣高置业有限公司	汤西新型农村社区	高村镇汤西村南	18254
	山东双力板簧有限公司	双力广场	高村镇兴高路南、农业银行西	17044
	威海市盛林置业有限公司	坤龙社区	高村镇靖海路西、青龙河东	25501
	文登三富置业有限公司	紫金花园	葛家镇紫金路北、上泽线西	15512
	威海市凯达房地产开发有限公司	威海桃源新都一期	界石镇上泽线西、楚岘河南	11586
	文登市寰发建筑工程有限公司	福尚苑	侯家镇广安街北、龙乡路西	14125

2017 年威海市畅销楼盘—绿扬·河景东城西门（4 月 2 日摄）

【房地产开发管理】

信用评价　2017 年，根据威海市房地产协会《关于开展 2017 年度房地产开发企业信用评价工作的通知》的文件要求，区住建局申报的 18 家房地产企业全部通过信用等级认定，文登市绿扬置业有限公司、威海闵广置业有限公司、文登区蓝海投资有限公司等 5 家房地产开发企业被评为 AAA 级诚信企业；文登嘉鸿房地产开发有限公司、文登国君房地产开发有限公司等 9 家企业被评为 AA 级诚信企业；威海创意投资有限公司、威海市兴伟置业有限公司等 4 家企业被评为 A 级诚信企业。

行业监管　2017 年，区住房和城乡建设局严格控制房地产开发市场供需比例，鼓励房地产开发企业转型升级，优化产品结构，提高抵御市场风险变化的能力。对开发项目的技术指标严格把关，加强新建住宅小区绿色节能建筑、住宅产业化建设、装配式建筑设计等的规划管理，共办理《房地产开发项目建设条件意见书》29 份，审查出让地块面积为 36.43 万平方米，商住用地购置面积比上年降低 62.1%，闲置土地利用率明显提升，房地产去库存化能力显著提高；严格执行房地产开发经营权证明制度，加强对项目建设资金审查力度，合理调控商品房供需平衡，审查“房地产开发经营权证明”材料 39 份，审查面积 108.71 万平方米，审查资金 22.83 亿元；通过房地产开发项目手册备案和威海房地产开发信息管理系统，对全区房地产开发项目的手续办理进行全程动态掌握，有效防范资金被挪用，确保项目顺利推进，审查面积 94.79 万平方米，办理房地产开发项目手册备案 22 件；从开工到竣工充分掌握开发市场信息数据，优化审批流程，依法依规审批办理，完善房地产开发项目配套设施建设，审查《房地产开发项目建筑工程施工许可证》资料 48 份，办理竣工验收备案 12 份，竣工面积 38.75 万平方米，监督发放《商品房使用说明书》和《商品房质量保证书》4191 套，监督安装信报箱 2095 个。同时，区住建局加强城市建设运营推进工作力度，采取“一楼一策”“领导负责”制度，通过市场机制运作、属地管理部门扶持、业主自救、棚改资金支持、整合债权人接盘、企业破产重组等方式盘活 7 处闲置资产；开展 2 次房地产行业非法集资问题专项风险排查工作，做好全区房地产领域非法集资防范和处置工作，建立防范和处置房地产领域非法集资工作专题预案，对存在问题的企业要求限期整改，并作为不良记录记入该企业、项目的信用档案，向社会公示。年内，区住建局降低房地产开发市场准入“门槛”，取消房地产开发企业注册资本金要求和国有建设用地使用权面积、建筑面积的限制要求；加强对房地产企业从业人员的社会保障力度，在确保从业人员缴纳社会保险的情况下，增加住房公积金的审查工作，不断提高房地产从业人员的自我保护意识，引导全区房地产开发企业向规模化、专业化和品牌化发展。

（徐海青　鞠成林　王圣翔　李俊蓉
于　超　于栋娟　孙杰磊　刘　静
崔闽军　王　涛　于海涛　张晓菲）

责任编辑　初云峰

环境保护

综　述

2017年，区环境保护局围绕改善环境质量、保障环境安全、服务绿色发展的主线，重点解决突出环境问题，坚决打好污染防治攻坚战，各项工作成效显著。其间，未发生较大级以上环境污染事故。全区地表水、地下水、环境噪声、环境空气质量以及近岸海域水质按功能区划均达到国家规定标准。全区工业和生活化学需氧量排放总量2060.91吨、氨氮排放总量514.13吨、二氧化硫排放总量5235.89吨、氮氧化物排放总量3124.07吨。

环境管理

【机构设置】 年末，区环境保护局（简称区环保局）内设办公室、财务科、污染防治科（挂行政审批科牌子）、宣传法制科4个行政科室。辖设污染物排放总量控制办公室、区环境监察大队、南海新区环境保护服务中心、区环境监测站4个副科级事业单位，共有工作人员70人。

【建设项目管理】 2017年，区环保局依法行政，严格遵守法律、法规、标准和生态保护的“红线”，规范开展建设项目环评审批，加强环境影响评价审批服务与管理，有效提升项目环评审批效率和把关审批的质量。全年审批建设项目192个、验收建设项目45个，建设项目“三同时”（建设项目中污染防治设施必须与主体工程同时设计、同时施工、同时投产使用）执行率达到100%，全年共否决不符合产业政策、环保政策和高污染高耗能的项目10项。根据《山东省清理整顿环保违规建设项目工作方案》文件要求，将违规建设项目纳入区环保局的正常监管。其中依法淘汰不符合产业政策或污染严重且治理无望的5个违规建设项目，依法对完成整改任务的3个项目予以环保备案。

【环境监察】 2017年，区环保局依据《山东省环境保护大检查实施方案》，按照“全覆盖、零容忍、明责任、严执法、重实效”的总体要求和实施方案指定的检查重点内容，结合文登区产业结构实际，采取部门协同、联动执法、独立调查等方式，对重金属污染物排放企业、污染减排重点企业、超标排污企业、危险废物监管、化学品（危险化学品）监管、畜禽养殖行业、水源地监管、废旧塑料加工摊点、石材加工行业等方面进行专项整治。重点加强对全区17处重点排污单位的日常监管，提高监察频次，保证达标排放。4家国控重点污染源企业外排废水、废气全部达标，无1家企业被省、市环保部门通报批评。按要求督促相关企业安装在线监控设备，新增3家企业安装在线监控设备，2家企业的在线监控设备通过验收并联网运行。

是年，共出动现场执法人员10560人次，立案查处企业88家，责令限期整改企业63家，依法移送公安机关企业1家，行政拘留1人，刑事拘留2人。会同各镇（街道）依法查处关停“散乱污”企业118家。联合区食品药品监督管理局环侦大队查处非法收集处置废旧铅酸蓄电池案1起，刑事拘留26人，最终取保候审25人，批捕1人。

中央环保督察 8月10日起，中央第三环境保护督察组到山东省开展为期1个月的环保督察。督察期间，区环保局成立6个专项工作小组，及时提供上级所需材料和办理信访转办件。信访转办件中，涉及文登区的共55件，包括水、大气、土壤、生态、垃圾、噪声、油烟、扬尘、固体废物等方面污染问题，区环保局第一时间到达现场调查处理并采样监测，出具水、气、噪声等监测报告48份，转办件全部按要求及时整改落实到位。区环保局联系电视台、报社记者全程跟踪报道信访转办件的办理情况，做到督办件每件当天落实、当天报道。

环境网格化监管　2017年，区环保局构建“经纬分明”的环保大监管格局，在建立完善四级（村居）网格化环境监管体系基础上，集中对四级网格员开展专题培训，确保区环境监管全覆盖。

环境行政处罚　年内，区环保局继续保持对环境行政违法行为打击的高压态势，全年共立案103件，下达处罚决定书89份，比上年增长493%，罚款总额240余万元。对拒不执行行政处罚的德瑞博新能源汽车制造有限公司、威海华龙印染科技有限公司及威海聚盛源养殖有限公司3家企业申请法院强制执行，均得到法院准予强制执行的裁定。所有处罚案件均及时通过“文登政府网”面向社会公开。是年，没有出现行政复议、行政诉讼等行政争议案件。

环境信访处理　2017年，区环保局继续完善12369环境信访热线等信访投诉渠道，征求群众对环保工作的意见和建议，协调公安、工商等部门开展联合执法工作，及时处理群众关心的环境热点、难点问题。全年共处理信访件1406件，其中区长公开电话受理事项批办单906件、12369投诉445件（含省环保厅信访件32件、群众举报电话86件）、接待来访群众9人次，处结率达100%，群众满意率达99%以上。

【排污费征收与使用】　年内，区环保局严格执行《排污费征收使用管理条例》及配套规定，在全面开展排放污染物申报登记的基础上，按照核收分离、票款分离、公开公正、依法足额征收的原则，共征收排污费303.8万元，按规定解缴各级财政，实行专款专用。

【环境宣传】　2017年，区环保局围绕“绿水青山就是金山银山”主题，开展形式多样的宣传教育活动。6月2日，区政府新闻办首次主持召开文登区环境保护工作新闻发布会，发布文登区2016年环境质量状况及2016年度全区企业环境信用评价情况。6月5日，区环保局在市中广场开展世界环境日大型环保宣传活动。活动现场设置宣传拱门、立柱、宣传条幅、宣传展版等，内容涉及大气污染防治、水污染防治、环境信用评价、法律法规、环保专项行动等方面。现场设立咨询投诉台，接受群众投诉及建议50余条。向过往群众发放环保法律法规手册500本、环保便民手册1000本、环保购物袋800个。是日，区环保局开展环境宣传进社区活动，到龙山街道、大观园社区及高村镇西藤圈村开展现场宣传活动，发放环保手册、环保纪念品等。

6月5日，环保志愿者在大观园社区开展环境宣传进社区活动

【环境信用评价】　年内，区环保局依据《山东省企业环境信用评价办法》，制定《威海市文登区企业环境信用评价管理制度》，分批将辖区内企业基本信息录入山东省企业环境信用评价信息管理系统，当辖区内企业有环境违法违规行为时，将行政处罚处理决定、整改要求与期限等信息录入并做好记分工作。是年，共录入违法企业或个人信息88条；组织对企业提出的异议进行复核、制定并告知企业复核意见书，要求对违法违规行为进行整改，并根据行政处罚结案报告核销相应企业信用信息。

污染物排放及污染源

【污染物排放】

废水　2017年，全区工业废水年排放量为578.38万吨，废水排放达标率达到100%；废水中主要污染物化学需氧量、氨氮排放总量分别为2060.91吨、514.13吨。工业废水中主要污染物化学需氧量、氨氮排放量分别为225.67吨、18.94吨；城市生活污水年排放量为2333.21万吨，生活废水中主要污染物化学需氧量、氨氮排放量分别为1823.31吨、494.32吨；集中式主要污染物化学需氧量、氨氮排放量分别为11.93吨、0.87吨。

废气　2017年，全区工业耗煤量为59.80万吨，废气排放量为763935万标立方米。废气中主要污染物二氧化硫排放总量为5235.89吨，其中工业二氧化硫排放量为1976.23吨，生活二氧化硫排放量为3259.66吨；氮氧化物排放总量为3124.07吨，其中工业氮氧化物排放量为2520.07吨，生活氮氧化物排放量为604吨；工业烟粉尘排放量为1101.53吨，生活烟尘排放量为 539.57 吨。

固体废物 2017 年，境内工业固体废物产生量为 26.04 万吨，综合利用量为 26 万吨，工业固体废物综合利用率为 99.85%。工业固体废物主要是粉煤灰、炉渣、脱硫石膏和其他废物等，主要产生单位分别是威海市文登热电厂有限公司、文登市西郊热电有限公司、天润曲轴股份有限公司、北汽黑豹（威海）汽车有限公司、山东双力板簧有限公司、威海市宝隆石油专材有限公司、文登市文胜玻璃有限公司、文登威力工具集团有限公司等。

危险废物 2017 年，全区工业危险废物产生量为 1266.68 吨，医疗废物产生量为 340 吨。全区工业危险废物都得到有效处置，处置效率达到 100%。

【污染源】 2017 年，境内工业废水主要污染源是文登区森鹿制革有限公司、威海迪素制药有限公司、文登区华冠皮业有限公司、山东众鑫食品有限公司、文登西郊热电有限公司、威海康森源皮草有限公司、文登威力工具集团有限公司、威海华龙印染科技有限公司、威海市润通橡胶有限公司、三角（威海）华达轮胎复新有限公司、山东好当家海洋发展股份有限公司荣泰食品厂 11 家企业，等标污染负荷比累计达 71.82%。境内工业废气主要污染源是威海市文登热电厂有限公司、文登西郊热电有限公司、三角（威海）华达轮胎复新有限公司 3 家企业，等标污染负荷比累计达 97.158%。主要工业废水、废气污染源大多分布于城区。固体废弃物主要产生单位是威海市文登热电厂有限公司、文登西郊热电有限公司、天润曲轴股份有限公司、北汽黑豹（威海）汽车有限公司、山东双力板簧有限公司、威海宝隆石油专材有限公司、文登市文胜玻璃有限公司 7 家企业，等标污染负荷比累计达 88.88%。主要危险废弃物产生单位是威海岱韩特殊金属有限公司、文登森鹿制革有限公司、文登东阳活塞有限公司、威海迪素制药有限公司等 12 家企业。

污染治理

【大气污染治理】

锅炉拆除或改造 年内，区环保局对全区燃煤锅炉进行检查，重点掌握燃煤锅炉所在位置、规模、用途、污染治理设施、污染物排放等情况，建立健全动态管理台账。区环保局印发《关于做好文登区 2017 年度大气污染防治重点工作的通知》和《关于开展燃煤锅炉专项整治的通知》，要求全面淘汰城市建成区内 10 蒸吨 / 小时及以下分散燃煤锅炉，以及建成区外手续不完善、无污染防治设施、排放不达标的分散燃煤锅炉，全年共拆除或改造燃煤锅炉 172 台。

燃煤机组超低排放改造 2017 年，根据山东省人民政府印发的《山东省 2013 — 2020 年大气污染防治规划二期行动计划（2016 — 2017 年）》的通知要求，文登市西郊热电有限公司投资 1890 万元，对 3 台锅炉进行超低排放改造，主要新上烟气脱硝系统设施及湿式电除尘装置，并同步更换在线监控设备。10 月，该项目通过威海市环保局验收。

“散乱污”企业整治 年内，区环境保护委员会印发《关于加快取缔违法“散乱污”企业工作的通知》等文件，各镇政府、街道办共排查“散乱污”企业 118 家，其中列为关停取缔类企业 103 家、治理提升类企业 15 家。区环保局建立日调度、日通报制度，加大整治“散乱污”企业力度，共印发通报 92 份，及时掌握整治进度和工作过程中存在的问题，分类处置；同时，组织力量分组逐企业进行检查，检查是否按照“两断三清”（断水、断电，清原料、清设备、清场地）标准进行取缔，并检查已取缔企业是否“死灰复燃”，检查治理提升企业是否达到整治要求等。至 10 月末，全区 118 家“散乱污”企业全部按照要求被进行取缔或整治处理。

加油站三级油气回收改造和供应车用尿素 2017 年，区环保局按照省、市攻坚方案对加油站的工作要求，组织召开加油站三级油气回收改造和供应车用尿素工作会议，印发《关于加油站三级油气回收改造的通知》和《关于做好加油站供应车用尿素工作的通知》，全区 92 家加油站中需进行三级油气回收改造的加油站点共有 36 家，需销售车用尿素的加油站点共有 48 家。是年，上述加油站全部完成三级油气回收改造和供应车用尿素工作。

机动车尾气治理 为进一步加强全区机动车环保检验监督，区环保局通过定期巡查、不定期抽查、每季度常态化比对试验和网络监控等方式，对全区环保检验机构进行监督管理，引导环保检验机构不断提高职业素质，确保尾气检测数据准确，环保标志符合规定发放。是年，全区有 5 家检测机构。

【水污染治理】 2017 年，按照国家及省、市《水污染防治行动计划》要求，区政府印发《威海市文登区水污染防治工作方案》，与各镇政府（街道办、管委会）和区直有关部门签订《水污染防治目标责任书》。城区污水主要由区污水处理厂、各重点污染源企业污水处理设施进行治理。2017 年，创业水务有限公司污水处理量为 2743.3 万吨，其中生活污水处理量为 2271.61 万吨，城市生活污水处理率为 97.36%。

母猪河湿地工程 6 月 21 日，区政府投资建设母猪河综合治理西寨湿地工程。该项目采用潜流湿地 + 表面流湿地组合处理工艺，处理文登创业有限公司外排水，处理能力为 5 万吨 / 天。该湿地占地面积 17.6 公顷，其中潜流湿地区占地 11.8 公顷，表面流湿地占地面积 5.8 公顷，是胶东地区首个大型人工湿地污水处理工程，集水质净化、中水回用、生态修复、景观公园等功能于一体。稳定运行后预期主要污染物 COD 可削减 365 吨 / 年，氨氮削减 63 吨 / 年，母猪河水质质量可得到显著改善。至年末，该工程共投资 5000 余万元。

【固体废物治理】

危险废物管理 2017年，全区工业危险废物产生量为1266.68吨，医疗废物产生量为340吨。按照国家危险废物规范化管理要求，区内所有工业企业产生的危险废物部分经威海环保科技服务有限公司转移处置，部分经省内外其他有资质的企业转移处置，医疗机构产生的医疗废物全部委托威海市环保科技服务有限公司实施统一收集、运输和集中安全处置。全年危险废物处置率100%，医疗废物安全处置率100%。

重金属污染防治 2017年，区环保局继续加强对辖区内重金属污染物排放企业的监管和重金属污染防治工作。是年，区内排放重金属污染物的威海文隆电池有限公司、文登市华冠皮业有限公司、威海岱韩特殊金属有限公司、文登市森鹿制革有限公司、文登市广润金属制品有限公司、文登威力工具集团有限公司、史丹利工具（文登）有限责任公司、文登市机电设备厂有限公司等8家企业均达标。

【放射与辐射污染防治】 2017年，按照环保部《辐射安全与防护监督检查技术程序》和省环保厅《山东省核技术利用辐射安全监督检查表》的要求，区环保局对辖区内22家使用放射源和射线装置的单位共进行2次现场检查，重点检查核技术利用单位法规标准执行情况、安全操作规程和防辐射污染应急演练情况、辐射安全与防护设施运行管理情况和规章制度制定及落实情况。是年，全区放射源和射线装置使用单位均无辐射安全事故及污染事件发生。

环境监测

【监测能力与管理】 年末，文登环境监测站共有原子吸收分光光度计、原子荧光光度计、紫外分光光度计、气相色谱仪、红外分光测油仪等主要仪器设备85台（套），固定资产740万元。在岗11人均通过威海市环保局组织的环境监测人员持证上岗考核，在所认证监测领域监测项目能够全部持证上岗。

【污染源监测】

重点污染源自行监测 自行监测包括手工监测和自动监测。2017年，按照威环发〔2014〕63号文件及《2017年威海市环境监测方案》的要求，威海文隆电池有限公司、威海岱韩特殊金属有限公司、文登创业水务有限公司、文登市华冠皮业有限公司、文登市森鹿制革有限公司、文登威力工具有限公司、文登热电厂、文登市西郊热电有限公司等8家国控重点企业按照各自的特征污染物开展自行监测，并在威海环保局网站公示监测结果。

2017年文登区重点污染源自行监测情况一览表

单　位	监测形式	监测内容	监测频次
威海文隆电池有限公司	手工监测	废水：COD、氨氮	1次/日
		废水：PH、总铅	1次/月
		废气：铅及其化合物	1次/季度
		噪声：厂界噪声	1次/季度
威海岱韩特殊金属有限公司	手工监测	废水：COD	1次/日
		废水：PH、六价铬、总铬、总铅、总镍、氰化物	1次/月
		废气：铬酸雾	1次/季度
		噪声：厂界噪声	1次/季度
文登创业水务有限公司	自动监测	废水：COD、氨氮	实时
	手工监测	废水：PH、总磷、COD、总氮、总砷、总汞、总镉、六价铬、总铬、总铅、石油类、阳离子表面活性剂、动植物油、悬浮物、色度、粪大肠菌群	1次/月
		废气：氨、硫化氢	1次/季度
		噪声：厂界噪声	1次/季度

续表

单　位	监测形式	监测内容	监测频次
文登市华冠皮业有限公司	手工监测	废水：COD、氨氮	1 次 / 日
		废水：PH、六价铬、总铬	1 次 / 月
		废气：氨、硫化氢	1 次 / 季度
		噪声：厂界噪声	1 次 / 季度
文登市森鹿制革有限公司	自动监测	废水：COD、氨氮	实时
	手工监测	废水：PH、六价铬、总铬	1 次 / 月
		废气：氨、硫化氢	1 次 / 季度
		噪声：厂界噪声	1 次 / 季度
文登威力工具有限公司	手工监测	废水：COD	1 次 / 日
		废水：PH、六价铬、总铬、总铅、总镍、氰化物	1 次 / 月
		废气：铬酸雾	1 次 / 季度
		噪声：厂界噪声	1 次 / 季度
文登热电厂	自动监测	废气：SO_2、NOX、烟尘	实时
	手工监测	废气：汞及其化合物、林格曼黑度	1 次 / 季度
		噪声：厂界噪声	1 次 / 季度
文登市西郊热电有限公司	自动监测	废气：SO_2、NOX、烟尘	实时
	手工监测	废气：汞及其化合物、林格曼黑度	1 次 / 季度
		噪声：厂界噪声	1 次 / 季度

市控污染源监督监测　年内，按照威环发〔2014〕63 号文件及《2017 威海市环境监测方案》要求，区环境监测站对全区 23 家市控污染源废水、废气、噪声进行监督监测，监测结果在政府信息公开网上公示。

【水环境监测】 2017 年，区环境监测站按照《2017 年威海市环境监测方案》和《地表水环境质量标准》（GB3838-2002）要求，每月对主要河流母猪河水质监测 1 次，设文登营上游、米山水库出口、麦疃后和南桥 4 个监测断面；每月对集中式饮用水源地米山水库和坤龙水库水质监测 1 次，设米山水库库中（文登取水点）和坤龙邢水库取水点两个点位；全年对米山水库、坤龙邢水库、大水泊镇李家水库、小观镇宝泉水库、侯家镇集后水库、界石镇青庄水库、界石镇昆嵛山水库 7 个水源地进行 1 次 109 项的水质全分析监测（委托第三方检测）；按照《2017 年威海市环境监测方案》和《海水水质标准》（GB3097-1997）要求，5 月、8 月、10 月各监测 1 次近岸海域五垒岛海湾水质。

年内，区环保局加强监控全区地面水水质，在母猪河南桥断面和饮用水源地米山水库与坤龙邢水库安装 3 个水质自动监测站，实行全天候监控水质，并与山东省环境自动监测监控系统联网。是年，米山水库因为水位下降，无法自动取水，水质自动监测站全年停运。

2017 年文登区近岸海域海水水质监测点位一览表

点位编码	点位名称	经度	纬度	功能区类别	备注
SD46	五垒岛湾 1 号	121.995	36.9657	II	省控
SD50	五垒岛湾 2 号	122.000	36.8940	I	省控
SD47	洋村口	121.911	36.9152	II	省控

【大气环境监测】 2017 年，全区环境空气质量仍采用 24 小时连续自动监测方式进行监测，城区设区园林局和经济开发区 2 个监测子站，南海新区设南海商务区监测子站，监测项目包括二氧化硫、二氧化氮、一氧化碳、臭氧、可吸入颗粒物、细颗粒物 6 项指标，监测数据实时上传国家、省、市环境空气质量监测信息管理发布平台，为公众出行提供健康指引。

【城区声环境监测】 2017 年，区环境监测站以 450 米 ×450 米规格，在城市建成区范围内布设 204 个环境噪声网格监测区域，5 月监测 1 次。在城区 20 条主次交通要道设 58 个监测点监测道路交通噪声，5 月监测 1 次。在城区 4 种声环境功能区设 5 个功能区监测点位，具体为居民文教区设在干休所、混杂区设在烟草公司和昆嵛大厦南、工业集中区设在曲轴厂、交通干线道路两侧设在原解放军一〇七医院，每季度监测 1 次功能区噪声。

环境质量

【水环境质量】 2017 年，母猪河各断面水质稳定，文登营上游和米山水库出口断面水质达到《地表水环境质量标准》(GB3838-2002) 三类标准，麦疃后断面水质达到五类标准，南桥断面水质达到四类标准，无劣Ⅴ类水体。集中式饮用水源地米山水库和坤龙邢水库水质“良好”，地表水Ⅲ类水质达标率为 100%，营养状态属于“中营养”，7 个水源地 109 项的水质全分析全部达标。近岸海域五垒岛海湾 3 个站位水质均达到各自应执行功能区标准，海湾水质“良好”，整体水质属于“贫营养”。

2017 年母猪河水质监测年均值统计表

单位：毫克 / 升（PH 除外）

断面	pH	溶解氧	高锰酸盐指数	化学需氧量	生化需氧量	氨氮	总磷	铜	锌	氟化物	硒	砷	铅	挥发酚	石油类	阴离子表面活性剂
米山水库出口	7.8	8.2	3.50	17.7	2.58	0.35	0.039	0.007	0.05L	0.640	0.0004L	0.0005	0.003	0.0003L	0.01L	0.05L
文登营上游	7.5	8.5	3.30	16.5	2.26	0.23	0.030	0.005	0.05L	0.377	0.0004L	0.0004	0.002	0.0003L	0.01L	0.05L
麦疃后	8.0	7.6	4.56	34.1	4.62	1.23	0.194	0.010	0.05L	0.939	0.0004L	0.0007	0.005	0.002	0.03	0.05L
南桥	7.9	7.8	3.61	27.5	3.79	0.58	0.131	0.009	0.05L	0.771	0.0004L	0.0007	0.004	0.005	0.01L	0.05L
地表水Ⅲ类标准	6-9	≥ 5	≤ 6	≤ 20	≤ 4	≤ 1.0	≤ 0.2	≤ 1.0	≤ 1.0	≤ 1.0	≤ 0.01	≤ 0.05	≤ 0.05	≤ 0.005	≤ 0.05	≤ 0.2

说明：硫化物、氰化物、汞、六价铬、镉为全年未检出项目

2017 年米山水库水质监测年均值统计表

单位：毫克 / 升（PH 值除外）

点位	PH	溶解氧	高锰酸盐指数	生化需氧量	氨氮	总磷	铜	锌	氟化物	硒	砷	铅	水质现状（类）
米山水库文登取水点	7.8	8.2	3.62	2.43	0.32	0.035	0.006	0.05L	0.741	0.0004L	0.0005	0.003	Ⅲ
坤龙邢水库取水点	7.7	8.4	4.43	2.37	0.29	0.035	0.008	0.05L	0.626	0.0004L	0.0005	0.004	Ⅲ
地表水Ⅲ类标准	6-9	≥ 5	≤ 6	≤ 4	≤ 1.0	≤ 0.05	≤ 1.0	≤ 1.0	≤ 1.0	≤ 0.01	≤ 0.05	≤ 0.05	—

说明：硫化物、氰化物、砷、汞、六价铬、镉、阴离子表面活性剂、硒、挥发酚、石油类为全年未检出项目

2017 年五垒岛海湾水质监测年均值统计表

单位：毫克 / 升（PH 除外）

站位	PH	溶解氧	化学需氧量	石油类	活性磷酸盐	无机氮	非离子氨	铜	铅	锌	砷	水质现状	功能区
SD46	7.90	7.30	1.27	0.025	0.018	0.239	0.00267	0.005	0.002	0.015	0.0009	二类	II
SD47	8.00	7.30	1.26	0.028	0.018	0.227	0.00257	0.006	0.002	0.016	0.0009	二类	II
SD50	8.00	7.40	0.93	0.019	0.01	0.148	0.00157	0.003	0.001	0.011	0.001	一类	I
海水 I 类标准值	7.8-8.5	≥ 6	≤ 2	≤ 0.05	≤ 0.015	≤ 0.2	≤ 0.020	≤ 0.005	≤ 0.001	≤ 0.020	≤ 0.020	—	—
海水 II 类标准值	7.8-8.5	≥ 5	≤ 3	≤ 0.05	≤ 0.03	≤ 0.3	≤ 0.020	≤ 0.01	≤ 0.005	≤ 0.050	≤ 0.030	—	—

说明：汞、镉未检出

【大气环境质量】 2017 年，文登区环境空气参与评价的二氧化硫、二氧化氮、可吸入颗粒物、细颗粒物、一氧化碳、臭氧 6 项基本项目，年平均浓度及特定的百分位数浓度均达到国家二级标准，其日均值达标率分别为 100%、100%、99.7%、97.5%、100%、91.5%。是年，文登城区环境空气质量有效监测 365 天，其中 6 天沙尘天气不参与统计计算，全年日空气质量指数在 19 ～ 179 之间，环境空气质量日综合评价达到国家二级标准 318 天，优良率为 88.6%。

2017 年文登区环境空气质量监测结果统计表

项目指标		二氧化硫 (ug/m³)	二氧化氮 (ug/m³)	可吸入颗粒物 (ug/Nm³)	细颗粒物 (ug/m³)	一氧化碳 (mg/m³)	臭氧日最大 8 小时平均值 (ug/m³)
日均值	最大值	22	58	188	135	2.8	214
	最小值	2	4	6	4	0.3	38
	特定的百分位数浓度	日均值第 98 百分位数	日均值第 98 百分位数	日均值第 95 百分位数	日均值第 95 百分位数	日均值第 95 百分位数	日最大 8 小时平均值第 90 百分位数
		16	42	101	61	1.2	160
	标准值	150	80	150	75	4	160
	百分位超标倍数	0	0	0	0	0	0
	达标天数	365	365	358	350	365	334
	达标率（%）	100	100	99.7	97.5	100	91.5
年均值		8	19	51	26	—	—
年均标准值		60	40	70	35	—	—
年均值超标倍数		0	0	0	0	—	—

【城区声环境质量】 2017 年，文登城市区域环境噪声昼间等效声级为 55.0 分贝，城区噪声总体水平“较好”。城市道路交通噪声平均等效声级为 66.5 分贝，道路交通噪声质量等级为“好”。功能区噪声符合《声环境质量标准》（GB3096-2008）中相应功能区标准。

2017年文登功能区噪声监测结果统计表

单位：dB(A)

类别	适用区域	测点名称	监测均值		标准值	
			昼间	夜间	昼间	夜间
1	居民、文教区	干休所	50.3	42.7	55	45
2	居民、商业、工业混杂区	烟草公司、昆嵛大厦南	53.2	48.1	60	50
3	工业集中区	曲轴厂	57.6	50.4	65	55
4	交通干线道路两侧	原解放军一〇七医院	58.7	52.9	70	55

（孙　炜　刘士军）

责任编辑　初云峰

商贸服务业

综　述

【概况】 2017年，全区商贸服务业的市场化进程加快，流通现代化水平不断提升，已形成多元化投资、多业态发展的格局。全区实现社会消费品零售额达379.74亿元，比上年同期增加35.60亿元，同比增长10.35%。限额以上企业实现社会消费品零售额79.99亿元，同比增长14.30%，占社会消费品零售总额的20.06%；限额以下贸易企业实现零售额299.75亿元，同比增长9.34%，限额以上贸易企业增速快于限额以下企业增速4.96个百分点。各种流通新兴业态如大型购物中心、各类超市、各类专业店、专卖店以及总代理、总经销公司等蓬勃发展。至年末，全区建筑面积3000平方米及以上大中型商业网点有31个，总建筑面积66.28万平方米。其中：3000平方米以上、1万平方米以下商业网点11个，1万平方米以上、5万平方米以下商业网点17个，5万平方米以上、10万平方米以下2个，10万平方米以上商业网点1个，涵盖购物广场、专卖店、超市、建材市场、批发市场等多种业态。威海昆嵛酒店有限公司、山东汇润实业集团有限公司、文登市秀嘉商城、威海天沐温泉度假区被山东省质量强省及品牌战略推进工作领导小组办公室授予“山东省服务名牌”称号，其服务项目分别为餐饮住宿洗浴、农业技术推广、鞋服零售、餐饮住宿。

12月，区财贸办公室更名为文登区商务局贸易办公室。主要负责引导和组织全区流通和餐饮服务企业的经营活动，参与全区商品市场及流通网店的建设规划，合理调整商品网点布局、负责财贸系统的财会、统计资料报表的审核汇总分析等工作。内设综合科、政工科、流通业发展科、市场体系建设科、商务综合执法大队、市场秩序科、酒类流通管理科、区电子商务服务中心，有工作人员23人。年内，协助做好样本企业的市场监测统计工作，商务部内贸流通统计监测平台23家企业、威海市重点行业企业监测平台21家企业的数据报送及运维工作，考评位居威海市第一。

【智慧便民社区】 根据《威海市商务局关于开展完善便民商业服务设施创建智慧便利示范社区活动的通知》要求，区财贸办组织辖区内符合要求的社区开展创建活动，经市商务局评审团实地考察评选，天福街道学府社区被评为智慧便利示范社区。同时，在学府社区新增社区020好社惠便民亭扶贫项目。

【推进西洋参流通追溯体系建设】 2016年12月，金颐阳药业有限公司成为国家中药材流通追溯体系建设试点单位。2017年，该公司的西洋参追溯体系项目通过商务部专家组验收，整个系统运转良好。自种植、粗加工到精加工，各个流程规范有序，每个环节监测数据有专门的工作人员记录和上传，消费者仅需要扫描产品包装的二维码，即可了解由种子到成品每一个细节的详细信息，保证消费者的知情权。

【电子商务】 2017年，依托全区生态、产业等资源优势，区财贸办推进“互联网+”，加快电子商务普及应用，推动电子商务与传统行业渗透融合，优化发展环境，电子商务呈现快速发展的良好态势。12月，文登区被山东省商务厅评为山东省电子商务示范县。

引导工业企业发展电子商务，支持文登威力工具集团有限公司、威海方正游艇制造有限公司、威海金颐阳药业有限公司、山东艺达家纺有限公司、文登沁源卫生用品有限公司等传统企业用好天猫、淘宝、阿里巴巴等第三方电商平台，拓展网络销售渠道，创立品牌知名度。推进传统商贸企业电子商务应用。支持大润发、利群、家家悦等商贸企业开通“飞牛网”“利群网商城”“家家悦网商城”，加快培育线上竞争优势，发展线上线下全渠道营销模式。鼓励金田义乌小商品市场依托自建平台、第三方平台开展网上销售，“金田购”的商户、商品、客户和流量不断集聚，上线商户2000余家，品牌知名度、影响力日益增强。推动电子商务向农业领域拓展，御龙旗西洋参、胶东小镇花饽饽、昆嵛山大樱桃等特色农产品在淘宝网销量递增，具有一定的地域知名度。3月，文登区政府与京东集团合作开设“京东美食地图·威海生鲜馆”，构建“线上下单+原产地直供+京东配送+线下体验店”的模式，销售文登特色农产品。

文登花饽饽　花饽饽蒸制习俗源自民间、盛行于胶东地区文登一带，伴随着农耕文明的兴起，经过几个世纪的演变更新而传承至今。文登花饽饽生长和扎根于百姓生活，是一种生命力极强、百姓喜闻乐见、赋予民俗风情的独特表现方式。文登花饽饽以优质高筋面粉为原料，添加一定比例的牛奶、鸡蛋、花生油等配料，通过揉面、塑型、醒发、蒸制等过程，纯手工制作，形成集食用价值、观赏价值为一体的花饽饽。20世纪80年代前，文登花饽饽以满足果腹的食用需求为主，同时用于庆祝、祭祀和馈赠等民俗活动，之后逐渐渗透到饮食文化并发展成为一种民间艺术形式，随着人们审美情趣和观赏价值的变化提高，文登花饽饽在保留传统模式的基础上，赋予新意，通过简单的工具，创意捏塑成栩栩如生的人物、动物、植物造型，承载着时代发展特色和对美好生活的祝愿。随着居民生活水平的日益提高，文登花饽饽越来越受到大众的青睐。原来家庭自制自食逐步发展成小作坊、高档餐饮酒店制作，进而形成企业化生产，进入21世纪后，其制作销售形成规模化、产业化。多次举办文登花饽饽蒸制比赛，展示民间艺人的高超手艺，促进休闲旅游文化的发展。威海大地食品有限公司、威海壹鹏食品有限公司、威海郑亮食品科技有限公司、威海金麦兜食品有限公司等知名企业，成为花饽饽开发研制、生产销售的主力军。威海大地食品有限公司生产的“胶东小镇”品牌花饽饽多次亮相于非遗展会、国际博览会、中央电视台特色栏目等，深受消费者喜爱。2009年9月27日，胶东花饽饽被列为山东省第二批省级非物质文化遗产名录。文登花饽饽成为一张独特的文登名片，消费者品尝文登花饽饽，了解非遗面食文化，领略民俗风情，感受文登味道。2015—2017年，文登花饽饽生产单位由7家增加到70余家，有7大类200余个品种，产业化发展趋势显著。通过实体店销售和网上销售，2017年，文登花饽饽销售额达到3000余万元。其产品保护范围为文登区所辖地域，地理坐标为北纬36°52′～37°22′、东经121°43′～122°19′。

威海大地食品有限公司在威海国际博览会上展示的花饽饽产品（6月22日摄）

【商务综合行政执法】　2017年，区财贸办按照商务部工作要求，加强对再生资源回收、二手车流通管理、汽车销售、商业预付卡等工作执法监管力度，营造放心消费、安全消费的市场环境。根据商务部《单用途商业预付卡管理办法》，区财贸办对全区餐饮、洗浴、美容美发等单用途商业预付卡发卡企业开展专项督导检查，指导企业进行单用途商业预付卡发卡备案，督查发卡企业严格执行实名登记、非现金购卡、限额发行3项制度，规范预付卡市场秩序，维护消费者合法权益，防范资金风险。会同区工商、食药监等部门联合执法4次，独立执法92次；查处整改8家企业，打击商贸流通领域的违法违规行为，净化市场环境。

【冷链物流试点】　试点企业为山东汇润实业集团有限公司，冷链物流综合示范项目位于米山路庆丰街4-2号。主要建设内容包括：升级改造6000吨气调库1座，购置冷库设备，建立冷链物流信息化系统、冷链物流标准化系统、汇润鲜果物流平台，人才培育等。项目建设投资预计1140万元，其中土建工程488万元、冷库设备购置141万元、设备安装费25万元、冷链物流信息化系统98万元、冷链物流标准化系统364万元、汇润鲜果物流平台16万元、人才培育8万元。项目建设实行“公司+基地+农户+市场”的发展模式，发挥龙头企业带头作用，可提供70个就业岗位，带动6000户果农发展标准化基地面积2667公顷，增加果农收入4亿元。

试点企业威海家家悦生鲜加工配送冷链物流标准化项目位于宋村镇宋村，总建筑面积2.4万平方米，建设内容主要包括3000平方米的低温标准化封闭式月台、交接货通道，安装月台升降平台、月台防撞设施等。项目总投资1439万元，其中工程款792

万元、设备购置费129万元、安装费518万元。2017年10月，项目全部完工并投入使用。运营后，可为家家悦集团股份有限公司600余家门店提供生鲜配送服务，日均配送量2400吨左右，年交易金额约78亿元。

【企业选介】

文登义乌小商品批发市场 地处东城区，项目占地面积20万平方米，设置集中式商贸区和步行街式商贸区等5个商贸区，有摊位1300余个，从业者1万余人。经营范围包括日用百货、小商品、五金电器、服装纺织、汽车配件、文化娱乐、旅馆、旅游、房地产、餐饮业、开办市场、设计制作发布户外广告等12大类10万余个品种，成为客流量过万、辐射半径150千米，商圈内人口达900万的区域性小商品集散中心。2017年，业户营业总额10亿元，纳税额300万元（不含业户）。曾荣获全国诚信示范市场、山东省文明诚信市场、省级重合同守信用单位、投资山东最佳企业、消费者满意单位、山东省十大小商品交易市场、中国市场首选品牌、中国市场商业（十佳）信用满意品牌、中国最具品牌价值商品市场50强、山东省商业百强企业、省外销售浙货突出贡献市场等称号。

文登大润发商业有限公司 地处昆嵛路西、横山路北交汇处，润泰购物广场北区一至二层，2011年12月13日开业。2017年，经营商品种类近3万个，为会员制国际连锁平价购物广场。顶楼建有停车场，可为顾客免费提供300余个汽车泊位。该公司秉持“新鲜、便宜、舒适、便利”的经营理念，按照“品质、价格、服务、效率”的原则，为会员提供多元化服务，免费办理会员卡、免费发放会员快讯、每周享受不同的“印花”特惠商品、定期参加店内举行的积分换购及抽奖等。总公司专门开设400投诉热线，店内增设315投诉热线和顾客意见箱，每周召开顾客恳谈会，建立消费者维权服务站，接受顾客监督，真正做到让顾客满意。年末，实现营业额1.92亿元。被评为文登区文明单位。

利群文登购物广场 地处城区昆嵛路与峰山路交汇处西南面，是利群集团旗下第17座上万平方米的商厦。2004年9月进驻文登。商场营业面积近5万平方米，主要经营各类食品、冷冻生鲜、日用百货、珠宝首饰、箱包皮具、化妆品、家用电器、文体用品、男女服装、针织鞋帽、床上用品、儿童用品等。商场秉承“用心去做，永不满足”的企业精神，为消费者打造舒心安全满意的购物环境。2014年，利群文登购物广场投资3000余万元，对老商场改造升级，与利群二期共同构成一站式购物中心；投资40余万元修建停车场，可供200辆汽车停泊，方便消费者。2017年，完成营业额1.68亿元。先后荣获威海市百强民营企业、威海市诚信经营满意消费先进单位、威海市诚信让利普惠民生承诺单位、文登区文明单位等称号。

（曲　源）

山泰生态园 位于城区南10公里的宋村镇下徐村，总占地面积200公顷，是借鉴国内外先进生态理念打造的现代化农业综合产业园区，以生态循环为核心，涵盖绿色种植、生态养殖、休闲旅游、文体娱乐等特色项目，实现种养殖一体化、休闲观光一体化、生态环保一体化，倡导回归自然，品味纯正生活。公司按照绿色、有机模式进行果蔬种植，建成千亩桃园、50余座高档大棚，发展油桃种植和立体无土草莓栽培，与休闲旅游相结合，开展踏青赏花、油桃采摘文化节等活动；探索种养结合、林养结合、渔养结合新模式，发展藕田规模化种植，藕田内饲养泥鳅等，稻田养蟹，林下饲养跑山鸡、山泰大鹅，天然水域饲养淡水鱼虾蟹及水禽，最大限度发挥资源优势。发展休闲旅游和文体娱乐，建成5000平方米的园林式酒店，集餐饮、婚庆、会议、住宿于一体，与回龙山李龙文化相结合，打造浓郁文化主题；以餐饮、采摘、山泉水等配套服务为支撑，重点建成威海市规模最大的户外滑雪场，占地6.67公顷，拥有4条雪道，配套设施齐备；建成2座标准竞技垂钓池、5千米山地自行车赛道、1.5千米水上漂流道、1.2公顷的休闲体育公园、户外拓展基地等休闲体育项目。公司冬季主打滑雪＋草莓采摘，夏季主打漂流＋油桃采摘＋户外拓展，将体育产业与休闲农业深度融合。2017年，承办山东省青少年山地自行车锦标赛，被山东省射击自行车运动管理中心评为优秀赛区；山泰桃获第十五届中国国际农产品交易会金奖，山泰品牌获山东省和威海市知名农产品企业产品品牌；年累计接待游客20万人次，完成销售收入2100万元，已发展成为威海区域最具代表性的一、二、三产业融合型企业，为威海市农业产业化重点龙头企业。公司被评为国家AAA级旅游景区、全国休闲农业与乡村旅游四星级企业、全国森林康养基地试点建设单位、山东省精品采摘园、山东省乡村旅游示范点、威海市旅游标准化优秀企业标准单位、威海市消费者满意单位等，为山东省山地自行车训练基地、山东省残疾人就业扶贫基地示范基地。

（梁　航）

供销合作

【概况】 区供销合作社联合社（简称区供销社）内设办公室、政工科、经济发展科、合作指导科、财务科、审计科、安全统筹科7个科室，辖26个企业单位，其中社有和出资企业11个、基层社15个。2017年，区供销社深化供销社综合改革会议精神，坚持项目兴社和资产盘活，搭建涉农企业融资服务平台，推进农业社会化服务和农村现代流通网络体系建设，被文登区委、区政府评为2017年度先进集体。大水泊供销合作社和信诺农田管理专业合作社分别被命名为中华全国供销总社基层社标杆社和农民合作社示范社。

【农业产业化经营】 拓展为农服务功能，推进一、二、三产业融合发展。引导社有龙头企业、专业合作社主动向产业链的前后端延伸，促进三产联动。威海郑亮食品科技有限公司以水饺、面条生产线为依托，对接一产，在宋村镇石羊村建设绿色蔬菜大棚，在大水泊镇青石河村建设面积80公顷的农业产业园，保证原料供应。威海盛泰园食品有限公司在宋村镇等地建设面积6667公顷的花生标准化种植基地，有效保证花生供给，同时对接日本企业，拓展销售市场，实现产、销一体的营销网络。

【农业社会化服务】 开展农业社会化服务，加快由卖商品向卖服务转变。在葛家镇、张家产镇建设2处为农服务中心，服务葡萄、西洋参种植户800余户，服务面积达667公顷；依托山东汇润实业集团有限公司，实现苹果半托管服务面积333公顷，带动发展果品标准化生产基地面积2667公顷，亩节支增收4700元；依托镇级农民合作社联合社，为社员收割小麦6000公顷、灌溉夏玉米3333公顷，完成土地深松作业2000公顷；与高村镇政府积极对接合作，整合各类农化服务机械共280余台套，开展托管服务200公顷。

【构建县域电商综合服务平台】 2014年8月，区供销社成立威海市供销电子商务有限公司，将电商作为重要新兴产业板块培育。由特色优质农产品入手，整合线上线下资源，开展全网营销，逐步形成“政府支持、供销主抓、部门配合、主体运营、市场运作”的推进机制，步入县域电商发展的快车道。2015年6月，区供销合作总社被全国总社评为“电子商务示范县供销合作社”。11月，区政府在供销e家电商平台上线仪式上，作全国唯一县级代表进行交流发言。2016年2月，威海市推进“互联网+”行动实施方案，文登区西洋参互联网产业发展项目、供销电子孵化基地项目入选。2016年12月，6000平方米的供销电子商务服务中心开始运营，有30余家企业入驻，承载整合系统内外80余个农产品品牌、1000余种上线产品，按照“互联网+供销社+基地+农户”的思路，与供销e家、京东、阿里巴巴、中粮我买网、中国农品网等运营平台合作，开设网上特色产品专区，开展网上农产品直销、时令农产品预订，围绕“文登西洋参”“文登苹果”“文登大花生”“文登刺参”等地理标志产品，推介“威供”“圣山仙参”“汇润”等供销社品牌产品，发掘大饽饽、粉条、黄金富士等文登老味道、老品牌和老工艺，提升农产品品牌价值。12月，电商服务中心被威海市人力与社会保障局评为创业孵化示范基地。引进京东县域服务中心入驻供销社电商服务中心，通过招商引资引进京东帮，建成县级京东线下体验店，具备集产品展示、网上下单、售后服务、物流配送等多种功能。为推动特色优质农产品上行，区供销社与京东集团深度对接。3月，全省第一家京东线上特色生鲜馆——“威海生鲜馆”落户供销电商服务中心。

与区财贸办、妇联、团委等部门联手，成立文登区电子商务协会，培育电商队伍。依托淘宝、京东等电商平台培训资源优势，对村妇女主任、农村青年、合作社社员等进行专业培训15期2000余人次，招募京东乡村推广员300余人，建立农村电商服务站40个，打通电商服务“最后一公里”，推动线上线下融合发展。

2015－2017年，先后举办3届线上昆嵛山樱桃节、西洋参文化节。借助供销e家、京东、淘宝、威海生鲜馆平台优势，带动本地30余家农民专业合作社和家庭农场开展网上营销，将昆嵛山优质大樱桃销售到全国各地。2017年10月12日，区供销社与旅游局、科技局、西洋参产业办联合举办第三届西洋参文化节，打造西洋参文化节+温泉游的融合发展典范；同时，区西洋参产业办公室与区供销社共同在张家产镇建设的西洋参大宗商品交易中心（线上）运营。依托威海市文登区道地参业发展有限公司，组建专业团队营销，节庆效益带动西洋参价格上涨，生长期三年和四年的鲜西洋参每千克分别上涨20元和30元，助农增收1亿元。

【京东美食地图·威海生鲜馆启动运行】 3月16日，区供销社与京东集团合作建设的线上展示销售平台山东省第一家生鲜馆——“威海生鲜馆”启动运行，签约入驻企业40余家，上线及即将上线的产品达200余种，“御龙西洋参”“汇润苹果”“胶东小镇花饽饽”等一批国内知名的文登优质特色农产品品牌入馆。“京东美食地图·威海生

3月16日，“京东美食地图·威海生鲜馆”启动仪式现场

鲜馆”整合优质资源，实现文登及周边地区地方特色资源在线上运营及冷链运输、销售，拉动农产品销售，提升地方特产品牌知名度，让更多的农民群众共享电子商务发展机遇，带动发展文登农村电子商务。

【探索建立农产品溯源体系】 区供销社与文登移动公司合作，探索建立农产品全程可追溯体系。区供销社先后投资120余万元，委托移动公司采购服务器、监控摄像头、光缆等设备，同时利用移动公司网络传输优势，搭建农产品追溯平台，将农产品生产全过程上传服务器。已在文登区内蔬菜大棚、采摘园、家庭农场以及苹果、西洋参、花生生产基地等18个地点，建立农产品实时监控体系，采集农产品生产全过程数据，加强对农产品生产各环节的监管，确保农产品品质，让消费者放心。

【融资担保贷款助力企业发展】 2016年9月，区政府与山东供销融资担保股份有限公司签署战略合作协议，为文登区内转型发展中的供销企业及三农中小企业提供融资担保，用于支持供销社属企业和涉农中小企业发展。至2017年年末，共为4家供销企业发放融资担保贷款2400万元；考察威海郑亮食品科技有限公司等7家供销企业。同时，与农商银行文登支行签署战略合作协议，在支持社有骨干企业发展、为农服务中心建设等9大领域开展合作。

【盘活基层社资产】 区供销合作社利用铺集供销社闲置的面积2.8公顷土地在葛家镇工业园置换1处面积2.7公顷的土地，准备对外招商，盘活基层社资产；利用米山供销社面积1.5公顷的土地，与烟台农业生产资料总公司合作，规划改造建设1.5万吨仓储规模的现代农资仓储配送物流中心。

【社有企业发展】 年内，山东汇润实业集团有限公司的73公顷水肥一体化现代果园部分果树开始结果，产量达15万公斤。同时实施土地托管项目，该公司在米山镇、葛家镇建设2处为农服务中心，提升服务功能。年内，获得山东省服务名牌称号。威海供销农业服务有限公司开展测土配肥及西洋参套餐肥销售，提高市场占有率。威海郑亮食品科技有限公司构建速冻水饺、大饽饽销售体系，购置冷链物流配送车2辆，产品直供北京大型超市，效益明显提升。

（王春燕　徐　斌）

粮油购销与储存加工

【概况】 区粮食局内设办公室、政工科、财审科、调控科和产业发展科，下辖文登粮食购销中心、山东文登国家粮食储备库、山东文登军粮供应站、山东文登国家粮食储备库泽头分库4个国有粮食流通企业，有工作人员88人。

【粮油购销】

粮食收购 2017年是国家实行小麦最低收购价政策第十年，以国标三等小麦为标准品，每公斤小麦收购价2.36元，玉米、花生等由市场定价。区国有粮食流通企业发挥购销主渠道作用，在粮食收购过程中，遵守操作规范，严格执行国家粮食质量标准，保障收购市场秩序稳定。全年共收购粮食40706吨，其中，小麦22608吨、玉米18098吨。

粮食销售 2017年，区国有粮食流通企业对购进的自营粮油本着“多购快销、薄利多销、规模经营、以量取胜”的营销策略，掌握好适当的粮食库存量，利用品牌优势，增设销售网点，以确保粮油销售利润最大化，全年共销售粮食39065吨，其中小麦24010吨、玉米15055吨。

粮食储备 山东文登国家粮食储备库执行《威海市地方储备粮管理办法》，落实地方储备粮规模计划，坚持标准化、科学化、精细化管理地方储备粮，确保地方储备粮数量真实、质量完好、调控有力；根据文登区地方储备粮质量和库存现状，完成地方储备小麦轮换任务。

【粮油市场建设】 继续开展放心粮油进军营、进学校、进工厂、进社区等系列活动，市场影响不断扩大。2017年，区粮食局所设立的20处放心粮油市场，以物优价廉、优质服务方便消费者购买安全放心优质的粮油产品，年销售粮油935吨，实现销售收入628万元，比上年减少148万元。

【粮油储运与管理】 区国有粮食流通企业主要储存小麦、玉米、大豆、稻谷等粮油商品，储粮性质为地方储备粮、跨省移库粮、最低保护价粮、商品粮。在仓储管理工作中，严格执行《国家粮油仓储管理办法》，开展科学保粮活动，通过机械通风、环流熏蒸、低温低剂量保管等保管措施，始终保持库存粮油品质优良。2017年，粮油收购、销售、调入、库存、加工等经营量达12.37万吨，比上年增加3.36万吨。粮油运输主要由社会车辆承担，运价协商解决。

【储粮安全】 年初，区粮食局与各承储粮企业签订安全生产责任书，明确企业主要负责人为安全保粮第一责任人，落实具体责任科室和人员，做到责任到岗、任务到人；多次组织开展安全生产知识培训、防火防汛演练，提高安全生产能力；对全区11个收储库点进行24次粮油安全生产和安全保管大检查，做到不留死角、不留盲区，发现隐患立即整改，杜绝安全生产事故；查验地方储粮，确保粮食储备数量真实、质量良好、储存安全。

【粮食市场监管】 2017年，区粮食局按照《粮食流通管理条例》和《粮食流通监督检查暂行办法》规定，加大粮食市场监管力度，规范执法行为。在做好粮食政策法规宣传的同时，加强粮食购销行为的监管。在夏收、秋收期间，加大粮食执法巡查力度和密度，及时掌握市场动态，严肃查处无证收购、压级压价、哄抬粮价等违法行为，共出动执法车辆45台次、执法人员135人次，发放宣传材料1200余份，切实保护农户和经营者的合法权益，维护市场秩序。

【科学储粮工程】 区粮食局实施农户科学储粮工程，有计划、分步骤的组织发动、技术培训、示范带动。2017年，农户科学储粮资金继续支持贫困村农户的科学储粮工作，发放626个农户科学储粮示范仓，将惠民利民工程落到实处。

【助力企业打造主食产业】 按照“政府引导、市场运作、企业承办、财政扶持”的模式，区粮食局筹资100余万元，以放心粮油工程为依托，以威海鲁鑫园食品有限公司为主体，改造升级优质专用小麦面粉生产线，购置面点、烘焙加工等设备5套，改造提升传统加工方式，完善和优化配送服务功能，扩大服务网点，实现主食加工规模化、销售网络化。

【企业选介】

山东文登国家粮食储备库 隶属区粮食局，主要承担存储地方储备粮、政府调控粮等政策性粮食及代储中央储备粮任务。主库区位于葛家镇生格庄村西，占地总面积20万平方米，拥有储粮仓库72幢。2005年4月，获中央储备粮代储资格。有职工47人，其中21人分别具有四级保管员、四级质检员及中级以上技术职能职业资格。2017年，收购粮食3.61万吨，实现粮油销售收入6902万元，资金回笼率100%；实现利润124万元。

文登区军粮供应站 隶属区粮食局，主要担负驻文登部队的军粮供应和政府放心粮油工程。站址位于文登营镇校场东村，占地面积9682平方米，建筑面积4415平方米，固定资产1608万元，辖20个放心粮油市场门市部，有职工16人。全年共收购粮食5929吨，实现粮油销售收入1077万元、利润43万元。

（张雅飞）

油品经营

【概况】 2017年，全区有成品油批发企业3家：威海市宏润中油石油销售有限公司、威海盛达石油有限公司、中国石油化工股份有限公司山东威海文登石油分公司（简称中石化文登石油分公司），成品油零售加油站103家，其中社会加油站65家。全年成品油零售经营量约9.8万吨，其中社会加油站约2.5万吨。

（区经信局企业科）

【中石化文登石油分公司】 文登区成品油经营主渠道，担负全区工、农、渔业生产、交通运输及居民日常生活用油的主要供应任务。辖5个部门、加油站28座、天然气加气站1座。2017年，完成成品油销售总量6.79万吨、非油品销售额3690.16万元，实现毛利润428.32万元。

业务发展 发挥主渠道作用，坚持以质量与服务为准绳，做到质优量足、服务规范、客户员工双满意，全力保障市场供应，服务文登经济发展。全年执行配送计划7400趟次，共计配送油品8.97万吨。秉承国有企业的责任理念，加大成品油质量管理，严格执行接卸作业流程与操作规范，把好油品入、出库（站）关口，保证油品自入库到销售全过程受控，加强油品数量质量抽检力度，确保油品质量100%合格，打造值得信赖的石化品牌。在保障成品油供应的同时，加大非油品销售，根据各加油站所处不同的地理位置、商圈、消费群体，有选择性地进货和陈列商品，利用2017年为“易捷”万店无假货十周年时机，合理推出各类名优商品，非油品销量排名威海市公司前列。

安全环保 落实HSE责任主体和主体责任，完善HSE责任体系；通过加强员工安全教育培训和应急预案演练，提升员工安全意识和行动意识；全面开展安全隐患排查工作，加大隐患整改力度，加强对散装汽油的管理工作，增设加油站监控探头。按受地方安监、公安、经信、工商等部门检查百余次，均未发现违规操作行为，为其它社会加油站起到表率作用。

关爱员工 每月为加油站小食堂补贴近5万元，改善一线员工的生活；夏季为一线员工购买绿豆、驱蚊霜、电蚊香等物品；为确保加油站安全，2017年加油站取消用煤取暖，全部安装空调采暖，同时配发棉帽、手套、毛衣等取暖用品；成立基层走万家小组，走访和慰问一线员工，为员

5月11日，中石化文登石油分工司工作人员在机关事业单位现场办理加油卡

工排忧解难。

参与地方建设 响应文登区政府倡导社会文明风尚，创建文明城市，人人参与的号召，组织人员参与植树造林、全民健身等各项公益活动，开展“爱心加油站”、服务“三农”等活动。2017年，公司主动与文登区各机关事业单位联系，走进74家企事业单位现场办理加油IC卡2600余张，累计现场充值300余万元。

（孙明艳）

烟草营销与专卖管理

【概况】 威海市文登区烟草专卖局与山东威海烟草有限公司文登分公司合署办公（简称文登烟草公司），主要承担辖区内卷烟营销和专卖管理工作。设综合办公室、管理监督科、专卖监督管理科（稽查大队、内管派驻组）和卷烟营销科，有工作人员67人。2017年，共销售卷烟1.86万箱，实现销售收入5.06亿元、利税1.21亿元。获区先进集体和威海市系统先进集体、创新先进集体等称号。

【卷烟营销】 文登烟草公司从基础抓起，做细营销，掌控品牌培育、终端建设、客户帮扶主动权，构建“高质量发展”新格局。

品牌培育 坚持市场导向，遵循市场规律，优化品类布局，制定重点品牌发展规划，增加高价位卷烟市场份额，拓展高端卷烟销售规模。聚焦鲁产卷烟，积极培育“泰山”品牌，重点做好150元、200元等4个价位的扩量增效工作，为山东烟草产业转型升级做贡献。全年完成泰山系列销售量6708箱，同比增加1085箱，增幅19.3%。

终端建设 围绕“抓基层、打基础、调状态、增效能”工作方针，着眼消费环境优化，按照业务上级终端建设规划，建设精品终端客户集群，实现“网中有点、格中有线”。至年末，建成旗舰店6家、泰山品牌体验店2家、精品店30家、精品线路（片区）10条。

客户帮扶 以卷烟零售户增收致富为己任，实践扶危、济困、助学救助理念，借助“威烟惠众爱心基金”，先后为28名零售户送去1.23万元财物。开展经营能力培训，搭建特色平台，模拟商店真实场景设立“我的小店”，编制卷烟经营“一典通”、卷烟经营“制胜攻略”培训教材，提升零售客户经营水平。

【专卖管理】 文登烟草专卖局以“精管专卖”为核心，构建“建、打、管、服”四位一体专卖结构，规范卷烟市场秩序，发挥“维护市场稳定、为消费者保驾护航”重要作用。全年共查处各类涉烟违法案件311起、涉案卷烟226.99万支，案值150.07万元；查获万元以上案件60起，其中5万元以上大要案4起，逮捕2人，刑事拘留7人，判刑6人；完成国标网络案件2起、市标网络案件1起。

联合执法 发挥规范烟草市场秩序联席会议作用，加强同各职能部门配合力度，落实“齐鲁之盾”（2017）专项行动方案，保持卷烟打假打私高压态势。联合区公安、市场监管等部门，实施路堵路查，关注物流快递，清除无证经营，管控违法违规大户，全年共开展各类专项行动43次，提升市场净化水平。

法律宣传 文登烟草专卖局落实“七五”普法规划，依托“法治文化进万家”活动，开展3·15、6·29、12·4等普法活动，广泛宣传烟草法律法规知识，参加地方政府组织主题宣传活动2次，送法进高校2次，参加政风行风上线1次，发放宣传资料1000余份，为群众及在校大学生提供咨询服务490余次，营造良好社会法治氛围。

（许子浩）

9月20日，文登烟草公司工作人员调研走访零售户

医药经销

【概况】 至2017年年末，全区共有药品批发销售企业2家，药品经营企业322家，其中连锁310家、单体药店12家。规模较大的有山东燕喜堂医药有限公司连锁门店、威海佰和医药销售有限公司批发零售店、威海环翠楼大药房连锁有限公司连锁门店、山东立健医药城连锁有限公司连锁门店、威海市健康医药连锁有限公司连锁门店、威海高寿堂医药连锁有限公司连锁门店。

（隋　成）

集贸服务业

【集市贸易】 文登集贸市场主要分布在各镇驻地或交通发达、人口较密集的村庄，主要出售时令蔬菜、瓜果及日用百货、服装、鞋帽等。专业市场及综合市场主要位于城区、城郊，规模较大的有威海国际商贸城、文登水产品市场、文登市文山花卉大世界、文登市三里河家俱装饰材料市场等。2017年3月21日，国务院废止《城乡集市贸易管理办法》。9月30日，山东省人民代表大会常务委员会废止《山东省城乡集贸市场管理条例》。区市场监督管理局对商品交易市场的监管，主要依据《工商总局关于加强商品交易市场规范管理的指导意见》，加强行政指导力度，在法定职权范围内，通过建议、辅导、提醒、规劝、示范、公示、约谈等非强制性方式引导商品交易市场开办者落实相关义务责任，督促经营者诚信守法经营。立足自身监管职能，依据《消费者权益保护法》《产品质量法》《商标法》《广告法》《反不正当竞争法》等，加强监管执法力度，依法查处违法违规行为，净化市场环境。根据威海市工商局及文登区防控H7N9疫情工作领导小组部署，全区活禽市场被暂停交易与宰杀。其间，共出动执法人员5919人次，关闭活禽经营户及摊点451户次。组织开展商品零售场所塑料购物袋、野生动物保护、各大市场内危化品经营业户排查、国庆中秋旅游市场、二手车市场、物流寄递专项整治行动等工作，维护市场经济秩序。

2017年文登区主要集贸市场情况一览表

序号	集市名称	集市开办方	集　期
1	水产品市场	文登市永利服务有限公司	每日
2	威海文登义乌小商品批发市场	山东金田小商品市场发展有限公司	每日
3	大众批发商贸城	大众实业总公司	每日
4	文山花卉大世界	文山实业总公司	每日
5	埠口集贸市场	富源物资经贸中心	四、九
6	大水泊集贸市场	大水泊镇大水泊村村民委员会	五、九
7	东方商厦	宏大实业总公司	每日
8	放心粮油市场	军粮供应站	每日
9	高村集贸市场	高村村村民委员会	六、十
10	葛家集贸市场	葛家镇葛家村村民委员会	五、十
11	葛家镇赤金泊集贸市场	葛家镇赤金泊村村民委员会	二、七
12	葛家镇西于集贸市场	葛家镇西于村村民委员会	三、八
13	葛家镇周家埠集贸市场	葛家镇周家埠村村民委员会	五、十
14	宏大商厦	宏大实业总公司	每日
15	侯家集贸市场	侯家镇侯家村村民委员会	二、七
16	界石集贸市场	文登市龙阳物业有限公司	三、八
17	九里建材市场	九里水头居委会	每日
18	九里水头集贸市场	经济开发区公用设施管理处	二、六
19	口子集贸市场	大水泊镇口子村村民委员会	三、八
20	梁家沟集贸市场	经济开发区公用设施管理处	三、五、八、十
21	林村集贸市场	泽头镇林村村民委员会	一、六

续表

序号	集市名称	集市开办方	集　期
22	米山镇横口集贸市场	米山镇横口村村民委员会	三、八
23	米山镇西古场集贸市场	米山镇西古场村村民委员会	一、七
24	铺集集贸市场	葛家镇铺集村村民委员会	二、七
25	三里河家具装饰材料市场	三里河实业总公司	每日
26	晒字集贸市场	文登市市场服务中心	一、六
27	市中贸易市场	文登市永利服务有限公司	每日
28	宋村镇集贸市场	宋村镇工贸城建服务中心	三、八
29	宋家沟装饰材料市场	环山街道办事处宋家沟社区居民委员会	每日
30	天福商贸批发市场	天福实业总公司	每日
31	文登营集贸市场	文登营镇文登营村村民委员会	三、八
32	小观集贸市场	小观镇物业管理工程处	二、七
33	张家产镇汤村集贸市场	张家产镇工贸城建服务中心	四、九
34	兴众商场	大众实业总公司	每日
35	夜　　市	文登市永利服务有限公司	每日
36	泽库镇集贸市场	泽库镇工贸城建服务中心	一、六
37	泽头集贸市场	泽头镇泽头村、西程格村村民委员会	四、九
38	张家产镇集贸市场	张家产镇工贸城建服务中心	五、十

【住宿餐饮服务业】 2017年年末，全区有6家星级饭店，其中四星饭店为威海昆嵛大酒店；三星饭店为富丽华大酒店、金滩大酒店、劳动大厦、凯德商务酒店、喜庆大厦；有5家星级餐馆，其中四星级餐馆为运恒大酒店，三星级餐馆为龙山宾馆、栗景饭庄，二星级餐馆为海韵大酒店、新时代小肥羊火锅店。城区另有倪氏海泰酒店、华玺大酒店、泉盈大酒店、华欣大酒店、南源酒店、汤泊温泉度假村酒店、天沐温泉度假村酒店等规模较大的酒店。

2016—2017年文登区个体工商户住宿餐饮服务业情况统计表

单位：户、人、万元

项　目		2016年	2017年
住宿和餐饮业	户　数	2588	3310
	从业人员	5373	6333
	注册资金数额	13624.65	16698.15
租赁和商务服务业	户　数	666	773
	从业人员	912	1066
	注册资金数额	4208.00	5046.70

续表

项　目		2016年	2017年
居民服务和其他服务业	户　数	3251	3889
	从业人员	4855	5738
	注册资金数额	10134.07	13553.69

2016—2017年文登区私营企业住宿餐饮服务业情况统计表

单位：户、人、万元

项　目		2016年	2017年
住宿和餐饮业	户　数	112	129
	从业人员	845	888
	注册资金数额	53265.20	58372.20
租赁和商务服务业	户　数	638	782
	从业人员	5087	5387
	注册资金数额	468167.00	507451.90
居民服务和其他服务业	户　数	177	211
	从业人员	1401	1477
	注册资金数额	19053.00	18777.80

（田永建）

责任编辑　高燕妮

旅　游

综　述

【概况】 2017年，文登区旅游局内设办公室、规划发展科、质量规范与管理科、旅游促进与对外联络科、旅游市场监督执法科（增挂执法大队牌子）、旅游公共服务中心（事业单位），有工作人员17人。2017年，全区旅游事业围绕全域旅游发展核心，以创建国家全域旅游示范区为主线，积极拓展旅游发展思路、创新旅游发展战略、转变旅游发展方式，突出载体建设、跨界融合、对外开放、服务提升，强化产业支撑，加快乡村旅游提档升级步伐，提升旅游服务和管理水平，推动全区旅游业实现新旧动能转换，加快旅游产业转型升级、创新发展，推进优势资源整合与配套服务体系建设，推动旅游业跨越发展。至年末，纳入统计的3家收费景区（天沐温泉、汤泊温泉、青龙度假村）共接待游客124.89万人次，景区收入11121.7万元。

文登饮食文化书籍——《品味文登》出版（11月8日摄）

【旅游资源】 文登是中国优秀旅游城市，主要旅游资源有“四山五泉一线”：四山，即仙山之祖昆嵛山、道教名山圣经山、革命圣地天福山、李龙故里回龙山；五泉，即天沐温泉、汤泊温泉、呼雷汤温泉、大英汤温泉、七里汤温泉；一线，即南海155.88千米海岸线。文登全域旅游发展已成规模，目前有AAAA级景区2家、AAA级景区4家、采摘点百余处，旅游强镇、旅游特色村35家，国家级、省级以上工农业旅游示范点15家，形成“春登山、夏亲海、秋摘果、冬沐汤”的四季养生旅游产品链条。

旅游开发

2017年，全区旅游事业落实国家、省关于发展全域旅游的战略部署，把发展全域旅游作为全区旅游业发展的核心，推进落实《威海市文登区国家全域旅游示范区创建工作实施方案》和《文登区全域旅游发展专项资金扶持办法》，全面展开全域旅游工作。编制《威海市文登区全域旅游发展规划》，召开《全域旅游发展总体规划》专家评审会议，并通过区城乡建设规划委员会预审会议；落实《文登区乡村旅游发展规划》，扶持西铺头村休闲农业生态园、沙柳村农业观光园等典型乡村旅游景点编制规划；做好

2017－2020年度乡村旅游集群片区、旅游小镇和乡村旅游度假区创建计划。为重点文化旅游项目争取到用地指标6.17公顷，其中山泰生态园1.17公顷、昆嵛健康养生示范园5公顷，同时为大溪谷文化创意小镇、西铺头休闲农业生态园争取用地指标；做好2017年度乡村旅游项目、旅游扶贫重点村项目、十大文化旅游目的地品牌重点项目、二类项目、新业态项目等山东省旅游发展资金申报工作和大溪谷PPP项目工作。大溪谷国际婚俗文化旅游博览园、昆嵛健康养生园、西铺头休闲农业旅游产业园等8个项目列入国家旅游项目库，及时调度跟进进展情况。提升发展乡村旅游。与区农业局联合开展休闲农业和乡村旅游示范创建工作，西铺头村休闲农业生态园申报省休闲农业和乡村旅游示范点、界石镇梧桐庵村和六度寺村申报省美丽休闲乡村、葛家镇西谭家口村桃花申报齐鲁美丽田园、威高现代农业生态园申报省生态休闲农业示范园区；联合区海洋与渔业局为汤泊温泉度假区、威海温泉溪谷休闲养生有限公司申报“省级内陆休闲渔业公园”；组织葛家镇西谭家口村、米山镇西山后村、龙山街道王家疃村3个旅游扶贫村成立专业合作社；对省定扶贫村乡村旅游资源进行摸底，经筛选界石镇晒字村、葛家镇姜新庄村、文登营镇东杜梨村3个村申报省扶贫重点村；按照精品民宿标准发展精品民宿，4月，邀请省旅游发展委员会专家对区大溪谷文化创意小镇、山泰民居、苇夼山庄、凤峰山庄园等精品民宿进行指导。丰富旅游配套产品。挖掘文登饮食文化，印制《品味文登》样书，书中收录菜品近百道，录制部分菜品视频，同时通过微信“发现文登美食篇”专栏大力推广文登特色菜，重点打造1～2家文登地方菜特色饭店。开发旅游商品，包装花饽饽、西洋参、家纺、水果、山珍等商品，推进旅游商品与景区、星级饭店、旅行社对接，积极打造旅游购物商店、旅游购物街区。推进企业提档升级。4月，举办A级旅游景区创建与提升培训班，指导各镇办园区、景区申报A级景区，威海大溪谷文化创意小镇于9月被评为国家AAA级旅游景区。实地督导威海西铺头休闲农业生态园、文山公园创建A级旅游景区，10月，区旅游局进行初评，反馈整改。指导大溪谷、天沐温泉创建文化主题饭店。以“智慧旅行社”为重点，促进旅行社提档升级，新增文登广衡旅行社和海景旅行社2家AAA级旅行社。

10月12日，文登区旅游线路推介会召开

4月21日，区旅游局举办创A级景区培训班

旅游营销

2017年，区旅游局精心组织推介活动，统一宣传形象，拓宽宣传渠道，开拓旅游市场。为提高文登旅游形象的认知度，区旅游局面向社会征集旅游宣传口号6738个、LOGO178个，最终确定“文德天下　登峰如画”为文登旅游宣传口号和“威海文登”的LOGO，并作为城市形象标识和宣传语统一发布。整合文登现有的旅游元素，设计并印制文登旅游地图、文登采摘游、文登特色旅游线路宣传折页，在文登景区、酒店、旅行社等场所

发放旅游宣传片，为游客提供指导服务。拓宽宣传渠道，依托省旅游局开展“联合推介　捆绑营销”活动，同山东电视台开展年度合作，选择文登山、海、温泉、滑雪、樱桃节等旅游元素制成5秒广告宣传片全年投放。同《大众日报》合作对接，在《大众日报·旅游版》开设“四季游文登”专栏，发表文登宣传稿件。加大微信、微博平台建设力度，继续同大众网合作，通过渠道推广、举办活动等形式，增加粉丝数量，提升平台的活跃度。同时，不断拓宽新媒体宣传渠道，在原有微信、微博平台的基础上，注册今日头条、百度百家、一点咨询、搜狐新闻、企鹅媒体、优酷视频等自媒体的官方帐号，实现与微信、微博平台信息同步，扩大文登旅游在不同媒体平台上的展示率。开拓旅游市场。依托威海市旅发委开展枣庄、临沂，潍坊、淄博推介活动，并结合旅游扶贫相关工作，进行峄城旅游产品推广，加大两地旅游企业交流合作，吸引旅游者到文登。与文登供销社联合举办第三届西洋参文化节暨2017威海（文登）温泉旅游季，邀请国内重点客源地旅行商、俄罗斯旅行商代表、国内外媒体等近百人参加文登特色旅游线路推介会，发布山海避暑之旅、温泉滑雪之旅、登山赏花之旅、红色修学之旅等一日游、二日游线路，及蒙古特色旅游线路，丰富文登旅游产品。依托温泉旅游季举办优秀市民免费泡温泉公益活动，邀请文登道德模范、劳动模范、三八红旗手、优秀警察、优秀医务工作者、优秀教师等近三百名优秀市民免费体验温泉。

4月26日，区旅游局组织联合执法检查

旅游管理

【概况】 2017年，区旅游局继续加大日常行业管理力度，在“规范、素质、品质、安全”4方面，做好旅游市场规范和服务质量提升工作。完善旅游基础设施。持续推进旅游厕所革命，制定厕所革命新3年计划，年内新建设65座旅游厕所（包括第三卫生间的建设）。建设旅游视频监控，全区共安装11家，汤泊温泉、天沐温泉、圣经山风景区、西铺头休闲农业生态园、西楼金岭山庄、山泰生态园、青龙生态度假村、大溪谷文化创意小镇已安装完毕并投入使用。优化旅游发展环境。推行文明旅游行前说明会制度，持续开展“文明导游”“文明使者”“美德游客”等文明旅游系列活动，营造文明旅游氛围。推进文登旅游综合行政执法体制改革，重新梳理《中华人民共和国旅游法》《旅行社管理条例》《旅行社管理条例实施细则》，完善执法检查标准，多次联合区市场监督管理局、区物价局等部门，对全区旅游企业进行全面清查。组织开展旅游安全专项督导检查，排查各类旅游安全隐患，提高保障旅游安全和处置突发事件的能力。推进人才队伍建设。贯彻实施《中华人民共和国旅游法》《山东省旅游条例》，提高依法治旅水平，积极组织参加上级各类培训，开展导游员、星级饭店服务人员、旅游企业管理人员等旅游从业人员培训班，提升旅游从业人员整体素质。选派18名乡村旅游带头人赴境外开展精准交流，提高乡村旅游经营服务人员的业务素质和服务水平。抓党建促行业发展。深入贯彻全区系列会议精神，将全面从严治党贯彻到旅游发展各项工作中，落实党风廉政监督责任，规范党内政治生活，从严从实抓好党风廉政建设工作，持续开展“两学一做”学习教育，落实党建任务，持续改进工作作风，强化机关队伍建设。结合行业管理，不断提升文登旅游行业党建工作水平，提升从业人员业务素质和服务水平，推动文登旅游业提档升级。

【旅游成果】 2017年，区旅游品质提升工作作为贯穿全年的工作主线，以培育国家A级旅游景区、工农业旅游示范点等旅游品牌为重点，通过开展创建及复核工作，推动景区品质提升。年内，威海大溪谷文化创意小镇被评为国家AAA级旅游景区，创建省级文化主题饭店2家，其中大溪谷为金星级文化主题饭店、天沐温泉为银星级文化主题饭店，广衡旅行社和海景旅行社被评为3A级旅行社。张家产镇获“山东省购物旅游示范镇”称号。文登区有4种商品入选“礼尚威海”最具地方特色旅游商品类，其中威海金颐阳药业有限公司的文登学西洋参获得金奖、山东颐阳酒业有限公司的36.9度文登学——百年威海酒和威海市东旭西洋参有限公司的西洋参获得银奖、威海市志国信蚨农蜂蜜产业园

8月22日，专家评审团对大溪谷文化创意小镇进行评审

的志国蜂蜜茶获得铜奖。高村镇沙柳村的西红柿、金滩牡蛎养殖专业合作社的牡蛎入选“礼尚威海”最具地方特色的“百村百味”最美乡村味道类。发展乡村旅游。龙山街道王家疃村被纳入旅游精准扶持村范围，获省旅游专项扶贫资金30万元。大溪谷文化创意小镇民宿被评为山东省五星级精品民宿，获省级奖励资金15万元。推进“旅游厕所革命”，将扶持政策落实到位，为西铺头休闲农业生态园、汤泊温泉、天沐温泉、威海海纳百川制药集团有限公司、乡村旅游采摘点等景区景点建设改造旅游厕所，全年共建设旅游厕所65座，争取国家、省级资金113.25万元。

（刘　超）

责任编辑　王宏伟

开放型经济

行政管理

【机构设置】

区商务局　年末，内设办公室（挂调研法规科牌子）、外资管理科、对外贸易管理科（挂对外经济合作科牌子）、加工贸易与服务贸易管理科（挂机电产品进出口管理科牌子）、中国国际商会威海市文登区商会5个科室。辖设外商投资服务中心（正科级）、区政府驻韩国办事处（正科级）、外派劳务服务中心（股级）3个事业单位。有在编人员47人。2017年12月，根据威文编〔2017〕43号文件规定，区外商投资服务中心、区政府驻韩国办事处由隶属于区商务局调整为区投资促进局。

区投资促进局　2017年12月，区经济合作局更名为区投资促进局，内设机构调整为办公室（政工科与其合署）、宣传推介科、内资考核科、外资考核科、政策法规科5个科室。区外商投资服务中心调整为隶属区投资促进局，更名为区国内投资服务中心，不再挂区翻译中心、区投资促进局牌子。区人民政府驻韩国办事处调整为隶属区投资促进局，更名为区国外投资服务中心，挂区人民政府驻韩国办事处牌子，不再挂区风电产业办公室牌子。有在编人员46人。

【外贸进出口服务】　2017年，区商务局组织全区150家企业参加德国、美国、日本、新加坡、印度、土耳其和意大利等国家、地区的国际展会，以及国内的华交会、广交会、威海国际食品博览会，展示各企业外贸出口产品，积极拓展国际市场。引导骨干企业积极申办自营进出口经营权，加强对获权企业的业务培训和技术指导，新批101个企业的自营进出口经营权，全区有自营进出口经营权的企业总数达到436个。做好全区工艺家纺、电子、机电、农产品等行业的出口企业调查摸底工作，分类指导企业生产经营，规避市场风险。落实各镇、各企业进出口目标责任制，建立周调度、月调度的出口预警监测机制。进一步强化对企业的培训和服务工作，组织110家企业参加外贸政策宣讲、美国贸易风险交流会、自主品牌卖家培训班、山东自主品牌企业与知名跨境电商平台对接培训班等活动。针对中韩FTA实施效果、进口意向市场进行专题调研；对全区农产品企业信息进行摸底调查汇总；完成国家级床上用品基地的申报。同时，做好各级补贴资

8月14日，区商务局工作人员在大溪谷展厅向韩国客商介绍文登投资环境和政策

金的争取工作，争取国家级进口贴息、大宗商品进口贴息、出口信用保险、中央自主品牌专项资金、境外市场开拓资金等申报工作，全年共申报补贴资金250万元。

【外商投资管理】 2017年，区商务局监督检查外资企业经营和合同履行情况，依法办理企业合同、章程变更手续，做好外资企业投资经营状况的统计分析工作，按照国家限制、禁止的进出口商品有关规定，加强专项进口商品和配额许可证管理。严格执行上级关于外商投资项目准入前国民待遇加负面清单管理措施，切实保护外商投资的合法权益，营造更加稳定、透明、法制化的营商环境。建立项目洽谈、设立注册、企业经营全过程、制度化服务新模式，严格执行“一门受理、联合审批、限时办结”制度，简化外商投资审批程序。全年为外资企业办理变更手续48次。

对外及对港澳台贸易

【概况】 2017年，全区外贸企业积极利用国家调整出口退税政策，应对进口国家和地区设置的贸易壁垒，大力拓展新的国际贸易市场，全区对外及对港澳台贸易平稳发展。是年，全区进出口贸易总额1650941万元，较上年增长27.1%。其中出口贸易总额1021541万元、进口贸易总额629400万元。

【出口贸易】

出口贸易企业类型 2017年，在全区出口贸易企业中，中外合资经营企业、中外合作经营企业、外资企业共有114个，出口额326061万元，占全区出口总额31.9%；内资有权企业共有317个，出口额695480万元，占全区出口总额的68.1%。

高新技术产品比重 2017年，全区高新技术产品出口额137145万元，占出口总额的13.43%。

主要出口商品 机电、家纺服装产品为全区出口的主导产品。2017年，全区机电产品出口额518339万元，占出口总额的50.74%；纺织服装产品出口额259467万元，占出口总额的25.4%；农产品出口额78205万元，占全区出口总额的7.66%。

主要出口市场 至年末，全区有权企业与128个国家和地区建立贸易关系。2017年，全区出口区场主要集中在亚洲，占出口总额的62.43%，亚洲主要出口国家为韩国，占出口总额的38.69%。其次为欧洲和北美市场，占出口总额的32.6%，其中欧洲主要出口国家为俄罗斯和德国、英国、法国等，占出口总额的14.64%；北美洲主要出口国家为美国，占出口总额的13.87%。

2017年文登区分国别（地区）出口情况统计表

单位：万元（人民币）、%

国别（地区）	出　口	同　比	占比重
亚洲	637712	33.06	62.43
韩国	395197	23.47	38.69
中国香港	113720	394.91	11.13
日本	56791	4.37	5.56
越南	15682	25.55	1.54
泰国	13708	-50.15	1.34
非洲	11922	32.25	1.17
加纳	3781	10.30	0.37
南非	3675	29.63	0.36
欧洲	182376	0.99	17.85
俄罗斯	63642	-13.24	6.23
德意志联邦共和国	40514	19.12	3.97
英国	34679	-7.61	3.39

续表

国别（地区）	出　口	同　比	占比重
法国	10727	20.28	1.05
荷兰	9578	100.88	0.94
拉丁美洲	27463	63.61	2.69
墨西哥	11640	28.51	1.14
巴西	5531	45.48	0.54
北美洲	150669	26.65	14.75
加拿大	9016	26.99	0.88
美国	141653	26.63	13.87
大洋洲	7976	59.94	0.78
澳大利亚	5743	68.56	0.56
新西兰	1854	56.85	0.18

说明：各大洲列主要出口国家、主要地区出口额情况，部分国家和地区出口情况未列入本表

出口企业　2017年，全区出口超过7000万元的企业有25家，其中超过2.5亿元的企业有威海蓝创进出口有限公司、威海翰翔进出口有限公司、威海筑高进出口有限公司、文登信亚机电有限公司、山东云悠天下外贸综合服务有限公司、文登奥文电机有限公司、威海市威力高档工具有限公司、天润曲轴股份有限公司。

2017年文登区进出口总额前30名企业情况一览表

单位：万元

公司名称	进出口	同比%	出　口	同比%	进　口	同比%	类型
威海蓝创进出口有限公司	439333	90.45	100862	389.08	338471	61.13	有权
文登信亚机电有限公司	146843	16.19	79032	21.07	67811	10.98	三资
威海翰翔进出口有限公司	95602	79.31	95602	79.31	0	—	有权
威海筑高进出口有限公司	90985	1161.93	90973	1161.76	12	—	有权
山东云悠天下外贸综合服务有限公司	74769	2425.13	50537	1606.75	24232	—	有权
威海金元电线有限公司	51344	-1.16	15386	1.07	35958	-2.08	三资
文登市森鹿制革有限公司	42145	-25.85	0	—	42145	-25.85	有权
文登大世汽车配件有限公司	38922	-6.55	16379	-19.40	22543	5.70	三资
天润曲轴股份有限公司	35316	58.59	28773	69.77	6543	22.97	有权
文登奥文电机有限公司	31461	21.62	31451	21.59	10	400.00	有权
威海市威力高档工具有限公司	29196	15.12	29196	15.12	0	-100.00	三资

续表

公司名称	进出口	同比％	出口	同比％	进口	同比％	类型
山东外贸集团威海南海有限公司	21521	69322.58	1981	6290.32	19540	—	有权
文登市文胜玻璃有限公司	19235	27.87	19176	29.04	59	-67.58	有权
山东银丰家用纺织品有限公司	18792	5.57	18792	5.57	0	—	三资
文登至诚钓具有限公司	14958	16.67	10103	13.44	4855	24.01	三资
威海市威力迈泊工具有限公司	13445	-2.60	13341	-2.60	104	-2.80	三资
文登帕克电子有限公司	13102	-2.18	6640	-8.41	6462	5.18	三资
文登爱科线束有限公司	12172	-19.43	6053	-21.77	6119	-16.97	三资
威海协威制衣有限公司	11846	67.51	11845	68.06	1	-95.83	三资
史丹利（文登）工具有限责任公司	11679	16.27	11460	17.71	219	-29.13	三资
山东万得集团有限公司	11413	-4.38	11020	-7.62	393	5514.29	有权
山东中粮花生食品有限公司	10747	29.54	9922	44.80	825	-42.87	有权
文登东阳活塞有限公司	9693	-44.50	2053	98.36	7640	-53.50	三资
山东芸祥绣品有限公司	9562	8.91	9561	8.91	1	0.00	有权
威海盛泰园食品有限公司	9514	50.13	9503	50.25	11	-8.33	有权
威海北洋幸星电子有限公司	9423	26.70	7163	30.45	2260	16.14	有权
威海市长和光缆有限公司	8760	-40.75	8760	-39.43	0	-100.00	有权
文登健友电子有限公司	8740	14.94	5399	14.17	3341	16.21	三资
文登市三峰轮胎有限公司	8386	12.62	8386	12.62	0	—	有权
文登海府水产食品有限公司	8220	14.06	8220	14.06	0	—	有权

说明：三资企业指中外合资经营企业、中外合作经营企业、外资企业；有权指有自营进出口权的企业

【服务贸易快速发展】 2017年6月，威海外国语学院、威海市文登技师学院被省商务厅认定为2017－2018年度山东省服务外包人才培训机构。7月，文登市艺利达进出口有限公司、山东银丰家用纺织品有限公司、山东芸祥绣品有限公司、山东云龙绣品有限公司、山东万得集团有限公司5个家纺企业被省商务厅认定为2017－2018年度山东省重点文化产品和服务出口企业。

【进口贸易】 2017年，全区共有进口企业157个，其中中外合资经营、中外合作经营和外资企业65个，进口额180157万元，占进口总额的28.6%；内资有权进口企业92个，进口额449243万元，占进口总额的71.4%。主要进口商品来自韩国、智利、美国、日本、德国、瑞典等国家和地区。

威海蓝创进出口有限公司 2015年3月，国有独资企业威海南海投资开发有限公司成立的全资子公司，注册资本金2亿元。位于威海南海新区现代路北、畅海路东，有职工20名，主营业务涉及金属、有色金属的原材料和制品、贵金属、燃料油、农副产品、电子配件等销售、货运代理，备案范围内的货物及技术进出口业务。进口商品主要有铝矾土、铜、铝、锌、镍等有色金属及塑料粒子和化工原料等。主要进出口市场为印度、澳大利亚、巴基斯坦、韩国等国家和中国香港地区。2017年，公司进出口总额439333万元。

招商引资

【概况】 2017年，区委、区政府广泛与海内外人士建立往来联系，推介文登的地理优势和投资环境。区商务局、区投资促进局突出抓好招商引资重点项目，引进的大项目、高新技术项目逐年增多，投资领域从制造业扩展到基础工业和第三产业。全区共批准外商直接投资项目20个（不包括南海新区），合同利用外资203551万美元，实际利用外资76433万美元。

【招商引资优惠政策】 8月，区政府印发《关于促进开放型经济发展的奖励办法（试行）的通知》，在大项目落户、产业扶持、项目引荐、外经贸等方面给予系列优惠奖励政策，重点在技术创新、品牌建设、人才引进、先进制造业、新兴服务业等方面给予相关优惠政策扶持（包括土地、企业房屋、场地租金全额补贴等）。建立重点招商项目协调推进联席会议制度，协调解决重点招商项目在洽谈、核准、审批、注册登记、资金到位、开工建设等过程中遇到的有关问题，提供全方位服务，其中对总投资达到5亿元人民币以上的内资项目、5000万美元以上的外商投资和港澳台投资项目，以及其他技术含量高、社会效益好的新技术、新产业、新业态、新模式等“四新”项目，提报区重点招商项目协调推进联席会议，采取“一事一议”的方式予以奖励扶持。

【区投资促进局招商活动】

国内重点区域经济合作　2017年，区投资促进局按照“拓展京津冀、深化长三角、提升珠三角”工作思路，抓住重点地区产业转移最新动向和趋势，全面推进精准招商工作，招引符合全区产业发展需求的强企和优势项目，重点对接携程旅行网、北卫药业有限责任公司、山东环维通讯科技有限公司、恒大地产集团有限公司等17家企业，洽谈携程网华东呼叫中心、济世春天中药科技有限公司、环维呼叫大数据产业园、大型商业综合体等11个项目。同时，对接中国中心商业企业协会、中国呼叫中心与服务外包产业联盟、上海市山东商会等5个行业协会、商会，建立投资信息互通交流平台，洽谈城市购物公园、大数据产业基地、温泉养老度假村等4个意向项目。邀请并接待大连万达集团股份有限公司、远创资本控股集团公司、颐高集团有限公司等国内商业地产、“资本+”、“互联网+”龙头企业到文登区考察投资，全年共接待客商20批60人次，推动城市商业综合体、新材料、海洋食品加工、特色小镇等项目的发展，提升文登区在国内重点区域、重点企业中的影响力和知名度。

经济合作交流活动招商　2017年，区投资促进局组织区内相关部门、企业赴北京、成都、杭州等区域重点城市开展4次经济合作交流活动，对接四川九龙尚善科技集团公司、珠海广通汽车有限公司、巨烨投资集团有限公司等企业，推动抱龙文旅小镇、电动物流车、氢能源燃料电池等在谈项目。在武汉、苏州、宁波、长春、石家庄等城市开展6次有针对性小型招商推介活动，达成跨贸小镇、温泉小镇、西洋参深加工、电动客货车等7个项目的合作意向。

【区商务局招商活动】 2017年，区商务局以重点区域、行业龙头企业为目标，组织区内企业参加国内外各种经贸洽谈活动，与国外企业、客商、中介机构以及驻外经贸代表处联系、对接，开展招商引资工作。同时，鼓励优势骨干企业深入挖潜，通过技改、延伸产业链条、挂优靠强等方式实现骨干膨胀发展，逐步形成“政府为主导、企业为主体、社会各界广泛参与”的“以企招商”“以商招商”工作格局。针对外商投资战略向跨国并购、产业链投资方向转变的现状，重点做好中央企业和世界500强企业的招商引资工作，突出在智慧城市、养老、水产品精深加工等方面的联系与对接。利用各种招商活动进行宣传推介，发挥传统产业基础雄厚、骨干企业众多的优势，了解和掌握行业龙头强企和产业链上下游企业的发展动态，挖掘客户资源和招商线索，以“招大引强”为目标，量身打造一批以企招商项目。围绕打造汽车及零部件产业这一目标，加强与韩国电动汽车配件研究院、韩国电动汽车协会、中坚企业联合会等协会的联系合作，引进汽车天线、锂电池、新能源汽车等相关配套项目。

2017年文登区引进的主要外资和港澳台地区投资项目一览表

单位：万美元

项目名称	投资方	项目内容	投资方式	项目投资总额
威海恒隆新能源有限公司	新加坡公民李锡华	新能源技术研发、推广、服务；秸秆颗粒的生产、销售。	独资	500
威海协达融资租赁有限公司	上海城投资产（香港）投资管理有限公司	融资租赁业务（不含金融租赁）、租赁业务、向国内外购买租赁财产、租赁财产的残值处理及维修、租赁交易的咨询及担保（不含融资性担保）。	独资	2120

续表

项目名称	投资方	项　目　内　容	投资方式	项目投资总额
威海环洲贸易有限公司	凌航坦桑尼亚有限公司	针纺织品及服装、饰品、日用百货、洗涤用品、化妆品、农副产品、海产品、预包装食品、一类医疗器械及配件、电子产品、汽车配件、五金交电、机械设备、金属制品、工艺美术品、包装材料的批发零售（含网上销售），备案范围内的货物及技术进出口。	独资	1500
威海威能慷汽车配件有限公司	韩国 WINNERCOM CO.，LTD	天线、金属冲压模具、塑料制品、通讯配件、汽车配件的生产、销售；备案范围内货物及技术进出口。	独资	1000
光大生物能源（威海）有限公司	香港光大绿色环保生物能源（威海）控股有限公司	生物质能发电；电力供应；热力工程施工、运营；供热服务；新能源的开发、利用及技术咨询服务。	独资	3000

说明：不包括南海新区数据

【招商实绩】

利用内资　2017 年，全区新实施 3000 万元以上内资项目 18 个，其中新开工亿元项目 10 个，实际利用内资 187.73 亿元，到位资金增幅 15.11%。

2017 年文登区新实施内资项目统计表

单位：个、万元

范围		全区	文登经济开发区	威海南海新区
项目	新实施总投资 3000 万元以上项目	18	6	7
	新实施亿元项目	10	4	5
到位资金	新实施总投资 3000 万元以上项目	87394.42	19067.49	55373.83
	新实施亿元项目	67595.02	15593.47	48740.78

利用外资　2017 年，共批准外商投资项目 29 个，其中，总投资 1000 万美元以上的外资项目有 6 个（按照注册资本数额统计）。其间，实际利用外资 76433 万元，其中，各镇（街道）实际利用外资共 32636.66 万元，占总额的 42.7%。

2017 年文登区利用外资统计表

单位：万元

利用外资方式	批准项目	合同利用外资	实际利用外资
合计	29	203551	76433
外商直接投资	29	203551	76433
合资企业	2	200	322
合作企业	0	0	0
独资企业	27	203351	76111
外商其他投资	—	—	—
对外借款	—	—	—

外资投资方式与追加投资　2017年，新批准的29个（不包括南海新区），外商投资项目全部为外商直接投资项目，其中外商独资企业27家，占93%；合资企业2家，占7%。实际利用外商直接投资76433万元，其中外商独资企业投资76111万元，占99.56%。

外资直接投资行业　2017年，全区外资直接投资项目29个。其中投向第二产业项目有15个，占全部投资比重的51.7%；投向第三产业项目有14个，占全部投资比重的48.3%。实际利用外资76433万元，第二、三产业分别为56458万元、19975万元，分别占73.8%、26.2%。第三产业外资项目主要集中于商贸、租赁等行业。

外商及港澳台商直接投资来源　2017年，有韩国、中国香港、中国台湾等国家和地区客商到文登投资。其中韩国客商在文登区投资项目14个，实际利用外资27412万元，占投资总数的35.86%；其他国家和地区在文登区投资项目15个，实际利用外资49021万元，占投资总数的64.14%

对外及对港澳台经济合作

【劳务输出】　全区有金桥境外就业服务有限公司（2002年11月成立，2007年5月获权）、威海三洋国际经济技术合作公司（2003年7月成立并获权）、威海佳信人力资源有限公司（2002年3月成立，2005年6月获权）3家具有对外经济合作经营资格的公司。2017年，全市共外派劳务人员347人、海员2129人，主要输往韩国、日本、新加坡等国家，从事水产食品加工、海洋捕捞、建筑施工、餐饮服务、超市服务等工作。

【境外投资】　年内，全区新批天润曲轴股份有限公司的2家境外企业，投资总额11.353万美元，投资地区分别为德国、美国。天润曲轴股份有限公司在德国设立分公司，主要从事汽车零部件、机械及配件、日用百货，五金交电等方面的货物及技术的进出口业务，以及商务咨询及服务。是年，进行汽车零部件及相关机械配件的进出口贸易，实现年销售额55万欧元；进行商务咨询及服务，实现年销售额5万欧元。年销售总收入60万欧元，利润率7%，投资回收期3年。天润曲轴股份有限公司在美国设立的威兰特人工举升有限责任公司，中方持股比例77.7%，从事石油人工举升设备研发与销售。天润曲轴股份有限公司在美国境外企业累计中方投资5110万美元，投资地区为美国。两家境外企业当年实现销售收入2000万美元，是年，带动国内出口1000万美元，雇用外籍员工130人。

（丛拥军　刘志鹏　李倩倩）

责任编辑　初云峰

财政　税务

财　政

【概况】 2017年，区财政局内设办公室、政工科、财务科、预算科、国库科、行政政法科（教科文科与其合署）、社会保障科、农业财务管理科、经济建设科9个科室和区财政监督检查室1个副科级行政单位；下设区政府投融资管理中心、区农业综合开发办公室、区农村综合改革办公室（与农业综合开发办公室合署）3个正科级事业单位，财政投资评审中心、财政集中支付中心、政府采购监督管理办公室（与财政投资评审中心合署）、非税收入管理处、基层财政管理处、政府和社会资本合作管理中心（2017年3月10日成立）6个副科级事业单位，农业发展基金办公室、财政局信息中心、企业财务管理处、财政局综合中心（与非税收入管理处合署）、财政绩效评价中心5个股级事业单位。隶属财政局管理的正科级事业单位3个：区公有资产经营公司、区国有资产管理局、区会计事务管理局。年末，全局共有工作人员126人。被区委、区政府授予2017年度先进集体称号。

【财政收支管理】 2017年，全区完成一般公共预算收入51.69亿元，比上年增长9.7%；地方政府债券转贷收入、各项税收返还和转移支付补助收入等21.68亿元，收入共计73.36亿元。完成一般公共预算支出63.49亿元，比上年增长4.2%；上解支出、债务还本支出及结转下年支出等9.87亿元，支出共计73.36亿元。收支相抵，当年净结余20万元，转入预算稳定调节基金。

2017年文登区一般公共预算执行情况明细表

单位：万元

收入项目	金额	支出项目	金额
一、税收收入	417964	一、一般公共服务	39917
增值税	70784	二、国防	594
营业税	1953	三、公共安全	25322
企业所得税	17824	四、教育	159770
个人所得税	5551	五、科学技术	11616
资源税	20839	六、文化体育与传媒	14773
城市维护建设税	17630	七、社会保障和就业	111053
房产税	14699	八、医疗卫生与计划生育管理	53667
印花税	4722	九、节能环保	15819

续表

收入项目	金额	支出项目	金额
城镇土地使用税	110139	十、城乡社区事务	41888
土地增值税	41323	十一、农林水事务	71775
车船税	4177	十二、交通运输	19407
耕地占用税	2941	十三、资源勘探电力信息等事务	5637
契税	105382	十四、商业服务业等事务	11299
二、非税收入	98902	十五、金融支出	535
专项收入	17442	十六、援助其他地区	1989
行政事业性收费收入	31670	十七、国土海洋气象等事务	7085
罚没收入	3595	十八、住房保障支出	30406
国有资源（资产）有偿使用收入	41493	十九、粮油物资储备事务	944
捐赠收入	4702	二十、债务付息支出	11262
其他收入	—	二十一、其他支出	172
本年收入合计	516866	本年支出合计	634930
三、转移性收入	216767	转移性支出	98703
返还性收入	58833	上解支出	84314
转移支付收入	143225	地方政府债务还本支出	14000
上年结余收入	389	安排预算稳定调节基金	20
地方政府债务（转贷）收入	14000	结转下年支出	369
调入资金	320	—	—
收入总计	733633	支出总计	733633

【民生保障支出】 坚持以改善民生为目标，统筹财政保障能力，建立民生支出稳定增长机制。2017年，用于一般公共服务、公共安全、教育、科技、社保、医疗、节能、城乡等重点领域支出，共459052万元，占总支出的72.3%；用于农林水支出71775万元，占总支出的11.3%。

教育文化方面 继续加大教育投入力度，支持消除“大班额”等重点支出，争取上级专项资金，促进全区教科文事业的发展。投入4815万元，用于城区小学建设。投入2570万元，用于校舍安全工程和运动场地建设。投入1765万元，用于保障校车安全运营。投入871万元，用于符合政策的民办教师发放补贴和校园安全稳定经费。投入1266万元，用于公办幼儿园建设、教育信息化、教师培训、农村薄弱学校补助等教育支出。投入1312万元，用于文化惠民服务群众、非物质文化遗产保护、文物维护、文化信息共享、公共文化设施免费开放、文化下乡等文化支出。

社会保障方面 投入5245万元，用于优抚对象抚恤。投入20211万元，用于支持企业离退休干部待遇、城乡居民基础养老、城乡居民最低生活保障、农村“五保”供养、企业军转干部补助及保险等支出。投资1227万元，继续实施基本殡葬服务、80岁以上老人健康补贴、政府购买居家养老服务等财政补助政策。

医疗卫生方面 投入9865万元，用于城乡居民基本医疗保险补助。投入8383万元，用于推进公立医院综合改革。投入3882万元，用于卫生院、卫生室基本药物零差价补助。投入3000万元，用于皮肤病医院搬迁改造。投入2908万元，促进基本公共卫生服务逐步均等化。投入6315万元，用于乡村医生补助。投入5164万元，用于计划生育奖励扶助和部分独生子女父母养老补助。投入1737万元，对计划生育特别家庭、两癌筛查、五项免费手术、婚—孕前优生免费检查项目进行补助。

科学技术方面 投入科技发展专

项经费1000万元，用于扶持专利奖励资金、产学研合作平台、重大科技成果转化储备基金、科技企业孵化器等项目建设。投入6000万元，用于科技团队引进和科技发展。

节能环保方面　加大环保专项投入。投入5908万元，用于污水、污泥处理；投入4393万元，用于母猪河生态恢复和湿地构建综合治理；投入390万元，用于燃煤机组和燃煤锅炉超低排放改造。

交通运输方面　投入9904万元，用于区内道路新建、改建及养护等支出。投入2877万元，用于城市公交一体化建设，支持公共交通事业发展，实行公交车公有化运行模式。投入1067万元，用于道路信号灯、交通标志、国省道智能化交通、平安文登建设等安全防护设施建设和维护等。

城乡社区建设方面　投入6000万元，用于城镇化建设。投入2800万元，用于智慧城市建设。投入6亿元，用于棚户区改造项目。投入2990万元，用于城市精细化管理。投入775万元，用于全域旅游城市建设。

农业方面　投入1358万元，用于重点中小河流治理、饮水安全、小塘坝加固、小型农田水利重点县建设等水利设施建设。投入5456万元，用于保障镇级、村级组织运转。投入5615万元，用于千亿斤粮食田间规划能力建设。投入6675万元，用于美丽乡村建设和铁路沿线环境综合整治。投入1100万元，用于扶持发展村级集体经济。投入2743万元，用于扶持现代农业生产发展。投入2550万元，用于农业综合开发土地治理及产业化经营。投入2884万元，用于推进农村改厕工作。投入4785万元用于农机购置补贴、农作物新品种筛选、引进、农村扶贫、生猪养殖环节无害化处理等。

【财政管理】　强化监管、规范流程，严格把关，确保财政资金用得规范、用得透明、用到关键处，不断提升财政资金使用绩效。加强预算公开工作，制作预算公开表格及文字说明模板、讲解小视频等供各预算单位学习使用。区政府预算及部门预算已全部在规定网站规定时限内进行公开，提高预算透明度。加强预算动态监控管理。监控预算单位资金使用情况，拦截预算单位同名转账、大额提现等违规操作，推进公务卡发卡量和消费支出，全年预算单位提取现金2660万元，较上年同期减少4272万元，下降61.6%。在全区全面推开公务卡结算业务，公务卡发卡3674张，区直部门已实现全覆盖。压减一般性支出，从严控制“三公”经费支出，2017年“三公”经费支出同比下降16.92%。加强财政投资评审工作。坚持“不唯减、不唯增、只唯实”的科学评审原则，规范评审操作流程，严把重点关口评审，提高评审质量和效率。共评审项目350余个，评审总额22.26亿元，核减投资3.24亿元。加强政府采购监管，探索政府采购监管的新途径、新办法，解决政府采购中出现的各种问题，促进政府采购市场的健康发展。采购预算88183万元，中标金额76925万元，节约资金11258万元，节支率为12.8%。加强财政绩效评价和财政监督检查工作，启动首批预算项目支出部门内部绩效问责机制建设试点工作，对年初下达的重点绩效评价项目进行适时绩效跟踪，掌握项目执行管理过程中的问题，并协调相关部门推进项目执行和强化项目资金绩效目标的监管，对发生目标偏离的项目及时督导项目部门予以纠偏。对全区126个部门、单位开展严肃财经纪律专项整治活动，除威海市及文登区已巡察过的镇（街道）、区直部门外，实现全覆盖。对检查中发现的问题，依法提出处理意见并对整改情况跟踪落实。加强国有资产管理，对全区217户行政事业单位进行资产统计及产权登记工作，共统计资产49.27亿元，负债17.68亿元，净资产31.59亿元。根据系统存储的详细数据，对部门年度预算中申请的资产进行配置，实现预算编制与配置标准、政府闲置资产相挂钩管理。印发《威海市文登区区属国有企业功能界定与分类方案》《文登区区管企业负责人经营业绩考核办法》和《文登区区管企业负责人薪酬管理办法》，加强对国有企业的管理和对企业负责人的业绩考核和激励。加强国有资产审计，共审计56户企业，资产总额276.27亿元，负债总额112.96亿元，净资产为163.31亿元，确保企业年度考核指标完成情况的真实性和准确性。

8月26日，区财政局工作人员在侯家镇旱稻基地察看旱稻生长情况

【财税征管】　面对减收因素多、监管压力大等困难，创新完善征管机制促进收入提高，确保应收尽收。挖掘税

收潜力，加大清理欠税工作力度，共清理欠税16859万元。对达到清算条件的开发项目实行重点监控，提高土地增值税的清算针对性和清算质量，对17户企业进行土地增值税清算，其中已清算15户，入库税款1325万元。开展综合治税工作，共检查企业70户，入库税款5436万元。应对“营改增”税收政策调整，通过引导本辖区区外施工企业在文登注册分公司等方式，确保税源留在境内，保证区外建筑企业税款不流失。增加非税收入。加强信息化平台建设，以财政票据管理为“龙头”，结合“非税收入征收管理系统”的推广使用，全面推进非税收入信息网络化征管进程，提升非税征收的质量和效率。在政策性减费的情况下，与2016年同期相比，增收3400万元。

【财力支持农村环境综合整治】 2016年，区财政投资3830万元，对119个村进行环境综合整治，至2017年年初，农村环境综合整治项目全部完工。共清理草堆、土堆等2.90万处，栽植苗木61万株，硬化路面76万平方米，新增路灯1023基。村庄绿化工作以经济林建设为重点，结合“村在绿中”“绿在路上”活动，119个整治村共栽植各类绿化苗木61万株，其中经济林2万株，实现生态效益与经济效益的有机统一。

【财力支持美丽乡村建设】 4月，按照省农工办、威海市农工办的批复，文登区开始启动美丽乡村建设，界石镇梧桐庵村、六度寺村、三瓣石村、软枣林村被确定为省级美丽乡村建设示范村，其中前3个村为威海市美丽乡村精品示范村（建设期为2017—2018年）。市、区两级财政对威海市美丽乡村精品示范村整合涉农项目资金各1000万元，省级美丽乡村省财政每个村奖补资金100万元、区财政配给省级美丽乡村100万元。区财政局向项目镇转发《省级美丽乡村示范村建设奖补资金管理办法》和《山东省村级公益事业建设一事一议财政奖补资金及项目管理暂行办法》，严格按项目规划及施工进度拨付资金，确保资金专款专用。至年末，区财政共报账美丽乡村建设奖补资金1890万元（整合扶持村级集体经济民俗项目180万元）。

（于洪健）

美丽乡村——界石镇梧桐庵村一景（10月12日摄）

【公有资产经营】 威海市文登区公有资产经营公司为区财政局管理的正科级事业单位，增挂威海市文登区城市资产经营有限公司牌子。内设办公室、计划财务科、资产经营科、产权管理科、综合管理科、融资管理科6个科室，有工作人员22人。年内，区公有资产经营公司代表区委、区政府，履行对重大城市基础设施项目的出资者职能，做好城市建设项目的融资、投资及授权范围内国有资产和城市资产的经营和管理工作。本着保值增值和以城养城、以城兴城的原则，盘活存量资产，做好公有资产和城市资产经营工作。至年末，公司总资产达到314亿元，净资产达到224亿元。

非税收入管理 按照区政府公有房出租管理办法，规范公有房的租赁管理，共签订公有房租赁合同80份，收取租金190.4万元。

城市资产经营 继续加大对集中管理的国有资产的管理力度。出资40万元为集中管理的房产投保，降低突发灾害造成集中管理资产的损失。对集中管理资产定期进行安全检查，发现隐患及时排除。出资10余万元，维修原一轻办公楼等集中管理的资产，保证集中管理资产完好，杜绝公有资产流失。

财政投资管理 年内，对2016年区政府出资购买埠口温阳海港城128套经济适用房、泽库新港明珠居民小区72套保障性用房，全部办理不动产登记，产权登记在区公有资产经营公司名下。加强资产的接收与管理，做好对抵顶资产的管理和变现工作。按照《抵顶收入资产管理办法》的规定，建立资产转入、接收、入账、评估、核算、变现、收入上缴等各个环节的科学操作规程，促进资产管理规范化，提高资产变现能力。办理产权转移手续23户，实现资产变现收入1395万元。

（于常胜）

【国有资产管理】 区国有资产管理局为区财政局管理的正科级事业单位，内设资产评估科、产权管理科、综合科，工作人员14人。2017年，落实各项国有资产管理政策，加强全区国有企业及行政事业单位国有资产占有、使用、核销的监督管理，推动全区国有资产管理工作发展。

国有企业监管 聘请4家中介机构对区内58户国有企业进行审计，审计资产总额为249.50亿元，负债总额为93.56亿元，净资产为155.94亿元。针对审计发现的问题，及时通知各主管部门进行整改，做到专人专项负责，逐条逐项梳理，确保整改全方位、不留死角。

完善国资监管制度　根据文登区实际情况、区国有资产管理局印发《威海市文登区区管企业负责人经营业绩考核办法》《威海市文登区区管企业负责人薪酬管理办法》《威海市文登区区属国有企业功能界定与分类方案》等文件，健全国有企业负责人薪酬分配的激励与约束机制，强化国有企业负责人责任，增强企业发展活力。

行政事业单位资产监管　以产权管理为重点，对所有处置事项均安排专人进行实地查看，并聘请相关的中介机构进行评估，严把资产处置关口，使资产保值增值，防止流失。2017年，共计审批项目40宗，价值96345万元，其中：股权投资3宗，价值38000万元；增资扩股4宗，价值45100万元；贷款担保4宗，价值9166万元；资产处置25宗，价值2415万元；无偿划拨4宗，价值1664万元。利用“山东省行政事业资产管理信息系统”，对文登区217户行政事业单位，进行资产统计及产权登记，共统计资产49.27亿元、负债17.68亿元，净资产31.59亿元。通过系统存储的详细数据，根据各单位自身资产存量状况、人员状况及办公环境等，提出配置建议报预算部门审批，为资产配置与预算相结合打下基础。

（林桂春）

【会计事务管理】　区会计事务管理局为财政局下属的正科级事业单位，内设综合科和业务科，有工作人员9人，主要负责全区会计法规、会计制度的贯彻落实、会计人员、会计电算化管理及会计理论研究等工作。

行政事业单位内部控制建设实施工作　根据财政部《行政事业单位内部控制规范》的规定和省财政厅、威海市财政局要求，印发《关于开展行政事业单位内部控制基础性评价工作》的通知，在全区范围内开展行政事业单位内部控制基础性评价工作，将评价总结报告上报威海市财政局。同时印发财政部、省财政厅行政事业单位内部控制规范法律法规文件汇编和典型交流材料、全区行政事业单位对照文件汇编和典型交流材料，进行系统学习，规范行政事业单位内部控制制度。按照省财政厅统一部署开展全省行政事业单位内部控制实施工作网上填报汇总工作，总结报告报威海市财政局。确保全区行政事业单位尽快建立完善行政事业单位内部控制制度。

会计人员继续教育　随着会计制度逐步与国际惯例接轨，2017年，新《中华人民共和国会计法》修订颁布及财政部印发的《政府会计准则》等的实施，会计人员参加继续教育和培训日益重要。区会计局继续采取网上培训的方式，加大继续教育工作力度，累计培训会计人员近5500人次，提高会计队伍的业务素质和政策理论水平，树立诚信为本、操守为重、遵循准则、不做假账、崇真求实的良好风尚，构建全区会计诚信体系。

会计专业技术资格考试　年内，组织1100余人报名参加全国会计专业技术资格考试，其中报考初级700余人、中级400余人。至年末，全区拥有会计师职称600余人、高级会计师职称87人，会计队伍整体水平和业务素质明显提高。

（姜宗锡）

【公共资源交易管理】　威海市公共资源交易中心文登分中心（简称区公共资源交易分中心）位于世纪大道80号（市民中心B区一楼），为区政府直属公益一类财政拨款正科级事业单位，编制10人，年末实有11人，内设综合科、交易科、财务科、信息科。下辖威海市文登区诚信建设工程交易中心（企业）。

规范交易运行　年内，区公共资源交易分中心规范交易网站，在威海市公共资源交易门户网站开设文登分中心窗口，实现文登公共资源交易网与省市交易网站的互联互通、资源共享，强化区市交易平台的工作联动。

规范交易范围　区公共资源交易分中心将国有土地使用权出让交易项目纳入公共资源交易平台，实现工程建设项目招标投标、政府采购、产权交易、国有土地使用权出让等四大类公共资源交易项目全覆盖。

规范交易流程　完善各类交易流程，制定《工程建设项目服务指南》《政府采购项目服务指南》《产权交易项目服务指南》《土地交易项目服务指南》《政府采购“网上商城”项目服务指南》，并印制成宣传手册向各类公共资源交易主体发放，促进公共资源交易平台规范运行。

规范业务建设　年内，在本单位内部专题组织公共资源交易法律法规学习6次、公共资源交易业务培训4次；积极协调区委组织部等部门，将公共资源交易业务培训列入全区干部教育培训计划，组织全区公共资源交易业务培训1次，使全区机关事业单位有关工作人员熟悉和掌握公共资源交易业务知识，规范公共资源交易工作秩序。

规范档案标准化建设　规范交易项目档案的管理工作，建筑面积200余平方米的档案室投入使用，配备密集架、消磁柜、除湿机等设备；对所有档案进行重新整理，共整理档案近4000卷，档案内容涵盖交易过程所有纸质文件、录像资料等，全面真实有效地反映交易全过程；实行项目经办部门与档案管理部门分开，档案专管员按照项目清单和具体标准对项目经办人移交的归档文件进行清点验收，落实内控管理要求，有效避免交易过程的廉政风险。

优化服务　按照国务院“简政放权、放管结合、优化服务”的改革要求，区公共资源交易分中心推行公共资源交易领域“放管服”改革，完善措施、优化服务，提高公共资源交易服务水平。2017年1月1日起，取消公共资源类建设工程交易项目服务收费，实现零收费，降低项目入场交易成本，让企业和社会享受到政策减负红利。开辟重点项目、民生项目、扶贫项目交易绿色通道，进场后所有事项优先办理，并实行连续工作日制度，采用无双休日和节假日的连续工作方式，在法律法规允许的范围内最大限度地缩短交易时间。实行紧急重点项目手续“容缺受理”机制，允许项目前期备案手续与进场登记工作同时进行，在招标采购文件发出之日到投标日的20天等标期，让项目业主有充足的时间去完善入场手续和前期备案资料，既遵守项目规范性操作的要求，又提高招标采购效率，确保项目按时完成。强化规范服务措施，坚持首问负责制度、一次性告知制度、AB岗工作制度、限时办结制度、挂牌上岗制度，落实《工作人员行为规范》，确保服务规范化，形成主动服务、积极服务的良好精神风貌。

年内，区公共资源交易分中心按照区委、区政府“管办分离、集中交易”的工作要求，在区财政局、国土局、城建局、交通局、水利局、农业局等部门的监督支持下，坚持公共服务职能定位，优化提升服务效能，推动公共资源交易由依托有型市场向电子化平台转变，促进“事中”交易环节的规范透明、廉洁高效，营造良好的交易秩序和市场环境。11月29日，威海市公共资源交易平台建设现场会在文登区召开，会议邀请专家就公共资源交易平台建设情况和发展趋势进行讲解，与会人员参观文登区公共资源交易平台建设成果展。

11月29日，威海市公共资源交易平台建设现场会在文登区召开

交易情况　全年共完成进场交易项目1097个，交易额743281.66万元，节约资金14415.45万元，溢价（增值）96185.86万元。其中：政府采购项目671个，成交合同金额17099.92万元，节约资金2188.24万元；工程建设招投标项目277个，成交合同金额156740.68万元，节约资金12227.21万元；产权交易项目7个，成交金额772.09万元，增值金额175.86万元；土地使用权出让交易项目142个，成交金额568668.97万元，溢价96010万元。

（毛旭东）

税　务

【国家税务】　区国家税务局（简称区国税局）内设办公室、政策法规科、税政科、收入核算科、纳税服务科、征收管理科、财务管理科、人事教育科、监察室、税源管理一科、税源管理二科11个科室和1个事业单位信息中心、1个直属机构稽查局，辖设经济开发区、南海新区、城区、汪疃、葛家、埠口、小观、大水泊8个税务分局，2017年末，有工作人员154人。管辖各类纳税人25631户，组织税收18.07亿元，比上年增长29.95%。区国税局被省总工会授予富民兴鲁劳动奖状，被威海市国税局授予绩效管理优秀单位称号，被区委、区政府授予先进集体称号；办税服务厅被全国妇联评为全国巾帼文明岗，稽查局被省国税局、省地税局、省公安厅联合评为全省打击涉税违法犯罪工作先进单位，南海新区税务分局被共青团省委等单位联合授予山东省青年文明号称号、被威海市精神文明建设委员会授予威海市文明单位称号。

税收改革　区国税局稳步高效推进征管体制改革，将上级深化征管改革方案与文登征管状况、税源情况等有机结合，推进管理专业化、资源集约化、机构扁平化和机关实体化，构建实体纳税服务、分类税源管理、专业风险应对和一级税务稽查的征管组织架构。设置综合业务科，整合征管科、法规科和税政科职能；按照“规模+行业+特殊事项”模式，设8个税源管理单位，实施专业化分级分类管理。年内，风险控制中心、评估分局开始运转，推进风险管理专业化。制定《征管改革岗责设置》，根据改革进展，理顺服务厅和分局、科室衔接事项14项，促使各序列、各部门、各岗位精准定位、履职尽责、无缝衔接。1月，在区政务服务中心建设国税地税联合办税服务厅，设置3类24个办税窗口，推动服务深度融合，实现“1+1>2”合作效应。国税局、地税局主要负责人主导，联合印发2017年合作工作方案、实施意见等，召开合作联席会议4次，制定联合转非、注销、稽查等13项重点业务具体合作意见，定期调度推进，共同设立联合调查办公室，前移税收风险防控关口。

纳税服务　根据经济发展新布局、征管结构新调整、纳税人新需求，区国税局统筹规划，搭建“网上办税为主、自助办税为辅、第三方代办相补充、办税服务厅兜底”的四位一体办税服务新模式。推行实体化服务，原由基层分局受理的32项事项前移由服务厅办理，明确前台岗位职能和后台调查核查、审查审批的管理权限，实现“前台受理、后台流转、一站式办结”。打造智慧化服务，建设24小时自助办税服务厅，成为集“自助办税+网上办税、业务办理+政策宣传”等多位一体综合性智能化的服务窗口，推行无纸化办税、微办税等便民兴税新举措。推进便利化办税，与邮政部门合作进行委托代征管理，将发票代开点增加到11处，让群众办税更近、方式更优、成本更低。开展多元化辅导，与地税部门举办政策、服务联合培训4期，走进镇（街道）和经济职能部门，举办出口退（免）税等税法解读班6期。落实出口退税、小微企业、高新技术企业、节能环保等各项税收优惠11.3亿元，为各类市场主体创新发展、转型发展、绿色发展，创造良好税收环境。

依法行政　区国税局加强进出口税收管理，理顺岗位职责流程，抓好分类管理，强化基础管理，密切部门协作，全年共办理退（免）税6.77亿元。加强流转税备案管理，深化增值税发票管理新系统应用，开展车辆购置税政策执行检查。加强企业所得税管理，围绕汇算清缴检查、反避税等方面开展工作，指导符合条件的企业完成享受税收协定待遇备案，与地税部门联合对“走出去”企业开展上门辅导。加强税收信息化建设，强化网络设备和运维管理，完成监控指挥中心建设，改造监控系统和视频会议系统，建成高标准电教中心，强化网络安全和数据质量管理。加强税务稽查，以整顿和规范税收秩序、提高纳税遵从度为目标，开展重点税源企业等专项检查，落实稽查人员随机、稽查企业随机等机制，深化税警联合执法，以税警联络机制办公室为依托，联合调查取证、及时共享信息，保障案件顺利查办。

2017年文登区缴纳国税前50名企业一览表

序号	企业名称	法定代表人
1	天润曲轴股份有限公司	邢运波
2	山东文登农村商业银行股份有限公司	吕增兵
3	迪沙药业集团山东迪沙医药营销有限公司	刘新波
4	宏安集团有限公司	周　青
5	文登市森鹿制革有限公司	张锦卫
6	文登信亚机电有限公司	申尊秀
7	国网山东省电力公司威海市文登区供电公司	王志刚
8	威海市威力迈泊工具有限公司	于性江
9	文登恒润锻造有限公司	孙海涛
10	威海卓达房地产开发有限公司	谭步勇
11	文登市西郊热电有限公司	王凤航
12	威海鸿通管材股份有限公司	吴新章
13	威海市威力高档工具有限公司	于金汕
14	威海闵广置业有限公司	卫迪栋
15	威海市润通橡胶有限公司	于国章
16	文登家家悦超市有限公司	郝　芸
17	威海市芸祥绣品有限公司	王忠胜
18	威海德正置业有限公司	林秀德
19	文登东阳活塞有限公司	洪淳谦
20	文登奥文电机有限公司	于　飞

续表

序号	企业名称	法定代表人
21	威海迪素制药有限公司	张保军
22	文登中达轿车内装饰有限公司	张延明
23	中国工商银行股份有限公司文登支行	许炜家
24	文登大世汽车配件有限公司	李东炯
25	山东瀚海地产有限公司	马海军
26	文登张家产风力发电有限公司	王育新
27	文登市文胜玻璃有限公司	刘玉杰
28	文登市凤凰婷装饰布有限公司	崔喜华
29	威海瑞合铁路轨枕有限公司	张　琰
30	威海市长和光缆有限公司	陈卫东
31	威海蓝创进出口有限公司	郝　媛
32	威海市宇程建安置业有限公司	邵明亮
33	山东人和房地产开发有限公司	魏中华
34	威海市和谐硅业有限公司	刘东强
35	三角（威海）华达轮胎复新有限公司	丁玉华
36	中国农业发展银行威海市文登区支行	陈京文
37	中国农业银行股份有限公司威海文登支行	于春霞
38	山东宝安房地产开发有限公司	徐剑峰
39	威海幅员塑胶材料有限公司	王卫平
40	山东省倪氏房地产开发有限公司	倪永军
41	山东天阳南海房地产开发有限公司	杨　力
42	北汽黑豹（威海）汽车有限公司	冯晓钟
43	山东省艺达有限公司	王金广
44	山东颐阳酒业有限公司	于海先
45	山东威达粉末冶金有限公司	刘友财
46	史丹利（文登）工具有限责任公司	迈克·普拉多
47	山东万得集团有限公司	慈建明
48	文登电力富邦房地产开发有限公司	林　魁
49	文登大润发商业有限公司	黄明端
50	文登市碧桂园房地产开发有限公司	杨文杰

（丛佳怡）

【地方税务】威海市地方税务局文登分局（简称区地税局）机关内设办公室、法规税政科、征管和科技发展科、税源管理科、收入核算和财务科、人事科、监察室、机关党总支，下设稽查局、直属征收局、信息中心（纳税服务中心）及天福、龙山、经济开发区、大水泊、张家产、宋村、南海、葛家8个中心税务所，有工作人员139人。2017年，有纳税户24567户，共组织各项收入37.35亿元，扣除“营改增”基数，同比增长17.20%。被山东省地税局评为税收征管基础建设年活动先进单位，被区委、区政府评为先进集体，被威海市地税局评为绩效管理优秀单位、党建先进集体。

税收征管　年内，区地税局强化征管基础建设，加强开业登记管理，对未有登记信息的纳税户进行调查核实，杜绝漏征漏管现象。加强登记信息核查，完成信息整改、补充和完善1837户（次）。加强征管档案管理，归档资料1275卷、38837件。参与社会诚信体系建设，及时进行失信信息公告，惩戒失信行为，全年向区政府社会信用平台报送失信信息3期，共6939户（次）企业。按时进行涉税公告，对64期、7442户（次）纳税人欠税、非正常户认定、个体定额、委托代征，逾期未申报等情况进行公告，接受社会监督。

税收执法　年内，区地税局规范执法行为，落实行政执法公示、行政执法全过程记录、重大税收执法决定法制审核等三项制度。依托“执法360系统”，发挥“税收法制员”作用，开展执法案件评审活动，规范税务行政处罚自由裁量。加大税务稽查力度，选取相关企业开展风险识别和案件分析，促进数据增值利用，全年共查补入库税款4000余万元。

综合治税　区地税局加强部门配合，推进信息共享平台建设，从源头加强税源控管。加强与水利部门沟通协调，推进水资源税改革工作，做好取用水户调查、信息采集、税种认定等工作事项。加强与邮政部门合作，签订委托代征协议，代征乡镇网点附加税费，强化零散税源附加税费代征代缴。联合区法院探索建立税收执行联动协作新机制，防止税款流失。加强与区财政、国土、建设、房管等部门合作，加强信息共享、分析、利用，有效控管税款7000余万元。

国税地税合作　健全完善国地税联席会议制度，全年召开联席会议4次，确定双方合作项目，提升联合税收征管质效。加强税收征管基础建设，联合开展个体户征收方式及定额不一致性调查、整改工作，加强纳税人注销登记检查和非正常户管理，将121户非正常户纳税人纳入正常管理。1月，在区政务服务中心、南海政务服务中心联合设置国税、地税办税服务厅，打造“一区两厅”的联合办税服务格局，实现纳税人“进一家门办两家事”。联合开展纳税信用等级评定，共评定A、B、C、D级企业2000余户，公开A级企业名单；加强纳税信用等级评定动态管理，对欠税及重大税收违法案件企业信用等级评级及时进行复评。加强联合稽查，建立共同稽查异常对象名录库，共同进户检查和调账检查，统一同一税收违法行为定性和税务处理处罚标准，协同采取税收保全、强制执行措施，全年完成联合稽查企业4户，查补税款72万元。

“放管服”改革　年内，区地税局落实行政审批制度改革，依法取消行政审批事项。对常用办税事宜进行全面梳理，精简流程、资料，实现办理6大类111项办税事项“最多跑一次”的目标。制定业务衔接工作规范，加快办税服务厅、科室和中心税务所涉税业务系统内部审批流转，加强流程改造和业务衔接，实现办税提质增效。开展对“大众创业、万众创新”、国务院6项减税、支持小微企业发展、促进高新技术企业发展、鼓励创业就业等税收宣传辅导，发放资料2万余份，举办各类培训班23期，培训纳税人1500余人次。落实优惠政策，建立各类税收优惠台账，强化事中事后管理复核工作，减免小微企业所得税税款292万元、高新技术企业所得税税款645万元、其他各类企业减免税款1.89亿元。

3月16日，区地税局税务人员在文登宏利物流有限公司召开小微企业税收优惠政策座谈会

2017年文登区缴纳地方税款前50名企业一览表

序号	企业名称	法定代表人
1	山东文登农村商业银行股份有限公司	吕增兵
2	天润曲轴股份有限公司	邢运波
3	文登市森鹿制革有限公司	张锦卫
4	宏安集团有限公司	周　青
5	山东天阳南海房地产开发有限公司	杨　力
6	山东人和房地产开发有限公司	魏中华
7	文登电力富邦房地产开发有限公司	林　魁
8	威海德正置业有限公司	林秀德
9	文登国君房地产开发有限公司	傅昌郎
10	国网山东省电力公司威海市文登区供电公司	王志刚
11	威海市宇程建安置业有限公司	邵明亮
12	威高集团有限公司	陈学利
13	三角轮胎股份有限公司威海华阳橡胶科技分公司	房元涛
14	中国人民财产保险股份有限公司威海市文登支公司	高树宁
15	山东瀚海地产有限公司	马海军
16	威海市中心医院	丛海波
17	山东黑豹集团有限公司	孙军亮
18	北汽黑豹（威海）汽车有限公司	冯晓钟
19	迪沙药业集团山东迪沙医药营销有限公司	刘新波
20	文登市文山实业总公司	赵辰光
21	文登启原置业发展有限公司	刘朝晖
22	威海润通公路工程有限公司	毕见兴
23	威海南海投资开发有限公司	刘文生
24	文登金猴房地产开发有限公司	王　颖
25	山东省艺达有限公司	王金广
26	文登市文胜玻璃有限公司	刘玉杰
27	威海市茂铭房地产开发有限公司文登分公司	邹积强
28	太平财产保险有限公司文登支公司	李维新
29	威海倪氏海泰大酒店有限公司	倪永军
30	威海市威力高档工具有限公司	于金汕

续表

序号	企业名称	法定代表人
31	威海卓达房地产开发有限公司	谭步勇
32	威海天山房地产开发有限公司	高立香
33	山东中粮花生食品有限公司	王德臣
34	威海闵广置业有限公司	卫迪栋
35	文登嘉鸿房地产开发有限公司	王继顺
36	威海鸿通管材股份有限公司	吴新章
37	文登市碧桂园房地产开发有限公司	杨文杰
38	山东省文登整骨医院	姜　猛
39	山东省倪氏房地产开发有限公司	倪永军
40	中国平安财产保险股份有限公司文登支公司	孟　石
41	中国大地财产保险股份有限公司文登支公司	周铁武
42	文登中达轿车内装饰有限公司	张延明
43	山东万得集团有限公司	慈建明
44	文登市凤凰婷装饰布有限公司	崔喜华
45	京御南海置业有限公司	孟　惊
46	威海市文登区朋源土石方工程有限公司	蔡曙江
47	中国人寿保险股份有限公司威海市文登区支公司	李国滋
48	文登大世汽车配件有限公司	李东炯
49	威海市威力迈泊工具有限公司	于性江
50	威海市宏海置业有限公司	孙　超

（徐宏赟）

责任编辑　高燕妮

金　　融

银　行

【概况】 2017年年末，境内有银行类金融机构19家，其中中央银行1家，为中国人民银行文登支行（简称人行文登支行，其他机构皆用简称，下同）；银行监督机构1家，为银监局文登办事处；政策性银行机构1家，为农发行文登支行；商业性银行16家，为工行文登支行、农行文登支行、中行文登支行、建行文登支行、交行文登支行、中信银行文登支行、农商行文登支行、威海商行文登支行、邮储银行文登支行、招行文登支行、文登村镇银行、民生银行文登支行、青岛银行文登支行、恒丰银行文登支行（2017年5月23日批复开业）、齐商银行文登支行（2017年2月13日获得金融许可证）、兴业银行文登支行（2017年11月13日批复开业）。另有区地方金融监督管理局。

全区银行业机构本外币合并各项存款余额579.63亿元（包括境外存款4165万元），较年初增加59.60亿元，增长11.46%，增幅居威海三市（区）第二位；其中，住户存款余额354.23亿元，较2016年增加25.33亿元。其它主要存款包括：非金融企业存款137.26亿元，广义政府存款87.09亿元，非银行金融机构存款6274万元。银行业机构本外币各项贷款余额333.37亿元（包括境外贷款45万元），比年初增加43.67亿元，增长15.08%，主要包括住户贷款99.08亿元，非金融企业贷款234.29亿元，文登贷款增幅位居威海辖内三市（区）第一位。

2017年文登区银行业主要指标完成情况一览表（境内本外币合并）

单位：万元

各项存款	余　额	5796291
	住户存款	3542287
	非金融企业存款	1372616
	广义政府存款	870948
	非银行金融机构存款	6274
各项贷款	余　额	3333747
	住户贷款	990773
	非金融企业及机关团体贷款	2342930

2017年文登区各银行业机构存、贷款情况统计表（本外币合并）

单位：万元

机　构	各项存款	各项贷款
人行文登支行	6145	—
农发行文登支行	301048	619000
工行文登支行	304810	388413
农行文登支行	846485	412206
中行文登支行	347908	131479
建行文登支行	344689	158163
中信银行文登支行	128287	56830
交行文登支行	190754	148914
招行文登支行	126062	40758
兴业银行文登支行	23911	101
威海商行文登支行	598497	163623
农商行文登支行	1523605	934067
邮储银行文登支行	645055	103455
文登村镇银行	73732	66390
民生银行文登支行	103235	34312
青岛银行文登支行	159678	31830
齐商银行文登支行	22653	10715
恒丰银行文登支行	45012	33490

【人行文登支行】 挂国家外汇管理局文登支局（简称外汇局文登支局）牌子。2017年年末，内设办公室（纪检监察室）、金融服务管理科、货币信贷调统科、外汇管理科、金融稳定科，有工作人员28人。被人行威海市中心支行评为目标管理考核先进单位，被威海文明委评为威海市级文明单位。

金融创新　人行文登支行以服务实体经济为出发点，引导银行机构进一步优化信贷资源配置，集中信贷资金回归本源，探索推行“阳光金融工程”，创建产业主办银行制度并与金融精准扶贫紧密结合，运用省融资服务网络平台，推动涉农银行机构与经济主导产业企业开展对接，督促引导主办银行开展差异化信贷服务，实现金融精准扶贫工作在威海辖区三个第一：第一笔扶贫贷款在文登发放，第一笔农户贷款在文登发放，富民生产贷总量居辖区第一。2017年，人行文登支行促成威海市金融顾问团首先与文登区政府达成金融支持新旧动能转换战略合作意向。9月1日，文登区政府举行文登区新旧动能转换启动仪式，人民银行威海市中心支行与文登区政府签署《关于金融支持文登区新旧动能转换的合作备忘录》，金融支持新旧动能转换工作全面展开。至年末，引导各银行为文登“361”产业集群发放贷款34.65亿元，举办“小、专、实”融资对接活动8次，帮助50余家小微企业融资近5亿元；继续推行“宽领域多基点外汇监管提示”模式，及时汇总、甄别，分析外汇局、商务局、海关及税务局的相关信息，按政府主管部门、涉外企业及外汇指定银行等不同对象，实行分类提示，提高政府、企业和银行“三方”管理能力和风险规避能力。

金融监管　突出金融稳定重点，探索创新“内合外扬式”履职模式。2017年初，人行文登支行创设虚拟人才库，将全行50岁以下、本科以上的人员统一纳入虚拟人才库，并按经济类、金融类、管理类、法律类储备，人才库成员平时分散在各科室承担具体工作，重大业务活动需要时由支行进行统一调配使用，有效解决支行人手少、监管资源不足的问题。全年分4次从虚拟人才库调配16人次参加金融稳定业务执法检查。建立履职责任清单，梳理辖区金融稳定重点工作9项，按行长、分管副行长和科长3个层级建立“文登支行金融稳定业务履职责任清单”，同时，建立金融稳定履职考评机制，年内共有金融风险概评等3项工作得到威海中心支行评价。完善“动态指标评价体系”，选取不良贷款率等20余项核心监测指标，构建风险动态指标评价体系，按月监测法人机构风险变化情况，同时设置金融风险监测专管员，重点关注辖区金融风险变化动态，发现风险隐患及时报告。实行末位必查制，落实银行业机构年度综合评价制度，同时将综合评价排名末位的银行业机构列为下一年度综合执法检查重点对象。

建立金融稳定监测机制　加强重点领域、重点企业联合风险监测，按月跟踪监测并形成分析报告，按季度提报区金融机构联席会议分析研究，为金融机构、区政府提供风险防控决策参考，其经验做法被济南分行《县支行建设工作交流》2017年第14期、《送阅信息》第18期采用。树立“风险为本”的反洗钱监管理念，坚持执法检查从“严”、监管指导从“细”、整改落实从“全”等方式，引导辖区金融机构建章立制、完善规程、有效杜绝各类风险隐患，反洗钱监管质效明显提升。至年末，共组织对文登辖区农商银行、平安人寿、太平洋财险、太平洋寿险、农业银行、中国银行、中泰证券等7家金融机构进行反洗钱监管走访，发现问题18个，提出整改落实建议18条，实现辖区银行业、保险业、证券业的全覆盖。加强反洗钱专业培训，指导金融机构将反洗钱培训纳入全员年度绩效考核，解决因工作人员素质欠缺造成的业务不合规问题。成立农村金融消费维权联络点工作领导小组，突出农村金融消费者维权主体，采取个人申报、银行推介、筛选确定、挂牌公告等方式，推广设立农村金融消费维权联络点，夯实农村金融消费维权“承重墙”。实行阳光维权工程，统一印制文登区农村金融消费维权联络点工作守则，建立“农村联络点—银行业机构—金融消协—人民银行”四位一体化金融消费维权机制。采取推进流程再造、推建绿色通道、推行巡查走访、推动绩效考核等方式，多角度全方位维护城乡弱势群体金融消费者权益，实现“双百”服务目标，经验做法被济南分行《信息选编》2017年第10期刊登。

突出金融管理重点　深化开业管理、营业管理，综合执法检查、综合评价工作，加强对金融机构考核评价和专项检查。人行文登支行分别对工行文登支行、威海商行文登支行、招行文登支行等3家机构开展重大事项报告制度执行情况现场检查，对齐商银行文登支行、恒丰银行文登支行、兴业银行文登支行等3家新成立银行进行评估验收工作，对民生银行文登支行、青岛银行文登支行、建行文登支行等3家机构进行综合执法检查。根据威海支行部署，对全区14家银行业金融机构开展2016年工作进行综合考核评价，对执行有关金融法律法规和人民银行政策措施、管理规定情况进行全面评价。重点监测大额资金流动，存款余额、结构及流向等关键指标变化，及时报告重要异常情况。做好特殊时点的流动性安排，保持正常的备付率水平，保证正常支付结算。按照突发事件应对预案，对各类突发问题和风险做到“早发现、早报告、早处置”，防止扩散和蔓延。督导金融机构合规稳健经营，杜绝同业恶性竞争。

金融服务　7月，人行文登支行完成综合服务大厅改造工作。支行综合服务大厅客户区面积58平方米、营业办公区面积48平方米，大厅实行综合柜员制，有10名工作人员，实现“一站式”集中办公，提高大厅服务质量和效率；扩大国库资金运行分析成果运用，支行《文登区前三季度国库资金运行分析报告》专报件得到分管副区长批示，加强国库现金管理研究，《日本国库现金管理经验及启示》被总行《国库研究》刊发；做好征信查询、人民币管理等工作，加强账户管理，做到依法行政；加强与金融消费者权益保护协会合作，维护金融消费者合法权益，推出金融消费维权新模式，将辖区12个镇划归农行文登支行、农商行文登支行分片包干，推广设立农村维权联络点，全辖共增设维权联络点703个，实现辖区所有行政村全覆盖目标，聘请农村金融消费维权联络员668名，引导银行机构专设各类服务性岗位，指导4家涉农银行完善业务操作规程13项，建立农村金融消费维权台账39册，塑造农村金融消费维权“好口碑”。

货币发行　1月4日，中国人民银行统一发行2017年鸡年贺岁（面值10元）普通纪念币，共1套1枚，每人兑换限额为40枚。9月22日，发行建军90周年纪念币1套1枚，分两个批次发行，每人兑换限额共为40枚。12月13日，发行“和”字书法（楷书）普通纪念币1套1枚，每人兑换限额为40枚。

（王海霞　李欣欣）

【银监局文登办事处】　为中国银监会威海监管分局的内设监管科室，2017年末，有在编工作人员1人。依据《中华人民共和国银行业监督管理法》，根据威海银监分局的授权，负责辖区内有关银行业金融机构的监管，重点是对农商行文登支行、邮储银行文登支行、文登村镇银行等机构的非现场监管和现场检查；收集辖区内有关银行业金融机构的风险信息并向上级机构报告。

2017年2月、5月、11月，辖区新增3家金融机构，分别为齐商银行文登支行、恒丰银行文登支行、兴业银行文登支行；12月，农商行文登支行新增新文化支行。

履行辖区法人属地监管职责　年初，银监局文登办事处召开法人机构审慎监管会议，传达监管工作要求，落实监管政策；提升“合规文化建设年活动”，通过现场检查、与高管进行约见谈话，督促农商行文登支行完善内控管理，对其防范信息科技风险等方面提出监管意见和要求，提高合规经营管理水平和非现场监管水平。

完善辖区风险监测机制　银监局文登办事处建立辖区金融机构重要监管指标按月统计制度，对业务数据、不良贷款信息进行监测分析。设置不良贷款监测台账和汇总不良贷款报告，定期走访，及时掌握辖区银行机构的运行情况；建立区域监管统计报表分析制度和多层次监管座谈机制，传达监管要求，落实监管意见。召开3期辖区高管人员风险座谈会和银行业机构工作会议，及时传达分局监管要求。

建立信访联络员制度　银监局文登办事处及时处置信访事件，提升银行合规经营水平和信访处理效率；对信访投诉较多的机构约谈高管人员，提高机构对信访事件的重视程度和处理效率，重视银行消费者权益保护。按照“核实问题，分清违规，注重结果，追究责任”的要求，全年接访投诉10余起，对信访人员进行耐心纾解，未发生越级信访问题。加强政务信息采集力度，提高信息上报质量，年上报动态信息18篇、《银监会E报》6篇、调研报告3篇。联合区政府相关部门及各银行业金融机构，在全区开展“增强联动、提升服务、创立品牌”主题年活动；同区金融办、人行文登支行建立联络机制，及时互通舆情，实现信息分享、数据共享，做到对金融风险的持续监测、实时控制和长效管理，形成全区金融风险防控合力，强化全方位金融监管，防范区域性金融风险，促进地方经济持续健康发展。

（柳忠生）

【区金融工作办公室】　简称区金融办，与区地方金融监督管理局一个机构、两个牌子，为区政府直属正科级事业单位，设综合科、地方金融科、资本市场科、保险科和银行科，有工作人员12人。

信贷投放考核　2017年，区金融办完善银行业金融机构考核方案，将业务量、金融产品创新、社会评价全部纳入考核范围，考核结果每季度公开，并作为定向提供政策类业务的重要依据。带领银行机构深入企业走访调研，推动16家银行与70余个企业或项目进行对接，达成授信意向金额78亿元。联合区组织部、党校，举办首届银行业金融机构培训班，对银行中层以上干部进行轮训，提升专业素质。年内，金融机构本外币各项贷款余额333.37亿元，较年初增加43.67亿元，同比增长15.08%。其中，工业新增贷款12.97亿元、服务业新增15.84亿元、小微企业新增贷款16.6亿元，融资难问题有所缓解。

企业上市工作　区金融办聘请有关专家和中介机构，定期对上市挂牌工作培训指导，帮助企业解放思想、更新观念，解决“不想上市挂牌、不敢上市挂牌、不会上市挂牌”的问题，激发企业上市挂牌的积极性。2017年，“新三板”挂牌1家：威海顺意电机股份有限公司；区域股权市场挂牌5家：威海铭元家纺股份有限公司、威海寰发貂业股份有限公司、威海广建石油股份有限公司、威海刘公岛茶业股份有限公司、威海云龙国际贸易股份有限公司。

农业保险保障　上半年，区金融办与太平财险文登支公司联合，在全国率先推出西洋参种植保险，开创地方财政扶持地方特色产业发展的先河，为文登区西洋参产业的健康发展提供保障，承保面积133.58公顷，理赔66.54万元。加大保险对“三农”的支持保障力度，累计获得小麦、花生、苹果、公益林保险赔付款4000余万元。2017年，共实现保费收入13.53亿元，同比增长2.56%，累计赔（给）付5.70亿元，同比增长4.34%。

民间融资管理　区金融办引导小额贷款公司和民间资本管理公司坚持“支农支小”定位和“小额分散”原则，创新金融产品，优化金融服务，加大对“三农”和小微企业的支持力度。民间融资登记服务平台各项业务步入正轨，准确汇集民间资本供给和需求信息，为资金供需双方牵线搭桥、促成匹配。鼓励地方金融组织开展金融创新，年末有2家小额贷款公司（文登区创元小额贷款有限公司、文登区和信小额贷款有限公司）获准开展股权投资、债权投资、不良资产处置、委托贷款等新业务。山东文通融资性担保有限公司增资至5亿元，提高担保增信能力。2017年，地方金融组织累计为“三农”和中小企业提供贷款6.05亿元，担保增信1.74亿元，促成民间资本融资3055万元。

金融风险防范　下半年成立金融风险防控工作领导小组，在区金融办加挂促进金融稳健发展工作办公室牌子，统筹和指导全区打非和金融风险防控工作。部署开展互联网金融、担保圈、企业流动性风险等10个领域的风险专项排查整治活动，严守不发生系统性金融风险的底线，完成中共十九大安保维稳任务，保持良好的金融秩序和金融生态。出动1800余人次对重点行业、农村地区的非法集资情况进行摸排、处置，印制发放打击非法集资实用手册23.5万份，在文登电视台黄金时段分3档每天播放公益宣传片，在人流密集场所滚动播放宣传标语，做到宣传不留死角。

（陈　帅）

【农发行文登支行】　设办公室、信贷业务部、会计结算部，有工作人员23人，其中具有中级职称12人，全部具有大专以上学历。2017年末，完成各项贷款余额61.9亿元，较年初增加9.15亿元；各项存款余额30.12亿元，较年初增加0.79亿元；完成国际结算业务金额9745万美元；实现账面利润14526万元，较上年增加1284万元。被文登区委、区政府评为先进集体。

支持粮食收储工作　年内，累计发放各类购销贷款1.04亿元，支持企业购销粮食3430万千克，未发生任何问题。年末，完成政策指令性贷款余额6.7亿元，较年初减少4400万元。

支持地方基础设施建设　2017年，农发行文登支行按照威海市分行部署，克服财政部87号文件规范政府购买服务项目带来的影响，积极营销中长期贷款项目，其中棚改贷款成为新的增长点。得到威海支行审批的棚改项目2个，待省行批复项目1个。全年累计投放中长期贷款14.5亿元，其中投放棚改贷款9亿元。至年末，政策指导性贷款余额55.2亿元，占全部贷款的89.18%，较年初增加9.59亿元。

（王海峰）

【工行文登支行】 内设办公室、市场营销一部、市场营销二部、风险管理部、营业部，辖文山东路支行、文山中路支行及峰山路储蓄所、环城路储蓄所，有工作人员90人。围绕“管理 服务 创新 增效”八字方针，树立金融为地方经济发展服务的理念，落实各项经营策略和金融监管要求，着力优化信贷结构，准确把握信贷投放进度，加大对文登经济发展重点领域的金融支持。年末，被区委、区政府授予先进单位称号。

各项贷款投放 2017年，工行文登支行提升服务实体经济质效，加大对基础设施建设、棚户区改造及公立医院扩建等民生领域的贷款投放力度，助推全区经济结构转型。在存款规模大幅低于贷款规模的形势下，向上级行争取拆借资金支持地方经济发展。至年末，各项贷款余额39亿元，其中新增贷款9亿元。同时，工行文登支行高度重视新旧动能转换中各类风险的防范和化解，对借款企业在经营中出现的问题困难，按照“一户一策”原则对症下药，运用贷款展期、借新还旧等多种手段帮助企业渡难关、防风险，将风险“预化”，避免出现系统性和区域性金融风险。

各项存款 工行文登支行以增加存款，不断积累信贷资金为使命，全力发展存款业务，坚持以客户为中心，寻找存款增长点。至年末，各项存款余额304772万元，较年初增加5206万元。

金融服务 根据城市建设和目标客户流向变化，实现网点资源与目标市场的协调分布，年内，对峰山路储蓄所进行标准化装修改造，增强服务功能。依托先进的电子网络，开办企业网上银行、个人网上银行、电话银行、手机银行等业务，实现对客户全天候、全方位的服务。按照区域中心性、人流汇集性、规模适度性等原则，设立自助银行7个，安装自助存取款机37台，满足各类客户的金融需要。重视服务质量管理，在“抓服务、强意识、提素质、树形象、讲执行、促发展”上下功夫，使员工服务面貌发生根本性改观，提升客户满意度和社会美誉度。

（徐延东 董鹭杰）

【农行文登支行】 10月27日，农行文登支行“威海文登支行三农事业部”牌子变更为“威海文登支行三农及普惠金融事业部”，风险管理部更名为风险管理部/信用管理部，公司业务部加挂“三农对公业务部”牌子，12月15日，加挂“机构业务部”牌子，统称“公司业务部/三农对公业务部/机构业务部”；增设个人信贷业务集中作业中心（简称“个贷中心”），作为支行直属机构。年末，内设综合管理部、运营财会部、风险管理部/信用管理部、公司业务部/三农对公业务部/机构业务部、个人金融部5个部门，辖个贷中心、17个营业网点（1个支行营业部、4个二级支行和12个分理处），共有工作人员215人。年末，本外币各项存款余额84.65亿元，较年初增加1.65亿元；本外币各项贷款余额41.22亿元，较年初增加4.25亿元；上缴地方税金1005万元。获山东省文明单位和总行级文明单位称号，文山路分理处获山东省分行先进集体称号。

存款业务 坚持负债业务总量、增量“同业第一”的目标，开展扩大客户提高质效存款活动，在抓好存量客户挖潜、提升的同时，重点营销新旧动能转换企业中法人客户账户开立、资产业务、代发工资、国际结算和惠农e商业务，对目标客户进行逐户建档，持续跟踪营销，扩大有效法人客户群体，膨胀账户数量，全年新开各类结算账户413户，新开户新增时点存款15608万元，新增日均存款7136万元；重视重点产品对业务的拉动作用，提高针对性营销，实现新业务突破，为企业办理美元质押融资业务10583.7万美元，新增日均存款27557万元；对招商引资的新项目、大项目，通过财政零余额账户、社保、南海新区棚改项目、文登区棚改项目等拉动存款增长。年末，对公核心存款日均增量19064万元。结合网点转型、末端考核要求，落实管户责任，发挥大数据平台优势，选取目标客户，突出存款和产品营销的过程管控，以大额存单、聪明账为重点，开展“行外吸金”和定期存款专项营销活动，提升存量个人客户贡献度。增强产品和服务的引存增存功能，以对私理财、基金、贵金属、代理保险、第三方存管等重点产品为发力点，加大对稳定性较强的客户群体的营销；强化公私联动和交叉销售，抓好代发工资、代收代付等业务，抓住个人存款增长的源头，巩固和提升市场竞争力。年末，个人核心存款日均增量28683万元。

贷款业务 围绕客户、项目和产品，主动对接市场需求，狠抓行业、区域、产品信贷政策落地实施，创新服务“三农”的新模式，加快信贷有效投放。加大已审批未投放贷款投放力度，年内，农行文登支行相继投放南海挡潮闸项目贷款9900万元和文登抽水蓄能电站项目1000万元，并发放国网银团贷款1亿元；营销南海新区棚户区改造贷款10亿元，为山东省农行系统审批通过的金额最高棚户区改造贷款，年末实现投放4.5亿元；调整工作思路，为企业投放进口押汇10583.7万美元；以专业大户、种养大户、家庭农场等新型农业经营主体为重点支持对象，做好大户建档工作，及时更新名单名录，落实客户营销责任，推进金融扶贫工作，累计发放富民生产贷两笔400万元，发放鲁青基准贷1笔120万元；提升个人信贷业务市场份额，对每个开发商、每个楼盘设立专职客户经理，实行专人维护服务，营销优质楼盘，在个人住房贷款、二手房贷款、综合授信贷款及个人生产经营贷款等已被客户接受

的同时，加大随薪贷、房抵贷、存贷通等新产品的宣传营销，培育新的业务增长点，全年累计发放个人贷款2.8亿元。

惠农业务　顺应互联网+“三农”趋势，以“农银e管家”为平台，推动金穗惠农通工程与互联网金融融合升级，加快互联网金融发展，提升普惠金融服务的覆盖率和有效性。筛选具有行业代表性、系统性、垄断性的区域代理或经销商客户，发挥营销小分队的作用，采取突破普及性较强的民生类商品行业核心商户带动下游、再借助下游追溯其他上游核心商户的模式，推进“惠农e商”的营销推广，开展“惠农通”服务点对接“惠农e商”，在维护存量核心商户，做好后续服务的基础上，加强公私联动，筛选目标客户，加大营销力度，全力打造批发、零售交易资金循环链。年末，全行“惠农e商”商户增量523户，累计实现交易额526万元，以农资企业为重点，加强与涉农龙头企业合作，加快“银企共建升级版”服务点建设进度，推动惠农通服务点互联网化升级。年末，互联网化惠农通服务点315户。发放第二代居民养老社保卡18.3万张，涉及镇(街道)17个，村居788个。

（毕务章）

【中行文登支行】　内设综合管理部、营业部、业务发展部，下辖利群支行(2017年12月28日，经威海银监分局批准更名为米山路支行)、文山路支行、昆嵛路支行3个经营性支行，有工作人员66人。年末，各项人民币存款余额24.9亿元，较年初新增1.7亿元；各项外币存款余额1.5亿美元，较年初新增2463万美元；各项贷款余额13.14亿元，较年初新增1.27亿元。继续保持市、区级精神文明单位称号，支行营业部荣获省行级财富管理中心称号。

存款拓展　中行文登支行实行公私条线联动，抓客户群建设，以产品、服务带动推进存款工作。储蓄存款工作做到目标设定、产品带动、服务促进，提高市场份额与竞争力。扩大公司存款优质客户群，发挥外汇业务优势，年内共新增对公有效账户189户，其中外汇资本金账户14户；累计流入外汇资本金共计3200万美元。年末，本外币公司存款时点余额14.05亿元，较上年末新增2.97亿元，其中人民币公司存款余额达7.33亿元，较年初新增2.2亿元人民币；外币公司存款余额新增1.01亿美元，较年初新增2003万美元；本外币公司日均存款12.14亿元，较上年日均增1.61亿元。余额与日均新增均居威海中行辖内第一。

贷款投放　加强投放大公司贷款，当年新增1.1亿元；研究利用新产品，拓宽资金支持渠道，并在全省中行系统叙作首笔流量通宝授信业务，支持中小微企业发展。做好个人住房按揭等消费贷款项目投放，至年末，个贷余额6.31亿元，当年累计投放贷款1.73亿元。

严控风险　加强对风险的管理力度和制度建设，常年坚持开展每月1次员工思想动态和行为表现分析评议、每季度1次案例警示教育、每半年1次员工家访、新入行员工内控合规培训等活动，开展多次合规经营专项治理、制裁合规专项治理、客户经理道德风险排查等整治活动，强化合规管理教育，加强制度约束，杜绝风险隐患，实现“零案件、零事故、零上访”的管控目标，确保金融环境稳定。

（刘丽杰）

【建行文登支行】　12月2日，建行文登支行米山路分理处更名为中国建设银行股份有限公司威海米山路支行。建行文登支行内设综合部、公司业务部、个人业务部和营业室，下辖米山路支行、龙山路分理处、大观园分理处和抱龙分理处，有工作人员90人。年内，发挥自身金融优势，全员推进营销，提升支行的核心竞争力，瞄准地方经济热点和重点优质客户，支持地方经济发展，扶持企业发展，服务于居民。至年末，全口径存款34.16亿元，较年初新增0.68亿元；各项贷款余额15.81亿元，较年初新增3.98亿元；实现中间业务净收入1909万元，较上年同期增长345万元；实现账面利润6761万元，较上年同期新增1274万元，主要业务指标均居分行前列。获第五届中国建设银行山东省分行文明单位称号，支行工会获中国建设银行山东省分行先进职工之家称号。

重点产品和重点业务发展　积极推进全员营销、分期中心集中经办、绩效考核分成买单的业务模式，不断提升当地分期业务品牌影响力，实现信用卡中间业务收入突破百万。推进打造个人金融生态圈，重点推进“银医一卡通”、校园E路通、幼儿园易收款和慧兜圈产品，实现电子银行业务稳步发展。采取宣传、名单制营销、大堂制胜和柜员跟进等措施，实现快贷业务快速发展，较年初新增近3000万元。

基础管理工作　文登支行恪守“守牢风险底线，聚焦价值创造”经营理念，每月召开1次风险例会，对资产业务进行重点督查，及时处置和化解存量不良贷款近千万；每周召开风险主管例会，强化柜面风险监管，梳理风险点，坚持合规操作。组织全行员工收看警示教育片，开展全员行为排查专项工作，有效提升员工保护自己，保护同事，保护建行利益的风险防范意识，确保支行各项业务稳健合规发展。

（黄宗刚）

【中信银行文登支行】　内设综合部、公司业务部、零售业务部、营业部，有工作人员24人。2017年，通过转观念、调结构、增效益、提产能、控风险、强管理等系列措施，抢抓市场，务实争先，各项业务稳中有升。年末，各项存款余额达11.87亿元，其中对公存款余额8.87亿元、储蓄存款余额4.12亿元（含担险）；管理资产余额12.68亿元；各项贷款余额5.68亿元，其中对公贷款余额4.06亿元、个人贷款余额1.62亿元；国际业务收付汇总量为1.26亿美元。获评人行文登支行同城票据交换先进网点、《银行执行外汇管理规定情况考核办法》“A类银行”，获中信银行威海分行优秀工会小组、风险合规优秀支行称号。获中信银行青岛分行异地支行会计综合考评第1名、运营工作优秀行称号，获青岛分行—信诚人寿保险战狼行动卓越奖。

业务营销　中信银行文登支行做好授信客户的日常维护和提升，关注机构客户、纯结算客户的日常维护和管理，重点关注对公有效户数量，发动全员对日均存款5万元至50万元的客户进行逐一对接，利用节假日、周末的资金沉淀提升客户的日均存款，同时发动客户开通网银并签约理财功能，提升日均存款。继续开发新客户，加强资金资本产品和国际业务产品的运用，发挥其提升中间业务收入、资金沉淀的作用，适时向客户推介中信银行资金资本产品及贸易融资产品。加强和完善客户服务，通过优质服务吸引和巩固客户资源，提升客户的各项业务占比。零售业务发挥联动营销作用，利用拓展代发业务实现批量获取客户；拓宽营销渠道，组织人员利用双休日到社区进行产品推介和营销，拉动新客户；分层管理存量目标客户，责任到人，提高办事效率；开发市场POS商户渠道，通过中信通、信E付、微信支付，带动相关中间业务营销，提高产品运用效率；利用上级行出国金融政策，通过业务办理实现新的客户增长，带动信用卡、幸福年华卡、理财等相关产品营销，提高产品覆盖率；利用代发工资网络信用消费贷款、公积金网络信用消费贷款、房信贷等众多差异化互联网金融产品带动零售产品营销；利用樱桃节、保险沙龙、客户联谊活动等活动拉近与客户间的距离，提高客户维护效率，实现业务挖潜和客户资源储备。

安全防范　全员注重合规经营的理念，提升信贷风险管控，客户经理全面了解授信客户的生产经营情况，经常性走访授信客户，实地察看企业情况了解其最新动态，通过搜集银行流水、缴税凭证、水电费单据等切实了解企业的财务报表真实性，落实企业资金收支及应收、应付款项情况，最大限度杜绝风险发生。柜面业务办理认真核对信息，提高防范意识，保障资金安全。年内，堵截业务风险14起，其中伪造印鉴9起，最大1笔金额约200万元；堵截假信用卡4起；堵截出借银行卡账户1起；筛查可疑交易5笔。

12月8日，中信银行员工开展消防安全教育

（王建平）

【邮储银行文登支行】　设综合管理部、综合业务部，辖营业部和文山路支行、泽库支行，有工作人员76人。利用自营网点和邮政网点，为城乡居民提供方便快捷的金融服务。2017年，各项存款余额（自营）17.59亿元，较年初增加1.08亿元，增幅为6.54%，其中个人储蓄存款余额13.37亿元，较年初增加0.74亿元，增幅为5.85%；各项贷款余额14.94亿元，较年初增加2.09亿元，增幅为6.23%；上缴利税351.16万元。3月，被授予威海市文明单位称号。

金融服务　以提高发展质量和效益为中心，不断加快重点业务发展，服务地方经济建设，全年新增政府类棚改贷款2.5亿元。在创新金融产品、升级服务模式、搭建服务平台等方面，助推小微企业成长，提高金融产品的灵活性，满足不同类型小微企业的融资需求。全年累计发放小微企业贷款76笔，投放金额1.8亿元，贷款结余1.69亿元。个人商务贷款结存2.20亿元，年净增2958万元。

普惠金融　以客户为中心，完善服务体系建设，延伸网点服务的覆盖范围，拓展电子渠道，以规范专业“线下”服务、高效便捷“线上”服务为重点，践行普惠金融。累计为3.2万户城乡居民代发养老金1.01亿元。电子银行用户达到4.67万户，电子银行及遍布城乡的ATM机、商易通、POS机等设备，为居民提供便捷的金融结算服务渠道。践行社会责任，组织员工走向街头、集市开展反洗钱、反假币等宣传，普及金融知识，优化金融环境。

（林卫东　张玉静）

【威海商行文登支行】　内设综合管理部、风险管理部、公司银行部、零售银行部、营业室、业务科，辖文登支行、昆嵛支行、天福支行、南海支行、泽头支行（2017年8月9日开业）、河北小微支行、宋村社区支行，有工作人员86人。2017年，被中国银行业协会评为文明规范服务四星级营业网点。

存款业务　围绕“持续稳健，创造价值”的经营理念，创新大额存单业务，按月付息，使大额存单以收益高、安全性高、灵活性高等优势，获

4月1日，威海商行文登支行举办金融知识讲座

得居民青睐。开展多项威海商业银行建行二十周年行庆惠民活动，回馈客户，得到好评。至年末，各项存款余额59.75亿元，其中储蓄存款余额42.11亿元，对公存款余额17.64亿元。

贷款业务　坚持“阳光，绿色，快捷”的信贷理念，落实绿色信贷承诺，服务地方经济发展，全年各项本外币贷款余额15.68亿元。支持地方教育基础设施建设，改善南海新区高中办学条件，实现2亿元大班额项目投放，推动文登区普通高级中学教育事业持续快速健康发展。发放“税e融”、小额担保贷款、网易贷、房易贷等特色产品，实施移动微贷系统正式上线，满足小微客户的多样化资金需求；在传统按揭、消费贷款的基础上，开发网易贷差额放款、积金易贷等灵活新颖的业务产品，满足不同客户的消费需求。做实做细贷款贷前贷中贷后检查，突出全流程管理，开展风险排查工作，实现业务稳健发展。

理财业务　创新理财产品模式，调研市场需求，推出“T+0”开放式理财产品、新客户专享、节日专享、周周有约等新型理财产品，以风险低、收益高、期限灵活的特点深得客户青睐，同时移动端自助服务渠道全面升级，为客户提供便捷、有效的增值通道。

银行服务　全面建设星级网点，贯彻“真诚相伴，携手超越”的服务理念，夯实硬件基础，梳理整改厅堂柜面服务细节，提升服务实力，获得中国银行业文明规范服务四星级营业网点称号。2017年，威海商行文登支行承接文登区市民卡的发卡工作，通过批量采集和零星受理，开通柜面绿色通道，设置外出现场展业平台，最大程度满足市民服务需求。同时加快网点布局建设，泽头轻型化网点营业，完善南海镇村金融服务网络，提升服务能力。

国际业务　作为威海唯一一家直接在美元清算成员行开立清算账户的商业银行，具有外汇汇款路径短，收付汇速度快、境内外币清算实时、全额到账的特点，产品多样、手续便利、流程高效，全方位满足客户在境内外贸易活动中的金融服务需求。2017年，威海商行文登支行实现存量外币账户60户，累计办理国际结算1.39亿美元，办理贸易融资3861万美元。

（蔡　宇）

【招行文登支行】设公司银行部、零售银行部、运营管理部，年末，有工作人员21人。立足文登，面向全区，辐射周边，以支持文登区经济发展和繁荣金融市场为己任，弘扬“挑战、自省、奉献”的招银精神，融通资金，稳健合规经营，为客户提供前沿科技化的金融服务。2017年，存款余额12.61亿元，较年初新增1.70亿元；贷款余额4.08亿元，较年初新增1.81亿元。

业务发展　在零售金融方面，通过先进的财务规划系统，为客户量身制定个性化理财方案，改变以产品为导向的单一理财产品销售模式，以满足客户的金融需求，打造“金葵花”财富管理品牌。在零售信贷服务方面，加强与楼盘开发商合作，发展房地产按揭业务；通过直接营销、转介及渠道营销，发展小微企业经营贷款，支持小微企业发展。公司金融方面，针对客户结算服务、现金管理、贷款融资、国际业务、资产管理、投资银行六类服务需求，为客户提供精细化的

11月22日　招行文登支行举行客户答谢活动

产品和综合化的金融解决方案。2017年，重点推出企业移动支票，其使用功能越多，费用减免越大，企业支付方便快捷。

内控管理　组织员工进行合规教育培训。开展“学习员工行为禁令、严肃执行十项铁律、增强合规守法意识”主题教育活动，提高员工的合规意识，形成人人争做合规先锋，事事以合规为发展基石的氛围。做好员工异常行为排查工作，每季度进行1次员工思想状况和行为表现分析，登记要害岗位人员动态管理表，了解和掌握员工异常行为，并留存工作质量记录。重视监察保卫工作，及时按分行要求做好各种应急工作安排，加强重大节假日安全管理。

服务社会　支行本着回报社会、回报客户的原则，以业务开展为基础，多次组织宣传活动，为社区居民进行金融理财讲座，普及理财知识；开展亲子活动、节日慰问、赠送电影票、年末举办贵宾客户答谢酒会等方式宣传，回馈客户，服务社会。

（刘丹丹）

【文登村镇银行】内设综合部、业务发展部、风险管理部、营业部、个人金融部，有工作人员30人。2017年，坚持产品创新，防范风险，立足实际，主动作为，稳中求进。年末，完成各项存款余额7.37亿元、各项贷款余额6.64亿元。被威海银监分局评为监管统计工作先进集体，被人行威海支行评为同城票据交换先进网点。

贷款业务　加强与区中小企业局、区金融办等部门沟通，加大营销力度，筛选优质客户，新增贷款1.01亿元，其中小微企业新增贷款7639.23万元，新增户数26户，完成威海监管分局的指标。在提升服务实体经济效率、有效降低全行经营风险、保护股东权益3个方面，发挥法人优势，相继推出住房装修贷款、租金贷等新产品，将个人消费贷款业务作为业务发展重点，开展个人装修贷款、个人住房贷款业务，全年共发放个人消费贷款134户，贷款余额2653.98万元。

负债业务　开展旺季营销，将金融宣传服务月、防诈骗宣传等公益活动与行内既定宣传活动相结合，组织青年员工深入社区、镇村、企业，宣传普惠金融；加强与人行威海市中心支行、建行文登支行的沟通，将争取增量资金作为业务发展重点。2017年，获得中国建设银行总行一般额度授信5000万元，获得中国人民银行济南分行支小再贷款授信额度5000万元，充实资金来源。

金融扶贫　配合区委扶贫办、威海银监分局等有关部门的工作，签订《小额扶贫框架协议》。由区扶贫办提供建档立卡农村贫困人口信息，做好融资需求对接、信息共享。针对贫困人口及带动贫困人口脱贫的经营主体，新推出富民生产贷、富民农户贷，发放威海市辖区内首笔小额扶贫贷款300万元。全年共发放富民生产贷3户，贷款余额900万元，覆盖180户建档立卡贫困户。

（徐文腾）

【民生银行文登支行】2016年1月18日开业。位于米山路78号龙河花园三期。内设小微业务部、公司业务部、营业部，有工作人员15人。秉承“服务大众，情系民生”的理念，为客户提供最优质的服务。2017年末，各项存款余额10.24亿元，比上年增长7.37亿元，增幅为257.4%。其中个人存款8672万元，同比增加2564万元，增幅为41.98%；对公存款9.38亿元，同比增长7.17亿元，增幅为324.1%。各项贷款余额3.43亿元，同比增长3.42亿元，增幅为622.85倍。被民生银行威海分行评为优秀支行、最美厅堂。

存款业务　落实“服务大众”的理念，定期推出高收益的存款产品及定期存单业务，其中以收益高、灵活性强、每月定期付息的“安心存”“定多利”产品备受偏好于存款的客户青睐，满足客户对收益率的需求，并且额外推出“安心存”专用存单。对公业务方面，设计推出结构性存款、随享存、流动利E和对公大额存单等产品，合理搭配各种传统产品，满足客户对闲置资金的各种存款需求。

贷款业务　零售信贷服务加大与楼盘开发商的合作，发展房地产按揭业务，加大抵押贷款宣传，吸引客户办理抵押贷款业务。公司业务方面，鼓励全员参与营销，对新客户开发过程中注重风险把控，客户经理随时关注授信客户的最新情况，从源头杜绝风险发生，全年未产生风险。小微贷款方面，对于公务员、教师、中国五百强企业等优质客户推出信用贷款，发挥其额度高、审批快、支用灵活的特点吸引客户。

理财业务　发挥新客户专属理财产品低风险、高收益的优势，结合相对收益率较高的保本理财产品，为客户提供最优质的产品方案，实现手机银行替代人工的销售方式，足不出户购买理财产品，为客户提供便利，增加收益。

（张耀中）

【青岛银行文登支行】2016年1月12日，银监局威海分局批复青岛银行威海文登支行开业，1月15日对外营业，地址位于文山路93号。2017年年末，有工作人员20人。

业务发展　坚持以人为本的发展理念，致力于队伍建设，培养骨干力量，完成综合柜员推进工作，初步形成人员梯队化模式，队伍培养工作逐步走上正轨。深化银企合作模式，创新实干，促进地方经济发展。2017年末，青岛银行文登支行总资产为3.18亿元，其中公司贷款余额3.13亿元、个人贷款余额503万元；总负债为16.43亿元，其中储蓄存款余额为1.24亿元、公司存款15.19亿元。2016、2017连续两年获得文登区先进集体称号。

风险防控　坚持风险防控是业务发展的第一要务，员工时刻绷紧风险控制弦，守住底线。严格遵守总行“今日我发现”“每周我巡视”“每月总结”和“每季内控评审会”的制度要求，深化管理、主动合规，同时，利用每日晨会、夕会时间，开展内部培训，

1月8日，青岛银行文登支行开展小小银行家活动

提升员工的风险意识和整体风险防控能力。全年无不良贷款，且无案件或重大责任事故发生。

（王卫科）

【齐商银行文登支行】 是威海分行成立后的第二家综合性金融机构。2016年12月26日申请筹建、选址，2017年2月13日获中国银行业监督管理委员会威海监管分局批准颁发金融许可证；2月18日试营业，3月13日正式开业，位于文山东路11号。下设营业部、市场营销部、综合业务部，有工作人员21人，全部具有本科以上学历。坚持“务实、创新、精细、卓越”的企业精神，立足“市民银行”和“中小企业主办行”的市场定位，走“差异化、特色化、精细化”的发展道路。通过整合资源、调整结构、绿色扶持、合规建设、企业文化等系列活动，打造集营销、推介、服务、社会价值为一体的专业化金融团队，支持区内实体经济发展，取得良好的社会效益和经济效益。

存款业务　树立“存款立行”思想，营销层次、营销服务措施多措并举。对公存款方面，加强与地方政府的联系，取得优质企业和扶持企业的客户名单，开展名单式营销；对存款集中度较高、关切群众民生的水务、医院、城建、交通等单位实行顶层设计营销。至2017年年末，各项存款余额2.25亿元。储蓄存款方面以高端客户为核心，通过产品推介会及“扫街式”营销，区分不同层次、明确市场定位，推动产品创新，扩大竞争能力；以授信客户为切入点，深化银企合作，推广代发、理财等产品，实现营销纵深化。“厅堂营销”与“外拓营销”相结合，通过大堂经理、理财经理、客户经理的岗位协作联动，有效识别和发现客户，将零售产品服务贯穿于营销过程的各个环节，以产品锁定顾客，以数量带动增量。至2017年年末，储蓄存款达到3349万元。

贷款业务　坚持“中小企业主办行”的市场定位，营销目标定位于产品有市场、发展有潜力、经营效益好、社会信誉好的中小企业。在服务好普惠金融的同时，探索创新产品，服务当地实体经济，发放威海分行系统内第一笔专利权质押贷款。在个人消费贷款业务方面，通过对房地产及中介进行市场化调研，择优准入，按照国家相关政策规定，满足客户日益增长的多样化金融需求，发放首笔“个人出国保证金贷款”和“个人消费即时贷”。年末，各项贷款余额13081万元，其中个人贷款余额2682万元。

中间业务　依托传统业务，创新服务模式，探索互联网金融模式，提升市场竞争力。实施新产品带动、服务带动，加快创新应用。省内首推“齐银快付”二维码收单服务，与微众银行合作开展“微粒贷”，加宽加大产品和渠道优化力度。宣传、推广电子银行的各项应用，提高企业、个人网上银行、手机银行的动户率、交易额，提升银企合作关系；将贵金属、理财销售纳入持续常态化销售管理，通过举办贵金属展销会、高端顾客答谢会及各大节日庆典活动满足客户需求，实现中间业务快速发展。

内控管理　强化内控意识，坚持每季度开展1次内控案防分析会，每季度组织1次安全保卫预案演练以及

9月17日，齐商银行文登支行员工到家家悦超市开展业务营销

开展系列警示教育、职业道德教育等活动，增强全行员工的风险防控意识、制度遵守意识和自我保护意识，提高全行的内控管理水平和防风险、防案件能力。细化操作规程，健全和完善内控机制，狠抓制度落实，达到规范化、系统化和长效管理的目的。被人行威海支行评为2017年度同城票据交换先进网点。

（丁禹铭）

【农商行文登支行】 2017年12月16日，新增新文化支行。年末，内设综合部、后勤服务中心、人力资源部、财务管理部、会计结算部、信贷管理部、零售金融部、金融同业部、合规风险部、业务发展部、公司金融部、审计稽核部、监察保卫部、科技部、资产管理部、不良资产经营管理中心、总行营业部和党委办公室18个部（中心），辖27处支行、12处分理处，有在岗员工517人。各项资产总额187亿元，负债总额174亿元，所有者权益13亿元。其中各项存款余额152亿元，各项贷款余额93亿元，市场占有率分别为26.31%、28.42%，存贷款规模连续多年居文登区各金融机构首位。年缴税金1.2亿元，位列全区第二位。

业务经营　通过开展积分换礼、抽奖、抓红包系列惠民活动，强化员工培训与考核等措施，增强存款竞争力，存款结构不断优化。通过强化零售类贷款户数考核，吸引优秀员工转岗客户经理，提高“小微散”客户营销积极性，为零售类贷款营销注入新活力。开展家庭银行、智e购等产品推广工作，举办营销活动，服务功能进一步完善。

转型发展　全面推进信贷结构向“小微散”转型，建立分级授权、快速审批等制度，提高办贷效率，把机构和人员向营销一线倾斜。加强与区供销社的战略合作，组织开展信“e”贷客户信息采集工作，确保采集的真实性和准确性，为实现移动办贷、简化办贷手续创造基础条件。探索推进管理机制转型，设立零售金融部和公司金融部，全面加强零售金融业务与公司类业务管理，增强业务营销和管理的专业化水平。

企业文化建设　开展金融助力乡村振兴、精准扶贫等惠民活动，开展金融知识和防诈骗公益宣传，参与扶贫助困社会公益事业，信保扶贫贷产品被共青团中央评为“银团合作”优秀项目。组织开展妇女节登山、自制月饼手工大赛、健步走等活动，营造团结和谐的企业氛围。开展比服务、比技能等岗位培训活动，员工综合技能和素质不断提升，蝉联威海农商银行系统业务技能比赛第1名，在威海市银行系统举办的反洗钱竞赛和央行支付结算杯比赛中分别取得第1名和团体第3名，团委被省金融团工委评为“五四红旗团委”。

获评省级金融企业绩效评价优秀（A级）　2016年，文登农信社改制为农商行文登支行。2017年，农商行文登支行围绕区域经济特点，推动信用工程与“家庭银行”商业模式建设，持续推进信贷结构调整与网点转型进程，创新能力得到提升，内部管理全面优化，各类风险进一步化解。12月，在省财政厅组织的2017年度金融企业绩效评价中，农商行文登支行获评优秀（A）级。

（毕晨阳）

3月26日，农商行文登支行员工到金山社区宣传金融业务知识

保　险

【概况】 2017年，境内财产保险市场共20家经营机构，分别为中国人民财产保险股份有限公司文登支公司（简称人保财险，下同）、太平洋财险、平安财险、天安财险、太平财险、永安财险、大地财险、阳光财险、华安财险、中华联合财险、安邦财险、都邦财险、安华农险、渤海财险、长安责任财险、国寿财险、泰山财险、紫金财险、信达财险、华海财险，全区实现保费总收入3.45亿元，其中机动车保费收入2.87亿元、农险收入1460.15万元；赔款2.27亿元。

人寿保险市场共15家经营机构，分别为中国人寿、太平洋寿险、平安人寿、新华人寿、泰康人寿、太平人寿、长城人寿、民生人寿、农银人寿、人保寿险、恒安标准人寿、华夏人寿、富德生命人寿、百年人寿、天安人寿，全区实现保费总收入10.08亿元，总赔（给）款3.43亿元。

2017年文登区财产保险业务情况统计表

企业名称	项 目	数额（万元）	份额/赔付率%
人保财险	保费	9651.82	27.96
	其中机动车	6953.64	24.24
	其中农险	757.34	51.87
	赔款	9657.90	100.06
太平洋财险	保费	1751.45	5.07
	其中机动车	1441.57	5.03
	其中农险	1.84	0.13
	赔款	1587.35	90.63
平安财险	保费	3786.36	10.97
	其中机动车	3518.16	12.26
	其中农险	36.00	2.47
	赔款	1666.14	44.00
天安财险	保费	284.16	0.82
	其中机动车	272.88	0.95
	其中农险	—	—
	赔款	255.12	89.78
太平财险	保费	5182.82	15.01
	其中机动车	4297.92	14.98
	其中农险	59.83	4.10
	赔款	2154.15	41.56
永安财险	保费	652.17	1.89
	其中机动车	593.01	2.07
	其中农险	—	—
	赔款	580.98	89.08
大地财险	保费	2810.99	8.14
	其中机动车	2608.61	9.09
	其中农险	—	—
	赔款	1548.46	55.09

续表

企业名称	项　目	数额（万元）	份额 / 赔付率 %
阳光财险	保费	2142.21	6.21
	其中机动车	2043.14	7.12
	其中农险	—	—
	赔款	1071.17	50.00
华安财险	保费	286.18	0.83
	其中机动车	243.88	0.85
	其中农险	—	—
	赔款	99.09	34.63
中华联合财险	保费	2566.28	7.43
	其中机动车	1556.78	5.43
	其中农险	605.14	41.44
	赔款	1780.80	69.39
安邦财险	保费	239.78	0.69
	其中机动车	236.51	0.82
	其中农险	—	—
	赔款	95.36	39.77
都邦财险	保费	153.28	0.44
	其中机动车	140.31	0.49
	其中农险	—	—
	赔款	100.62	65.64
安华农险	保费	437.65	1.27
	其中机动车	420.61	1.17
	其中农险	—	—
	赔款	221.54	50.62
渤海财险	保费	917.92	2.66
	其中机动车	911.85	3.18
	其中农险	—	—
	赔款	203.62	22.18
长安责任财险	保费	806.22	2.34
	其中机动车	784.95	2.74
	其中农险	—	—
	赔款	370.15	45.91

续表

企业名称	项　目	数额（万元）	份额 / 赔付率 %
国寿财险	保费	1957.22	5.67
	其中机动车	1834.04	6.39
	其中农险	—	—
	赔款	922.83	47.15
泰山财险	保费	219.24	0.64
	其中机动车	200.02	0.70
	其中农险	—	—
	赔款	74.67	34.06
紫金财险	保费	211.50	0.61
	其中机动车	183.39	0.64
	其中农险	—	—
	赔款	172.75	81.68
信达财险	保费	461.10	1.34
	其中机动车	443.76	1.55
	其中农险	—	—
	赔款	103.84	22.52
华海财险	保费	…	…
	其中机动车	…	…
	其中农险	…	…
合计	保费	34518.36	—
	其中机动车	28685.20	—
	其中农险	1460.15	—
	赔款	22666.54	65.67

2017 年文登区人寿保险业务情况统计表

企业名称	项　目	数额（万元）	份额 / 赔付率 %
中国人寿	保费	42302.83	41.97
	赔（给）款	18656.81	44.10
太平洋寿险	保费	7339.75	7.28
	赔（给）款	2885.41	39.31
平安人寿	保费	9126.63	9.05
	赔（给）款	1421.29	15.57

续表

企业名称	项 目	数额（万元）	份额 / 赔付率 %
新华人寿	保费	10786.35	10.70
	赔（给）款	2038.54	18.90
泰康人寿	保费	3129.40	3.10
	赔（给）款	…	…
太平人寿	保费	4271.81	4.24
	赔（给）款	3355.93	78.56
长城人寿	保费	…	…
	赔（给）款	…	…
民生人寿	保费	4471.21	4.44
	赔（给）款	1055.31	23.60
农银人寿	保费	2953.03	2.93
	赔（给）款	376.09	12.74
人保寿险	保费	2895.30	2.87
	赔（给）款	2210.29	76.34
恒安标准人寿	保费	740.97	0.74
	赔（给）款	100.34	13.54
华夏人寿	保费	4554.43	4.52
	赔（给）款	845.29	18.56
富德生命人寿	保费	7068.69	7.01
	赔（给）款	1223.76	17.45
百年人寿	保费	464.62	0.46
	赔（给）款	115.80	24.92
天安人寿	保费	693.69	0.69
	赔（给）款	37.02	5.34
合 计	保费	100798.71	—
	赔（给）款	34331.88	34.06

（威海保险行业协会）

【人保财险文登支公司】 设综合部、出单中心、理赔分部、车商部、2个直销业务部、1个营销业务部和农村保险事业部/农村普惠金融事业部，下设张家产营业部和葛家镇、泽库镇保险营销服务部。根据车商业务发展需要，在4S店设3处远程出单点，在审车点设3处人保之友俱乐部。在岗员工59人，其中总公司版本员工17人、省公司版本员工25人、劳务协议员工17人，年末有个人代理人70人。2017年，文登支公司实现保费收入9651.82万元，已决赔案11269件，已决赔款9627.39万元，累计上缴各项税金1437.59万元。2015－2017年连续3年被区委、区政府评为先进集体。2001－2017年，持续保持威海市级文明单位称号。

开拓农村保险市场　年内，增加葛家、泽库、张家产3个“三农”营销服务部的工作人员，增强服务工作能力；逐村发展农村联络员、人保V盟，实现农村全覆盖。根据国家惠农政策的要求，增强农村保险事业部/农村普惠金融事业部的工作职能，将“三农”业务与公司业务紧密结合，完善农业保险政策，逐步开展国家补贴的种植业、养殖业、林业等险种，为文登区农业发展提供保障。继续开展治安保险，全面推广安全生产责任保险，强化基层基础风险保障。2017年，人保财险文登支公司承保农业险种（财政补贴型）4个：小麦、玉米、花生和公益林。承保全区15个镇（街道）的小麦面积9200公顷、玉米面积1.19万公顷、花生面积4000公顷、公益林面积3.05万公顷，完成农险保费收入757.34万元，累计承担风险额5亿元。上半年因干旱造成全区小麦大面积受灾，共计4.8万农户5533公顷小麦受损，赔款总计2100万元，下半年玉米赔款67.3万元、花生赔款33.2万元，为农业恢复生产起到积极作用。

完善服务网点布局　人保财险文登支公司在德原汽车检测有限公司（老车管所）、中海川汽车检测有限公司（运输公司）成立车友俱乐部，与文登区多家汽车检测线建立合作关系，免费为人保客户提供全面的审车增值服务。同时在新车管所及文登东、北、西3个地区设立远程出单点，建成覆盖全区的承保、服务网络，方便附近居民购买保险服务，更好地为居民提供服务。

创新理赔服务　2017年，中国人保为投保家私车人保客户无偿提供直升机院前救援服务，在符合救援病症以及适航条件下，保证30分钟内起飞赶赴救援现场，利用“天+地”（即直升机+地面救护车）最高效的道路事故救援方式，有效节约医疗时间、提升医疗处理质量，有利于后期进一步医疗处理。

特色增值服务　人保财险文登支公司适时开展中国人保推出的11项特色增值服务：道路救援服务、协助审车服务、法律援助服务、注册山东人保微信公众号、在线挪车服务、拇指理赔服务、互碰快赔服务、理赔交钥匙服务、人伤无忧服务、人伤直赔服务、全国通赔服务。

理赔案例　1、2017年1月20日，承保车辆鲁K**** 号帕纳美拉跑车行至米山镇南郑格村村西，因雪天路滑，车辆发生侧滑，车辆右前部与路边石及行道树相碰撞，造成跑车严重受损。经公司定损，车辆损失核定为34.3万元。因修车费金额较大，客户一时无法筹足钱提车。文登公司向上级公司请示、与烟台4S店沟通协调，文登公司将34.3万元修车费直接汇入烟台4S店银行账户，客户得以顺利提车。这一服务举措得到客户认可好评。

2、2017年4月2日，鲁K**** 号小轿车行至文登初张路与保利路交叉路口处，小轿车前端与王某无证驾驶的无牌证三轮摩托车左侧相碰撞，致乘坐三轮摩托车的徐某受伤、两车损坏，后徐某经抢救无效死亡。因双方口述不一致，该道路交通事故的形成原因无法查清。徐某家属因交通事故的赔偿事宜，诉至文登区人民法院，最终文登公司在交强险责任限额内赔付徐某家属12万元，商业险赔付30.56万元。

（于志鹏）

【中国人寿文登支公司】　向个人及团体提供人寿、意外和健康保险产品，包括养老保险、理财保险、健康保险、少儿保险、终身寿险、团体意外伤害保险等，全面满足客户在人身保险领域的保险保障和投资理财需求。开办鑫福赢家、鸿福至尊、如E康悦、国寿福、鑫耀一生、百万如意行、防癌险等险种。2017年，中国人寿有保险代理人1542人，实现各类保费总收入4.23亿元，办理理赔案件9300件，支付保险赔款2558万元，为文登经济发展，承担地方百姓生活风险提供保险保障。

提升客户服务水平　2017年，中国人寿的柜面业务以客户为中心、以互联网为核心，优化理赔业务服务，临柜理赔业务的办理效率大幅度提高。客户临柜申请理赔无需填单，受理人员直接打印受理单，理赔金额3000元以下的简易案件，实行快捷支付方式，即时到账，新设立“e”柜服务体系，客户办理证件有限期变更、银行转账授权变更、借还款的业务无需叫号等待，咨询引导人员可借助“e”柜服务平台，协助客户当场办理，10万元以下的保单借款业务，可即时到账，实现快捷、安全的网络支付，提升优化柜面服务。

综合性平台建设　融入“互联网+”，推出“国寿e宝”网络保险及生活服务平台，打通网页版和手机APP、微信版的自助服务平台，手机关注微信“中国人寿股份山东省分公司服务号”的国寿生活栏目，可远程预约网上叫号服务，自选时间，无需等待，缩短临柜办理业务等候时间，足不出户，实现用户与中国人寿随时随地轻松连接，提升客户满意度。

依法合规经营　开展反洗钱和非法集资专项检查和治理工作，持续提高内控及风险管理水平，加强销售误导治理工作。把强化管理、防范风险作为公司的“生命线”，注重建立健全风险管控制度和工作机制，强化员工风险意识和风险防范能力的教育培训，加强公司治理和执行力建设，防范和化解经营风险。

（隋静玉）

【太保寿险文登支公司】　设个险业务部、法人渠道业务部、服务营销部、顾问营销部和综合内勤，2017年末，有在岗人员20人、持证保险代理人200余人。

公司主要经营健康险、意外险、养老险、分红险、重疾险等人身险业务，专注保险主业，完善客户服务体系，打造数字太保，运用太平洋寿险APP和太平洋保险官方微信平台，提升服务队伍的专业化水平，优化服务内容，提升运营时效，实行太e赔快速理赔。年末，实现保费收入7340余万元，理赔金额470余万元。开展帮扶送温暖及为民办实事活动。开展“益暖齐鲁、为爱同行”公益扶贫助学活动，为葛家镇小学捐助助学金1万元、价值2万元的图书，树立太平洋保险良好的企业品牌形象。

（宋协森）

【阳光财险文登支公司】 设销售部、车商部、理赔部、综拓部、综合部、客服部、业管部，有在岗员工20余人。与文登多家4S店、汽修厂长期合作，在中海川汽车检测中心设有阳光保险客户休息室。公司在文登市场率先做出“诚信闪赔”承诺：免单证、一环节、报案24小时赔付。非道路事故救援：提供非事故现场维修、拖车、更换轮胎、电瓶充电、应急加油、加水等救援服务。开通全国范围内甲地承保、乙地查勘、丙地领赔款的三维通赔。为客户提供互联网、电话、柜面方式的自主查询服务。在阳光保险承保的客户，享受阳光签约商城购物优惠活动。坚持依法守法经营，加强风险管控，承担经营职责，依法纳税。2017年，公司实现保费收入2234万元。累计上缴各项税金427万元，为地方经济建设做贡献。参与区政府推行的“为民办实事”活动，资助困难学生困难家庭。

（车雅男）

证券及其他类金融机构

【概况】 2017年年末，境内证券业金融机构为中泰证券股份有限公司文登米山路证券营业部（简称中泰证券文登营业部），有地方性的小额贷款公司、民间资本管理公司和融资担保公司等金融机构13家，其中民间资本管理有限公司7家（分别简称为金猴、鑫源、恒裕、翔宇、祥云、相和、信宏）、融资担保公司3家（分别简称为蓝泰、勇泰、文通）、小额贷款有限公司3家（分别简称为蓝创、创元、和信）。从事典当业务的机构有兴文典当有限责任公司、富强典当有限责任公司。

3月22日，证券现场客户通过热自助交易

【中泰证券文登营业部】 位于米山路106号，营业面积1400平方米。营业部设营运部、零售业务部、理财服务部，有正式员工17人、经纪人2人。2017年末，拥有客户3.2万户，托管客户资产23亿元，实现股票交易额207.32亿元。

营业部代理的业务品种包括：沪深A股、B股、基金、债券及债券回购、权证、融资融券、约定式回购、全国股转系统三板业务、沪港通、港股等。营业部采用电话委托、热自助委托、网上委托、手机炒股等交易方式进行股票交易。开通与多家银行合作的三方存管业务，客户可通过中国银行、农业银行、建设银行、工商银行、上海银行、招商银行、光大银行、浦发银行、平安银行、华夏银行、交通银行、中信银行、兴业银行、威海市商业银行、邮政储蓄银行、广发银行、宁波银行等进行银证转账业务。营业部根据客户风险承受能力的评估结果为投资者提供多种投资理财服务，包括财富泰山投资顾问服务、集合资产管理、柜台交易等理财业务。

（王振源）

责任编辑　高燕妮

教　育

综　述

【概况】 2017年，区教育局内设办公室、政工科、普教科、职教科（增挂行政许可科牌子）、学前科、政宣科、信访科、审计科、学校安全管理办公室、教师培训科，在编公务员7人。辖区人民政府教育督导室、教育教学研究培训中心、招生委员会办公室、校办企业办公室、教育会计核算中心（学生资助管理中心与其合署办公）、教育人才服务中心、教育系统离退休老干部管理办公室和教育信息中心8个事业单位，在编工作人员124人。

年末，全区共有各级各类学校48处，其中公办普通高中3处、民办普通高中1处，职业学校3处、初中16处、小学23处，特殊教育学校1处、体校1处，有教职工5499人，其中专任教师5004人，在校生43201人。有幼儿园43所，在园幼儿11169名，有教职工796名，专任教师450名。区教育局推进教育保障机制改革，加大办学投入，优化教育资源配置，全区中小学全部达到威海市规范化学校标准。普及高中段教育，普通教育、职业教育协调发展，城乡义务教育均衡发展水平不断提高；学前教育健康协调发展，威海市级以上规范园达85.4%，3周岁儿童入园率达99.5%。年内获威海市2016年度全市安全生产工作先进单位、威海市先进基层妇联组织称号。

【德育】 2017年，全区工作根据《国家中长期教育改革和发展规划纲要（2010－2020年）》文件精神，以办人民满意教育为目标，开展社会主义核心价值观教育活动，深化“铸德工程”，构建学校、家庭、社会三位一体教育网络，德育工作卓有成效。

开展德育活动　年内，区教育局加大德育工作力度，除开展“我们的节日”、社会主义核心价值观、“爱文明家园、做文明市民”等常规教育活动外，还与区宣传部、文明办、关工委、司法局、水利局等部门联合，开展“关爱成长，法治护航”系列主题法治宣传、“老少共筑中国梦”书画联展、戏曲进校园、节水宣传教育等活动。区教育局利用区未成年人心理健康咨询中心和区家庭教育指导服务中心，向全体学生家长宣传家庭教育理论，免费进行学生心理咨询服务。11月，区教育局在文登学广场举办“文登教育大广场暨心理健康咨询”活动，现场接受市民的教育咨询，为家长在教育救助、幼儿入托、入学转学等方面提供政策解答。

整治学校周边环境　区教育局与区文化执法局、文广新局、食药监局

3月3日，文登二中举行雷锋纪念日宣誓活动

等单位联合，对全区40余所中小学校园周边环境进行不定期排查，发现有向未成年人出售烟酒及含有暴力、色情等内容的出版物，一律按相关规定给予严肃处理，发现校园周边200米范围内有KTV或网吧等娱乐场所，一律要求搬迁。至年末，开展联合执法行动60余次，动员数家娱乐商家搬离，处理数十人次的流动摊贩。

拓展德育实践活动阵地 区教育局与团区委合作，将德育实践活动拓展至农村和社区。暑假举行“小手拉大手、文明我践行”中小学生暑期社区志愿服务活动，组织中小学生到村居、社区，探视老人、清扫公共卫生，宣传社会主义核心价值观。各个学校开发各种社会主义核心价值观教育实践活动校本课，成立学生社团，依托校本课和学生社团，开展德育实践活动。

年内，区教育局被授予全国中小学生法治知识网络大赛先进单位、山东省关心下一代工作先进单位、威海市文明城市建设先进单位等称号。

（于忠涛）

学前教育

【概况】 2017年，全区有各级各类幼儿园43所，其中政府、学校及集体办园34所（师范附属幼儿园南园撤销），民办幼儿园9所（新增芸祥绣品幼儿园、海嘉幼儿园和泰浩华居幼儿园）；省级示范幼儿园26所，威海市级示范幼儿园9所，一类幼儿园7所，二类幼儿园1所；取得学前教育专业学历的教师人数为461人。学前三年入园率达到99.5%，学前一年入园率达到100%。

【设施】 2017年，共投资1780余万元用于公办幼儿园建设。投资1596万元，新建南海中心幼儿园，新增学位240个。投资184.7万元，对金都实验幼儿园进行装修改造和设施设备升级。投资77万元，为秀山实验幼儿园、龙港实验幼儿园等公办幼儿园招标采购大型玩教具、图书等室内外设施设备。

【收费】 2017年9月，根据区物价局《关于进一步规范幼儿园收费有关问题的通知》，将全区幼儿园划分为公办和民办两大类。全区43所幼儿园中9所民办幼儿园实行高收费：宝威阳光幼儿园1680元/月、小博士幼儿园680元/月、香水幼儿园370元/月、环山幼儿园410元/月、文化幼儿园410元/月、海嘉幼儿园1800元/月、泰浩华居幼儿园380元/月、芸祥绣品幼儿园320元/月、金雨幼儿园380元/月。其他幼儿园均按照政府定价进行收费，其中乡镇中心幼儿园低于省级示范园收费标准，平均每月收取保教费350元。

【保教】

加强幼儿园管理 以示范园复评、上类验收为契机促进幼儿园工作上档升级。年内，完成2所省十佳园、3所省示范园、2所威海市示范园的复评验收工作，完成1所幼儿园省级示范园上类验收工作，全区省示范园比例达到61.9%，威海市示范园比例达到83.33%。通过办园水平评估工作规范幼儿园管理。制定幼儿园认定评估标准，通过听取汇报、查阅资料、实地查看、重点座谈等形式，对幼儿园的办园条件、行政管理、教育教学、家庭社区、卫生保健、安全管理等指标，进行检查评估，促进幼儿园科学管理，优质发展。通过综合督导工作规范幼儿园办园行为。针对学前教育登记注册管理、幼儿园教材及教辅材料管理和保教工作、幼儿园安全教育和管理、幼儿园收费等内容开展2次综合督导。针对安全工作，联合区住建局、公安局、食药监局、消防大队等部门开展2次专项督导。针对卫生保健工作，联合区卫计局开展1次专项督导。对于督导中发现的问题进行限期整改并开展跟踪检查。

开展幼儿园培训 年内，组织73名园长赴南京师范大学等地参加各级各类培训7次，组织1080名教师参加区级培训18次。针对不能进行自主帮带培训的园所，采用特约式培训加园本练习的方式，组织实施基本功培训。在全区范围内选拔优秀园长利用周末，以教师自身需求为导向开展培训，因材施教、分类指导，提升教师专业素养。分20场次对19所早期阅读实验园的家长和教师共2900余人进行早期阅读专项培训。开展幼儿园课程游戏化专题培训。邀请山东女子学院教育学院教授董旭花以专题讲座、现场观摩、研讨交流、案例分享等方式，对全区各园园长、业务园长及骨干教师共230余人进行培训。

营造良好教育氛围 以专题活动的开展在区域范围内营造教师争先创优，自主发展的良好氛围。年内，8节优课视频参加市级评选，8所幼儿园的微课作品入选威海市级优秀微课。开展学前教育宣传月活动。以“游戏——点亮快乐童年”为主题，各幼儿园以宣传学前教育发展政策、宣传科学育儿知识，纠正小学化倾向为重点，通过家长会、开放日、教师家长培训学习、进社区、幼教论坛、报刊网站等多渠道进行宣传，营造良好的学前教育氛围。组织自主游戏开放观摩活动。承办威海市自主游戏观摩现场会，全市130余名教研员、园长、业务园长及骨干教师对文登区区域活动和户外自主游戏项目进行观摩，提高教师观察解读游戏的能力。深化早期阅读课题研究。结合“十三五”课题的立项和研究活动，执行教育英才计划“幼儿早期阅读”活动方案，构建“三级联动，三位一体”活动体系，打造从基地园到联盟园到全区所有幼儿园的三级联动平台，引领教师、家长和幼儿三位一体共同发展。

（乔红影）

【幼儿园选介】

威海市文登区秀山实验幼儿园 前身是文登市教育实验幼儿园（南园），是区教育局直属公办幼儿园，2010年12月被评为山东省十佳幼儿园。2015

年10月，搬迁至昆嵛路西、上海国际花园小区南新址，并更名为文登区秀山实验幼儿园。新园舍占地面积9225平方米，建筑面积6655平方米，户外活动场地3916平方米，绿化面积2786平方米，共设15个教学班，可同时容纳幼儿500余名。

幼儿园坚持“用爱引领生命”的办园理念，围绕“在生活中体验，在游戏中成长”的课程实施特色和“双翼舞动生命精彩”的家园共育特色，实施幼儿教育。幼儿园通过常规学习游戏化、岗位培训层次化、特色教研多元化、专家引领主题化、安卫管理立体化的“五化”模式，培养德才兼备的师资队伍。教学活动遵循幼儿的年龄特点及发展规律，确定以游戏为载体，探究并实施教学活动、生活活动、区域活动、衔接活动游戏化的园本课程，让孩子在游戏体验中快乐成长。园区走廊分别被赋予三个主题：一楼生态廊、二楼生命廊、三楼竹意廊，使环境成为熏陶幼儿、感染幼儿、对话幼儿的无声教育者。幼儿园连续十六年蝉联文登区学前教育综合评估第一名，获全省教育系统先进单位、山东省改革开放三十周年先进集体、山东省骨干园长培训基地、山东省幼儿园教师远程研修课程资源专题开发基地、威海市三八红旗集体等称号。

威海市文登区天福街道中心幼儿园 原名天福幼儿园，成立于2008年9月，隶属于天福街道。2013年，由天福街道筹资1000余万元，在天福小学西侧对幼儿园进行择址重建。2015年1月4日，天福幼儿园搬至新址，正式更名为文登区天福街道中心幼儿园。幼儿园占地面积6018平方米，建筑面积4017平方米，户外活动场地4686平方米，有11个教学班，在园幼儿400余名，教职工32人，教师资格证持有率达100%。

幼儿园设计新颖，布局合理。户外活动场地分为游戏场地、活动器械场地、30米直跑道、沙池、戏水池、种植园地及饲养区等。配有符合标准的幼儿生活用房，活动室、寝室、盥洗室三室配套，建筑面积达136平方米。室内配有电子白板、电钢琴、照相机、摄像机等现代化教学设施。配备多功能室、图书阅览室、科学发现室、卫生保健室、建构室、美术室、生活操作室等，各室设施设备配备齐全。幼儿园将早期阅读作为幼儿教育的基础，开展教育。各班设立阅读区、表演区，各走廊创设亲子自制图书展示墙、故事会展示墙。每年5月为幼儿园读书月。读书月期间，幼儿园开展和爸爸妈妈一起演绘本、天福故事会、我爱阅读绘画大赛、亲子自制绘本大赛等读书活动，促进幼儿读起来、玩起来。

（刘　斌）

小学教育

【概况】 2017年，全区共有小学23处，在校生18853人，招生3501人，毕业生3633人，教职工1700人，专任教师1625人。全区小学适龄儿童入学率、巩固率均达到100%。年末，全区所有小学均为地级规范化学校，有区实验小学、第二实验小学、文峰小学、三里河小学、经济开发区小学、环山小学、南海实验小学7处省级规范化小学，占学校总数的30.4%。

（于海航）

【教学】 2017年，深化自主学习能力培养课题研究，推进“目标—评价—教学一致性”、德育课程一体化、“微课教学法”实验研究。2月、8月，分别举行两届微课作品大赛，将评选出的优秀微课作品上传至阳光微课平台。2月21－24日，语文、数学、英语等10个学科围绕学科核心素养的培育，分别召开学科教学研讨会，加深全体教师对学科核心素养的理解。3－12月，区教研培训中心组织名师人选和教学新星利用网络向全区直播62节展示课，全区教师分学科观课并按照网络直播课堂优秀课例评价标准进行量化评价。3月21－22日，举行中小学微课教学法实验研究中期成果展示、评选活动，优秀案例结集出版。省教育科学研究院基础教育研究所所长张可柱作为实验研究的特聘专家，全程参与评选活动，并做关于微课教学的专题报告，对文登区微课教学法的实验工作给予高度评价，对下阶段实验工作提出具体指导意见。3月7日至4月14日，语文、数学、英语、科学、品德与生活品德与社会、体育、音乐、美术、综合实践9个学科的教研员对11所农村小学，进行教学视导活动。3月25－28日，区教研培训中心组织中小学微课实验校分管微课实验教学的教导主任和部分教研员，参加在苏州工业园区举行的翻转课堂本土创新暨微课程教学法教学观摩会。4月17日，区教研培训中心组织本次外出学习的二级培训交流会。同月，开展优课创建评选活动，组织全体教师开展晒课、观课、评课、研课活动，并开发出校级优秀研究课例。4月20－24日，分学科组成评审小组，对推荐的优秀课例进行网上评选。语文、数学、英语、科学、品德与生活品德与社会、音乐、体育、美术、信息技术、综合实践、心理健康、主题班会12个学科共推选出64节优课，参加市级晒课和赛课。5月22－24日，义务教育教研室全体教研员及抽调的各学校领导、老师组成考查小组，对全区音、体、美、科学、写字进行非笔试抽测，对各学校开发的校本课程进行检查。6月29日，区教研培训中心以语、数、英综合卷的形式对全区四年级全体学生进行教学质量抽测，检测全区小学教学的基本情况。8月25日，举办第六届教导主任论坛。9月12－15日，语文、数学、英语等10个学科分别以有效培养学生自主学习能力为核心，召开学科教学研讨会。10月，区教研培训中心对全区提交的238项小专题进行结题评审，其中73项被评为2017年度小专题研究优秀成果。同月，进行第八届小专题的申报工作，全区248个小专题通过申报。10月18日至12月4日，语文、数学、英语、科学、思想品德、体育、美术、综合实践8个学科的教研员对全区23所学校，进行教学视导活动。12月5－19日，区教研培训中心开展新岗教师培训活动，45名新岗教师参加培训。加强音体美学科建设。学期初，区教研培训中心提出各校校领导音体美每周听课数不少于一节半课，音体美听课数达到间周一次的要求。学期中，通过视导检查查看各校领导音体美学科听评课的数量和质量。学期末，制定全区校级音体美学科期终检测测评方案，规定自测时间，确定测试范围和测评方式，派检查组巡视测评情况。

（栾海军）

【课程设置】 2017年，开设语文、数学、英语、道德与法治（品德与生活、品德与社会）、科学、音乐、体育、美术、信息技术、综合实践活动、地方、校本以及书法课程。品德与生活、品德与社会课程从9月起更名为道德与法治；科学课程原来只在三、四、五年级开设，2017年秋季从一年级开始开设。

（刘淑杰）

【教材】 语文课程，一年级选用人民教育出版社教材（教育部统编），其他年级仍选用山东教育出版社教材。数学课程，选用青岛版新修订教材。英语课程，选用外语教学与研究出版社教材。道德与法治课程，一年级选用人民教育出版社教材（教育部统编），其他年级仍选用山东教育出版社教材。科学课程，选用青岛出版社教材。音乐、美术、信息技术课程，选用山东教育出版社教材。地方课程中安全教育选用泰山出版社教材、传统文化选用山东大学出版社教材、环境教育和《蓝色的家园——海洋教育篇》选用青岛出版社教材。体育和综合实践活动课程无规定教材，各校自行安排。校本课程各校自主研发教材。书法课程三、四、五年级有教材，选用青岛出版社教材。

（吕洪芹）

【学校选介】

威海市文登区第二实验小学 创建于1989年，是区教育局直属小学。2011年11月，经全国红军小学建设工程理事会批准，被命名为中国工农红军文登红军小学。2017年，学校占地面积23769平方米，建筑面积19313平方米，有33个教学班，1400余名学生，教职工近百名。

学校遵循书润童年•德铸人生的办学理念，实施打造文化力，提升合作力，强化执行力的办学策略，实现知礼有仪、博才多艺的幸福小主人的培养目标。学校的红色教育、国防教育、心理健康教育在全国教育系统获得肯定。学校先后获全国教改实验先进学校、全国教学研究先进集体、全国优秀少先队集体、全国特色学校、全国读书特色活动学校、国际生态学校绿旗荣誉、全国心理健康特色学校、全国国防教育特色学校示范学校、山东省级规范化学校、山东省教学示范学校、山东省电化教育示范学校、山东省艺术教育示范学校、山东省红领巾示范学校、山东省校本培训先进单位、山东省校长教师培训基地等数十项称号。《人民日报》《中国教育报》《基础教育参考》《山东教育报》《现代中小学教育》《创新教育》等多家报刊对学校办学经验进行宣传报道。

（邢翌华）

初中教育

【概况】 2017年，全区共有初中16处，在校生13618人，招生3689人，毕业生3600人，教职工2033人，其中专任教师1894人。全区所有初中均为地级规范化学校，区实验中学、山东省第二中学、区三里河中学、区七里汤中学、区张家产中学、区泽库中学、区宋村中学、区泽头中学、区葛家中学、区米山中学、区南海实验学校11所学校创建为省级规范化学校，占学校总数的68.8%。

（于海航）

【教学】 深化自主学习能力培养课题研究，推进“目标－评价－教学一致性”、德育课程一体化研究。推进学科核心素养的培养，加大微课教学法的研究力度，探索微课教学法的课堂教学模式。2月、8月，分别举行两届微课作品大赛，并将评选出的优秀微课作品上传至阳光微课平台。3月21－22日，区教研培训中心举行中小学微课教学法实验研究中期成果展示、评选活动。6月，《微课教学研究　我们在路上》一书出版，从经验总结、优秀课例、教学论文、教学案例四个方面，对微课教学研究进行总结。根据威海市教育局《关于转发鲁教师字（2017）2号文件印发〈2017年“互联网＋教师专业发展”工程实施方案〉的通知》要求，2月，区教研培训中心印发《威海市文登区2017年度中小学“优课”创建评选活动实施方案》。4月20－24日，分学科组成评委小组，对学校推荐的优课进行网上评选。将获威海市级优课的优秀作品上传至国家智慧教育云平台。4月5－6日、5月3－4日，举行2017年学业考试适应性训练和学业水平模拟考试；全区统一运用云校阅卷系统进行网上阅卷，并利用其数据分析系统对考试结果进行分析，反馈的各项数据为后续复习教学内容和策略的调整提供有效依据。5月22－24日，义务教育教研室全体教研员和抽调的各学校领导、教师组成考查小组，对全区初中音、体、美、写字，进行非笔试抽测，同时对各学校的校本课程进行检查评比。6月，区教研培训中心成立学业考试阅卷领导小组，全区共抽调358名教师参加阅卷工作；14日，召开学业考试阅卷工作专题会议；15日，阅卷工作分学科在实验中学、二中、三里河中学、七里汤中学4个阅卷点进行。8月25日，举行义务教育学段第六届教导主任论坛活动。9月，完成第七届小专题结题评审工作。10月，进行第八届小专题的申报立项工作。10－11月，各教研员对各初中学校，进行教学视导检查。年内，区教研培训中心两次组织名师人选和教学新星利用网络向全区直播展示课，组织全区教师分学科观课并按照“网络直播课堂优秀课例评价标准”进行量化评价。

（林常青）

【课程设置】 2017年，国家课程开设语文、数学、英语、思想品德（道德与法治）、物理、化学、生物、历史、地理、音乐、体育、美术、信息技术、综合实践（研究性学习、社区服务、劳动技术）。地方课程开设传统文化、安全教育、环境教育、人生规划。校本课程由各学校自行开发。9月，初二年级思想品德更名为道德与法治。

（于忠利）

【教材】 语文、数学、英语、化学、历史、地理、音乐、体育、美术课程选用山东教育出版社教材；道德与法治、思想品德课程选用山东人民出版社教材；物理、生物课程选用山东科学技术出版社教材；信息技术课程选用泰山出版社教材；地方课程中环境教育课程选用青岛出版社教材，传统文化选用山东大学出版社教材，人生规划课程选用山东教育出版社教材，安全教育课程选用泰山出版社教材。

（吴炳华）

【学校选介】

威海市文登区实验中学　始建于1994年，位于环山路81号。校园占地面积6.5万平方米，建筑面积2.3万平方米。学校拥有设备先进的电化教育系统、现代化的校园信息网络、设施齐全的功能室、全方位校园安全监控系统、1.2万余平方米塑胶运动场和篮球场、12.3万余册藏书的图书馆等现代化教育教学设施。2017年，有47个教学班，在校生2295人，教职工233人。

学校遵循成功教育理念，以做最好的自己为核心价值观，以习美为办学特色，提出“一切活动皆课程，一切课程皆习美”的德育理念，分年级制定学生阶段发展目标，打造知行相融的德育新常态。学校先后获得全国心理健康教育先进集体、山东省规范化学校、山东省教学示范校、山东省德育工作先进单位、山东省青少年科普工作先进单位、山东省依法治校示范学校、山东省绿色学校、威海市特色学校、威海市心理健康教育特色学校、威海市首批义务教育管理标准示范学校等市级以上集体荣誉近200个，承担并完成国家、省、市级科研课题30余个，并多次承办国家、地、市级大型会议。

（刘昌强）

高中教育

【概况】 2017年，全区共有山东省文登第一中学、文登新一中、文登南海高级中学3处公办高中。在校生5672人，招生1862人，毕业生2102人，教职工1009人，其中专任教师921人。年末全区3所高中，文登南海高级中学按省级规范化标准建设，其余两所高中为省级规范化学校。

（于海航）

【教学】 2017年，全区普通高中贯彻党的教育方针，探索规范办学与提高办学质量相协调的教学规律和教学管理制度。开全学科，开足课时，合理地安排课程和作息时间。区教研培训中心高中教研室对“两模两体”（两模指“四步八环节”课堂教学模式、“金字塔”高三备考模式，两体指“听评课”共同体、“实践型课堂教学研究”合作体）活动的研究由统一规划指导变为以学校自主规划与组织、教研中心定期抽查和评价相结合的形式进行。编辑出版“四步八环节”课堂教学模式优秀成果《让学生爱上你的课堂》一书。每学期对“听评课共同体”活动研究效果进行抽查验收，并在全区范围内开展“实践型课堂教学研究合作体”活动。新一中老师杨柳、丛艳、文登一中老师林映红在山东省德育课程一体化优质课展示中分别获高中数学、高中美术、高中政治优质课比赛一等奖。加大对“金字塔”备考模式的研究力度，在全区范围内组织开展语文、数学高端备课活动，为高三教师搭建交流研讨平台。普通高中在音乐、美术、体育三个学科继续试行选课走班教学。2017年高考，山东省高考方案为3＋1模式，即语文、数学、英语和文科综合（或理科综合），语文、数学由山东省自主命题，英语、文科综合和理科综合则使用全国统一考试新课标卷。

（张海华）

【课程设置】 高一年级根据山东省教育厅《山东省普通高中2017级学生课程实施指导意见》的要求，在语言与文学、数学、人文与社会、科学、技术、艺术、体育与健康、综合实践活动等8个领域开设必修课，设置科目为语文、数学、英语、物理、化学、生物、思想政治、地理、历史、体育与健康、美术、音乐、通用技术、信息技术，在学校课程领域开设选修Ⅱ的学习，新开设生涯规划课程和中华优秀传统文化课程。高二年级在语言与文学、数学、人文与社会、科学、技术、艺术、体育与健康、综合实践活动等8个领域开设必修课和选修Ⅰ，设置科目为语文、数学、英语、物理、化学、生物、思想政治、地理、历史、体育与健康、美术、音乐、通用技术、信息技术，在学校课程领域开设选修Ⅱ的学习。高三年级在语言与文学、数学、人文与社会、科学、技术等5个领域开设选修Ⅰ，在艺术、体育与健康、综合实践活动等3个领域开设必修课，设置科目为语文、数学、英语、物理、化学、生物、思想政治、地理、历史、体育与健康、美术、音乐、通用技术、信息技术。

（张海华）

【教材】 语文科目使用山东人民出版社教材，数学、物理、生物、思想政治、历史、体育与健康科目使用人民教育出版社教材，英语科目使用外语教学与研究出版社教材，化学科目使用山东科技出版社教材，地理科目使用山东教育出版社教材，美术科目使用山东美术出版社教材，音乐科目使用人民音乐出版社教材，信息技术科目使用教育科学出版社教材，通用技术科目使用地质出版社教材。高一年级中华优秀传统文化科目使用中华书局教材，生涯规划课程由各普通高中使用自编教材。

（张海华）

【学校选介】

山东省文登第一中学　前身是1925年民国山东省教育厅批准成立的文登中学。1952年10月至1955年8月称文登中学。1955年9月10日，根据山东省教育厅中字第1152号文件，改名为“山东省文登第一中学”，简称“文登一中”。学校占地面积81894平方米，2017年有48个教学班，2300余名学生，在编教职工353人。学校师资力量雄厚。有国家级优秀教师4人，省级以上优秀教师19人，市级以上各类骨干教师、特级教师、教学能手、学科带头人70余人。办学条件优良。多媒体教室、实验室、数字探究室、计算机室、图书馆、体育场馆、艺术专用教室、心理咨询室、录播教室等均达到省级规范化学校标准，所有教室均配备“班班通”多媒体教学平台，实现交互式、网络化教学。

学校秉承“德育为首，全面发展，学有专长，锐意进取”的办学宗旨，提出“全心全意靠教职工办学，为每个学生提供适合的教育”的办学理念。打造以“平等民主，和谐共处，互动合作，自主探究”为特色的高效课堂模式，形成“励精、严谨、创新、求实”的教风和“勤思、刻苦、虚心、进取”的学风。先后获得国家体育传统项目学校、全国科研百强校、山东省教学示范学校、山东省心理健康教育先进学校、山东省德育工作先进单位、山东省艺术教育示范学校、山东省精神文明先进单位等60余项省级以上称号。《人民日报》《光明日报》《大众日报》《中国教育报》《中国青年报》等相继报道过文登一中的办学特色和教育教学成果。

（姜庆彦）

高等教育

【北京交通大学（威海）】　北京交通大学（威海）是北京交通大学在威海举办的事业单位法人，是北京交通大学“一校多区”的国际化项目办学校区，于2015年9月正式投入使用，位于山东省威海南海新区。威海校区由威海市政府整体规划和建设，并配备基础办学设备。2017年8月，3座新增学生公寓投入使用。

合作办学　2017年3月13日，北京交通大学兰卡斯特大学学院新增“工商管理”与“会计学”两个本科专业的申请获得教育部批复。至年末，威海校区有中美、中英合作办学本科专业7个，硕士研究生专业2个；共有本科学生840人，国际学生140人，留学预科项目学生23人。教职工总数173人，其中任课教师71人、管理人员102人。

教育教学　结合中外教学手段与管理体系要求，威海校区针对合作办学具体实践，制定合作办学专业学生手册、教师手册、学业管理规定等制度文件，推进中外制度融合互补。9月1日，北京交通大学兰卡斯特大学学院学术委员会成立，并定期召开会议，解决教学具体问题，阐明学术委员会构成框架与运行机制，保障学术审查、学科建设、新增专业、培养方案等工作顺利进行，促进中外合作办学项目的高质量发展。在专业课程之外，威海校区开办ACCA精英班、H3C网络工程师认证培训，为学生提供职业培训服务与在校实践平台。

实验室建设　完成信息管理与信息系统专业实验室、计算机科学与技术专业实验室、通信工程专业实验室、环境工程专业实验室、数字媒体专业实验室及物理实验室共6个专业实验室一期建设工作，二期建设将于2018年初开始进行。

学生培养　威海校区探索具有国际化特色的创新实践育人体系，初步形成一支以学生为主、管理人员为辅的“志愿者服务团队”，包括教务的学业支持中心、信息中心的学生技术服务团队、实验中心的科普义务讲解员团队及30余个学生社团、学生自我管理中心等，发掘学生专业技能与实践技能，通过互助学业进步、参与网络管理、投身科普工作等形式，逐步建立学生自管理、自服务的培养模式。

2017年，威海校区有107名本科生参加兰卡斯特大学暑期学校、罗彻斯特理工学院暑期项目与国际奖学金项目、国际志愿者活动等交流项目，有留学经验的学生占同级学生数的27%。来自25个国家和地区的国际学生占全体学生数的14%。

社会服务　国家级实验教学示范中心（全国科普教育基地）威海校区分中心自2016年9月建成启用以来，受到威海市政府、南海新区管委会及社会各界的广泛关注，并获批成为威海市科学技术协会“科普教育基地”和威海教育系统培训基地，2017年获得山东省科普资助10万元。科普教育基地开展中小学生及本科学生的科普教育工作，建立大学生讲解队伍，与威海市教育局合作，承接包括“威海市中学生科学教育教师培训班”在内的数千人次的参观活动。

（潘　悦）

【山东铝业职业学院】　是经国家教育部批准设立的公办全日制普通高等职业院校，是中国铝行业系统内唯一的高职学院。主办方是中国铝业集团有限公司，由山东铝业有限公司实施管理。山东铝业职业学院始建于1958年，位于淄博市，时称501业余工学院。1998年被教育部批准试办高等职业教育。2004年7月，经山东省人民政府批准，成为教育部备案的全日制高等专科学院。2012年7月，全国首个由中央企业牵头组建的行业性职教集团——中铝职教集团挂牌成立。2014年，学院被山东省民政厅确定为退役士兵省内易地教育定点承训机构。2015年，成为教育部指定现代学徒制试点院校。2016年7月1日，中铝集团党组依托中铝山东企业和山东铝业职业学院，在山铝举行中铝党校成立大会。2017年9月，学院主体搬迁至威海南海新校区。新校区总占地面积约61.6公顷，总建筑面积35万平方米。一期占地面积约39.8公顷，建筑面积19.7万平方米，包括已经建成的1栋综合楼、4栋教学楼、2栋实习实训车间、2栋学生餐厅、8栋学生公寓，和二期在建的图书馆和4栋学生公寓。2017年11月14日，中铝大学依托山东铝业职业学院揭牌成立。

2017年末，有教职工617人，其中专任教师475人、行政管理人员90人、教辅人员11人、工勤人员41人。其中，教授5人，副教授及高级讲师132人，讲师152人，助教49人。图书馆藏书（纸制）37万余册。设有机械工程学院、互联网学院、工商管理学院、汽车工程学院、大数据学院、建筑工程系、冶金化工系、电气工程系和基础部、实训中心共10个教学部门，拥有数控技术、冶金技术、机电一体化技术、会计电算化技术、电气自动化等33个专业，全日制在校生1万余人。

山东铝业职业学院（11月27日摄）

教学科研 组织各部门完成院级教科研立项申报23项。组织申报职业院校构建以赛促教机制研究、校企共建生产性实训基地的运行机制研究、虚拟现实技术在职业教育教学中的应用研究、信息化新技术对职业教育教学生态的影响研究、现代学徒制下的机电专业教学改革研究、现代学徒制模式下《氧化铝生产技术》课程改革研究6项2017年度山东省职业教育教学改革研究课题。组织申报的央企办高职院校财政投入方式的研究、高职会计专业双元制人才培养模式本土化研究、高职院校“工匠文化”培育研究、高职院校中知识产权课程开设的必要性及教学方法的研究、高职院校创业型人才培养模式研究获2018年山东省青年教师教育教学研究课题立项。完成5项山东省高等学校科研计划项目申报。申报的课题分别是《高职院校“工匠文化”培育研究》《高职院校创业型人才培养模式研究——从供给侧、需求侧角度分析》《在役钢结构剩余寿命分析及加固方法研究》《石灰窑尾气在氯碱盐水中除钙技术研究》《迭代加权最小二乘法在虚拟反馈整定（VRFT）法中的应用》。其中，《迭代加权最小二乘法在虚拟反馈整定（VRFT）法中的应用》获得批准立项，并与课题负责人王晶老师签订2017年省厅下达的科研项目合同书，报省厅科技处备案。完成2016年申报的4项教育教学课题结题工作，完成结题材料的审核、打印、邮寄等工作。根据2017年山东省高等学校优秀科研成果奖推荐要求，组织机械工程系袁淑敏老师申报的《304奥氏体不锈钢低气压离子渗氮技术研究》项目，获一等奖。根据威海市科技局、威海市技术转移中心《关于驻威技术转移机构科技成果转化工作情况的通知》精神，撰写材料汇报学院开展科技成果转化工作情况。向威海市科技局提交2项推广成果简介：氧化铝生产仿真教学系统、304奥氏体不锈钢低气压离子渗氮技术研究。

对外合作 加强校企合作。与天津迅腾集团、山东普照公司等洽谈合作建设二级学院，共建符合社会需求的前沿专业，增进校企合作的深度和广度。校企共建生产性实训基地，为商贸、财会、金融专业的学生提供近300个工位的校内实训基地。校企共建智能制造中心，为装备制造类专业的学生提供校内实训基地。探索国际合作。与台湾树德科技大学、马来西亚城市大学达成初步合作意向。

学生工作 学院坚持“全员育人、全过程育人、全方位育人”的教育理念，围绕学生素质能力与核心竞争力的提升，构建《学生养成训练体系》和《大学生核心竞争力培养模型》。组织做好2017级新生入学工作。以大学生人文素质模型为导向，开设人文素质课程。争取政策支持，协调各种资源，完成全年学生资助工作。2017年，学院继续推进“三维度”人才培养模式创新，构建新模式引领下的人才培养新体系。教务科研处、学生处、实训就业中心、各分院、系部组成的团队共同建设，在学院6个专业试点实施。学院探索实行素质教育学分制等系列措施推进学院素质教育进程。加强学院辅导员队伍建设，建立学生工作考核评价机制。建立学生安全防控机制，加强安全教育和安全检查。建立安全信息反馈网络，杜绝安全责任事故。

招生与就业 至2017年11月，各类新生报到5020人。完成2017届毕业生就业派遣工作，毕业生1966人，至2017年7月1日，学院初次就业率已达到100%。做好2017届毕业生的档案投递工作。组织2015级2000余名学生到山东恒邦、山东歌尔、青岛海信、天津勤威汽车、上汽青岛分公司、上海平安等60余家单位进行 6 个月的跟岗实习。组织 2016 级 15 个专业 1400 余名学生进行为期 1～3 个月的跟岗实习。

职业培训　年内，中铝党校完成中共十八届六中全会精神专题培训班、中共十九大精神集中轮训班、安全执行力培训班等 14 个调训班次。与中共山东省委党校、淄博、济宁、临沂、聊城市委党校及中共胜利石油管理局委员会党校签订战略合作协议。学院培训部门实施 28 个培训项目，共 58 个班次。学生培训 1000 人，学校内部应届实习学生近 3500 人。学院被山东省工会授予省级“优秀就业培训机构”称号。

（李宗良）

职业教育

【公办职业教育】 2017 年，全区有公办中等职业学校 3 所：文登区政府直属的威海市文登技师学院（文登区职业技术教育中心），威海市教育局直属的文登师范学校，威海市卫生局直属的威海市卫生学校。威海市文登技师学院内设文登区职业中等专业学校、山东广播电视大学文登学院，文登区职业中等专业学校是国家中职教育改革发展示范校和国家级重点职业学校，文登师范学校是山东省规范化学校和全国优秀师范学校，威海市卫生学校是国家级重点中专学校。

规范中职招生秩序　指导职业学校科学设置招生计划，审核职业学校的招生广告和招生简章，严肃招生纪律，做好招生工作。2017 年，全区公办中等职业学校共招收新生 1628 人。

建设现代职业教育体系　2017 年，落实威海市《关于加快发展职业教育的实施意见》，改革专业课程体系，推动校企融合，加快信息化进程，提升职业教育人才培养能力和发展整体水平。启动中等职业学校教学诊断与改进工作，由单纯的行政评估向学校自我诊断改进、第三方评价、行政抽查转变。推进中等职业学校品牌专业与实训基地建设，争创省级、市级品牌专业，新建市级示范实训基地 4 处。争创省级示范性及优质特色中职学校、省级校企一体化合作办学示范校和企业。推进职教集团产教融合、校企合作，保障职业教育集团可持续发展。创新校企协同育人途径和方式，探索“现代学徒制”培养模式试点，支持企业与职业院校共同编写教材、设计课程方案和实习实训流程。

（张海涛）

【学校选介】

山东省文登师范学校　内设办公室、教务处、总务处、政工处、学生处、科研规划处、招生就业处、培训处、师范教育课程研究中心、团委、工会、商务旅游部、小学与学前教育部、外语与基础教育部。2017 年，有教职工 206 人，其中专业教师 162 人，具有研究生学历 19 人，副高以上职称 61 人，正高职称 4 人。招收初中起点本科层次小学教育专业 158 人、学前教育专业 156 人，招收专科层次会计专业 47 人，计算机平面设计专业 46 人，物流管理专业 36 人，招收中专专业 147 人，共 590 人。年内，学校先后获全国国防教育特色学校、山东省教育信息化示范单位、山东省双百佳学生资助工作先进单位、威海市先进基层团组织、威海市节约型公共机构示范单位等称号，在年度目标绩效考核和同类型上级驻文单位行风评议中，学校在全市教育系统、文登区，皆被评为第一名。中央广播电台、中国教育报、山东卫视、大众日报、威海日报、威海晚报等多家媒体，先后对学校的办学经验进行专门报道。

教学　学校有针对性地开展内容丰富、形式多样的培训活动，采取“送出去、请进来”的方式邀请专家到校或选派教师外出培训。年内，教师参加市级以上培训 320 余人次。开展新老帮教、梯次培养、教学基本功比武等活动，促进教师专业成长。开展教学科研活动，鼓励教师申报科研课题，2 个课题立项为省级课题项目，5 个课题立项为市级课题项目，《手工》课程被评为 2017 年度山东省职业教育精品资源共享课程。完成 11 个校本课题研究，教师在各级各类刊物上发表论文 20 余篇。立足学校实际，开展专业建设、课程建设、课堂教学状态等方面的诊改，全面提升人才培养质量。加快推进省学前教育品牌专业建设，牵头组建威海市学前教育职教集团，通过省品牌专业中期验收。计算机平面设计专业，被评为市级品牌专业。加强专业实训基地建设，美术绘画、商务韩语专业实训基地被评为威海市级示范实训基地。

2014 级“3+4”高师本科专业转段考试，除 1 名学生选择到韩国留学

6 月 24 日，新疆班学生回家乡为塔县灾区慰问演出

外，其余315名学生全部升入齐鲁师范学院。春季高考班，学前教育40名学生，17人过本科线，上线率42.5%。夏季高考，音美中专班89名学生，74人过本科线，上线率83.14%。在威海市中职技能大赛中，教师组参加11个项目比赛，获6个一等奖，学生组参加18个项目，获13个一等奖，12名教师获优秀指导教师称号。参加威海市中小学生六大体育联赛全部六个项目的比赛，获3个项目第一名，蝉联团体冠军。学校合唱队参加“‘岁月如歌’文登区庆祝建党96周年暨威海建市30周年大型歌会”，获一等奖，并代表文登区参加威海市比赛，获银奖。

教育设施　投入资金140余万元，对校园网络进行升级改造，新增监控设施53处，购置图书1000余册。

后勤保障　全年投入440余万元，改造水电暖，实施校园美化亮化工程。进行水电暖改造，更换老化的设施设备，供暖方式由气暖改为水暖。对职工宿舍楼水电暖进行分离，实行一户一表，由学校统一管理转为由相关公司负责管理。年内，移栽名贵树木10株，安装公园座椅22个，重新粉刷篮球架、足球框等室外设施，修补、硬化路面1900余平方米，全面更换校内路灯。将职业年金、养老保险、二次医疗报销上划到威海市人力资源和社会保障局管理，加强职工权益保障。

（吕孟军）

威海市卫生学校　内设办公室、教务科、总务科、学生科、人事科、财务科、保卫科、工会、团委、基础教学科、普通教学科、临床教学科、门诊部、招生就业指导办公室。2017年，有51个教学班，在校生2102人。有教职工125人，其中高级职称33人、中级职称43人。学校有双师型教师53人，齐鲁名师1人。

专业设置与招生　学校设有三•二连读大专教育、中等教育、高等成人教育、职业培训教育等不同层次的学历教育。2017年，开设三•二连读大专护理（普通方向、英语方向、韩语方向、老年护理方向）和助产专业，三年制中专中医康复保健和老年人服务与管理专业。全年招收护理专业大专生427人，助产专业大专生65人，中医康复保健中专生22人，招收成人教育本、专科生52人，共计566人。年内，考取本科院校12人，考取高职院校19人，当年毕业生就业率达到92%以上。

师德建设　培养、宣传师德标兵、辛勤园丁、优秀班主任等先进典型，加强师德师风建设。年内，崔雪艳被评为威海市巾帼建功标兵，王淑英、王小玲、王玲玲被评为市直教育系统优秀教师，王秀梅被评为市直教育系统优秀教育工作者，李文丽被评为威海市师德标兵。

校园文化建设　开设太极拳、演讲朗诵、书法绘画、音乐舞蹈、英语角、篮球、青春健康等社团，提升学生的人文修养和道德素养。5月，选送舞蹈《天山之歌》参加全国中等职业学校“文明风采”竞赛活动，获国家级优秀奖。

师生培训　3—5月，对443名应届毕业生进行护士证考前辅导，共计635学时，其中大专通过率为85.48%。3月，完成对81名全科医生的转岗理论培训工作。年内，组织180余人次参加市级以上培训，接收硕士毕业生3人、本科毕业生4人。

教学成果　5月，学校承办由威海市教育局组织的2017年威海市中等职业学校技能大赛护理专业赛项，教师项目中李雪获一等奖、王淑英获二等奖、王蓉获三等奖；学生项目中李晓阳获一等奖，吕梦瑶、孙萌获二等奖，郝曦玥、胡冬蓝、孔雯获三等奖。9月，在全省中等职业学校教师“创新杯”信息化教学说课大赛中，谷燕燕获一等奖，王秀梅、韩俊伟获二等奖。11月，学生吕梦瑶、李晓阳在山东省职业院校中职组护理技能大赛中，均获一等奖。教师崔雪艳、王蓉获优秀指导教师奖。在威海市中等职业学校微课教学比赛中，教师王秀梅、谷燕燕获一等奖，杨春燕、王淑英、王玲玲获二等奖，房小飞获三等奖。12月，教师崔雪艳、王淑英在全国职业院校护理专业教师教学能力大赛中获一等奖，学校获全国团体一等奖。同月，崔雪艳入选齐鲁名师建设工程。

12月15—17日，崔雪艳、王淑英在全国职业院校护理专业教师教学能力大赛中获一等奖

学校申报“十三五”科研课题，省级立项一个，市级立项六个。

基础设施建设　2017年4月，学校争创山东省优质特色中等职业学校建设工程被山东省教育厅立项。学校根据教育部《职业院校护理专业仪器设备装备规范》标准，充实助产、基础护理、中医康复保健等实验室设施设备，进一步满足教学需求。年内，中医康复保健实训室被评为市级示范实训基地，护理专业被评为市级品牌专业，青春健康俱乐部被评为省级青春健康教育示范基地。学校食堂委托山东兴顺餐饮管理有限公司和威海每餐每厨餐饮管理有限公司经营。

（汪桂华）

威海市文登技师学院 位于文登区文山东路118号，正处级事业单位。增挂威海市文登区职业技术教育中心牌子，内设文登区职业中等专业学校（威海工商外国语学校）、山东广播电视大学文登学院。技师学院设办公室、政工处、教务处、学生处、成人教育处、总务处、招生就业处、财务处8个正科级处室，下设28个科室、5个教学系。1月，在山东省奥鹏远程教育研讨暨业务培训会上，文登技师学院作题为《广泛宣传、规范管理、热情服务，建设名副其实的A级学习中心》的典型发言。4月，在威海职教工作会议上，文登技师学院围绕政府支持、基础设施设备建设、校园文化、师资建设、示范校创建等方面作典型经验交流。6月，在威海市职业教育技能教学交流研讨会上，文登技师学院就技能比赛的承办、组织等工作做典型发言。7月，在全省电大工作会议上，文登技师学院作《坚持教科研先行，促进电大内涵特色发展》的科研工作经验交流。8月，文登技师学院被授予国家级VIP奥鹏学习中心称号，山东省仅2所学校获此殊荣。年内，学院被省广播电视大学授予全省社区教育工作先进单位、全省电大教学管理先进集体、全省电大招生工作先进集体称号，获山东省第二届“传统文化进社区”微视频大赛优秀组织奖，全国技工院校微课教学比赛优秀组织奖。学院被定为省服务外包人才培训机构，威海职业教育联盟理事单位，机电设备安装与维修专业获批山东省职业教育技艺技能传承创新平台，以蔡新峰为主持人的汽车运用与维修专业团队被确定为首批山东省职业教育名师工作室。

专业及招生 2017年，全日制专业开设预备技师专业7个：电气自动化设备安装与维修、汽车维修、汽车钣金与涂装、数控铣与加工中心（曲轴订单班）、数控车工（曲轴订单班）、焊接加工、烹饪（中式烹调），学制6年；开设高级技工专业15个：电气自动化设备安装与维修、汽车维修、汽车钣金与涂装、数控铣与加工中心（曲轴订单班）、数控车工（曲轴订单班）、焊接加工、烹饪（中式烹调）、烹饪（中西式面点）、导游、饭店（酒店）服务、电子商务、计算机网络应用、会计、农村经济综合管理、农业机械使用与维护、休闲体育服务，学制5年；三·二连读大专专业2个：建筑工程施工（与山东城市建设职业学院合作）、会计（与烟台职业学院合作）；中专+高级技工专业4个：计算机平面设计、商务韩语、商务日语、建筑施工与造价，学制5年（中专3年+高技工2年）；春季高考专业5个：建筑施工、会计、机电技术应用（机械方向）、机电技术应用（电工方向）、计算机应用，学制3年。所有专业享受国家规定减免学费政策，涉农专业学生及家庭经济困难学生前两年每年经申请可获2000元国家助学金。年内，招收学生1358人，毕业生754人，在校生3600人。

成人教育包括国家开放大学（原中央广播电视大学）、奥鹏网络教育等形式的本、专科学历教育及在职硕士研究生教育。开放大学本科开设：行政管理、会计学、工商管理、土木工程（建筑工程方向）、金融学、法学、小学教育、英语（教育方向）、汉语言文学（师范方向）、财务管理、物流管理、市场营销、学前教育（学前教师教育方向）、计算机科学与技术、机械设计制造及其自动化（机电一体化系统方向）、水利水电工程等专业。专科开设：行政管理、工商管理（工商企业管理方向、市场营销方向）、会计学（财务会计方向）、建筑施工与管理、工程造价管理、法学、小学教育、学前教育、汉语言文学、英语（教育方向）、电子商务、物业管理、物流管理、旅游（旅游管理、酒店管理方向）、药学、金融（金融与财务方向）、水利水电工程与管理等专业；一村一专科开设：农业经济管理、农村行政管理、乡镇企业管理、农村信息管理、畜牧兽医、食品加工技术等；助力计划专科开设：数控技术、焊接技术及自动化、机电一体化技术、汽车检测与维修技术、汽车技术服务与营销、机械制造生产管理、模具设计与制造、电气自动化技术、电子信息工程技术、信息管理等专业。

奥鹏网络教育由文登电大与山东大学、东北财经大学、北京语言大学、东北大学等高校合作办学，经考试合格颁发报考学校的毕业证书。本科开设：会计学、人力资源管理、汉语言文学、行政管理、法学、机械工程及自动化、电气工程及自动化、土木工程、药学、中药、卫生事业管理、食品质量安全、热能与动力工程等专业；专科开设：会计学、工商企业管理、汉语言文学、行政管理、法律事务、机电一体化技术、电气自动化技术、建筑工程技术、药学、中药、公共卫生管理、食品质量安全、电厂热能动力装置等专业。

年内，招收本、专科学员1148人，毕业生976人，在读学员3448人。山东理工大学在文登技师学院设立非全日制研究生教育文登教学点，开设农业管理、农村发展两个专业。年内，招收学员21人，毕业生14人，在读生70人。

师资队伍 根据《威海市人力资源社会保障局关于核准威海市文登技师学院岗位设置方案的通知》，文登技师学院首次设立正高级（教授）岗位，并设有23个岗位。年内，评定教授1人。学院有在编教职工460人，其中，专任教师360人。有正高级职称1人、副高级职称130人，中级职称202人。学院加强师德师风建设，通过教学常规管理、教学质量监控、课堂教学反思等提升教师思想素质和敬业精神；通过技能节、朗诵比赛、暑期全员培训、微课培训等提升教师业务素质；组织教师参加国家、省、市技能比武、课件制作等比赛活动，提升教师的技能水平。年内，在全国技工院校微课教学比赛中，于文英获公共课二等奖，崔金韵获公共课三等奖，丛林获专业课二等奖，刘飞、侯桂松获专业课三等奖。在省技工院校公共课及专业课微课教学比赛中，崔金韵、丛林、刘飞、侯桂松获一等奖，林治刚、于文英、毕永红获二等奖，于远志、姜春燕、李香梅、宋燕、赵晓东、程新路、王善静、邓莎、李晓东获三等奖。在省职业院校技能比赛中，陈浩获一等奖，詹红霞获二等奖，曲霞、林方霞获三等奖。在省中职学校“创新杯”说课大赛中，刘飞、许乐乐获三等奖。在威海人力资源公共服务中心举办的“山东省创业引领者专项活动暨创业培训讲师大赛”威海赛区选拔赛中，田兰香、于娟获一等奖，被聘为威海市人力资源公共服务中心创业培训讲师，聘期三年。曲荣爱入围中国文联、中国书协主办的第二届“‘深入生活 扎根人民’——文质兼美优秀基层书法家创作活动作品成果展”入选作者名单。

学生管理　学院落实学生日常行为规范，加强学生养成教育。以“积极鼓励、耐心引导、多方启发、全面提高”为原则，加强学生思想教育；以“精讲多练、师生互动、突出技能、学以致用”为重点，加强教学改革；实行“全员、全程、全方位、全天候”无缝覆盖式管理，加强院级领导值周、中层干部值班及班主任、任课教师跟班制度；以“自我教育、自我管理、自我服务”为管理模式，由学生会自主组织开展一系列主题教育实践活动，让学生自己管理自己。年内，开展以“告别不文明行为，拒绝校园欺凌”为主题的法制安全报告会、以“争做阳光男生，最美女生”为主题的演讲比赛、逃生消防演练、禁毒宣传教育、校园安全教育等系列主题教育活动；举办“幸福家庭、和谐社会”公益讲座；组织“关注心灵，关注学生心理健康”教育讲座，开放心理咨询室，为学生心理健康进行积极干预和引导。

项目建设　国家示范校建设项目。2013年，文登技师学院的国家中等职业教育改革发展示范学校建设工作正式启动。2013－2017年，学院按照任务书进度安排，采取边学习、边探索、边建设、边完善的方式，整体推进项目建设，全面完成建设任务。省中等职业教育示范校建设项目。1月，省中等职业教育示范校申报工作正式启动。经过学校申报、市级推荐、专家评审、全省公示等程序，5月15日，文登技师学院被确定为第二批山东省示范性中等职业学校立项建设学校。省级品牌专业建设项目。5月，机电技术应用专业进入山东省中职品牌专业建设立项名单，这是继2015年汽修专业被确立为省级品牌专业之后的又一个申报成功的省级品牌专业，建设期三年。汽修专业成功申报山东省职业教育精品资源共享课程建设项目。市级示范项目。会计专业成功申报威海市中等职业教育示范实训基地项目。

文登技师学院校园文化长廊（9月4日摄）

文化建设　实施文化引领的管理理念，形成富有个性魅力和职教特色的校园文化。开展文化活动。定期开展青年志愿服务活动、青年教师演讲比赛、道德大讲堂、青春励志电影展播等常规性文化活动。文艺社团全程参与教师节庆祝晚会、技能节校园开放日演出、元旦晚会等文艺活动。常规开展秋季运动会、冬季班级跳绳比赛、阳光跑操比赛等体育活动，获威海市中小学生乒乓球联赛职业学校男子团体总分第一、女子团体总分第二的成绩。教工合唱队参加区建党96周年暨威海建市30周年大型歌会获二等奖。文化地标批量落成。年内，校史馆、文化长廊、文化景观路、校园景观石等一批富有创意和特色的校园文化地标性建筑或设施逐次建成。其中，校史馆位于综合大楼与行政办公楼结合部，建筑面积930平方米，分为10个展厅28个板块，集中展示文登当代职业教育发展脉络和发展历史，重点展现文登技师学院近年来的发展成就；文化长廊位于教学区西侧，长260米，分为9个系列57个板块，全面展示学院内涵发展情况；文化景观路有3处，分别位于教学区北侧、教师办公楼南侧和综合大楼东侧，分别以中国力量、工匠精神、感动中国为主题，抒发爱国情怀，展现强国之梦；校园景观石共设置36处，分散在校园主要道路旁或景区内，形成一步一景、一景一题的育人氛围。9月，由区人大常委会投资与文登技师学院合作建设的“文登人大馆”建成，成为学院进行法制教育的重要场所。

校企合作　年内，学院先后接待北京商鲲教育控股集团、山东医药技师学院、济南历城职业中专、威海技师学院、澳大利亚国际商业技术学院、韩国全南大学校、韩国平泽机械工业高等学校、韩国CK-Word公司等20余

10月11日，威海市文登区职业中等专业学校举行企业奖学金颁奖大会

家国内外教育机构或企业到学院参观访问，促进校校、校企合作交流。学院与天润曲轴、威力工具、山东万得等单位签署现代学徒制合作协议，与运恒、天沐温泉、家家悦、碧海逸林度假酒店、山东创谷信息技术有限公司签署“冠名培养”协议。10月，举办2017年企业奖学金颁奖大会，9家冠名企业提供奖学金2万元，60名优秀学生获奖。11月，威海市汽车教育集团年会在学院举办。

社会培训　2017年，文登技师学院被认证为2017－2018年度山东省服务外包人才培训机构。年内，举办退役士兵创业培训、特种作业操作证培训、特种电工焊工培训等活动，参训人员1600人。

宣传工作　建立立体、全方位的对外宣传网络。在文登电视台定时播放学院各专业的专题片和学院形象片；在“文登新闻”开设《文登职业教育》专栏，年内共播出18期；学院户外电子显示屏，不间断地播放文登技师学院形象片及宣传网页；开办文登技师学院网站，成为山东省中职精品网站之一；开设文登技师学院微信公众号，宣传学院教育。文登技师学院的办学做法先后被中国新闻网、齐鲁网、《大众日报》和《威海日报》等多家媒体报道63次。

（王义波）

【民办职业教育】

民办职业中专　2017年，全区有民办中专学校1所：威海景义外国语学校。学校有教职员工61人，专任教师52人；有21个教学班，在校生754人。年内招生279人。学校设置四大类7个专业，包括商务日语、商务韩语、商务英语、电子商务、旅游服务与管理、计算机平面设计、农村经济综合管理专业；形成商务外语、财经商贸、信息技术三个专业群，涉及中韩客轮乘务、涉外营销、国际贸易、淘宝美工、淘宝营销、春季高考、留学预科等多个专业方向。2017年，成功申报山东省规范化中等职业学校。11月，承办山东省农商互联网大会。12月，商务日语专业入选第二批威海市中等职业教育品牌专业。

民办高中　2017年，文登区新建民办高中1所：威海紫光实验学校。校址位于原文登天福山中学。学校类型为民办全日制高中，开设初、高中学历教育。学校创办人兼校长李凌己。8月28日，威海紫光实验学校正式招生，共招收10个教学班，招生人数358人，其中高一新生303人，高三复读生45人。共引进教师65人，其中研究生学历11人，具有高级教师职称14人，区教育局公派教研员和支教教师26人。

民办培训学校　6月，新增文登区1+教育培训学校1处民办培训学校，开设音乐类、美术类、文化类专业。至年末，全区共有民办培训学校8处：威海市文登区派菲特培训学校、威海市文登区奥沃斯语言培训学校、威海市文登区宝威私立学堂、威海市文登区东方金子塔儿童潜能培训学校、威海市文登区银河少年宫、威海市文登区扬程少年宫、威海市文登区启航培训学校、威海市文登区1+教育培训学校。

（于水玲）

威海紫光实验学校（4月10日摄）

成人教育

【农民教育】

中央农业广播电视学校威海市文登区分校　2017年，有教职工11人。主要承担新型职业农民培育任务。培训类型为生产经营型职业农民培育，并对参训学员进行新型职业农民认定。11－12月，分6个班次举办6期培训班，共培训200人。确定山东百岁谷生态农业科技有限公司、文登德丰农业有限公司、文登山泰食品有限公司为田间课堂实践培训基地。年内，对2015－2017年参训学员进行新型职业农民认定，共认定新型职业农民20人。

（张　岩）

【成人高考】　2017年，成人高考开设文史、中医、艺术、理工、经济、管理、药学、法学、教育学、农学、医学等11类学科，涵盖社会大部分的就业领域，参加考试的人员分布社会的各个行业。成人高考分专科起点升本科、高中起点升本科、高中起点升专科三种招生类别，形成大专、本科两个学历层次，脱产、函授两种学习方式。年内，全区成人高考网上报名867人，现场确认774人，网上缴费699人。

（徐海舰）

【自学、社会证书考试】

自学考试　2017年，全区自学考试线下报名46人次，报考123科次，新生报名19人，办理毕业手续10人，8人本科毕业，2人专科毕业。

社会证书考试　2017年，全国公共英语等级考试上半年采取现场报名的形式，128人报名，均为三级证书考试。下半年采取网上报名的形式，文登区设定网上报名容量为200人，当次考点容量达到上限。教师资格证笔试报名统一采取网上报名形式，文登区招生委员会办公室参与网上审核1613人次，3467科次。

（张淑妤）

特殊教育

【文登区特殊教育学校】　2017年，区特殊教育学校有10个教学班，在校生94人。其中，听障生9人，智障生85人。学校还承担14名不能入学的重度残疾适龄儿童送教上门服务工作和2名文登区0～6岁贫困智障儿童的康复训练工作。有在编教职工44名，其中专任教师34人，第一学历为特教专业的20人，其余教师全部完成特殊教育知识系统培训学习，学历达标率为100%。

【教学管理】　学校实行九年义务教育，招生对象为适龄听障、智障及脑瘫、孤独症儿童。根据《聋校义务教育课程设置实验方案》《培智学校义务教育课程设置实验方案》的要求，学校开全学科，开足课时，并结合学校实际和学生特点开设校本课程。听障部主要开设：语文、数学、思想品德、语言训练、律动、运动与康复、绘画与手工、写字、自然常识、社会常识、劳动技能课程；根据学生身心发展需求增设微机、沟通与交往、安全教育、健康与心理健康教育等校本课程。启智部主要开设实用语文、实用数学、生活适应、思想品德、常识、劳动技能、唱游与律动、运动与康复、绘画与手工课程；根据学生身心发展需求增设康复训练（包括感统、精细）、沟通与交往、安全教育、健康与心理健康教育和认知康复训练游戏等校本课程。

【教材】　听障生使用人民教育出版社出版的聋校全日制实验教材，智障生使用上海教育出版社出版的实用教材，并配合使用教师自编的校本教材作为补充。

【教法】　听障班采用“口语、书面语为主、手语为辅”的教学方法，注重直观教学，将分类教学和个别化教学有机结合，最大限度地补偿学生的生理和心理缺陷，使其掌握一定的文化基础知识，具备较强的生活自理能力和初步的社会适应能力。启智班按照最大接近学生最近发展区的原则，以“有教无类、有爱无碍”为宗旨，采用“动中教、乐中学、小步子、多循环”的方法，最大限度地补偿智障学生的智力和行为缺陷，挖掘潜能，使其掌握基本的生活自理能力，并学会一些简单的劳动技能。

（王元会）

招　生

【概况】　区招生委员会办公室（简称区招办）有工作人员10人。2017年，全区招生工作贯彻执行国家和省、市的招生考试政策，区招办完成普通高考、中考、高中学业考试、初中学业考试、成人高考、高教自考和社会证书考试的报名、考试组织工作；普通高中新生录取工作。12月，区招办被威海市招生考试办公室授予普通高中学业水平考试优秀单位称号。

（张淑妤）

【普通高中招生】　普通高中学校招生实行网上录取，普通高中以学生初中学业考试成绩（含考查科目）和基础性发展目标评价结果为依据录取学生。

考试科目中思想品德、地理、历史、生物学、信息技术、理化生实验技能6个科目和学生综合素质评价中的基础性发展目标评价总等级均达到C等，且至少有3项需达到B等，达到B等的科目中至少含思想品德、地理、历史、生物学中的一科作为普通高中招生录取的必备条件。音乐、美术、综合实践活动、地方课程与学校课程5个考查科目成绩均达到C等也作为普通高中招生录取的必备条件。语文、数学、英语、物理、化学、体育与健康6个科目考试成绩总分作为普通高中录取的基本依据。考查科目等级、基础性发展目标评价综合总等级为D级的不能录取到普通高中。

将普通高中招生指标分配到初中学校。指标生的分配比例为普通生招生计划数的85%。指标生的分配原则，以初四学业考试报名人数和初中学校办学水平评价得分各占50%的比例进行分配。各普通高中不招收规定招生区域以外的学生，不接收已按规定程序被其他学校录取的学生，不超计划录取学生，不招收择校生。未参加威海市初中学业考试的学生，任何高中学校不能录取。违规或超计划招收的学生一律不予注册学籍。

【“3+4”本科录取】“3+4”本科录取按照山东省教育厅、省教育招生考试院有关规定执行。“3+4”本科录取报到时间为6月27—29日，已报到考生不能参加普通高中录取。

【中等职业学校录取】全区中等职业学校招生统一在威海市高中段学校考试招生统一录取工作平台上进行，由威海市招生考试办公室根据各中等职业学校招生计划，按照学生初中学业考试成绩和考生自主网报志愿择优录取，未经平台录取的一律不予以注册学籍。具体录取时间按照省教育厅、省教育招生考试院及威海市教育局文件规定执行。

（徐海舰）

教 师

【教师队伍】2017年，全区有教职工6295人，其中专任教师5454人。公办普通高中专任教师921人，其中具有本科以上学历912人，具有高级职称261人、中级职称408人、初级职称243人。初中专任教师1894人，其中具有本科以上学历1784人，具有高级职称351人、中级职称912人、初级职称590人。小学专任教师1625人，其中具有本科以上学历1360人，具有高级职称81人、中级职称741人、初级职称771人。年内，宋文胜、张海华获中小学正高级职称，赵凌云、刘永红被评为山东省特级教师，吕兵文晋入“2017齐鲁最美教师”60强，351人获文登区教育工作先进个人称号。

（于冬丽）

【教师待遇】

公办教师待遇　2017年1月1日起，为2016年度考核等次确定为合格以上的教职工增加一个薪级的工资。

（邹存艺）

幼儿教师待遇　2017年，公办幼儿教师执行与公办中小学教师相同工资标准，公办幼儿园中的非公办幼儿教师月平均工资高于威海市城镇职工最低工资标准。西楼幼儿园、汤南幼儿园、文登师范学校附属幼儿园等公办性质幼儿园，幼儿教师月平均工资达到2041元。海嘉幼儿园、宝威幼儿园、环山幼儿园等民办幼儿园，幼儿教师月平均工资达到2029元。

（刘 斌）

【教师管理】2017年，教育系统坚持以中共十九大精神为指导，以科学发展观为统领，认真履职，科学统筹，教师管理工作不断取得新进展。3月，完成首届中小学校长职级评定工作。5月，区教育局在省教育厅组织的“县管校聘”工作会议上，做专题发言，展现“县管校聘”工作成效；同月，组织进行领导干部考察工作，全面掌握领导干部履职尽责情况；印发《关于深入开展“树师德、正师风”治理教师有偿补课专项活动的通知》，加强师德师风建设。7月，根据区教研中心工作需要，完成公开选聘教研员有关工作；将原隶属于镇（街道）党（工）委的18个党支部（党总支）的组织关系调整到教育局党委；新建16个党支部，实现党组织和党的工作全覆盖；开展党组织和党员基本信息采集工作，75个党委、党支部和1894名党员，全部完成信息的采集、录入、采集表打印、信息核对和签名盖章等工作。8月，完成新教师考选工作；同月，组织进行教育系统评先选优工作。9月，组织开展全区教师宣誓活动。11月，组织进行2017年度职称评审有关工作。12月，完成2017年教师资格定期注册工作，规范教师资格证书的备案、查询和使用。

（邹存艺）

【教师培训】2017年，全区围绕立德树人的根本任务，以教育理念更新和业务水平提高为重点，以教学、研究、培训一体化为主要模式，完成相关教师培训项目工作。依托《威海市文登区中小学教师培养培训工作行动计划（2015—2020）》，逐项完善教师培训制度和培训规划。先后印发《威海市文登区2017年中小学教育干部和教师培训方案》《威海市文登区2017年“互联网+教师专业发展”工程实施方案》《威海市文登区2017年新岗教师规范化培训实施方案》《威海市文登区2017年暑期教师专业发展活动实施方案》《威海市文登区中小学教师专业发展培训管理实施细则》《威海市文登区教师专业发展示范学校建设工作指导意见（讨论稿）》《威海市文登区小学校长任职资格培训实施方案》等系列文件，规范教师培训工作。

全员培训　2017年高中895人、初中1860人、小学1326人、幼儿园341人完成山东省“互联网+教师专业发展”为主体的远程研修工作，任务完成率达100%。8月28日，围绕师德、教师成长两个主题，举办全区暑期教师专业发展报告会。

领导干部培训　4月20—21日，全区中小学校长42人，参加山东北斗教育研究院在威海举办的特色学校建设论坛。6月26—28日，高中校长参加省教育厅举办全省普通高中校长素质教育专题全员培训班。9月，组织高中校长参加为期10天的山东省第84期高中校长任职资格培训。10月26—27日，举办初中和小学德育领导干部论坛。

班主任培训　3月31日，在实验中学举办“新教育形势下如何成为一名教练型班主任”全体初中班主任培训会。5月19—21日，小学名班主任48人，参加在青岛举行的全国中小学班主任专业素养提升高级研修班。8月24—30日，70名新岗教师在区教育局进行2017年新岗教师规范化集中培训。10月26—31日，8名山东省乡村特级教师岗位人选参加在浙江师范大学举办的专项培训。11月24—26日，14名高中名班主任参加在青岛举行的“全国中小学班主任领导力提升暨骨干教师职业生涯规划与设计”研讨会培训会。

威海“四名工程”和“文登七名工程”专项培训 8月4—5日，第三届“七名工程”小学名师人选48人，参加在威海市举办的“核心背景下教师成长”培训活动。2017年3月威海“四名工程”人选45人参加届终考核，全部顺利通过。8月，对全区第二届“七名工程”建设人选进行年度考核评定，按照文登区“七名工程“培养对象年度考核指标体系，进行审核、量化计绩、汇总排序。

（张云波　于文斌）

教育教学设施

【基础设施建设】 2017年，推行山东省解决大班额工作。3月，实验小学综合楼和柳林小学综合楼投入使用；实施大众小学迁建工程，建筑面积17169平方米，投入资金约6000万元；实施第二实验小学扩建工程，建筑面积11160平方米，投入资金约4000万元；至年末，两处学校主体工程完工，进行室内装修和附属工程施工。9月，完成柳林小学塑胶场地建设，投入资金约400万元；投入资金约50万元，新建实验中学传达室。10月，实施农村学校清洁能源取暖改造工程，投入资金约300万元，拆除界石、高村、大水泊、张家产、泽头、泽库、宋村、葛家、侯家镇中小学及幼儿园燃煤锅炉，完成界石、大水泊镇中小学及幼儿园的集中供暖；完成张家产、高村、宋村镇中小学及幼儿园的“煤改气”供暖工程；完成泽库、泽头、葛家镇中小学“煤改油”临时清洁能源供暖改造工程；完成侯家镇中小学“煤改电”临时清洁能源供暖改造工程。启动一中重建、峰山小学新建、三里河小学扩建工程。

（王洪顺）

【教学设施建设】 教育城域网核心机房完成升级改造，加强机房环境建设，配备一体化机柜，更换核心交换设备，安装超融合一体机。实验中学和实验小学完成有线网络改造和无线网络建设任务，实现有线网络和无线网络的全覆盖，通过山东省首批教育信息化试点学校的验收。政务网接入范围不断扩大，区教育局办公室、职教科、人才服务中心、政工科、安全办、普教科、核算中心、招办、教研中心等实现教育网和政务网的双网接入。采购60套触控一体机取代传统的投影机加白板的模式，用于新建校和老旧多媒体的更新。新建大众小学的网络、监控、多媒体、音响、广播等信息化项目，项目正在建设中。

（牛华强）

教育经费

【概况】 2017年，教育经费总支出17.59亿元，其中公共财政教育经费15.98亿元，占全区公共财政预算支出的25.16%。义务教育预算内生均公用经费标准为初中1110元，小学910元。

2017年文登区教育经费收入明细表

单位：千元

项　目		数　额
公共财政预算安排的教育经费	合计	1688502
	教育事业费	1523497
	教育费附加	74200
	其他	90805
政府性基金预算安排的教育经费	合计	450
	彩票公益金	450
民办学校中举办者投入		5000
事业收入		61613

续表

项　目	数　额
其他教育经费	3785
合　计	1759350

2017 年文登区教育经费支出明细表

单位：千元

项　目		数　额
合　计		1759350
工资福利支出		614508
对个人和家庭的补助支出	合计	189373
	其中：助学金	6176
商品和服务支出		116955
其他资本性支出	合计	838514
	其中：房屋建筑物购建	602016
	大型修缮	209771
	设备购置	21173
	信息网络购建	313
	其他资本性支出	5241
公共财政预算支出		6349300
公共财政教育支出占全区公共财政预算支出的％		25.16%

（唐　伟）

责任编辑　荣凤娟

科　技

综　述

【概况】 2017年，全区科学技术发展贯彻中共十九大精神，深化科技体制改革，完善以企业为主体、市场为导向、产学研深度融合的技术创新体系，促进科技成果转移转化，加强对中小企业创新的支持，强化知识产权创造、保护及运用，加快推进新旧动能转换。承担威海市级以上科技发展计划25项，获得威海市级以上科技奖励18项；专利申请量948件，授权量934件，其中发明专利申请量204件，授权量42件。至年末，全区建有省级工程技术研究中心21家（其中示范中心5家），高新技术企业31家，院士工作站3家，省级重点实验室1家，省级产业技术创新战略联盟3家。

【科技管理机构】 2017年，区科技局内设办公室（另挂行政许可科牌子）、规划与科技条件科（另挂科技合作科牌子）、高新技术发展及产业化科（另挂自主创新办公室牌子）、农村与社会发展科技科（另挂海洋科技科牌子），有工作人员10人。下设区知识产权局（区技术转移服务中心与其合署办公），有工作人员7人。3月，文登西洋参产业发展办公室挂文登省级农业科技园管理委员会牌子调整为文登省级农业科技园管理委员会挂文登西洋参产业发展办公室牌子，由隶属区农业局调整为隶属区科技局，有工作人员2人。区地震局仍与区科技局合署办公，有工作人员2人。

（于海泳）

【产学研合作创新】 2017年，区科技局走访浙江大学、天津大学、吉林农大、鲁东大学、哈尔滨工业大学（威海）等高校院所，征集最新科技成果100余项，帮助文登市宝丰农机装备有限公司、文登奥文电机有限公司、合鸿新材科技有限公司联系山东理工大学、西南大学、中国工程物理研究院等高校院所专家，为企业解决农机、电机控制系统及在线检测方面技术难题。组织西洋参产业专题洽谈会3次，深化东旭西洋参与鲁东大学、吉林农大等高校院所在无土栽培方面的合作。推进天润曲轴股份有限公司、威力工具集团有限公司等骨干企业与西北工业大学、哈尔滨工业大学（威海）开展合作，推进威海筑丰五金有限公司、威海银泽生物科技有限公司等科技型小微企业与吉林大学、鲁东大学的合作，在汽车及零部件、现代农业、工业自动化及石油管材研究等方面签订产学研合作协议27项，科莱默与哈工大共建校企联合研发中心1家。

（张银燕　王春娥）

【工程技术研究中心】 2017年，全区有工程技术研究中心64家。其中，省级21家（含省级示范工程技术研究中心5家），市级14家，区级29家。2017年，新认定市级工程技术研究中心2家。

12月18日，召开威海市文登区推动新旧动能转换产学研合作创新洽谈会

2017年文登区省级工程技术研究中心一览表

序号	中心名称	企业名称	认定时间	批准部门
1	山东曲轴工程技术研究中心（示范中心）	天润曲轴股份有限公司	2014	省科技厅
2	山东省冶金除尘工程技术研究中心（示范中心）	威海市正大环保设备有限公司	2014	省科技厅
3	山东省高性能纤维增强非金属复合管工程技术研究中心（示范中心）	威海鸿通管材股份有限公司	2015	省科技厅
4	山东省环保高分子材料及助剂工程技术验证中心（2016升级示范中心）	山东万图高分子材料股份有限公司	2011	省科技厅
5	山东省槽式太阳能集热技术工程技术研究中心（示范中心）	威海金太阳光热发电设备有限公司	2015	省科技厅
6	山东省复合（仿生）纺织材料工程技术研究中心	山东云龙绣品有限公司	2002	省科技厅
7	山东省轻型载货电动汽车工程技术研究中心	东安黑豹股份有限公司	2002	省科技厅
8	山东省生态绣业工程技术研究中心	山东万得集团有限公司	2003	省科技厅
9	山东特种电源工程技术研究中心	威海文隆电源集团有限公司	2003	省科技厅
10	山东省轿车内饰件工程技术研究中心	山东文登中达轿车内装饰公司	2004	省科技厅
11	山东省特种风机工程技术研究中心	威海市威力风机有限公司	2004	省科技厅
12	山东省电脑绣工程技术研究中心	山东省艺达有限公司	2005	省科技厅
13	山东省高效节能电机工程技术研究中心	威海泰富西玛电机有限公司	2005	省科技厅
14	山东省家纺特种工艺工程技术研究中心	文登市芸祥绣品有限公司	2006	省科技厅
15	山东省高岛海珍品无公害养殖工程技术研究中心	威海高岛盐场 文登市水产研究所	2006	省科技厅
16	山东省桩工机械工程技术研究中心	文登市合力机械有限公司	2007	省科技厅
17	山东省电动抛光工具工程技术研究中心	文登市奥文电机有限公司	2008	省科技厅
18	山东省五金工具工程技术研究中心	文登威力高档工具有限公司	2009	省科技厅
19	山东省西洋参工程技术研究中心	威海金颐阳药业有限公司	2011	省科技厅
20	山东省空分分子筛工程技术研究中心	威海华泰分子筛有限公司	2012	省科技厅
21	山东省镇痛药物工程技术研究中心	威海迪素制药有限公司	2011	省科技厅

2017年文登区威海市级工程技术研究中心一览表

序号	中心名称	依托单位	认定时间	批准部门
1	威海市滩涂贝类工程技术研究中心	文登水产技术推广站	2008	威海市科技局
2	威海市安全玻璃工程技术研究中心	文登明池玻璃有限公司	2010	威海市科技局
3	威海市槽式太阳能集热管工程技术研究中心	威海市汇银高温集热管有限公司	2011	威海市科技局
4	威海市优势中药材栽培工程技术研究中心	文登市药材技术服务站	2011	威海市科技局

续表

序号	中心名称	依托单位	认定时间	批准部门
5	威海市骨科生物工程技术研究中心	文登整骨科技开发有限公司	2012	威海市科技局
6	威海市生活污水处理及资源化回用工程技术研究中心	威海正大水务设备科技有限公司	2012	威海市科技局
7	威海市干式真空泵工程技术研究中心	威海市智德真空科技有限公司	2013	威海市科技局
8	威海市先进金属表面处理工程技术研究中心	威海久威材料科技有限公司	2014	威海市科技局
9	威海市工程机械电液控制工程技术研究中心	威海市华塔建筑机械有限公司	2015	威海市科技局
10	威海市茎秆植物收割打捆机械工程技术研究中心	威海佳润农业机械有限公司	2015	威海市科技局
11	威海市粉末冶金高密度模压成型工程技术研究中心	山东威达粉末冶金有限公司	2016	威海市科技局
12	威海市奶山羊繁育及乳品深加工工程技术研究中心	山东德正乳业有限公司	2016	威海市科技局
13	威海市高性能连续纤维增强热塑性复合材料工程技术研究中心	威海汇兴纤维制品有限公司	2017	威海市科技局
14	威海市通信光缆工程技术研究中心	宏安集团有限公司	2017	威海市科技局

2017 年文登区级工程技术研究中心一览表

序号	中心名称	依托单位	认定时间	批准部门
1	文登市物联网工程技术研究中心	文登威力高档工具有限公司	2009	文登市科技局
2	文登市皮毛深加工工程技术研究中心	威海天智皮毛制品有限公司	2009	文登市科技局
3	文登市特种保温材料工程技术研究中心	威海博康特保温建材有限公司	2009	文登市科技局
4	文登市特种涂料工程技术研究中心	威海聚能新材料有限公司	2009	文登市科技局
5	文登市铝铸造合金晶粒细化工程技术研究中心	文登市恒佳熔铸材料制品厂	2010	文登市科技局
6	文登市农作物良种工程技术研究中心	文登市佳禾种业有限公司	2010	文登市科技局
7	文登市水貂养殖工程技术研究中心	文登市畜牧兽医技术服务中心	2010	文登市科技局
8	文登市通信线缆工程技术研究中心	宏安集团有限公司	2011	文登市科技局
9	文登市蔬菜生态型有机栽培技术研究中心	文登蔬菜协会	2011	文登市科技局
10	文登市罐藏食品工程研究中心	威海君利得食品有限公司	2011	文登市科技局
11	文登市粉末冶金工程技术研究中心	山东威达粉末冶金有限公司	2012	文登市科技局
12	文登市绿色建筑工程技术研究中心	山东蓝岛新型建材股份有限公司	2012	文登市科技局
13	文登市中低温固化预浸料工程技术研究中心	威海汇兴纤维制品有限公司	2012	文登市科技局
14	文登市传统鲁菜工艺向调理食品转化工程研究中心	文登市山泰食品有限公司	2012	文登市科技局
15	文登市水貂养殖工程技术中心	文登奥吉丽斯貂业有限公司	2012	文登市科技局
16	威海市文登区功能性橡胶助剂工程技术研究中心	威海彤悦新材料有限公司	2014	文登区科技局
17	威海市文登区采油抽油泵工程技术研究中心	合鸿新材科技有限公司	2014	文登区科技局
18	威海市文登区特种胶辊工程技术研究中心	威海市恒力胶辊制品厂	2014	文登区科技局

续表

序号	中心名称	依托单位	认定时间	批准部门
19	威海市文登区工程钻机工程技术研究中心	文登市工程钻机厂	2014	文登区科技局
20	威海市文登区小型农业机械工程技术研究中心	文登市加力农业机械有限公司	2014	文登区科技局
21	威海市文登区有机玻璃钢温室骨架工程技术研究中心	威海市锐达羽毛制品有限公司	2014	文登区科技局
22	威海市文登区液压机械装备工程技术研究中心	文登市机电设备厂有限公司	2014	文登区科技局
23	威海市文登区智能微型投影工程技术研究中心	山东祈锦光电科技有限公司	2016	文登区科技局
24	威海市文登区特种装载运输车工程技术研究中心	威海顺丰专用车制造有限公司	2016	文登区科技局
25	威海市文登区安全拆除平台工程技术研究中心	威海新特重工股份有限公司	2016	文登区科技局
26	威海市文登区新能源汽车温度调节器件工程技术研究中心	威海市科博乐汽车电子有限公司	2016	文登区科技局
27	威海市文登区钾肥复合肥工程技术研究中心	威海沁和实业有限公司	2016	文登区科技局
28	威海市文登区轻质环保玻璃制品工程技术研究中心	文登市文胜玻璃有限公司	2016	文登区科技局
29	威海市文登区碳纤维电发热设备研发工程技术研究中心	威海乔圣电取暖设备有限公司	2016	文登区科技局

（王春娥）

【高新技术企业】 2017 年，全区共有国家级高新技术企业 31 家。其中，2017 年新认定 11 家。

2017 年文登区高新技术企业一览表

序号	企业名称	认定时间	所属领域
1	天润曲轴股份有限公司	2017 年重新认定	先进制造与自动化
2	威海市威力高档工具有限公司	2009	先进制造与自动化
3	威海威力风机有限公司	2017 年重新认定	先进制造与自动化
4	威海市正大环保设备股份有限公司	2017 年重新认定	资源与环境技术
5	威海鸿通管材股份有限公司	2010	新材料技术
6	文登奥文电机有限公司	2010	先进制造与自动化
7	威海华泰分子筛有限公司	2012	新材料技术
8	威海金太阳光热发电设备有限公司	2013	新能源及节能技术
9	明池玻璃股份有限公司	2016	新材料技术
10	合鸿新材科技有限公司	2017 年重新认定	新材料技术
11	威海智德真空科技有限公司	2017 年重新认定	先进制造与自动化
12	文登恒润锻造有限公司	2017 年重新认定	先进制造与自动化
13	威海迪素药业有限公司	2014	先进制造与自动化
14	山东万图高分子材料股份有限公司	2015	新材料技术
15	山东威达粉末冶金有限公司	2015	新材料技术

续表

序号	企业名称	认定时间	所属领域
16	威海顺意电机有限公司	2015	先进制造与自动化
17	威海迪嘉制药有限公司	2015	生物与新医药技术
18	宏安集团有限公司	2016	电子信息
19	山东安德广厦新能源科技有限公司	2016	新能源及节能
20	威海康好生物科技有限公司	2017 年迁入文登	生物与新医药技术
21	威海沁和实业有限公司	2017	生物与新医药技术
22	威海顺丰专用车制造有限公司	2017	先进制造与自动化
23	文登市文胜玻璃有限公司	2017	新能源及节能
24	山东德瑞博新能源汽车制造有限公司	2017	先进制造与自动化
25	山东祈锦光电科技有限公司	2017	电子信息
26	威海市科博乐汽车电子有限公司	2017	电子信息
27	威海中恒管桩有限公司	2017	新能源及节能
28	威海新特重工股份有限公司	2017	新能源及节能
29	山东昆嵛电缆有限公司	2017	电子信息
30	山东科苑校企合作技术服务有限公司	2017	高技术服务
31	威海乔圣电取暖设备有限公司	2017	新能源及节能

【院士工作站】 2017 年，全区有山东省文登鸿通管材、山东省天润曲轴、山东省正大环保设备 3 家院士工作站。

【产业技术创新联盟】 2017 年，全区共有电动载货汽车产业技术创新战略联盟、发动机关键零部件产业技术创新战略示范联盟、西洋参产业技术创新战略示范联盟 3 家省级产业技术创新联盟，水貂产业技术创新战略联盟 1 家市级产业技术创新联盟。

【重点实验室】 2017 年，新获批市级重点实验室 1 家（威海市绿色环保 PVC 助剂制备及应用技术重点实验室）。至年末，全区有省级重点实验室 1 家（发动机曲轴连杆技术依托单位天润曲轴股份有限公司）、市级重点实验室 2 家（威海市绿色油气采输技术重点实验室、威海市绿色环保 PVC 助剂制备及应用技术重点实验室）。

（张银燕　王春娥）

【科技企业孵化器与众创空间】 2017 年，全区共有省级以上孵化器 4 家，其中国家级 1 家；省级以上众创空间 10 家，其中国家级 2 家。2017 年，新备案省级孵化器 1 家，省级众创空间 3 家。

2017 年文登区孵化器情况一览表

序号	名称	成立时间	获省级备案时间	获国家备案时间
1	威海漫游世纪科技孵化器	2014. 1. 23	2016. 8. 5	
2	威海绿谷科技孵化器	2014. 4. 30	2016. 8. 5	
3	威海蓝色产业科技孵化器	2013. 11. 22		2016. 3. 23
4	威海市文登区道地参业发展有限公司	2016. 9. 23	2017. 11. 8	

2017 年文登区众创空间情况一览表

序号	名称	依托单位	获省级备案时间	获国家备案时间
1	裕景天创业茶馆	威海启泰信息科技有限公司	2016. 8. 5	
2	海洋 e 家	威海蓝色产业科技孵化器	2016. 8. 5	
3	鲁绣文化产业创意设计众创空间	威海芸祥绣品有限公司	2016. 8. 5	
4	智谷咖啡	威海蓝色产业科技孵化器		2016. 2. 15
5	e 谷（文登）创客空间	威海漫游世纪科技孵化器		2016. 2. 15
6	海创空间	威海桂合网络技术有限公司	2015. 12. 2	
7	绿谷众创空间	威海绿谷科技孵化器有限公司	2015. 12. 2	
8	勤达众创空间	威海市文登区勤达职业技能培训学校	2017. 11. 8	
9	供销 e 家众创空间	威海市供销电子商务有限公司	2017. 11. 8	
10	泛海扬帆众创空间	威海泛海扬帆创业服务有限公司	2017. 11. 8	

（宋建强　王春娥）

【科技计划管理】 2017 年，文登区组织承担威海市级及以上科技发展计划 25 项，其中省级 8 项。

2017 年文登区承担省级以上科技计划一览表

序号	项目类别	项目名称	承担单位
1	省创新公共服务平台计划	山东省曲轴工程技术研究中心	天润曲轴股份有限公司
2	省企业研究开发财政补助资金计划	企业研究开发财政补助	威海金太阳光热发电设备有限公司
3	省企业研究开发财政补助资金计划	企业研究开发财政补助	山东万图高分子材料股份有限公司
4	省企业研究开发财政补助资金计划	企业研究开发财政补助	威海市正大环保设备股份有限公司
5	省企业研究开发财政补助资金计划	企业研究开发财政补助	文登中达轿车内装饰有限公司
6	省企业研究开发财政补助资金计划	企业研究开发财政补助	威海迪素制药有限公司
7	省企业研究开发财政补助资金计划	企业研究开发财政补助	文登奥文电机有限公司
8	省企业研究开发财政补助资金计划	企业研究开发财政补助	威海市威力高档工具有限公司

2017 年文登区承担威海市级科技计划一览表

序号	项目类别	项目名称	承担单位
1	威海市重大科技专项计划	发动机曲轴 / 连杆实验室	天润曲轴股份有限公司
2	威海市重点研发计划（科技发展计划）- 技术创新类项目	电机壳体用镁合金挤压型材研制	文登奥文电机有限公司
3	威海市重点研发计划（科技发展计划）- 技术创新类项目	煤气清洁燃烧 ZDHC 法脱硫及硫磺回收装备的研发	威海市正大环保设备股份有限公司

续表

序号	项目类别	项目名称	承担单位
4	威海市重点研发计划（科技发展计划）－技术创新类项目	丹参新品种选育及配套栽培技术研究	文登市大德兴农庄农产品有限公司
5	威海市重点研发计划（科技发展计划）－技术创新类项目	骨伤科重点专科建设	山东省文登整骨医院
6	威海市重点研发计划（科技发展计划）－创建平台奖励补助	山东省环保高分子材料及助剂工程技术研究中心、威海市绿色环保 PVC 助剂制备及应用技术重点实验室	山东万图高分子材料股份有限公司
7	威海市重点研发计划（科技发展计划）－创建平台奖励补助	威海市先进金属表面处理工程技术研究中心	威海久威材料科技有限公司
8	威海市重点研发计划（科技发展计划）－创建平台奖励补助	威海市滩涂贝类工程技术研究中心	威海市文登区水产技术推广站
9	威海市重点研发计划（科技发展计划）－验收后补助项目	丹麦水貂良种引进与改良、繁育技术研究	文登奥吉丽斯貂业有限公司
10	威海市企业研究开发财政补助资金计划	企业研究开发财政补助	威海金太阳光热发电设备有限公司
11	威海市企业研究开发财政补助资金计划	企业研究开发财政补助	山东万图高分子材料股份有限公司
12	威海市企业研究开发财政补助资金计划	企业研究开发财政补助	威海市正大环保设备股份有限公司
13	威海市企业研究开发财政补助资金计划	企业研究开发财政补助	文登中达轿车内装饰有限公司
14	威海市企业研究开发财政补助资金计划	企业研究开发财政补助	威海迪素制药有限公司
15	威海市企业研究开发财政补助资金计划	企业研究开发财政补助	文登奥文电机有限公司
16	威海市企业研究开发财政补助资金计划	企业研究开发财政补助	威海市威力高档工具有限公司
17	威海市科技创新券专项资金计划	科技创新券（技术开发与技术转让类）	威海市文登区黎明机械厂

（陈　艳　王春娥）

科技成果

【成果奖励】 2017 年，全区获奖科技成果 41 项。其中，获国家科技进步奖二等奖 2 项，省科技进步奖二等奖 1 项，威海市科学技术奖励 15 项，文登区科学技术奖励 23 项。

2017 年文登区获奖科技成果一览表

成果名称	完成单位	奖励级别	奖励名称
寰枢椎脱位中西医结合治疗技术体系的创建与临床应用	中日友好医院、河南省洛阳正骨医院（河南省骨科医院）、中南大学湘雅二医院、山东省文登整骨医院、上海市第一人民医院、南华大学附属第一医院、西南医科大学附属医院	二等奖	国家科学技术奖

续表

成果名称	完成单位	奖励级别	奖励名称
坎地沙坦酯原料与制剂关键技术体系构建及产业化	迪沙药业集团有限公司、济南大学、上海医药工业研究院、威海迪素制药有限公司	二等奖	国家科学技术奖
洛索洛芬钠原料与制剂关键技术体系构建及产业化	迪沙药业集团有限公司、威海迪素制药有限公司	二等奖	山东省科技技术奖
康明斯高功率以铁代钢曲轴的研制（康明斯 ISG12T 曲轴）	天润曲轴股份有限公司	一等奖	威海市科技进步奖
纤维增强非金属复合管	威海鸿通管材股份有限公司	一等奖	威海市科技进步奖
不同方法治疗肱骨近端骨折的系列研究	山东省文登整骨医院	一等奖	威海市科技进步奖
引进耐高温型刺参室内育苗与池塘网箱中间培育技术	威海市文登区水产技术推广站	二等奖	威海市科技进步奖
气管切开相关技术的研究与临床用	山东省文登整骨医院、烟台毓璜顶医院	二等奖	威海市科技进步奖
外周神经阻滞麻醉在急、危重及高龄患者围术期的临床应用	山东省文登整骨医院	二等奖	威海市科技进步奖
整骨接骨药丸治疗骨折的临床与实验研究	山东省文登整骨医院	二等奖	威海市科技进步奖
单枚 Cage 固定融合治疗腰椎失稳	山东省文登整骨医院	二等奖	威海市科技进步奖
中西医结合治疗创伤性骨髓炎	山东省文登整骨医院	二等奖	威海市科技进步奖
间接复位及外固定架固定技术治疗 Pilon 骨折的研究	山东省文登整骨医院	二等奖	威海市科技进步奖
中西医结合治疗上肢骨折脱位的临床研究	山东省文登整骨医院	二等奖	威海市科技进步奖
高透明型高效环保钙锌复合热稳定剂	山东万图高分子材料股份有限公司	三等奖	威海市科技进步奖
ADC 发泡剂废水综合治理的研究与应用	文登市西郊热电有限公司	三等奖	威海市科技进步奖
棘轮活扳手研制及其优化调度技术	威海市威力高档工具有限公司	三等奖	威海市科技进步奖
控力抗阻运动康复疗法在颈腰痛的应用研究	山东省文登整骨医院	三等奖	威海市科技进步奖
重汽用铸态产品制造技术的开发应用	天润曲轴股份有限公司	一等奖	文登区科技进步奖
纤维增强非金属复合管	威海鸿通管材股份有限公司	一等奖	文登区科技进步奖
SCM 系列新型低速双向精密磨刀机	文登奥文电机有限公司	一等奖	文登区科技进步奖
血小板裂解液及骨髓凝胶局部注射治疗骨折延迟愈合及不愈合的研究	山东省文登整骨医院	一等奖	文登区科技进步奖
筋骨并重辨病诊治腰椎失稳性疾病的基础研究与临床应用	山东省文登整骨医院	一等奖	文登区科技进步奖
新型生物基环保无毒 PVC 浸塑液	山东万图高分子材料股份有限公司	一等奖	文登区科技进步奖
四因制宜模式在上肢骨折功能康复的应用	山东省文登整骨医院	一等奖	文登区科技进步奖
正压无氧球化工艺技术的研究及在内燃机曲轴上的应用	天润曲轴股份有限公司	一等奖	文登区科技进步奖
碳素焙烧烟气无害化深度处理装备	威海市正大环保设备股份有限公司	二等奖	文登区科技进步奖
快速管道焊接定位器工艺技术与开发	威海市威力高档工具有限公司	二等奖	文登区科技进步奖

续表

成果名称	完成单位	奖励级别	奖励名称
扣锁绣智能化新技术的应用研究	威海市芸祥绣品有限公司	二等奖	文登区科技进步奖
引进“黄选一号”梭子蟹池塘生态养殖技术研究与应用	威海市文登区水产技术推广站		
关节镜下自体细胞因子注射治疗膝前交叉韧带松弛的研究	山东省文登整骨医院		
曲轴残余应力与疲劳强度关系的研究与应用	天润曲轴股份有限公司		
免植骨重建外固定结合 PRP 治疗四肢感染性骨不连的研究	山东省文登整骨医院		
强力预加载强化技术的研究及应用	天润曲轴股份有限公司		
高线风冷线冷却风机	威海威力风机有限公司		
节能高效率智能型单相异步电动机	威海顺意电机股份有限公司	三等奖	
ADC 发泡剂废水综合治理的研究与应用	文登市西郊热电有限公司		
数字化术前规划在足踝部创伤个体化治疗中的应用研究	山东省文登整骨医院		
阶梯式康复模式在创伤骨折重塑‘三柱’功能中的应用研究	山东省文登整骨医院		
牵屈复位半管形石膏固定治疗老年 Colles 骨折	山东省文登整骨医院		
电子式电压互感器	国网山东省电力公司威海市文登区供电公司		

（马洪乐　陈　艳）

专利管理

【专利宣传】 采取多种形式加强知识产权宣传，利用世界知识产权日、科技下乡、企业调研等时机，宣传专利知识和相关政策，先后发放宣传材料8000余份，接受现场咨询和技术指导100余次。

【专利执法】 4月25日，区知识产权局联合威海市知识产权局、区财贸办、区公安分局等单位，开展专利行政执法检查活动。以超市、家电和小商品等流通领域为重点，共检查各类商品1000余件，对发现有专利标识标注的30余件商品逐一进行核实确认，其中1件商品涉嫌假冒专利商品，执法人员进行取证、登记，按程序进行相应处理。

【专利申请授权】 2017年文登区专利申请量948件，授权量934件，其中发明专利申请量204件、授权量42件。

（徐　升　刘虎强）

地震工作

【防震减灾】 制定《2017年度震情跟踪工作方案》，完成米山地震监测台防雷检测，定期对台站设备、电源线路进行维护，对监测台大院供排水系统进行整治，打深水井一口。协助山东省地震局对文登地震监测小台阵10个点进行选址，涉及3个镇（街道）7个行政村，协商解决赔偿问题，签订用地协议。制定、落实区地震局震情会商改革方案。处置一起文登营村居民水井因水泵漏电导致水温异常现象问题。

开展防震减灾科教“进机关、进学校、进企业、进社区、进农村、进家庭”活动，利用电视台、文登大众报、网络、纪委行风热线、组织部干部培训班等时机，宣传防震抗震知识，组织机关、企业、学校举办地震科普讲座4场次，利用“5·12”“7·28”、科技下乡、防空防灾警报试鸣日等时机，到农村、社区、广场等进行科普宣传5次。利用“5·12防灾减灾日”，开展应急演练活动。联合区应急办、防空办、教育局、卫生局、公安分局、消防大队等部门单位，在威海芸祥绣品有限公司开展应急预案现场演练。组织机关、社区、学校、医院、企业、商场、宾馆等单位开展避震逃生演练活动，在文登二中开展中小学校避震逃生示范演练，其他学校演练不少于3次。参加威海市地震局举办的地震现场工作队应急演练。开展防震减灾示范工程创建工作，文登区柳林小学获批省科普示范学校称号。加强建设工程抗震设防监管，落实《中国地震动参数区划图》国家强制标准，全年按新标准审批建设项目 3 项。

（马洪乐）

气象工作

【概况】 区气象局内设办公室、业务科、防雷中心、气象科技服务中心。2017 年，有工作人员 14 人，其中工程师 4 人，助工 10 人。主要担负地面气象资料观测积累，为政府提供决策气象服务，为社会提供公益气象服务，为不同行业提供专业气象服务，同时开展人工影响天气作业、电视天气预报制作、防雷安全管理等工作。业务科完成气象数据观测和传输任务，报表合格；农业气象完成土壤水分、自然物候和作物观测、数据传输任务，报表合格；预报业务完成重大天气过程监测预报任务，及时制作发布天气预报和预警信号。2017 年各项业务考核达省气象局一级目标，被威海市气象局授予“气象服务先进集体”和气象业务“达标单位”称号，被文登区政府授予“先进单位”称号。

【基础设施建设】 年内，完成文登辖区内 12 处区域自动气象站更新改造工作，文登天气微信公众号正式上线运行。

【气象服务】 气象局每天发布未来 24 小时、48 小时、72 小时天气预报，制作长、中、短期天气预报，提供重大天气过程专题气象服务和重要农时季节专项气象服务及气象资料证明、气象信息查询服务。2017 年，气象局较好地预报服务 8 月 4 日大暴雨过程。全年发布大风、寒潮、雷电、暴雨等各类预警信息 63 条，发布各类专题报告 147 期，发布各类气象服务、气象应急短信近 19 万条，较好的完成气象服务任务。年内，先后组织实施 11 次人工增雨作业，发射增雨火箭弹 62 枚。加强同文登电视台《百姓关注》栏目、威海晚报、文登报社等的合作，做好气象科普宣传，多次接待中、小学校组织的科普活动，参与文登广播电台“行风热线”直播栏目。

【防雷工作】 负责全区范围内易燃易爆场所及危化品企业防雷设施的检测及审核等工作，增强防御雷电灾害能力，减轻雷电灾害损失。

（张夕国）

农村能源

【概况】 2017 年，区农村能源办公室（简称区能源办）有工作人员 6 人。年内，区能源办加快转变农业发展方式，破解资源环境瓶颈，推进全区生态循环农业发展。至年末，户用沼气累计 1.75 万户、小型沼气工程累计 138 处、大型沼气工程累计 6 处（2017 年度批复 1 处，因主体工程未开工建设，新增数量未统计）。区镇村“三级”综合服务网络覆盖全区沼气户，包括：区级农村能源综合服务中心 1 个、镇级农村能源区域服务中心站 10 个和沼气乡村服务网点 33 个。新增省级生态循环农业示范基地 3 处，2017 年末市级（含省级）生态循环农业示范基地累计 65 处；新增市级精品观光采摘园 5 处，2017 年末市级精品观光采摘园累计 9 处。

【农作物秸秆综合利用试点】 按照省农业厅、财政厅《关于印发山东省 2017 年农作物秸秆综合利用试点工作方案的通知》及有关文件要求，文登区实施威海市文登区 2017 年农作物秸秆综合利用试点项目。按照“集中连片、整体推进；多元利用、农用优先；市场运作、政府扶持；突出重点，扶贫优先”的原则，结合全区实际，区农作物秸秆综合利用试点县的建设内容包括：秸秆精细化还田建设（在全区实施 3870.67 公顷玉米等作物秸秆精细化还田、深耕深松及旋耕整地作业）、社会化服务组织建设（在全区 13 个镇、街道建设 15 个收储中心，其中：高村为重点收储中心）、土壤有机质含量对比监测。该项目计划总投资 1973.83 万元，其中中央财政资金 1000 万元，自筹资金 973.83 万元。秸秆精细化还田投资 1108.83 万元，其中：中央财

玉米秸秆还田第一步粉碎还田

玉米秸秆还田第二步深耕深松

玉米秸秆还田第三步旋耕整地（11 月 4 日摄）

政资金615万元，自筹493.83万元。社会化服务组织建设计划投资865万元，中央财政资金385万元，自筹资金480万元。计划购置小麦联合收割机15台150万元，玉米联合收割还田机19台190万元，花生收获机6台54万元，配深耕深松设备1304拖拉机15台255万元，秸秆打捆机3台30万元，监控、排水及消防设施15套15万元，原料堆放场30000平方米75万元，办公房30间90万元，围墙5万元。土壤有机质含量对比监测投资15万元，配套购买深耕深松检测设备15套。至2017年年末，该项目共完成15处秸秆收储中心的相关场所建设，完成秸秆腐熟剂招标及部分发放工作，完成1304拖拉机的招标工作。

【生态循环农业建设】 根据威海市农业局、财政局《关于2017年生态循环农业示范项目实施方案的批复》及有关文件要求，文登区实施2017年山东省生态循环农业示范项目，项目总投资485.4万元，其中：省级资金260万元，企业自筹资金225.4万元。主要建设内容包括滴灌水肥一体化技术设施47.33公顷，建设沼液储存池3座，池容总量3000立方米。购买功能性有机肥460吨，用于34.67公顷生态循环农业基地示范推广。购买8.2立方米沼渣沼液运输车2辆、购买生物农药、小型自走式打药机2辆、中型牵引式打药机2辆、小型打药机40台、太阳能路灯20盏。建设冬暖大棚0.2公顷、修葺步道7500平方米。

项目建设省级生态循环农业示范基地3处，实施主体分别是威海威高现代农业生态园有限公司、威海市景翔果蔬专业合作社、威海市文登区裕景天果蔬专业合作社。威海威高现代农业生态园有限公司生态循环农业示范项目投资256.35万元，其中：争取省级财政资金投入120.95万元，企业自筹资金135.4万元，用于建设生态循环农业示范基地1处，建设地点位于葛家镇东崔家口村南，总面积133.33公顷。计划实施水肥一体化30.67公顷，使用功能性有机肥料16公顷及生物农药1宗，建设沼液储存池3个，总容积达到3000立方米，建设冬暖大棚0.1公顷，安装太阳能路灯19盏，购买小型自走式打药机和中型牵引式打药机各2台。威海市景翔果蔬专业合作社生态循环农业示范项目投资177万元，其中：争取省级财政资金投入87万元，企业自筹资金90万元，用于建设生态循环农业示范基地1处，建设地点位于小观镇东浪暖村，总面积38.67公顷。计划实施水肥一体化16.67公顷，使用功能性有机肥料8公顷及生物农药1宗，购买8.2立方米沼渣沼液出料车1辆，修葺步道7500平方米，建设0.1公顷冬暖大棚1个。威海市文登区裕景天果蔬专业合作社生态循环农业示范项目投资52.05万元，建设地点位于葛家镇西谭家口村，该村属于省级贫困村，属于帮扶项目，建设资金全部由省级财政资金投入52.05万元，用于建设生态循环农业示范基地1处，总面积66.67公顷。使用功能性有机肥料10.67公顷，购买8.2立方米沼渣沼液出料车1辆，购买小型打药机40台，安装太阳能路灯1盏。

12月，文登区被评为山东省生态循环农业示范县；威海威高现代农业生态园有限公司被评为山东省生态循环农业示范基地。

【休闲农业建设】 2017年，新增5处威海市级精品观光采摘园。采摘园总体建设面积达到133.33公顷，项目实施主体分别是文登德丰农业有限公司、威海凤峰山农业生态园有限公司、威海鑫灏家庭农场有限公司、威海市金沙观光旅游专业合作社和威海特秀山旅游开发有限公司，建设地点分别位于泽头镇峰山村、泽头镇峰山村、张家产镇赵家床村、高村镇沙柳村和米山镇西山后村。争取到威海财政奖补资金25万元，每处争取到奖补资金5万元。8月，由山东省农业厅、旅游委联合公布的“山东省生态休闲农业示范园区”名单中，“威高现代农业生态园”上榜。

【大型沼气工程建设】 经威海市发展和改革委员会、威海市农业局批复，威海威高现代农业生态园有限公司规模化大型沼气工程建设1000立方米厌氧反应器、400立方米储气柜各一座及相应配套设施等。工程总投资500万元，其中：中央投资150万元，企业自筹350万元。该工程以价格341.87万元中标，工程正在施工中。

（李春隆）

责任编辑　荣凤娟

文　化

综　述

【机构设置】

区文化广电新闻出版局　2017年年末，威海市文登区文化广电新闻出版局（简称区文广新局）内设办公室、文艺科、行政许可科、文化产业科（增挂广播影视科牌子）、文物管理办公室，辖区图书馆、文化馆、博物馆、艺术团、书画院、电影发行放映公司、人民剧场。有工作人员215人。

区文学艺术界联合会　区文学艺术界联合会隶属区委宣传部，有工作人员5人；辖文学戏剧创作室，有工作人员4人。至年末共有文艺家协会8个：作家协会（有中国作家协会会员1人，省作家协会会员5人，市作家协会会员82人；省诗词学会会员8人、省楹联学会会员6人、市诗词楹联学会会员3人）、书法家协会（有中国书法家协会会员9人、省书法家协会会员20人、市书法家协会会员40人）、美术家协会（有中国美术家协会会员7人、省美术家协会会员28人、市美术家协会会员84人）、摄影家协会（有中国摄影家协会会员1人、省摄影家协会会员45人、市摄影家协会会员95人）、音乐家协会（有中国音乐家协会会员4人）、舞蹈家协会（有中国舞蹈家协会会员1人、省舞蹈家协会会员2人、市舞蹈家协会会员4人）、民间艺术家协会（有中国民间艺术家协会会员6人）、戏曲协会（有中国戏曲家协会会员3人）；其他社会团体组织10个：收藏家协会（有中国收藏家协会会员13人）、老年书画研究会、吕剧协会、天福京剧社、开发区艺术团、艺术雕刻协会、硬笔书法家协会、吉他协会、传统文化协会、盆景根艺协会。

区文化执法局　内设办公室、教育督查科（监控中心与其合署办公）、“扫黄打非”工作科（举报中心与其合署办公）3个科室和2个稽查中队，有工作人员26人。

区广播电视台　内设办公室、政工科、财务科、总编室、时政新闻部、民生新闻部、新闻评论部、播音主持部、广播部、远程教育部、技术部、发射部、保障部、专题文艺部、节目包装部、新媒体部、广告部17个部室，有工作人员174人。下辖文登广电信息网络管理服务中心。

山东省新闻出版广电局昆嵛山转播台　山东省新闻出版广电局昆嵛山转播台（简称昆嵛山转播台），内设办公

12月5日，大型廉政舞台剧《徐七林》在区文化中心演出

元宵节，文登区在文山东路举行活报表演（2月11日摄）

室、财务室、电视机房、调频广播机房、微波综合机房，有工作人员37人。

山东广电网络威海有限公司文登分公司 隶属于山东广电网络威海有限公司。公司下设综合部、财务资产部、运行维护部、市场运营部和20个基层站，有工作人员190人。

文登日报社 内设要闻部、经济部、政教部、专题部、通联部、副刊部、摄影部、办公室、财务科、总编室、美编室，有工作人员40人。12月22日，威海市文登日报社更名为威海市文登区新闻中心，与区广播电视台合署办公。

新华书店文登分公司 山东新华书店集团有限公司文登分公司（简称新华书店文登分公司）是省属中型二类文化企业。下设办公室、财务科和储运科，一线教材发行部门为大水泊、宋村、泽头、葛家4处镇网点和城区教材发行部1处城区网点，门市部有第一门市部、第二门市部、重点图书经营部和文昌中学校园书店，有工作人员57人。

【文化活动】

专业文化活动 2017年，全区加快推进市民文化中心和博物馆的运营管理，联系演艺集团，引进和组织举办丰富多彩的文艺演出、展览展示等文化活动，确保文化场馆高效利用，满足社会文化需求。举办“福满家园”文登2017春节联欢晚会、国家京剧院名家名段演唱会、漫画精品展、陶艺绘画作品展、少儿书画展、纪念天福山起义八十周年革命历史文物展、爱在身边——文登区庆祝中共建党96周年戏剧专场演出、“岁月如歌”威海市文登区庆祝中共建党96周年暨威海建市30周年大型歌会、2017年政府购买精品节目送戏下乡惠民演出（山东省话剧院综艺晚会）等活动上百场，累计服务群众万余人次。

（于　芳）

群众文化活动 2017年，全区组织开展各种农村文艺汇演和免费艺术培训活动。2月11日，组织由区委宣传部、区文广新局、区妇联主办，文化馆承办的2017年活报表演及非遗展览展示，有10个代表队700余人参加，并于6月1日入选山东省冬春文化惠民季活动品牌项目。为进一步丰富百姓业余文化生活，3月，成立吕剧票友俱乐部、京剧票友俱乐部；5月，成立青少年交响乐团，为各个年龄的文艺爱好者提供学习和交流平台。5月22日，2017年“百姓放歌·唱响文登”农村（社区）广场舞蹈会演活动于张家产镇正式启动，5－7月为预选阶段，8月22－28日在文登学广场举办7场决赛，有70余支代表队、近千人参加比赛。5月27日，组织参加威海群众艺术馆举办的庆六一儿童书画展，参赛作品140幅，获优秀组织奖。8月21日晚，由区文广新局主办、区文化馆承办的庆祝威海建市30周年文登文化馆馆办乐团文艺演出在文登学广场举行，来自区文化馆的合唱团、舞蹈团、民乐团等6支团队200余人参加演出。8月30日，文化馆阳光合唱团所演唱的《鸿雁》在“岁月如歌”——地级威海市成立30周年

5月22日，“群舞飞扬”威海建市30周年暨“百姓放歌·唱响文登”广场舞蹈大赛在文登区举行

5 月 25 日，“快乐文登”送戏下乡文艺演出大型歌舞《共圆中国梦》

合唱音乐会老年组和成人组决赛中获老年组一等奖。12 月 4 日，在区第一实验小学举行威海市级蓓蕾艺术工作站挂牌仪式。12 月 22 日，在文化馆四楼排练厅举行纪念天福山起义 80 周年暨声乐套曲《天福组歌》首唱式。

送戏下乡　2017 年，文登区送戏下乡 684 场。4 月，区文化馆开始对全区 28 家庄户剧团节目进行审查、评选并检查演出前有关舞台、灯光情况，5 月，组织各庄户剧团下乡演出，完成“一年一村一场戏”的工作目标。

（刘汉青）

【文化产业】 全区抓好文化市场的培育，扶持文化企业做大做强。新引进威海市久久食品有限公司非遗产品产业化运营项目、福王红木书画文化馆招商项目。继续推动大溪谷文化小镇、万德鲁绣博物馆等原有重点项目建设，以项目引领和推动文化产业更好更快发展；加大宣传力度，引导辖区企业积极参与全省首届文化惠民消费季活动，有威海芸祥绣品有限公司等 9 家企业成为省市两级文化惠民消费季合作企业；注重争取上级资金，申报产业项目，年内，有威海温泉溪谷休闲养生有限公司、威海绿谷孵化器有限公司和文登市艺利达进出口有限公司获上级奖补资金，其中温泉溪谷文化小镇项目获得省级财政补助资金 150 万元。

（王喜军）

【非物质文化遗产】 2017 年，为庆祝《山东省非物质文化遗产条例》正式颁布，腊月二十三日至二月二日在市民文化中心一楼举办为期一个月“非遗月”展览，并对外免费开放市民文化中心四楼非遗展厅，向广大市民展览展示文登区 59 项非物质文化遗产，在文登学广场进行多项非物质文化遗产（简称非遗）项目展演展示。2 月 27 日，整理于海先、王爱凤、林荣涛、田世科、朱惠芳 5 位传承人的资料报送到威海市非遗保护中心，申报山东省省级传承人。组织鲁绣保护单位芸祥绣品有限公司相关人员参加山东省振兴传统工艺经验交流会暨非遗资金申报管理工作会议，按照要求完成省级非遗项目孙氏整骨补助经费的绩效报告。基本完成非遗出版书籍的资料修改工作和第五批文登区级非物质文化遗产名录的申报工作。

【公共文化设施建设】 严格按照威海市建设标准，从满足基层需求、合理布局、共建共享、突出特色、长效利用 5 个方面进行功能定位，在规范管理、均等发展、精准供给、持续培育、提高效能 5 个方面下功夫，建设 744 处综合文化服务中心，并根据各镇（街道）的文艺需求汇总情况，统一采购发放文化产品，培训文艺骨干，推动公共文化服务体系更加均衡完善。

（于　芳）

文化市场管理

【概况】 2017 年，全区文化执法事业围绕全国“文明城”复查工作，持续开展“扫黄打非”等专项行动，完善执法机制，做到依法履职，规范公正、文明执法，加强和创新文化市场管理新模式。确保全区文化市场环境健康有序。清除淫秽色情等有害信息，加强卫星地面接收设施市场监管，构建和谐文化氛围。先后开展“净网 2017”“固边 2017”“秋风 2017”等专项行动，出动检查人员 1800 余人次、检查车辆 860 余辆次，开展联合检查 12 次，检查各类经营单位 800 余家（次），收缴各类非法出版物 5000 余盘（册）。稽查经营安装卫星地面接收设施场所 69 家（次），没收卫星地面接收设施 25 件。开展保护未成年人健康成长一系列专项活动。开展“护苗 2017”专项行动、校园周边出版物市场专项整治行动以及暑期网吧专项整治行动，重点打击非法少儿出版物及信息、网吧接纳未成年人上网等危害未成年人健康成长的违法行为，净化校园周边环境。共出动执法人员 400 余人次，出动检查车辆 100 余辆次，收缴非法出版物 800 余盘（册），检查经营单位 200 余家（次），开展校园宣传 5 次、社区宣传 3 次，媒体发布信息 3 篇。查处网吧违规案件 36 件，停业整顿违规经营场所 7 家。加强相关法律法规宣传。通过举办形式多样的“扫黄打非”教育宣传活动，提高社会大众对“扫黄打非”工作的知晓率、认同感和支持度。在社区、广场举办相关法律法规宣传活动 5 次，发放明白纸 1 万余张。通过电视台等社会新闻媒体报道“扫黄打非”专项行动 4 次，向全国文化执法办公系统、山东

3月15日，区执法局工作人员在市中广场进行宣传

省文化执法网发送执法信息30余篇。4月下旬，“威海市暨文登区侵权盗版及非法出版物集中销毁活动”现场会在文登召开。推进“扫黄打非”进基层工作。至年末，区镇（街道）“扫黄打非”工作站基本设立完成，并正常运转。培训130余名网格化管理员、义务监督员，发放“扫黄打非”宣传资料6000余份、公示牌30余块，设立2万元的奖励基金。围绕文登创城工作，加大执法力度。联合公安、消防等相关部门组织开展全区文化市场安全生产排查和专项整治行动，按照“管行业必须管安全、管业务必须管安全、管生产经营必须管安全”的要求，与全区120余家文化经营场所业主签订安全生产责任状，对存在安全隐患的文化场所责令整改并监督到底，保证文化市场全年安全无事故。12月，被山东省扫黄打非工作领导小组连续第四年授予“全省扫黄打非工作先进单位”称号。

【互联网上网服务营业场所管理】 2017年，区文化执法局以打击网吧、歌舞娱乐场所违规接纳未成年人及不按要求进行实名登记、未经文化主管部门批准擅自演出、电子游戏经营场所在法定节假日外接纳未成年人和擅自变更主要设施设备及未准入机型等违法违规行为为重点，采取明查与暗访相结合、重点抽查与日常巡查相结合、重点时段和重点区域相结合、重点监管和跟踪监管相结合的方式，加大日常监管和专项整治力度，特别是“区长信箱”及举报电话举报内容、校园周边及居民住宅区等重点领域的执法检查力度，对全区网吧和校园周边文化市场实行“网格化”管理，定责定人、严看死守。

7月2日，区执法局执法人员检查网吧经营

【演艺娱乐市场管理】 按照《营业性演出管理条例》《娱乐场所管理条例》及上级有关文件的规定，区文化执法局对全区文化娱乐场所、演出市场、电子游戏厅等进行严格管理。采取不定时、不定点方式进行明察暗访，并认真登记娱乐演艺场所巡查记录台账。对每个娱乐演艺场所经营单位建立执法档案，重点监管违规现象严重、责令整改不到位的娱乐演艺场所经营单位。对城乡结合部、农村集贸市场等非法搭台演出坚决予以取缔，杜绝利用任何形式进行色情表演、封建迷信及其他有悖社会公德、有损消费者身心健康的演出活动。打击歌舞娱乐场所接纳未成年人、播放不健康曲目、非法演出、侵权盗版等行为，惩治电子游戏（艺）场所在非国家法定节假日接纳未成年人的行为，严厉查处游艺场所含有淫秽、赌博、暴力等禁止内容的经营行为。2017年，共检查演艺娱乐场所180余家次。

【图书、音像、印刷复制、计算机软件市场管理】 2017年，区文化执法局以版权正版化工作为重点，加大出版物市场监管力度。开展打击侵权盗版专项行动，没收非法教辅材料1000余份，集中整治印刷企业违规印刷行为，督促印刷企业落实印刷品承印验证和承印登记制度，开展打击非法报刊专项行动，清查区内报刊、期刊出版及发行单位，收缴非法广告出版物2800余份。

【广播、影视内容及广告管理】 2017年，区文化执法局对广播、影视、广

6 月 7 日，执法人员与市场监督管理局工作人员联合检查印刷企业

告等内容、播出时间等环节实施重点监控，严厉查处违规医疗广告和涉性广告。严厉打击破坏广播影视传输设施、擅自安装和使用卫星电视广播地面接收设施、接收和传送境（内）外卫星电视节目等违法行为。查处违法摄制、发行、放映、进（出）口电影片、电视剧的行为。加强对视听节目服务网络播放节目的监管，依法打击广播影视和视听新媒体领域的侵权盗版盗播等行为。

【艺术品、美术品市场管理】 以宣传《中华人民共和国著作权法》和文化部《美术品经营管理办法》等法律法规为重点，向社会公众介绍艺术品市场相关管理部门及职能，艺术品生产者、消费者与艺术品版权的关系，消费者权益及维权途径等相关内容，提高广大消费者的维权意识。2017 年，共出动稽查人员 100 余人次、车辆 50 余辆次，确保艺术品、美术品市场规范健康发展。

（丛　利）

广播电视

【概况】 2017 年，全区广播电视工作按照区委、区政府的总体部署要求，传播社会好声音，弘扬时代主旋律，各项工作取得显著成绩。加大外宣工作力度，抓住亮点，精心策划，主动出击，与上级媒体沟通对接，拓宽上发渠道，《威海至汉堡首列中欧班列开通》《新疆学生感受浓浓年味》《山东威海龙舟赛　留学生体验中国味》《文登：线上线下融合　构建现代供销流通网络》《“洋专家”在山东梦圆光热发电》等一大批反映文登发展、展现文登风采、代表文登特色的新闻在央视、山东广播电视台各频道播出，有效展示文登对外形象。至年末，在中央电视台发稿 12 篇，在山东新闻联播发稿 39 条，在山东电视各栏目发稿 47 条，在省广播电台发稿 79 条，在齐鲁网发稿 1137 条，位居威海各区市首位。12 月，被山东广播电视台授予 2017 年度山东广播宣传先进集体一等奖、山东电视宣传一等奖。

【广播电台】 2017 年，文登人民广播电台节目播出时间为每天 5 点 30 分开始到 23 点结束，全天播音时间 17 小时 30 分。每周二上午 8 点 40 分至 12 点停机检修。节目设置调整不大，内容不断创新，保持多元化的节目收听格局。广播电台播出频率为 FM87.7 兆赫，呼号为文登人民广播电台。开设《文登新闻》《行风热线》《岁月如歌》《每周一歌》《百家讲坛》《文登帮帮团》《曾经最流行》《快乐小主播》《美食文登》《周末面对面》《心情故事》《梨园茶座》《抱龙河畔不夜天》《静听抱龙河》《开心茶馆》等 22 个栏目。广播电台农村有线广播每周一至周六早、晚两次播音，播音时间为早上 7：30 至 7：50，晚上 6：00 至 6：20，时长 20 分钟，节目内容包括本地新闻、农业技术、生活窍门、天气预报等，全方位服务乡村生活。周日为《党建之声》，为广大基层党员群众提供简便实用、易于接受的远程教育新途径。

广播电台坚持以为民服务为宗旨，节目形式和内容凸显时尚感、现代感，突出互动交流，兼顾知识性、服务性、趣味性、实用性，构建丰富多元的节目体系，满足社会各层面听众的信息需求，节目的可听性和影响力明显提升。同时，积极探索“广播 +”战略，将 2017 年定为“媒体融合年”，以广播为主体，进行主动融合，对广播的内容、渠道、平台等方面的深度融合进行全面探索实践，初步形成广播传媒新的发展生态。开通蜻蜓 FM 音频网络直播和 360 水滴视频网络直播，实现手机端一键收听、收看，网络收看、收听人数超过 68 万人次。

【电视】 2017 年，文登电视台坚持每天一期自办栏目，确保周一到周日播出无断档，周一《警方在线》，周二《创业故事汇》，周三《食尚文登》，周四《记忆文登》，周五《龙乡四季》，周六《金色童年》，周日《健康大讲堂》，全方位、多视角、深层次地宣传文登，服务民生。文登二套为仁孝频道，播放内容包括“仁孝故事”“仁孝动漫”“仁孝讲坛”“仁孝品读”“仁孝电影”“仁孝健康”等。新开办栏目《创业故事汇》，大力宣传“大众创业，万众创新”政策，营造全社会创业的浓厚氛围。

文登电视台坚持用精品栏目吸纳广告创收的理念，将“做节目”与“办活动”相结合，依托节目策划系列活动，寓节目于活动中，实现活动的常态化，全面提升节目的收视率和社会

8月20日，第二届文登好声音颁奖典礼在文登学广场举行

影响力。依托《食尚文登》栏目成功举办2017年乐美达沃小镇“五一”欢乐行活动和2017年第二届国际生蚝旅游文化节，让游客在小镇尝尽美食，尽享欢乐“五一”“十一”小假期；策划举办威海·山泰生态园第二届油桃采摘文化节暨宋村欢乐行活动，既丰富电视荧屏，又彰显地方文化；依托《金色童年》栏目和少儿艺术团举办少儿春晚，并组织学员开展各种体验活动，坚持教育性与娱乐性并重，深受家长和孩子的喜爱并提高少儿艺术团知名度。加快推动广告经营转型的步伐，积极整合社会资源，大力拓展活动营销。年内，先后承办冰雕旅游美食节、南海沙雕节、文登好声音大赛、模特大赛、广场舞大赛、百姓春晚大展播、春秋季健步走、第十三届中国·威海（文登）昆嵛山樱桃节、春秋季广电媒体汽车交易会等丰富多彩的系列活动，实现社会效益和经济效益双丰收。

文登电视台在办好栏目的同时，积极探索发展影视制作产业。参与拍摄历史题材电影《天福山起义》，于10月15日在济南市举行首映式，在观众中引起强烈共鸣。创作《书香文登》《昆嵛论道》《孝行天下》《文登学组歌》《大爱无疆》《心愿》《你最美》《仙风道骨圣经山》《千古传诵文登学》《龙石晒字》《文登LOGO动画阐述》等MV、专题片、宣传片和动漫片共40余部，其中大型风光纪录片《瞰文登》获得第四届“文登学奖”。

《文登新闻》2017年，围绕贯彻省十一次党代会、市十五次党代会和区第一次党代会等系列会议精神开展宣传，并及时报道各级各部门积极贯彻落实系列会议精神的具体措施和成效，充分发挥党和政府的宣传喉舌作用，为全区中心工作的推进营造良好舆论氛围。开设“论学习贯彻习近平总书记‘7·26’重要讲话精神（摘要）”“深入贯彻落实全区工业表彰暨新旧动能转换推进会议精神”“喜迎十九大”“打造威海经济中心 走在前列不懈怠”“担当作为”“上好廉政‘三堂课’助推基层新发展”等40余个专题专栏，对全区中心工作进行全方位、多角度宣传，做到报道及时、内容深入、形式新颖。其中，“喜迎十九大”系列专栏从不同领域全面反映文登坚决贯彻落实党中央重大决策部署的生动实践，展示文登经济社会发展取得的成就；“担当作为”为主题的电视说政专题访谈节目，是在威海各市

文登广播电视台参与拍摄的《天福山起义》电影剧照（10月15日摄）

区首开的一档电视问政栏目，共录制32期，区委、区政府领导、各区直部门和镇（街道）主要负责人百余人坐到媒体“聚光灯”下，围绕文登全年重点工作谈工作思路、工作落实。“聚光灯”汇聚传递政务信息，温暖广大群众，烤热领导干部干事创业的激情，照亮群众参与、良性互动、提质增效的闭环机制。

《百姓关注》 2017年，《百姓关注》节目坚持贴近群众，贴近生活，贴近实际，以“民生、民情、民意”为关注点，以百姓“身边事、关心事、稀奇事”为主要报道题材，通过记者现场调查、跟踪报道、嵌入式体验等灵活多样的方法，采制了一大批群众喜闻乐见的、鲜活的、接地气的民生新闻，关注群众的冷暖痛痒、喜怒哀乐，得到社会各界嘉许，深受老百姓喜爱。同时，加强与8812345区长公开电话办公室沟通联系，认真筛选群众普遍关心的政策法律咨询、民生事件投诉、疑难问题求助进行采访报道，更好地搭建起政府服务民生的平台。

（董文卓）

【山东省新闻出版广电局昆嵛山转播台】 2017年，昆嵛山转播台内设办公室、财务室、电视机房、调频广播机房、微波综合机房，有工作人员37人。主要担负烟、威两市的广播、电视无线覆盖工作和山东省数字微波环网传输任务，已开播模拟调频广播节目有：山东广播电视台广播新闻频道（93.4MHz）、生活频道（97.5MHz）、经济频道（100.1MHz）、文艺频道（103.8MHz）、央广中国之声（98.8MHz）及威海广播电视台广播新闻综合频道（105.1MHz）、交通文艺频道（102.2MHz）七套节目，新增1部CDR（数字无线调频发射机）播出央广中国之声（98.8MHz）1套节目。模拟电视节目有：山东广播电视台电视山东卫视（6CH）、齐鲁频道（19CH）、影视频道（25CH）、央视综合频道（42CH）、两部无线数字发射机33CH（节目内容CCTV-1 CCTV-2 CCTV-4 CCTV-10 CCTV-12 CCTV-13 CCTV-14 CCTV-15）、48CH（节目内容CCTV-7 CCTV-9 CCTV-11 CGTN 山东卫视 齐鲁频道 农科频道 生活频道），已开播模拟模式调频广播节目7套、数字模式节目1套，模拟模式电视节目4套、数字模式电视节目16套，共计调频广播8套、电视节目20套。全天播出时间为20小时零5分钟。4月，完成两部200kVA发电机组安装调试工作。另外管理数字微波昆嵛山、文登两个微波站，两站间直线通信距离24.5千米。2017，继续保持“省直文明单位”称号。

（宋 毅）

网 络

【频道】 2017年，通过有线电视网络传输数字电视信号有中央电视台1～12频道、中央新闻频道、中央教育频道、中央少儿频道，省内各个频道，北京台、安徽台、江苏卫视、浙江卫视以及威海1、2套及推介频道、文登1、2、3频道等。数字频道，标清160余套、高清180余套（均含付费节目）。

【收费标准】 新装有线电视一次性建设费收费标准为：居民用户每户250元，65周岁以上具有本市常住户口、独立居住的老年人享受有线数字电视一次性建设费（初装费）半价优惠；民政部门审批登记的各类养老服务机构免缴有线数字电视一次性建设费（初装费）。非居民用户每终端250元。数字电视安装费，分标清数字电视和高清数字电视两种，具体标准是：居民模拟有线电视用户申请安装标清数字电视，以户为单位，第一终端免费，第二及以上终端每个300元；非居民模拟有线电视用户申请安装标清数字电视，所有注册终端首次交纳1年数字电视基本收视费免费领用1台标清接收设备。居民与非居民模拟有线电视用户申请安装高清数字电视，推广数字电视期间每终端180元；居民与非居民标清有线电视用户申请安装高清数字电视，以注册标清接收设备换取高清接收设备后，推广数字电视期间每终端180元。数字电视基本收视维护费，具体标准是：居民用户有线数字电视基本收视维护费第一终端每月25元，第二、三终端每终端每月6元，第四终端以上每终端每月25元；非居民用户有线数字电视每终端每月25元。标清数字电视与高清数字电视收费标准相同。数字电视付费节目费：网内共有付费数字电视单频道节目及节目包101套（个）供用户自愿选购，价格从10元到100元不等。终端设备修理费：凡超过包修期或在包修期内人为损坏出现的数字电视终端接收设备及配件故障，按成本价向用户收取修理费。遥控器升级费：用户根据个人需要，自愿申请将数字机顶盒基本型遥控器升级为学习型遥控器，每个收取升级费30元，推广数字电视期间，在此范围内优惠20元。施工费：用户主动要求为户内第二及以上终端布线和安装终端盒，按实际产生的成本费用收取。

（张贵珍）

文学艺术创作

【文学创作】 年内，区作家协会出版《晨霜暮雪》《南山诗草》《水晶梦》《好婚多磨》《大宋绝恋》《井上生旅葵》《日暮乡关》《月出皎兮》《暖白时光》《快马轻衫》《于氏春秋》《那年那月》《李龙传奇》等文学类正版图书15部，在《解放军文艺》《星星诗刊》《延河》《清明》《时代文学》等省级以上重要文学期刊发表文学作品50余篇（首），有28人作品入选《威海30年优秀文集》，11人在《见证·我与威海》征文比赛中获奖。区作家协会举办“地级威海市成立30周年暨天福山起义80周年”文学笔会，姜念光、闫安等知名作家、评论家来文登进行文学创作交流培训；开展民间文艺采风创作活动，挖掘整理50余种非物质文化遗产，出版《民间文艺特刊》，赠送全区初中生阅读，并举行首届中学生现场作文比赛。

【摄影】 年内，区摄影家协会组织会员到各地进行采风创作并定期举办摄影培训班。4月，组织会员到回龙山、昆嵛山、谭家口村进行摄影创作；6－8月，定期组织会员到南海采风创作；8－9月，组织会员6次到乳山明朝古村落纪实摄影创作；9－10月，组织会员拍摄昆嵛山风光。全年定期组织会员学习交流12次，举办“总第十四期”摄影艺术速成班。会员获奖主要摄影作品有：商春波作品《恋》入展由中国摄影报举办的“自由呼吸自在荣成”大天鹅全国摄影作品展，商春波作品《洗礼》获2017年“廉洁威海杯”书法绘画摄影作品展三等奖，于建博作品《法网恢恢》获2017年“廉洁威海杯”书法绘画摄影作品展优秀奖。

【舞蹈】 年内，区舞蹈家协会组织举办各类舞蹈演出，免费培训文登区舞蹈骨干，组织成员参加各类舞蹈比赛。6月，国家首部环保儿童剧《幸福在哪里》在电视台演播大厅演出两场；8月，组织3个培训机构参加山东电视台“花开朵朵”少儿才艺大赛获得金奖，区舞蹈协会获得优秀组织奖；10月，蒲公英公益、弘谷艺术培训学校、希望美术在利群购物广场举办“暖阳阳”大手牵小手关爱活动，现场义卖获奖金3000余元，全部捐给蒲公英公益用于孤儿关爱活动经费。

【戏曲】 年内，区戏曲家协会不定期组织会员到威海、荣成各地进行票友交流学习。8月，为瑞云祥老年公寓进行慰问演出，组织会员参加“第十二届中国少儿戏曲小梅花荟萃”山东省选拔赛，获银奖；9月，组织会员进校园演出40场；10月，组织会员参加“山东省老干部艺术节”，获金奖。

【音乐】 年内，区音协理事会定期进行器乐或和声乐方面的培训。邀请省内外知名专家和区音乐家协会主席团成员，组织开展公益性讲座活动2次；组织部分会员编排参与“文登好人”颁奖专场演出、“文登宣传语发布仪式”；7月末，与山大艺术学院的专业演出队伍合作，走进基层进行慰问演出；8月中旬，音协主办首届少儿才艺大赛。鼓励会员积极创作，推出优秀作品，提高队伍的影响力。宫春红创作的《戏曲联唱》获区级一等奖；于玲珺创作的舞蹈《淘气的爱》获区级二等奖；王辉创作的歌曲《消防战士之歌》获国家级奖，《绿色恋歌》获省级奖，《都说环江美》《支嘎阿鲁湖》《书香杨万里》获区级奖。

【美术创作】 年内，区美术家协会组织会员参加各种展览活动，多幅作品获奖。王焕波、于仁祝、王柏亭作品参加由中共山东省委宣传部、中国美术家协会主办的青州中国画年会之中央美术学院贾又福工作室师生展；北京金砚文化传媒有限公司联合中国国家画院（国展）美术中心主办的“传承与经典系列展”之“王焕波山水画作品展”于11月在中国国家画院（国展）美术中心展出。王斐作品《晓歌》入选中国美协主办“白山黑水．美丽四平”全国中国画作品展，作品《凌雪望春》入选中国美协主办全国中国画年展并获评为优秀作品，作品《春芳著处迷》入选中国美协主办“乡风墨韵”全国中国画展，作品《含翠》入选中国美协主办“纪念叶浅予诞辰110周年”全国中国画作品展。顾人敏水彩作品《逐梦》获“第十一届全国水彩·粉画展览”入会资格，水彩作品《胶东女》参加“大美齐鲁·山东青年美术作品晋京展”。孙玉亭作品《夕阳红—父亲（二）》参加“大美齐鲁·山东青年美术作品晋京展”（省委宣传部、省文联主办，省美协承办）。于波作品《家山净土》入选2017悲鸿精神·第二届全国中国画作品展（中国美协），作品《高天厚土》入选庆祝中国人民解放军建军90周年全国美术作品展暨第13届全军美术作品展览（中国美协）。于丽波作品《农闲拾景》参加“大美齐鲁·山东青年美术作品晋京展”（中共山东省委宣传部、山东省文学艺术界联合会主办，山东省美术家协会承办）。刘金锋作品《粉饰》获山东省泰山文艺奖三等奖。于昌伟漫画《真失望》入选新三毛杯全国漫画大展，漫画《零存整取》获天地之中杯全国漫画大赛银奖，漫画《古今大不同》入选第八届中国嘉兴国际漫画展，百余幅漫画在《北京晚报》《工人日报》等报刊杂志上发表。

【书法创作】 年内，区书法协会完成换届工作，成立“东海印社”。会员的作品多项参展、获奖。郑德东的作品先后入展全国第四届青年书法篆刻展、第九届“观音山杯”全国书法艺术大展并获优秀奖、首届互联网中国书法大赛并获奖、象山书院杯全国书法大赛、首届“任可澄杯”全国书法篆刻作品展、第五届山东省青年书法精品展。1月，董志强书法作品入编由中国文联出版社出版的2016《古今联墨大鉴》。4月，刘晓燕书法作品入展山东书协“黄河口杯”书法展。6月，曲荣爱作品入展“第二届‘深入生活扎根人民’——文质兼美优秀基层书法家创作活动作品成果展”（中国文联、中国书协主办），《小篆“兰亭集序”创作笔谈》在《第二届‘深入生活　扎根人民’——文质兼美优秀基层书法家创作活动作品成果展作品集》发表，入展山东·海南书法交流展（山东省文联、海南省文联主办）。7月，曲荣爱创作笔谈——《神融气畅写小楷》在《书法报》发表。8月，曲荣爱书法作品入展第十五届珠峰文化旅游节“神奇珠峰·鲁藏情缘·美丽日喀则”——美术书法作品展（山东省委宣传部、山东省文联、日喀则市委宣传部、文联）。9月，曲荣爱书法作品入展翰墨传承——中华优秀传统文化书法作品展（山东省文联主办）。刘晓燕书法作品入展山东书协“僧安道一”杯书法展。10月，刘晓燕书法作品入展山东书协“文化即墨杯”书法展。

【民间艺术】 年内，区民间艺术家协会与界石镇政府联合在梧桐庵村构建《昆嵛风情馆》《民间艺术馆》，将协会会员的作品陈列在展馆内。5月，首届文登民间艺术节和第十三届昆嵛山樱桃节同时在界石镇举办，展出包括刺绣、剪纸、葫芦、柳编、根雕等多种形式的民间艺术品。9月，协会主席田世科等人参加威海市建市三十周年成就展，现场绣制鲁绣作品，宣传和推广鲁绣。田世科鲁绣作品《荷塘清韵》获第九届中国（山东）工艺美术博览会金奖，田世科出席山东省人社局组织举办的世界技能日活动并现场绣制鲁绣作品《荣华富贵》，田世科被山东省文化厅评为“山东省美育专家”。鞠英波作品《富贵大吉》获第九届中国（山东）工艺美术博览会金奖，鞠英波获“山东省工艺美术名人”称号。林荣涛获北京“第五届安琪酵母杯中华发酵面食大赛”预选赛一等奖、中国粮油学会发酵面食分会举办的“第五届安琪酵母杯中华发酵面食大赛”总决赛亚军。王培兰剪纸作品《一带一路共建繁荣》获全国首届“一带一路·国礼杯”书画大赛金奖并被授予“一带一路”文化使者称号、《清廉》在“清风陕州”全国廉政剪纸艺术作品征集展评活动中入围并被收藏、《一帆风顺》在南海新区成立十周年书画楹联作品展中获金奖、《富贵平安》在宿迁全国剪纸艺术邀请展中获优秀作品奖。蔡洪涛剪纸作品在庆祝威海南海新区成立十周年书法美术诗词楹联作品大展中获铜奖。

（毕虹方）

地方报刊

【《文登大众》报】 2017年，文登日报社在区委、区政府领导下，坚持“党建引领，以文化人”的党建思想，秉承“紧跟中心、服务大局；贴近群众，服务基层”的办报思路，坚决落实中央、省、市、区的工作部署，发挥党建工作对业务工作的引领作用，利用《文登大众》舆论宣传主阵地，弘扬主旋律，传播正能量，引导教育大众，为文登走在前列，建设威海经济中心贡献力量。

新闻业务　2017年，共出报245期，刊登社会主义核心价值观、学习贯彻中共十九大精神、文明城市创建等各类公益广告149次。为落实区委、区政府“将干部放在聚光灯下”的要求，2－5月，推出32期“担当·作为”专题访谈栏目，邀请区领导和有关部门主要负责人，围绕“全域统筹、工业带动、同城共建、创新开放、绿色发展、民生共享”六大战略，结合部门2017年工作重点，谈发展、话改革、做承诺；5－10月，推出64期“担当作为·比学赶超”专题报道，全面展示部门工作成效；5－7月，推出16期“撸起袖子加油干”专题报道，对各级各部门贯彻中央和省委领导重要讲话和指示精神，在扶持企业发展、优化行政审批服务、推动产业向中高端发展、加强基层党组织建设、统筹推进镇域发展和美丽乡村建设等方面的经验做法予以全面展示；11月，开设“推动重点工作再上新水平”专栏，全面展示各级各部门2017年的履职践诺情况。在中共十九大召开前，在头版位置推出16期“喜迎十九大”系列报道，展示中共十八大以后文登区经济社会发展取得的成就。中共十九大召开后，又利用一个月时间，全面解读十九大。10月，开设“十九大精神点对点”“十九大精神在基层”“决胜全面小康　开启新的征程”“感受阳光同奔小康·推动十九大精神落地生根”系列专栏，号召全区广大干部群众进一步提高抓工作落实的自觉性，确保中共“十九大”精神在基层落地生根，开花结果。

聚焦民生实事　4－10月，开设17期“走一线，关注民生实事”专栏，在不同角度报道区第十八届人民代表大会第一次会议确定的15大类56项民生实事项目的进展、成效。5月，开设“深化文明城市建设”专栏，连续推出14期“记者走基层　村居看发展”、12期“和美家园　我在行动”专题，报道各级各部门在深化文明城市建设中的亮点、曝光“死角”，动员和鼓舞全区广大干部群众强化责任担当，推动文明城市建设工作向纵深拓展。5－9月，开设14期“两学一做·在基层”栏目，展示基层一线先进基层党组织、优秀党员风采及“两服务一满意”优秀机关党建工作案例；开设“昆嵛清风”专栏专版，刊登14期“昆

11月7日，文登区举行新闻业务培训会。图为邀请专家授课现场

崙清风”书画专版专栏。为纪念天福山起义80周年，6月，开设14期“纪念天福山起义80周年”专栏；为庆祝威海市成立30周年，8月中旬，开展“辉煌30年·跨越发展”“小康路上30年”“文登记忆·辉煌30年”“印象文登·辉煌30年”专题宣传作品征集活动，出版《1993－2016文登大众优秀文学作品集》《2010－2016文登大众优秀新闻作品集》，向威海三十华诞献礼。

业务建设　年内，日报社下发《“大兴学习之风　建设学习型机关”的通知》，制定《威海市文登日报社关于加强机关学习安排的意见》，组织全体干部职工集中开展习近平总书记系列重要讲话、党的知识、政策理论、新闻写作知识、摄影技巧学习，先后邀请北京晚报原评论部主任、北京杂文学会副会长苏文洋，大众日报高级记者孙巍，大众日报驻莱芜记者站站长于向阳，文登区摄影家协会会长商春波等权威人士，对全体编辑记者进行新闻写作技巧和摄影知识专题培训。

媒体运营　进一步加强《文登大众》官方微信平台的管理运营力度，2017年，累计推送民生动态、新闻资讯和休闲娱乐微信消息980余条；利用《文登大众》数字档案库，向社会免费提供《文登大众》数字化档案报，读者可以通过网络随时查阅1993年元月至今所有报纸讯息。开展《文登大众》进机关、进社区、进商家、进家庭、“报纸进车厢”等活动，利用公交站亭、交通工具免费发放400余份《文登大众》，供广大乘客取阅。

（毕明峰）

【《小金星》报】2017年6月26日根据威文编〔2017〕18号文件，撤销区小金星报社，区青少年宫由在区小金星报社挂牌调整为单独设置，同时加挂区科技馆牌子，其编制、经费形式等均保持不变。另据文登区人民政府专题会议纪要〔2017〕14号文：“为继续发挥小金星报的品牌效应和社会影响力，小金星报由社会订阅改为政府赠阅，由区青少年宫负责编辑并出版。”《小金星》报由威海市少工委、共青团文登区委主办，并独立出版，面向初三以下少先队员，双月出版，刊型印刷，全年发行6期报纸、6期期刊，每期印数约1万份。

（邵　丹）

【《文登文艺》】由区文联主办区作家协会承办，为季刊。2017年发行正刊4期、增刊1期（书画摄影收藏专刊），共2万余册，发表作品127篇。

图书　电影

【图书馆】2017年，新增图书23115种、67219册，其中，总馆新增开架借阅图书17292种、37830册，约116万码洋。年净增读者4021人，累计办证量达5.74万人，其中，有效持证读者3.08万人。持续推出“你选书，我买单”和读者下订单等方式来购进图书，搭建高效、便捷读者荐书平台，优化藏书结构。纸质图书外借29.5万册次，其中少儿图书外借17.8万册次，成人图书外借11.7万册次，少儿读者阅读率持续提高。10月17日，文登首个城市书房——文登区图书馆龙山分馆正式对外开放，馆舍面积160平方米，藏书1.1万册，阅览席位40个，拥有中央空调、监控、报警、门禁等设施，配备自助办证机、自主借还机等先进设备，实现无工作人员值守的自助服务模式。读者凭身份证或借阅证刷卡进入，自行操作进行办证、借书还书、续借等手续。城市书房与区图书馆实现“一卡通”，一张借阅证可在两处图书馆随意借还图书。定期、不定期举办活动，丰富读者生活。2月，先后增设瑜伽体验班、电脑绘画班、YOGA体验班、朗诵阅读沙龙、“悦来阅好”亲子阅读等活动；6月，新增“咏春拳”班；10月，陆续增加葫芦丝、萧、国画体验等多个培训班，全年举办活动437场次，参与人员1.5万余人次。举办“河景东城”“庆两会迎新春”摄影艺术作品展、“庆新春”少儿书画作品展、“中国梦、劳动美、幸福路”——庆祝地级威海市成立30周年职工书画摄影展、喜迎十九大乐享新生活老干部书画作品展等展览；1月20日至2月11日，在图书馆一楼开展“庆新春”猜灯谜活动；2016年12月至2017年2月举办“图书馆的记忆”征文活动，有24篇稿件获奖并发表；暑假期间，举办“身边最美城建人”征文比赛和“小图书管理员”志愿活动，8月25日，举办征文颁奖及优秀志愿者表彰仪式，年累计参加志愿服务超过600人次。专项工作迅速开展。4月，首次编辑印制馆刊《长学》，年内，编发创刊号和第二期，每期免费赠阅2000册，设有开卷有益、征文选登、藏书名家、馆藏古籍、书香文登、经典重读等栏目，兼顾知识性、学术性和可读性，有效满足不同读者的需求。5月，“威海市文登区图书馆”微信公众号关注数首次突破1万人，推送图文消息441篇，在山东省图书馆发布“全省公共图书馆微博、微信监测月报”中，微信影响力指数连续排名县级图书馆前列。8月，完成第六届国家一级馆初审。

（曲　茜）

【图书发行】2017年，新华书店文登分公司细化分解全年任务，各项工作保持平衡有序发展。完成营业收入2689.53万元，比上年同期增加186.03万元，完成利润总额134.82万元，同比增加24.5万元。对新华书店第一门市部营业大厅进行全新设计升级，除扩大图书主营业务外，新增设置咖啡、饮料、甜点、简餐项目，增加读者综合体验。通过转型升级，初步实现在“形象、业态、营销、服务”提档升级，以最美“空间、氛围、品种、服务”激发大众阅读的热情，得到读者广泛好评。新建文昌中学校园书店，面积约为200平方米，以服务教育作为切入点，积极配合学校开展阅读活动。抓好政治类学习读物的征订发行。根据各级宣传部门和省店

升级改造后的新华书店门市部营业大厅（12月11日摄）

集团要求，精心组织，积极行动，在区委组织部、宣传部支持下，《中国共产党章程》《中国共产党第十九次全国代表大会文件汇编》《党的十九大报告辅导读本》等文件的征订发行取得优异成绩，保障全区广大干部学习需要。践行公益，回馈社会。年内，开展各类图书捐赠、资助贫困学生等活动，为全区16所初中免费提供8万元图书，并为271名贫困学生每人无偿提供200元购书券，联系有关出版单位深入校园，提供系列化的读书指导和服务，以实际行动全力配合全区教育的书香校园建设。

（梁　敏）

【电影发行与放映】 2017年，区电影公司下设办公室、财务科、学生电影部、物业管理科、农村工作部，配备32支农村数字电影放映队，有工作人员56人。全区电影发行与放映工作以服务农村作为公益电影放映的重点，深入了解村民对电影节目内容与科技短片的需求，制定各村放映路线和联系图表，有序实施农村、社区、广场公益放映活动。年内，先后开展“七一”在市中广场举行红色电影周活动，“八一”建军节慰问放映军休所军休老干部。使用统一标准放映幕架，放映农村公益电影8208场次。

（孙克昊）

文　博

【博物馆】 2017年，共接待团体参观217批次，参观人数29.9万人次，其中未成年人16.83万人，观众好评率达100%。年内，举办“冬令营——博物馆体验周”活动、“青瓷古韵”瓷板画精品展、“2017中国（文登）大型活体爬宠科普展览”、《大美之境》首届相约“康养圣地　威海文登”——2017当代中国书画名家学术邀请展、5·18国际博物馆日系列活动、寻源——苏士澍、王玉书画联展、“建市30周年·翰墨情”——姚玉柱书画展等活动。开辟青少年学以致用、陶冶情操、开拓进取的新课堂。4月，招募选拔博物馆小小志愿讲解员。在节假日期间小小志愿讲解员，为参观者义务讲解。发挥博物馆爱国主义教育基地的宣教功能，增强学生爱国主义信念与理想，开展“龙魂文脉进校园”活动，先后走进文昌中学、大水泊小学、文登区第一实验小学等学校，开展《一代忠臣——丛兰》《李龙王的传说》《文登红色文化》等主题讲座。4月27－30日，威海市文登区博物馆参加由文化部、浙江省人民政府、中国国际贸易促进会主办的第12届中国（义乌）文化产品交易会，是省内唯一一家参展的县级博物馆，参展作品“鲁绣‘梅兰竹菊’四条屏”获创新设计奖及工艺美术铜奖两项殊荣。10月，参加“第二届（济南）国际文物保护装备博览会”，有10余门类百余件具有文登特色的文创产品在博览会展出。年内，文登区博物馆红色胶东展馆被中国人民解放军国防大学确定为“现场教学基地”，被山东建筑大学确定为“山东建筑大学爱国主义教育基地”，被山东省老龄办命名为“山东省敬老文化教育基地”。

文物保护　至年末，全区已发现不可移动文物101处，其中全国重点文物保护单位1处（圣经山摩崖），省级文物保护单位13处（沙里店遗址、大宋家遗址、脉田遗址、石羊汉墓群、天福山革命遗址、文登万字会旧址、万家梁氏庄园旧址、汤村店子张氏宗祠旧址、柳营丛氏宗祠旧址、昆嵛山胶东长城遗迹、旸里店古墓群、天福山中学建筑群、丛镜月旧居），威海市级文物保护单位4处（马家汤后古遗址、昆阳书院遗址、万石山摩崖石刻、汤泊阳胶东特委地下联络站旧址），文登区级文物保护单位13处（中共胶东特委旧址、昆嵛山红军游击队老蜂窝遗址、葛家烈士塔、蒿埠烈士塔、峰山烈士陵园、口子后烈士塔、祝家泊子烈士塔、宋村烈士塔、九顶埠墓群、旸里松鹤照壁、无染寺遗址、软枣林墓群、墙南庄遗址）。年初，与所有不可移动文物所在地的镇政府、村委会、文物保护员签订文物保护协议书，定期开展文物安全检查，确保文物的安全。与曲阜安怀堂签订昆嵛山长城遗址、丛镜月旧居保护方案编制合同。1－3月，区博物馆开展境内古建筑、建筑类文物消防安全检查，进行消防安全整改工作。3月20日，博物馆根据区政府要求，开展坤龙邢水库增容工程文物调查工作，确保区重点工程顺利开展。开展馆藏文物整理工作，馆藏文物整理是第一次全国可移动文物普查工作的延续。在2016年完成第一次普查的基础上，年内，博物馆向财政申请资金，购置设备对库房进行科学、规范整理。处理田野发现文物2处，区博物馆接到市民发现文物报告2次，与文登电视台一同赶赴现场，对发现文物做登记、采访。填写文登区博物馆可移动文物保护计划书，对馆藏需要修复的等级文物做出修复计划。填写“圣经山摩崖安防工程项目实施计划确认表”，并报送威海市文物管理办公室。参与填充并完善“文物山东——山东省可移动文物数据库综合管理服务平台”关于威海市文登区博物馆的简介、展览以及藏品的内容。

（费建文）

专业演出团体

【文登区艺术团】 2017年，区艺术团共完成送戏下乡及区委、区政府安排的“快乐文登”送戏下乡等公益性演出120余场。4月，应央视“神州大舞台”栏目组邀请，赴安徽芜湖演出2场，借助央视大舞台进一步提升文登知名度。5月，艺术团赴吉林辽源、辽宁铁岭进行文化交流，共演出4场，为东北当地群众带来文登地域特色的节目，实现区域文化共享、交流，获得当地群众好评。7－8月，庆祝天福山起义八十周年，艺术团复排大型历史舞台剧《烽火》，到天福山起义走出去的部队—原陆军第41、31军慰问演出，中央电视台连续报道此次慰问活动，多家军地报纸和南部战区微信公众号等也持续报道。12月，区艺术团复排大型廉政舞台剧《徐士林》，在区市民文化中心音乐厅连续上演4场，场场爆满。观众被徐士林刚正不阿、清正廉洁、无私为民的奉献精神感染。年末，筹备2018年“同心筑梦”春节晚会。为丰富不同类型、年龄观众的需求，艺术团先后引进大型儿童剧《天鹅》《我的麦哲伦海峡》《丑小鸭》以及大连京剧院现代大型京剧《红灯记》《满江红》等，在满足不同层次群众的需求的同时，丰富群众文化生活。

（王　磊）

责任编辑　王宏伟

体　育

综　述

2017年，区体育局内设办公室、群众体育竞赛科、财务科和体育彩票管理科4个科室，辖竞技体校、体育中心、体育场、体育馆和老年体协办公室5个事业单位，共有干部职工96人。全区经常参加体育锻炼的人口占总人口的47%。年内，开展全区大型全民健身品牌活动23次，协助、指导单位、镇（街道）、学校开展各种体育健身活动32次，带动基层开展全民健身活动200余次，参与活动的人数达到10万人次。文登区被中国门球协会命名为“全国门球之乡”，被国家体育总局授予2013－2016年度全国群众体育先进单位称号，被山东省体育局授予山东省第七届全民健身运动会先进单位称号，被威海市第五届运动会组委会授予“市民卡杯”威海市第五届运动会体育道德风尚奖；区体育局被浙江省体育局、上海市体育局、江苏省体育局授予2017年长三角体育圈全民健身大联动一等奖，被山东省门球运动协会授予突出贡献单位称号。

6月16日，2017年中国门球冠军赛总决赛在葛家镇昆嵛健康养生园门球基地举行

体育设施

【概况】 全区拥有各类体育设施1000余处，为承办体育赛事和市民健身提供基础保障。农村体育设施覆盖率达到100%。城市社区设立健身活动站点60个，发展晨晚练点600余处。年内，新成立成琳太极拳养生俱乐部、众才跆拳道俱乐部、南海新区康腾足球俱乐部、奥林国际健身中心、奥星跆拳道馆和国威跆拳道俱乐部，全区体育协会和体育俱乐部数量达到38个。

【体育公园】 位于城市新区东部，文山东路以南、虎山路以西、昌盛路以东，占地面积27.13公顷，建筑面积7.8万平方米，一期工程包括体育场、体育馆、体育运动学校，二期工程包括体育大厦、综合训练馆以及市民健身设施等。2008年9月开工建设。一期工程由中国建筑设计研究院设计，山东富尔工程咨询管理有限公司监理，上海广厦（集团）有限公司投资建设，2012年9月建成并投入使用。二期工程正在筹建中。2016年，建成笼式足球场2片，灯光篮球场、排球场各1片。体育公园能够承接国际单项体育比赛和全国全省综合性运动会，并可做为国家、省专业训练队的训练基地，成为文登以及周边地区设施先进、功能齐全的现代化体育中心和标志性建筑群。

【体育场】 由奥运会场馆“鸟巢”的中方设计单位——中国建筑设计院设计，是区内大型综合性体育场所，2011年9月建成并投入使用。占地面积85701平方米，总建筑面积40268平方米，可容纳2.75万名观众。体育场设计概念的起点是水波纹，塑造出水漩涡的意境，展现海边建筑“蓝天、碧海、白云”的地方特色，以海洋特有的元素表达体育建筑的特点，体现积极向上的运动精神。场内设有贵宾室、裁判员休息室、运动员休息室、更衣室、医务室、兴奋剂检测站、新闻中心、赛前赛后控制中心等工作用房，比赛设备一应俱全，有先进的电子计时、电子测距系统等，可进行各种大型体育比赛及大型文艺演出。已成功承接两届山东省田径冠军赛、解放军总政治部组织的军队艺术家文登慰问演出、中央电视台庆祝建军85周年特别演出等大型活动。

【体育馆】 位于体育公园东北方，2012年9月建成并投入使用。地上一二层、局部三层，框架、网架结构，占地面积1.86万平方米，建筑面积2.65万平方米，可容纳观众5450名，能承接篮球、网球、排球、手球、乒乓球、体操、摔跤、柔道等比赛项目，可举办各类表演、报告会及会展等活动。2013年7月4日，正式开馆，成功举办“南源地产杯”中美男篮国际对抗赛、山东省篮球冠军赛、山东省第六届百县篮球总决赛（东部赛区）、威海市第四届运动会部分项目、山东省羽毛球冠军赛等重大比赛。

【镇级全民健身中心】 2017年，建设宋村镇、文登营镇、金山、大水泊镇、环山街道、天福街道、龙山街道、高村镇、埠口港和界石镇10处镇级全民健身中心，11月28日，全部通过威海市级检查验收。年末，全区17处镇级全民健身中心全部完工，在威海市率先实现镇级全民健身中心建设全覆盖。

【扶贫村体育设施】 按照省定体育扶贫村扶贫工作要求，在2016年完成19个省定扶贫村健身场地建设的基础上，2017年摸清余下36个扶贫村需要购置健身路径、补充健身器材、购置篮球架等数量及新建硬化场地的数量，及时安排人员现场指导安装，做到物账对应，除天福街道西渠格社区、界石镇板桥村因旧村改造未建成（器材已拔付）外，其余34个扶贫村的健身器材全部安装到位。历时近两年完成53个省定扶贫村的健身场地建设任务，发放价值199.72万元的健身路径654件和篮球架4副，11月末，通过省体育局检查验收。

（宫建辉　慈新刚）

学校体育

【体育教学】 2017年，全区中小学体育课执行国家体育课程标准，小学1至2年级每周4课时、小学3至5年级及初中每周3课时、高中每周2课时。开展“阳光体育活动”“体育、艺术2+1”活动，要求学生每人掌握2项体育技能、1项艺术技能，实施“每天锻炼1小时”校园体育活动，即没有体育课的当天学校组织学生进行1小时的课外体育锻炼，每学期组织1次学生体质监测活动。体育教学继续落实义务教育学段艺术与体育学科教学质量评价实施细则，提高体育课堂教学质量。3月，区教研培训中心举行“一师一优课，一课一名师”活动，共提交体育课43节，其中推荐小学6节、初中6节、高中4节参加威海市、山东省、教育部优质课评选，获得威海市优质课16节、山东省优质课2节。3月28日，威海市初中体育名家工作室读书报告会在天福山中学举行，威海市各区市体育骨干教师260余人参加报告会。同日下午，威海市“十三五”教育科研重点规划课题“基于核心素养的小学生深度学习的教学策略实践研究”专题会在七里汤小学召开，全市体育骨干教师50余人参加会议。5月5日至6日，区体育教研员参加山东省中考命题研讨会，并做“健全体育中考机制　促进学生全面健康成长”的典型交流，获得与会人员一致好评。6月14日至16日，《中国学校体育》“草根争鸣”第100期论坛暨中小学体育课堂教学观摩活动在区实验中学、河南小学、实验小学举行，来自北京、上海、浙江、江苏等地的300余名体育学科专家及名师参加论坛和观摩。7月14日，葛家中学体育教师吕兵文主持的“中小学体育教学质量监测机制的研究”课题被教育部立项为全国教育科学“十三五”规划重点课题。10月12日，全国教育科学“十三五”规划课题“中小学体育教学质量监测机制的研究”在葛家镇中小学开题。文登区有3名体育教师执教关于技能测试的公开课，15所学校通过申报成为该课题实验学校。11月5日至11日，区体育骨干教师到东营市、潍坊市参加山东省中小学、初中、高中体育与健康学科德育优秀课例观摩暨教学改革研讨活动，文登区有2人在活动中执教公开课。12月20日，区内有6名体育教师参加《中国学校体育》组织的案例评选并获奖。

（姜建明）

【体育活动】 2017年，区教育局与体育局联合举办中小学生体育六项联赛，包括田径、篮球、足球、排球、乒乓球、冬季长跑比赛。同时组队参加威海市田径、篮球、足球、排球、健美操、跳绳踢毽比赛，文峰小学获得小学组篮球男子组冠军，文登一中获得高中组跳绳踢毽比赛冠军，文登初中组获得威海市田径比赛冠军，河南小学、三里河中学、南海高中获得威海市健美操比赛单项冠军。引导全区中小学校打造体育特色学校，文昌中学、张家产小学、米山小学、天福小学、宋村中学、七里汤中学、大众小学被评为文登区体育传统项目学校；开发区小学、泽库中学、新一中、三里河中学被评为威海市体育传统项目学校；三里河中学、环山小学、天福小学被评为国家级足球特色学校。6月28日，区教育局下发《威海市文登区中小学学生近视眼防控专项行动工作方案》，全区各学校开展学生近视防控教育活动。7月13日至8月1日，区教育局组织70名超体重学生参加威海市中小学生综合实践教育中心健康夏令营活动，进行有氧运动、减肥训练、户外训练、拓展训练、形体训练等。12月26日，区教育局依据《国家体质健康标准》采用集中测试、体检的方式对全区42所中小学校6341名学生进行体质和视力抽查，学生体质和视力达标率较往年有显著提升。小学生体质达标率达到98.6%以上、优秀率达到62%以上，小学生近视率较年初降低8.02%。

（江　华）

群众体育

【全民健身活动】 组织开展全民健身月、全民健身日、文登区第七届全民健身运动会等大型示范活动。3月末至10月末，组织开展登山、中国象棋、围棋、台球、门球、钓鱼、机关干部三人制男子篮球比赛、乒乓球、羽毛球、体育舞蹈、农民排舞及职工跳绳、拔河、工间操等健身活动14项。3月，与区机关工委、总工会、团委、妇联联合举办文登区春季健步走活动，参与人数达5000余人；举办文登区三级社会体育指导员培训班和庆“三八”趣味运动联谊赛。5月，举办山东省第九届百县篮球赛威海赛区文登初赛暨文登区第七届全民健身运动会机关干部职工“三人制”男子篮球比赛。7月，举办威海市第二届全民健身游泳比赛。8月，举办文登区全民健身日活动，其中，8月8日至10日，在文登学公园举行3天全民健身系列活动，中央电视台《体育人间》栏目拍摄、报道文登群众体育工作。9月，举办区直机关干部职工羽毛球比赛、庆“国庆”、喜迎“十九大”大型健身舞蹈比赛。10月，举办文登区第七届全民健身运动会老年人运动会。组织发动各体育协会和体育俱乐部参加威海市第七届全民健身运动会，共参加乒乓球、羽毛球、篮球、中国象棋、集体太极拳、台球、毽球、健身腰鼓、速度轮滑、网球、社会体育指导员技能展示大赛、大众广场舞、门球、围棋等比赛项目14个。参加威海市首届足球联赛、威海市第三届篮球联赛，组队参加威海市第五届运动会业余组8个项目的比赛，取得优异成绩。鼓励柔力球选手参加第十三届全运会，选手高景崴夺得网式男子单打项目第三名、唐守红获得网式混双项目第四名的优异成绩，中央电视台《体育人间》栏目报道唐守红的事迹。通过开展全区性群众健身活动，带动各镇（街道）积极开展群体比赛活动，全年举办各类群众体育活动200余次，参与全民健身活动的人数达到10万余人次。

11月15日，千人太极拳展演在区体育场举行

【老年体育】 2017年，区老年人体育协会召开第五届代表大会，完成老年体协换届工作。举办24式太极拳、28式太极拳、第七套健身秧歌、舒筋拉力健身操骨干培训班。组织庆“三八”大型秧歌展演、全民健身日操舞展演、庆“国庆”喜迎“十九大”秧歌舞展演比赛、“德红世纪华府”杯文登健身明星颁奖盛典健身操舞展演，并组织1700人参加2017年文登区老年人运动会开幕式表演24式太极拳。组建2支队伍参加威海市群众广场舞蹈大赛，均获得二等奖；组建持杖走健身队，参加2017年全国徒步大会（威海站）10公里持杖健步走活动，取得优异成绩；组队代表威海市参加省级创新项目大赛。区老年人体育协会获2017年度威海市老年体协工作先进单位称号。

【高端赛事】 5月16－17日，“汤泊温泉杯”2017年全国老年门球系列赛（文登站）在汤泊温泉旅游度假村门球场举行，共有24支代表队200余名运动员参加比赛。5月20日，2017年全国群众登山健身大会（文登站）在界石镇举办，来自全国各地的2000余名专业登山运动员和登山爱好者参加比赛。6月16－17日，“德丰利达杯”2017年中国门球冠军赛分区赛（山东站）暨山东省第五届女子门球比赛在昆嵛健康养生园门球基地举行，共有36支代表队200余名运动员参加比赛。7月14－22日，2017年山东省羽毛球锦标赛在区体育馆举办，来自全省的

10 月 20 日，2017 年 UIM 世界 XCAT 摩托艇锦标赛中国系列赛威海大赛在南海新区举行

16 支代表队 600 余名羽毛球运动员参加比赛。10 月 26 — 29 日，“德丰利达杯”2017 年中国门球冠军赛总决赛在昆嵛健康养生园门球基地举行，来自全国各地的 100 余支队伍近 1000 名运动员参加比赛。

【体育骨干培训】 2017 年，区体育局为提高社会体育指导员的覆盖面，积极推广群众健身操舞、工间操等健身项目。3 月，山东省门球竞赛规则与裁判法培训班在文登举行。同月，组织为期 3 天的三级社会体育指导员培训班，来自各镇（街道）及城区有关活动站点的近 300 名体育骨干参加排舞和健身秧歌的培训，并组织人员参加二级、一级和国家级社会体育指导员培训班。9 月，全国门球竞赛规则与裁判法培训班在汤泊温泉举行。年末，全区有社会体育指导员 2098 余人。

【国民体质监测】 2017 年，区国民体质监测中心积极开展全区国民体质监测工作，对 20 ～ 69 岁的成年男、女身体状况和健康水平进行监测，共采集国民体质监测样本 600 个，并开具运动处方，宣传科学健身知识，推广科学健身方法，为全民健身计划的实施提供科学依据。

（慈新刚）

9 月 20 日，全国门球竞赛规则与裁判法培训班开班仪式在汤泊温泉举行

竞技体育

【竞技体校】 威海市文登区竞技体育运动学校（简称区体校），是全区唯一一所集教学、训练、科研为一体的特色学校。2017 年，区体校有教职工 73 人，在校学生 512 人。设有小学五年级、初中一至四年级、高中一至三年级、中专班共 12 个教学班，开设田径、篮球、手球、乒乓球、羽毛球、网球、排球、自行车、举重、摔跤、柔道、跆拳道、拳击、游泳等 14 个训练项目，共有 19 个运动队。

【人才输送】 2017 年，区体校共向上级体育训练单位和高等院校输送体育人才 49 人。其中，输送到威海市体校 34 人，输送到山东省体工队 4 人，考入吉林体育学院、山东体育大学、山东理工大学、吉林师范大学等高校 11 人。区体校培养输送的运动员共有 124 人次在省级以上体育比赛中获得名次。其中，洲际比赛 1 人次获亚军，全国比赛 6 人次获冠军、6 人次获亚军，省级比赛 9 人次获冠军、13 人次获亚军、9 人次获季军。

【体育比赛】

威海市第五届运动会　文登区组队参加专业组 21 个大项的比赛，共夺得金牌 188.5 枚，获团体总分 6409 分，夺得比赛金牌总数、比赛团体总分“双第一”，获得体育道德风尚奖。

中华人民共和国第十三届运动会　文登体校培养输送的队员共有 15 人参加，参赛人数位居威海各区市首位，有 4 人次夺得冠军、4 人次获得亚军（黄美科、阮红婷获女子橄榄球冠军；毕文军获男子场地自行车凯林赛冠军；孙承刚获男子 20 公里竞走团体冠军；宋鹏强、于亚男、李朝鹏获男子手球亚军；薛传文获男子篮球青年组亚军），是区运动员参加历届全运会取得的最好成绩。

威海市体育联赛　文登选派340余名运动员参加篮球、排球、乒乓球、田径、跳绳踢毽、足球等比赛，夺得篮球联赛男子小学组团体冠军和田径联赛初中组团体总分第一名。

威海市单项锦标赛　文登区组队参加威海市2017年单项锦标赛，取得田径、手球、乒乓球、羽毛球、网球、举重、跆拳道、拳击、橄榄球、篮球、摔跤、自行车22个团体冠军，冠军总数位居各区市之首。

高端赛事　7月20－21日，在山泰生态园承办2017年山东省青少年山地自行车锦标赛，来自全省各地市的75名运动员参加男子甲、乙组山地车越野赛和女子甲、乙组山地车越野赛4个大项的角逐。10月15－20日，在区体育馆承办2017年“中国体育彩票——翎美杯”山东省羽毛球冠军赛，有13个地市的250余名运动员参加甲A组男子、甲A组女子等8个团体冠军的角逐。11月2－9日，在区体育馆承办2017年山东省中国体育彩票杯篮球冠军赛（男子甲组、男子乙组），来自全省的16支代表队220余名运动员参加比赛。

7月20日，山东省青少年山地自行车锦标赛在山泰生态园举行

新世纪文登区小学生田径最高（赛会）纪录一览表
（截至2017年年末）

项目	性别	成绩	创造者	单位	创造日期
60米	男	8″16	张少民	城区	2009.4
	女	8″48	赵玉燕	文登营	2009.4
100米	男	12″6	王　伟	大水泊	2004.5
	女	13″32	姜钟钧	葛家	2009.4
200米	男	26″28	王德胜	实验小学	2005.5
	女	28″51	杨　莉	城区	2007.5
400米	男	59″39	杨明启	实验小学	2010.4
	女	1′4″94	孙煜尚	实验小学	2010.4
800米	男	2′16″60	杨明启	实验小学	2010.4
	女	2′31″17	孟丹娜	实验小学	2011.4
1500米	男	4′50″2	毕崇湘	文峰小学	2001.10
	女	5′12″	孟丹娜	实验小学	2011.4
3000米	男	11′7″	郑文杰	开发区小学	2016.3
	女	11′52″	苑蓓蓓	开发区小学	2015.4
3000米竞走	男	16′35″36	李瑞良	开发区小学	2017.3
	女	17′35″53	柯诗婕	环山小学	2017.3

续表

项目	性别	成绩	创造者	单位	创造日期
4×100 米接力	混合	55″ 22		开发区小学	2013. 4
跳高	男	1. 51 米	杨仁峰	汪疃	2004. 5
	女	1. 37 米	石文静	汪疃	2007. 5
跳远	男	5. 46 米	隋　阳	葛家	2004. 5
	女	4. 43 米	初亚男	实验小学	2004. 5
铅球	男	13. 12 米	张金洋	泽库	2005. 5
	女	9. 9 米	王玉凤	米山	2010. 4
垒球掷远	男	67. 06 米	夏润峰	界石	2006. 5
	女	51. 3 米	张于芹	泽头	2006. 5
跳绳	男	242 次 / 分钟	王家辉	第二实验小学	2007. 5
	女	245 次 / 分钟	董文静	第二实验小学	2008. 5

新世纪文登区初中女子组田径纪录一览表
（截至 2017 年年末）

项目	最高纪录				赛会纪录			
	创造者	成绩	单位	时间	创造者	成绩	单位	时间
100 米	黄美科	12″ 89	三里河	2008. 5	黄美科	12″ 89	三里河	2008. 5
200 米	鞠姣姣	27″ 1	文登	2006. 5	黄美科	27″ 28	三里河	2009. 4
400 米	鞠姣姣	59″ 7	文登	2006. 5	鞠姣姣	1′ 0″ 46	葛家	2006. 5
800 米	于佳琪	2′ 19″ 6	文登	2004. 7	郑　萍	2′ 25″ 40	三里河	2002. 5
1500 米	于玲玲	4′ 54″ 19	米山	2012. 4	于玲玲	4′ 54″ 19	米山	2012. 4
3000 米	宋晓静	11′ 7″	晒字	2002. 5	宋晓静	11′ 7″	晒字	2002. 5
5000 米	丛　静	19′ 30″	七里	2001. 3	丛　静	19′ 30″	七里	2001. 3
1500 米竞走	张雅楠	6′ 58″ 92	大水泊	2009. 4	张雅楠	6′ 58″ 92	大水泊	2009. 4
3000 米竞走	于玲玲	14′ 35″ 88	米山	2012. 4	于玲玲	14′ 35″ 88	米山	2012. 4
5000 米竞走	刘　怡	25′ 42″ 27	界石	2014. 4	孟丹娜	25′ 50″ 94	七里	2015. 4
100 米栏（84 厘米）	董晓青	15″ 94	文登	2004. 7	张晓丽	16″ 65	二中	2011. 4
4×400 米接力	—	51″ 57	文登	2004. 7	—	52″ 93	三里河	2004. 5
	—	4′ 20″ 7	文登	2006. 5	—	—	—	—
跳高	王　丽	1. 60 米	文登	2004. 7	王　丽	1. 60 米	七里	2003. 10
跳远	李　莉	5. 79 米	文登	2007. 10	王　丽	5. 25 米	七里	2004. 5

续表

项目	最高纪录				赛会纪录			
	创造者	成绩	单位	时间	创造者	成绩	单位	时间
三级跳远	李　莉	12.60 米	文登	2007.10	王　杨	11.45 米	小观	2013.4
铅球	田　姣	15.62 米（3 千克）	文登	2004.7	吕晓红	12.73 米（3 千克）	葛家	2013.4
	李　丹	11.38 米（4 千克）	三里河	2002.5	李　丹	11.38 米（4 千克）	三里河	2002.5
铁饼（1 千克）	田　姣	38.01 米	文登	2004.7	李　丹	34.17 米	三里河	2002.5
标枪	王亚玲	47.60 米（500 克）	文登	2006.5	吕虹黎	47.30 米（500 克）	界石	2013.4
	田雪婷	42.06 米（600 克）	三里河	2004.5	田雪婷	42.06 米（600 克）	三里河	2004.5
五项全能	王丽洒	2797	宋村	2012.4	王丽洒	2797	宋村	2012.4

新世纪文登区初中男子组田径纪录一览表
（截至 2017 年年末）

项目	最高纪录				赛会纪录			
	创造者	成绩	单位	时间	创造者	成绩	单位	时间
100 米	林松涛	10″ 85	泽头	2004.7	林松涛	10″ 91	泽头	2004.5
200 米	林松涛	22″ 18	泽头	2004.7	林松涛	23″ 29	泽头	2004.5
400 米	于　东	50″ 87	文登	2004.7	李　伟	51″ 47	汪疃	2004.5
800 米	王金宝	1′ 57″ 20	葛家	2009.8	王俊尧	2′ 0″ 32	南海	2014.4
1500 米	刘新勇	4′ 11″ 99	葛家	2014.4	刘新勇	4′ 11″ 99	葛家	2014.4
3000 米	刘进军	9′ 0″ 63	张家产	2007.5	刘进军	9′ 0″ 63	张家产	2007.5
5000 米	刘进军	15′ 42″ 42	张家产	2007.5	刘进军	15′ 42″ 42	张家产	2007.5
10000 米	刘建华	36′ 32″	北郊	2001.3	刘建华	36′ 32″	北郊	2001.3
1500 米竞走	王建霖	7′ 5″ 51	葛家	2009.4	王建霖	7′ 5″ 51	葛家	2009.4
3000 米竞走	刘　阳	13′ 23″ 6	葛家	2002.5	刘　阳	13′ 23″ 6	葛家	2002.5
5000 米竞走	岳广山	23′ 20″	二中	2013.4	岳广山	23′ 20″	二中	2013.4
10000 米竞走	曲永飞	52′ 18″ 96	高村	2006.5	曲永飞	52′ 18″ 96	高村	2006.5
110 米栏	刘经伟	16″ 2（106.7 厘米）	文登	2006.5	刘经伟	17″ 63（106.7厘米）	三里河	2005.5
	丛笳钧	16″ 58（91.4 厘米）	三里河	2009.8	王宗宝	16″ 68（91.4厘米）	界石	2013.4
	丛笳钧	16″ 42（100 厘米）	三里河	2010.4	丛笳钧	16″ 42（100 厘米）	三里河	2010.4

续表

项目	最高纪录				赛会纪录			
	创造者	成绩	单位	时间	创造者	成绩	单位	时间
4×400 米接力	—	43″ 6	文登	2007.10	—	46″ 6	葛家	2014.4
	—	3′ 30″ 9	文登	2006.5	—	3′ 40″ 73	葛家	2015.4
跳高	于豪杰	1.93 米	文登	2006.5	倪　铭	1.86 米	七里	2010.4
跳远	王金文	7.28 米	文登	2004.7	于　凯	6.82 米	高村	2007.5
三级跳远	林　森	15.03 米	文登	2004.7	林　森	14.68 米	三里河	2004.5
铅球	张善堂	15.81 米（4 千克）	七里	2001.10	崔圣君	14.34 米（4 千克）	泽头	2009.4
	李　佳	14.31 米（6 千克）	七里	2004.5	李　佳	14.31 米（6 千克）	七里	2004.5
铁饼	王　虎	46.26 米（1 千克）	泽头	2002.5	王　虎	46.26 米（1 千克）	泽头	2002.5
	王华欣	44.53 米（1.5 千克）	宋村	2013.4	王华欣	44.53 米（1.5 千克）	宋村	2013.4
标枪	崔明超	47.48 米（600 克）	侯家	2002.5	崔明超	47.48 米（600 克）	侯家	2002.5
	宋　彬	59.01 米（700 克）	三里河	2006.5	宋　彬	59.01 米（700 克）	三里河	2006.5
七项全能	徐海峰	4165	大水泊	2009.8	徐海峰	3360	大水泊	2009.4

新世纪文登区高中女子组田径纪录一览表
（截至 2017 年年末）

项目	最高纪录				赛会纪录			
	创造者	成绩	单位	时间	创造者	成绩	单位	时间
100 米	李　莉	12″ 79	新一中	2007.5	李　莉	12″ 79	新一中	2007.5
200 米	张松燕	26″ 56	一中	2004.7	鞠娇娇	27″ 32	十一中	2008.5
400 米	张松燕	57″ 62	一中	2004.7	鞠娇娇	59″ 64	十一中	2008.5
800 米	姜丽楠	2′ 23″ 9	新一中	2006.5	王龙娟	2′ 26″ 30	职教中心	2012.4
1500 米	李　倩	4′ 51″ 83	一中	2002.5	张雅惠	5′ 15″ 10	十一中	2002.5
3000 米	李　倩	10′ 25″ 54	一中	2002.5	丛剑侠	11′ 42″	一中	2002.5
5000 米	杨艳娇	19′ 58″ 56	一中	2005.5	杨艳娇	19′ 58″ 56	一中	2005.5
1500 米竞走	王玲玲	7′ 42″ 86	三中	2009.4	王玲玲	7′ 42″ 86	三中	2009.4
3000 米竞走	宋　婕	15′ 2″ 86	天中	2005.5	宋　婕	15′ 2″ 86	天中	2005.5
5000 米竞走	张　玮	25′ 40″ 76	一中	2002.5	宋　婕	26′ 8″ 50	天中	2005.5
100 米栏（84 厘米）	刘姣姣	14″ 74	一中	2004.7	孔令玉	16″ 84	新一中	2004.5

续表

项目	最高纪录				赛会纪录			
	创造者	成绩	单位	时间	创造者	成绩	单位	时间
400 米栏	李燕丽	1′ 11″ 5	一中	2007.5	李燕丽	1′ 11″ 5	一中	2007.5
4×400 米接力	—	51″ 49	一中	2004.7	—	52″ 57	一中	2005.5
	—	4′ 23″ 37	文登	2007.10	—	—	—	—
跳高	邹媛丽	1.60 米	一中	2002.5	张婷君	1.53 米	新一中	2011.4
跳远	于朋玉	5.50 米	新一中	2004.7	李　丽	5.28 米	新一中	2006.5
三级跳远	李　丽	12.37 米	新一中	2006.5	李　丽	12.37 米	新一中	2006.5
铅球（4 千克）	李　丹	13.25 米	一中	2006.5	李　丹	13.25 米	一中	2006.5
铁饼（1 千克）	肖华娟	43.46 米	新一中	2004.7	肖华娟	40.56 米	新一中	2002.5
标枪	田雪婷	41.58 米	一中	2005.5	田雪婷	41.58 米	一中	2005.5

新世纪文登区高中男子组田径纪录一览表
（截至 2017 年年末）

项目	最高纪录				赛会纪录			
	创造者	成绩	单位	时间	创造者	成绩	单位	时间
100 米	林松涛	10″ 42	一中	2005.5	林松涛	10″ 42	一中	2005.5
200 米	林松涛	21″ 60	一中	2007.10	林松涛	22″ 56	一中	2007.5
400 米	李　森	49″ 53	一中	2007.10	李　森	50″ 51	一中	2008.5
800 米	赵勇行	1′ 59″ 85	新一中	2012.4	赵勇行	1′ 59″ 85	新一中	2012.4
1500 米	于海龙	4′ 17″ 60	新一中	2004.5	于海龙	4′ 17″ 60	新一中	2004.5
3000 米	刘进军	8′ 49″ 44	文登	2007.10	张鹏飞	9′ 24″ 18	新一中	2006.5
5000 米	赵勇行	16′ 14″ 8	新一中	2012.4	赵勇行	16′ 14″ 8	新一中	2012.4
10000 米	于海波	34′ 40″	一中	2001.3	于海波	34′ 40″	一中	2001.3
3000 米竞走	姜佳伟	13′ 30″ 87	天中	2004.5	姜佳伟	13′ 30″ 87	天中	2004.5
5000 米竞走	周英楠	22′ 7″ 78	新一中	2007.5	周英楠	22′ 7″ 78	新一中	2007.5
10000 米竞走	姜佳伟	46′ 47″ 18	天中	2004.7	姜佳伟	47′ 17″ 83	天中	2005.5
110 米栏（106.7 厘米）	毛秀晶	15″ 37（106.7 厘米）	一中	2005.5	毛秀晶	15″ 37（106.7 厘米）	一中	2005.5
400 米栏	李　森	57″ 91	一中	2007.5	李　森	57″ 91	一中	2007.5

续表

项目	最高纪录				赛会纪录			
	创造者	成绩	单位	时间	创造者	成绩	单位	时间
4×400米接力	—	42″81	文登	2007.10	—	43″36	一中	2013.4
	—	3′29″6	一中	2006.5	—	—	—	—
跳高	赛军伟	1.95米	一中	2007.5	赛军伟	1.95米	一中	2007.5
跳远	吕东明	6.94米	一中	2011.4	吕东明	6.94米	一中	2011.4
三级跳远	林士钦	15.32米	一中	2007.5	林士钦	15.32米	一中	2007.5
铅球（7.26千克）	梁永安	15.62米	一中	2008.5	梁永安	15.62米	一中	2008.5
铁饼	刘洪啸	46.53米（1.5千克）	一中	2006.5	王　虎	46.50米（1.5千克）	三中	2004.5
	江泰东	39.52米（2千克）	一中	2005.5	江泰东	39.52米（2千克）	一中	2005.5
标枪	邢　彬	59.03米（700克）	一中	2006.5	刘洪啸	58.42米（700克）	一中	2004.7
	邢　彬	59.51米（800克）	一中	2007.5	邢　彬	59.51米（800克）	一中	2007.5

（于振湖）

体育彩票

【体育彩票销售】 2017年，新增体育彩票销售实体站点6家。全区共有体育彩票销售实体站点74家，其中达到星级站点的有35家。全年体育彩票销售额7603万元，实现体育彩票销售额连续17年增长。

【体育彩票公益金使用】 2017年，共筹集体彩公益金266.68万元，支出体彩公益金617.52万元，其中，承办参加各类赛事经费148.64万元，补助门球场地建设242万元，资助建设青少年体育俱乐部4万元，拨付老年人体育活动管理站活动经费10万元，用于体育场地设施建设212.88万元。

（董志鹏）

责任编辑　王淑君

卫生和计划生育

机　构

【行政机构】 年末，全区有区卫生和计划生育局、区爱国卫生运动委员会办公室、区计划生育协会办公室、区计划生育宣传站、区计划生育药具站5个卫生行政机构，有在编人员57人。

文登区卫生和计划生育局（简称区卫计局） 内设办公室、政工科、财务科、政策法规科、医政医管科、基层卫生和妇幼健康服务科、计划生育指导管理科7个科室。实有在编人员57人（包括区爱国卫生运动委员会6人、区计划生育协会5人）。辖属24个医院卫生机构，其中区疾病预防控制中心、区卫生和计划生育监督执法大队、山东省文登整骨医院、区妇女儿童医院、区人民医院、区皮肤病医院、区口腔医院等7个区直属医疗单位、3个卫生服务中心（辖设10个卫生服务站）、14个镇级卫生院。

文登区爱国卫生运动委员会 为区政府的议事协调机构，负责统一领导、统筹协调全区爱国卫生运动。区爱卫会由区政府副区长任主任，区卫计局局长、区住建局局长任副主任。区爱卫会办公室为区爱卫会的办事机构，设在区卫计局，职责为贯彻执行有关爱国卫生运动工作的政策法规，组织开展健康教育、卫生城市、卫生单位创建、改水、改厕、除害防病等工作。

文登区计划生育协会 为中国计划生育协会的地方群团组织。区计生协会由区政府副区长任会长、区卫计局党委委员任常务副会长，承担宣传教育、生殖健康咨询服务、优生优育指导、计划生育家庭帮扶、权益维护和流动人口服务等各项工作。区计生协会办公室为区计生协会的办事机构，设在区卫计局。

【镇及镇以上医疗卫生机构】 年末，全区共有镇及镇以上医疗卫生机构25处。有威海市直属卫生机构1处：威海市中心医院，有区直属卫生机构7处：区疾病预防控制中心、区卫生和计划生育监督执法大队、山东省文登整骨医院、区人民医院、区妇女儿童医院、区口腔医院、区皮肤病医院。社区卫生服务中心3处：龙山社区卫生服务中心（辖设双龙社区卫生服务站、大观园社区卫生服务站、九龙社区卫生服务站）、天福社区卫生服务中心（辖设学府社区卫生服务站、凉水湾社区卫生服务站、香山社区卫生服务站、北山社区卫生服务站）、环山社区卫生服务中心（辖设南山社区卫生服务站、城西社区卫生服务站、秀山社区卫生服务站）。镇级卫生院14处，其中，中心卫生院4处：宋村中心卫生院、高村中心卫生院、葛家中心卫生院、大水泊中心卫生院。镇卫生院（镇政府驻地）8处：文登营镇卫生院、泽库镇卫生院、小观镇卫生院、泽头镇卫生院、界石镇卫生院、张家产镇卫生院、侯家镇卫生院、米山镇卫生院。卫生院（非镇政府驻地）2处：天福山卫生院、埠口卫生院。2017年，全区有卫生人员5960人，其中医院人员3832人，基层医疗卫生机构人员1689人，社区卫生服务中心（站）人员308人，疾病预防控制机构人员41人。有卫生技术人员4866人，其中执业（助理）医师1659人，注册护士2355人，药师213人，技师224人，其他卫生技术人员198人。乡村医生数为569人。全区镇级及镇级以上医疗卫生机构实有床位总数4594张。

威海市中心医院 1941年创建，时称东海医院，为中国共产党地方组织在胶东地区最早成立的医院。1994年，被评为三级乙等综合性医院。2013年10月10日，被省卫生厅评为三级甲等综合性地市级医院。2015年，威海市文登中心医院更名为威海市中心医院。医院位于米山东路西3号，占地面积16万平方米，建筑面积16.65万平方米。2017年，有职工1609人，其中正式在编职工1037人，专业卫生技术人员1443人，高级职称者216人、博士学位者1人、硕士学位者172人。医院拥有Versa HD高能直线加速器、3.0T核磁共振、ECT、宝石能谱CT、64排螺旋CT、DSA、DR、数字胃肠机、数字乳腺钼靶机、飞秒激光治疗仪、多功能查体车、大型C臂血管造影机等万元以上先进医疗设备1670台（件），共有21个职能科室、50个临床医技科室。荣获全国医院感染监测网医院感染横断面调查先进单位、山东省细菌耐药监测数据报送先进单位、全市疾病预防控制工作先进集体、全市院前急救工作先进集体等称号。全年门诊量69余万人次，出院病人6.8万余人次。

山东省文登整骨医院（简称文登整骨医院） 1958年7月，在原县直机关门诊所的基础上创建。位于峰山路1号，占地面积18.5万平方米，建筑面积25.5万平方米，为国家三级甲等中医骨伤专科医院。2017年末，有职工1300人。拥有专业技术人员1145人，其中中高级以上职称人员490人（高级职称176人，博士生、硕士研究生导师11人）、享受国务院特殊津贴专家11人、国家卫生部有突出贡献中青年专家2人、泰山学者岗位特聘专家1人、山东省有突出贡献中青年专家5人、山东省有突出贡献的名老中医药专家1人、山东省名中医药专家4人，威海市有突出贡献的中青年专家4人；大学兼职教授60人，全国各类专业委员会主任、副主任及委员100人。有全国先进工作者4人、全国五一劳动奖章获得者4人、山东省先进工作者5人。医院拥有2台核磁共振，其中1台3.0T核磁共振；2台CT，其中1台64排128层螺旋CT；1套以色列脊柱外科手术定位系统，1台进口800毫安平板胃肠数字X光机。有CR机、DR机、DSA机，C臂、G型臂X光机，美国原装进口骨密度仪、西门子生化免疫流水线、进口血细胞分析仪、尿沉渣分析仪、法国梅里埃细菌鉴定仪、BD流式细胞仪、进口彩色多普勒仪、丹麦进口肌电图、美国肺功能仪、美国STRYKE膝关节镜、徕卡手术显微镜、腹腔镜等万元以上大型设备共1000余台件。有编制床位1000张，开放床位1200张。临床骨伤科设有脊柱脊髓、骨关节、创伤整复、四肢创伤、急危重创伤、足踝外、小儿骨伤、显微外、康复理疗等9个专业治疗体系和34个临床专业科室。建院以后取得省级以上科研成果50项次，其中国家科技发明三等奖和国家科技进步二等奖、三等奖各1项，中国中西医结合协会科学技术一等奖1项，国家中医药管理局科技进步一等奖1项、二等奖6项、三等奖3项，山东省科技进步一等奖3项、二等奖20项、三等奖11项。主编或副主编专著40余部。医院被国家卫生和计划生育委员会、国家中医药管理局确定为“全国中医骨伤专科医疗中心”“全国十五、十一五、十二五重点专科建设单位”“全国重点学科建设单位”“骨伤组织工程三级实验室”“骨伤整复重点研究室”“国家中医药管理局3个优势病种牵头单位”。被山东省政府确定为“泰山学者岗位（骨外科）”“山东省特色专科A级”。被省中医药管理局确定为“全省中医优势病种牵头单位”。医院成为山东中医药大学附属医院，福建中医药大学、安徽中医药大学、辽宁中医药大学、泰山医学院、沈阳医学院等院校的教学医院和博士、硕士研究生培养基地，治疗范围辐射全国20余个省市及俄罗斯、日本、韩国、美国、南非等国家和地区。被国家卫生和计划生育委员会、国家人力资源和社会保障部等部门授予“全国卫生系统先进集体”“全国首批人民满意医院”“全国首批百姓放心医院”“全国医疗优质高效示范医院”等称号。2013年8月，文登整骨医院成为威海市唯一实行全省医保联网的医院，山东省范围内基本医疗保险参保人员的住院医疗费用实行即时结算（其中威海市范围内职工和居民基本医疗保险到医院治疗骨伤类疾病不需转诊转院），出院时只需要交纳本人负担部分。2015年12月19日，文登整骨烟台医院在烟台市莱山经济开发区正式开工建设，2016年7月12日，一期工程封顶。是年，文登整骨医院门诊总量30余万人次，住院病人2万余人次。

文登区疾病预防控制中心 1957年1月成立，2004年7月更名为文登市疾病预防控制中心，另挂卫生局卫生监督所牌子，实行一个机构两块牌子管理模式。2008年2月，卫生局卫生监督所由区疾病预防控制中心分离成为独立法人机构，区疾病预防控制中心增挂文登市卫生检测检验中心牌子，为正科级全额拨款事业单位。2014年，改称威海市文登区疾病预防控制中心。位于峰山路23号，占地面积2070.7平方米，业务用房面积3923.16平方米，为区域内应用预防医学理论和技术、实行疾病预防与控制、突发公共卫生事件应急处置、疫情报告及健康相关因素信息管理、健康危害因素监测与干预、实验室检测分析与评价、健康教育与促进、技术管理与应用研究指导的综合性卫生机构。被授予“山东省传染病信息与突发公共卫生事件报告管理工作先进集体”“山东省减盐防控高血压工作先进单位”等称号。内设传染病防治科、计划免疫科、慢病防治科、公共卫生监测科、消毒与病媒生物防治科、健康教育科、艾滋病防治科、检验科、总务财务科、办公室10个科室。拥有10万元以上仪器设备4台（件）。有在编人员42人，其中卫生技术人员32人。

文登区卫生和计划生育监督执法大队 2008年3月，文登市卫生局卫生监督所成立。2014年3月，更名为文登区卫生局卫生监督所。2015年3月，改称威海市文登区卫生和计划生育监督执法大队。位于通和路2号，为全额拨款副科级事业单位，履行卫生计生监督执法职能的执行机构，担负着全区公共场所卫生、职业与放射卫生、学校卫生、医疗卫生、采供血机构、传染病防治、消毒产品、生活饮用水、涉水产品和计划生育，以及相关人员的执业活动等方面的卫生计生监督执法工作。荣获山东省职业卫生“四个一”工程先进单位、威海市文明单位、威海市出生人口性别比综合治理先进单位等称号。内设办公室、公共卫生监督科、医疗卫生监督科、学校卫生监督科、审批服务科、法制稽查科、计划生育监督科等7个科室。有在编职工24人。

文登区妇幼保健计划生育服务中心（简称区妇幼保健中心） 1953年9月，文登县妇幼保健站成立。1987年3月，改称文登县妇幼保健所。2007年6月，市妇幼保健所更名为市妇幼保健院，增挂市妇女儿童医院的牌子。2009年11月，市妇幼保健院迁至通和路2号，新址建筑面积3.45万平方米（其中业务用房2.6万平方米）。文登市峰山路医疗门诊部整体迁至市妇幼保健院。2013年12月18日，被评为山东省二级甲等妇幼保健院。2014年6月5日，根据文编〔2014〕16号文件，区妇幼保健院与区计划生育技术指导服务站合并，组建区妇幼保健计划生育服务中心，挂区妇女儿童医院牌子，为区卫计局所属正科级财政补贴的公益性事业单位。设孕产保健部、儿童保健部、妇女保健部、健康管理部4个部，有妇科、产科、儿科、内科、外科、中医科、儿童保健科、妇女保健科、健康查体科、麻醉科、预防接种科、不孕不育科等31个科室。2017年7月，根据《威海市文登区公立医院法人治理结构建设实施方案》《威海市文登区区属实行法人治理结构外部监事管理办法（试行）》规定，成立理事会、监事会监事。是年，全院在编职工127人，备案制10人，其中正高级职称2人、副高级职称13人，编制床位150张。拥有4个万级净化手术室，以及贝克曼全自动生化分析仪、五分类血球计数仪、飞利浦HD11进口彩超、希森美康全自动尿沉渣分析仪、产前筛查仪、病理检查设备、宫腔镜、腹腔镜、美国强生麦默通真空辅助乳腺微创旋切系统、西门子乳腺钼靶X线摄影机等先进医疗设备。获得国家级“爱婴医院”“全国诚信示范医院”“全国十佳人民满意医院”“山东百姓满意最佳品牌单位”等称号。4月，中国医药教育协会医学科技促进工作委员会、北京中医药大学东方医院在医院成立专家会诊中心，5月，加入齐鲁儿童医疗集团、北京儿童医院医联体，成为烟台毓璜顶医院生殖专科联盟的首批入盟成员单位。是年，年门诊量25.5万人次，住院7600人次。

文登区人民医院 始建于1942年7月，为文西县信增药社。1945年4月，与普济药房合并，成立昆嵛县中心医药社。是年5月，改称为昆嵛县地方医院。1956年5月，称文登县第二卫生院。是年8月，更名为文登县葛家医院。1979年3月，改称为文登县第一人民医院。1988年，称文登市第一人民医院。1996年，在文登经济开发区龙山路91号设立文登市第一人民医院城里分院——开发区医院。2006年4月、2007年3月、2008年3月分别将铺集卫生院、晒字卫生院和红十字会医院划归管理。2011年7月，更名为文登市人民医院，为综合性二级医院。2014年3月，更名文登区人民医院。2015年8月，原辖属葛家院区分离成立葛家中心卫生院。铺集卫生院、晒字卫生院撤销。2015年8月，原区人民医院与文登市立医院整合组建新的区人民医院，增挂区精神卫生防治院牌子。12月，被市医院评审领导小组评为“二级甲等综合医院”。医院设南北两院区，北院区位于龙山路91号，南院区位于环山东路120号，总占地面积28092平方米，建筑面积48500平方米。编制床位498张，开放床位880张。有职工960人，其中高级专业技术人员45人、中级专业技术人员300人，设临床及医技科室30余个。拥有64排螺旋CT、1.5T超导核磁共振、飞利浦iu22四维彩超、中型C臂、海扶刀、奥林巴斯3D腹腔镜手术系统、OSV-S190高清电子腹腔镜系统、奥林巴斯S290高清胃镜、H260Z放大胃镜、脑涨落图仪、超低频颈颅磁刺激仪、眼震电图检查仪、听觉脑干诱发电位等高精尖设备。其中10万元以上医疗设备176台（件）、百万元以上22台（件）。医院学科齐全，技术力量雄厚，精神心理科为威海市重点发展学科，泌尿外科为威海市重点建设专科，消化内科、心血管内科、神经内科、耳鼻喉科、骨科、眼科等为医院重点专科。有4项科研成果通过省级专家鉴定，并获威海市科技进步三等奖，1项科研成果通过威海市专家鉴定。医院承担省级科研项目6项，其中2项获省级科技进步奖。2015年12月，被威海市医院评审领导小组评为“二级甲等综合医院”。2016年，被确定为上消化道癌早诊早治筛查项目定点医院。与中国医药教育协会医学科技促进工作委员会和首都医科大学附属安贞医院疼痛中心联合成立“威海疼痛诊疗分中心”。与济宁医学院签约，正式成为济宁医学院实践教学医院。2017年，消化内科成为威海市立医院的院外协作科室。8月24日，成立文登区人民医

文登区人民医院开展优质服务在路上活动（8月19日摄）

院医疗服务共同体，与6个基层卫生院及2个社区卫生服务中心共同组建医疗服务共同体。11月15日，租用5300平方米的天福工业园文山项目区楼房，成立精神卫生康养中心，收治精神病患者102人，解决该特殊群体"老有所养，病有所医"的问题。是年，年门诊量25.24万人次，出院病人19287人次。

文登区皮肤病医院 1993年11月，文登市皮肤病防治所、结核病防治所、第二人民医院合并成立文登市三病防治中心。1997年3月，更名为文登市三病防治院。2004年12月，改称文登市三病医院，并增挂文登市皮肤病医院的牌子。2014年12月，称威海市文登区三病防治院。2015年8月，更名为文登区皮肤病医院，挂区医疗美容医院牌子，为区属副科级专科医院，非营利性医疗机构。医院主要职责是对全区确诊结核病人实行规范化管理，管理现症和愈后存活麻风病人，以及英武山、麻风村的日常管理，全区性病诊疗单位进行技术指导和疫情监测等工作。同时开展皮肤常见病、多发病、中医颈肩腰腿痛及疑难杂症的诊治、科研及结核病的确诊和治疗管理工作。医院位于峰山路77号。年末，有业务用房4000平方米、从业人员103人（在编45人、备案4人、返聘6人、编外47人、公益岗1人），有专业技术人员82人（高级职称2人、副高级职称5人、中级职称26人），开放床位60张。设皮肤科、结核科、中医科、皮肤护理治疗中心、皮肤病治疗室、病房、检验科、放射科、药剂科、制剂室等临床科室，另设社会防治科。有GE全数字化DR摄像系统、彩色多普勒超声诊断系统、皮肤CT、全自动血液细胞分析仪、全自动生化分析仪、全自动血沉动态分析仪、全自动血液黏度动态分析仪、血凝分析仪、三光源光子治疗仪（红蓝光）等医疗设备。该院被授予"全国结核病防治先进单位""山东省甲级结核病防治机构""山东省结核病防治先进单位""全国麻风病防治先进集体""山东省麻风病防治先进集体""山东省性病防治先进单位""山东省梅毒综合防治示范区基线调查工作受访高效奖"等称号。2017年，该院出版著作2本，年门诊量70042人次、出院人数1279人。实现业务收入2476万元，固定资产增至1523万元。位于福谱路新建的皮肤病医院副房主体封顶，设备用房主体结构完工，土建部分、主楼及门厅主体完成验收准备工作。区皮肤病医院加入威海市中医医疗集团医疗联合体、山东省皮肤性病学专科联盟、中国民族医药学会疼痛分会三氧学组、全国三氧医学医疗联合体；与山东省胸科医院结成技术协作医院，与山东中医药大学附属医院建立医疗联合体关系。

文登区口腔医院 始建于1958年，称文城卫生院。2000年9月，被威海市卫生局确定为专科医院，改称文登市口腔医院，是胶东半岛较早成立以口腔专科为主的综合医院。2014年，称文登区口腔医院。2015年，原区计生技术服务站位于文山路86号办公用房划转给区口腔医院，作为环山社区卫生服务中心的业务用房。成立文登区环山社区卫生服务中心，与文登区口腔医院合署办公。11月，区口腔医院城里分院迁至区疾病预防控制中心二楼。区口腔医院辖设总院、城里分院、环山社区卫生服务中心3处院区。总院位于米山路140号，有职工141人，其中高级职称6人（正高级职称1人）、中级职称26人。医院开放床位18张，设置牙科椅30台。医院内设口腔内科、口腔修复科、口腔正畸科、口腔颌面外科、牙种植中心、牙周科、儿童牙科、消毒供应室、内科、外科、妇科、儿科、中医科、腰腿痛科、皮肤科、肛肠科、碎石科、查体科、医学检验科、医学影像科、预防保健科、公共卫生科，设3个城区社区服务站。医院拥有威海市首台普兰梅卡口腔CT、烟台和威海地区首台丹麦3D口内扫描仪、德国牙科手机消毒机、德国口腔专用高压灭菌器、种植机、激光刀、梅生牙科X光机、美国schick数字牙片传输系统、荷兰Vertex公司生产的Multicure口腔技工用压力聚合器、琼脂搅拌机、全自动灭菌器、冷光美白机、30台带口腔内窥镜系统的牙科综合治疗椅等设备。2017年初，在省内率先引进超薄全瓷贴面技术，微种植支抗技术、陶瓷托槽矫正技术。中医馆引进中药贴敷、耳穴压豆、八卦灸、太极周天灸、经方疗法、左常波针灸疗法等新技术。肛肠科借鉴国际疼痛管理先进经验，建立肛肠无痛病房，利用三阶梯疼痛疗法，于术前、术中、术后对患者疼痛进行主动干预。10月，建起口腔健康教育室，设置宣教室、模型展览室、实操室和寓教于乐室。12月，与青岛市口腔医院医疗集团签订医疗联合体合作协议。区口腔医院被授予"威海

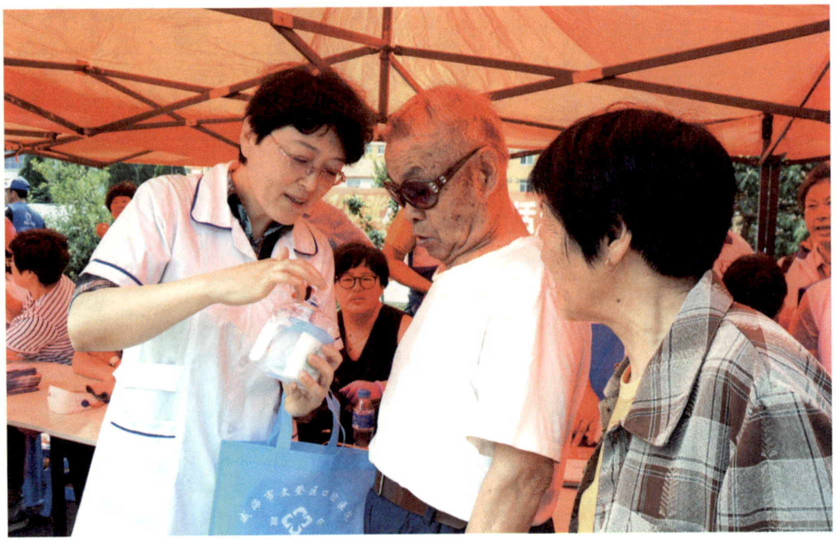

6月17日，文登区口腔医院医护人员在南山社区开展党员志愿者服务活动

市精神文明单位”“威海市平安建设示范单位”“威海市执行价格政策法规最佳单位”“文登市消费者满意单位”“文登市爱心救助行动优秀组织单位”等称号。是年，年门诊量52389人次，出院病人377人次，业务收入1617万元，固定资产1868万元。

【私立医院、企事业单位医务室、个体诊所和农村医疗机构】 年末，全区有民营一级综合医院3处、门诊部2处、企事业单位医务室6处、个体诊所71处。有村卫生室202个，共有农村医疗人员202人，其中执业（助理）医师12人。

药政与医政

【药政管理】

药品招标采购管理 2017年，全区5个公立医院（威海市中心医院、山东省文登整骨医院、文登区人民医院、文登区妇幼保健院、文登区皮肤病医院）、14个镇级卫生院、3个社区服务中心、10个社区服务站实行药品全省网上集中招标采购，药品采购遵循为需而采、分类采购、质量优先、价格合理的原则，规范药品购销行为，从源头上治理医药购销中的不正之风，规范医疗药品购销工作，减轻社会医药费负担。是年，通过省级平台采购药品共3.23亿元（其中威海市中心医院1.2亿元），药品招标采购单位共25个。11月1日，全区5个公立医院（威海市中心医院、山东省文登整骨医院、文登区人民医院、文登区妇幼保健院、文登区皮肤病医院）、14个镇级卫生院、3个社区服务中心全面推行“两票制”（是指药品从药厂卖到一级经销商开一次发票，经销商卖到医院再开一次发票），进一步规范药品流通秩序。

特殊药品管理 2017年，区卫计局进一步规范麻精药品的管理与使用，开展麻精药品管理与合理应用的培训，加强基层医疗机构麻醉药品规范化管理，按照有关规定做好麻醉药品的采购入库登记、使用登记及保管等各个环节工作，严格麻醉、精神药品“五专”（专人负责、专柜加锁、专用账册、专用处方、专册登记）管理制度，做到账物相符。规范各医疗机构麻醉、精神药品定期购用增补工作，合理制定增补计划，认真做好各医疗机构麻醉药品2017年度使用统计，指导医疗机构科学计划、分批采购、减少过期浪费。是年，各医疗机构的麻醉、精神药品管理规范，全区未发现麻醉、精神药品流失、被盗等问题。

中医药工作 6月，全区14处基层医疗机构、3处社区卫生服务中心、1处区直医疗机构与威海市中医院签订医疗联合体合作协议，威海市中医院选派专家定期到基层坐诊，对医疗联合体的专业技术人员进行免费培养，实现城乡医疗同质化服务全覆盖。8月30日，组织全区40余名中医药专家，在金都广场举行大型的中医药义诊、适宜技术展示和文化科普宣传活动。邀请北京同仁堂工作人员现场展示传统手工艺中药饮片切片、非物质文化遗产“五禽戏”表演等，为群众义诊800余人次。是年，国家卫生计生委食品司拟将“西洋参”纳入药食同源目录试点工作，准予山东、辽宁两省境内试点2年，区卫计局及时组织“西洋参”药食同源申报，有效促进全区食品与健康产业融合发展，推进“西洋参”产业化发展。

【医政管理】

医疗质量管理 2017年，区卫计局加强区级卫生系统质控中心管理，做好区级质控中心的设立、人员安排及优化调整工作，与威海市级质控中心进行对接，充分发挥质控中心在医疗质量管理中的作用。狠抓卫生技术人员专业技术水平，落实专业技术人员“三基三严”（基本理论、基本知识、基本技能，严格要求、严密组织、严谨态度）培训与考核工作，全年完成11个专业、200余人次的“三基三严”考核，组织全区20家医疗机构、25个参赛小组的医护一体化紧急救护技能大赛。邀请高层次专家开展培训13期，培训1500余人次。鼓励支持医疗机构开展国际交流与合作，学习和借鉴国外先进医学科学技术，推进全区卫生科研创新能力建设。全区新增2个威海市级护理服务示范病房，区内二级以上医院优质护理服务病房覆盖率达100%，组织医疗机构举办“5•12”国际护士节庆祝活动，开展针对公众的科普宣传工作。加强医院医疗感染管理工作，进一步规范医疗废物处置标准，开展对所有医疗机构的专项督查，特别强化对民营医疗机构、村卫生室医疗废物处置的督导与管理，杜绝倒卖医疗废物的现象发生。加强临床路径建设，规范医疗行为，提高服务质量，节约医疗资源，降低医疗费用。是年，区卫计局将临床路径管理工作纳入医疗质量管理范围，增加试点专业和病种数量，提高符合临床路径管理病例的入组率和完成率，参加公立医院改革的4家医院临床路径管理病例入组率全部超过50%，入组完成率超过70%。加强医疗服务能力建设，深入推进重点专科建设。年内，区妇幼保健中心妇产科，区人民医院的泌尿外科被列为威海市级临床重点专科建设单位。

医疗用血管理 年内，区卫计局组织医务人员进行临床合理用血知识培训，强化临床合理用血管理，组织各医疗机构进行临床合理用血宣传月活动。6月11日，组织区直医疗机构20余名骨科、疼痛科、精神卫生科、中医科、皮肤科、口腔科专家在市中广场现场义诊300人次、免费咨询，利用“爱心血屋”免费查血型40人，发放宣传资料1500份。其余17个基层医疗机构分别举办各种宣传活动，组织义诊5000人次，发放宣传材料10000份，张贴海报60张，制作宣传刊板30张、电子显示屏宣传字幕59条。

医疗执业监管 2017年，区卫计局按照《医疗机构基本标准》，加强医疗机构行政审批管理，规范行政审批流程和文书格式。全年共设置医疗机构30个，其中护理院1个、门诊部1个、个体诊所15个、村卫生室13个。完成25处医疗机构注册登记、23处医疗机构延续注册，变更注册医疗机构35处，注销注册医疗机构238处。完成医师执业注册215人，其中首次注册80人、变更注册135人。根据省卫计委《山东省医疗机构、医师、护士电子注册工作实施方案》有关要求，依托全省健康云平台建立的电子化注册系统，为全区320处医疗机构发放账户及密码，为607名医师注册登记并激活账户，逐步实现与医疗质量控制、医师资格考试、医师定期考核、医疗监督执法等相关信息系统的交互融合、资源共享。

应急管理　2017年，全区各级医疗卫生单位为23辆未加入院前急救网络的救护车建立起特种车辆动态管理档案，加装GPS定位设备和行车记录设备。区卫计局通过市联通公司监控平台对各单位特种车辆进行实时监控管理，确保特种车辆运行安全。4月中旬，全区报告1例H7N9禽流感病例，区卫生应急指挥部立即启动联防联控机制，区卫计局牵头联合区畜牧兽医局、区市场监督管理局、区食品药品监督管理局、区林业局、区财贸办、区交通局等单位，依据各自职责分工，相互协作，共同有效控制H7N9禽流感疫情，区内未再发生H7N9禽流感病例，确诊病例经医护人员的精心治疗和护理康复出院。是年，区卫计局制定《文登区卫生计生系统重污染天气应急响应专项实施方案》，修订《威海市文登区手足口病医疗救治工作预案》《威海市文登区卫计局人感染H7N9禽流感应急处置预案》《威海市文登区病原微生物实验室生物安全应急事件预案》及《威海市文登区高温中暑事件卫生应急预案》，有效应对可能突发的公共卫生事件。区卫计局组织《文登区突发公共卫生事件应急预案》和《文登区流感大流行应急预案》演练，组织医疗救援队参与区人防办组织的“威海市文登区2017年防空警报试鸣暨山东芸祥绣品有限公司防空防灾紧急医疗救援演练”，教育系统组织的“防震防空演练”及威海交警支队组织的“高速公路重大道路交通事故应急处置演练”，提高卫生应急医疗救援队伍应对突发事件的救治能力。7月，在全系统内开展卫生应急技能竞赛活动，提升全区卫生应急整体能力。是年，区卫计局在威海市组织的“全市卫生应急技能竞赛活动”中，荣获“威海市卫生应急技能竞赛团体一等奖”，“突发急性传染病防控”和“突发事件紧急医学救援”单项一等奖。

乡村医生管理　2017年，区卫计局与区财政局、区人社局根据《文登区老年乡村医生生活补助工作的实施方案》的要求，共对1721名老年乡村医生发放生活补助，发放总金额为834.6万元。

【医疗卫生体制改革】　2017年，区卫计局印发《威海市文登区关于进一步推进医联体建设的实施意见》，继续推进公立医院改革，全面启动多种形式的医疗联合体建设试点工作，促进分级诊疗模式形成。年内，区人民医院与10个基层医疗机构建立松散型医疗共同体，与2个社区卫生服务中心建立紧密型医疗共同体；文登整骨医院与13个区内医疗机构建立医疗共同体。区人民医院、埠口卫生院与威海市中心医院建立医疗联合体；17处基层医疗机构全部与威海市中医院建立医疗联合体；区皮肤病医院与山东中医药大学附属医院建立合作关系，并成为山东中医药大学附属医院医疗联合体成员单位；区口腔医院与青岛市口腔医院建立医疗联合体。区人民医院与北京医药教育协会医学科技促进工作委员会合作建立安贞医院威海疼痛诊疗分中心，与北京同仁医院建立眼科合作关系；与威海市精神卫生中心建立医疗联合体合作关系，开展精神科疾病合作。区妇幼保健中心与北京中医药大学东方医院合作成立专家会诊中心，以专科联盟形式成为山东大学齐鲁儿童医疗集团理事单位。区皮肤病医院与山东胸科医院建立技术协作关系，与山东省皮肤病医院建立皮肤科专科联盟，区皮肤病医院免疫三氧治疗室与北京航空总医院疼痛医学中心组成专科联盟；区人民医院与北京安贞医院、区妇幼保健中心与齐鲁儿童医疗集团建立专科联盟。区各级医疗机构依托文登整骨医院、区人民医院设立远程骨科及综合放射诊断中心，建立远程放射心电诊断系统；与威海市中心医院合作，开展免费的常规心电图远程会诊；区人民医院、区妇幼保健中心与中国人民解放军总医院、北京妇产医院、北京中日友好医院等建立远程会诊关系，促进“基层首诊、双向转诊、急慢分治、上下联动”分级诊疗格局的形成。贯彻省政府办公厅《关于加快推进医养结合工作的实施意见》，大力推进医疗卫生与养老服务相结合，充分利用社会资本投资养老服务领域，支持公立医疗机构与养老机构毗邻建设，完善医疗机构与养老机构巡诊协议制度，促进医养结合发展。是年，利用社会资本建成“两证齐全”的瑞云祥医养结合机构和龙港医养结合机构，投资兴建1所医养结合、功能齐全高端的文登整骨康养中心；大水泊中心卫生院改建1处集医疗、保健、养老于一体的康养中心；区人民医院建成精神卫生康养中心；稳步推进宋村中心卫生院和侯家镇卫生院与养老机构毗邻建设、开展零距离合作工程进度；全面实施医疗机构与养老机构巡诊协议制度，全区19处公立医疗机构与41家养老机构签订巡诊服务协议，开通绿色通道，为养老机构提供方便快捷医疗服务。

人口和计划生育

【概况】　2017年，全区计划生育工作坚持计划生育基本国策，稳妥、扎实、有序地落实全面二孩政策，改革完善计划生育服务管理，不断推进服务管理改革，进一步健全家庭发展支持体系，深化计划生育基层群众自治、落实流动人口均等化服务，促进人口长期均衡发展。全年符合政策生育率为99.46%，人口自然增长率为0.34‰，统计合格率为99%，出生人口性别比为107.29，完成《人口目标责任书》规定的各项工作任务。

【落实全面两孩政策】 年内，区委、区政府印发《关于实施全面两孩政策改革完善计划生育服务管理的意见》，对实施全面二孩政策进行全面部署。区卫计局做好2016年全面二孩政策实施后区人口形势发展变化的调研、分析工作，并向区政府提交相关报告。完成全区国家生育状况抽样调查、山东省育龄夫妇生育水平及生育意愿评估调查。继续宣传新的计划生育政策，鼓励群众按政策生育，将国家相关生育政策与免费优生健康服务项目内容，统一编制、印成宣传品发放给群众，提高群众政策知晓率和生育登记积极性。推进母婴设施建设，在交通场站、医院等公共场所及用工单位配置17处母婴便民设施，营造生育友好型社会环境。

【基层服务管理工作】 年内，区卫计局继续规范办证办事流程，推行首接负责、个人承诺、AB角工作、限时办结和婚育证明电子化等制度，畅通窗口办理、委托代办、异地办理、部门间信息共享渠道。落实基本公共卫生计生服务均等化，制定《“十三五”期间流动人口健康教育和促进行动计划实施方案》，印发“流动人口基本公共卫生计生服务证”，对流动人口进行健康教育，提供各项免费服务。全年全区共发放服务证8000本。开展流动人口清理清查工作，为落实均等化服务提供准确信息；开展系列活动，利用春节期间流动人口返乡的有利机会，开展流动人口关怀关爱专项行动。协调相关学校、企业，开展流动人口健康促进示范学校、示范企业和健康家庭创建活动。是年，各有1个学校、企业、家庭获得威海市示范单位称号。发动基层和志愿者，开展农村留守儿童健康关爱工作，构建农村留守儿童健康关爱体系工作。

【设置计生药具免费自助发放机】 2017年，在山东铝业职业学校增设1台24小时服务的避孕工具自助免费发放机，继续扩大发放机网络规模。每个投放点配备1名药管员，负责机器的运行管理，由区卫计局药具站负责送货、日常维护、维修等工作，保障药具发放机的正常运行。全年共投放免费避孕套32万只。

【计生基层群众自治项目试点】 2017年，区卫计局、区计划生育协会继续深入推进试点项目各项工作，制定《关于深入推进计生基层群众自治工作的实施方案》，完善计生基层群众自治“四五”工作方法，印制《工作指导手册》，发放到每个村居、企业；制定《计划生育村规民约样本》，指导全区各村居规范修订；实施计生集中议事制度，进行社情民意信息采集，开展集中议事会；创新基层学习培训形式，把流动人口计划生育协会示范点做法和经验进行总结拍摄成教学片，制作成光盘发放到基层，指导工作；扩大典型覆盖面，市级以上示范村居新增26个，通过典型示范引导，指导基层强化协会组织建设，健全工作网络，完善自治制度，推动计生基层群众自治工作常态化开展，推进计生多元共治格局建设。是年，金田小商品市场“关爱流动人口春风行动”活动被评为市计生服务管理创新项目，区计划生育协会在全省计生协会工作会议上进行典型发言，省计划生育协会安排潍坊市昌乐县（第四批全国计生基层群众自治示范县）计划生育协会到文登区观摩学习。

【开展青春健康教育】 2017年，区卫计局贯彻执行《关于开展青春健康教育“三进”活动的通知》有关要求，成立15人的师资队伍，参加省、市两级师资培训17人次，开展青春健康教育150场次，受益人群达2万余人。投资30万元打造威海市卫生学校青春健康俱乐部，将青春健康教育融入学校整体教学规划、学校标准化建设规划、学生全面发展规划，保证活动经常化、制度化。是年，威海市卫生学校青春健康俱乐部被授予“山东省计生协会青春健康教育示范基地”称号。

【落实奖励扶助政策】 2017年，区卫计局继续落实各项奖励扶助政策，加强对计划生育特殊家庭的帮扶救助力度。全年共对13项计划生育奖励政策发放奖扶资金6665万元，惠及群众111968人，政策落实率100%。对1173户计划生育特殊家庭建立家庭信息档案，每户确立3名较为固定的联系人，帮助解决计划生育特殊家庭在就医、生活等方面遇到的实际困难，并实施经济扶助、人口关爱基金救助、就医绿色通道、再生育和收养服务、养老保障、社会关怀等帮扶措施。全年确认特殊家庭人群2025人，发放扶助资金1000余万元，为计划生育特殊家庭在医疗、养老保险方面投资26.54万元。

医疗服务

【门诊、急诊和住院人数】 2017年，全区各级各类医疗机构门诊、急诊量共244.9万人次（其中医院123.41万人次，乡镇卫生院、社区卫生服务机构41.4万人次，门诊部、诊所13.13万人次，村卫生室38.82万人次）。全区卫生机构编制床位3790张（其中医院2980张，乡镇卫生院、社区卫生服务机构610张，妇幼保健院200张）；出院人数14.32万人（其中医院11.53万人，乡镇卫生院、社区卫生服务机构2.04万人，妇幼保健院0.75万人）。（以上数据包括威海市中心医院统计数据）。

【社区卫生服务】 2017年，全区龙山社区、天福社区、环山社区3处社区卫生服务中心、14处镇级卫生院、236处村卫生室继续开展13大类45小项国家基本公共卫生服务项目，服务区域人口581643人，覆盖率100%。

人均基本公共卫生服务经费补助标准由45元提高至50元，主要任务是巩固现有项目，扩大服务覆盖面，扩展服务内容。根据《国家基本公共卫生服务规范（山东2017年版）》《关于开展全省居民健康档案专业化复核升级行动的通知》及威海市卫计委有关要求，制定《关于组织开展文登区居民健康档案专业化复核升级行动的通知》，全面梳理已经建立的居民健康档案，对照辖区户籍人口身份信息，各基层医疗卫生机构对现有健康档案逐份核实甄别，及时修订信息，按照要求，免费为建档人群查血型，补充完善个人基本信息表，确保档案完整。2017年，全区共建立居民电子健康档案468386份，建档率为80.5%，复核档案14万份，复核率达30%；累计发放健康教育印刷资料35万份，播放健康教育音像资料9772次，举办健康知识讲座2418次，开展公众健康咨询活动268次；为58766名65岁及以上老年人进行健康查体，为43309名慢性病患者及1717名严重精神障碍患者进行规范化管理服务，及面对面随访管理；为2794名孕妇、产妇及15123名0～6岁儿童提供系统管理，为4486名儿童发放预防接种证，全年报告传染病1804例。通过随机调查，重点管理人群对基本公共卫生服务项目的知晓率和满意度达100%。与区总工会联合举办文登区结核病防治工作和寄生虫病防治工作岗位技能竞赛活动，组织121名卫生专业技术人员进行竞赛，选拔优秀选手参加威海市级竞赛，在市级竞赛中获得二等奖和三等奖。组织区人民医院2名选手参加“威海市精神卫生日”主题演讲比赛，获得个人第一名和第二名。第一名的选手参加省级竞赛，获得第一名。

【基层医院建设】 2017年，高村中心卫生院按照高村古镇建设规划，实施外墙保温、空气能等改造项目；侯家镇卫生院投资1000万元建设新院区，总建筑面积3700平方米，年末完成整体搬迁；天福山卫生院对室内环境进行墙体粉刷，并为医院的每个房间配备空调，打造便捷、舒适的看病就医环境。

医疗技术与设备

【中医医术】

中医整骨　年内，文登整骨医院脊柱脊髓三科为1位腰椎间盘突出症致左小腿和足部麻木的患者采用纤维环缝合器辅助、腰椎小刀口开窗法髓核摘除纤维环重建手术进行治疗，通过其枪式操作系统，穿、夹、锁、缝等4个简单步骤，同时配合系统自带的缝合拉紧功能，有效解决纤维环重建问题，手术时间1小时，出血量不足20毫升，切口仅3厘米，患者术后恢复良好，左下肢麻痛无力症状得到极大改善，最大限度保留椎间盘的功能，降低髓核炎性介质对神经根的刺激。该重建手术填补文登整骨医院在此领域的空白，具有重大临床应用价值。

年内，文登整骨医院脊柱脊髓三科利用脊柱手术机器人成功为1例腰椎爆裂骨折患者施行精准微创置钉手术。患者自高处坠地致腰2椎体爆裂骨折，入院后如期进行手术，医护人员利用Renaissance脊柱手术机器人为患者置入4枚椎弓根螺钉，手术1小时完成，出血量仅50毫升，双侧各两个1厘米左右切口，术后患者1周后下地活动，恢复良好。Renaissance手术机器人是全球唯一的脊柱手术机器人系统，由以色列设计、生产，在美国、欧洲、中东等国家和地区广泛使用。全球数千例脊柱的手术的临床研究证实其定位精度误差小于1厘米，并可将术中放射线透视的使用率降到最低。文登整骨医院在国内最早引入Renaissance脊柱手术机器人，在专门的软件上设计椎弓根螺钉的置入通道，极大提高螺钉置入的准确性，降低术中术者和患者的透视暴露，缩短手术时间，显著提升手术质量，具有重大临床应用价值。

【西医医术】

外科　3月7日，威海市中心医院肝胆、疝与腹壁外科成功完成胶东半岛首例腹腔镜下胰头十二指肠切除术，为1名十二指肠肿瘤患者施行胰头十二指肠切除手术，过程精细、准确，术后恢复快、并发症少，该手术是肝胆外科的尖端手术。3月22日，威海市中心医院泰山学者特聘专家丛海波及其课题小组在国内首次利用“AR（增强现实+3D）打印”技术，为

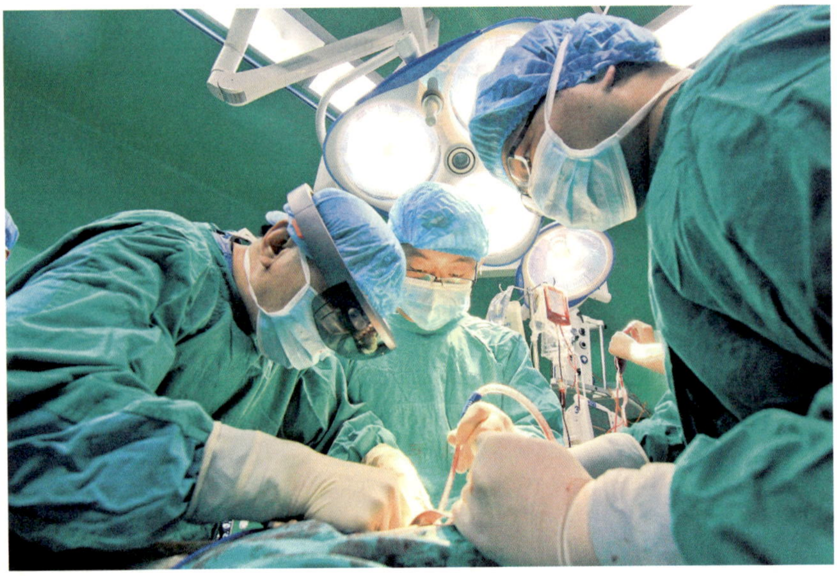

3月22日，丛海波课题小组在威海市中心医院手术室利用“AR（增强现实）+3D打印”技术，成功实施骶尾部巨大梭形细胞瘤切除及椎体置换手术

1名内骶尾部患有最大直径约11厘米的梭形细胞瘤的患者，成功实施骶尾部巨大梭形细胞瘤切除及椎体置换手术。术前通过三维技术将患者肿瘤、骨骼和周围重要神经、血管、组织等重建，术中通过虚拟技术创建的影像与患者叠加，并在此引导下实施手术。将提前运用3D技术打印好的椎体植入患者体内，手术进行4个小时，将AR、3D打印等多项高、精、尖技术运用于椎体置换手术中在国内尚属首次。年内，威海市中心医院神经外科成功完成2例高难度颈动脉内膜剥脱手术（CEA），并成功开展显微神经外科顶尖技术—脑血管搭桥手术，标志着威海市中心医院神经外科技术实力再上新台阶。

内科 年内，威海市中心医院在威海地区率先开展经口内镜肌切开术（POEM）、粘膜下隧道内镜切除术（STER）、早期消化道肿瘤粘膜剥离术（ESD）、经十二指肠镜逆行性胆胰管造影术（ERCP）及取石术等内镜微创治疗。11月，威海市中心医院呼吸内科率先在威海地区引进硬质内科胸腔镜，主要用于不明原因的胸膜和肺疾病的诊断和治疗，对于肺和胸膜的疑难疾病的诊断治疗有着重要的临床意义。威海市中心医院肾内科成功救治1名肾动脉断裂、下腔静脉破裂，出血量6000毫升，临床救治成功率不足10%的危重症腹部大量出血患者。

妇产科 7月16日，威海市中心医院产科与多学科通力协作，对1名出现流血症状的凶险性前置胎盘孕妇，成功采用介入+剖宫产的凶险性前置胎盘手术，术后母子平安，此例手术为威海市首例。

【医疗设备与医疗检查技术】 年内，威海市中心医院放射治疗中心引进国内第4台、省内首台Versa HD高能直线加速器。Versa HD高能直线加速器集成四维图像引导技术、六维运动治疗床、四维CT图像引导系统、四维肿瘤运动管理系统、高端机头160叶高速多叶光栅、实时记录激光摆位的验证系统，以及四维超声影像引导系统等项新技术，推动医院肿瘤放射治疗技术进一步发展。是年，威海市中心医院引进HY7000－1型射频热疗机治疗除颅内肿瘤以外的全身各部位肿瘤。

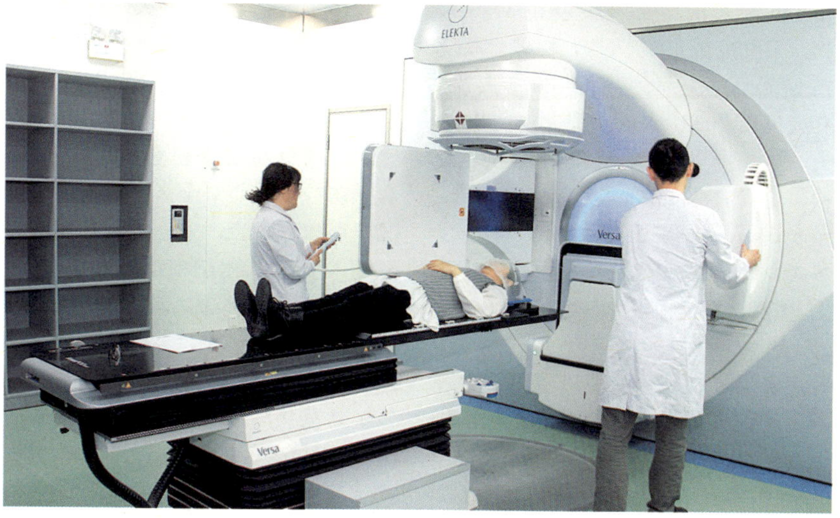

威海市中心医院引进的Versa HD高能直线加速器（12月12日摄）

疾病防控

【卫生监测】

疾病疫情监测 2017年，全区各级卫生疾病预防控制机构共完成疫情主动监测792次。报告调查麻疹疑似病例13例，确诊3例。在全区继续开展戊肝监测，调查处理3起戊肝聚集性疫情，控制疫情蔓延。报告腮腺炎病例107例，采集血清标本23例，调查处理5起腮腺炎预警疫情。报告水痘病例262例，采集血清标本51例，调查处理20起水痘预警疫情。

鼠、虫情监测

鼠类 5月和9月，区疾病预防控制中心在高村镇设点，用夹夜法对室内鼠密度、种群分布进行调查。调查结果显示室内鼠密度在0.35%。

蚊虫 5月，区疾病预防控制中心在城区检测蚊种及密度。监测方法用诱蚊灯法。监测结果为年平均蚊密度为1.75只/（台．小时）。

蟑螂 6月，区疾病预防控制中心采用粘蟑纸法在城区监测蟑螂密度。监测结果为0.08只/张。

【传染病报告与防治】 2017年，区疾病预防控制中心共报告乙丙类传染病发病18种3666例。其中，乙类传染病13种716例，丙类传染病5种2950例，无甲类传染病报告。发病率前5位的病种分别是感染性腹泻、手足口病、流感、梅毒和肺结核。报告死亡病例4例，其中肺结核2例、感染性腹泻和流感各1例。

人感染H7N9禽流感防治 4月18日，区疾病预防控制中心确诊第1例人感染H7N9流感病例。疫情发生后，通过采取隔离治疗病例、管理密切接触者、加强不明原因肺炎病例和高暴露人群监测、开展活禽市场环境监测和疫点消毒等措施，有效控制疫情传播，未出现新发病例。4月，对城区2处活禽交易市场的8个摊点监测结果显示，有4个摊点7个外环境标本H7N9病毒核酸呈阳性，摊点阳性率为50%，标本阳性率43.75%。11月，抽取城区2个活禽交易市场5个摊点采集15份标本进行检测，其中1份标本检出阳性结果为H9亚型禽流感。监测结果显示，文登区存在人感染禽流感发生的病原学因素。

腹泻病防治 10月26日至11月6日，区内某校区发生1起诺如病毒感染引起的腹泻病聚集疫情，累计发病81例，波及全校18个班，罹患率

5.73%。疫情进展快，发病范围广。区疾病预防控制中心采集发病学生和食堂工作人员肛拭子、粪便标本及呕吐物30份进行检测，其中5份粪便标本诺如病毒2型检测结果为阳性，确认该起疫情为1起诺如病毒感染引起的腹泻病聚集性疫情。疫情发生后，通过隔离治疗病例、开展日常性消毒、加强宣传教育等措施，疫情很快平息。

手足口病防治 全年共报告发病830例，无死亡病例报告，重症病例10例，发病年龄集中在1～6岁年龄组，以散居儿童、幼托儿童和学生发病者居多。采集检测1－12月病例粪便标本76份，其中70例阳性，检出EV71型病毒31份、柯萨奇16型病毒2份、其他肠道病毒37份，阴性6份。

土源性线虫防治 11月，区疾病预防控制中心抽取龙山街道河埠庄、埠口港张家埠村、米山镇长墦村、文登营镇前北风口村、宋村镇寺前村共1018人开展钩虫、蛔虫、鞭虫、蛲虫感染情况检测，并对其中72名3～9岁儿童加做透明胶纸肛拭法检测蛲虫卵。调查结果显示，鞭虫卵阳性病例30人，感染率2.94%，其他3种寄生虫均未检出。

其他传染病防治 2017年，全区发热伴血小板减少综合征报告确诊病例35例，较上年下降18.60%。病例的主要临床表现为发热（体温多在38℃以上），外周血白细胞计数、血小板减少，部分病例伴多器官功能损伤（肝肾血液等），死亡3例，病死率8.57%，其余病例均治愈。是年，报告出血热确诊病例27例，较上年下降20.59%，无死亡病例。人间布鲁氏菌病报告确诊病例5例，较上年同期下降50%。上述病例均为散发病例，经区疾病预防控制中心调查处理后未发生续发病例。当年度无狂犬病病例报告，19处狂犬病暴露处置门诊共处理狂犬病暴露人员4993例，注射狂犬疫苗4993人份、被动免疫制剂88人份。

【计划免疫】 2017年，区疾病预防控制中心贯彻执行《中华人民共和国传染病防治法》《疫苗流通和预防接种管理条例》和《预防接种工作规范》等有关文件要求，切实落实扩大国家免疫规划政策，完成科学发展综合考核目标任务，巩固消灭脊灰、消除麻疹、控制乙肝和其它免疫规划疫苗。针对疾病防控成果，进一步完善预防接种服务体系，加强预防接种单位规范化管理，全面提升免疫预防工作管理水平。

免疫疫苗接种 2017年，全区共接种卡介苗4469人次，麻疹（麻风、麻腮、麻风腮）疫苗15906人次，脊灰疫苗15576人次，无细胞百白破疫苗19823人次，乙脑疫苗9254人次，流脑疫苗19727人次，乙肝疫苗14629人次，安尔宝疫苗3136人次，甲肝疫苗4986人次，白破二联疫苗3790人次，水痘疫苗8077人次，狂犬疫苗20687人次，肺炎疫苗2670人次，狂犬疫苗免疫球蛋白837人次，轮状病毒疫苗5600人次，流感疫苗6104人次，累计接种155271人次。各类免疫规划疫苗接种率均达99%以上，"八苗"全程接种率达95%以上。

疫苗补充免疫及补种 3－4月，区疾病预防控制中心对40岁以下流动务工聚集人群开展麻疹疫苗查漏补种活动，共接种外来务工人员589人。9－10月，开展大中专入校新生麻疹疫苗补充免疫工作，共接种麻疹疫苗2644人次，接种率达98.4%。

预防接种信息化管理 2017年，区疾病预防控制中心开展山东省预防接种信息化工作推进年活动，建立完善的预防接种信息管理、冷链温（湿）度监测、生物制品信息管理等系统网络，加强预防接种信息的安全管理。按照省委、省政府《关于改进完善17市科学发展综合考核工作的意见》有关要求，继续加强对儿童"八苗"接种率的考核，全区"八苗"全程接种率一直保持在95%以上，麻疹疫苗和乙肝疫苗首针及时接种率达90%以上。在全区范围内开展冷链设备温湿度监测工作，哲勤冷链云监测平台APP安装率、冷链设备档案表完整率均达100%，上传及时率及审核及时率均达到95%以上。

【地方病防治】

居民碘盐消费现状调查 1月，区疾病预防控制中心抽取5处乡镇225户居民以及20处食盐批发部、村商店，对居民的甲状腺疾病患病率、碘盐食用率、健康知识知晓率、碘盐消费的态度及行为开展入户调查。监测结果：碘盐年覆盖率呈下降趋势，居民对食盐加碘消除碘缺乏病的防治知识知晓率为58.9%，近30%的居民认为无需普及碘盐。

重点人群病情、碘营养水平和碘盐食用情况调查 年内，区疾病预防控制中心调查8～10岁儿童200人，甲状腺肿大率为2.5%，尿碘中位数为193.15ug/L；孕妇100人，尿碘中位数为145.29ug/L；采集重点人群食用盐304份，检测出合格碘盐207份，合格碘盐食用率68.1%。

饮用水碘含量调查 5月，区疾病预防控制中心对全区生活饮用水情况开展摸底调查，采集检测各乡镇水源样本77份，水碘中位数为6.12ug/L，表明文登区属于缺碘地区。

【专病防治】

结核病防治 2017年，区皮肤病医院共对62名艾滋病病人或感染者进行结核病筛查，转介筛查率100%；共对220名活性肺结核病人开展HIV检测，筛查率98.21%，发现1例结核菌/艾滋病病毒双重感染病例。组织对全区小学入学新生进行肺结核密切接触史及症状筛查3495人，筛查率100%，未发现疑似肺结核病例。全区中学入学新生学生症状和结核菌素试验普查5941人，平均查体率96.93%；学生结核杆菌感染率（强阳性率）14.86%；感染者到结核病专业防治机构复查率72.71%，发现活动性肺结核患者2人。全年共接诊疑似结核病初诊患者1345例，发现并治疗活动性肺结核224例，其中初治涂阳79例、复治涂阳14例，涂阴131例。其中开展耐多药肺结核可疑者筛查98例，未发现耐多药肺结核患者。将肺结核患者治疗纳入基本公共卫生服务项目管理，按时开展并指导村级居家服药治疗肺结核患者的随访管理工作，全年肺结核患者完成治疗率达 93.26%。

麻风病防治 2017 年，全区共转诊筛查皮肤性病病例 240 例，未发现麻风病新病例。组织专业人员对全区的 77 名愈后存活麻风病人进行 2 次随访调查，随访率 100%，随访检查 2 例麻风病接触者，未发现疑似麻风病症状。组织专业技术人员深入患者家庭对愈后存活的 20 名畸残患者实施康复治疗、康复教育，发放自我护理包 10 个、溃疡治疗包 200 个、防护鞋 40 双，有效地控制愈后存活病人现有畸残的加重情况。

性病防治 3 月 24 日，区皮肤病医院组织对全区各医院分管业务副院长、公共卫生医师、从事性病临床诊疗服务的临床医生、实验室及疫情管理人员等 138 人进行性病规范诊疗服务培训。3 月 28 日，组织召开全区性病、麻风病防治工作会议，通报全区创建梅毒综合防治示范区工作的进展情况。4 — 6 月，组织专业人员深入全区 10 个社区医院进行性病防治知识培训，培训人数 338 人。6 月 12 日，组织召开全区梅毒干预工作暨培训会议，学习重点人群干预相关知识。11 月 24 日，区卫计局与区教育局联合召开全区学校重点传染病防控工作会议，对参加会议的 150 名各医院和学校分管负责人进行性病、艾滋病等防控知识培训。是年，全区共报告 5 种监测性病病例 639 例，较上年上升 7.21%；其中梅毒 342 人、淋病 73 人、尖锐湿疣 152 人、生殖道沙眼衣原体感染 23 人、生殖器疱疹 49 人。

【艾滋病防治】 年内，全区的艾滋病抗病毒治疗工作全部由区疾病预防控制中心转至威海市中心医院承担。3 月 7 日，区防治艾滋病工作委员会办公室印发《文登区艾滋病防治业务工作意见的通知》，推进艾滋病防治工作。4 月 18 日，区疾病预防控制中心对天润曲轴股份有限公司入厂职工进行艾滋病培训，共有 260 人参加培训，发放 300 份宣传材料。6 月，区疾病预防控制中心和区皮肤病医院、区卫生和计划生育监督执法大队在倪氏海泰大酒店、昆嵛大酒店、华玺酒店、区看守所，对 150 名工作人员进行培训，主要讲解艾滋病、性病的防治知识。根据上级业务部门的统一部署，区疾病预防控制中心和区教育局建立学校艾滋病疫情通报制度，每季度向辖区卫生计生、教育部门及有关学校通报学校艾滋病疫情。11 月 24 日，与区教育局、文登师范学校、威海卫生学校，北京交通大学威海分校，分别联合举办全区学校传染病和艾滋病防控知识讲座，各学校分管负责人及各医疗单位分管负责人 150 人参加。11 月 26 日，区疾病预防控制中心联合社区服务中心、机场检验检疫、公安局、交通局等部门，分别在大观园集市、威海国际机场、汽车站等处进行现场宣传，悬挂主题宣传横幅，设置咨询台及刊版，组织人员发放宣传材料、宣传品，现场讲解宣传艾滋病防治知识。全年共发放预防艾滋病宣传折页、明白纸 6400 份、环保购物袋 2700 个、洗漱小礼包 1700 份、记事本 7000 本。区疾病预防控制中心开展高危公共场所干预 30 家、高危人群干预 2672 人次，发放宣传材料 2672 份、安全套 26720 只。监测被监管人员 406 人、女性性工作者 325 人、性病门诊就诊者 258 人，为 941 人开展免费咨询检测服务。是年，各艾滋病筛查实验室共开展检测 65524 人次，其中术前检测 39424 人次，受血前检测 16909 人次，其他就诊者检测 4110 人次，孕产期HIV抗体筛查5600人次。

【精神病防治】 2017 年，区人民医院在全区范围内共排查严重精神障碍患者 2244 例，并全部纳入网络系统管理。健全完善与各乡镇的网络链接系统，以快捷、方便的方式为随访及病患人员提供指导。在全区范围内大力普及精神卫生知识，提高乡村医生对于常见重性精神疾病早期症状的识别能力和跟踪随访治疗能力，开展重性精神疾病防治知识的普及宣传工作。

【慢性病防治】 年内，区疾病预防控制中心积极开展慢性病综合防治工作，不断完善和提高组织领导、政策保障、经费保障、机构建设、慢性病监测、社区诊断、健康教育和健康促进、全民健康生活方式行动、高危人群发现和干预、患者管理等方面的工作，建立“政府主导、部门协作、社会参与”的慢性病综合防治体系。

慢性病高危人群发现与干预 2017 年，区疾病预防控制中心继续做好高血压、糖尿病患者管理工作，加强督导和技术指导。至年末，管理高血压病患者 46998 人，规范化管理 32147 人，最近一次随访血压控制 21616 人；管理糖尿病患者 16350 人，规范化管理 11135 人，最近一次随访血糖控制 6654 人。做好发现慢性病高风险人群工作，通过健康管理和强化生活方式干预，降低个体慢性病危险水平，防止和延缓慢性病的发生。在各医疗卫生机构建立 35 岁以上病人首诊测血压制度，覆盖 100% 的医疗单位，并扩大到村级卫生室。7 月，区疾病预防控制中心按照国家疾病预防控制中心《基于社区高血压患者管理的减盐干预项目工作》的总体安排，完成终末评估工作。项目涉及泽头镇、葛家镇、大水泊镇 3 个镇 9 个村 187 名高血压患者，项目内容包括完成 4 个季度的减盐干预宣传及随访、问卷调查、体格检查、尿液收集等工作。

全民健康生活方式行动 年内，区疾病预防控制中心开展“一评二控三减四健”（健康评估，控烟、控酒，减盐、减油、减糖，健康心理、健康口腔、健康体重和健康骨骼）专项活动和减盐防控高血压干预行动，倡导“每一个人是自己健康第一责任人”的理念，引导居民借助适宜的健康辅助工具，开展主要健康状况指标检测，评估自身健康状况，主动采取干预措施，提升自我健康水平。在社区及医疗单位建立自助检测点，配备腰围尺、体重计、BMI 计算尺等简便、易操作的自助检测设施，方便居民应用。倡导不吸烟的良好社会风尚，通过健康知识宣传，提高居民对烟草危害的正确认识，引导居民主动戒烟，在公共

场合张贴禁止吸烟标志，所有的医疗单位和学校、党政机关均实现全面禁烟。加强针对孕妇、儿童青少年、老年人等特定人群饮酒干预，减少危害。在全区的初中、小学、幼儿园开展包括“上一节健康教育课，贴一套宣传海报，看一次科普宣传片”活动，在全区小学4年级学生中开展“我家的健康食谱”评选活动，学生制定家人的一周健康食谱，在全区高一、初一学生中开展以“三减”为主题的健康饮食辩论赛活动，引导师生树立正确的营养观念，抛弃不良饮食习惯。加大宣传力度，提高减盐防控高血压知识的知晓率。做好重点人群减盐知识宣传。在全区范围内开展减盐防控高血压知识宣传，各镇对辖区内的居民进行2次以上的减盐知识讲座，向居民发放控盐勺，讲解控盐勺的使用方式，控盐勺覆盖95%以上的家庭户。做好部门联合，联合食品药监局加强餐饮单位的减盐知识培训，并对厨师发放减盐知识培训课本和减盐菜谱。联合区妇联开展妇女干部减盐知识培训，通过家庭妇女的作用，达到膳食减盐的作用。做好宣传日宣传活动，开展卫生知识宣传教育，在全区范围内开展肿瘤周宣传月、全民健康生活方式日和爱牙日、全国高血压日和脑卒中日、“联合国糖尿病日”等宣传活动。在公共场所、学校、社区、集市开展面对面卫生知识宣传活动，全方位、高频度地向社会公众宣传慢性病防治知识，逐步提高公众的健康意识和健康知识知晓率，全面提高群众健康意识和自我预防保健能力。

直结肠癌筛查及早诊、早治项目 至12月31日，全区累计筛查40～74岁居民25249人，其中问卷调查阳性965人，大便潜血检查24067人，其中大便潜血阳性542人，需接受直肠镜检查1507人，已接受全结肠镜检查745人，其中发现进展期腺瘤19例、非进展期腺瘤123例、早期大肠癌（T1-2N0M0）2例、中晚期大肠癌8例，查出、治疗进展期腺瘤患者38例，完成700人的镜检工作。

死因、脑卒中、冠心病、肿瘤监测 2017年，全区共报告死亡人数为5352人，报告死亡率9.21‰；报告户籍死亡人数为4791人，报告户籍死亡率8.37‰。1—3月，进行2016年死因监测查漏补漏工作，漏报率为3.21%。至12月31日，全区共报告恶性肿瘤发病人数为3472人，发病率为597.30/10万。随访4572人次。全区共报告脑卒中发病4203人，发病率为723.06/10万，随访10899人次。完成2016年度分析报告。1—3月，完成查漏补漏工作；急性心肌梗死和冠心病猝死发病1112人，发病率为191.30/10万，随访1943人次。

【健康教育】 2017年，区疾病预防控制中心开展“4·25计划免疫宣传”“世界无烟日宣传”“健康教育宣传周”“全国肿瘤防治宣传周”“全国高血压日”“全国爱牙日”“联合国糖尿病日”“世界艾滋病日”等宣传咨询活动。利用全区17处公共卫生服务机构，采取多点式宣传方式，保证授众人群数量和健康教育质量。开展“亿万农民健康促进活动”，通过发放健康教育处方、设立门诊咨询、举办大型活动、设置宣传栏、媒体宣传等方式，加强对就诊者和大众人群的宣传教育。全区累计开展各种大型宣传活动264场次，发放宣传材料30万份，开展镇、村级健康教育讲座2445场次，接受群众咨询5万余人次、更换宣传栏4456张。

【水抽查监测】 2017年，区疾病预防控制中心设立10个点检测城区末梢水，每月检测1次，检测项目有铁、锰、细菌总数、总大肠菌数、耐热大肠菌群、色度、浑浊度、PH、余氯。每年检测2次水源水，检测项目为耗氧量、氨氮、亚硝酸盐、硝酸盐氮、铁、锰。每年检测2次出厂水，检测项目为常规分析。国家饮用水监测项目确定全区城市饮用水监测点为2个出厂水、11个末梢水、1个二次供水。农村饮用水监测点为覆盖16个镇（街道）的29个村、3个农村学校，共46个监测点。对监测点集中供水的建设和营运时间、投资情况、水源类型、供水方式、供水能力、覆盖人口、水处理工艺等进行详细调查，在枯水期和丰水期两次采水，并将调查及监测结果上报中国疾病预防控制系统。

【爱国卫生运动】

健康城市建设 2017年，区政府制定全区年度健康教育工作计划和《文登区开展第三批健康促进示范县（市、区）创建工作方案》，进一步明确健康促进与教育的工作任务和职责。挖掘、吸收发展一批“健康大使”新生力量，充分发挥“健康大使”的作用；建立健康教育宣讲团，举办演讲技能比赛。普及以合理膳食和公共场所禁烟为重点的公民健康素养知识，高血压、糖尿病和癌症防控为重点的慢性病防治知识，艾滋病、结核病和碘缺乏病为重点的疾病知识，登革热、疟疾防控为重点的“除四害”知识。编辑制作《学习急救 守护生命》10000份，《创建健康城市病媒生物防治知识手册》10000份，发放至各镇政府、街道办和城区各相关单位，区卫计局编印《慢性病防控与健康》15000份，印发《重点慢性病运动处方》《低盐低脂健康食谱》等科普宣传手册5万余份、《健康素养66条》宣传材料10万份，在区电视台举办《健康大讲堂》12期，在《文登大众》开设专栏24期，巩固国家慢性病综合防治示范区建设，开展合理膳食指导，组织各医疗机构进社区、进农村，开展健康知识讲座100余场次，进行免费健康查体20余万人次，开展集市宣传50场次，发放控油壶、减盐勺等健康器具20万件（套），发放各类宣传材料共100余万份；将健康意识渗透到各机关、医院、学校、企业、镇村、社区和家庭，形成各部门相互配合联动、齐抓共管的模式。

康养产业发展 年内，公立医疗机构与养老机构签订巡诊协议，建立长期巡诊关系，开通医院与养老院之间急诊急救、预约就诊绿色通道；区卫计局、民政局鼓励、支持瑞云祥养老公寓在公寓内部投资建设1处护理

院，为养老公寓内的老人提供医疗、护理服务，实现医养结合。文登整骨医院与蓝海投资建设有限公司、威海海盛置业有限公司合作，按照“一院两体”的理念对香山公馆小区进行综合改造，建立1所医养结合、功能齐全的高端康复养老中心；九龙社区卫生服务站设置在文登福利中心内部，与福利中心签订医疗巡诊协议书，在提供基本公共卫生服务的基础上，为入住老人提供快捷、有效的医疗护理服务；大水泊中心卫生院投资改建1处集基本医疗、预防保健、疾病康复、健康养老于一体的康养中心，重点接收失能、半失能老年人。区人民医院租用1处建筑面积5000平方米的楼房，改造成精神卫生康养中心，主要从事低保、五保户精神病人托养服务；宋村中心卫生院、侯家镇卫生院分别与驻地镇养老院毗邻建设，打通医养通道，实现医疗和康养零距离无缝衔接。

卫生镇、卫生村创建　年内，张家产镇创建国家卫生镇通过山东省爱卫会暗访；张家产镇的车卧岛村、庙山姜家村，宋村镇的大泽头村、山东村，泽头镇的雨夼村、魏家庄，界石镇的梧桐庵村、葛家镇的南于村、侯家镇的崔家村、大水泊镇的仁和坊村、文登营镇的东杜梨村、埠口港的下埠前村共12个村被列入山东省卫生村名单；宋村中心卫生院被授予省级卫生先进单位称号，柳林小学被授予威海市卫生先进单位称号。

健康示范工程建设　年内，张家产镇健康示范镇、龙山街道的健康示范村建设工作有序开展，50个健康家庭、9个健康村居（社区）、15个健康企业、10个健康机关、5个健康学校、5个健康医院通过考核验收。

卫生监测监督

【医疗市场监督】 年内，区卫生和计划生育监督执法大队积极开展打击非法执业专项整治活动。全年共检查全区医疗单位343家、药品经营单位98家，责令当事人拆除违法医疗广告牌匾198条，没收销毁医疗广告书刊1000余张，依法查处和取缔“黑诊所”39家、不规范执业诊所2家，处罚款43家，处罚金额21万元，没收药品160千克、医疗器械30件，严厉查处一批暴力抗法，群众反复举报、屡打不禁、社会危害大的非法诊疗机构。4月，开展医疗机构综合执法检查。共检查辖区内一级以上医疗机构25家，抽查卫生技术人员资质50人，抽查病历320份、处方340份。发现问题30条，记录不良执业记分25份，发放卫生监督意见书25份。8月，按照威海市卫生和计划生育委员会《医疗机构依法执业专项监督检查实施方案》有关要求，区卫生和计划生育监督执法大队开展医疗机构依法执业专项监督检查工作。9－10月，根据《威海市乡镇卫生院依法执业规范工程实施方案》的有关要求，区卫生和计划生育监督执法大队继续加强乡镇卫生院依法执业监管，调查14家乡镇卫生院基本建设情况，并对其依法执业情况进行综合执法检查。10月，开展为期1周的“打击非法行医宣传周活动”。通过发放宣传折页、制作宣传展板、现场咨询等方式，在公园、广场、车站、集贸市场等人流密集的场所进行宣传。共发放宣传资料1500份，设置宣传展板4块，进行现场咨询200次。

【职业与放射卫生监督】 2017年，全区共有职业健康检查机构2家。4月25日至5月1日，区卫生和计划生育监督执法大队组织开展第15个《职业病防治法》宣传周活动，宣传主题是“健康中国，职业健康先行”。共出动宣传车4次、宣传人员15人，发放宣传资料800份，现场咨询150人次。开展《职业病防治法》和《放射诊疗管理规定》及其配套规章落实情况的监督检查。是年，全区新增2家放射诊疗单位。放射诊疗单位共有27家，其中有11家医疗机构新建或改建放射诊疗场所，全部进行放射建设项目职业病危害控制效果评价，并通过竣工验收。7－12月，区卫生和计划生育监督执法大队开展放射诊疗日常监督和放射诊疗许可年度校验工作，对放射诊疗设备稳定性检测、防护检测情况及放射防护用品、设施及警示标志、放射防护档案等进行检查。同时，督导各医疗机构组织放射工作人员进行放射防护知识培训、进行个人剂量监测、职业健康检查。

【传染病防治监督】 4月，区卫生和计划生育监督执法大队组织开展二类疫苗预防接种工作监督检查。18家设有预防接种单位的医疗机构在区疾病

6月25日，区卫生和计划生育监督执法大队在威海市卫生学校开展传染病防治知识宣传

预防控制中心购进第二类疫苗。5月，按照《开展医疗废物处置执法监督的通知》有关要求，区卫生和计划生育监督执法大队对全区医疗机构医疗废物处置工作进行专项监督检查。检查中发现有的单位医疗废物暂存时间超过2天，无专用运送车辆，暂时贮存间不符合标准等问题，给予下达卫生监督意见书处理，督促医疗机构进行整改。6－9月，开展传染病防治分类监督工作，共监督检查三级医疗机构2家、二级医疗机构2家、基层医疗机构176家。重点检查预检分诊工作情况，传染病疫情报告情况，消毒隔离措施落实情况，医疗废物的收集、储存、运输和处置情况，消毒剂、消毒器械和卫生用品索证验证情况，并建立传染病监督档案。

11月21日，区卫生和计划生育监督执法大队在威海泉盈假日酒店进行卫生监督检查

【消毒产品监督监测】6月，区卫生和计划生育监督执法大队组织开展消毒产品卫生监督抽检工作，对文登市中荣卫生洗涤用品厂进行监督抽检，并委托威海市疾病预防控制中心进行检测，检测结果为合格。是年，区卫生和计划生育监督执法大队联合区食品药品监督管理局开展餐饮具集中消毒单位专项整治工作。重点对辖区内餐饮具集中消毒单位检验室的建立情况，完善餐具、饮具的包装标识，健全生产过程记录制度，建立餐具、饮具出入库登记制度等内容进行现场督导，并组织辖区3家餐饮具集中消毒单位负责人到威海市参加消毒卫生知识培训。

【公共场所卫生监督】年内，区卫生和计划生育监督执法大队加大对全区住宿业、美容美发业、洗浴业、游泳业等公共场所的监督检查力度，共对住宿业、美容美发业、洗浴业、游泳业实施量化分级管理400户次，实施行政处罚12户次。是年，按照公共场所双随机抽检工作要求，区卫生计划生育监督执法大队对辖区各类公共场所进行监督监测，共抽检住宿场所18家、美容美发场所17家、游泳馆8家、沐浴场所2家、影院1家、车站候车室1家，合格率为91%。6月，区卫生和计划生育监督执法大队开展旅游场所专项检查，并对游泳池水进行卫生质量检测，共检测6份。

【生活饮用水及涉水产品监测】4－9月，区卫生和计划生育监督执法大队对区自来水公司和10户镇级集中式供水单位、1户二次供水单位进行现场监督检查，并对出厂水水质色度、浑浊度、臭和味、肉眼可见物、pH和消毒剂余量进行现场快速检测。加强涉水产品经营单位监管，对11家水质处理器经营单位进行专项监督检查，全部合格。对现场制售水进行备案登记，并进行抽检，共抽检10个经营现场，合格率为90%。

【学校卫生监督】是年，全区共有学校43所，在校学生38280人，有教学班1054个，各类幼儿园43所。4－5月，区卫生和计划生育监督执法大队重点对学校传染病的预防措施、卫生制度的落实情况进行全面监督检查，指导学校建立健全晨午检制度和学生健康监护档案，并对学生预防性查体情况进行监督检查，共监督检查学校、幼儿园120户次，覆盖率97%以上。6－7月，区卫生和计划生育监督执法大队对学生教学环境进行卫生质量监督监测，监测城乡学校9户次，为提升学校教学环境卫生质量提供参考数据。全年共对全区各类学校进行监督检查400余户次，对辖区86所中小学、幼儿园进行经常性卫生监督220户次，发放卫生监督意见书300份。

【计划生育监督】是年，区卫生和计划生育监督执法大队根据威海市《查处违法违规应用人类辅助生殖技术专项行动》有关要求，在全区组织开展查处违法违规应用人类辅助生殖技术专项行动，共检查医疗机构17家，详细检查计划生育“两非”（两非是非法鉴定胎儿性别、非法选择胎儿性别终止妊娠的规定）警示标识的设立、终止妊娠药物登记及终止妊娠记录等内容，针对检查发现个别医疗机构存在组织制度不健全、组织考核不及时等问题，均发放卫生监督意见书，督促医疗机构进行整改。在日常监督中，重点查处非医学需要开展胎儿性别鉴定和选择性别的人工终止妊娠手术行为，采取集中打击与经常性监督相结合、明查暗访与群众举报相结合、行政执法与司法打击相结合的办法，形成打击计划生育“两非”高压态势，有效治理出生人口性别比偏高的问题。

保　健

【婚前保健】 年内，区妇幼保健中心推进免费婚前查体工作，提升育龄夫妇婚检率。全市应检人数7374对、实检6818对，婚检率92.46%，共查出疾病272人次，均给予正确的医学咨询及卫生指导，必要时予以药物治疗。对在传染期的梅毒、乙肝患者，均要求按常规治疗，达到标准后结婚。

【孕前保健】 2017年，区妇幼保健中心做好孕前优生检查工作，对计划怀孕的夫妇进行孕前健康体检，并接受优生优育咨询指导。继续做好叶酸药品的发放、农村孕妇产妇住院分娩补助和孕前优生检查工作，大力宣传预防艾滋病、梅毒、乙肝母婴传播知识，加强免费干预工作。至年末，全区计划怀孕夫妇服用叶酸人数754人，发放叶酸数量3602瓶。共有546人享受农村孕妇、产妇补助，有5712对计划怀孕的夫妇接受孕前健康体检，并接受优生优育咨询指导。

【生育保健】 年内，区妇幼保健中心推广诊疗新技术，其中输卵管造影术137例、淋巴细胞免疫治疗77人次，共进行腹部物理治疗254人次，中医定向透药治疗224人次，应用中药治疗7356付，有190名不孕不育症患者成功受孕。

计划生育门诊 计划生育门诊为区妇幼保健中心内设科室，主要为本区的农村育龄妇女及流动人口提供免费计划生育技术服务，并对流动人口提供免费查环、查孕服务，同时承担计划生育手术并发症和计划生育药具不良反应的诊断和治疗。是年，共进行放取环3200例、人工流产1692例、引产176例，无感染、穿孔等并发症发生。采用依托孕烯皮埋植避孕法，为育龄妇女提供新的避孕措施。利用中药外用和经络穴位刺激等方法，治疗各种妇科炎症以及痛经50人次。

【妇幼保健】

孕妇和产妇保健 年内，区妇幼保健中心充分利用妇幼保健三级网络，及时为孕妇、产妇建立保健手册，督导其进行产前检查、住院分娩、产后访视。至年末，全区住院产妇总数3759人，活产数3786人，早孕建册2013人，5次以上产检2001人，住院分娩3759人，产后访视3736人。是年，成功抢救胎盘早剥10例、前置胎盘6例、产后出血24例、早产33例、新生儿窒息31例，其中危重抢救2例，抢救成功率100%。全年共发放孕妇手册2013本，开展血液动力学监测仪早期预测高血压、孕期营养监测、妊娠期糖尿病专案管理。产科承担遗传性耳聋基因，产前血清学检查，无创DNA产前筛查，羊水穿刺产前诊断，超声产前诊断，艾滋病、梅毒、乙肝免费检测等重大公共卫生项目，在省卫计委对妇幼重大公共卫生检查中居全省前列。对乙肝表面抗原阳性产妇分娩的新生儿24小时内免费注射乙肝免疫球蛋白，全年共176人次。

儿童保健 2017年，区妇幼保健中心为幼师查体921人，在园幼儿查体7313人次，查体率达98.2%，入园查体3710人次，查体率达100%。是年，全区7岁以下儿童25289人进行保健查体，保健覆盖率96.5%；3岁以下儿童系统管理人数12375人，管理率达98.2%；新生儿听力筛查初筛1507人次，听力筛查率达99.5%，5岁以下儿童死亡16人，死亡率0.79‰。开具出生医学证明1960份。全年共进行幼儿园健康讲座12次，受益人1000人次。

区妇幼保健中心中医科医生在儿科病房为儿童推拿（12月10日摄）

预防接种 是年，区妇幼保健中心共接种卡介苗1468人次，办理“预防接种证”1468个，建证率100%。做好适龄儿童常规免疫工作，全年共完成一类疫苗接种55098针次、二类疫苗接种33879针次，共88977针次。各类计划免疫疫苗接种率均达99%以上，“八苗”全程接种率达98%。没有发生严重的接种不良反应，无差错事故发生。对疫苗查漏补种工作实行常态化管理。每月初利用金苗免疫系统“逾期未种”统计功能，对国家免疫规划疫苗漏种的儿童，通过电话通知督促家长带孩子接种。全年共查验儿童包括8月龄接种麻风疫苗的共6628人次。对辖区内4所幼儿园、1所小学的727人进行“预防接种证”的查验工作，对未及时接种的儿童进行通知。8月，引进二价宫颈癌疫苗开始预约接种，新建预防接种冷链库1处，更换新冰箱2部，冷链库和所有冰箱实行网上管理，同时加载2部手机APP，实时进行监控，确保冷链的安全运转。设立母乳喂养爱心小屋，为哺乳母婴提供私密空间，母乳喂养爱心小屋被

4月5日，世界卫生洗手日，区妇幼保健中心儿科护士教儿童卫生洗手

联合国儿童基金会评为“母爱10平方”母乳喂养室。

出生监测 2017年，全区住院产妇总数4054人，活产数4089人。全区5岁以下儿童死亡16人，死亡率4.22‰；婴儿死亡15人，死亡率3.96‰；新生儿死亡8人，死亡率2.13‰。

【重大公共妇幼卫生项目】

重大公共卫生服务工作 2017年，农村妇女“两癌”筛查37000名，完成率为100%。免费产前血清学筛查3104人，筛查率达98%，免费产前诊断326人。免费新生儿遗传代谢性疾病筛查4262人，筛查率达99%。是年，全区服用叶酸人数754人，发放叶酸数量3602瓶。全区农村孕妇、产妇住院分娩补助工作顺利开展，为7名未参加任何保险的农村孕妇、产妇发放补助资金500元。对乙肝表面抗原阳性产妇分娩的新生儿24小时内免费注射乙肝免疫球蛋白176人次。

计划生育技术服务工作 2017年，全区婚—孕前优生免费检查目标任务为2500对夫妇。至年末，免费检查2856对夫妇，完成率114.24%。区卫计局开展育龄妇女免费健康检查约20万人次，为1546名退出育龄期妇女免费实施取出宫内节育器手术，完成计划生育4种手术2076例。婚前检查应检人数3687对夫妇，实检人数3409对夫妇，查体率达92.46%。全年共有2856对计划怀孕的夫妇接受孕前健康体检，并接受优生优育咨询指导。

医学教育与科研

【医学教育】

第三届山东中西医结合学会康复医学专业委员会第六次学术会议 5月26日至28日，由山东中西医结合学会康复医学专业委员会主办，文登整骨医院承办的第三届山东中西医结合学会康复医学专业委员会第六次学术会议暨国家级继续教育项目“康复流程与康复医学科建设”培训班，以及山东省中西医结合学会康复医学专业委员会骨科康复学组成立大会在文登整骨医院举行。福建中医药大学校长、中国康复医学会副会长陈立典教授，山东中西医结合学会副会长兼秘书长曹晓岚教授，山东中西医结合学会专业委员会主任委员、山东中医药大学第二附属医院康复中心主任李丽教授，人民卫生出版社编辑李剑光，中国康复医学会副会长、北京大学第三人民医院康复医学科主任周谋望教授等出席开幕式。国内外知名专家、骨科康复学相关人士共300余人参加会议。陈立典、李丽、李建军、周谋望等14位国内外知名康复医学专家，围绕康复流程与康复医学科建设、中西医结合骨科康复治疗技术研发与临床应用等方面进行专题授课，共同探讨康复医学的现状及发展对策。

中西医结合VTE防护新进展研修班 2月18日，由文登整骨医院主办的威海市护理学会骨科、中医护理专业学术研讨会暨中西医结合VTE防护新进展研修班在文登区文化中心举行。北京积水潭医院护理部主任、亚太血栓预防委员会委员高小雁，山东省静脉血栓防护联盟主席、千佛山医院护理部副主任张淑香等进行授课，文登

5月26日，第三届山东中西医结合学会康复医学专业委员会第六次学术会议暨国家级继续教育项目“康复流程与康复医学科建设”培训班现场

整骨医院副院长隋海明、护理部主任邵海燕等医疗、护理人员与专家进行经验交流。威海市护理学会骨科、中医专业委员会、文登区护理质控中心、全市各级医疗机构的护理骨干参加此次研修班。本次研修班的课题涉及到VTE预防的护理管理、多学科合作构建院内VTE防护体系、创伤骨科患者围手术期VTE的预防与治疗、DVT治疗的新进展、院内VTE预防护理实践、目标管理在VTE预防中的应用、关节置换患者VTE预防护理临床路径、中医护理特色优势在VTE预防中的应用等方面，对VTE防治的管理和临床实践进行系统、深入地探讨。

2017年在文登区举办的医学教育培训班一览表

主办单位	名称	时间
区皮肤病医院	全市针刀医学坐骨神经痛及腰椎间盘突出症的临床应用培训班	4月26日，11月28日
文登整骨医院	深静脉血栓的防治进行专题讲座	3月10日
文登区护理质控中心	《目标管理在护理管理中的应用》学术交流及培训班	9月16日
文登整骨医院	周围神经损伤的诊断与治疗新进展学习班	10月28日
文登整骨医院	第三届文登区医学影像质量控制暨影像学术会	11月25日

【医学科研】

文登整骨医院科研成果　2017年，文登整骨医院谭远超课题组开展的“寰枢椎脱位中西医结合治疗技术体系的创建与临床应用”科研课题获国家科学技术进步奖二等奖。2001年10月至2014年1月，谭远超课题组进行临床研究及技术推广应用，应用该技术治疗寰枢椎骨折脱位和先天性上颈椎畸形患者。主要创新点是临床研究显示该技术进钉点的位置在寰椎后弓背侧，解剖学位置较表浅，引起C2神经根及血管损伤的几率减小，出血少，螺钉与骨骼接触的界面大，固定更加牢固，在寰枢关节复位前置入螺钉，具有术中平稳地提位复位寰枢的功能，可操作性强，安全可靠。2017年，文登整骨医院姜红江课题组开展的“中药联合生物治疗防治骨折延迟愈合及不愈合的研究”科研课题获山东中医药科学技术二等奖，该项目制备1种不需体外扩增、富含干细胞的自体骨髓凝胶，以及富含细胞因子的自体血小板裂解液，做成凝胶状注射局限于骨折部位，在局部刺激干细胞的增殖和分化，两者结合促进骨折愈合。主要创新点：开展自体血小板裂解液及骨髓凝胶的提取制备研究；不同血小板裂解液的浓度选择，确立治疗标准的自体血小板裂解液配方；中药接管药丸联合自体血小板裂解液及骨髓凝胶临床应用的方案制定和疗效评价，提供治疗骨折延迟愈合及不愈合的经济、高效的治疗方案。该项目获威海市科技发展计划项目、山东省科技发展计划项目及上海市骨科内植物重点实验室开放课题资助，获发明专利1项、实用新型专利2项，发表中文核心期刊杂志论文4篇、SCI论文3篇。

2017年文登整骨医院获威海市级以上的科研成果奖一览表

科研成果	奖项	完成人
寰枢椎脱位中西医结合治疗技术体系的创建与临床应用	国家科学技术进步奖二等奖	谭远超等
中药联合生物治疗防治骨折延迟愈合及不愈合的研究	山东中医药科学技术二等奖	姜红江等
跟骨骨折闭合复位经皮穿针小切口植骨技术应用	山东中医药科学技术二等奖	聂伟志等
《谭远超接骨疗伤经验—四肢创伤篇》	山东中医药学术著作二等奖	隋显玉等
中上胸椎后路植钉路径的基础研究与临床应用	山东中医药科学技术三等奖	周纪平等
不同方法治疗肱骨近端骨折的系列研究	威海市科学技术一等奖	孙晋客等
单枚Cage固定融合治疗腰椎失稳	威海市科学技术二等奖	邵诗泽等
气管切开相关技术的研究与临床应用	威海市科学技术二等奖	王文一等

续表

科研成果	奖项	完成人
外周神经阻滞麻醉在急、危重及高龄患者围术期的临床应用	威海市科学技术二等奖	陈小涛等
整骨接骨药丸治疗骨折的临床与实验研究	威海市科学技术二等奖	杨少辉等
中西医结合治疗创伤性骨髓炎	威海市科学技术二等奖	翟建国等
间接复位及外固定架固定技术治疗 Pilon 骨折的研究	威海市科学技术二等奖	王飞等
中西医结合治疗上肢骨折脱位的临床研究	威海市科学技术二等奖	李卫国等
控力抗阻运动康复疗法在颈腰痛的应用研究	威海市科学技术三等奖	孙献武等

威海市中心医院医学研究室与科研成果 2017年，威海市中心医院成立威海市自体免疫重点实验室，并经威海市科技局批准，成为威海地区首批医疗行业重点实验室。威海市自体免疫重点实验室以威海市中心医院中心实验研究室开展的微生物免疫学、基因诊断学、再生医学等研究为基础筹备建立，集基础研究、临床诊断、临床治疗为一体，研究方向包括环境污染与疾病、基因的精准检测、再生医学与细胞免疫。威海市中心医院精准医学研究室是按照国家标准建设的基因检测实验室，利用基因测序技术，开展感染性疾病基因分型、H1N1病毒检测、生殖道病毒感染、肿瘤易感基因检测、氯比格雷、他汀、华法林等药物敏感性基因检测。威海市中心医院转化医学研究室是GPM标准的万级层流的细胞转化及配合样实验室，内设6个细胞培养间。威海市中心医院病原微生物实验室开展各种细菌、真菌、支原体、衣原体等病原微生物培养、鉴定及药敏实验，22个血厌氧菌培养、阴道微生物评价，环境卫生学、生物细胞培养质量控制等科目。威海市中心医院中心免疫实验室主要开展临床诊断特异强的项目，包括淋巴细胞亚群的流式细胞分析、高血压5项、肝硬化4项、糖尿病抗体2项，尿中阿尔兹海默病种经丝蛋白、尿碘测定、全血微量元素、肾病早期筛查等项目。12月，威海市中心医院成立国家级胸痛中心、高级卒中中心、房颤中心。

年内，威海市中心医院周秀英主研的“HLA-DRB1和HLA-DQB1基因与肿瘤的关联性研究”科研课题，通过对不同肿瘤患者HLA－II类基因座位的等位基因位点检测，寻找与肿瘤的发生共同相关的HLA敏感基因位点，揭示不同肿瘤发生的共同规律，为肿瘤的早期诊断提供较高的参考价值，获威海市科技进步二等奖。

（田树娟　姜　晶　于润楠　王长泉　邹　荣　宋爱云　李运果　宋海涛　刘晓莹　王　辉　丛俊英　柳文强　王桂娟　殷海涛）

责任编辑　初云峰

社会民生

民　政

【概况】 威海市文登区民政局内设办公室（挂政工科牌子）、财务科、优抚科、社会科、基层政权和社区建设科（挂行政许可科牌子）、退伍军人和军队离退休干部安置办公室、地名办公室、信访科8个科室；辖区老龄工作委员会办公室、区民间组织管理办公室、区社区工作管理办公室3个正科级事业单位；区拥军优属拥政爱民工作领导小组办公室、区军队离休退休干部休养所、区慈善总会办公室、区殡葬管理所、区公墓管理处5个副科级事业单位；区烈士陵园管理处、区福利生产办公室、区社会福利有奖募捐委员会办公室、区婚姻登记处4个股级事业单位。全系统共有工作人员103人。

【基层自治组织建设】

村民自治与基层督导　按照基层组织建设要求，依法指导村民自治工作。每季度由区委组织部、区民政局、区农业局、区财政局等单位组成检查督导小组，对各镇（街道）执行村民自治法律法规情况、镇村集中议事、“四议两公开”工作法、重要村务“全程记实”、村级“小微权力”清单、财务管理、上级拨付资金使用情况、党务村务财务公开情况等制度的执行和落实情况进行检查督导，并将上述内容纳入年度绩效考核。通过检查督导，村民自治政策得到落实。

筹备第十二届村民委员会换届选举工作　年初，会同区委组织部对换届选举情况进行调研，并摸排村情，研判第十二届村民委员会换届选举情况。及早准备，依法指导。组成调查组深入各镇（街道）摸排村情选情，对筛选出的重点难点村，及早做好预判，因村施策，指导各镇办建立换届选举情况台账，做到底数清、情况明。开展选情隐患村、复杂村整顿及“村霸”整治活动，妥善解决各类矛盾隐患。精编教材，梳理程序。按照省、市、区换届选举部署要求，结合往届换届选举经验，精选案例、精心编排，逐字推敲、反复打磨，不断完善、确保准确，编成换届选举流程图、操作规程、培训手册、名称解释、问题解答等教材。搞好培训，提升能力。会同区委组织部做好全区村和城市社区“两委”换届选举培训工作，详细讲解换届选举法律法规政策、操作规程及重点问题，着重提高干部实际操作水平和处变能力。同时，依法指导、认真组织村委会换届选举工作。

城乡社区建设工作　完成城乡年度建设任务，全年完成39个农村社区服务中心建设和20个“村改居”社区纳入城市社区管理工作任务，年末顺利通过威海市考核办、威海市民政局组织的考核验收，年度考核获得满分。规范社区职能，推进社区减负增效，区委组织部、区民政局《关于印发〈关于规范社区职能推进减负增效的意见〉的通知》，《意见》明确社区居民委员会的工作职责，规范社区机构挂牌、印章使用管理、考核评比项目，确定社区居民委员会印章目录清单和社区公共服务项目清单，将社区盖章事项由53项减为14项，社区公共服务项目由122项减为31项，全面推行社区准入制度。属于政府及其职能部门、街道职责范围内的事项，不得转嫁给社区；确需社区协助办理的工作事项，相关部门单位应向区社区工作管理办公室提出申请，报区委、区政府批准方可进入，且应按照“权随责走、费随事转”的原则，为社区提供必要工作经费和人员配备；准入事项结束或发生变化后，准入单位应及时报区社区工作管理办公室申请退出。建立健全城乡社区协商机制，协调区委办公室、区政府办公室出台《关于加强城乡社区协商的实施意见》，会同区委组织部，依照《关于加强城乡社区协商的实施细则》，将民主协商融入“四议两公开”工作法，指导各镇（街道）制定配套方案，开展城乡社区协商示范点建设。全面推选网格化管理，区委政法委、区民政局、区社会管理服务中心办公室《关于印发〈关于进一步推行网格化管理工作的实施方案〉的通知》，进一步健全服务网络，强化服务功能，改善村居管理，在全区所有行政村、镇（街道）驻地社区、“村改居”社区实行网格化管理，将所有退役人员纳入实际居住地网格进行管理，建立网格协管员联系退役人员制度，提高工作效能。年末，全区共划分网格1296个，其中13个城市社区划分229个网格，748个村居划分1067个网格；共有网格协管员1575人，其中城市社区395人，其他村居1180人。加强社区规划，配合区委组织部对城市社区布局规划进行重新调整，调整意见经区政府常务会议通过。

村（居）委会统一社会信用代码赋码工作　按照上级部门《关于做好基层群众性自治组织特别法人统一社会信用代码赋码工作的通知》要求，区民政局加强与各镇（街道）的联系和沟通，从严要求、从严把关，全面收集、掌握村（居）委会的属性、户数、组织机构代码、有效期、村（居）委会成员等信息，并认真核对相关内容，严格把关，确保信息采集数据质量，将全区761个村居的相关信息全部按时录入系统。

【社会事务专项管理工作】

行政区域界线管理　7－8月，环翠区与文登区联合成立联检工作领导小组，签署《关于环翠－文登行政区域界线联合检查工作的实施方案》，明确联检内容、实施步骤、时间安排及工作要求，确保联检工作顺利推进。该次联检西起牟平、环翠、文登三区边界线交会点，向东至环翠、文登、荣成三市（区）边界线交会点止，全长117046米，边界线埋设单立双面型花岗岩石界桩7个、三面型花岗岩石界桩2个，共涉及双方10个镇（含街道、开发区）、49个村庄，其中环翠区5个镇27个村庄，文登区5个镇22个村庄。联合检查时，对行政区域界线进行实地踏勘，边界线两侧的地形、地物、地貌没有明显变化，界桩均保护较好；根据有关图、表对行政区域界线进行反复核对，达到图、表与实地一致；对界桩上的标号等内容进行“描新”，顺利完成年度联检工作，并形成年度联检工作报告及时上报威海市民政局。12月，顺利通过省民政厅组织的2017年度“睦邻友好　平安边界”创建检查评估验收。

【地名工作】

地名补查变普查　2月末，国家地名普查办公室出台补查新验收标准，按照最新要求，文登区的地名普查工作由补查重新变成普查。新建威海市文登区5.0地名普查数据库，并完成地名普查（补查）数据入库及矢量图标注制作工作。

小区命名　对汤西、馥地家园、宝悦家园、海岸嘉园、凤鸣港、德红华府、书香府邸、龙昊、翡翠郡共9个新建小区进行命名。

街道调整　共调整街道21条，其中新命名8条，更名3条，注销6条，调整起止点4条。

【双拥工作】

双拥活动　元旦、春节、“八一”建军节期间，动员全区广泛开展拥军优属活动，区领导带队走访慰问驻文登部队及其驻文登的上级部队，区民政局班子成员分别带领有关部门走访慰问驻文登基层连队和“小、远、散”官兵及在乡“三老”优抚对象，并赠送慰问金和慰问品。为全区优抚对象和驻文登部队发放慰问信5.5万余份，贴送春联1万余份；为文登籍2名荣立个人二等功、70名荣立个人三等功的现役军人家属送去一次性慰问金共9.1万元。全年为驻文登部队85名随军无工作家属发放困难补助金61.44万元，积极发动区直有关部门、镇（街道）走访慰问辖区驻军和优抚对象，组织召开军地座谈会、军民迎新春庆“八一”联欢晚会。

保障部队军事训练　始终坚持“部队走到哪就慰问到哪，部队训练到哪就保障到哪”的原则，及时了解帮助解决部队训练的所需所盼。“八一”建军节期间区领导分别走访慰问驻军94456部队并参加该部队的“军事日”活动，同时送去慰问金和慰问品。区委、区政府及时召开军地领导参加的议事协调会，帮助驻军部队解决转改隶期间影响战备值勤日常训练等实际问题。

拥政爱民活动　驻文登部队在完成战备执勤训练任务的同时，积极支持和参与地方经济社会建设。驻文登各部队积极参与地方的维稳和平安建设，参加驻地的“学雷锋”活动和植树造林活动。与驻地村队广大党员开展“两学一做”为主题的教育活动，驻军91951部队、94456部队官兵与所在地的中、小学校家庭困难的优秀学生结成一对一助教帮扶对子，部队官兵分别与每名学生签订助学帮扶承诺书。

军队离休退休干部休养所　军休所坚持以党建为统领，认真贯彻落实中央和区委、局党委系列部署要求，围绕改革发展稳定大局，加强服务管理，开创军休工作新局面，被威海市民政局党委授予“军休服务管理先进单位”荣誉称号，军休干部第三党支部被评为“先进基层党支部”。其中，承办全市军休系统中共十九大精神专题学习会，发动全所党员登录用好“灯塔－党建在线”。注重硬件设施改造，不断改善休养环境。整修粉刷西厢办公辅楼，对办公楼进行加固改造，对一、二楼进行装修，整修台球室、阅览室，为老干部活动室铺设地暖，安装净饮机、大电视。定期组织文体活动，自行举办麻将比赛、象棋比赛、够级比赛，参加威海市局统一组织的棋牌赛、门球赛、钓鱼赛、运动会等，均取得优异成绩，其中全市第一届军休干部运动会获得团体第一名，够级比赛获得团体第二名。注重文化建设，邀请驻文登部队、电业艺术团等单位与军休干部、职工共同举办“心系八一·我心永恒”庆祝建军90周年联欢晚会，节目全程在文登电视台播出，并制成光盘发给军休干部；首次推出为60周岁以上军休干部送生

"八一"建军节前夕，军休所举办庆祝建军90周年联欢晚会（7月26日摄）

日寿桃、为全体军休干部清洗家电等服务，定期面对面征求意见建议，切实把温暖送到军休干部及家属心上，提升了服务质量和军休干部的满意度。

【安置工作】 2017年，共接收退役士兵247名，为其中244名自主择业退役士兵发放一次性经济补助660.375万元。

【救灾救济】 组织开展"5·12"防灾减灾日宣传活动、区民政局2017年救灾应急演练等大型救灾演练及宣传活动。印发《2017年威海市文登区自然灾害应急预案》，并对救灾仓库进行盘点。完成创建减灾示范社国家级1处，省级2处，市级4处的申报工作。组织各镇（街道）开展2017年灾害信息员培训工作。

1－6月，文登区累计降水87.3毫米，较历史同期平均降水量减少141.6毫米，降幅62%，形成旱灾。区政府领导全区开展扎实有效的抗旱救灾工作。7月，文登区降水量达137.4毫米，有效缓解旱情，灾情结束。截止7月末，区域内小麦、玉米等农作物普遍受灾，受灾面积38519.97公顷，成灾面积19146.72公顷，绝收面积7120.02公顷。受灾人口28.89万人，因旱需生活救助人口289人，直接经济损失49996.81万元。

因干旱水量不足，有13个镇152个村庄78072人出现自来水供水困难。为保障居民饮水，文登区在旱灾期间采取将具备接入条件的50个村及时接入镇区供水管网；有18个村（居）启用自备井；对70个自来水供水困难村，实行限时供水；组织人员紧急勘察确定打井地点，投资70万元，为14个村新打深井，惠及困难群众289人，其中低保户144人、"五保"户40人、优抚对象105人，有效缓解居民自来水供水困难。

2017年，全区共发放临时救助款46.1万元，救助576户家庭；发放冬春救助款107.6万元，救助5286人。

【最低生活保障】 2017年，城市低保标准每人每月580元，全区有城市低保380户531人，共发放最低生活保障金237万元；农村低保标准由每人每年3850元提高到4500元，全区有农村低保5055户6662人，共发放最低生活保障金1613万元。

【慈善救助】 2017年，"慈善月"募捐活动期间共接收捐款803余万元。8月25日，举行威海市文登仁济基金会2017年"仁心慈济 情暖学子"助学金发放仪式，共救助困难中小学生877名，救助金额49.79万元；救助特困高考新生89名，救助金额29.7万元。全年大病救助1701人，救助金额620.1236万元。

【孤儿保障与收养登记】 2017年，全区共保障孤儿37人、困境儿童27人，

8月25日，2017年"仁心慈济 情暖学子"助学金发放仪式

共发放孤儿、困儿生活补助费46.8万元。依法办理收养登记，帮助无子女家庭合法收养子女，经过认真调查，严格审核，为符合条件的9份收养申请办理收养登记。

【流浪乞讨人员救助】 2017年，区民政局安排专人负责，对区内的流浪乞讨人员进行跟踪救助安置，共救助安置流浪乞讨人员161名。

【社会组织】

登记和年检 全年共办理社会组

织成立登记20个、变更登记35个、注销登记6个，山东社会组织法人信息库社会组织总数为275个。对10个社会组织实施“双随机一公开”检查，并将检查结果在政府网站进行公示。2017年度社会组织年检工作顺利推进，通报78个年度检查不合格或基本合格的社会组织。

行业协会商会与行政机关脱钩　按照国家、省、市统一部署，12月启动行业协会商会与行政机关脱钩工作。区委、区政府办公室联合印发《威海市文登区行业协会商会与行政机关脱钩实施方案》，区脱钩联合工作组印发《关于做好行业协会商会与行政机关脱钩工作的通知》。其中，25个行业协会商会提交脱钩文件，在机构、职能、财产财务、人员管理等方面的实现“五脱钩、五分离”，将不开展业务活动且不按规定提交脱钩文件的12个行业协会商会列入拟注销或撤销登记名单。

平台建设和公益创投项目　高标准建成区社会组织创新创业园，搭建党建引领的“1+4”社会组织培育孵化新模式。建成天福和环山社会组织服务中心，在全市社会组织综合考评中名列第一。利用省财政专项扶持资金，组织实施“益路同行　关爱城市三工”等7个公益创投项目，在扶老助残、救孤济困、关爱孤儿等领域惠及弱势群体400余人次。

社会工作　筑牢社会工作发展基础，推进社会工作人才队伍建设。组织考前培训三次，培训学员500余人次，共有20人取得社会工作师职业水平证书。开展2017年度“社工让社区更美好”国际社工日主体宣传活动，扩大社会工作影响力。

【福利事业】

福利彩票　年内，全区共有福利彩票投注站95个。全年共销售各类福利彩票8794万元，其中电脑型福利彩票5707万元，即开型刮刮乐彩票780万元，中福在线销售2307万元，全年福利彩票的销售平稳发展。

【婚姻登记】　年内，区婚姻登记处共办理结婚登记3711对、离婚登记1249对、补领婚姻登记1899对，出具证明5份。3月8日，民政部发布《婚姻登记术语》《结婚登记颁证工作规范》《婚姻家庭辅导服务》等民政行业标准，并于3月20日实施。4月1日，根据财政部、国家发展改革委财税〔2017〕20号文件规定，取消婚姻登记费、收养登记费。2月14日（情人节），办理结婚登记178对、5月20日（示爱日）29对、8月28日（农历七月七）124对。9月14日，与省厅工程师协调，将婚姻登记系统中的“文登市”改为“文登区”并开始使用，行政区划代码暂时未变。

【老龄事业】

农村特困人员供养　年内，全区共有农村特困人员2690人，其中集中供养1400人，分散供养1290人。供养标准为：集中供养每人每年7000元，分散供养每人每年4600元。10月1日，调整农村特困人员供养标准，包括基本生活标准和集中供养照料护理标准，基本生活标准确定为每人每年5850元，集中供养特困人员照料护理标准按照完全丧失生活自理能力每人每年10990元，部分丧失生活自理能力每人每年5495元，具备生活自理能力每人每年3297元。全区共有敬老院13家，床位3066张。协调区人民医院依托精神专业医疗优势，投入600万元，在城区改建1处5300平方米的精神卫生康养中心，区人民医院对全区40余名精神病特困人员集中收治，文登区成为威海市首家具备集中收治精神病特困人员能力的区市。

养老服务体系建设　构建以“居家为基础、社区为依托、机构为补充、医养结合”的养老服务体系，提升“12349”居家养老服务平台功能，为城区所有村（居）65周岁以上老年人家庭发放话机9714部，政府每月每户补贴月功能费10元，开展居家养老服务。以威海市作为中央居家和社区养老服务建设试点为契机，建设城乡社区养老服务平台，全区共建成社区老年人日间照料中心67处、农村幸福院115处、城市社区养老服务中心8处、居家养老服务组织12处，5万余名老年人从中受益，逐步形成惠及全体居民的“没有围墙的养老院”。加强机构养老设施建设，发展注册养老机构44个，年新增养老床位881张，总床位8902张，每千名老年人拥有50张。以山东创建“全国医养结合示范省”、威海市作为全省六个先行试点市之一的有利契机，积极促进医养融合发展。至年末，已完成文登区瑞云祥护理院、大水泊中心卫生院康养中心、龙港养老护理中心等一批医养结合机构建设并投入运营。

实现老年人意外伤害保险全覆盖　区委、区政府高度重视老年人意外伤害保险的推行工作，在原以个人自愿投保为主要模式的基础上，多方筹措资金，为文登区60至80周岁的老年人补贴投保一份意外伤害保险，该政策惠及全区14.9万名老年人。

开展老人节走访慰问活动　以“敬老月”活动为契机，开展走访慰问、结对帮扶、志愿服务、维护老年人合法权益等各项“敬老月”活动。为全区25839名高龄老年人发放高龄津贴、长寿补贴421万元；自10月23日起，区、镇（街道）、村（居）及相关企事业单位开始开展走访慰问活动，其中区、镇（街道）走访老年人72名，慰问养老机构8处，发放慰问品及慰问金共计20余万元。节日期间，全区共发放慰问款物达3000余万元。

参加省级老年人系列活动　6月16日至18日，威海海纳百川制药集团、威海市东旭西洋参有限公司在济南舜耕国际会展中心联合主办第九届山东老龄产业博览会，提高文登区企业的知名度；区博物馆成功申报山东省敬老文化教育基地（示范点）；区检察院、天福街道派出所获得“山东省老年人公益维权服务示范站”称号；天福街道峰南社区老年活动中心获得“山东省银龄之家”称号；有100余副老年书画作品参加第六届山东省老年书画大赛，2副作品获奖；区老年大学选送的“贵妃醉酒”获得山东省“银龄风采”艺术大赛戏曲类二等奖。

文登区与寿乡绿色发展联盟互动 5月18日至19日，中国长寿之乡绿色产业发展联盟第一届理事会第二次（扩大）会议暨中国长寿之乡康养旅游（赤水）高峰论坛在贵州省赤水市召开。会议由中国长寿之乡绿色产业发展联盟主办，贵州省赤水市人民政府承办，浙江省丽水市人民政府、江苏省溧阳市人民政府、山东省文登区人民政府协办。文登区组织10余家企业参展，通过展会促进长寿之乡政府、绿色产业企业和专业社会组织的有效合作，促进区域合作和寿乡经济的转型升级。在杭州举办的2017丽水生态精品农博会暨中国长寿之乡养生名优产品博览会中，文登区被授予“中国长寿之乡旅游文化服务示范城市”称号。

【优抚工作】 2017年，全区共有优抚对象7610人，其中重点优抚对象3704人，共发放抚恤补助金5829万元。全年为2474名城乡无工作单位优抚对象支付参保费用83.8万元；为40名特困企业优抚对象支付参保费用20.5万元；为278名符合门诊及住院超6000元大病补助的优抚对象补助报销17.3万元；会同区财政局、建设局完成63户优抚对象危房的评估、验收工作，发放住房补助款25万元。在探索优抚工作精细化服务方面，文登区建立优抚信息管理平台。11月29日，全省优抚精细化管理服务推进会在文登区召开，文登区探索推行精细化管理服务新模式的做法得到高度评价。

【烈士褒扬】 2017年，按照国家级烈士纪念设施保护单位的标准和要求规划方案，推进烈士陵园园区基础设施建设，上半年共投资12万元，对纪念堂前花坛绿化进行改造，并增设园区警示牌、改造照明设施、更换纪念堂内部布展、维修台阶及纪念碑等。下半年投资25万余元改造办公区，设置档案室、党建室、宣传室、烈士亲属接待室等配套设施。调整监控设施，实行大屏幕全方位、实时监控。全年共收集整理460余位烈士事迹材料，编写17万字的《文登英烈》一书。

“烈士纪念日”公祭活动 9月30日，“烈士公祭日”活动在峰山革命烈士陵园纪念堂广场举行，区领导及100余个机关企事业单位共5000余人参加活动，敬献花篮，深切悼念英烈。

9月30日，“烈士纪念日”公祭活动现场

11月29日，全省优抚精细化管理服务推进会在文登区召开

【殡葬管理】

殡仪馆 2017年，区殡仪馆共有高档火化机3台、中档火化机2台，配有运尸车3辆，保障用车2辆，班车1辆，办公用车1辆，累计固定资产1457.76万元。根据《文登市人民政府办公室关于在全市实行基本殡葬服务福利化的通知》，配合财政局规范基本殡葬服务福利化政策，执行结算方式及资金拨付。全年共火化遗体6876具，对全区符合全民普惠对象的4990具遗体，每具减免680元，共计339.32万元；保留骨灰的6135具，占化尸量的89.22%；不保留骨灰的741具，占化尸量的10.78%。全年非税收入上缴财政528.37万元，殡葬服务福利化减免财政拨款280万元，总收入644.9万元。

区殡仪馆不断加强干部职工教育

管理，以管理促服务，牢固树立服务窗口良好形象，各项殡仪服务工作开展有序。在做好殡葬惠民政策落实的同时，积极推进节地生态安葬工作，加大对节地生态安葬补助政策的宣传力度，加强对补助费用发放的审核，严格按政策要求发放补助。加强殡仪服务的标准化管理，创新殡仪服务方式，整顿和规范各镇殡葬服务站遗体运输司机的殡葬服务行为，配合上级业务科室做好殡葬执法工作。加强职工的教育管理，落实“两学一做”学习教育常态化。加大基础设施建设的资金投入，为车间走廊更换防滑火烧板，对业务区楼房裂缝进行填塞、加固，漏水的房顶进行防水处理。扩大“安息堂”的寄存面积，安装新式骨灰寄存架。圆满完成清明祭奠任务，清明祭奠期共接待群众1万余人。区殡仪馆成立安全领导小组，将安全责任具体到每个人，每个岗位，严格落实安全管理规定，保障全年安全零事故。

公墓管理处　年内，公墓管理处墓穴销售总量213套，实现销售收入642万元，销售水平基本持平。根据公墓长远规划，在二期工程的建设中，全新打造高品质生态墓园1500平方米，按设计规划可以建设生态墓450座，作为探索推向用户。建设永久性挡土墙200延长米。

清明节期间，作为殡葬管理服务单位推出多项新的服务项目，注重服务细节。市中广场设立免费公交车乘车点，并在清明前一天开通扫墓专车，倡导市民错时祭扫。积极协调区公安局交通警察大队工作人员在重要路口以及公墓管理处附近路段协助管理、疏导交通，方便群众出行；在万陵园公墓墓区广场设立休息亭，方便老年人休息；在墓区设置集中取火点，方便群众焚香；在祭祀区设立饮用水取用点；清明节当天祭扫人员达到3.5万余人，协调消防部门调动50吨消防车1辆，24小时在墓区值班应急。

（谭美超）

残疾人事业

【概况】　文登区残疾人联合会（简称区残联）由主席团和执行理事会组成。执行理事会为常设机构，由理事长、副理事长、理事组成，为参照公务员管理的正科级单位，内设办公室，有工作人员10名。下辖文登区残疾人教育就业服务部、康复部和维权部3个事业单位（合署办公），工作人员4名。1月，区残联被威海市残联授予威海市残联系统先进集体称号。

【调查发证】　2017年，全区共办理残疾人证件1458个。其中，肢体残疾人证900个，听力残疾人证181个，言语残疾人证13个，精神残疾人证175个，智力残疾人证52个，视力残疾人证134个，多重残疾人证3个。

【信息收集核查录入】　7月1日，开展全国残疾人基本服务状况和需求专项数据动态更新工作，对收集到的信息，进行梳理、核对、录入，初步建立全区残疾人工作数据库。8月25日，已完成残疾人数据录入工作，收录11740名残疾人的基础信息。

【康复工作】　区残联积极向上级残联争取政策性资金用于康复工作，全年完成免费白内障手术580名，为肢体残疾人发放轮椅400辆。免费发放防褥疮床垫46件、坐便椅21件、双拐22件、四脚拐18件、盲杖22件、助行器11件、单拐9件、手杖凳5件、洗浴椅9件、助视器22件、放大镜3件、语音血压计16件、助听器6台、电饭煲22件、电磁炉4台、盲人语言血压计4件。对290名精神病患者实施定额免费服药，每人每年救助药品500元，为42名重症精神病患者提供住院救治。确定38名残疾儿童，其中脑瘫3名、智障16名、孤独症14名、听力障碍5名，分别进行免费康复训练。

【残疾人就业】　区残联与区人社局、教育局、技师学院协调合作，将残疾人培训纳入人社培训中，开展计算机、家电维修、农业知识、盲人按摩等专业培训班6期，培训人数600余人，就业率达到80%。全年共安置残疾人就业338人，其中集中就业33人、个体从业25人，自主创业20人，分散创业260人；全年征收残疾人就业保障金800余万元；扶持20户残疾人“自主创业”，每户投入扶持基金1500元。

【扶贫工作】　落实“整体赶平均，共同奔小康”活动，扶持250户贫困残疾人脱贫致富，每户得到市残联发放扶持资金2000元，脱贫率达到80%；新打造区艺科残疾人扶贫基地，通过安置和辐射带动的形式，帮助残疾人摆脱贫困，辐射带动50户残疾人走上致富路。

【基本生活保障】　年内，持有第二代残疾人证的重度残疾人，可享受200元医疗保险缴费补贴。全区有2537名重度残疾人享受医疗保险补贴，共补助经费50.21万元。困难残疾人生活补贴提标扩面，持有第二代残疾人证的残疾人纳入范围，困难残疾人生活补贴由每人每月80元提高到100元，实现应保尽保，困难残疾人保障工作移交给民政部门办理，年内，已审核审批享受困难残疾人生活补贴人员2320人。重度残疾人护理补贴广泛扩面，根据市民政局、财政局、残联《关于全面建立贫困残疾人生活补贴和重度护理补贴制度的通知》精神，补贴对象为具有文登区户籍且持有第二代残疾人证、残疾等级为一、二级残疾人，保障工作移交给民政部门办理，年内，已审核、审批享受重度残疾人护理补贴人员4692人。做好全区无障碍进家庭改造任务，其中智能化改造40户、基本型改造200户，共补贴经费60万元。

【助残活动】　5月21日，文登区在金都广场开展第27个“全国助残日”公益活动，主题是“推进残疾预防，健康成就小康”。现场为区特殊教育学校发放助残助学慰问金3万元，为10名贫困孤独症儿童发放爱心救助款1万元（每名1000元）。年内，区残联深入到镇村开展走访慰问活动，共走访120人，发放慰问金12万元。

【区残联第七次代表大会】 12月27日，区残联第七次代表大会在昆嵛大酒店举行。出席会议代表121名。会议听取和审议第六届主席团所作的《与时俱进，开拓进取，奋力开创全区残疾人事业新局面》工作报告；选举产生第七届主席团委员20人，选举出席威海市残疾人联合会第七次代表大会代表20人。大会选举主席团主席1人，副主席1人；推举执行理事会理事长1人，聘任执行理事会副理事长3人，理事4人。

（王华军　董家玮）

12月27日，文登区残疾人联合会第七次代表大会召开现场

红十字会工作

【概况】 区红十字会设常务副会长1人，副会长1人，其他工作人员5人。根据《关于调整区红十字会机构编制的批复》要求：撤销区红十字会办公室，撤销3名事业编制。重新核定经费形式为财政拨款，事业编制6名，配备常务副会长1名（正科级配备）、副会长1名（副科级配备），区红十字会现有管理体制保持不变，属副科级事业单位。

【红十字精神宣传】 为纪念5月8日世界红十字会日，区红十字会在文登学广场开展系列宣传活动，活动现场设置宣传展板，展示应急救护技能、器官捐献、无偿献血等方面的内容，红十字会的工作人员及志愿者为市民免费发放新修订的《中华人民共和国红十字会法》、红十字应急救护动漫视频和画册等，为市民讲解传染病防治、造血干细胞捐献、无偿献血等知识，宣传传播国际人道主义，宣讲红十字精神，共发放宣传资料1万余份，使广大居民认识、理解、支持、热爱、扩大红十字会的影响。区红十字会与宏安集团合作策划“学习急救守护生命”动漫系列短片，由宏安集团出资20余万元，通过市场化运作方式，聘请专业团队将应急救护知识技能，通过动漫的形式，把日常生活当中常见的自然灾害和应急事件以故事的形式编制成动漫系列短片，主要包括心肺复苏急救、呼吸道异物阻塞急救、触电急救、溺水急救、烫伤急救、食物中毒急救、电梯急救、犬咬伤急救、地震急救等，设计红会吉祥卡通动漫人物——“超人小红”，遇到紧急时刻，超人小红就会出现，帮助排解困难，方式新颖，通俗易学。通过文登电视台、威海电视台、文登发布、文登公安、文登广电、文登旅游、健康威海、健康文登等10余个知名信息平台发布，引起强烈反响。市场化运作、动漫形式展示的方法开创威海市及省红十字会系统应急救护宣传的先河。同时，区健康城市领导小组将其印刷成小册子免费对市民发放，对于普及广大市民应急救护知识，提高应对灾害和突发事件的自救互救能力，减少因各种灾害造成的损失发挥积极作用，预计受益群众超过百万人次。

【应急救护培训】 年内，区红十字会积极争取国家配套资金，分批次对社区、志愿者、教师等团体进行免费的红十字应急救护员培训，共计600人，每期时间2天，由威海市红十字会专业师资担任授课讲师，设置“理论教学、实践与示教、模拟事故现场自救互救、考核、考试相结合”的培训课程，包括救护新概念、气道异物梗阻、心肺复苏（人工呼吸、心脏按压）、创伤救护（止血、包扎、骨折固定、伤员搬运）、意外伤害现场应急自救、互救等培训内容。参加培训的学员统一颁发“中国红十字会救护员证”，得到社会一致好评。

【造血干细胞捐献】 区红十字会始终把推动捐献造血干细胞、遗体捐献工作，作为弘扬博爱精神的重要内容。上半年发动天润曲轴股份有限公司等企业志愿者积极参与，采集50余名主动捐献造血干细胞志愿者的血样，文登区已有近2000名志愿者的血样存入中华骨髓库，有9人次成功捐献造血干细胞，其中有2人为二次捐献。

【遗体捐献】 大力宣传《山东省遗体

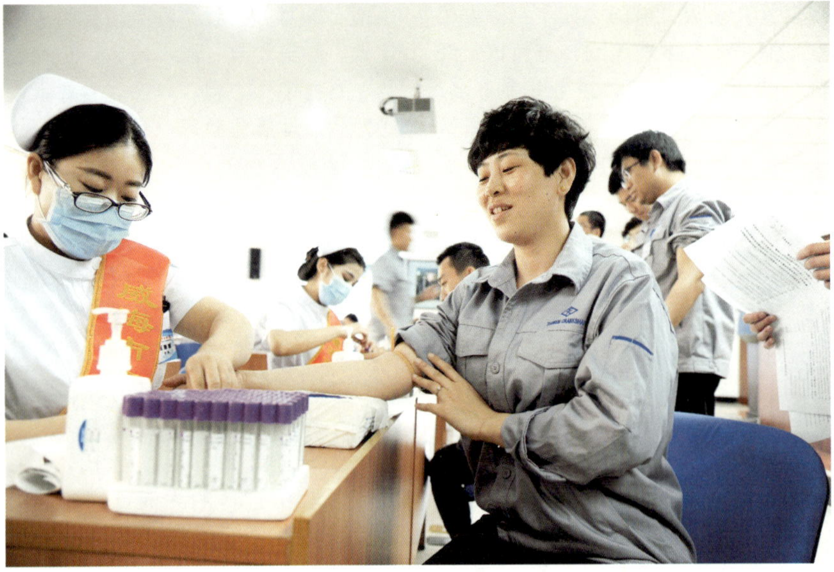

5月22日，天润曲轴股份有限公司职工志愿者进行造血干细胞血样采集

捐献条例》政策，倡导新理念，破除旧思想，遗体捐献得到社会各界广泛关注。年内，共有1例器官捐献、2例遗体捐献。全区共登记遗体捐献备案28例，完成遗体捐献7例，器官捐献3例。

【扶弱济困】 区红十字会大力弘扬“人道、博爱、奉献”的红十字精神，持续发挥文登爱心捐助平台作用，广泛参与弱势群体救助等工作，并影响和带动大批社会爱心人士投身红十字事业中，积极开展帮扶白血病患儿、“手牵手”助学、义诊惠百姓等人道救助活动，为构筑和谐文登作出积极贡献。5月，联合东方爱婴培训学校、山泰生态园和信达财产保险公司等爱心企业在文登学公园举办大型义卖活动；联合区温州商会、昆山书画院等企业为白血病儿童捐款，共筹集善款23675元，全部捐助给白血病儿童家长；接受威海文海房地产公司捐款6310元，全部捐献给心脏病患者。区红十字会发扬敬老美德，坚持给敬老院送温暖活动，多次联合东方福爱心联盟、文登爱心联盟等为葛家敬老院、埠口老年公寓、林村敬老院送去食品、衣物及莲花清瘟胶囊药品等，同时开展包饺子、演出节目等活动。全年区红十字会共为特殊群体筹集善款物资合计27万余元。

【项目建设】 2017年，区红十字会申报“2017年应急救护培训基地建设及生命健康安全教育”项目，得到中国红十字总会正式批复，成为全国25个省份承办的“示范基地”建设单位之一，是山东省唯一一家。区委、区政府高度重视该项目，给予大力支持，选址区市民中心二楼，下半年开工建设。建成后，将成为文登区及威海市的生命安全教育的主要场所，市民可在互动体验过程中，学习相关方面的应急救护知识与技能。示范基地建设包括培训、体验教室两部分，在体验教室中，有红十字应急知识传播、家庭应急救护、消防安全、水上救援、交通安全等模块，进入后，可结合不同的场景，进行互动式的学习。对于增强应急救护能力，提升应急救护培训标准化水平，提高公众救护知识普及率具有重要的意义。

（于海霞）

社会保障

【概况】 2017年，文登区新增城镇就业6924人，失业人员再就业2121人，困难群体就业939人，农村劳动力转移就业2886人；创业培训989人，技能提升培训684人；城镇登记失业率1.4%。

【就业创业】

高校毕业生就业　区人力资源和社会保障局（简称区人社局）做好2017年离校未就业高校毕业生实名登记工作，为1650名毕业生进行网上实名登记、就业服务，为556名初次登记未就业的毕业生进行就业跟踪和就业确认，登记未就业毕业生服务覆盖率100%，离校回生源地毕业生登记率100%，离校未就业毕业生就业率100%；组织开展博士硕士住房补助申请审批，经审核，共有8名申请人员符合条件；完成小微企业吸纳高校毕业生社会保险补贴申报材料的审核工作，发放补贴14580.69元；按照高校毕业生就业见习工作通知要求，指导12家高校毕业生就业见习基地申报就业见习岗位，共有8家就业见习基地上报就业见习岗位1819个；审核2016－2017年度文登区妇幼保健院就业见习申报和见习期满材料，核准发放高校毕业生就业见习补贴6840元；审核2017－2018年度山东省文登整骨医院、文登区人民医院等5家就业见习基地94名就业见习人员的就业见习补贴申请材料；2017年，根据“三支一扶”大学生岗位数量和专业、学历要求、岗位需求，设置文登区2017年“三支一扶”大学生岗位需求15个；按照省《2017年山东省高校毕业生“三支一扶”计划招募公告》和市局《关于2017年“三支一扶”计划招募网上报名资格审查注意事项》的要求，初审466名报考人员信息，其中311人经过初审和复审环节，264人经过初审—复审—确认环节，最终报名成功，文登区所有岗位均达到招考比例；制定2017年文登区“三支一扶”面试方案，组织完成进入面试的44名“三支一扶”报名人员的现场资格审查及面试工作，完成15名进入体检范围人员的体检，体检全部合格，已全部派遣上岗。完成19名“三支一扶”大学生期满安置工作，服务期满安置率达到100%；2017年，根据区政府要求，文登区机关事业单位新招聘劳务派遣制工作人员、国有企业招聘人员均须通过统一招考，共组织完成威海市文登区劳务派遣制工作人员（辅警）、法院审判执行辅助人员等8次劳务派遣招聘考试，共计划招考234人，有1053人报名并通过资格审查，最终录取207人。所有招考过程均严格按照机关事业单位招考工作规范操作，命题、考试、阅卷环节由纪检监察机关人员全程参与监督，全力确保考试的公平公正，取得良好的社会效果，并对统一招考的首批劳务派遣制工作人员开展岗前培训，培训班为期3天，共有78人参加培训。

就业服务 2017年，人力资源市场共举办各类招聘活动60场次，提供就业岗位20197个，帮助7569名城乡劳动者与企业对接。春节前后，举办“迎新春大型综合类专场招聘会”“春风行动之大学生网络招聘会”“春风行动之城乡劳动力供需见面会”等多场专题招聘活动，为城乡劳动者提供3635个就业岗位，达成求职意向2100余个。2月3日，组织11家企业带着720个用工岗位，赴枣庄、滕州、山亭、台儿庄、峄城等地举办扶贫对接招聘会，解决当地贫困人口的就业问题。5月26日，组织25家企业参加威海职业学院举办的2017届毕业生双选会，达成就业意向213个。9月23日，组织10家企业赴邯郸市进行用工对接，3家企业与邯郸驻威海办事处签订劳务合作协议。9月25日，带领5家企业到聊城东阿县就两地劳务合作、建立劳务合作关系进行交流洽谈，结为劳务合作友好城市，并签署备忘录。10月26日，针对文登用工形势，开展问卷、走访调查，对芸祥绣品、万得集团、宏安集团、北洋幸星电子等16家重点企业用工情况进行调研，撰写调研报告6000余字；11月23日、30日，组织5家企业参加2017年“山东一名校人才直通车”，达成求职意向10个。

就业培训 2017年，区人社局围绕“全域城市化、市域一体化”发展需要，广泛实施“就业培训下基层”“万众就业创业免费培训计划”系列专题活动，开展以登记失业人员、农村转移劳动力、失地农民为重点群体的就业创业培训和技能提升培训；对城镇化过程中农村富余劳动力开展家政服务、月嫂育婴、中式面点等“短、平、快”的技能特色培训。年内，全区累计培训6136人次，其中，失业职工创业培训989人，大中专毕业生创业培训944人，技能培训684人，培训农村劳动力3519人次，共发放培训补贴153.64万元，技能鉴定补贴7.31万元。

人事代理 2017年，区人社局新增托管4793人，办理企业退休1687人，事业保险退休19人，补缴合同工保险208人，档案借阅1541人次，复印档案资料2685人次，开具人事代理相关证明2231份，接待业务咨询65933人次。

创业载体建设 2017年，区人社成功争取省级创业型城市参评资格，为龙山街道取得省级创业型街道参评资格，全区新增4家市级众创空间，指导张家产西洋参孵化基地成功入围市级创业示范基地，顺利通过答辩；创业孵化基地全年新增入驻企业124家，创业带动就业1000余人。

创业补贴发放 2017年，区人社局发放创业贷款94笔1217万元；受理个体工商户一次性创业补贴146笔，发放补贴73万元；受理小微企业一次性创业补贴23笔，发放补贴46万元；受理小微企业岗位开发补贴3笔，发放补贴0.6万元；受理小微企业场地租赁补贴2笔，发放补贴2万元；受理个体工商户场地租赁补贴26笔，发放补贴13万元。

创业活动开展 2017年，联合基地为企业开展“创业齐鲁训练营”活动、“创业名师讲堂”等各类创业培训，邀请创业大学导师为参加威海创业大赛企业做项目路演指导，辅导企业制作参赛计划书和PPT，全年共组织100余家企业参与培训与辅导，定期组织创业沙龙活动，邀请创业大学老师与创业者分享交流创业知识，提升创业者创业水平，累计100余名创业者参加。

【劳动保障监察】

案件查处 2017年，区人社局受理投诉举报立案案件85件，为职工挽回经济损失325.36万元，全年案件按期结案率100%；受理区长信箱转办、移办事项496件；简易程序调处劳资纠纷318起，涉及劳动者547人，为劳动者挽回经济损失231万元；对存在严重违法行为的4家企业进行行政处理及处罚，对拒不履行监察法律文书的6家用人单位申请法院强制执行（包含2家2016年下达处理处罚决定，2017年申请强制执行）；向公安机关移送拒不支付劳动报酬犯罪案件2起，为116名劳动者挽回工资损失120万元。

书面审查 2017年，区人社局构建网络书面审查的基础架构，对328家规模比较大的用人单位进行劳动保障书面审查，涉及劳动者3.5万人；全部依法签订劳动合同，签订率100%；3.2万名职工依法参加社会保险，参保率91.4%；下达“劳动保障监察责令改正指令书”6份，并督促企业完成整改。

日常巡视 区劳动保障监察大队以新注册登记，已办理社会保险登记、未参加年度劳动保障书面审查、举报投诉较多、存在劳动纠纷隐患的用人单位为重点，全年共巡视检查用人单位490家，为职工挽回经济损失200余万元。

专项检查 区劳动保障监察大队与区发改局、公安局、住建局、市场监管局、海洋与渔业局等部门联合开展农民工工资支付情况、清理整顿人力资源市场秩序、涉渔职业中介、用人单位遵守劳动用工和社会保险法律法规情况、高温天气下劳动保障情况等5次专项执法检查，累计检查用人单位672家，涉及劳动者4.38万人。通过专项检查督促企业新增参保职工351人，督促缴纳社会保险费76万元，为劳动者挽回经济损失879万元。

农民工工资管理 根据省政府和

威海市政府的安排部署，由区政府组织13个部门组建区保障农民工工资支付工作领导小组，完善协调机制，领导小组办公室设在人社局，由人社局牵头负责全区农民工工资支付的日常工作，劳动保障监察大队具体实施。

“两网化”建设　2017年，区人社局继续将举报投诉的受理和调查、书面审查等业务延伸至各镇（街道）基层网格，实现工作重心下沉、监督检查关口前移；加大对用人单位的信息采集工作力度，进一步核实各用人单位的基础信息，共梳理网站平台录入信息4717家；建立健全报告、通报制度，利用基层对本地企业情况熟悉的优势，加强集体性和突发性劳动保障案件的查处和舆情监控工作。

“双随机 一公开”检查　区人社局印发《在全区人力资源和社会保障领域推广“双随机 一公开”工作机制的实施方案》，7月28日，区“双随机 一公开”平台投入运行，劳动保障监察大队依平台开展2次“双随机 一公开”检查，共检查用人单位40家，并在平台公示检查结果。

【劳动人事争议调解仲裁】 2017年，区劳动人事争议仲裁委员会受理各类劳动人事争议案件254起，涉及职工816人，其中10人以上集体劳动人事争议案件14起，涉及职工491人，共为企业及劳动者挽回经济损失1517.84万元。在结案的254起案件中，通过调解结案137起，裁决结案97起（其中一裁终局结案41起），其他方式结案20起，按期结案率为100%。

创新劳动人事争议预防工作机制　抓劳动争议预警，遏制劳资纠纷的萌芽，对50余家企业进行劳动法律法规讲解，向企业提出改进建议，帮助企业完善规章制度；深入企业、镇（街道），抓指导服务，对全区115家韩资企业进行走访调查，全面掌握韩资企业用工情况，做好矛盾排查工作；建立案后整改制度，对用人单位存在的问题，以书面形式下发改进建议，引导用人单位改进用工制度、规范用工行为，避免侵害劳动者合法权益的行为再次发生，向102家用人单位提出整改建议。

提高仲裁办案质量　建立疑难案件研讨机制，对办案过程中程序性问题和疑难案件，与法院沟通，定期开展疑难案例裁审联席会议，统一疑难典型案例的事实认定和法律适用标准；优化办案流程，对涉及人数多，社会影响较大的重大集体争议案件，适用特别程序，优先立案、调解、审理、裁决，缩短维权时间，维护社会稳定；抓信息化建设，促进调解仲裁工作高效化。将案件立案、审批、庭审、结案各环节及时、准确录入劳动争议调解仲裁信息管理系统，保持线上与现场同步办案效率，线上办案率达100%，提高办案质量和效率。

完善争议调解体系　推行案前调解、庭前调解、开庭调解、庭后调解的“一案四调制”原则，将调解贯穿到案件处理始终，力争双方达成调解协议；构建基层调解网络，将劳动人事争议预防调解工作网络延伸到镇（街道）、企业，已建立机关事业单位调解组织110家、企业调解组织358家。2017年，文登奥文电机有限公司被评为省级劳动人事争议预防调解示范合格单位。

【企业收入分配调控】

企业工资指导线　5月，山东省政府下发《2017年企业工资指导线的通知》，以2016年全省企业在岗职工平均工资57714元为基数，基准线为职工货币工资增长7.5%，上线（预警线）为职工货币工资增长12%，下线为职工货币工资增长3%。

最低工资标准　5月，山东省政府下发《关于公布全省最低工资标准的通知》，自2017年6月1日起，威海市企业最低工资标准为1810元/月，非全日制用工的小时最低工资标准相应调整为18.1元/小时。

工资集体协商　2017年，区人社局与区总工会共同推进工资集体协商工作，全区企业工资集体协商覆盖率达92%以上。

薪酬调查　2017年，区人社局共组织全区165家企业8953名职工，参与职工薪酬情况调查工作，取得圆满成功。

和谐劳动关系创建　3月，威海市人力资源和社会保障局、市总工会、市企业联合会/企业家协会、市工商业联合会联合下发《关于命名2016年度“威海市劳动关系和谐镇街”“威海市模范劳动关系和谐企业”“威海市劳动关系和谐企业”的决定》，公布2016年文登区新命名劳动关系和谐企业三星级3家、二星级15家、一星级11家，模范劳动关系和谐企业8家，横范劳动关系和谐镇（街道）1家。至年末，文登区共命名劳动关系和谐企业三星级78家、二星级150家、一星级93家。

【社会保险】 3月，区人社局在威海市率先开展社保综合柜员制试点，全面推进柜台、自助终端、手机APP和网上服务大厅四位一体的社保经办“5A”新型政务服务模式。按《威海市人民政府办公室关于印发威海市生育保险和职工基本医疗保险合并实施试点方案的通知》文件要求，启动实施生育保险和职工基本医疗保险合并试点，将生育保险基金并入职工基本医疗保险基金，新的职工基本医疗保险费率按生育保险和职工基本医疗保险费率之和确定。试点期间，参保职工补缴医疗保险缴费年限的缴费比例仍为10%。补缴中断部分的缴费比例分段确定：补缴2017年7月1日前的为10%；补缴试点期间的，企业职工和灵活就业人员为10.5%，其中，2017年7月1日至12月31日期间已缴纳生育保险费的灵活就业人员，补缴比例为10%。两项保险合并试点启动后，生育津贴支付期限调整后为：正常生育的由原来的一胎150天、二胎90天，统一变更为98天。难产的，增加产假15天；生育多胞胎的，每多生育1个婴儿，增加产假15天；怀孕未满4个月流产的产假15天；怀孕满4个月流产的产假42天，职工生育待遇享受条件由原来的职工连续缴费满12个月下调为3个月。出台《文登区公务员医疗补助实施细则》，自7月1日起，开展实施公务员医疗补助。根据《威海市人力资源和社会保障局等五部门关于做好2017年度职工和居民大病保险工作的通知》规定，建立职工大病保险制度，并将18种医疗保险药品目录外药品纳入大病保险特殊药品名单。根据《威海市人力资源和社会保障局 威海市住房和城乡建设局 威海市安全生产监督管理局 威海市总工会关于深入推进建筑业参加工伤保险工作的通知》规定，深入实施工伤保险“同舟计划”，扩大建筑业参加工伤保险范围。根据《山东省人力资源和社会保障厅 山东省财政厅关于2017年调整退休人员基本养老金的通知》规定，对企业和机关事业单位退休人员第二次同步调整基本养老金。至年底，全区各类社会保险参保总人数达到54万人，基金收支规模累计超过49.7亿元。

2017年文登区社会保险基本情况一览表

单位：万元、人

项目	单位缴费比例	个人缴费比例	基金收入	基金支出	参保人数
企业养老保险	18%	8%	94136.92	171343.55	178098
基本医疗保险	8.5%	2%	41836.7	56081.3	146532
失业保险	0.7%	0.5%	2932.95	—	—
工伤保险	浮动费率 0.32%～3.04%	0	3960.05	3273.27	119291
机关养老保险	20%	8%	31752.91	28054.12	22133
居民养老保险	财政补贴50元（300元档）财政补贴60元（500元及以上档）	300、500、800、1000、1500、2000、2500、3000、4000、5000十个档次	5777.70（含财政补贴）	17604.42（含财政补贴）	261300
居民医疗保险	财政补贴每人每年480元	一档200元 二档350元	27059.93	32751.66	393846

养老保险

企业职工养老保险　2017年，全区企业职工养老保险参保职工178098人，其中在职职工98225人、离退休75574人。年内，新增参保职工8053人。灵活就业人员缴费基数为3178元。全区企业养老保险平均缴费基数达到3439元，比最低缴费基数高出261元，同比增长7%。根据《山东省人力资源和社会保障厅 山东省财政厅关于2017年调整退休人员基本养老金的通知》规定，自2017年1月1日起对全区2016年12月31日前已按规定办理退休、退职手续并按月领取基本养老金的企业退休、退职人员基础养老金进行自2005年以来的第十三次调整提高，此次调整企业退休人员基本养老金采取定额调整、挂钩调整和适当倾斜相结合的办法，涉及全区企业退休人员73062人，人均增加132.38元。

机关事业单位养老保险　2017年，全区机关事业养老保险参保职工22133人，其中，在职职工13672人，离退休人员8452人。根据《山东省人力资源和社会保障厅 山东省财政厅关于2017年调整退休人员基本养老金的通知》《山东省人力资源和社会保障厅 山东省财政厅关于确定机关事业单位退休人员2017年基本养老金调整系数的通知》，调整机关事业单位退休职工待遇，此次调整机关事业单位退休人员基本养老金采取定额调整、挂钩调整和适当倾斜相结合的办法，涉及全区机关事业单位退休人员8067人，人均增加301.69元。

居民基本养老保险　2017年，文登居民基本养老保险参保人数26.13万人，共计81326人缴纳养老保险费5777.7万元（包括财政补贴），人均缴费710元。根据威海市人力资源和社会保障局 威海市财政局《关于提高居民基本养老保险基础养老金标准的通知》文件规定，自2017年1月1日起，居民基本养老保险基础养老金标准由每人每月110元提高至120元。全年新增养老待遇登记5237人，为109985人拨付养老金17604.42万元。全年通过养老金待遇资格认证10.5万人。3月30日，在宋村大集以“话说居民养老保险”为主题开展全国统一的“12333”咨询宣传日活动。

被征地农民养老保险　按照“被征地农民参加居民基本养老保险经办流程”，继续落实2011年以来积累的被征地农民养老保障资金，全年将1.138亿元被征地农民养老保障资金落实到128个村的8.99万名失地农民个人账户中，累计落实被征地农民养老保障资金 2.18 亿元。

医疗保险　2017 年，全区参加职工基本医疗保险 146532 人；居民基本医疗保险参保人数达 393846 人，参保率达到 99.8%。根据《威海市人力资源和社会保障局关于公布基本医疗保险市级统筹定点医疗机构的通知》文件规定，新增区人民医院为全市参保人员精神类疾病门诊慢性病定点医疗机构；将 10 种新药纳入医保支付范围，医疗保险定额结算病种增加 47 个，其中包括 3 个中医优势病种、门诊慢性病补助病种 3 个；根据《威海市人力资源和社会保障局 威海市财政局关于做好基本医疗保险跨省异地就医住院医疗费用直接结算工作有关问题的通知》，全面推进异地就医联网结算工作，方便群众异地就医；根据《威海市人力资源和社会保障局关于做好基本医疗保险有关具体问题的通知》，新增区人民医院、妇幼保健院为基本医疗保险市域外转诊转院定点医疗机构，参保患者看病更加方便。开展医保基金使用情况检查，对全区 22 家定点医疗机构 2016 年 8 月至 2017 年 3 月的医保基金使用情况进行专项检查，保障医保基金的合理支出和使用。

工伤保险　2017 年，全区工伤保险参保职工 119291 人。根据山东省人力资源和社会保障厅、山东省财政厅联合下发的《关于 2017 年调整一级至四级工伤职工伤残津贴、生活护理费和工亡职工供养亲属抚恤金标准的通知》规定，调整用人单位中享受伤残津贴的一至四级工伤职工、经批准领取生活护理费的工伤职工和领取供养亲属抚恤金的工亡职工供养亲属待遇，此次调整共涉及 192 人。符合条件的一级至四级工伤职工伤残津贴，每人每月分别按 195 元、185 元、175 元、165 元的标准增加；生活护理费以统筹地区 2016 年度职工月平均工资为基数，按照《工伤保险条例》（修订）第三十四条第二款规定的比例确定；供养亲属抚恤金方面，配偶每月增加 69 元，其他供养亲属每人每月增加 51 元，孤寡老人或孤儿每人每月在上述标准的基础上再增加 20 元。全年共受理工伤报案 570 起，受理工伤认定申请 600 起，作出工伤认定结论 566 项，参加劳动能力鉴定 321 人次，对于认定的工伤案件做到 100% 取证。

失业保险　2017 年，全区失业保险基金共收入 2958.21 万元，其中失业保险费收入 2932.11 万元，占 99.12%。支出 4754.81 万元，其中扩大支出 713.83 万元，占 15.01%；创业带动就业资金 630.3 万元，占 13.26%；发放失业金、医疗补助金 2992.84 万元，占 62.94%。年内，共接收失业职工 1447 人，支付失业保险金 2313 万元。根据威海市人社局《关于调整失业保险金标准的通知》，自 2017 年 11 月 1 日起，失业保险金标准由 1000 元 / 月・人调整至 1080 元 / 月・人。共为 1833 名符合“4050”人员发放社保补贴 458.39 万元，为 31 家企业吸纳的 174 名就业困难人员发放补贴 504 万元，发放稳岗、一次性创业、场地租赁、一次性岗位开发等补贴 386.96 万元，发放小额担保贷款贴息 245.14 万元，为 622 人发放技能鉴定补贴 7.3 万元。

基金监督与监管　2017 年，文登各项社会保险基金收入 23.68 亿元，支出 31.73 亿元，累计结余 46.38 亿元，基金安全完整、运行平稳。年内，开展 4 次专项检查，开展居民养老保险内控专项检查工作，对组织机构控制、业务运行控制、基金财务控制、信息系统控制、内部控制监管 5 个方面进行检查；开展扶贫惠农专项整治工作，对“4050”灵活就业人员社会保险补贴、职业技能鉴定补贴、职业培训补贴、居民基本医疗保险、居民基本养老保险缴费补贴、居民基本养老保险基础养老金补贴进行自查；开展养老保险基金审计工作，配合威海市审计局对各养老险种进行审计检查，并针对问题及时整改；开展养老保险重点指标专项检查工作，根据上级筛选疑点数据，对养老保险重复领取、死亡冒领、提前退休和一次性补缴 4 个方面的数据进行核查。

（郑　伟）

居民生活

【统计调查】　国家统计局文登调查队（以下简称“国调队”）是国家统计局派驻文登区的正科级政府统计调查机构，内设综合、城市调查、产业调查 3 个科室，编制 9 人，工作人员 11 人，其中在编人员 6 人。2017 年，国调队严格按照国家统计局和山东调查总队部署要求，开展农作物对地调查、住户收支与生活状况调查、流通和消费价格调查、畜禽监测调查、农民工监测调查、月度劳动力调查、新设立小微企业跟踪调查、规模以下服务业企业调查、农民工市民化监测调查、农产品价格调查及主要农产品中间消耗调查等各项国家调查任务，秉持“驻在文登、服务文登”的理念，开展各项专项调研，为党政领导和部门管理提供优质统计服务。

农作物对地调查　2017 年，农作物对地调查属抽样调查，主要调查农作物播种面积和产量，共涉及 13 个镇、20 个样本村、60 个耕地样本单位区、240 余公顷耕地。采取空天一体化调查方法，天上卫星遥感测量、空中无人机成像、地面人员 PDA 实地采集，国调队工作人员直接深入田间地头，对样本地块精准调查，踏田预产，实割实测，为全区打造吨粮县和粮食安全工作做好统计服务。

2017年文登区全年粮食产量分品种数据表

名　称	播种面积（亩）	单产（公斤 / 亩）	总产量（吨）
粮食作物合计	563395.1	354.8	199876.7
夏收粮食	225398.8	245.9	55414.3
小麦	225398.8	245.9	55414.3
秋收粮食	337996.3	427.4	144462.4
谷物	313097.6	436.3	136602.8
其中：玉米	313097.6	436.3	136602.8
豆类	15909.9	183.2	2914.7
其中：大豆	15909.9	183.2	2914.7

住户收支与生活状况调查　2017年，国调队采取抽样调查，进行客观监测不同层次的居民收入消费水平，是国民经济核算和居民消费价格指数权重制定的重要基础资料。年内，顺利完成新一轮样本轮换工作，截至11月末，老样本户顺利完成5年记账工作；新样本户在12月开始正式记账。为保证新样本户记账规范，国调队深入12个调查网点培训记账薄弱环节，强化辅调员监督指导能力。国调队联合相关单位设计开发的“掌中账”APP软件，经过一年试点，程序逐步完善，达到推广标准；《“一句话”记账法在住户调查电子记账中的实践应用》报告得到国家统计局山东调查总队批示，对文登国调队电子记账创新工作予以充分肯定，并被国家统计局内网全文采用。2017年，文登经济保持平稳增长态势，居民生活质量稳步提高，全体居民人均可支配收入达29876元，城镇居民人均可支配收入达40457元，农村居民人均可支配收入达20217元。

流通和消费价格调查　2017年，国调队对居民进行消费价格调查（CPI）、商品零售价格调查（RPI）和农业生产资料价格调查（AMPI）。居民消费价格是城乡居民购买并用于日常生活消费的商品和服务项目的价格。商品零售价格是工业、商业、餐饮业和其他零售企业向城乡居民、机关团体出售生活消费品和办公用品的价格。农业生产资料价格是工业、商业及其他单位和个人向农民出售农业生产资料的价格。国调队共聘用5名采价员，对72个采价点764个规格品进行价格采集工作。年内，国调队严格执行重要食品价格监测旬报制度，及时报送重点监测的20余种食品价格，并认真分析价格变动趋势；及时更换规格品，确保样本有充分的代表性，全年共更换104个规格品；国家统计局山东调查总队到文登督导检查，对国调队此项工作表示肯定。

2017年12月居民消费、商品零售和农业生产资料价格指数表

项目名称	上月=100	上年同月=100	上年同期=100	2015年=100
居民消费价格总指数	100.6	103.2	101.9	105.5
一、食品烟酒	101.4	100.7	102.0	108.6
粮食	100.4	119.1	108.6	118.1
鲜菜	101.9	87.0	97.7	108.2
畜肉	102.3	89.6	90.4	102.4
水产品	101.2	95.7	102.6	116.7
蛋	105.6	114.1	97.4	110.0
鲜果	112.2	111.1	109.8	103.0

续表

项目名称	上月=100	上年同月=100	上年同期=100	2015年=100
二、衣着	101.0	98.3	100.5	105.7
三、居住	100.1	107.9	101.6	106.3
四、生活用品及服务	100.0	103.3	102.2	100.6
五、交通和通信	100.5	104.3	101.4	102.7
六、教育文化和娱乐	99.9	105.3	104.9	106.5
七、医疗保健	100.0	100.6	102.6	102.9
八、其他用品和服务	99.9	102.6	96.5	95.2
商品零售价格总指数	100.7	101.8	100.8	102.7
一、食品	101.8	99.9	101.1	108.6
二、饮料、烟酒	100.1	101.7	101.2	102.2
三、服装、鞋帽	101.1	97.9	100.2	105.3
四、纺织品	100.0	100.6	95.6	92.1
五、家用电器及音像器材	99.9	102.0	93.2	89.3
六、文化办公用品	101.2	103.8	95.4	92.9
七、日用品	100.0	103.2	103.3	103.2
八、体育娱乐用品	100.0	101.0	105.2	106.4
九、交通、通信用品	100.4	102.7	97.0	96.9
十、家具	100.0	102.1	101.2	98.2
十一、化妆品	100.0	108.1	106.6	108.4
十二、金银珠宝	99.9	102.0	84.4	78.3
十三、中西药品及医疗保健用品	100.0	103.3	104.2	101.7
十四、书报杂志及电子出版物	100.0	102.9	101.0	102.7
十五、燃料	100.9	101.7	107.6	105.7
十六、建筑材料及五金电料	100.8	106.1	106.1	114.8
农业生产资料价格指数	100.9	108.9	105.4	111.6

畜禽监测调查　文登区是威海唯一的全国生猪调出大县，每年中央财政提供专项扶持资金。该调查涵盖猪、牛、羊、家禽4大类品种，对大型规模户（生产单位）实施全面调查，对中小型规模户（生产单位）及散户实施抽样调查。年内，国调队进一步规范数据采集环节，对10个镇（街道）统计科人员开展业务培训3次；每月跟岗入户，检查台账报表记录情况；每季度开展一次生猪生产形势调研，把握生产趋势；10月末，开展全区畜牧业规模户抽样摸底工作，对全区大型生产经营单位（养殖户）做到应统尽统。

月度劳动力调查　年内，国调队为重点反映就业、失业人口情况，每月承担12个调查点48户的调查任务。坚持每月督导调研2～3个调查点，跟岗调查，重点检查调查方法、问卷询问相关问题，发现问题现场指导，电话核实疑似失业人口、工作时间、行业职业等，做好每月数据分析。

新设立小微企业跟踪调查　国家工商登记制度改革实施后，国调队为摸清新设立小微企业和个体经营户的生存、发展情况及面临的突出问题，

9月20日，国调队开展第八届“中国统计开放日”宣传活动

定期向国家统计局报告跟踪监测信息。年内，发挥镇（街道）统计力量，对30家样本企业和个体户拉网式排查，对关停、地址电话不详等特殊样本进行针对性地核实、查找，核查有效企业12家，确保数据真实准确。

规模以下服务业调查 年内，国调队按时进行季度抽样调查，主要反映规模以下服务业企业的经营状况、经营环境，为政府宏观经济政策提供参考依据。与镇（街道）统计科联动抓好督报工作，对调查单位开展经济指标、业务知识培训，对报表主要统计指标评审，加强源头数据的审核力度；针对上级双随机检查工作要求，开展相关调查对象数据核查工作。

专项调查 2017年，国调队根据上级部署要求，开展小麦玉米收购调研、乡村旅游调研、体育产业发展调研、特色农产品调研、医联体发展调研、党风廉政建设专项调查等6项调查，充分发挥直接调查特点，深入实地调研，各项调查报告真实反映文登实际，得到各级领导充分肯定。

统计普法 以“中国统计开放日”“12·4国家宪法日”“12·8《统计法》颁布纪念日”等重要节点为契机，国调队联合区统计局深入开展统计普法宣传工作，发放宣传单430余份；组织学习《中华人民共和国统计法》《中华人民共和国统计法实施条例》等8次，培养法治思维和依法统计理念；向新增调查对象发放《法律事务告知书》和《企业统计信用管理办法》共计325份，提高调查对象法律意识和工作配合度。

（向罗娜）

【住房公积金管理】 威海市住房公积金管理中心文登管理部（简称文登管理部）是隶属于威海市住房公积金管理中心的正科级事业单位，在编5人。主要负责全市范围内住房公积金的归集、使用和管理工作。2017年，圆满完成各项工作任务，继续保持“省级青年文明号”“市级文明单位”等称号。

住房公积金归集 2017年，文登管理部根据威海市住房公积金管理中心下发的《关于调整2017年度威海市住房公积金缴存基数和比例的通知》文件，及时通知企事业单位调整缴存基数和比例。2017年度职工住房公积金缴存基数按照职工本人2016年度月平均工资总额核定。工资总额按照国家统计局《关于工资总额组成的规定》计算。2017年度职工住房公积金月缴存基数最高限额调整为14200元，最低限额参照山东省政府公布的威海市最低工资标准执行。住房公积金缴存比例职工本人和单位住房公积金缴存比例分别不低于8%，最高不高于12%。一个缴存单位必须执行同一缴存比例并为所有在职职工缴存住房公积金。为提高办事效率、降低单位和个人办事成本，减少窗口排队等候，鼓励有条件的单位尽快开通住房公积金单位网厅业务；辖内转移业务转移申请表取消转出管理部盖章环节，仍保留转入单位盖章和转入地管理部盖章。转入单位办理两人以上转入的，可以在同一申请表中批量办理。2017年，文登区公积金缴存突破4.5亿元大关，达到4.5044亿元，完成年度计划的107.2%。通过宣传、走访为1762名职工建立住房公积金账户，完成年度计划的195.8%。至年末，超额完成公积金归集额及新增人数各项计划。

住房公积金使用 2017年，文登管理部为进一步做好异地贷款相关工作，保障缴存职工权益，根据住建部《关于住房公积金异地个人住房贷款若干具体问题的通知》文件要求，对在威海市缴存住房公积金的职工，未使用过住房公积金贷款或使用过一次住房公积金贷款现已结清的，到威海市以外辖区购买自住住房，可以向威海管理中心缴存地管理部申请开具《异地贷款职工住房公积金缴存使用证明》及公积金缴存流水。机关事业单位县处级女干部和具有高级职称的女性专业技术人员公积金贷款申请时，其退休年龄问题按照中共中央组织部人力资源社会保障部《关于机关事业单位县处级女干部和具有高级职称的女性专业技术人员退休年龄问题的通知》精神并结合申请人单位出具的证明材料、专业技术职务聘任书确定。

2017年，全区共办理公积金提取手续8602笔，提取金额达2.26亿元；共为900户职工发放公积金贷款2.57亿元，完成年度计划的171.3%，资金使用率为72.1%。

资金安全管理 为控制贷款风险，自2017年4月5日起，夫妻双方只有一方缴存公积金的，配偶还款能力按全市最低缴存基数计算，极大降低贷款偿还风险。

（于金华）

责任编辑　鞠志强

区镇概览

文登经济开发区

【概况】 文登经济开发区于1992年经山东省政府批准设立，开发区管委驻广州路46号。总面积19.47平方千米，开发区管委辖金山管理委员会，金山管理委员会管辖1个村、21个社区，常住人口2.68万人。2017年，全区规模以上工业企业实现销售收入319亿元，完成固定资产投资85.5亿元，地方财政收入42316万元，外贸进出口总额55.82亿元，实际利用外资3228万美元，服务外包、服务贸易出口总额9440万美元，服务外包新增企业8家，服务贸易新增企业5家。社区居民人均可支配收入2.2万元。全年基础设施建设投资1.1亿元。新签约产业项目37个，其中投资过亿元的项目15个。在建项目19个，建设面积14万平方米，其中新开工项目10个，建设面积8.7万平方米；新投产项目14个。汽车及零部件、机电工具、家纺服装、电子信息、现代服务业、新兴产业等六大支柱产业不断提速发展，产业格局更加协调稳固。年末，被威海市委、市政府评为2017年度开放工作先进省级园区。

【基础设施建设】 年内，全区基础设施建设投资1.1亿元，实施道路整修改造、污水管网配套、河道综合治理等6项基础设施工程。完成福海路路基工程，活动土石120万立方米；惠州路综合改造工程，硬化面积2.3万平方米，铺设雨污管道6000米、路边石6100米；天润路绿化工程，栽植各类苗木125万棵，植被12万平方米；宁波路、南通路、保利路硬化工程，硬化面积1.1万平方米。完成原天福山镇区自来水和天然气主管道工程，启动全长5776米的银河河滨景观建设工程。日处理能力1万吨的化工园区污水处理厂工程进入论证程序。

【项目引进与建设】 开发区管委加强与威海市、文登区招商部门、行业协会等单位的联系沟通，进一步扩大招商成果。开展以商招商、以企招商，落实班子成员、部门负责人走访联系企业制度，挖掘优势企业的客户、配套企业和产业链资源，引进关联项目或配套企业。年内，新签约产业项目37个，其中世洁新能源、轮胎硫化胶囊等15个项目投资过亿元，盘活闲置厂房5.2万平方米，全年新增威海迪素制药有限公司、威海海纳食品有限公司、文登皇利压铸化工材料有限公司等8家规模以上工业企业。实施优质服务，推进项目建设。对所有进区项目实施超前做好土地预征、超前完善基础设施配套、超前介入项目建设、

5月20日，威海市景程新材料科技有限公司投产,图为生产车间一角

超前谋划项目投产的“四超服务”，同时落实企业联络员制度、督查调度制度、项目推进例会制度的“三项推进制度”，确保项目早建设、早投产、早见效。全区在建项目19个，其中惠和胶业、纳香海食品等10个项目新开工，新开工面积8.7万平方米；景程新材料、博凯机械等14个项目投产。天润曲轴股份有限公司入选首批国家绿色制造示范名单，世洁新能源项目被列入省高效环保锅炉示范建设项目计划，大溪谷文化创意小镇被评为省级特色小镇，威海顺意电机股份有限公司在新三板挂牌上市，威海广建石油股份有限公司、山东云龙绣品有限公司在齐鲁股权交易中心挂牌。

【棚户区改造工程】 2017年，福惠家园小区、营南花园小区在建面积17万平方米的安置楼已基本完工，其中福惠家园小区正在制订居民回迁方案。6个回购安置小区的棚户区改造贷款到位资金2.5亿元，其中隆昌兴城小区等3个小区已竣工并交付使用，营西、柳家庄一期共267户安置楼已完成分配及居民的回迁安置；万福花园等2个小区正在进行配套建设；明典居小区一期主体工程完工。漩夼、柳家庄（二期）、柏果树、乔家庄、柯家庄5个村（居）列入2017年棚户区改造工程计划。完成被征地农民养老保险工作，保险总额达6170万元，受益群众14335人。

（于　琴）

威海南海新区

【概况】 威海南海新区（简称南海新区）于2007年3月启动开发，是国家战略山东半岛蓝色经济区重点建设的海洋经济新区之一，规划总面积160平方千米，海岸线长155.88千米。2017年，有常住人口8.9万人，其中城镇常住人口2.4万人。全区完成固定资产投资261亿元，外贸进出口总额75.2亿元，比上年增长142.4%；新引进华润电力新能源、永固建筑科技、润辉生物科技等10余个项目，新批准外资项目3个，实际利用外资1.74亿美元；有规模以上工业企业65家，全年完成城建重点工程项目17项，完成投资25.8亿元；年末，城镇化率达到53%。安居工程建成基本住房4070套，新开工住房2216套，其中棚户区改造开工2116套；完成无害化厕所改造3413户、农村危房改造56户。新型社区建设稳步推进，16个村实现分房到户。公交车线路调整优化，由2路增加到6路；公交车数量由16辆增加到34辆，途经站点由75个增加到185个。区内有普通高等院校2所、在校生9000余人，普通中小学5所、在校生3329人；医疗卫生机构28个，床位87个，卫生技术人员82人。专利申请量135件，授权专利374件。年内，南海新区蓝色产业创新创业公共服务平台成为威海市唯一入选的全省首批经济开发区创新创业公共服务示范平台。南海新区获第八届山东品牌文化节“2016年度山东省蓝色经济创新品牌”和“2016年度山东最具投资潜力的特色园区”称号，成为威海市唯一入选全省第二批经济开发区体制机制创新试点单位。8月25日，被省政府《山东省海洋主体功能区规划》列为重点开发区域。

【基础设施建设】 年内，南海新区实施海韵路、学院路等8条道路路段新建工程，总长11千米，硬化面积17.6万平方米；完成金海路、龙海东路、万家寨路等8条道路改造工程，总长15.8千米，硬化面积24.8万平方米；安装各种管径雨污管道22千米，安装、改造路边石53.6千米，安装锁边石3300平方米；修建环海路路基挡土墙2.6千米；完成环海路虎口窑大桥、海韵路香水河大桥等7座桥梁工程；安装滨海路护栏2.3千米、环海路中央隔离墩24千米；新装路灯1896基，滨海路香水河大桥桥体亮化工程全部完工；新增绿地面积132万平方米；修复整治沙滩面积108万平方米；完成龙泰西路、香水河河道、滨海路香水河大桥两侧的岸线整治，共清淤100余万立方米。8月6日，南海污水处理厂完成设备运行调试，污水处理量每天达到1万立方米，出水达到一级A排放标准，通过国家环保督察验收。

【教育建设】 2017年1月，引进的山东铝业职业学院一期工程动工建设。9月，面积16.23万平方米的8栋学生宿舍楼、4栋教学楼、2栋餐厅、1栋教学实验综合楼、2栋实训车间竣工，并交付使用。9月9日，首批约4000名新生开学报到。16－17日，原淄博校区约4000名大二学生搬迁到南海

5月18日，中国航天（威海）军民融合产业转移中心落户南海新区揭牌仪式

校区。29日，山东铝业职业学院威海校区举行启用仪式暨开学典礼，在校学生8232人。11月8日，山东铝业职业学院与中国生产力创新产业联盟举行合作签约仪式，中国生产力兵商学院威海分院、中国兵商国防教育威海基地落户山东铝业职业学院威海校区。山东铝业职业学院通过“校企相容、产学互动”方式，与区内16家企业建立合作教育，实行“订单式”人才培养。7月13日，北京交通大学创新创业与专业实习实践基地揭牌，由中软集团等企业进驻实习实训中心。北京交通大学国家级物理实验教学示范中心（威海）成功获批威海市教育科普基地，并挂牌。11月，埠子场社区幼儿园动工建设，年末主体工程完工。南海实验学校创客教室于2月建成，研究机器人探索和机械臂使用。8月24日，南海实验学校代表队参加在北京举行的2017世界机器人大赛国际公开赛“智造大挑战”项目获得季军。12月，参加新西兰举行的第十一届亚洲机器人竞标赛获得金奖。年内，威海南海爱心基金会共为区内幼儿园、南海高中、南海实验中学、南海实验中小学和泽库中小学拨款553.4万元，南海新区在全省率先实行“十五年普惠制”免费教育。

【旅游开发】 2017年，南海新区签约引进体育休闲小镇项目，共举办各类大型体育赛事活动15次，先后承办“万和杯”首届全国海钓路亚邀请赛、全国海钓锦标赛（山东威海站）、全国沙滩手球锦标赛暨国际沙滩手球邀请赛、“中国体育彩票杯”山东省沙滩排球冠军赛、2017年UIM世界XCAT摩托艇锦标赛中国系列赛威海大赛、全市首届龙舟邀请赛等高端体育赛事，来自国内外的近千名运动员参加比赛。4月17日，国家沙滩手球训练基地正式落户南海新区。同月29日，举办第十届中国威海沙雕文化艺术节，创造世界最大规模《五福临门》沙雕主题乐园的世界纪录。5月1日，南海新区开通首条直升机低空游览航线，直升机可同时搭乘3名游客在300米高

4月23日，“泛海扬帆”山东大学生创业示范基地揭牌仪式在南海新区举行

空俯瞰南海金滩、万亩松林、蓝湖公园等美景。7月12日，南海新区万和海洋旅游资源开发有限公司投资3000万元建设的钢结构海洋平台——“万和福岛”海洋平台在南海新区下海，面积约3000平方米，岛上设观景休息平台、无水海洋科普馆、海洋环境监测平台、海上救护平台等区域。8月8日，正式对外开放。国庆节举办第二届中国威海（南海）国际生蚝旅游文化节等特色节庆活动。10月20日，金滩牡蛎养殖专业合作社被农业部定为全国休闲渔业示范基地。全年滨海旅游与休闲渔业项目共接待游客30余万人次。年末，南海新区被国家林业局命名为中国慢生活休闲体验区，被联合国人居署授予中国优秀示范新区称号。

【科技引领】 南海新区打造专业研发平台，建设西北工业大学材料研究院、南海碳材料研究院、润辉生物医药实验室等一批高端研究院、实验室。在国家级孵化器蓝色创业谷、国家级众创空间智谷咖啡的基础上，泛海扬帆众创空间获得省级众创空间备案。蓝色创业谷新引进注册企业53家，总数超过200家；有5家企业入驻加速器并进行中试或投产。2017年，共申报推荐7名市级以上人才项目，引进外国专家项目3个，市级重点产业紧缺人才1名。威海纳川管材有限公司的

6月24日，全国沙滩手球锦标赛暨国际沙滩手球邀请赛在南海新区国际沙滩运动基地举行

时晨成功获批国家千人计划，保利克罗尼斯·托马斯·斯潘纳斯、罗伯特·哈罗德·卡特、林启仁3名外国专家成功获批省外专双百计划人选；威海银泽生物科技有限公司的张东成功获批省泰山产业领军人才；山东汇银新能源科技有限公司的安吉尔·莫拉莱斯·萨比欧成功获批省外专双百计划人选。

【国家沙滩手球训练基地落户南海新区】 4月17日，南海新区国际沙滩运动基地被中国手球协会命名为“国家沙滩手球训练基地”。基地占地面积6.67公顷，设有容纳2000人的比赛看台，分沙滩比赛区、沙滩娱乐区、休闲公园、海水泳池、公共配套区、餐饮住宿6大功能区，可承接沙滩足球、沙滩篮球、沙滩排球、沙滩手球、沙滩藤球、沙滩橄榄球等各级别沙滩类赛事。6月24日，全国沙滩手球锦标赛暨国际沙滩手球邀请赛在南海新区国际沙滩运动基地举行。

【省内首艘军民融合产业科考船下水】 12月11日，山东省内首艘军民融合产业科考船“海梦号”在黄海造船厂顺利下水。船体长35.792米、宽14.6米，排水量约480吨，主体结构设计为非高速小水线面双体船，船上装配世界先进的海洋渔业资源调查和海洋大数据收集等多种高端科考装备，可进行石油、可燃冰等资源的勘探、海洋碳汇研究等。是南海新区自主设计、拥有100%自主知识产权的高精度多功能综合科考船，投入使用后将为南海新区海洋经济转型升级提供全新的助推力。

（田汶鑫）

威海综合保税区

【概况】 威海综合保税区于2016年5月31日经国务院批复正式设立，分为南、北两个片区，其中南区位于威海大水泊国际机场东侧，大水泊镇驻地南部，东至威石路，北至大水泊村南河，西至机场路，南至309国道。北区为原威海出口加工区，2000年4月27日经国务院批准设立；6月8日，威海市委、市政府决定成立威海出口加工区管理委员会，为正处级事业单位，隶属威海经济技术开发区管理委员会；9月30日，威海经济技术开发区管理委员会增挂威海出口加工区管理委员会牌子，原威海出口加工区管理委员会更名为威海出口加工区管理局，负责出口加工区管理工作。2001年1月8日，通过国务院八部委联合验收小组的验收，10月8日封关。2017年12月11日，威海经济技术开发区出口加工区管理局更名为威海综合保税区北区管理局，由隶属威海经济技术开发区管理委员会调整为隶属威海综合保税区管理委员会。

【北区经济持续发展】 2001－2017年末，威海综合保税区北区累计进区项目49个，总投资9亿美元，其中外资项目36个，实际到账外资4.83亿美元；累计实现工业总产值367亿元，年均增长21%；固定资产总额35亿元，年均增长2%；完成进出口额125亿美元，年均增长26%；税收5.6亿元，年均增长49%。自2009年3月出口加工区叠加保税物流功能后，区内物流企业累计完成进出区货值54亿美元，年均增长5%。2017年，完成工业总产值28.4亿元，比上年增长15%；完成进出口额71.1亿元，比上年增长12%；完成税收5600万元，比上年增长25%，在全省海关特殊监管区中继续位列前茅。

【基础设施建设】 威海综合保税区获批启动建设以来，南区完成投资3亿元，征用和流转土地320公顷，新建各类设施总面积3万余平方米，硬化道路面积16.3万平方米，绿化面积12.5万平方米，新兴科技大厦B楼（海关商检联检办公楼）、管委综合办公大楼装修基本结束，即将投入使用，区内三纵三横主干路网、巡关道按标准建成通车，管网、围网、监控工程全部完工，海关监管信息化系统安装完毕，查验场地、查验仓库、检验检疫区全面建成，达到国家封关运行条件。北区对照验收要求确定10项升级改造工程，其中围网改造、巡关路建设、配套用房建设、卡口门头改造等土建工程全部完工，综合保税区建设基本完成。

【招商引资】 威海综合保税区管委推行“专业招商＋全员服务”的招商方式，规范招商对接工作流程，发放招商宣传手册5000余份；瞄准重点区域招商，与北京产业转移办公室等10余家政府机关、商业组织建立合作关系，

新兴科技大厦施工现场（5月3日摄）

拓展信息来源渠道。组织赴韩跨境电商专题对接等20余次招商推介活动，强化平台载体及特殊政策的宣传。年内，南区共有21家企业注册，其中贸易类企业8家，生产加工类企业5家，供应链管理类企业5家，金融服务类企业3家；北区企业中的威海世一电子有限公司、日月光半导体（威海）有限公司共增资4000万美元。

（戚　伟）

圣经山景区

【概况】 2004年12月26日，威编〔2004〕32号文件批准设立威海市文登圣经山景区管理委员会，为副处级事业单位。2010年6月8日，根据文编〔2010〕19号文件，圣经山景区管理委员会内设事业部、工程部2个部门，均为副科级。2015年8月7日，文编〔2015〕13号文件核定事业编制8人。办公地址位于界石镇晒字建国路1号，负责昆嵛山景区的生态保护、旅游开发建设和管理等工作。2017年，文登昆嵛山旅游度假区被国家林业局评为中国慢生活休闲体验区。

【规划布局】 圣经山管理委员会聘请王志纲工作室、中国五洲设计集团、华东建筑设计院编制产业发展规划、总体规划和控制性详规，以建设威海城市“中心公园”为目标，按照区域生态保护性开发的要求，凸显昆嵛山自然生态特色，打造“养心樱桃谷、逍遥昆嵛山”休闲旅游品牌。重点建设樱桃谷、抚星谷、山地运动公园、仙池度假公园4个重点片区。樱桃谷：规划占地面积14.8平方千米，其中核心区约3.04平方千米，以昆嵛山樱桃产业为基础，依托界石镇山东省十大美丽小镇、梧桐庵国家级美丽乡村示范村及三瓣石、六度寺等省级美丽乡村示范村，发展康养度假、乡村旅游等产业，成为昆嵛山旅游度假区的核心区及旅游综合服务区。抚星谷：规划占地面积约13平方千米，其中核心区面积约1.5平方千米，由国家航天局、中国科学院、山大威海分校共建威海空间碎片监测中心项目，发展天文科研、文化体验等产业，依托圣经山全真道教文化资源，打造成以星空文化为核心的科研科普、道教文化体验旅游目的地。山地运动公园：规划占地面积约20平方千米，其中核心区占地面积约2平方千米，借助昆嵛山北部山体等景观，引进运动休闲项目，打造以运动康养为主题的户外运动大本营。仙池度假公园：规划占地面积约6.8平方千米，利用抽水蓄能电站的水利资源，发展水上运动、水上活动，丰富昆嵛山户外运动体系。

【基础设施建设】 圣经山管理委员会采取公司化运作的方式，通过区财政融资平台和国网公司平台，共争取资金7100万元，用于昆嵛山旅游度假区基础设施配套建设。与中国五洲设计集团达成合作意向，联合成立威海中兵昆嵛投资开发有限公司。与昆嵛山水务管理所联合成立水务公司，建设区内自来水、供水管网。圣经山旅游度假区和文登抽水蓄能电站累计完成投资12亿元，加快推进基础设施、景观建设，重点实施六项工程。区内路网建设工程：昆嵛山景区—圣经山景区连接线上半年建成完工。游客接待中心建设项目：中国兵器集团投资2000万元，在六度寺村建设面积3500平方米的游客接待中心，提供餐饮、购物等服务，已开工建设。自来水厂和污水处理厂建设工程：投资700万元，已开工建设。景区内主干道路、河流绿化工程：投资2500万元，启动建国路以南10余公顷的“花海”建设工程，年末已完工。界石镇区和昆嵛山景区暖气建设工程：年内，界石镇区已实现集中供暖，晒字区域管网正在规划设计。

圣经山景区花海工程（10月10日摄）

【抽水蓄能电站项目建设】 2014年12月6日，文登抽水蓄能电站建设指挥部成立。2015年，文登抽水蓄能电站项目开工建设。该项目位于界石镇境内，电站总装机容量1800兆瓦，安装6台单机容量300兆瓦的单级混流可逆式水泵水轮机／发电电动机组。电站枢纽建筑物由上水库、下水库、水道系统、地下厂房系统等部分组成。电站建成后以两回500千伏出线接入山东电网，在系统中承担调峰、填谷、调频、调相及事故备用任务。至2017年末，累计投资13.67亿元，场区道路、交通洞、通风洞、业主营地等工程已基本完工。

（侯圆圆）

龙山街道

【概况】 龙山街道位于城区西北部，办事处驻文山路107号。2017年，辖区有14个社区、12个村，1.7万户，

创客小镇项目外景（11月6日摄）

人口4.6万人，总面积32.8平方公里，耕地面积911公顷。实现工农业总产值117.6亿元，财政收入9770万元，外贸进出口总额5.8亿元，农村经济总收入54.67亿元，农民人均纯收入1.7万元。辖区内交通便利，龙山路、昆嵛路、文山路、峰山路等主干道路纵横交错，青威高速和桃威铁路横贯境内；商贸经济发达，有利群购物广场、润泰国际购物广场、南源商厦、华玺大酒店、富丽华大酒店等商贸企业，是全区重要的商贸中心；工业经济持续发展，已形成商贸服务业、机械、线缆、电子、纺织等综合性工业体系，是威海市家纺产业重镇，重点企业有宏安集团有限公司、山东昆嵛电缆有限公司、文登长荣金属制品有限公司等。有工业企业205家，其中有自营进出口权的45家。工业总产值78.3亿元，利税5.2亿元；粮食总产量5056吨，蔬菜总产量2859吨，水果总产量1026吨，粮经种植比例达到6∶5。有商业企业188家，个体工商户3215户，集贸市场12处，其中专业市场8处。有中学1处，小学3处，在校学生6586人；幼儿园9所，入园儿童2775人；卫生院2处，床位260个；规范化村卫生室14处。人均住房面积51.8平方米。有4986人参加城乡居民社会养老保险，18026人参加城乡居民医疗保险。26个社区和村建有健身休闲中心。自来水普及率、计划生育率、连村路硬化率均达100%，人口自然增长率1.59‰。

【项目建设】 办事处党工委立足优势，抓住工业带动和突破发展服务业两大关键，引导骨干企业膨胀。宏安集团新上投资15亿元的长和光导光纤预制棒项目，该项目分三期建设，总产能600吨，其中一期产能200吨。年末，厂房主体工程已完工，设备开始安装调试。利用辖区闲置楼宇大力发展大数据、服务外包和电商等新兴服务业，由山东创谷信息技术有限公司运营管理的创客小镇，5月投入使用，12月被评为威海市创业孵化示范基地，已引进孵化成功4个项目：携程旅行网威海客服中心、京东商城威海生鲜馆、环维通讯大数据呼叫中心和北京联通、江苏联通客服中心。项目全部建成后，不仅盘活4万余平方米的闲置楼宇，还可带动5000余人就业。

【棚户区改造工程】 年内，办事处党工委始终把老旧小区改造工作作为利民惠民的首要任务，投入力度不断加大，资金投入和工作量是2015年和2016年的总和。投资1500万元，改造柳林、西楼大众、西龙格等3处老旧小区，改造楼房87幢，受益居民2700余户，改造面积约5.87万平方米；投资400余万元，改造河洛街，硬化路面5000余平方米，埋设雨污管道1200米，拆除违章建筑物2000余平方米，年末改造工程基本完工。加快推进喜登府、金岭小镇、河埠庄、七里水头和三里河西片区二期等共684户的棚户区改造工作。2015—2016年的棚户区改造项目，已发放资金1.4亿元，回迁居民400户。

（丛　图）

天福街道

【概况】 天福街道位于城区中东部，办事处驻天福路218号。2017年，辖区有19个社区、9个村，2.1万户，人口7.6万人。总面积30.2平方千米，耕地面积190公顷。实现工农业总产值68亿元，财政收入1.4亿元，外贸进出口总额4500万美元，农村经济总收入61.93亿元，农民人均纯收入20982元。辖区大部分坐落于城市文化商务区，体育公园、博展中心、市民文化中心、高职教育中心、市民中心、国际贸易中心等标志性大型公共设施分布其间，天福路、香山路、文山路、米山路、环山路、初张路、文昌路、虎山路等主干公路纵横交错，309国道横贯辖区南部，汽车客运站、文登学公园、抱龙河公园、峰山公园、召文台公园位于辖区内。有义乌小商品批发市场、天福蔬菜水果批发市场、文山花卉大世界等专业市场和天福商贸城、缤纷尚街、北宫美食街、胶东文化街、峰西永安街等特色商贸区。工业主要有化工、食品、机械、纺织、电子、服装等12个行业，重点企业有倪氏海泰集团有限公司、文登市兴和食品有限公司、文登市荣福制衣厂、天福生物科技有限公司等。有工业企业257家，其中有自营进出口权的18家。工业总产值65亿元，利税1.5亿元。粮食总产量429吨，蔬菜总产量1023吨，水果总产量1256吨，粮经种植比例7∶11。有商业企业1176家、个体工商户7134家；集贸市场12处，其中专业市场5处。有中学2处、小学3处，在校生7966人；幼儿园11所，入园儿童2437人；医疗卫生机构4处，床位2750个；村卫生室12处。人均住房面积62平方米。有5002人参加农村社会养老保险，18872人参加城乡居民医疗保险。16个村（居）建有健身休闲中心。连村路硬化率、自来水普及率、计划生育率均达100%。人口自然增长率10.56‰。年内，先后被山东省政府、威海市政府评为安全生产工作先进街道。

【项目建设】 办事处党工委依托区位优势，不断完善基础设施，搭建载体，筑巢引凤，构建“一、二、三”产业互促共进的发展格局。引进的文登新动能双创基地项目，以人才培养为重点拉动电商产业及康养产业发展，与安徽省半汤乡学院合作，注册成立文登创新研究院；同省供销总社合作，成立全省供销系统培训基地；注重培训成果转化，在双创基地有相应的企业、产品与之对接。中邦体育休闲小镇项目由上海中邦集团投资33亿元建设，规划面积3.4平方千米，建设面积约0.97平方千米，主要依托项目区的温泉、森林、景观等自然资源，围绕运动爱好者、亚健康人群和养老人群为主导市场，形成以运动养生为核心，以医疗、温泉、运动、养老、有机农业为支撑的主题特色小镇，打造威海印象运动体验地和新型城镇化的样板。

【民生建设】 办事处党工委坚持以人民为中心的发展思想，把群众满意作为检验工作实效的重要标准，不断加大民生工程建设力度，扎实推进扶贫开发，加强社会管理服务创新，提升群众幸福指数。区级重点基础设施工程：登云路南拓、庙山路北延、文化路北延和香山路北延、观光路工程，5条道路的征地拆迁补偿款已发放到位，征地、拆迁工作已基本完成。老旧小区改造工程：城北、刺绣、峰西3个片区，已完成基础设施改造工程，累计铺设雨污分流管网9000余米，硬化路面7.2万平方米，建设雨污水井1150个，并将绿化、停车位、水电暖等基础设施整治到位，同步引进物业管理公司提供专业化物业服务。城市精细化管理工作，采取政府管理和市场化运作相结合的方式，建设精细化管理体制，实现整个区域城市管理工作统一指挥、高效处置。为保障工作顺利开展，调配1名中层干部、9名工作人员专职负责城市精细化管理监督检查等工作，同时进一步细化《考核办法》，加大奖惩力度，调动村居主动参与管理的积极性。

（于永森）

中邦体育休闲小镇外景（9月8日摄）

环山街道

【概况】 环山街道位于城区西南部，办事处驻米山路122号。2017年，辖区有19个社区、7个村，2.3万户，人口6.6万人。总面积39.44平方千米，耕地面积433公顷。工农业总产值61亿元，财政收入1.63亿元，外贸进出口总额5800万美元，农村经济总收入35.37亿元，农民人均纯收入2.21万元。辖区内交通便利，商贸业发达。龙山路、昆嵛路、米山路、圣经山路、圣海路、309国道、青威高速公路、桃威铁路等交通干线纵横交错。威海（文登）国际建材城、西藕湾汽车交易市场、河南水产品市场等位于区内。有万石山、小嵛岭水库、青龙山庄等旅游景区和七里汤地下温泉洗浴中心、温泉游泳馆、鸿福洗浴等大众洗浴场馆6处。工业主要有电子、纺织、服装、机械、化工等行业，重点企业有文登森鹿制革有限公司、威海正大环保设备股份有限公司、文登正信织造有限公司、威登时装有限公司、中林钢构有限公司、华洋药业有限公司、智德真空有限公司、威海华龙印染科技有限公司、文登环山饲料有限公司等。有工业企业416家，其中有自营进出口权的45家。工业总产值53.7亿元，利税1.6亿元。粮食总产量1927吨，蔬菜总产量576吨，水果总产量1745吨，粮经种植比例3∶1。有商业企业162家，个体工商户2708户，集贸市场3处，专业市场5处。有中学3处、小学4处，在校生13536人；幼儿园11所，入园儿童1814人；卫生院3处，床位262个；村卫生室7处，社区医疗服务诊所38家。人均住房面积39平方米。有3213人参加城乡居民社会养老保险，18989人参加城乡居民医疗保险。26个社区和村建有健身休闲中心。自来水普及率、连村路硬化率均达100%，计划生育率99.8%，人口自然增长率3.6‰。年末，办事处被授予威海市劳动关系和谐镇（街道）和威海市平安家庭示范街道称号。

【项目建设】 办事处党工委稳步推进项目建设。盛祥农贸市场正式对外运营；正大环保碳素焙烧烟气无害化环保装备制造技改项目，购进设备45台（套），已生产2台（套）碳素焙烧烟气无害化环保装备；威海恒能天然气加气站站房主体工程完工；万得集团有限公司引进2台世界先进水平的16套色圆网磁棒印花机和自动调浆、助剂配送系统，10月投产，月生产能力100万米；威海市盛世鸿运花鸟鱼大世界项目，一期面积1万平方米的花卉市场工程全部竣工，12月8日试运营。加强基础设施建，投资1000万元对环山工业园内破损严重的道路、路灯、雨污管网等基础设施进行升级改造，年末完工。盘活闲置资源、资产，共盘活闲置厂房7处、面积5.2万平方米。威海洪氏服装有限公司5000平方米厂房，正在进行装修，拟建长寿老年公寓。晨好家纺有限公司租赁城西居委会原第二皮鞋厂厂房2700平方米。威海神话化妆品有限公司租赁河圈村闲置厂房5600平方米。幸福晚年敬老院租赁汤南社区闲置厂房1万平方米。威海世代农业科技有限公司租赁原威海市东盛食品有限公司闲置厂房1.2万平方米，用于引进茶叶及酵素生产线。嵛岭山庄养老院投资1000万元盘活小嵛岭老年公寓1.4万平方米。威海欧源农业机械有限公司租赁中林钢构旧厂房2700平方米，用于农机配套组装。年内，全处新增各类市场主体986户，其中新增企业165家，新增规模以上工业企业3家、服务业企业5家，实际到位资金400万美元，进出口总额35306万元，同比增长125.16%。

【民生建设】 办事处党工委加强民生建设，加大投入力度，重点实施棚户区改造工程、老旧小区改造工程、校安工程及城市精细化管理。年内，投资2200万元对温泉、抱山、宋家沟3个片区进行雨污水改造、划定停车位、路面硬化等老旧小区综合改造，有128栋居民楼的3999户居民受益，年末土建工程完工。全力推进城市精细化管理工作。重点加强对河南水产品市场的综合整治，落实环卫一体化工作的长效机制，城市精细化管理实行“日调度、周小结、月考核”制度，投资100余万元对文山西路进行环境综合整治。积极推进棚户区改造工程。继续做好七里汤、汤南、夼北、西藕湾、西南庄、马家庵、西寨和城西8个村（社区）棚户区改造项目，已完成汤南社区555户、西藕湾社区268户的棚户区改造安置楼分房；七里汤、夼北社区安置房正在完善地下管网；西南庄社区安置房正在办理工程建设手续；马家庵社区安置房计划2018年春动工；西寨安置房手续已补办完成；城西社区安置房正在建设中。配合区政府做好庙山路环山段征地拆迁工作，拆迁20户居民房屋。持续增加校安工程投入。年内，投资70万元对河南、七里汤、环山3所小学校舍进行升级改造；投资10余万元为八里张家连村路安装防护栏，保障校车安全。

（于海丽）

12月8日，盛世鸿运花卉鱼鸟大世界试营业

大水泊镇

【概况】 大水泊镇位于文登区东部，镇政府驻集东村。2017年，辖区有89个村、1.3万户，人口3.4万人。总面积123.4平方千米，耕地面积5301公顷。工农业总产值37亿元，财政收入2687万元，外贸进出口总额804.41万美元，农村经济总收入9.8亿元，农民人均纯收入18863.4元。镇区交通便利，威海综合保税区、威海机场位于镇政府驻地，青威高速、309国道、济威铁路、青荣城际铁路穿境而过，距青荣城际铁路文登站3千米。工业主要有建筑、机械、建材、机电、食品加工等行业，重点企业有幅员塑胶材料有限公司、威海奇悦电子有限公司、安德广厦新能源科技有限公司、利德机电设备有限公司、福井堂新型装饰材料有限公司、文登隆洋食品有限公司、威海真都化工有限公司、威海秀昊水产有限公司等，有工业企业165家，其中有自营进出口权的22家。工业总产值27.5亿元，销售收入5.6亿元，利税2207万元。粮食总产量3.64万吨，蔬菜总产量2.6万吨，水果总产量3.65万吨，粮经种植比例2∶8。种养植业以梨、苹果、香菇、西洋参、桑蚕、奶牛、蛋鸡、貂狐等为主，是威海市最大的花香菇生产基地，文登区最大的西洋参种植基地。有9家总储量为15万吨的果品储藏库，果品年交易量达25万吨。有良盟果品出口有限公司、金三角果蔬保

鲜中心等农副产品加工企业，是威海市最大的果品集散地和仓储保鲜中心。有商业企业421家，农业专业合作社106家，个体工商户994户。有中学2所，其中，威海紫光实验学校为新办的私立中学，在校学生348人，公立中学在校学生247人；小学1所，在校学生635人；幼儿园1所，入园儿童164人；卫生院1处，床位150个；村卫生室16处。人均住房面积37平方米。有6894人参加城乡居民养老保险，23429人参加城乡居民医疗保险。89个村建有健身休闲中心，连村路硬化率、自来水普及率、计划生育率均达100%，人口自然增长率－14.6‰。年末，被区政府评为先进单位。

【民生建设】 镇政府投资500余万元，新建镇级便民服务中心，建筑面积2000余平方米，整合民政、计生、社保等全部公共服务业务进驻中心集中办理，7月建成并投入使用。利用医院闲置房屋资源，建设占地面积4900余平方米、建筑面积1800余平方米的镇康养中心，中心分为康养及康复两大区域，主要接收中风偏瘫、癌症晚期等失能、半失能老人入住，解决传统养老机构不能提供专业化服务的难题，年末投入使用。累计投资1600万元，继续加大综合保税区配套加工园区的升级改造力度，共铺设沥青路面3.2万平方米、人行道板1000余平方米、污水管网1400余米，绿化面积3000余平方米，安装路灯64盏，促进工业园区转型升级。投资7000余万元，实施长2.1千米、规划面积24.7公顷的青龙河上游改造工程，包括河道清淤、河道绿化、综合管线等，年末完成招投标准备工作。

【项目建设】 年内，依托原天福山中学校舍，引进清华紫光教育机构建设的文登第一所民办中学——威海紫光实验学校，累计投资6000余万元，实现当年招商、当年招生开学；威海设计谷项目位于三岐山西侧山谷内，由唐恩（北京）建筑设计咨询有限公司兴建，注册资金2000万元，聚集一批工业设计、建筑设计等领域的顶尖团队和人才，打造一个以服务外包为主，集设计教育、消费品、建筑（设计）于一体的高端设计园区，已完成公司注册手续及初步总体设计方案；马新童中医研究院项目，由北京马新童中医研究院投资建设，占地面积0.67公顷，建筑面积4000平方米，位于大水泊镇紫光实验学校北，主要开展中医药推广及基层中医培训，正在设计建筑方案；中港银渔业有限公司项目，由香港中银国际投资有限公司投资2980万美元设立的港资独资项目，占地面积6.67公顷，主要从事海洋食品加工出口和冷链储存运输，构建立足胶东，辐射山东，面向日本、韩国和东南亚地区的冷链物流体系，在荣成黄海造船厂订购大马力远洋渔船8对、储存运输船1只，已通过香港经管局审批。

（王晶晶）

9月4日，威海紫光实验学校学生军训现场

张家产镇

【概况】 张家产镇位于文登区南部，镇政府驻因寺桥村。2017年，辖区有56个村、0.99万户，人口2.3万人。总面积78.6平方千米，耕地面积2389公顷。工农业总产值82亿元，财政收入3563万元，农村经济总收入20.5亿元，农民人均纯收入18788元。境内交通便利，荣乌高速、初张路、圣海路、309国道、石泽线贯穿境内。有南圈水库和汤村店子温泉。威海天沐温泉度假村是集旅游、休闲于一体的胶东半岛最大的生态园林休闲度假区。工业主要有电机、风机、除尘器、铸造等行业，重点企业有威海泰富西玛电机有限公司、威力风机有限公司、文登隆大电子有限公司、富思达饲料有限公司等。泰富西玛电机、威力风机两大公司均跻身全国乡镇企业500强。威海泰富西玛电机集团生产的“文宝”牌单相异步电动机荣获中国名牌产品称号，是国家质量免检产品，“文宝”商标被评为中国驰名商标。威力风机生产的“天福”牌除尘风机被评为山东省名牌产品。有工业企业90家，其中有自营进出口权的2家。工业总产值40.1亿元，销售收入10.5亿元，利税3450万元。农业产业特色突出，形成以西洋参为主的药材、优质水果和特种动物养殖三大特色主导产业。特产有“御龙旗”西洋参、“明晟”水果、“东汤村”粉条、“安子泊”土姜等，粮食总产量8179吨，蔬菜总产量3675吨，水果总产量3741吨，粮经种植比例7∶3。药材主要品种有西洋参、黄芪等，其中西洋参种植面积达到5万亩，并辐射周边乡镇。有商业企业220家，个体工商户420户，集贸市场4处。有中学1所，小学1所，在校学生653人；幼儿园1所，入园儿童138人；卫生院1处，床位45个；村卫生室8处。人均住房面积37平方米。有8993人参加农村社会养老保险，15794人参加城乡居民医疗保险。56个村建有健身休闲中心。连村路硬化率、自来水普及率、计划生育率均达100%，人口自然增长率 -6.5‰。连续6年获威海市信访工作“三无”乡镇称号。

【西洋参产业培育】 张家产镇西洋参种植历史悠久，全镇种植西洋参面积达到近5万亩，并辐射周边镇、市，成为全国西洋参主产地之一，是省级农业科技园、西洋参特色小镇，形成西洋参种植、加工、交易、研发等产业体系。镇党委、政府加快西洋参特色小镇建设，推动西洋参产业高质量发展，实现新旧动能转换。2015年11月15日，“文登西洋参”地理标志证明商标注册成功。2016年，西洋参交易中心启动建设，2017年6月，正式运营。中心已有道地参业、继振参业、双绅西洋参、广盛西洋参等20余家企业入驻，交易额超过千万元。10月13日，举办第三届文登西洋参文化节，国内知名西洋参业内的专家、精深加工企业代表和西洋参种植户共800余人参加活动。年内，招商引进汉广中药材、齐国参业、大意诚等西洋参加工项目，辽宁秘参堂、浙江天皇药业等项目正在洽谈，“文登西洋参”的知名度与品牌影响力不断提升。

【民生建设】 年内，镇党委、政府全面实施河道整治、道路整修、亮化升级等工程，镇区形成三纵三横的交通网状格局，完善集贸市场、文化广场等综合配套。投资2900万元改造昌阳河，疏通河道，对河道两侧进行高标准绿化，并建设健身路径；投资3000万元新建占地面积0.83公顷的新型社区，并将镇农商行搬迁至新建社区，改善群众生产生活环境，完善城镇功能；投资240万元为镇卫生院新上CT设备，提升诊疗水平；沿昌阳河新修3.9千米的景观路，为天沐路安装62盏LED路灯，方便沿线群众出行；新建面积120平方米的镇便民服务中心，推进“一门式”政务服务模式改革。汤村店子村成为山东省美丽乡村示范村创建点，通过示范村创建带动提升全镇美丽乡村建设水平，全镇70%的村达到美丽乡村B级以上标准。

（刘玉辉）

山东西洋参产业农民创业孵化基地外景(11月3日摄)

高村镇

【概况】 高村镇位于文登区东南部，濒临黄海，镇政府驻高村。2017年，辖区有46个村、1.15万户，人口2.92万人。总面积96.67平方千米，耕地面积4018.33公顷，海岸线长7千米，滩涂养殖面积173公顷。工农业总产值133.24亿元，财政收入1493万元，外贸进出口总额1935万美元，农村经济总收入11.87亿元，农民人均纯收入18690元。境内有道呼线、石泽线、初张路三大干线公路，交通便捷；水资源丰富，有文登境内第二大河流——青龙河、文登境内第二大水库——坤龙邢水库和优质天然温泉——呼雷汤温泉。呼雷汤温泉以其水温高、水量大、水质优而居胶东温泉之首，水质清澈无味、透明无色、质感尤佳，为全国少见的多微量元素复合型优质矿泉水，所含的20余种微量元素可直接作用于人体，医疗保健效果显著。青龙河入海处分布有原生态的湿地资源，河海交汇的靖海湾为“松江鲈鱼国家级水产种质资源保护区”。工业历史悠久，门类齐全，主要有各种车辆板簧、石油管材、钢铁铸件、农用机具、特种钢材、生物菌肥、膨化饲料、皮箱坤包、玩具渔具、体育用品、家纺丝织、水产加工等行业。重点企业有威海宝隆石油专材有限公司、双力板簧集团有限公司、海府水产有限公司、三丰肥料有限公司、东旭西洋参有限公司等，其中威海市宝隆石油专材有限公司、双力板簧集团有限公司为全镇两大支柱企业。有工业企业44家，其中有自营进出口权的企业6家。实现工业总产值129.34亿元、销售收入129亿元、利税7.02亿元。粮食总产量3.09万吨，蔬菜总产量1.84万吨，水果总产量2.18万吨，粮经种植比例4.9∶5.1。沿海主要以精养对虾、文蛤、缢蛏、梭子蟹、海蜇、海参等为主，内陆坤龙、香山两大水库及中小堤坝、平塘以网养、池养、散养鲭鱼、草鱼、鲢鱼、鳙鱼、罗鲱鱼、黑鱼、大银鱼、黄河鲤为主。传统农业以小麦、玉米等粮食作物种植和花生、苹果等经济作物种植为主，特色农业以棚栽果蔬、西洋参、沿海滩涂养殖、特色禽畜养殖为主。西洋参种植面积286.75公顷，果园面积665.1公顷，生猪存养量17802头，奶牛存养量30头，黄牛存养量240头，奶山羊存养量2613只，蛋鸡存栏量29.16万羽，貂、狐等特种皮毛动物存栏量28.6万只。特产有脉田糖瓜、沙柳西红柿、万家草莓、青龙河蟹、莲花扫帚、二甲草柳编、河西刃具、西山蜜桃、河西鸭梨等。梁氏庄园被列为山东省重点文物保护单位。糖瓜制作技艺和“串黄河”风俗、草柳编制作技艺被列为山东省省级非物质文化遗产名录。有商业企业147家、个体工商户1091户、集贸市场15处。有中学1处、小学1处，在校学生398人；幼儿园1所，入园儿童134名；卫生院1处，床位50个；村级卫生室38处。人均住房面积33.2平方米。有4793人参加农村社会养老保险，21417人参加城乡居民医疗保险，46个村建有健身休闲中心，1752户农民建有沼气池，3300户农民完成无害化卫生改厕。建立农业专业合作经济组织63个，成员1560户。连村路硬化率100%，自来水普及率99.4%，计划生育率100%，人口自然增长率-0.41‰。年末，连续十年被山东省精神文明建设委员会授予文明镇称号。

【民生建设】 镇党委、政府不断加大资金投入力度，提升镇村基础设施建设和社会事业服务水平。加强新型农村社区建设，推进南北产、汤西、坤龙、锦秀苑农村社区建设，南北产社区居民已搬迁入住；汤西新型农村社区建设主体工程已完工，年末已进行配套设施建设；坤龙社区5栋楼中有4栋已封顶；锦秀苑小区已完成打桩。投资1.6亿元，改建道呼线12.56千米，年末已完成工程总量的80%；投资4000万元，改造兴高路西线、东线及老道呼线共计6.4千米，兴高路西线和老道呼线路段已改造完成；投资500万元，改造连村路，整修全镇破损的连村路，礼格庄、望海倪家、沙柳、下夼路段已完工，施工面积达3.5万平方米；投资800万元，新建日处理能力500吨的污水处理厂，已完工并开始运行；总投资310万元的青龙河湿地公园，3个平台已全部完工。整合各类为农服务资源，建立高村镇农业社会化综合服务中心，成立高田农业发展有限公司，统筹村级土地股份合作社、劳务合作社、农旅合作社等经营组织，探索建立现代农业社会化服务体系，带动村集体增收、村民致富。整合4个省定贫困村专项扶贫资金120万元注资双力板簧有限公司，年末，4个村各获分红收益3万元。理顺扶贫基地管理模式，岭上扶贫基地聘请职业经理人负责基地日常运营，重新整修大棚，翻修葡萄园，栽种热带水果，年末，3个入股省定贫困村分别获分红收益3万元。组织镇域骨干企业筹集资金98万元，轮流为镇中学、小学、幼儿园3所学校共900余名师生每周加餐1次，硬化高村中学路面1万平方米，购买15台燃气壁挂炉解决学校供暖问题。

建设中的青龙河湿地公园（11月2日摄）

【莲花城扫帚】 明末清初，莲花城村兴起竹枝加工业，其中加工竹制扫帚和笊子成为传统产业，产品远销临沂、荷泽、淄博等地。解放后随着生产的发展，人们对扫帚、笊子等日常生活用品需求量的不断增大，传统的手工竹制品业的蓬勃发展，莲花城扫帚和笊子的制作规模也随着不断地扩大发展。清代中期到二十世纪六、七十年代，全村80%的整半劳动力长期从事扫帚和笊子的加工制造，生产队安排专人负责组织生产、销售，形成村特色产业。十一届三中全会后，随着人们生产生活方式的转变，莲花城的笊子产量和销量逐渐减少，但竹制加工扫帚业继续兴旺，成为远近闻名的扫帚生产加工专业村。每年在江苏、浙江、江西等地购置竹枝原料，经过晾晒、去叶、修枝、捆扎等多道工序加工成品。本地和外地商贩进村贩运销售。2017年，全村有82户加工生产扫帚的专业户，年销售额达320余万元。

（王健祺）

泽库镇

【概况】 泽库镇位于文登区最南端，南濒黄海，三面环海，镇政府驻泽库村。2017年，辖区有23个村、0.9万户，人口2.33万人。总面积91.2平方千米，耕地面积1818.6公顷，海岸线长39.84千米。工农业总产值88.32亿元，财政收入5471万元，外贸进出口总额175万美元，农村经济总收入38.40亿元，农民人均纯收入17380元。境内交通便利，环海公路穿境而过。有五垒岛湾、牛心岛、里岛、长会口跨海大桥等风景名胜。海洋资源丰富，盛产多种名优水产品，尤以刺参、大鲮鲆、安康鱼、鲅梢、鱿鱼、虾米、梭子蟹、爬虾、蜢子虾酱等久负盛名。浅海滩涂盛产扇贝、夏贻贝、蚬子蛤、花蛤、牛眼蛤、海螺、缢蛏、牡蛎等50余种贝类，其中牡蛎资源尤为丰富，年产量约6万吨。每年谷雨为沿海渔民传统的开渔节，沿海渔民有家家做面塑、蒸饽饽祭海的习俗。泽库大饽饽制作工艺复杂、造型多样、松软可口，久负盛名。镇域特色经济主要有船舶制造、海洋捕捞、滩涂养殖、水产品加工、国际海上商贸运输、毛皮动物养殖等，海参养殖发展早、规模大，拥有养参面积1万余亩，育苗面积6万立方米水体，成为山东省海参养殖生产基地。特种毛皮动物养殖业主要品种有水貂、狐狸、貉子等。工业主要有船舶制造、起重设备、纸制品加工、食品加工、塑料制品等行业。重点企业有威海海宽海洋生物科技有限公司、威海白云船舶配套有限公司等。有工业企业62家，其中有自营进出口权的4家。工业总产值53.7亿元，利税6.21亿元。粮食总产量2.1万吨，蔬菜总产量1.46万吨，水果总产量3370吨，粮经种植比例2.83∶1。有商业企业182家，个体工商户525户，农业专业合作社4家。集贸市场9处。有中学1处、小学1处，在校学生1008人；幼儿园1所，入园儿童252人；卫生院1处，床位28个；村级卫生室8处。人均住房面积15平方米。有3974人参加农村社会养老保险，16176人参加城乡居民医疗保险。23个村均建有健身休闲中心。连村路硬化率、自来水普及率、计划生育率均达100%，人口自然增长率-2.9‰。

【项目建设】 镇党委、政府加快传统渔业转型升级步伐，推进海宽海洋生物科技、中心渔港、一鲜食品等重点项目建设。海宽海洋生物科技项目，2560平方米的科研楼、600平方米的紫菜育苗车间及66.67公顷的紫菜养殖区已建成并投入使用。海宽海洋生物科技有限公司与山东省资源与环境研究院、中国水产科学院黄海水产研究所的大水面高产养殖技术合作项目顺利实施，为企业的发展注入新的活力。海上休闲旅游项目取得新进展，4公顷的休闲垂钓区和200米的游艇码头初步建成，具备观光、垂钓、休闲功能。中心渔港项目已建成15个总面积近1万平方米的深水网箱。企业技改项目快速推进，一鲜食品项目1.2万平方米的加工车间建成，并完成设备的安装，正在办理食品SC认证；签约引进总投资3.5亿元、建筑面积27万平方米的全顺海产品加工出口项目。威海东泽进出口有限公司、威海到林食品有限公司、文登银沙水产有限公司等企业共实现出口贸易额1200万美元，位于全区前列。同时解决200余名群众劳动就业的问题。玉全建筑工程有限公司项目完成1.7万平方米的预制件加工车间建设及生产线的调试，正在进行试生产。投资3亿元的游艇制造项目正在建设中。总投资1.8亿元的“猕圣”绿色生态有机果产业园项目已完成133.33公顷的土地流转、土地平整及猕猴桃苗木栽种，正在逐级申报农业产业化国家级重点龙头企业。

“猕圣”绿色生态有机果产业园（10月28日摄）

【民生工程】 年内，镇党委、政府重点实施民生工程。投资7万元，继续为全镇中小学生免费发放夏秋两季校服；投资500万元，完成泽库中学的校安工程升级改造，提高校园的硬件设施；投资10万元，加强校园安保队伍建设，为学校安保服务提供资金保障；投资540万元，完成新建自来水厂工程，并配套自来水消毒净化设备；投资50万元，整修镇区污水处理厂；投资800万元，完成姚家村至港南村711米的岸线修复工程；投资300万元，启动实施泽长线升级改造工程；高标准推进港南生态赶海园基础设施建设，完成通海村路的提档升级工程、村内路面硬化及荷塘的整修护坡工程建设，为打造滨海旅游度假胜地打下良好基础。在推进圣海家园二期、新港明珠小区建设的同时，积极稳妥地推进棚户区改造工程，已完成一期规划泽库村、后岛村、前岛村3300户的整村搬迁选址和搬迁协议的签订，年末进行开工前的各项准备工作。完成农村改厕1265户和危房改造16户，推动农村环境卫生管护工作实现常态化管理，镇村面貌持续改善。

【文登紫菜】 文登紫菜又称紫英、子菜、索菜，种类多，主要品种有“条斑紫菜”“坛紫菜”“圆紫菜”等，以“条斑紫菜”居多，是文登地方特色海产品之一。文登地理位置独特，海洋环境无污染，文登紫菜营养丰富，含碘量高，富含胆碱和钙、铁等微量元素，并含有一定量的甘露醇。文登紫菜养殖历史悠久，1958年开始人工海水养殖紫菜。1968年，文登县水产局发动沿海群众在泽库镇前岛村海区放养紫菜13.3公顷。1971年，文登县海水养殖试验场与中国科学院海洋研究所等单位协作，在前岛海区试养紫菜。1972年，全县有11个单位养殖（兼养）紫菜8.6公顷，总产量13吨。1975年，文登县海水养殖场和泽库养殖场放养紫菜6.13公顷，产量3吨。1980年，文登县水产局紫菜淋水育苗技术获省科委科技进步三等奖。泰山学者海外特聘专家符鹏飞教授于2013年在文登投资成立威海科蓝海洋科技有限公司，2016年成立威海市诺力香生物科技有限公司，投资1000余万元，主攻紫菜研发养殖和加工，仅4个多月的时间，建起66.67公顷海上标准紫菜试养区，成功培育出4个优质紫菜苗种。2017年，紫菜养殖面积扩大到1万亩。文登紫菜地理坐标为东经121°51′00″～122°13′00″，北纬36°02′00″～37°17′00″。具体分布在泽库镇、高村镇、侯家镇、宋村镇、泽头镇、小观镇、埠口港沿海。

（杨　丹）

侯家镇

【概况】 侯家镇位于文登区南部，南临黄海，镇政府驻河杨家村。2017年，辖区有38个村、9137户，人口2.25万人。总面积86.3平方千米，耕地面积2848公顷，海岸线长16.25千米，滩涂面积481公顷。工农业总产值68.37亿元，财政收入5462万元，外贸进出口总额3016万美元，农村经济总收入71.9亿元，农民人均纯收入1.89万元。特产主要有西洋参、对虾、海参、蛎子虾酱、海蜇皮、水貂、貉、狐狸等，镇域经济以海水养殖和海产品加工及水貂、狐狸等特种毛皮动物养殖业为主。工业主要有机械制造、建筑、制鞋、水产品加工、裘皮加工、地毯加工、商业混凝土搅拌等行业，重点企业有威海市沁源卫生用品有限公司、文登区机电设备厂、文登区寰发建筑工程有限公司、威海寰发貂业股份有限公司、威海市空港新能源有限公司、文登宝汇食品有限公司、威海市翔宇地毯有限公司等。有工业企业33家，其中有自营进出口权的8家。实现工业总产值56亿元。粮食总产量1.8万吨，蔬菜总产量2.1万吨，水果总产量5681万吨，粮经种植比例9∶1。有商业企业210家，个体工商户476户，集贸市场7处。有中学1处、小学1处，在校学生570人；幼儿园1所，入园儿童126人；卫生院1处，床位45个，村级卫生室28个；敬老院1处，床位110张，收养农村五保人员109人。人均住房面积57平方米。有14049人参加新型农村养老保险，14566人参加城乡居民医疗保险。22个村建有健身休闲中心，连村路硬化率、自来水普及率、计划生育率均达100%，人口自然增长率-6.3‰。年末，被省政府安委会授予全省安全生产工作先进单位称号，被区委、区政府授予先进集体称号。

【项目建设】 镇党委、政府坚持“工业立镇、工业强镇”的发展理念，实现传统产业提质升级。威海市沁源卫生用品有限公司新建厂房投产并购进国内先进生产线，生产线增至6条，大幅提升生产效率，实现产值翻番。骨干企业靠强挂优取得突破，重点跟进文登区机电设备厂与俄罗斯、乌克兰专家合作研发的热处理及防腐技术工程，强化产学研合作，大幅提升产品性能。培育巩固新兴业态，投资1000余万元，建设电商产业孵化器，入驻电商销售、包装设计、仓储物流等关联产业，延长产业链条。加大招商引资力度，充分利用现有资源，盘活原钻床厂、冷藏厂及四中等闲置厂房，并洽谈PLA聚乳酸生物降解塑料袋、冷链食品加工及影视培训基地项目。加快推进生态文明建设，与德国欧绿宝集团达成意向，促成矗鑫生物科技项目加强污染治理，对动物粪便及秸秆进行无害化处理。

【民生建设】 镇党委、政府实施路网升级改造工程，在广安街、金光路、便民西路等镇区道路铺设人行道板，栽植绿化苗木，并实现管线入地、雨污分流；聘请专业团队对和美广场进行绿化亮化设计，绿化广场面积6000平方米，铺设塑胶篮球场，为群众打造高标准休闲娱乐的健身场所；开展土地综合整治工程，对江山泊村、集后村、南渔池村、潘家村及河杨家村的土地和废弃矿坑进行地质环境治理，增加土地利用面积38公顷；推进高标准美丽乡村建设，清理小广告2万余处，更换破损垃圾桶500余个。同时，按照统一标准，所有村全部配齐“四德榜”、文化墙，并新编排一批相关内容的快板书、小品等文艺节目，纳入全镇3支送戏下乡庄户剧团演出活动中。积极探索医养结合，投资1300余万元建设新医院并投入使用，投资2600万元新建敬老院，并完成主体

侯家镇便民服务中心外景（12月2日摄）

工程施工。加大民生保障力度，设立“朝阳爱心基金”，补助家庭困难学生的班车费、食宿费，全年共发放补助金12万元，资助109名贫困中小学学生。筹措资金21万元，设立“红色关爱基金”，定期慰问、帮扶生活困难的党员，全年共走访慰问43名生活困难党员，发放慰问金及慰问品价值共4万元。

（孙鹏伟）

宋村镇

【概况】 宋村镇位于文登区南部，南临黄海，镇政府驻宋村。2017年，辖区有53个村、1.65万户，人口3.83万人。总面积161.9平方千米，耕地面积5230公顷，滩涂面积200公顷，海岸线长20.1千米。工农业总产值205亿元，财政收入9476万元，农村经济总收入70亿元，农民人均纯收入22751元。境内交通便利，青威高速、荣乌高速、204省道、环海公路贯穿境内。石羊村北侧有西汉古墓群和徐士林墓，北部有回龙山烈士纪念塔，是汉代昌阳古城所在地和传说中李龙王的故乡。农历三月初二举办李龙文化山会，举行盛大的祭祀龙母活动。主要农产品有小麦、玉米、花生、大豆，水产品有鱼、虾、蛤等。特产有姚米、“昌阳牌”无公害蔬菜等。农业经济以蔬菜为龙头，是胶东半岛最大的蔬菜生产专业镇和农副产品集散地。粮食总产量4.2万吨，蔬菜总产量8.34万吨，水果总产量1.44万吨，粮经种植比例1∶2.2。工业有机械、电子、建材、食品、服装等行业，重点企业有文登三吉电子有限公司、文登市健悦肉食品有限公司、文登奥吉丽斯貂业、威海伍福种貂、昌阳南海开发有限公司、文登华兴花卉有限公司等。有工业企业90家，其中有自营进出口权的24家。工业总产值120亿元，销售收入55.4亿元，利税3553万元。有商业企业48个，个体工商户1565户，集贸市场9处，专业市场6处。有中学1处、小学1处，在校学生830人；幼儿园1所，入园儿童243人；卫生院1处，床位112个；村卫生室54处。人均住房面积29.8平方米。有9992人参加农村社会养老保险，3.01万人参加城乡居民医疗保险。52个村建有健身休闲中心，780户农民建有沼气池。连村路硬化率、自来水普及率、计划生育率100%，人口自然增长率0.46‰。年内，全省民政优抚工作现场会在宋村镇召开，山东村成为观摩典型。

【项目建设】 镇党委、政府加大招商引资力度，强化项目服务，快速推进家家悦二期等项目，持续培育无公害蔬菜品牌，盘活闲置厂房，引进圣杰皮草、景润服装等项目，当年实现进出口额7000余万元。快速推进全域旅游，促进特色高效农业快速发展，其中山泰生态园生产的山泰油桃被评为国家绿色食品，并荣获全国农产品质量金奖，山泰生态园荣获全国森林康养基地试点建设单位和2017年中国商业创新品牌领先金奖；总投资1亿元的威海四季红现代农业园项目，采摘大棚已正式对外营业，正在办理储藏、加工、办公区和水上乐园等项目的前期手续。投资2亿元、占地面积26.67公顷的家家悦食品配套加工园区二期项目已建成投产，推进投资5000万元的家家悦一期改造项目，正在建设恒温加工车间及冷库车间。

【民生建设】 镇党委、政府持续加大财政投入，完善配套设施，实现小城镇建设提档升级，提升产业发展水平。投资3000余万元实施路网管网优化升级，完成山泰连接路拓宽、昌兴路大修、工业园雨污管网对接等工程。加强镇区精细化管理，按照包卫生、包容貌、包秩序的“三包”要求，划分责任区域，并协调交警、公安、工商等部门联合执法，及时督促整改占道经营、违规建设等问题，道路交通环境和市场经营秩序进一步优化。推进实施敬老院颐养康疗中心、工业园和学校暖气改造工程等民生项目，切实增强群众幸福感。实行土地流转，发展农村集体经济，推进9个村的农村集体产权制度改革；争取上级资金3000万元，实施双石、石灰窑、北马等10个村的千亿斤良田和土地整理等工程，完善农业基础设施，保障农业增效、农民增收；抓好精准扶贫，加大扶贫项目建设力度，依托山泰生态园现代农业和旅游资源优势，投资新建12个采摘大棚，促进省定贫困村集体经济持续稳定。年末，全镇新增14个年集体经济收入超过3万元的村。

（张　芳）

家家悦生鲜物流园外景（9月9日摄）

泽头镇

【概况】 泽头镇位于文登区西南部的母猪河下游，濒临黄海，镇政府驻泽头村。2017年，辖区有48个村、1.39万户，人口3.4万人。总面积115平方千米，耕地面积3421.7公顷，海岸线长29.65千米。工农业总产值66.64亿元，财政收入2496万元，外贸进出口总额1945万美元，农村经济总收入9.4亿元，农民人均纯收入1.89万元。境内交通发达，威青高速、202省道、上泽线、石泽线在境内交汇，金海路、环海路穿境而过。物产丰富，素有“鱼米之乡”的美誉。海珍品对虾、贝类等养殖形成规模。传统农业以玉米、小麦、花生种植为主，特色农业以苹果、西洋参、大姜、草莓、核桃、奇异果、树莓种植为主。粮食总产量3.01万吨，蔬菜总产量2.4万吨，水果总产量1.35万吨，水产品产量2.33万吨，果园种植面积765公顷，西洋参种植面积88公顷，大姜种植面积10公顷，草莓种植面积24公顷，核桃种植面积12公顷，粮经种植比例2.5∶1，养殖业发展迅速，成为文登区养殖大镇。活禽存栏量90.2万羽、出栏量113万只，奶牛存栏量3723头，生猪存栏量3.2万头。工业主要有针织、家纺、制鞋、测量仪、装饰布生产、体育用品生产、羊毛衫加工、果品保鲜、特种养殖、水产品加工、沼气工程配套、肉食鸡屠宰、五金制造等行业，重点企业有文登凤凰婷装饰布有限公司、山东众鑫食品有限公司等。有工业企业65家，其中有自营进出口权的12家。工业总产值46.06亿元，销售收入41.47亿元。有商业企业269家，个体工商户1056户，农业专业合作社83家，集贸市场24处。有中学1处、小学1处，在校学生585人；幼儿园1处，入园儿童136人；卫生院1处，床位60个；村卫生室13处。人均住房面积26.8平方米。有11742人参加农村社会养老保险，24999人参加城乡居民医疗保险。44个村建有健身休闲中心，10个村新建农村社区服务中心，2076户农民建有沼气池。连村路硬化率、自来水普及率、计划生育率均达100%，人口自然增长率-0.55‰。

【项目建设】 年内，投资8000万元、占地面积4.2万平方米的威海四方新域机电项目，已完成厂区及车间内外装修，建成后可实现年销售收入近2亿元；投资2000万元的祥利西洋参加工项目，11个烘干车间和冷库已改造完工，该项目具备年储存鲜参10吨、年加工干参60吨的生产能力；投资1500万元的特普蓝海洋生物饲料项目，盘活美天电子厂5000平方米的厂房；投资8000万元、占地面积2.9万平方米的食盐精深加工项目，一期建筑面积9516平方米的生产车间及产品仓储库已完成主体施工，智能化食盐生产线及包装流水线已安装到位；投资5000万元、建设占地面积1万平方米的家家悦购物中心，已完成规划方案审批，正在办理图纸审查和施工许可证；投资1500万元建设集休闲、观光、民俗特产加工于一体的产业园项目，盘活林村建筑公司8000平方米的旧厂房，与“长江委”物流平台对接，打造胶东土特产生产加工基地，并利用村内100间闲置老屋，打造北方特色民宿；投资2亿元、建设面积6万平方米的高端养老社区项目，盘活原镇驻地中心土地6公顷，利用拆旧建新的方式，打造高端养老社区；西洋参种植项目，在林村、岛集、里岛等村新增西洋参种植面积133.3公顷；订单式农业项目，以大型家庭农场为依托，推行玉米订单式种植，已种植玉米33.3公顷。

【民生工程】 年内，镇党委、政府筹措资金1700万元，整修全镇破损的连村路25千米，惠及26个村，改善群众出行条件；争取上级资金1100万元，实施基本农田改造项目，涵盖全镇近5万亩土地进行农田水利设施、路网、土地深耕等建设，改善农业生产条件，提高土地产出效率；实施农村饮用水净化改造工程，争取区水利局拨付价值300万元的饮用水净化消毒设备44套；镇便民服务中心实行“一门式”服务，将窗口接待与后台延伸服务紧密结合，实现便民服务中心、公共法律服务中心、综治中心、党群服务中心“四大中心”联合办公，方便服务群众，提高办事效率。

（乔　斌）

治理后的泽头河景观（11月1日摄）

小观镇

【概况】 小观镇位于文登区西南部，濒临黄海，镇政府驻小观村。2017 年，辖区有 47 个村、1.5 万户，人口 3.98 万人，总面积 128.2 平方千米，耕地面积 4274 公顷，海岸线长 25.58 千米。工农业总产值 106 亿元，财政收入 6685 万元，农村经济总收入 47.7 亿元，农民人均纯收入 20205 元。境内有万米金滩、万亩环海松林，交通发达，青威高速、202 省道、环海路横贯全境，观海路、金海路、龙海路纵贯南北。村村通公交车，日发客运汽车 36 班次，日均载客 720 人次。特产有万家口优质大花生、东浪暖大白菜、北黄白根韭菜、裴家岛西瓜。海珍品有牛舌鱼、桃花虾、虎头蟹等。贝类资源丰富，盛产黄瓢蛤、杂色蛤、毛蛤、文蛤、西施舌等 40 余种，统称“小观贝”。特色经济为水产养殖，以海水筏式养殖生蚝，池塘养殖对虾、海参、梭子蟹等为主。粮食总产量 3.53 万吨，蔬菜总产量 1.31 万吨，水果总产量 1.43 万吨，水产品总产量 10.8 万吨，粮经种植比例 8.7∶1。工业主要有建材、玻璃、纺织、轮胎、渔具等行业，重点企业有三角（威海）华达轮胎复新有限公司、明池玻璃股份有限公司、威海市普祥市政工程有限公司等，有工业企业 20 家，工业总产值 63.6 亿元，销售收入 63.5 亿元，利税 3.81 亿元。有商业企业 19 家，个体工商户 812 个，集贸市场 15 处。省级规范化学校——威海南海实验学校是集幼儿园、中小学于一体的综合性学校，在校学生 1174 人、入园儿童 595 人。有医院 1 处，床位 60 个；村级卫生室 47 处。有 8673 万人参加农村社会养老保险，3 万人参加城乡居民医疗保险。47 个村建有健身休闲中心，连村路硬化率、自来水普及率 100%。计划生育率 99.3%，人口自然增长率 -0.613‰。

【项目建设】 年内，明池玻璃股份有限公司投资 5000 万元，新上 2 条美国弯钢化玻璃生产线项目已投产，产能由 70 万台套提升至 200 万台套；普祥市政工程有限公司投资 8000 万元，建设 4000 型沥青站 1 座，购置专业筑路设备 10 余台，新建办公楼面积 1.3 万平方米；投资 8000 万元的万和海洋旅游资源开发有限公司项目，打造集休闲垂钓、水上运动、绿色农场等于一体的海洋旅游资源综合服务体，其中，投资 3000 万元的福岛项目于 8 月 8 日正式对外开放；投资 1000 万元的顺达源水产育苗养殖有限公司项目，建设面积 2.6 万平方米的名优品种育苗、垂钓园区，已建成并投入使用，每年可为东浪暖村增加村集体经济收入 50 万元；总投资 5000 余万元的七彩草莓项目，占地面积 93.3 公顷，已建成大棚 20 个，草莓育苗已成功，建成后将成为国内最大的七彩草莓基地。

明池玻璃股份有限公司新建的前挡风玻璃生产线（5月10日摄）

【民生建设】 镇党委、政府加快推进新型社区建设，以“全域城市化、市域一体化”的标准，推动环海路以南村 21 个村建成 10 个社区。有 8 个社区、16 个村全部完成分房，2 个社区将于 2018 年完工并分房。同时为社区居民提供养老保险、生活补贴等各种保障，解决社区居民的后顾之忧。建立镇级农村土地资源流转平台，为土地经营权供求双方提供服务，采取成方连片方式流转土地，确保参与流转土地的村民获得 400 元 / 亩 / 年的保底收入，溢出的土地面积和土地价格，村民和村集体参与分成，壮大村集体经济。推进美丽乡村建设，投资近 20 万元，为各村建造美丽乡村文化墙；长效实施城乡环卫一体化，在全区城乡环卫一体化工作检查中多次名列各镇（街道）第一；进一步改善人居环境，完成农村改厕 2133 户、危房改造 34 户；整治辖区内燃煤锅炉 14 个，关闭、搬迁、拆除禁养区内养殖场 34 个。扶贫产业项目——海鲜大市场已投入运营。争取上级投资 1000 余万元，实施高标准建设基本农田、土地治理、新增千亿斤粮食产能规划等项目，进一步夯实贫困村脱贫基础。

（姜　伟）

葛家镇

【概况】 葛家镇位于文登区西部，镇政府驻葛家村。2017 年，辖区有 68 个村、1.93 万户，人口 5 万人。总面积 185.3 平方千米，耕地面积 5095.4 公顷。实现工农业总产值 205 亿元，财政收入 8619 万元，外贸进出口总额

32175万元，农村经济总收入44.2亿元，农民人均纯收入17185元。境内交通发达，桃威铁路、309国道、上泽线、文三线贯穿镇区，素有“旱路码头”之称。自然资源及人文景观丰富而独特，享有“仙山·名泉·古镇”之美誉。境内圣经山是道教全真派的发祥地，金元时期道教遗迹遍布景区。以《太上老子道德经》摩崖石刻为主要内容的“圣经山摩崖”被列入全国重点文物保护单位。矿产资源丰富，已探明可开采的矿藏有花岗岩、温泉等，其中花岗岩储量丰富，总储量1亿立方米，品种以“文登白”“文登红”最为著名，属国内独有；大英温泉常年喷涌不衰。工业主要有蓄电池、建筑机械、石材加工、塑料、建材、化工、纺织、印刷、食品等行业，重点企业有威海华塔建筑机械有限公司、威海文隆电池（集团）有限公司、威海固恒建筑机械有限公司、威海君得利食品有限公司、同鼎花生制品有限公司、文登市华岩石材有限公司等。有工业企业98家，其中有自营进出口权的10家。工业总产值240亿元，销售收入190亿元，利税4014万元。特产有樱桃、苹果、蟠桃、葡萄、梨等，特色农业有果品、花卉、畜牧、苗木、丹参等产业，是胶东地区小麦、玉米、花生、苹果、樱桃的主要产区。粮食总产量4.5万吨，蔬菜总产量2.4万吨，水果总产量5.9万吨，粮经种植比例1.9∶1。有商业企业210家，个体工商户497户，集贸市场6处。有中学1处，小学1处，在校学生873人；幼儿园1所，入园儿童232人；卫生院1处，床位150个；村卫生室25处。人均住房面积55平方米。有1.05万人参加农村养老保险，3.72万人参加城乡居民医疗保险。68个村建有健身休闲中心。连村路硬化率、自来水普及率、计划生育率100%，人口自然增长率-0.2‰。

【民生工程】 镇党委、政府不断推进民生工程，提升群众幸福指数，全面推进小城镇建设进程。实施路网改造工程，投资2000万元对镇区破损严重路段进行全面改造升级，包括宋谭线、德胜路、文三线、赤金东路、议城路、崔背线、旺格连村路等路段共计31千米；投资700万元完善配套基础设施，更换东华路、议城路沿线路边石，增设路灯，改造绿化带；铺设镇区雨污管道1.64万米，预埋供暖管道2000米，预计2019年末实现镇区供暖。完善社会救助体系建设，全镇有532户676人享受农村最低生活保障，发放高龄补贴44.41万元，补贴2671人；全面改善农村群众的居家卫生环境，全镇完成农村改厕4537户。开展环保整治专项行动，重点整治散乱污企业，共摸排墓碑制作点和石材加工厂等散乱污企业36家，有11家企业实行“两断、三清”（断水、断电、清原料、清设备、清场地），24家企业拆除设备、断电停产，1家企业完成升级改造。禁养区内5户规模化养殖场全部关停、搬迁、拆除，13家燃煤锅炉全部拆除改造完工，环保整治专项行动取得初步成效。

【文登蟠桃】 文登蟠桃历史悠久，清末境内即有种植。各乡镇均有分布，以葛家、界石等镇居多。文登蟠桃果实扁平形，果顶凹入，缝合线浅，平均单果重235.6克，果皮底色乳黄，着色面90%至全红，茸毛中等，易剥离；果肉乳白色，近核处微红，质细、口感香甜；粘核，核小，果实可食率高。2006年9月10－25日，葛家镇西崔家口村利用3.3公顷桃园（桃树品种以瑞蟠4号为主），召开蟠桃会，吸引众多游客进园参观品尝。2009年，注册“勾勾吉”商标，全面打造品牌化营销模式。2011年，通过国家有机食品认证。2013年，“勾勾吉”蟠桃入选2013年全国名特优新农产品目录。葛家镇自2006年举办第一届蟠桃会以来，每年吸引众多游客到此品尝新鲜蟠桃，实现乡村旅游、生态旅游、休闲旅游全面发展。2017年，成功举办十二届蟠桃会，吸引各地游客十万余人。“勾勾吉”蟠桃年产量达到近万吨。文登依山傍海、气候适宜、风雨调和、光照充足，为蟠桃的生长提供良好的自然环境，文登蟠桃保护范围为文登区所辖地域，地理坐标为东经121°43′00″～122°19′00″、北纬36°52′00″～37°23′00″。

【文登葡萄】 19世纪50年代后，文登开始大面积种植葡萄，分布在10余个乡镇，品种有20余种，主要以“无核红宝石葡萄”为主。文登无核红宝石葡萄果穗呈圆锥形、平均穗重600克，果肉清脆、味甜、低酸，含糖量18.5%，成熟的浆果中含有15%～25%的葡萄糖及多种对人体有益的矿物质和维生素，常温下可储存30天。文登地处胶东半岛，常年降雨量在500至700毫米之间，适宜葡萄生长所需水

10月26日，中国门球冠军赛总决赛在葛家镇举行

分，而且全年雨量分布基本符合葡萄生长的规律。4月至7月，雨量少，葡萄病害轻；6月下旬至8月上旬为集中降雨季节，降雨量约占全年的50%以上，是葡萄生长旺期，需要大量水分；8月下旬后，降雨量转少，且天高气爽，日照充足，利于葡萄成熟。葡萄产区的土壤多为砂壤、砾质土，土壤通气性能好，排水好，吸热能力强，有利于葡萄根系的生长及吸收养分。8月、9月，葡萄成熟季节昼夜温差分别达到16.4℃和21.3℃，有利于光和产物的制造和积累，得天独厚的生长环境，形成文登葡萄特殊的品质。2009年，葛家镇注册“于家口”葡萄商标，打造品牌有机葡萄。2011年，“于家口”葡萄通过国家绿色食品认证。2017年，文登葡萄种植面积近万亩，主要品种有无核红宝石、金手指等，年产、销量2000吨。文登葡萄保护范围为文登区所辖地域，地理坐标为东经121°43′00″～122°19′00″、北纬36°52′00″～37°23′00″。

【项目建设】 年内，全镇重点引进空间碎片观测站、生物质热电联产、现代农业等产业项目，其中签约过亿元的项目2个。光大生物质热电联产项目由中国光大生物能源投资有限公司投资3.3亿元建设，占地面积16公顷，全部投产后每年可解决农民就业约1000人，征地工作已基本完成；空间碎片威海观测站由国家航天局空间碎片监测与应用中心、中国科学院国家天文台和山东大学（威海）合作共建，计划总投资3.5亿元，规划建成为国内首个向世界开放的国际示范站、天文与航天科技旅游基地，初步完成选址，一期土地规划调整完成。开工建设现代农业项目3个，果之峰田园综合体项目，总投资4.8亿元，集种养殖、健康养老等为一体，一期集中流转南长岚村、于家口村土地166.67公顷，二期、三期正在进行项目论证；北辰现代农业项目，投资2200万元从事现代苹果矮砧集约高效栽培及旅游观光，流转英山前村、院东村土地面积73.3公顷，建设现代苹果产业园；强强农场项目，一期投资1100万元建设冬桃基地，种植晚熟水蜜桃、蟠桃等23个品种，占地面积53.3公顷，果苗已全部种植完成；昆嵛健康养生园项目，康寿管理中心进入试运营，并于6月、10月先后成功举办“德丰利达杯”中国门球冠军赛山东分区赛和总决赛；威高生态园项目，完成陡埠水库护坡和四合院的正房木质屋架修建，正在实施防水层施工、土地整理、河道景观等工程。

（刘　潇）

米山镇

【概况】 米山镇位于文登区西郊，镇政府驻横口村。2017年，辖区有40个村、0.88万户，人口2.3万人。总面积80平方千米，耕地面积2225公顷。工农业总产值112亿元，财政收入9517万元，外贸进出口总额5621万美元，农村经济总收入55.4亿元，农民人均纯收入21722元。境内交通便利，309国道、青威高速、桃威铁路横贯纵穿，文登火车站坐落镇区东首，是胶东半岛重要的客货集散地。水电和旅游资源丰富，境内有威海市第一大水库——米山水库，总库容2.8亿立方米，为威海、文登两个城区提供生活和生产用水。拥有装机3.5万千瓦的火力发电站和35千伏变电站。工业主要有皮革、化工、电子、服装、车辆制造、渔具、乳品等行业，重点企业有山东德正乳业有限公司、威海市平安机械厂、文登市路平车业有限公司等。有工业企业88家，其中有自营出口权的14家。工业总产值45.8亿元，销售收入31.2亿元，利税1.94亿元。特产有草莓、蓝莓、火龙果、绿化苗木、鲈鱼、大银鱼等。粮食总产量1.61万吨，蔬菜总产量0.85万吨，水果总产量1.52万吨，粮经种植比例2.3∶1；水产品总产量637吨。形成机械制造、电子化工、轻工家纺、农副产品加工和物流业五大产业群。有商业企业30家，个体工商业户573户，集贸市场9处。有中学1处、小学1处，在校学生654人；幼儿园1处，入园儿童158人；卫生院1处，床位25个；村标准化卫生室5处。人均住房面积28.3平方米。有5532人参加农村社会养老保险，11356人参加城乡居民医疗保险。32个村建有健身休闲中心。连村路硬化率、计划生育率100%，自来水普及率99%，人口自然增长率-1.82‰。年末，被省文明委评为省级文明镇。

【项目建设】 年内，科莱默自动化设备制造项目，投资3000万元，建筑面积6000平方米，主要生产标准自动化

西铺头村休闲农业产业园羽毛球馆外景（12月1日摄）

设备及定制非标准自动化设备，并与哈尔滨工业大学洽谈合作成立智能自动化实验室，联合研究开发工业领域用智能自动化系统与设备。2月，部分投产。精彩永恒体育用品项目，投资3000万元，建筑面积5000平方米，主要从事体育用品的生产和销售，年产值可达2000万元。和谐汽车内饰项目，总投资3000万元，设备投资1500万元，建筑面积6000平方米，主要从事高端汽车内饰材料的生产与销售。3月，投产，年产值可达6000万元。威海乐泰食品有限公司、威海今朝卫生用品有限公司、威海宇池玻璃有限公司3家企业共盘活镇内闲置厂房1.8万平方米，总投资5400万元。千亿斤粮田产能项目，涉及黑石屯等村土地400公顷，硬化、整修项目区内部分田间路，新建、扩建平塘、铺设地下管道等，全面改造升级项目区农田水利基础设施，已完成70%的工程量。

【民生建设】 镇党委、政府立足群众需求和镇域发展需要，重点实施基础设施建设工程和棚户区改造。总投资1000万元，实施镇区及工业园区污水管网工程，新建污水泵站4处、高位污水池1处，铺设污水主支管道1.3万米，正在进行调试，投入使用后可进一步提高小城镇建设水平。投资400万元，实施镇区硬化美化工程，完成镇区“三纵一横”4条2万平方米主街道的沥青罩面，修复人行道彩板4000余平方米，新铺设、整修路边石1000米，新增绿化面积3000平方米，进一步美化镇区环境。开展环境保护工作，拆除15个燃煤锅炉，升级改造3个燃煤锅炉；治理养殖污染、散乱污企业，取得明显成效。实施棚户区改造工程，西铺头村棚户区改造项目总投资1.5亿元，建设安置房3万平方米，年末有176户村民入住；长墉村和东铺头村棚户区改造项目计划投资3.3亿元，建设安置房9.5万平方米，安置居民688户，已完成前期勘察、清表等工作，正在筹备协议签订。

（蒋虹君）

界石镇

【概况】 界石镇位于文登区西北部，镇政府驻大界石村。2017年，辖区有65个村、1.1万户，人口3万人。总面积187.8平方千米，耕地面积3494公顷。工农业总产值89.3亿元，财政收入3012万元，外贸进出口总额7764万美元，农村经济总收入42.3亿元，农民人均纯收入18876元。境内交通便利，李俚线、上泽线穿境而过。旅游资源有昆嵛山主峰——泰礴顶、无染寺遗址、“一一四”暴动遗址、王母娘娘洗脚盆、三瓣石等景点。石材、矿泉水资源丰富。工业主要有玩具、石材、矿泉水、电子、建材、建筑等行业，重点企业有文登抽水蓄能电站、威海汇兴纤维有限公司、昆嵛山泉水厂、文登区万德工艺品有限公司、威海贝特针织品服饰有限公司、文登凯达建筑有限公司等。有工业企业102家，其中有自营进出口权的3家。工业总产值76.1亿元，销售收入73.8亿元，利税4.9亿元。特产有樱桃、昆嵛山绿茶、富士苹果等。5月中旬至6月上旬，以樱桃成熟期为契机，举办昆嵛山樱桃节，唱响“青山绿水红樱桃”，接待中外游客42万余人次。粮食总产量2.5万吨，蔬菜总产量3.93万吨，果品总产量2.4万吨，粮经种植比例1∶1。镇域特色经济主要有玩具生产，石材开采加工，天然泉水、矿泉水加工和锅炉生产等，玩具加工业发达，被誉为“胶东玩具生产第一镇”。有商业企业106家，个体商业户715户，集贸市场5处，专业市场2处。有中学1处、小学1处，在校学生610人；幼儿园1所，入园儿童106人；卫生院1处，床位56个；村卫生室65处。人均住房面积27平方米。有8021人参加农村社会养老保险，2.3万人参加城乡居民医疗保险。65个村建起健身休闲中心。连村路硬化率、自来水普及率、计划生育率均达100%，人口自然增长率－1.68‰。

【项目建设】 文登抽水蓄能电站项目完成新增征地面积6公顷，保障电站场区工程加速推进。昆嵛山旅游度假区项目，争取专项资金、涉农扶持资金共6400万元，梧桐庵村获评全国美丽乡村示范村，度假区被评为中国慢生活休闲体验区。汇兴纤维项目，投资4000万元，建成占地面积3600平方米的制品车间，并新上1条碳纤维制品生产线；远方食品项目，投资2600万元，在原晒字完小校址处新建厂区面积2公顷，一期占地面积0.8公顷，新增瓶装水、罐装水等生产设备10余台；七子泉水项目，投资2000万元，在原厂址基础上改建，并

全国美丽乡村示范村梧桐庵村一角（8月9日摄）

新上科技含量高的瓶装、灌装水生产线各1条。进入樱桃谷片区的楚泊线公路拓宽硬化工程基本完工，已实现试通行。晒字区域雨污管网下地工程结合上泽线改造，完成配套管网铺设1.2万米。总投资4000万元，在晒字桥两侧建设芝樱花海面积10公顷，对晒字区域、昆嵛路蒿塂至牟村路段进行绿化，新修蒿塂河拦河坝2条，维修原有4条拦河坝。投资2000万元，完成界石镇区暖气电能动力源改造、镇区12栋老旧楼房外墙改造，并将界石中学纳入集中供暖。争取上级奖补资金400余万元，支持园区企业、家庭农场等升级发展，百岁谷获评山东省农业标准化生产基地，鑫浩采摘园引进现代苹果栽培技术成功，林青科技申报院士专家工作站项目顺利推进，24家大中型农业合作社和家庭农场共投资110万元，完善储藏冷库、种植大棚等设施。

【民生工程】 年内，成功举办第十三届昆嵛山樱桃节、第三届线上樱桃节，期间与威海、文登广电传媒开展互动合作，共举办20余项文体活动，新增2家电商平台供货商，旅游总收入超过3800余万元，人均增收约6万元。建成镇级全民健身中心1处，村级综合性文化服务中心实现全覆盖，在全镇开展“四德榜”评选活动，绘制文化墙3万平方米。丑家屯村、黄山村、北鲁家埠村380余户村民签订棚户区改造搬迁协议，一期50余户村民已乔迁新居，完成危房改造1户、农村标准化改厕2717户。新建5个农村社区，实现镇域内网格化管理。投资80万元，改善镇敬老院生活条件、安保设施等。投资20万元，更新镇便民服务中心设施设备，实施“一门式”政务服务模式改造。12个村完成产权制度改革，审核村集体净资产1229万元，4916名村民成为村集体经济合作社股民，扩宽村民增收致富渠道。整合扶贫专项资金150万元与林青科技合作，建设20公顷矮化苹果标准化示范区，保障贫困村和468户贫困家庭持续受益。投资200万元购置运输车、1.4吨载水车各2台，修筑防火通道60千米，设置乳品厂、六度寺等7个护林防火卡点，整体防火救火能力增强。配合上级执法部门，完成197个养殖户的污染治理工作。

（房廷廷）

文登营镇

【概况】 文登营镇位于文登区东郊，镇政府驻教场东村。2017年，辖区有70个村、0.88万户，人口2.31万人。总面积124.84平方千米，耕地面积4074.93公顷。工农业总产值122.32亿元，财政收入4477万元，农村经济总收入16.76亿元，农民人均纯收入17730元。境内交通便利，有初张、804、威石、机场路4条省级公路和虎山、珠海、广州、文昌、文山东路、城铁专用线等6条地方公路，青荣城际铁路穿境而过。有天福山、草场庵两处省级森林公园和天福山起义纪念馆、文登营古兵营遗址、沙里店古人类遗址、松山水库、老崮顶、大溪谷风景区以及杜营河公园、体育公园等景区。工业主要有电子、家纺、制药、食品、酿酒、机械制造和汽车零配件等行业，重点企业有文登皇利压铸有限公司，威海汇通电力设备有限公司、威海广建石油股份有限公司等。有工业企业60家，其中有自营进出口权的4家。工业总产值92.5亿元，利税1017万元。农业主要有小麦、玉米、花生、苹果及各类畜禽养殖等，粮食总产量2.11万吨，蔬菜总产量2.15万吨，水果总产量1.66万吨，粮经种植比例1∶1.2。特产有苹果、猕猴桃、桑葚等，有2处全国无公害食品生产基地，44处农业专业合作社，拥有“佛鼎山”“西字城”2个全国绿色食品商标。有商业企业489家，个体工商户424户，集贸市场5处，苹果专业市场2处。有职业学院1处，体育学校1处，中学1处，小学1处，共有在校学生1万余人；幼儿园2处，入园儿童499人；卫生院2处，床位55张；村卫生室10处，人均住房面积45平方米。有4309人参加了农村养老保险，17322人参加城乡居民医疗保险。63个村建有健身休闲广场。56个村建有健身休闲中心，连村路硬化率、自来水普及率、计划生育率均达100%，人口自然增长率-0.4‰。

【经济建设】 年内，镇党委、政府进一步优化产业布局，加快项目引进建设，壮大镇域经济规模。利用镇域瓜果资源丰富的优势，在城区到高铁站之间的南七线两侧及威石路两侧规划建设现代农业聚集带。建设桑葚、苹果和猕猴桃三大基地，新增种植面

文登营镇精准扶贫基地一角（5月9日摄）

积98.67公顷，总面积达到493.3公顷，其中后长湾村16公顷和沟于家村15.3公顷的现代苹果种植基地已投产，并成为现代农业标准园区。投资900万元，流转土地80公顷，建设侯家庵、驾山窑两处高效观光农业产业园；连同周边东杜梨、西杜梨、营东屯等村发展桑葚种植业，总面积达到31.3公顷，成为全区特色产业。投资8270万元，重点实施三大工程，进一步提高了镇域综合承载能力，为承接项目和产业转型提供优良环境。其中，投资5800万元实施路网工程，配合南七线硬化，启动两侧绿化工程，栽植苗木5万平方米；投资170余万元实施连村路化工程，硬化姜家庵、岭东等村连村路5.4千米，配合将军馆建设，实施全长2000米的景区进山路和周边道路修建工程，路基工程完工；投资1600余万元实施管网工程，沿南七线铺设自来水和燃气管网，实现自来水管网与原天福山镇区、燃气管网与高铁站对接；投资200万元，建成日处理量200立方米的小型污水处理厂；投资500万元，实施河道治理工程，全长5.5千米的杜营河整治工程完工。

【民生工程】 镇党委、政府以惠民工程为重点，逐步推进镇村建设。重视改厕工作，按照“群众自愿、政府引导”的原则整村推进，结合乡村振兴战略、新农村建设、城乡环卫一体化等工作共同推进。对改厕农户进行补助，完成1847户的改厕任务。硬化东杜梨等村的连村路，实施破损路面补修工程。投资160万元修缮天福山烈士陵园，整修进园台阶和陵园广场，修缮烈士墓穴280余处，共清理土方1000余立方米、浮土面积2700平方米。

（卢链羽）

埠口港

【概况】 埠口港位于文登区东南部，濒临黄海，东南与荣成市隔海相望，管委会驻张家埠村镇中路3号。2017年，辖区有8个村、3830户，人口0.9万人，总面积27.76平方千米，耕地面积721公顷，海岸线长8.73千米，滩涂面积320公顷，虾池面积213.3公顷。工农业总产值27.1亿元，财政收入2126.5万元，外贸进出口总额2611.2万美元，农村经济总收入14.29亿元，农民人均纯收入1.98万元。境内水路交通便利，荣乌高速穿境而过，初张公路和张西线两条省级公路呈“丁”字形纵横穿越而过。拥有国家二类开放口岸——张家埠港，各类渔业小码头6处。港区经济以水产食品加工、冷藏保鲜、海洋捕捞、船舶制造、海水养殖为主，工业主要有水产品加工、船舶制造及配件、玻璃制品、铸造等行业，重点企业有山东好当家海洋发展股份有限公司荣泰食品厂、山泰食品有限公司、海通造船有限公司、文胜玻璃有限公司、兴海水产食品公司、鑫江水产有限公司等。港区水产加工业发达，围绕海产品加工兴建的水产企业50余家。有工业企业54家，其中有自营进出口权的企业11家。工业总产值12.81亿元，销售收入11.36亿元，利税8256万元。特产有布蛤、对虾、缢蛏、海参、海蜇、牡蛎、河豚等。特色经济以特种毛皮动物养殖、海水养殖为主。粮食总产量0.54万吨，蔬菜总产量0.3万吨，水果总产量0.38万吨，水产品总产量3.11万吨。有商业企业68家，个体工商户230户，集贸市场4处。有卫生院1处，床位20个；村卫生室6处。人均住房面积26平方米。有3952人参加农村养老保险，5611人参加城乡居民医疗保险。8个村建有健身休闲中心，连村路硬化率、自来水普及率、计划生育率达100%，人口自然增长率-3‰。年末，被省中小企业局评为山东省特色产业镇。

【项目建设】 年内，和一食品精深加工项目的综合楼、办公楼主体工程已完工，门窗安装完成，加工车间和冷库主体工程基本完工。明江水产项目、裕源水产项目，主要是对海产品进行精细化加工，提升附加值，均已投产。张家埠商港综合开发项目，改造原有建筑，建设码头综合服务区。下埠前村旅游开发项目，建设以垂钓园为龙头，具备园林观赏、渔家乐餐饮、特色民宿等的产业综合体，下埠前村获评省级旅游特色村。下冷家码头文化旅游项目，计划建设集民俗展览、休闲娱乐、餐饮民宿于一体的“埠口明月”，正在由专业设计机构编制方案。

【民生工程】 镇党委、政府筹措资金2000余万元，完善镇区基础设施配套及改造升级。实施镇区绿化升级工程，对镇中路、埠口路、振兴路、兴港路

新建的埠口港便民服务大厅外景（8月8日摄）

及张西线两侧原有绿化进行升级改造3.2万平方米，更换镇中路、振兴路部分路段人行道板4800平方米和路沿石2500米，6月完工。实施天然气管道铺设工程，将管道由张家产镇南部通到埠口港驻地，共埋设天然气主管道6千米，在港区驻地沿主干道路埋设支管道5千米，7月中旬竣工。实施污水集中处理升级改造工程，对污水处理厂进行改造升级，污水处理能力由原来的一级B提升到一级A，并整修改造原有的污水管道，新埋设污水管网2.5千米、雨水管网1.6千米。全年共完成农村卫生厕所改造646户，危房改造18户，8个村完成彩钢瓦喷涂改色58785平方米。投资30余万元，新建镇级便民服务中心，方便群众办事。

（于玉萍）

柏果树桑葚采摘园一隅（6月25日摄）

金　山

【概况】 金山管委位于文登经济开发区珠海路146号，辖区有21个社区、1个村，人口5.3万人。总面积19.47平方千米，耕地面积164.44公顷。农村经济总收入800.66万元，农民人均纯收入2.35万元。境内交通便利，初张、珠海、广州、虎山、文昌等公路贯穿境内。有大溪谷、汤泊温泉等景区。特色农业有柏果树、柳家庄两处桑葚采摘园。有商业企业557家，个体工商户3224户，集贸市场3处。有小学1处，在校学生1493人；幼儿园1处，入园儿童460人；医院1处，床位260张；村卫生室5处。人均住房面积40平方米。有2027人参加农村养老保险，1.3万人参加城乡居民医疗保险。22个社区（村）均建有健身休闲中心。连村路硬化率、自来水普及率、计划生育率100%，人口自然增长率0.88‰。

【民生工程】 年内，金山管委继续实施棚户区改造工程，22个村（居）中已有6个村（居）完成搬迁，集中搬迁安置小区4个，搬迁居民3100人。7月，隆昌兴城完成柳家庄180户居民的回迁安置工作。利用棚户区改造扶持政策，加快安置房建设，在建和新建的安置小区有5个，规划安置10个村（居）2334户居民，建设安置房面积38万平方米。新罗小镇面积2万平方米、文源华都面积3.4万平方米、万福花园面积5.2万平方米的安置楼已达到或接近安置条件，可安置居民1087户；在建面积9.5万平方米的名典居小区，可安置居民952户。年末，尚未搬迁的13个村（居）中，列入棚户区改造计划的村居有12个，有11个村已进行房屋面积测量，有9个村（居）完成拆迁安置补偿协议书签订。

【经济建设】 金山管委采取开源与节流并举等措施，增强村居经济实力。共盘活村居闲置厂房7万余平方米，增加村居集体收入400余万元。7月末，柳家庄社区启动第一批安置房分配工作后，将安置房周围的门市房全部对外租赁，年可增加集体经济收入10万余元。九里水头社区按3000元/人的比例入股社区建材城、汽车城和九富文化旅游产业园等3家企业，社区享受分红。建材城年收入100余万元，汽车城年收入近400万元；九富文化旅游产业园社区集体出资同时吸收社会资本参与运营，初步计划投资1亿元。继续实施村（居）双节福利制，制定以收定支财务收支办法，年初定预算，年终结算，兑现考核。严格控制“零招待费”和村（居）民福利支出，除老人节、春节外，坚决杜绝村居以任何形式发放福利，全年村（居）节省资金700余万元。

（于　阒）

责任编辑　王淑君

人　物

人物传略

人物传略收录2017年去世的副处级以上人物2人。

张玉华（1916.11—2017.9）　南京军区原副政委、少将。1916年生，文登营镇张皮村人。1935年4月加入中国共产党。1937年7月，任文登营小学党支部书记。同年12月，参加天福山起义，任山东人民抗日救国军第三军第1大队第1中队指导员。后历任三军第1大队政委、第61团第1营政委、八路军山东抗日游击第5支队第63团政委、第15团第1营教导员、第13团第3营教导员，参加了雷神庙、大青阳、大辛店、苏家崮等战斗。1940年3月，在孙祖战斗中负伤留抗日军政大学1分校学习。毕业后，历任山东纵队特务1团政委、第1旅第3团政委、鲁中军区后勤处政委。解放战争时期，历任东北民主联军第3纵队第8旅第22团政委，第8师政治部副主任、主任，第40军119师政治部主任。参加了辽河、本溪、四平、临江及辽沈、平津、渡江、两广等战役。建国后，任第40军第118师政委，参加指挥解放海南岛战役。1950年参加抗美援朝，任志愿军第40军118师政委、军政治部副主任，率部参加第1—5次战役。回国后，任第40军副军长。1956年毕业于高级炮兵学校，后历任沈阳军区炮兵参谋长、副司令员、副政委、政委。1967年8月，任武汉军区副政委兼政治部主任。1971年3月，任中共湖北省委书记。1977年8月，当选为中共第十一届中央委员。1980年12月，任南京军区副政委。1986年11月离休。1964年晋升少将。曾获二级独立自由勋章、二级解放勋章、一级红星功勋荣誉章和朝鲜民主主义人民共和国二级自由独立勋章、二级国旗勋章。2012年，获“中国好人”称号。2015年9月3日，参加纪念中国人民抗日战争暨世界反法西斯战争胜利70周年阅兵，为抗战老同志乘车方队成员，在天安门广场接受祖国和人民的检阅。2017年9月10日，在南京病逝。

丛晨日（1937.8—2017.11）　文登市第十三届人民代表大会常务委员会原副主任。1937年8月生，苘山镇西马格村人。1955年8月加入中国共产党。1954年2月参加工作。历任昆嵛县山马区汪疃供销社售货员、记账员，县商业局零售总店记账员、百货公司财务科长、商业局计财股股长。1981年9月至1982年1月入北京商业学院进修。1984年3月起，历任文登县审计局副局长、局长。1989年10月，任文登市财政局局长、党组书记。1993年3月至1998年1月，任文登市第十三届人民代表大会常务委员会副主任。1998年4月退休。2017年11月去世。曾获烟台地区先进工作者、文登市劳动模范等称号。

人物简介

人物简介共收录人物22人，其中新任和职务有变化的副处级领导干部9人，先进模范人物4人，正高级职称人员9人。

姜全文　中共威海市文登区委常委、纪委书记、监察委员会主任。1972年1月生，乳山市崖子镇人。省委党校大学文化程度。1990年7月参加工作，1995年4月加入中国共产党。历任乳山市崖子中学教师，荣成市二十一中教师，荣成市崂山镇党委秘

书，荣成市委办公室秘书、综合调研科科长，市委办公室副主任、综合调研科科长，市委办公室副主任，市委办公室副主任、农村工作领导小组办公室主任。2010年1月任荣成市夏庄镇党委书记、人大主席，2011年7月，任荣成市俚岛镇党委书记、人大主席。2013年8月，任中共荣成市委常委、纪委书记。2016年12月，任中共威海市文登区委常委、纪委书记。2017年12月，任中共威海市文登区委常委、纪委书记、监察委员会主任候选人。2018年1月，任中共威海市文登区委常委、纪委书记、监察委员会主任。

申万兵 中共威海市文登区委常委（挂职），区政府党组成员、副区长（挂职）。

1982年2月生，济宁市鱼台县人。硕士研究生文化程度。2000年11月加入中国共产党。2006年7月参加工作，历任哈尔滨工业大学（威海）信息科学与工程学院辅导员，哈尔滨工业大学（威海）信息科学与工程学院辅导员、团委书记，哈尔滨工业大学（威海）副科级学生辅导员、信息科学与工程学院团委书记，哈尔滨工业大学（威海）正科级学生辅导员、信息科学与工程学院团委书记，哈尔滨工业大学（威海）正科级学生辅导员、信息与电气工程学院团委书记（机构更名）。2012年3月，任哈尔滨工业大学（威海）正科级学生辅导员、信息与电气工程学院团委书记，共青团文登市委副书记（挂职）。2012年8月，任共青团威海市委副书记、党组成员。2017年8月，任共青团威海市委副书记、党组成员，中共威海市文登区委常委（挂职），文登区政府党组成员、副区长（挂职）。

于昌利 威海市文登区政府科技副区长（挂职）。

1981年12月生，米山镇新福庄人。博士研究生文化程度。2004年12月加入中国共产党。2009年3月参加工作，历任哈尔滨工业大学（威海）船舶与海洋工程学院教师，船舶与海洋工程学院船舶系副主任，船舶与海洋工程学院船舶系副主任、党支部书记，海洋科学与工程国际学院院长助理、船舶工程系系党支部书记。2016年12月，任哈尔滨工业大学（威海）海洋科学与工程国际学院党委委员、院长助理，船舶工程系系党支部书记。2017年9月，任哈尔滨工业大学（威海）海洋科学与工程国际学院党委委员、院长助理，船舶工程系系党支部书记，威海市文登区政府科技副区长（挂职）。

刘　澄 威海南海新区工委委员、纪工委书记。

1973年6月生，烟台市牟平区人。省委党校研究生文化程度。2002年5月加入中国共产党。1994年7月参加工作，历任威海会计师事务所科员、办公室副主任，威海市团校文化活动科副科长，威海团市委学少部副部长、办公室副主任、办公室主任，威海团市委党组成员、办公室主任。2008年8月，任威海市经济合作局纪委书记、党委委员。2008年12月，任威海市经济合作局纪委书记、党委委员，市政府驻京办副主任。2009年7月，任威海市纪委（监察局）派驻第七纪检组（监察室）副组长（副主任）。2015年9月，任威海市纪委办公室主任。2017年4月，任威海南海新区工委委员、纪工委书记。

王大伟 威海南海新区管委副主任。

1977年11月生，临沂市莒南县人。硕士研究生文化程度。2000年7月参加工作，历任济宁市公路管理局泗水公路局工程处技术员、日东高速竹曲段建设管理办公室科员，威海火炬高技术产业开发区建设局干部、局长助理，建设局局长助理、初村镇副镇长，建设局局长助理、科技新城建设办公室工程科（设施维护管理科）科长，局长助理、科技新城建设办公室副主任、工程科科长，威海火炬高技术产业开发区科技新城建设办公室（交通运输管理办公室）副主任、工程科科长、初村镇副镇长（挂职），科技新城建设办公室副主任、初村镇副镇长（挂职）。2015年12月，任威海火炬高技术产业开发区科技新城建设管理处处长，初村镇副镇长（挂职）。2016年12月，任威海火炬高技术产业开发区科技新城建设管理处处长。2017年5月，任威海南海新区管委副主任。

刘长霞 威海南海新区工委委员、管委科技副主任（挂职）。

女。1978年12月生，济南市市中区人。博士研究生文化程度。1999年加入中国共产党。2007年7月参加工作，历任鲁东大学交通学院教师、讲师、副教授。2016年1月，任鲁东大学交通学院院长助理、副教授。2017年9月，任威海南海新区工委委员、管委科技副主任（挂职）。

王国兴 威海南海新区管委副调研员。1970年1月生，荣成市港西镇人。大学文化程度。1993年6月加入中国共

产党。1993年7月参加工作，历任威海市统计局计算站科员，城市社会经济调查队综合科副科长、科长，城市社会经济调查队副队长，社会经济调查队副队长（机构更名）。2013年10月，任威海市统计局国民经济核算与服务业统计科科长。2015年1月，任威海市统计局办公室（行政许可科）主任。2017年9月，任威海南海新区管委副调研员。

傅　磊　威海南海新区管委副调研员。1973年1月生，侯家镇大时家村人。省委党校研究生文化程度。1992年12月加入中国共产党。1993年8月参加工作，历任文登市卫生防疫站干部、疾病预防控制中心办公室负责人、办公室主任，疾病预防控制中心副主任、办公室主任，疾病预防控制中心副主任，文登市南海管委办公室副主任、主任，文登市南海新区管理委员会办公室主任（机构更名），威海南海新区管委办公室主任。2017年9月，任威海南海新区管委副调研员、办公室主任。

石建奉　威海南海新区管委副调研员。1971年2月生，环翠区汪疃镇人。省委党校大学文化程度。1996年3月加入中国共产党。1991年7月参加工作，历任汪疃中学教师、汪疃镇于家英中学教师、拔草夼完小校长，汪疃镇政府工作人员、计生办副主任，计生办副主任、工业区管委副主任，文体站站长，文登市民营经济办公室科员、综合科科长，文登市中小企业局办公室主任，文登市中小企业局党组成员、办公室主任，文登市中小企业局纪检组长、党组成员、办公室主任，文登市中小企业局纪检组长、党组成员。2010年2月，任文登市南海管委经济合作局副局长。2011年1月，任文登市南海管委经济合作局局长。2011年3月，任文登市南海新区管委经济合作局局长。2013年5月，任威海南海新区投资促进局局长。2016年5月，任威海南海新区商务局局长（机构更名）。2017年9月，任威海南海新区管委副调研员、商务局局长。

丁　勇　全国向上向善好青年。1981年生，江苏海安市人。大学文化程度。2002年于山东省文登整骨医院参加工作至今。2012年，任推拿理疗科主任。2016年，任文登整骨医院推拿手法康复科主任。是共青团威海市第十八届委员会委员，威海市文登区第十八届人大代表，中国针灸学会经筋诊治专业委员会山东分会常务委员，山东省中医药学会推拿专业委员会委员、腧穴专业委员会委员、小儿推拿专业委员会委员，威海市中医药学会理事，威海市推拿专业委员会副主任委员，威海市推拿质控中心副主任，山东省中医药高等专科学校及威海市卫生学校兼职讲师。参与编写著作5部，发表国家级论文10余篇，发明实用新型发明专利4项。先后被授予“齐鲁最美青年提名奖”“威海市杰出青年岗位能手”“威海市最美青年”“文登区十大杰出青年”等称号。2017年，被共青团中央授予“全国向上向善好青年”称号。

刘学军　全国农行系统“金融服务三农最美青年”。1983年11月生，莱州市莱州镇人。大学文化程度，助理工程师。2009年9月加入中国共产党。2006年7月参加工作，历任中国农业银行股份有限公司威海分行办事员、网点副主任、荣成支行行长助理。2015年6月，任农业银行文登支行副行长。2016年，被山东省分行授予“先进个人”“中间业务收入先进个人”称号。2017年，被中国农业银行授予“金融服务三农最美青年”称号，被山东省分行授予“春天行动优秀客户经理”称号。

周永建　全国供销系统劳动模范。1974年11月生，高村镇二甲村人。大专文化程度。1996年9月加入中国共产党。1992年7月参加工作，历任高村供销合作社保管员、张家产供销合作社文书、文登金都大厦有限公司五金化工科科长、文登市再生资源股份有限公司副经理、小观供销合作社主任。2013年3月任文登区大水泊供销合作社主任。担任大水泊供销社主任期间，大水泊供销社被全国供销合作总社授予“2016年度全国供销合作社基层社标杆社”称号。2018年1月，被国家人力资源和社会保障部、全国供销合作总社授予“全国供销合作社系统劳动模范”称号。

栾卫东　全国模范人民调解员。1963年11月生，界石镇大高坎村人。大专文化程度。1986年7月加入中国共产党。1984年12月参加工作，历任文登市乡镇企业局科员、界石镇政府科协干事。1988年6月任文登市界石司法所

司法助理员、司法所所长，2014 年 8 月，任文登区界石司法所所长。从事基层司法行政工作 30 年，共化解各类矛盾纠纷 2850 余起，调解成功率和协议履行率分别达到 98.5% 和 99%。2012、2013 年连续两年获中共文登市委、市政府嘉奖，2016 年，被授予 2011 — 2015 年全区普法依法治理工作先进个人称号。2017 年，被司法部授予“全国模范人民调解员”称号。

于红霞 文登整骨医院主任护师。

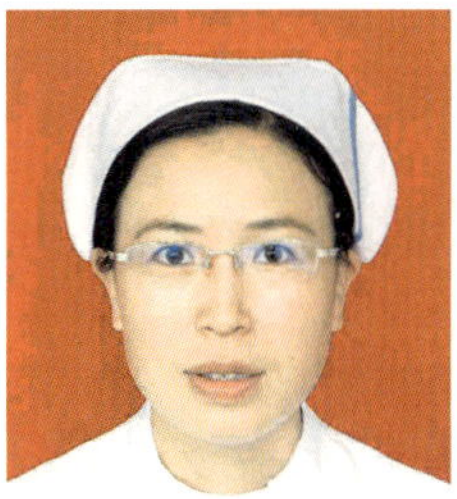

女。1970 年 3 月生，小观镇才院村人。1988 年 7 月毕业于威海市卫生学校，分配在文登市第一人民医院工作。1992 年 9 月调入文登整骨医院，历任骨科病区护士长、护理部副主任兼脊柱脊髓科护士长、护理部副主任。2014 年，任护理部常务副主任。2017 年，晋升主任护师。是威海市护理学会第六届理事会常务理事，威海市护理学会中西医结合专业委员会主任委员，山东省护理学会骨科护理专业委员会委员，山东省老年医学研究会针灸专业委员，山东省针灸技术护理应用专业委员会委员。发表论文 10 余篇，主要参与研究的《短节段矫形固定治疗退变性脊柱侧弯失稳的基础研究与临床应用》《五部法对预防和减少骨伤并发症的临床应用与研究》《新型微创负压引流器在皮瓣移植术后的应用及护理》《阶梯式康复模式在创伤骨折重塑“三柱”功能中的应用研究》等科研项目获山东中医药科学技术三等奖、威海市科学技术二等奖、文登区科学技术三等奖。获得发明专利 1 项、实用新型专利 3 项，主编及参编护理专著 3 部。

于香兰 文登整骨医院主任护师。女。1971 年 1 月生，环山街道西寨村人。大学文化程度。2004 年 5 月加入中国共产党。1990 年参加工作，历任文登整骨医院急诊科副护士长、护士长，康复医学科兼任筋伤科护士长。2014 年，任

文登整骨医院查体科副主任、工会副主席。2017 年，晋升主任护师。是山东针灸学会第一届针灸技术护理应用、第二届针灸推拿技术护理应用专业委员会委员，山东中医药学会第一届中医全科医学专业委员会委员，威海市护理学会第四届理事会急救重症专业会委员，威海市护理学会骨科护理专业委员会第二届委员会委员。撰写论文 30 余篇，主研《“利筋束骨”运动疗法在脊项腰痛中的应用研究》成功申报山东省中医药科技发展计划项目（2017-428）、《三维稳定模式在搬运颈部损伤患者中的应用研究》《控力抗阻运动康复疗法在颈腰痛的应用研究》《阶梯式康复模式在创伤骨折重塑“三柱”功能中的应用研究》等 4 项科研项目分获威海市科学技术二等奖、三等奖和文登区科学技术三等奖，主研《电激发扳机点模拟排尿方式在神经源膀胱中的康复研究》等 2 项科研项目通过威海市科学技术局验收，主研《中药鼻吸——足浴联合体质辨识在骨伤康复中的应用研究》等 2 项科研项目成功申报文登区科技发展计划项目。获得发明专利 1 项、实用新型专利 7 项，撰写著作 7 部。

王玉凤 威海市中心医院主任医师。

女。1972 年 10 月生。内蒙古赤峰市人。硕士研究生文化程度。1995 年毕业于内蒙古医学院临床医学系，2001 年考入青海医学院攻读硕士研究生，2004 年毕业分配至威海市中心医院心工作。2011 年任威海市中心医院心血管内科副主任。2017 年 12 月，晋升主任医师。兼任山东省医学会介入分会青年委员、中国医师协会腔内血管学专业委员会心内科专家委员会委员、山东省医师协会高血压病专业委员会委员、山东省威海市医学会心血管内科专业委员会委员、山东省医师协会胸痛专业委员会委员、山东省老年医学研究会心血管病专业委员、威海市心血管病质量控制中心成员、威海市中西医结合学会高血压分会副主任委员、山东省中医药学会络病委员会委员、山东省中西医结合学会脑心同治专业委员会委员。在国家级及省级杂志发表论文 10 余篇，3 项科研成果分别获省科技进步三等奖、威海市级二等奖和三等奖，获国家专利 2 项，主编著作 2 部，参编著作 1 部。

王玉乐 文登师范学校正高级讲师。

1959 年 11 月生，泽头镇林村人。1987 年加入中国共产党。1981 年 7 月毕业于文登师范学校并留校工作，先后担任学校心理健康教育中心主任、学生处主任助理。2017 年 4 月，晋升为正高级讲师。先后被授予山东省教学能手、威海市德育标兵、威海市教学能手、威海市关心下一代先进工作者等称号。

宋文胜 文登南海高级中学正高级教师。

1966 年 5 月生，小观镇朱家庄人。大学文化程度。1989 年 7 月加入中国共产党。1989 年 7 月参加工作，历任文登二中语文教师、教导处副主任，十一中校长，新一中副校长，天福山中学校长，文登一中校长兼党委书记。2014 年 8 月，任文登南海高级中学校长兼党委书记。2017 年，晋升为正高级教师。是中共文登市第十二次代表大会代表、威海市第十六届和第十七届人大代表。主持研究十余项市级以上课题，发表论文数十篇。2009 年出版个人教育专著

《在激情与超越中前行》，获威海市社科类优秀奖。先后被授予山东省优秀教师、威海市十大杰出青年、威海市优秀共产党员、威海市优秀教育工作者、威海十佳校长、威海市教育科研先进个人、威海市先进工作者等称号。

张海华 文登教育教学研究培训中心正高级教师。女。1966年4月生，张家产镇张家产村人。大学文化程度。1987年6月加入中国共产党。1988年7月，毕业于烟台师范学院数学系，同年8月参加工作。历任文登六中、三中数学教师，文登教育教学研究培训中心高中数学教研员、师训处副主任、高中教研室副主任。2013年8月，任文登教育教学研究培训中心高中教研室主任。2017年，晋升为正高级教师。先后被授予全国优秀教师、山东省特级教师、威海市师德标兵、威海市中小学素质教育工作优秀教师、威海市教育科研先进个人等称号。执教省市级公开课10余节，发表省市级论文20余篇。主持山东省"十二五"重点课题《两模两体促教师专业成长》、威海市"十二五"课题《金字塔备考模式》深化研究,《金字塔备考模式》深化研究、《四步八环节课堂教学模式的研究与实践》《实践型课堂教学研究合作体》探索与研究获威海市教育科研创新成果一等奖。

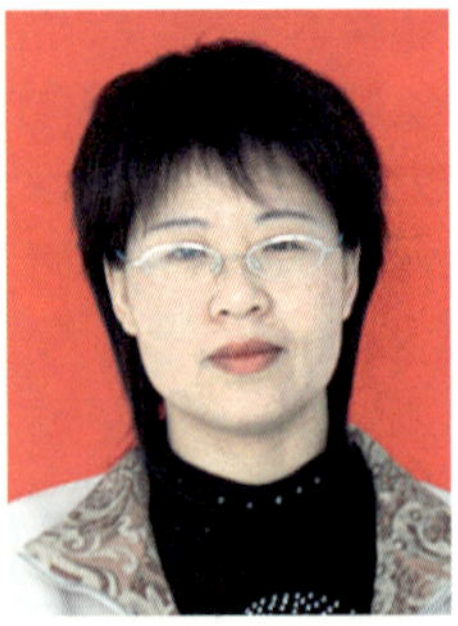

梁红忠 区皮肤病医院主任医师。女。1968年8月生，泽库镇后岛村人。大学文化程度。2005年5月加入中国共产党。1993年7月参加工作。历任文登三病防治院皮肤科医师、副主任、主任、副院长。2015年，任文登区皮肤病医院副院长（三病医院更名）。2017年，取得主任医师资格。兼任山东省性病防治协会第一届理事会理事、麻风病防治协会第四届理事会理事、中西医结合学会皮肤性病专业委员会常务委员、激光医学会皮肤美容专业第四届委员会委员、激光医学会皮肤美容专业光动力学组委员。主编《医学整形与美容》著作1部，发表国家级论文10余篇，获《皮肤刮削刀》实用新型专利1项。

谭训香 文登整骨医院主任医师。女。1970年生，葛家镇谭家口人。1995年毕业于泰山医学院临床医学系，学士学位，同年8月于文登整骨医院参加工作。2005年，任文登整骨医院康复科主任，2007年，毕业于山东中医药大学中医骨伤专业，硕士学位。2008年，任筋伤科和康复科主任，2017年，晋升主任医师。是山东省工伤康复专家、康复医学科医师分会委员、中医药学会针刀委员会委员、康复医学科康复教育委员会委员，威海市医学会物理与康复分会委员、中医药学会骨伤分会委员等。主要从事颈椎病、腰椎间盘突出症、骨关节病、各种骨不连、软组织损伤等疾病的保守治疗，以及骨科术后及神经损伤的治疗与康复。尤其在小针刀的临床应用方面独树一帜，小针刀松解治疗各种筋伤疾病、脊神经后支综合征、颈椎病、腰椎间盘突出、枕大小神经卡压引起的顽固性头痛、小针刀配合药物以及细胞生物疗法治疗早中期退行性骨关节病。发表专业论文20余篇。获威海市科技进步一等奖2次、文登市科技进步二等奖5次，获"威海市名中医专家""威海市先进科技工作者"等称号。

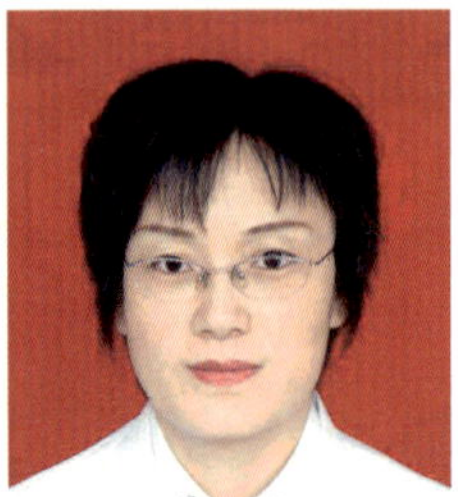

谭喜玉 文登技师学院教授。女。1966年3月生，葛家镇谭家口村人。大学文化程度。1987年7月参加工作，历任文登七里中学、技工学校教师，高职、高级技工学校教师。2015年4月任威海市文登技师学院教师。2017年3月，晋升为教授。发表教学论文30余篇，曾主持山东省职业与成人教育领导小组课题《开放式现代远程继续教育》《中职德育工作实效性途径研究》并获优秀科研成果奖。主持山东省广播电视大学课题《〈中国古代文学专题〉网上教学模式探讨》《探索开放教育下校企合作的教学模式》《学校教育与社区教育互动机制的研究》《开放式现代远程教育与社区教育有效衔接研究》《终身教育背景下老年教育模式研究》获优秀科研成果奖。主编校本教材《写作教育读本》《廉政教育读本》，参与《奇巧联话》《养生医鉴》著作编写。先后获山东省广播电视大学开放教育优秀教师，威海市师德标兵，威海市广播电视大学开放教育教学能手称号。

人物名录

人物名录共收录获地厅级以上荣誉称号人物53人。

丁卫强 区广播电视台时政新闻部记者。被山东广播电视台授予"区县市台广播宣传优秀通讯员二等奖"、被山东广播电视台授予"区县市台电视宣传优秀通讯员二等奖"。

于春霞 女，农行文登支行行长。被山东省农行授予"先进个人"称号。

于莅洋 区公安分局天福派出所民警。被山东省公安厅授予"全省公安机关基层基础建设三年攻坚战2017年度成绩突出个人"称号。

王　梁 区公安分局禁毒大队副大队长。被山东省公安厅授予"全省公安机关扫毒攻坚专项行动成绩突出个人”称号。

王　斌　区广播电视台远程教育部记者。被山东广播电视台授予“区县市台电视宣传优秀通讯员一等奖”。

王　俭　区广播电视台时政新闻部记者。被山东广播电视台授予“区县市台广播宣传优秀通讯员二等奖”。

王立宁　区人民医院理事长。被省人力资源和社会保障厅、省卫生和计划生育委员会授予“卫生系统先进个人”称号，并记二等功。

王建勋　区公安分局治安管理大队行动中队中队长。被山东省公安厅记二等功。

王钟波　区拘留所民警。被山东省公安厅授予“全省公安监管工作成绩突出个人”称号。

王海波　区消防大队龙山中队政府专职消防队员。被山东省公安消防总队授予“先进个人”称号。

亓习庆　区消防大队工程师。被山东省公安消防总队授予“优秀共产党员”称号。

丛田滋　区公安分局高村派出所副所长。被山东省公安厅授予“全省公安机关基层基础建设三年攻坚战2017年度成绩突出个人”称号。

毕明玺　区广播电视台时政新闻部副主任。被山东广播电视台授予“区县市台电视宣传优秀通讯员二等奖”。

曲学江　区看守所所长。被公安部监所管理局授予“公安监管工作成绩突出个人”称号。

曲馨宇　区广播电视台民生新闻部记者。被山东广播电视台授予“区县市台电视宣传优秀通讯员二等奖”。

朱启朋　区消防大队龙山中队中队长。获山东省公安消防总队嘉奖。

刘永红　女，区龙港实验幼儿园副园长。被省教育厅授予“山东省特级教师”称号。

刘永清　区公安分局交通警察大队大队长。获山东省社会治安综合治理委员会、中共山东省委组织部嘉奖。

刘华兰　女，文登区委党校科研处主任。被评为山东省第四批齐鲁文化之星中的“儒学传承传播人才”。

刘美玲　女，区法院少年审判庭庭长。被中共威海市委、市政府授予“威海市妇女儿童工作先进个人”称号，并记三等功。

闫召兵　区公安分局刑事侦查大队四中队中队长。被山东省公安厅记二等功。

许凯丽　女，区广播电视台时政新闻部记者。被山东广播电视台授予“区县市台广播宣传优秀通讯员二等奖”。

孙　丽　女，文登消防大队专职消防文员。被山东省公安消防总队授予“优秀女消防文员”“先进个人”称号。

孙　涛　区广播电视台时政新闻部副主任。被山东广播电视台授予“区县市台电视宣传优秀通讯员一等奖”。

孙少岩　区公安分局禁毒大队大队长。被省禁毒委员会授予“全省禁吸戒毒工作先进个人”称号。

牟绍华　文登消防大队广州路中队下士。被山东省公安消防总队授予“业务技术能手”称号。

严　军　区公安分局治安管理大队基层基础中队副中队长。被山东省公安厅授予“全省公安机关优秀法制员”称号。

李　莉　女，文登区委党校政治理论教研室副主任。获全省“理论宣讲秀”观摩交流会二等奖。

李鲁静　女，文登区委党校科研处副主任。获省委党校“全省党校系统优秀教学奖”。

杨兴凯　武警文登区中队中士。被武警山东省总队授予“优秀教练员”称号。

杨建文　区委党校经济教研室主任。被省委宣传部、讲师团授予“优秀理论宣讲报告先进个人”称号。

吴明皓　武警文登区中队政治指导员。被武警山东省总队授予“新闻报道先进个人”称号。

宋　化　区公安分局国内安全保卫大队民警。被山东省公安厅授予“9·12舆论反制专项成绩突出个人”称号。

宋　林　区消防大队龙山中队政府专职消防队员。被山东省公安消防总队授予“优秀共产党员”称号。

宋　翔　文登边防大队五垒岛边防派出所干事。被武警山东省边防总队授予“优秀共产党员”称号。

初福善　文登边防大队小观边防派出所干事。被山东省边防总队授予“新闻宣传工作先进个人”称号。

张　涛　区公安分局法制大队一中队中队长。被省公安厅授予“全省公安机关优秀法制员”称号。

张永光　区检察院检察委员会专职委员。被省人民检察院授予“公益诉讼试点工作先进个人”称号，并记个人三等功。

张启龙　区人民医院心理一科副主任。获省卫生和计划生育委员会开展的“2017年省精神卫生日主题演讲比赛”特等奖。

张建军　区广播电视台时政新闻部记者。被山东广播电视台授予“区县市台齐鲁网宣传优秀通讯员一等奖”、被山东广播电视台授予“区县市台广播宣传优秀通讯员一等奖”。

陈　腾　文登边防大队中士。被山东省边防总队授予“红旗车驾驶员”称号。

陈军强　武警文登边防大队五垒岛边防派出所所长。被武警山东省边防总队记三等功。

邵丽萍　女，区司法局法规宣传教育科科长。被中共威海市委、市政府授予“威海市优秀机关工作人员”称号。

苘欣霖　区消防大队龙山中队政府专职消防队员。被山东省公安消防总队授予“优秀共青团员”称号。

林　虎　区公安分局法制大队副大队长。被山东省公安厅授予“全省公安机关信访案件攻坚化解工作成绩突出个人”称号。

周经海　文登联通分公司建设维护中心主管。被中国联合网络通信集团有限公司授予“中国联通好员工”称号。

周晓鹏　区国土资源局科员。被省国土资源厅授予“全省国土资源系统新闻宣传工作先进个人”称号。

赵凌云　女，文登第一中学副校

长。被省教育厅授予“山东省特级教师”称号。

荣丽娟　女，区公安分局户口管理科副科长。被山东省公安厅授予“全省户口登记管理清理整顿工作成绩突出个人”称号。被中共威海市委、市政府授予“威海市妇女儿童工作先进个人”称号，并记三等功。

姜国辉　区广电信息网络管理服务中心副主任。被山东广播电视台授予“区县市台电视宣传优秀通讯员二等奖”。

宫美玲　女，区畜牧兽医局科员。被农业部畜牧业司授予“畜牧业统计监测工作考评优秀统计员”称号。

原　军　区公安分局纪委书记。被中共威海市委、市政府记二等功。

郭　勇　区编办副主任。被省编办授予“机构编制信息宣传工作先进个人”称号。

责任编辑　王宏伟

附　　录

文件选编

中共威海市文登区委
关于印发《中共威海市文登区委巡察工作办法》的通知

威文发〔2017〕6号

各镇党委，各街道工委，南海新区、经济开发区、埠口港、金山党（工）委，区直各部门党委（党组）：

现将《中共威海市文登区委巡察工作办法》印发给你们，请认真遵照执行。

中共威海市文登区委

2017年6月1日

中共威海市文登区委巡察工作办法

第一章　总　则

第一条　为落实全面从严治党要求，加强对基层党组织和党员干部的监督，根据《中国共产党巡视工作条例》《中共山东省委贯彻〈中国共产党巡视工作条例〉实施办法》和《中共山东省委关于建立市县党委巡察制度的意见》以及《中共威海市委关于印发〈中共威海市委巡察工作办法〉的通知》，结合我区实际，制定本办法。

第二条　区委实行巡察制度，建立专职巡察机构，进行巡察监督。

区委承担巡察工作的主体责任。区委巡察工作在市委巡察工作领导小组领导下开展。

第三条　巡察工作以邓小平理论、“三个代表”重要思想、科学发展观为指导，全面贯彻党的十八大和十八届三中、四中、五中、六中全会精神，深入贯彻习近平总书记系列重要讲话精神，认真贯彻落实中央巡视工作方针和省委、市委及区委决策部署，聚焦全面从严治党，坚持纪在法前、纪严于法，着力发现基层党组织领导班子存在的突出问题和党员干部违纪违法问题线索，形成上下联动的巡视巡察工作新格局，切实发挥震慑、遏制和治本作用，推动党的先进性和纯洁性建设，巩固党的执政基础。

第四条 巡察工作坚持市委统一领导、区委负责；坚持实事求是、依规依纪；坚持聚焦问题、注重实效；坚持群众路线、发扬民主。

第二章 机构和人员

第五条 区委成立巡察工作领导小组，向区委负责并报告工作。

区委巡察工作领导小组组长由区纪委书记担任，副组长由区委组织部部长担任，区纪委、区委组织部有关负责人和巡察工作领导小组办公室主任为成员。

区委巡察工作领导小组组长为组织实施巡察工作的主要责任人。

第六条 区委巡察工作领导小组的职责是：

（一）贯彻中央和省委、市委、区委的有关决议、决定以及中央和省委、市委巡视（巡察）工作领导小组的决策部署；

（二）研究提出巡察工作规划、年度计划和阶段任务安排；

（三）听取巡察工作汇报；

（四）研究巡察成果的运用，分类处置，提出相关意见和建议；

（五）向市委巡察工作领导小组和区委报告巡察工作情况；

（六）对区委巡察组进行管理和监督；

（七）研究处理巡察工作中遇到的问题以及其他重要事项。

第七条 区委巡察工作领导小组下设办公室，为其日常办事机构。

区委巡察工作领导小组办公室（以下简称区委巡察办）为区委工作部门，设在区纪委。具体机构编制事项，根据市委有关要求确定。

第八条 区委巡察办的职责是：

（一）向区委巡察工作领导小组报告工作情况，传达贯彻区委巡察工作领导小组的决策和部署；

（二）统筹、协调、指导区委巡察组开展工作；

（三）承担政策研究、制度建设等工作；

（四）对区委、区委巡察工作领导小组决定的事项进行督办，会同区委巡察组对巡察整改工作进行督办；

（五）配合区纪委机关和区委组织部等有关部门对巡察工作人员进行培训、考核、监督和管理；

（六）根据区委巡察工作领导小组要求，向市委巡察工作领导小组办公室报告巡察工作情况；

（七）办理区委巡察工作领导小组交办的其他事项。

第九条 区委设立3个巡察组，承担巡察任务。区委巡察组向区委巡察工作领导小组负责并报告工作。根据巡察任务和工作实际，可以抽调人员组建若干专项巡察组，开展专项巡察工作。

第十条 区委巡察组设组长、副组长和其他职位。

区委巡察组组长、副组长和巡察工作人员采取专兼职结合方式配备。专职巡察组长由正科级领导干部担任，主要从纪检监察、组织系统领导干部中选配；兼职巡察组长根据巡察任务需要，主要从具有纪检监察、组织等工作经历的科级领导干部中选调。区委巡察组组长根据每次巡察任务确定并授权。

区委巡察组实行组长负责制，副组长协助组长开展工作。

第十一条 建立巡察工作人才库。根据工作需要，抽调熟悉纪检监察、组织、政法、机构编制、审计、信访、财税等工作的干部参加巡察工作。

第十二条 巡察工作人员应当具备下列条件：

（一）理想信念坚定，在思想上政治上行动上同党中央保持高度一致；

（二）坚持原则，敢于担当，依法办事，公道正派，清正廉洁；

（三）遵守党的纪律，严守党的秘密；

（四）熟悉党务工作和相关政策法规，具有较强的发现问题、沟通协调、文字综合等能力；

（五）身体健康，能胜任工作要求。

第十三条 选配巡察工作人员应当严格标准条件，对不适合从事巡察工作的人员，应当及时予以调整，对违纪违法的，要严肃处理。

巡察工作人员实行任职回避、公务回避。

第十四条 建立健全符合巡察工作实际的考核、测评、考察、培训具体办法，畅通巡察工作人员晋升、交流渠道。对巡察工作人员的职务晋升，有关干部主管部门应当充分听取巡察机构意见。

巡察工作人员的考核、测评和考察，由干部主管部门在巡察机构范围内组织进行，年度考核等次单独确定。

有关部门应当把巡察工作人员的学习培训纳入总体规划，区委巡察办和区委巡察组应当加强日常教育培训，不断提高巡察工作人员的政治、业务素质和工作水平。

巡察工作人员应按有关规定进行轮岗交流。

第十五条 区委巡察办成立机关党组织，巡察办负责同志兼任党组织主要负责人；巡察期间，区委各巡察组成立临时党支部，巡察组组长兼任党支部书记。巡察机构党组织应当落实党建工作责任制，严格党的组织生活，加强思想政治工作，开展批评和自我批评，对党员干部进行教育、管理和监督。

第十六条 建立健全巡察工作保障机制，有关部门应当按照规定为巡察机构提供必要的工作保障，巡察工作经费列入财政预算，专款专用。

第十七条 被巡察单位在被巡察期间，应当成立巡察工作联络组，负责联络协调等工作。

第三章 巡察范围和内容

第十八条 区委巡察组的巡察对象和范围是：

（一）区委工作部门领导班子及其成员，区政府部门、人民团体党组（党委）领导班子及其成员；

（二）区委管理的国有企业、事业单位党组织领导班子及其成员；

（三）镇（街）、经济开发区、埠口港、金山党（工）委领导班子、班子成员及区委管理的其他党员干部；

（四）重点村（社区）党组织主要负责人；

（五）区委要求巡察的其他单位党组织领导班子及其成员。

第十九条 区委巡察工作要增强政治意识、大局意识、核心意识、看齐意识，聚焦全面从严治党，突出政治巡察，紧扣“六项纪律”，紧盯党的领导弱化、党的建设缺失、全面从严治党不力“三大问题”，紧抓重点人、重点事、重点问题，切实加强基层党的领导，厚植党的执政基础。巡察组对巡察对象执行党章和其他党内法规，遵守党的纪律，落实全面从严治党主体责任等情况进行监督，着力发现以下问题：

（一）违反政治纪律和政治规矩，存在违背党的路线方针政策的言行，有令不行、有禁不止，阳奉阴违，拉帮结派等问题；

（二）违反组织纪律，违规用人、拉票贿选、买官卖官，以及独断专行、软弱涣散、严重不团结等问题；

（三）违反廉洁纪律，以权谋私、贪污贿赂、腐化堕落等问题；

（四）违反中央八项规定精神和党的群众纪律、工作纪律、生活纪律，搞形式主义、官僚主义、享乐主义和奢靡之风等问题；

（五）区委要求了解的其他问题。

第二十条 区委巡察工作采取常规巡察与专项巡察相结合，以专项巡察为主的方式，务实高效地开展。

根据工作需要，可以针对巡察对象和范围中的重点人、重点事、重点问题，巡察整改情况，或者相同类型、领域的巡察对象，开展机动灵活的专项巡察。

专项巡察可以按照同类同步安排、分批集中汇报的原则，一次安排巡察多个单位，突出重点，简化程序，增强实效。

第四章 工作方式和权限

第二十一条 区委巡察组可以采取以下方式开展工作：

（一）听取被巡察党组织的工作汇报和纪检监察机关、组织部门的专题汇报，根据工作需要听取政法、审计机关和财政、信访等有关部门的专题汇报；

（二）与被巡察党组织领导班子成员和其他干部群众进行个别谈话；

（三）受理反映被巡察党组织领导班子及其成员、区委管理的其他干部和下一级党组织领导班子主要负责人问题的来信、来电、来访等；

（四）抽查核实领导干部报告个人有关事项的情况；

（五）向有关知情人询问情况；

（六）调阅、复制有关文件、档案、会议记录等资料；

（七）召开座谈会；

（八）列席被巡察单位的有关会议；

（九）进行民主测评、问卷调查；

（十）以适当方式到被巡察单位的下属单位了解情况；

（十一）开展专项检查；

（十二）提请有关单位予以协助；

（十三）区委批准的其他方式。

第二十二条 区委巡察组依靠被巡察党组织开展工作，不干预被巡察单位的正常工作，不履行执纪审查的职责。

第二十三条 区委巡察组应当严格执行请示报告制度，对巡察工作中的重要情况和重大问题及时向区委巡察工作领导小组请示报告。特殊情况下，区委巡察组可以直接向区委书记报告。

巡察期间，发现有下列情况之一的，区委巡察组应当及时请示报告：

（一）被巡察党组织严重违反政治纪律和政治规矩的重大问题以及突发的带政治性的重大事件；

（二）被巡察党组织领导班子成员及其他干部涉嫌严重违纪违法的问题线索；

（三）被巡察党组织违反民主集中制原则，严重影响工作和领导班子建设的重大问题；

（四）被巡察单位发生的与巡察工作有关的重要情况和重大突发事件；

（五）巡察干部队伍建设和管理方面的重要情况和问题；

（六）区委巡察组认为应当及时请示报告的其他重要情况和重大问题。

第二十四条 巡察期间，经区委巡察工作领导小组批准，区委巡察组可以将被巡察党组织管理的干部涉嫌违纪违法的具体问题线索，移交有关纪律检查机关或者政法机关处理；对群众反映强烈、明显违反规定并且能够及时解决的问题，向被巡察党组织提出处理建议。区委巡察组可以根据工作需要，对被巡察党组织整改落实情况进行督办。

被巡察党组织以及有关部门应当认真研究解决区委巡察组指出的问题，调查核实移交问题线索，按照要求报告办理情况。

第五章 工作程序

第二十五条 区委巡察组开展巡察前，区委巡察办协调区纪检监察、政法、审计机关和组织、信访等部门（单位），采取当面通报、提供书面材料等形式，向区委巡察组介绍被巡察党组织领导班子及其成员和区委管理的其他干部的有关情况。有关部门（单位）应当全面、客观地提供情况，特别重要敏感的问题可以向区委巡察组组长单独通报。

对区委管理的国有企业巡察时，区财政局等部门（单位）应当向区委巡察组提供有关情况。

对重点村（社区）党组织主要负责人进行巡察时，所在镇（街）党（工）委主要负责人应当向区委巡察组介绍被巡察村（社区）党组织主要负责人的情况，镇（街）党（工）委应当向区委巡察组提供有关情况。

第二十六条 区委巡察组进驻被巡察单位前，应当根据区委巡察工作领导小组部署要求和被巡察单位情况，制定巡察工作方案，报区委巡察办备案。

第二十七条 区委巡察组进驻被巡察单位后，一般应当召开由被巡察党组织领导班子成员以及有关人员参加的巡察工作动员会，向被巡察党组织通报巡察任务，按照规定的工作方式和权限，开展巡察了解工作。

对重点村（社区）党组织主要负责人进行巡察时，区委巡察组应当以适当形式向村（社区）所在镇（街）党（工）委通报巡察任务。镇（街）党（工）委负责同志应当参加巡察工作动员会。

区委巡察组对反映被巡察党组织领导班子及其成员以及其他干部的重要问题和线索，可以进行深入了解。

第二十八条　巡察了解工作结束后，区委巡察组应当形成巡察报告，如实报告了解的重要情况和问题，并提出处理建议。

对党风廉政建设、干部选拔任用等方面存在的普遍性、倾向性问题和其他重大问题，应当形成专题报告，分析原因，提出建议。

第二十九条　区委巡察工作领导小组应当及时听取区委巡察组的巡察情况汇报，研究提出处理意见，报区委决定。

第三十条　区委书记专题会议应当及时听取区委巡察工作领导小组关于每轮巡察情况的综合汇报，研究并决定巡察成果的运用。巡察情况综合汇报和区委书记讲话报市委巡察工作领导小组备案。

第三十一条　经区委同意，区委巡察组应当向被巡察党组织领导班子及其主要负责人分别反馈相关巡察情况，指出问题，有针对性地提出整改意见。

根据区委巡察工作领导小组要求，区委巡察组将巡察的有关情况通报区委和区政府有关领导及其职能部门。

对重点村（社区）党组织主要负责人的有关巡察情况，区委巡察组应当向村（社区）所在镇（街）党（工）委进行通报。

第三十二条　被巡察党组织收到区委巡察组反馈意见后，应当制定整改方案，建立工作台帐，认真整改落实，并于2个月内将整改情况报告和主要负责人组织落实情况报告，报送区委巡察办。

被巡察党组织主要负责人为落实整改工作的第一责任人，应当对整改工作负总责、主动抓、带头做，并对上报的整改情况报告签字背书。

对重点村（社区）党组织主要负责人进行巡察时，重点村（社区）所在镇（街）党（工）委应当加强对整改工作的领导，督促落实整改任务。

第三十三条　对巡察发现的问题和线索，区委书记专题会议或者区委巡察工作领导小组作出分类处置的决定后，依据干部管理权限和职责分工，按照以下途径进行移交：

（一）对党员干部涉嫌违纪的问题线索和作风方面的突出问题，移交纪检监察机关；

（二）对执行民主集中制、干部选拔任用以及领导干部个人有关事项报告方面存在的问题，移交组织部门；

（三）其他问题和意见建议移交相关职能部门（单位）。

第三十四条　纪检监察机关、组织部门收到巡察移交的问题或者线索后，应当及时研究提出谈话函询、初核、立案或者组织处理等意见。其他有关职能部门（单位）收到巡察移交的问题和意见建议后，应当认真研究提出办理意见。

巡察移交事项办理情况应当于3个月内书面反馈区委巡察办；3个月内未办结的，应当说明情况，并于办结后两周内将办理情况书面反馈区委巡察办。

对移交的问题线索，区委巡察办要建立台帐，加强跟踪督办，并将有关情况通报区委巡察组。

第三十五条　各党委（党组）、组织部门应当把巡察结果作为干部考核评价、选拔任用的重要依据。

第三十六条　区委巡察办应当会同区委巡察组采取建立重点整改事项督查清单、情况调度、调研、约谈、下达整改督办单、巡察回访等方式，了解和督促被巡察单位整改落实工作并向区委巡察工作领导小组报告。

区委巡察工作领导小组可以直接听取被巡察党组织有关整改情况的汇报。

区委常委会每年听取上一年度巡察发现问题整改和成果运用情况的汇报。

第三十七条　巡察进驻、反馈、整改等情况，应当以适当方式向党内通报、向社会公开，接受党员、干部和人民群众监督。

第六章　纪律与责任

第三十八条　区委和区委巡察工作领导小组应当加强对巡察工作的领导，听取巡察工作汇报，研究决定巡察工作的重大问题。区委常委会会议每年专题研究巡察工作不少于2次。

第三十九条　落实省市县党委巡视巡察工作联动机制，对于上级巡视（巡察）机构提出的整改意见和移交事项，区委巡察机构应建立台帐督促落实，跟踪了解，及时报告；对于全局性或某一领域、区域存在的重大问题，要根据上级巡察机构的统一部署，密切配合。

第四十条　建立巡察机构与有关部门（单位）工作协作机制。纪检监察、组织、政法、信访、审计等有关部门（单位）应当支持配合巡察工作，为开展巡察工作提供信息、人员、专业和技术支持。对违反规定不支持配合巡察工作，造成严重后果的，依据有关规定追究相关责任人员的责任。

第四十一条　有关部门（单位）应当认真办理巡察移交事项，无正当理由不予办理或者敷衍应付造成移交事项落实不到位的，依据有关规定追究相关责任人员的责任。

第四十二条　巡察工作人员应当严格遵守巡察工作纪律。巡察工作人员有下列情形之一的，视情节轻重，给予批评教育、组织处理或者纪律处分；涉嫌犯罪的，移送司法机关依法处理：

（一）对应当发现的重要问题没有发现的；

（二）不如实报告巡察情况，隐瞒、歪曲、捏造事实的；

（三）泄露巡察工作秘密的；

（四）工作中超越权限，造成不良后果的；

（五）利用巡察工作的便利谋取私利或者为他人谋取不正当利益的；

（六）有违反巡察工作纪律的其他行为的。

第四十三条　被巡察党组织领导班子及其成员应当自觉接受巡察监督，积极配合区委巡察组开展工作，认真整改巡察反馈问题，办理移交问题线索。

党员应当向区委巡察组如实反映情况。

第四十四条　被巡察单位及其工作人员有下列情形之一的，视情节轻重，对该单位领导班子主要负责人或者其他有关责任人员，给予批评教育、组织处理或者纪律处分；涉嫌犯罪的，移送司法机关依法处理：

（一）隐瞒不报或者故意向巡察组提供虚假情况的；

（二）拒绝或者不按照要求向巡察组提供相关文件材料的；

（三）指使、强令有关单位或者人员干扰、阻挠巡察工作，或者诬告、陷害他人的；

（四）无正当理由拒不纠正存在的问题或者不按照要求整改的；

（五）对反映问题的干部群众进行打击、报复、陷害的；

（六）其他干扰巡察工作的情形。

第四十五条　被巡察单位的干部群众发现巡察工作人员有本办法第四十二条所列行为的，可以向区委巡察工作领导小组或者区委巡察办反映，也可以依照规定直接向有关部门、组织反映。

第七章　附　则

第四十六条　本办法由区委负责解释，具体工作由区委办公室商区纪委、区委组织部承担。

第四十七条　本办法自发布之日起施行。2016 年 3 月 26 日中共威海市文登区委办公室印发的《关于开展巡察工作的暂行办法》同时废止。

关于加快新旧动能转换推动工业转型发展的意见

威文发〔2017〕10 号

为加快新旧动能转换，进一步促进全区工业经济持续健康快速发展，现提出如下意见：

一、总体要求

紧紧抓住中国制造 2025、“互联网 +”、一带一路、国家服务贸易创新发展试点城市、泛济青烟新旧动能转换综合试验区等重大机遇，深入贯彻落实新发展理念，坚持以供给侧结构性改革为主线，紧紧围绕加快新旧动能转换，大力实施工业带动战略，以信息技术与工业深度融合为重点，以推进智能制造为方向，培植壮大“361”产业集群，持续推动传统产业优化升级、新兴产业集聚突破、特色产业做专做精、市场主体蓬勃发展，全面提升文登工业整体实力，建设成为全市乃至全省重要的先进制造业基地，为打造威海经济中心奠定坚实基础。

二、发展目标

争取利用五年的时间，全区工业企业高端化、智能化、品牌化水平明显提升，综合实力、市场竞争力和可持续发展能力大幅提高，高新技术产业产值占规模以上工业总产值的比重每年提高 1.5 个百分点，工业装备国际先进水平比例达到 60% 以上，信息化建设和应用达到全国先进水平。

（一）促进传统产业优化升级。围绕汽车及零部件、机电工具、工艺家纺三大传统产业，以科技创新为依托，以延伸产业链条为重点，以提高产品附加值为目标，广泛采用新装备、新技术、新工艺，加快信息化和工业化深度融合，努力创建国家智能制造试点示范区，实现传统产业结构优化升级和发展方式根本转变。

（二）推动新兴产业突破发展。围绕新材料、生物医药、新一代电子信息、新能源及新能源汽车、节能环保、通用航空六大新兴产业和以智能制造为发展方向的未来产业，加快科技研发和创新，尽快形成新的产业集群，努力建设全国重要的战略性新兴产业示范基地。

（三）促进骨干企业做优做强。加大对具有核心竞争力和自主创新能力骨干企业的扶持力度，支持企业通过兼并重组、挂优靠强、合资合作，进一步延伸产业链条、增强技术优势、完善治理结构，实现借势借力膨胀发展，迈向产业中高端。

（四）推动中小企业做专做精。建立中小企业成长保障体系和评价标准，引导带动全区中小企业向专、精、特、新方向发展，提高整体素质和竞争能力，努力打造一批各自行业的“隐形冠军”。

（五）催生培育更多市场主体。落实各级创业扶持政策，优化市场环境和氛围，加强全过程、个性化服务，释放全社会创新创业潜能，全力做多市场主体，为实体经济发展注入新动能。

（六）全面提升镇域经济实力。引导鼓励各镇街（含各镇、街道、南海新区、经济开发区、埠口港、金山，下同）根据资源环境承载力和比较优势，明确产业重点，完善镇区服务配套功能，大力培育特色主导产业，催生更多市场主体，打造一批一二三产业融合发展示范镇。

三、政策支撑

（一）加大财政资金支持力度。进一步发挥财政资金的杠杆作用，创新财政支持经济发展方式，引导金融资本与社会资本更好地支持实体经济发展，推进全区创新创业和产业转型升级。

1. 设立产业政策扶持资金。加大财政资金支持力度，每年安排不低于2亿元的专项资金扶持企业发展。其中，1亿元用于集中培育领军企业和骨干企业膨胀，5000万元用于重点培育初创期和成长期中小企业快速发展，5000万元用于重点支持科技型企业发展，以及科技创新团队、创业人才的高新技术成果转化。（责任单位：经济和信息化局、科技局、中小企业局、财政局）

2. 设立股权投资基金。区政府设立总规模2.5亿元的股权投资基金，围绕“361”产业集群，采取股权投资、资金周转、阶段参股、跟进投资等方式，支持骨干企业、高新技术企业、高成长型企业以及初创期企业发展。（责任单位：金融办、财政局）

（二）推动企业梯次成长、竞相发展。按照分级培育、动态管理的原则，针对不同发展阶段的企业，强化需求导向，优化资源配置，实施精准服务，集中培育一批核心竞争力强、发展速度快、引导带动作用明显的领军企业，增强全区工业综合竞争力。

3. 支持骨干企业挂优靠强。每年筛选5～10家骨干企业，支持与世界及国内500强企业开展并购重组、资本运作，扩展合作的领域和业态，不断增强综合竞争力。企业除享受以企招商政策外，还可按“一事一议”原则，在用地、资金、人才等方面享受重点扶持。入选企业优先纳入区股权投资基金扶持。（责任单位：经济和信息化局、财政局）

4. 促进高成长型中小企业发展壮大。每年筛选5～10家高成长型中小企业实行重点培育，鼓励企业做专做精，快速膨胀发展。对年主营业务收入1000万元以上、连续两年实缴税金年均增长20%以上，具有一定规模且企业管理规范、注重研发创新、产品市场竞争力强的高成长型企业，当年地方级税收贡献达到20～100万元的，按缴纳地方级税收的20%～50%予以奖励；地方级税收贡献达到100万元（含100万元，下同）以上的，给予50～100万元奖励。入选企业优先纳入区股权投资基金扶持。（责任单位：中小企业局、财政局）

5. 推进新兴科技型企业倍增跨越。每年筛选5～10家新兴科技型企业实行重点培育，促进企业裂变式扩张、倍增式发展。对拥有发明专利或3件以上实用新型专利、企业研发投入占销售收入的比重超过3%、产品列入《国家重点支持的高新技术领域》范围、核心技术水平达到国内领先或填补国内空白的企业，给予20～100万元奖励。入选企业优先纳入区股权投资基金扶持。（责任单位：科技局、财政局）

6. 支持企业对接资本市场。每年筛选5～10家企业实行重点培育，鼓励市场前景好、综合效益高、核心竞争力强的企业登陆多层次资本市场。对上市、挂牌奖励政策由区级配套的部分，实施分阶段奖励，其中，企业与中介机构签订协议且完成规范化公司制改制时奖励20%；材料被证券部门正式受理时奖励30%；上市挂牌时奖励50%。对上市、挂牌的企业，在上级奖励政策的基础上，根据具体情况，给予每个企业最高不超过500万元奖励。入选企业优先纳入区股权投资基金扶持。（责任单位：金融办、财政局）

7. 积极培育市场主体。深入实施“创业文登十百千计划”，在全区建设10家创业孵化基地（园区）、10家创业型街道（社区），每年扶持100名大学生实现基层创业，带动1000人就业。对2016年起首次领取营业执照且正常经营3年以上的企业，给予个人独资企业每户1万元、有限责任公司每户2万元的信贷贴息。鼓励工业企业发展生产性服务业，激发企业和市场主体活力。对当年新备案的国家级、省级、市级孵化载体，分别奖励30～50万元、10～30万元、5～10万元，同一年备案的孵化载体及该载体内备案的孵化平台不重复奖励。孵化载体建设的公共技术研发平台，按不高于建设费用50%的比例给予补贴，最高不超过100万元。在孵企业被认定为高新技术企业，每认定1家，一次性给予孵化载体10万元奖励。（责任单位：人力资源社会保障局、市场监管局、经济和信息化局、科技局、商务局、财贸办、财政局）

8. 支持企业做大做强。筛选一批新设立的、税收贡献大的沿产业链上下游扩张的企业、高成长型中小企业和新兴科技型企业，以企业头三年形成税收地方级分享部分为参照，给予相应数额的奖励。奖励按5年时间兑现，前3年分别按当年奖励扶持资金数额的80%、70%、60%兑现，第四年奖励剩余部分的50%，第五年全部兑现。（责任单位：经济和信息化局、科技局、中小企业局、财政局、地税分局、国税局）

（三）切实降低企业成本。全面落实各级扶持企业发展的政策，着力化解企业经营压力，优化企业发展环境，促进企业转型升级。

9. 减轻企业税费负担。落实上级降低养老、医疗、失业保险缴费费率政策，调整企业住房保障政策，落实小微企业税收优惠政策，免征国内植物检疫费等18项涉企行政事业性收费，降低企业税费负担。落实企业研发费用加计扣除、进口先进技术设备贴息扶持、扩大科技保险财政补偿等政策，降低企业创新创业成本。（责任单位：人力资源社会保障局、财政局、物价局、国税局、地税分局）

10. 降低企业生产要素成本。降低城镇土地使用税适用税额，支持企业节约集约用地，在不改变用途的情况下，对采用厂房加层、翻建等措施盘活存量工业用地，不增收土地价款；每年安排的建设用地70%以上用于工业发展，优先保障重大项目的建设用地指标。落实电价调整政策，支持符合条件的企业与发电企业直接交易。全力保障企业用电、用水、用气，运营单位确需临时停止提供服务的，需提前告知企业，并报主管部门备案。降低贷款成本，鼓励推广年审制贷款、循环贷款、无还款续贷等贷款模式，减轻企业一次性还款压力。建立金融机构守信激励和失信惩戒机制，金融机构无正当理由不得抽贷、停贷、惜贷。（责任单位：国土资源局、经济和信息化局、住房城乡建设局、金融办）

11．降低制度性交易成本。深化简政放权、放管结合、优化服务改革，推进“互联网+政务服务”，加快政务服务平台建设和对接，实现“一号申请、一窗受理、一网通办”。加强涉企审批类中介机构管理，规范收费行为；在工业项目集聚区探索建立区域环评、安评、能评等工作机制，提高工业项目审批效率。开展涉企收费清理，建立企业服务收费清单，严厉查处涉企乱评比、乱检查、乱摊派等行为。（责任单位：政务服务中心管理办、经济和信息化局、环保局、安监局、物价局）

（四）全面提升企业核心竞争力。在贯彻落实各级扶持政策的基础上，进一步加大扶持力度，支持企业增强自主创新能力，打造主导产品，创建自主品牌，全面提升综合实力。

12．支持企业上档升级。工业企业年度全口径税收增幅10%以上，绝对值达到1000～2000万元的奖励20万元。工业企业年度全口径税收增幅5%以上，绝对值达到2000～3000万元的奖励40万元。企业全口径税收保持增长，根据税收增长贡献进行奖励，绝对值达到3000万元以上的，给予60～80万元奖励；绝对值达到5000万元以上的，给予100～150万元奖励；绝对值达到8000万元以上的，给予200～250万元奖励；绝对值达到1亿元以上的，给予300～400万元奖励；绝对值达到2亿元以上的，给予500～800万元奖励。（责任单位：经济和信息化局、财政局、统计局、国税局、地税分局）

13．支持企业技术创新。对新认定的院士工作站、博士后工作站，省工程技术研究中心升级为示范工程技术研究中心的，补助20万元。对入选国家“万人计划”、科技部“创新人才推进计划”的，分5年分别给予100万元、50万元的配套资金支持。对引进的省级以上顶尖人才及项目，按照一事一议原则给予配套资金支持。对新认定的国家级技能大师工作室、省级博士后创新实践基地，分别补助50万元、10万元。对新认定的山东省高技能人才培训基地、山东省技师工作站、齐鲁技能大师特色工作站，补助30万元。（责任单位：区委组织部、发展改革局、经济和信息化局、科技局、人力资源社会保障局、中小企业局、财政局）

14．支持企业发展智能制造。鼓励企业建设智能制造示范基地和智能工厂，对企业租赁使用工业机器人等智能设备、年主营业务收入增加10%以上的，按设备价款的5%给予补助，最高不超过150万元。对当年入选省级两化融合贯标试点的企业，奖励20万元。（责任单位：经济和信息化局、信息产业办、财政局）

15．支持企业绿色发展。加大对企业节能减排的扶持力度，对当年列为国家、省再制造试点、绿色工厂、企业能源管理中心、循环经济试点、节能环保示范企业等的，分别奖励10万元、5万元。对通过市级能源审计、清洁生产审核验收、能源管理体系认证的，奖励3万元。对实施工业太阳能集热系统工程的，按日产热水6000元/吨进行补贴，每个企业最高不超过24万元。对2017年年内进行工业燃煤锅炉拆除或清洁能源改造的，按实际发生费用给予补助，且补助标准不超过3万元/蒸吨，逾期不再享受补助政策。（责任单位：经济和信息化局、财政局）

16．支持技术成果转化。设立重大科技专项和产学研合作专项，对建设的公共技术创新平台和开展重大科技成果转化的企业，补助100万元。对高校院所、央企强企在文登建设的研发机构和技术转移机构，一次性给予不超过30万元补助。对技术含量高、市场前景好、产品附加值大的产学研合作项目，给予不超过30万元补助。对当年新认定的高新技术企业，奖励10万元。国内授权并缴纳5年年费且已转化实施的发明专利，每件奖励1万元；国外或港澳台地区授权且已转化实施的专利，每件奖励3万元，每件最多资助3个国家。对企业年申请发明专利10件以上或专利申请总量达到40件以上、获得授权发明专利5件以上且已应用的，分别奖励5万元和10万元。对企业申请的实用新型和外观设计专利，每件分别奖励1000元和500元，每家企业年累计资助金额不超过5万元。对依法引进或研发的技术含量高、在我区实现产业化的优秀专利项目，奖励5～10万元。（责任单位：科技局、财政局）

17．设立文登区科学技术奖。每年评审一次，奖励科技成果研发人员，奖励等次为最高奖、一等奖、二等奖、三等奖，分别奖励20万元、5万元、3万元、2万元。设立自主创新特别贡献奖，奖励年内获得国家科学技术奖的成果研发人员，奖励20万元。（责任单位：科技局、财政局）

18．支持品牌建设。加大对企业品牌建设的奖励力度，对获得中国质量奖的，奖励50万元。对获得中国地理标志证明商标、中国地理标志产品的，奖励20万元。对获得山东服务名牌、威海市知名商标，以及通过山东名牌复评、山东省著名商标再认定的，奖励5万元。对获得省长质量提名奖的企业和个人，分别奖励10万元和5万元。对获得市长质量奖、省级以上品牌，以及能够有效推动种养加、产学研等三次产业融合发展、促进农民增收的行业龙头企业，在国家、省级主流媒体进行广告宣传，以多种兑现方式，按企业当年广告费用的20%～50%给予奖励，最高奖励金额不超过300万元。（责任单位：市场监管局、财政局）

19．支持标准化建设。在配套上级奖励政策的基础上，对主持、参与团体标准制定的单位，分别给予15万元、5万元的一次性奖励。对主持、参与团体标准修订的单位，分别给予7.5万元、2.5万元的一次性奖励。（责任单位：市场监管局、财政局）

20．支持引进人才团队。支持国内外一流人才团队来我区创新创业，对引进的创新项目与我区企业在技术合作上有实质性进展、创业项目拥有成熟的产业化基础，且创新创业项目核心技术拥有发明专利、达到国内领先水平及以上的，通过给予项目资助、创业扶持、贷款贴息等方式，给予每个人才团队最高不超过1000万元的补助。（责任单位：区委组织部、科技局、财政局）

21. 加强技能人才队伍建设。对当年利用自办基地开展职工技能培训并通过国家鉴定的企业，给予一定的资金扶持。开展“文登工匠”评选活动，聚焦全区先进制造业、现代服务业、战略性新兴产业和传统优势产业基层一线、操作岗位职工群体，每两年评选一次，对获得“文登工匠”称号的，一次性给予1万元奖励。（责任单位：人力资源社会保障局、财政局）

22. 支持中小企业发展。引导中小企业走专业化、精细化、特色化、新颖化发展道路，对新认定为省级“专精特新”企业的，奖励5万元。支持中小企业技术改造，对规模以下企业生产性设备投入50万元以上的技术改造项目，按当年设备投入额的3%给予补助，单个企业最高不超过20万元。（责任单位：中小企业局、财政局）

23. 支持创建行业协会。引导行业龙头企业牵头成立行业协会，搭建中小企业公共服务平台，为中小企业提供人才培训、法律维权、融资增信、检验认证等各类服务，对当年新成立的行业协会，补助10万元。（责任单位：经济和信息化局、中小企业局、财政局）

（五）鼓励镇域发展先进制造业。鼓励产业向镇域聚集，打造一二三产业融合发展的特色产业集群。

24. 支持工业项目集聚发展。区财政安排专项资金，支持镇区排污、供热、供气、通信等设施建设。支持有条件的项目区创建省级示范基地，对当年获评为省级特色产业镇的镇街，奖励50万元；获评为省级、市级小微企业创业基地的，分别奖励20万元、10万元。（责任单位：各镇街、住房城乡建设局、中小企业局、财政局）

25. 培育特色产业。鼓励镇街围绕特色产业推进企业转型升级、做优做强，当年工业企业（不含新上企业）技改投入总额达到500万元、1000万元以上的镇街，分别奖励30万元、50万元。（责任单位：各镇街、中小企业局、财政局）

26. 支持集约节约用地。鼓励镇街盘活处置闲置和低效利用土地，每年安排的工业用地指标，优先向集约节约用地的园区倾斜。（责任单位：各镇街、国土资源局）

27. 激发镇域经济活力。鼓励各镇街立足比较优势，培育发展一批能够带动镇域经济实现良性循环的市场主体。各镇、埠口港当年新增中小微工业企业10家以上的，各街道办事处、南海新区、经济开发区新增中小微工业企业30家以上的，最高奖励40万元。（责任单位：各镇街、中小企业局、财政局）

四、机制保障

（一）强化企业主体作用。大力弘扬企业家精神，畅通企业家参政议政和建言献策渠道，提振企业发展信心。鼓励企业实施规范化公司制改制，建立现代企业制度，提高企业管理水平，促进规范化发展。支持企业家和高管人员参加培训学习，定期组织企业家交流互动，培育壮大优秀企业家队伍。引导企业发扬“工匠”精神，积极引进培育优秀经营管理人才、高层次人才、高技能人才、技术人才和研究人才，提高职工创新创业能力。加强市场主体诚信体系建设，凡当年发生重大安全事故、重大环境污染事故、系统性金融风险、严重违法经营、严重失信行为的企业，不享受上述政策。

（二）优化管理体制。进一步理顺工业企业属地管理、部门指导的工作机制，工业经济管理部门要更加注重行业指导和服务，推动全区工业经济健康发展。各镇街要坚持工业强镇发展理念不动摇，进一步明确发展方向，落实目标责任，凝聚工作合力。要坚持以企业需求为导向，集聚各类优质资源，做好权限内的要素保障和政策兑现工作。要坚持分类指导，强化跟踪服务，切实帮助企业解决实际困难和问题，全力推动镇域经济实现新突破。

（三）提升服务效能。进一步理顺政府与市场的关系，转变监管理念，创新监管方式，为各类市场主体营造宽松公平的发展环境。经济和信息化、中小企业、科技等主管部门要充分发挥行业指导作用，建立定期工作例会制度，及时协调解决企业生产运行中出现的问题，为企业提供全过程优质服务。各责任单位要制定政策兑现细则，指导企业用足、用活、用好扶持政策，最大限度地发挥政策资金的导向作用和使用效益。扶持资金由各责任单位于每年度末认定，经区政府审定后兑现。

（四）完善政策资金评审机制。加强专项资金的规范化、科学化管理，对需要财政部门评审的，由财政部门聘请第三方评估机构评审确定。对需要专家评审认定的，由经济和信息化局、中小企业局、科技局、金融办等部门分别牵头，组建评审专家库，成立评审小组，进行评审论证，通过后报区政府批准。未经评审论证的项目，不安排资金，确保政策资金使用公开、公平、公正。

（五）营造创新创业社会氛围。将“文登学”文化融入创新创业的时代精神，增强大众创业万众创新意识，激发全民创业激情，营造”创业无论成败都是英雄，企业无论大小都是功臣“的舆论导向，努力形成尊重创业、鼓励创业、支持创业、竞相创业的生动局面。新闻单位要大力宣传报道工业发展的先进典型和经验做法，合力营造产业强区、工业带动的浓厚氛围。

本实施意见相关扶持政策用于扶持上一年度有关项目和企业。同一企业或同一项目符合多项支持条件的，由区委、区政府统筹予以考虑。

本意见自2017年1月1日起施行，有效期至2020年12月31日。《关于实施百企升级发展行动计划的意见》《关于实施百家中小微企业梯次成长计划的意见》《关于实施文登英才计划的意见》等规定继续执行，与本意见不一致的，以本意见为准。《关于加快科技企业孵化器建设与发展的若干政策》《文登市鼓励科技进步与自主创新推动新型工业化发展扶持奖励办法》《关于进一步推动工业转型发展的意见》同时废止。国家政策重大调整或另有规定的，予以相应调整。

中共威海市文登区委关于深入学习贯彻党的十九大精神的意见

威文发〔2017〕16号

为深入学习贯彻党的十九大精神，组织动员全区各级党组织和广大党员干部群众坚定自觉地用习近平新时代中国特色社会主义思想统一思想和行动，不忘初心、牢记使命，担当作为、创新实干，努力实现打造威海经济中心、在全面建成小康社会进程中走在前列的目标，为夺取新时代中国特色社会主义伟大胜利作出更大贡献，根据中央和省委、市委的部署要求，结合我区实际提出以下意见。

一、充分认识党的十九大的重大意义，把思想和行动高度统一到党的十九大精神上来

中国共产党第十九次全国代表大会是在全面建成小康社会决胜阶段、中国特色社会主义进入新时代的关键时期召开的一次十分重要的大会，是在新的历史起点上开启党和国家事业新征程的一次大会，在党的历史上具有重大里程碑意义。大会批准了习近平总书记代表十八届中央委员会所作的报告，审查、批准了十八届中央纪律检查委员会的工作报告，审议通过了《中国共产党章程（修正案）》，选举产生了新一届中央委员会和中央纪律检查委员会，十九届一中全会又选举产生了新一届中央领导机构。习近平总书记的报告，高举中国特色社会主义伟大旗帜，科学分析了国际国内形势发展变化，系统回顾和总结了过去五年党和国家事业取得的历史性成就和历史性变革，作出了中国特色社会主义进入新时代的重大政治论断，深刻阐述了新时代中国共产党的历史使命，鲜明提出了新时代中国特色社会主义思想和基本方略，确定了决胜全面建成小康社会、开启全面建设社会主义现代化国家新征程的目标，对新时代推进中国特色社会主义伟大事业和党的建设新的伟大工程作出全面部署，进一步指明了党和国家事业的前进方向，是我们党团结带领全国各族人民在新时代坚持和发展中国特色社会主义的政治宣言和行动纲领，是一篇闪耀着马克思主义真理光芒的纲领性文献。全区各级党组织和广大党员干部要充分认识党的十九大的重大意义，牢固树立政治意识、大局意识、核心意识、看齐意识，带头学习宣传贯彻党的十九大精神，切实把思想和行动统一到党的十九大精神上来，把力量凝聚到实现党的十九大确定的各项目标任务上来，积极投身新时代中国特色社会主义伟大实践。

党的十九大精神，思想非常深刻，内涵非常丰富。全区各级党组织和广大党员干部要原原本本学习十九大报告和大会其他文件，努力学深悟透、融会贯通。要深刻领会和把握党的十九大的主题，深刻领会和把握党的十八大以来党和国家事业取得的历史性成就、发生的历史性变革，深刻领会和把握中国特色社会主义进入新时代和社会主要矛盾发生变化的重大论断，深刻领会和把握新时代中国共产党的历史使命，深刻领会和把握习近平新时代中国特色社会主义思想的重大指导意义，深刻领会和把握新时代坚持和发展中国特色社会主义的基本方略，深刻领会和把握分两步走全面建设社会主义现代化强国的宏伟蓝图，深刻领会和把握新时代推进各项事业发展的重大举措，深刻领会和把握新时代党的建设的新要求，自觉用党的十九大精神武装头脑、指导实践，始终铭记初心和使命，坚定不移高举中国特色社会主义伟大旗帜，勇于变革、勇于创新，永不停滞、永不懈怠，努力为夺取新时代中国特色社会主义伟大胜利作出更大贡献。

党的十九大将习近平新时代中国特色社会主义思想写入党章，确立为党必须长期坚持的指导思想，实现了党的指导思想又一次与时俱进，具有重大的政治意义、理论意义、实践意义。党的十九大报告用“八个明确”“十四个坚持”，深刻阐述了习近平新时代中国特色社会主义思想和基本方略，系统回答了“新时代坚持和发展什么样的中国特色社会主义、怎样坚持和发展中国特色社会主义”的重大时代课题，形成了一个完整的科学理论体系，是对马克思列宁主义、毛泽东思想、邓小平理论、“三个代表”重要思想、科学发展观的继承和发展，是马克思主义中国化最新成果，是党和人民实践经验和集体智慧的结晶，是中国特色社会主义理论体系的重要组成部分，是全党全国人民为实现中华民族伟大复兴而奋斗的行动指南。全区各级党组织和广大党员干部要深入领会这一思想的时代背景、历史地位、科学体系、精神实质、实践要求，深入领会贯穿其中的坚定信仰信念、鲜明人民立场、强烈历史担当、求真务实作风、勇于创新精神和科学方法论，将其作为我们长期坚持的指导思想，贯彻到社会主义现代化建设全过程、体现到党的建设各方面，推动全区各项事业在以习近平新时代中国特色社会主义思想的指引下不断取得新成绩。

党的十九大综合分析国际国内形势和我国发展条件，作出社会主义现代化建设分两个阶段的总体设计，即从2020年到2035年，基本实现社会

主义现代化；从2035年到本世纪中叶，把我国建成富强民主文明和谐美丽的社会主义现代化强国。这一总体设计，描绘了分两步走全面建设社会主义现代化强国的宏伟蓝图，明晰了我国未来发展的实施步骤，是新时代中国特色社会主义发展的战略安排。全区各级党组织和广大党员干部要牢牢把握分两步走全面建设社会主义现代化强国的战略安排，自觉在建设社会主义现代化强国的大局中考量和谋划推动文登发展，不断完善和提升全区经济社会发展规划，连续不断朝着党中央确定的奋斗目标前进，努力推动文登在新起点上实现转型跨越发展，努力争当走在前列的排头兵。

学习宣传贯彻党的十九大精神，是当前和今后一个时期的首要政治任务。全区各级党组织和广大党员干部群众要原原本本、原汁原味学习好党的十九大精神，准确领会把握党的十九大精神的思想精髓、核心要义，在全面系统的基础上突出重点、抓住关键，把着力点聚焦到习近平新时代中国特色社会主义思想是党必须长期坚持的指导思想上，聚焦到5年来党和国家事业取得历史性成就和发生历史性变革上，聚焦到作出中国特色社会主义进入了新时代、我国社会主要矛盾已经转化为人民日益增长的美好生活需要和不平衡不充分的发展之间的矛盾等重大论断的深远影响上，聚焦到贯彻落实党的十九大重大决策部署上，聚焦到习近平总书记是全党拥护、人民爱戴、当之无愧的党的领袖上。各级党委（党组）理论学习中心组要把学习党的十九大精神作为中心内容，制定系统学习培训计划，列出专题深入研讨，带动全区形成学习贯彻热潮。党校要把学习党的十九大精神作为干部教育培训的重要内容，纳入教学计划，作出具体安排。要集中一段时间，对科级以上党员干部全部轮训一遍。要认真组织好基层党员干部群众的学习，推动党的十九大精神进企业、进农村、进机关、进校园、进社区、进网站，激发全区广大党员干部群众的热情和干劲。要组织报刊、电视、广播、网络等各类新闻媒体，采取人民群众喜闻乐见的形式，精心策划、集中报道、全面发力，使党的十九大精神家喻户晓、深入人心。要组织好集中宣讲活动，深入基层广泛开展面对面宣讲，把党的十九大精神讲清楚、讲明白，让老百姓听得懂、能领会、可落实。工会、共青团、妇联等人民团体，要开展各具特色的学习教育活动，努力使学习宣传贯彻活动做到全覆盖。

二、深入推进供给侧结构性改革，加快培育和壮大发展新动能

坚定不移把发展作为第一要务，坚持质量第一、效益优先，以供给侧结构性改革为主线，加快实施新旧动能转换重大工程，着力推动经济发展质量变革、效率变革、动力变革，建设富有创新力和竞争力的现代化经济体系。

（一）推动全域统筹发展。认真落实区域协调发展战略，不断优化完善区域发展布局，加快构建“一轴带动、两翼助推、多点突破、整体联动”的发展格局。着力完善中心城区基础设施，提升服务保障功能，大力发展现代服务业，做活做优城市经济，增强辐射带动能力。加快经济开发区“二次创业”，完善承载服务功能，推动产业向高端迈进，努力建设成为产业、人才、服务有机融合的特色园区。推动南海新区产城一体、港城联动发展，全力引进一批重大战略性制造业项目，建设一批高新科技孵化平台、公共研发平台，全面提升产业层次和竞争力。发挥综合保税区政策、开放、机制等优势，推进区内区外一体建设、联动发展，加快打造成为威海乃至全省对外开放的亮点区域。全力突破昆嵛山旅游度假区开发，借力抽水蓄能电站建设，加快发展高档康养、文化体验、传统民宿、休闲采摘等特色旅游业态，打造休闲旅游度假胜地。坚持以镇聚产、以产兴镇，支持各镇大力发展以制造业为主体的实体经济，加快培育一批特色强镇。实施乡村振兴战略，按照产业兴旺、生态宜居、乡风文明、治理有效、生活富裕的要求，创新土地经营模式，深化农村集体产权制度改革，发展壮大村级集体经济，推进美丽乡村建设，加快推进农业农村现代化。

（二）打造特色产业体系。把发展经济的着力点放在实体经济上，坚定不移实施工业带动战略，以工业突破带动三次产业转型发展，加快构建现代产业新体系。推动制造业转型升级，改造提升汽车及零部件、机电工具、工艺家纺三大传统优势产业，加快向产业链、价值链中高端攀升；培植壮大新材料、生物医药、新一代电子信息、新能源及新能源汽车、节能环保、通用航空六大新兴产业和以智能制造为发展方向的未来产业，增创制造业发展新优势；推动骨干企业挂优靠强，扶持科技型企业成长壮大，促进制造业规模、质量和竞争力整体跃升。加快推进立体化综合物流产业园、新材料和精细化工产业园、西洋参农业科技园等8个新旧动能转换重点园区建设。推动现代服务业快速突破，加快铁路物流产业园区建设，着力壮大现代物流业；推进全域旅游发展，做大休闲旅游和文化产业；推动医养深度融合，加快建设健康城市；积极培育电子商务、大数据、研发设计、服务外包等新兴业态，形成新的服务业增长点。推动现代农业特色高效发展，按照“三区六带”发展规划，加快现代化农业产业园区建设，培育新型经营主体，大力发展“新六产”，进一步提升农业效益和竞争力。重视蓝色经济和海洋产业发展，立体开发海洋空间资源，高效开发海洋生物资源，科学开发海洋旅游资源，推动海洋经济向深蓝、高端、融合发展，加快形成“海牧陆工立体养、多园休闲一带靓”的海洋产业发展格局，打造海洋经济强区。

（三）深化同城融合发展。积极贯彻“建立健全城乡融合发展体制机制和政策体系”要求，进一步深化同城发展，促进城乡融合，深度融入全域城市化、市域一体化发展大局。深入推进以交通网络为重点的基础设施同城化，推动文登城区、昆嵛山旅游度假区、南海新区到中心城区的快速通道建设，尽快实现优势交通工具半

小时通达；加快市政道路、地下管网、城乡电网等改造升级，加大棚户区、老旧小区整治改造力度，推动南海港区与威海湾港区一体化发展。推进以体制理顺为核心的城市管理同城化，尽快实现各项规划与中心城区无缝对接，智慧城市、智慧环保、智慧城管、智慧社区等与市级平台互联互通，实现同城共治。推进以协作融合为目标的产业发展同城化，呼应中心城区城市功能调整和产业规划布局，构建与中心城区分工协作、融合发展的特色产业体系。推进以有序衔接为导向的公共服务同城化，统筹配置城乡教育、医疗、文化、体育、科研等资源，加快基本公共服务和社会管理一体化。坚持以人的城市化为核心，进一步深化户籍、财税等制度改革，加快城市、重点区域周边地带的城市化改造，推进农业转移人口市民化，让更多农村居民进入城市、融入城市。

（四）推进改革开放创新。全面落实上级各项改革部署，精准对接发展所需、基层所盼、民心所向，坚定不移把改革向纵深推进。重点推进经济领域改革，深化行政审批制度改革，推进“互联网+政务”服务，大力开展削权减证、流程再造、精准监管等系列行动，最大程度地实现“零跑腿”“最多跑一次”。深化财税体制改革，发挥政府引导基金作用，撬动社会资本参与重点领域建设。规范金融市场秩序，加大对实体经济的支持力度，推动更多企业进入资本市场融资。统筹推进民主法制、文化体制、社会事业体制、司法和社会治理体制、生态文明体制、党的建设制度和纪律检查体制等领域改革，不断增强群众获得感。积极争取、加快推进上级改革试点工作，努力打造一批可复制可推广的“文登经验”。加快推进开放型经济发展，以铁路冷藏集装箱班列和中欧班列开通为契机，放大陆海、铁水联动优势，支持企业走出去，深度参与“一带一路”国际合作。加大精准招商力度，以“补链、建链、强链”为目标，加强对世界500强和行业龙头的对接洽谈，引进一批“人才+资本”“技术+资本”项目。推动外贸转型发展，大力发展跨境电商、外贸综合服务、市场采购贸易等新业态，促进服务贸易发展。加强公共创新服务平台建设，不断提升企业研发能力，推进政产学研用协同创新，突破一批关键核心技术，转化一批重大科技成果。加强与国内外知名孵化器企业合作，引导孵化器拓展服务功能，创新孵化模式，提高孵化成功率。推进“新兴重点科技企业倍增跨越计划”，引导鼓励成长性科技型企业“专、精、特、新”发展，打造一批行业“小巨人”或“隐形冠军”。实施质量强区战略，大力推进品牌和标准化建设，弘扬劳模精神和工匠精神，推动经济发展进入质量品牌时代。加大各类人才特别是高层次人才引进力度，解决人才瓶颈问题。激发和保护企业家精神，鼓励更多社会主体创新创业。

三、加强社会主义民主政治建设，巩固和发展生动活泼、安定团结的政治局面

坚持党的领导、人民当家作主、依法治国有机统一，推进社会主义民主政治制度化、规范化、法治化、程序化，切实体现人民意志，保障人民权益，激发人民创造活力。

（一）切实保证人民当家作主。加强党的集中统一领导，支持人大充分发挥地方国家权力机关作用，支持政府抓落实、抓推进，支持人民政协开展政治协商、民主监督、参政议政，支持法院、检察院依法独立公正行使职权。健全人大组织制度和工作制度，创新人大代表活动平台、活动载体，切实发挥好人大代表作用，使人大及其常委会成为同人民群众保持密切联系的代表机关。加强社会主义协商民主建设，坚持“有事好商量，众人的事情由众人商量”，统筹推进政党协商、人大协商、政府协商、政协协商、人民团体协商、基层协商以及社会组织协商。充分发挥人民政协作为协商民主重要渠道和专门协商机构的作用，完善协商议政内容和形式，保障人民在日常政治生活中有广泛持续深入参与的权利。巩固基层政权，发展基层民主，完善党领导下的基层群众自治制度。发挥好群众的主体作用，通过多种有效形式，引导广大群众主动支持发展、参与发展，形成“党委政府积极引领、广大群众主体实施”工作推进格局。扩大人民有序政治参与，保证人民依法实行民主选举、民主协商、民主决策、民主管理、民主监督。健全依法决策机制，进一步构建决策科学、执行坚决、监督有力的权力运行机制。

（二）巩固和发展爱国统一战线。推进新形势下统战工作不断创新发展，牢牢把握大团结大联合的主题，坚持一致性和多样性统一，促进政党关系、民族关系、宗教关系、阶层关系、海内外同胞关系和谐，巩固和发展最广泛的爱国统一战线。深化统战大部制改革，完善区、镇、村三级统战工作网络，加强同民主党派、工商联、无党派人士的团结合作，支持他们参政议政、开展民主监督，在促进民主决策、推进重大战略、参与脱贫攻坚等方面发挥积极作用。加强党外知识分子、新的社会阶层人士和留学人员统战工作，促进非公有制经济健康发展和非公有制经济人士健康成长。高度重视民族和宗教工作，深化与港澳台合作。坚持党对群团工作的统一领导，推进工会、共青团、妇联等群团组织改革，切实增强政治性、先进性、群众性，发挥好联系服务群众的桥梁纽带作用。加强党管武装工作，深入开展双拥共建活动，推动军民融合深度发展，进一步巩固军政军民团结。

（三）深入推进依法治区。坚持厉行法治，推进严格执法、公正司法、全民守法。完善党委、政府法律顾问制度，健全依法决策机制，在法治轨道上推动各项工作。加快推进综合行政执法体制改革。加强行政执法监督，健全完善行政执法程序，优化行政纠纷解决机制，做到严格规范公正文明执法。深化司法体制综合配套改革，全面落实司法责任制，努力让群众在每一个司法案件中感受到公平正义。深入实施“七五”普法规划和2016－2020年依法治区规划，建设社会主义

法治文化，树立宪法法律至上、法律面前人人平等的法治理念。健全公共法律服务体系，不断满足人民群众公益性、普惠性和均等化法律服务需求。加强信用制度和标准体系建设，推动与市级信用信息互通互联，建立完善的社会信用体系。

（四）建设人民满意的服务型政府。坚持改革引领、法治思维、问题导向、创新管理和优化服务的原则，按照建设整体政府的理念，加快推进政府提速工程，持续深化“放管服”改革，转变政府职能，深化简政放权，创新监管方式，增强政府公信力和执行力。进一步厘清政府权责边界，减少行政干预，充分发挥市场在资源配置中的决定性作用。全面实施市场准入负面清单制度，清理废除妨碍统一市场和公平竞争的各种规定和做法，使创业成本更低、服务质量更优、政策保障更加有力。加强对企业的联系和服务，加快构建“亲”“清”新型政商关系。加大政府信息公开力度，依法公开重点领域政府信息，让行政权力在阳光下运行。按照上级部署要求，扎实推进大部门制改革，科学配置党政部门及内设机构权力、明确职责。深化事业单位改革，强化公益属性，推进政事分开、事企分开、管办分离。

四、推动文化繁荣发展，进一步提升城市文化软实力

坚持中国特色社会主义文化发展道路，坚定文化自信，增强文化自觉，繁荣发展先进文化，推动社会主义精神文明和物质文明协调发展，为打造威海经济中心、在全面建成小康社会进程中走在前列提供坚强思想保证。

（一）加强意识形态工作。深入宣传党的十九大精神和习近平新时代中国特色社会主义思想，牢牢把握正确舆论导向，坚持不懈用党的理论创新成果凝心聚魂，引导全社会坚定道路自信、理论自信、制度自信、文化自信。坚持党管宣传、党管意识形态，严格落实“谁主管谁负责、谁主办谁负责”和属地管理责任，加强阵地建设和管理，旗帜鲜明反对和抵制各种错误观点。强化传播手段建设和创新，加强电视台、电台、新闻网站和政务微博微信等媒体建设，不断提高新闻舆论传播力、引导力、影响力、公信力。加强互联网内容建设，建立网络综合治理体系，营造清朗的网络空间。

（二）巩固深化文明创建成果。强化教育引导、实践养成、制度保障，发挥好社会主义核心价值观的引领作用，把其纳入干部教育培训课程，融入未成年人课堂教学，融入社会发展各方面，转化为人们的情感认同和行为习惯。深化中国特色社会主义和中国梦宣传教育，加强爱国主义、集体主义、社会主义教育。深化“四德工程”和“君子之风·仁孝文登”建设，倡树先进典型、道德模范、时代楷模和最美人物，培育传承良好家风家教、校风校训、企业精神和乡贤文化。持续推进文明市民培育工程，深入抓好乡村文明行动，深化拓展文明单位、文明村镇、文明学校、文明家庭等群众性精神文明创建活动，推进诚信建设和志愿服务制度化，开展移风易俗、弘扬时代新风行动，强化社会责任意识、规则意识、奉献意识，不断提高全社会文明程度。

（三）繁荣发展文化事业。深化文化体制改革，加快构建把社会效益放在首位、社会效益和经济效益相统一的体制机制，不断增强文化发展活力。完善区、镇、村三级公共文化服务设施网络，提升基本公共文化服务标准化、均等化水平。推进“文化惠民、服务群众”工作，办好送戏下乡、农村公益电影放映、文化惠民消费季等公益文化活动。加大“文登学”文化挖掘阐发力度，扎实推进乡村儒学、社区儒学建设，推动优秀传统文化进机关、进校园、进企业、进社区、进农村、进家庭。深入实施文物重点保护工程、乡村记忆工程和历史文化展示工程，加快召文台历史文化街区、万家村梁氏庄园主宅建筑等文化遗址保护工作，建设鲁绣博物馆、山东渔文化历史展馆。深入实施文艺精品工程，组织创作一批体现时代精神、彰显文登特色的优秀文艺作品。加强文艺队伍建设，培育一批高水平创作人才。

（四）培育壮大文化产业。建立健全现代文化产业体系和市场体系，发挥文化产业发展政策资金引导作用，培育发展影视服务、文化旅游、数字动漫、工艺美术、节庆会展、演艺赛事产业，不断壮大文化创意产业示范区、蓝色文化产业集聚区、文化商务中心区、中韩文化产品展示交易区、昆嵛山养生度假胜地、中国东方影视城六大园区。深入实施“文化+”“互联网+”行动，引导传统行业向文化产业转型发展，推动文化与科技、旅游、金融等深度融合，培育和发展新型文化业态。完善项目督导推进机制，加快重点文化项目建设，推动文化产业突破发展。

五、加强民生建设和社会治理，不断满足人民群众日益增长的美好生活需要

坚持以人民为中心的发展思想，把人民利益摆在至高无上的地位，把人民对美好生活的向往作为目标追求，切实保障和改善民生，加强创新社会治理，促进社会公平正义，使人民群众获得感、幸福感、安全感更加充实、更有保障、更可持续。

（一）健全完善社会保障体系。坚持兜底线、织密网、建机制，加快构建覆盖全民、城乡统筹、权责清晰、保障适度、可持续的多层次社会保障体系。实施全民参保登记计划，以覆盖全民、区域一体、均衡协调为方向，健全完善最低生活保障和养老、医疗、失业等保险制度，建立职工长期护理保险制度。完善社会救助体系，健全社会福利、慈善事业、优抚安置等制度，加强残疾康复服务，做好农村留守儿童和妇女、老人关爱服务工作。坚持“房子是用来住的、不是用来炒的”，实施保障性安居工程，持续推进棚户区改造，加快建立多主体供给、多渠道保障、租购并举的住房制度，让广大群众住有所居。落实更加积极的就业政策，实施新一轮大学生创业引领计划，加强农村劳动力转移精准培训，建立失业预防调控机制，帮助高校毕业生、就业困难人员、农村劳

动力等群体稳定就业。健全创业服务体系，落实创业补贴和创业担保贷款政策。

（二）巩固提升脱贫攻坚成果。坚持精准扶贫、精准脱贫，强化党政一把手负总责的责任制，确保到2017年底基本完成脱贫任务，2018年、2019年巩固提升脱贫成效，2020年取得脱贫攻坚战全面胜利。建立完善精准扶贫长效机制，完善产业项目及村级扶贫基金管理制度，严格贫困人口动态识别程序，压实镇村扶贫主体责任，推动由主要解决绝对贫困向重点缓解相对贫困转变。注重扶贫同扶志、扶智相结合，在有就业创业意愿的农村贫困人口及其子女中开展免费培训，积极吸纳贫困人口就近转移就业，引导贫困村、贫困人口摒弃“等靠要”思想，增强自主发展的意识和能力。建立脱贫需求信息发布、对接机制，引导爱心企业、组织和个人对贫困人口实行“点对点”精准帮扶。加快推进农村养老院、饮用水安全、道路改造、厕所改造、生活污水治理等基础设施改造，不断改善贫困群众生产生活环境。

（三）推动社会事业优质均衡发展。把教育事业放在优先位置，深入推进基础教育综合改革、教育教学改革和教育信息化建设，全面提升教育教学质量。实施中小学和幼儿园新建改造工程，切实解决大班额、入园难问题。积极办好学前教育、特殊教育、网络教育和职业教育，支持和规范社会力量兴办教育，做好高中阶段学生免除学费工作。深化医药卫生体制改革，全面推行分级诊疗制度，建立健全现代医院管理、药品供应保障制度，加强全科医生队伍建设，不断提升医疗服务能力和水平。坚持中西医并重，促进中医药事业全面快速健康发展。坚持预防为主，倡导健康文明的生活方式，预防控制重大疾病，为人民群众提供全方位全周期健康服务。支持社会办医，推进医养结合，加快健康产业发展。积极稳妥实施全面两孩政策，推进计划生育服务管理改革，提升新时期人口计生工作水平。完善公共体育设施，加大场馆对外开放力度，建设社区“10分钟体育健身圈”。完善食品安全监管体系，切实把好居民饮食用药的每一道关口。

（四）打造共建共治共享的社会治理格局。加强社会治理制度建设，完善党委领导、政府负责、社会协同、公众参与、法治保障的社会治理体制，提高社会治理社会化、法治化、智能化、专业化水平。加强预防和化解社会矛盾机制建设，完善社会矛盾排查预警和调处化解机制，着力提升矛盾纠纷预防化解效能。深化平安文登建设，有效防范、管控、化解各类风险，维护社会和谐稳定，形成有效的社会治理、良好的社会秩序。加快社会治安防控体系建设，加快推进综治中心、“雪亮工程”建设，依法打击和惩治黄赌毒黑拐骗等违法犯罪活动。推动社会治理重心向基层下移，提高网格化管理、信息化支撑、社会化服务水平。加强社会心理服务体系建设，培育自尊自信、理性平和、积极向上的社会心态。健全公共安全体系，完善安全生产责任制，坚决遏制重特大安全事故。加强国家安全教育，严密防范和坚决打击各种渗透颠覆破坏活动、暴力恐怖活动、民族分裂活动、宗教极端活动和邪教违法活动。

六、加快生态文明建设，着力打造美丽宜居城市

牢固树立“绿水青山就是金山银山”的绿色发展理念，全面落实节约资源和保护环境的基本国策，更加坚定地走生产发展、生活富裕、生态良好的文明发展道路，加快把文登建设成为“本地人自豪、外地人向往”的美丽宜居城市。

（一）推行绿色发展方式和生活方式。建立绿色指标发展体系，推行绿色清洁生产，弘扬绿色生态文化，倡导健康低碳生活。发挥环境保护在资源配置中的导向作用，以环境标准倒逼企业产业结构转型升级，严格执行环境影响评价制度，积极发展符合国家产业政策、科技含量高、市场前景好的项目。加快发展循环经济，推行企业循环式生产、产业循环式组合、园区循环式改造，建设循环经济示范城市。科学开发和节约集约利用资源，盘活利用闲置或低效资源。积极开展创建节约型机关、绿色家庭、绿色学校、绿色社区和绿色出行等行动。持续推进节能减排，把技术改造与淘汰落后产能有机结合起来，加大传统产业节能技术改造力度，支持企业开展绿色制造，培育发展节能环保产业。加强水资源保护利用，严格落实水资源消耗总量和强度控制。

（二）加强环境保护和污染整治。持续开展全区环境保护突出问题综合整治攻坚行动。持续实施大气污染防治行动，全力推进“散乱污”企业清理取缔、燃煤锅炉（机组）淘汰治理、重点工业行业污染防治、加油站油气回收治理、扬尘综合整治等重点工程，坚决打赢蓝天白云保卫战，全区环境空气质量继续稳定达到国家二级标准要求。加强流域水环境污染治理，加快完善城市污水配套设施和镇区污水管网，严格落实河长制，建立区、镇、村全覆盖的三级河长管理网络体系，加强饮用水水源地规范化建设，确保集中式饮用水水源水质安全。实施流域环境和近岸海域综合治理，严守近岸海域生态保护红线。加大畜禽养殖污染治理力度，扎实推进病死畜禽无害化处理体系建设。实施废弃矿山综合治理，强化土壤污染管控和修复，加强农业面源污染防治。加强固体废弃物和垃圾处置。强化综合监管、督查监管、网格化监管、重点领域监管，保持对环境违法行为的高压态势。

（三）加强生态文明制度建设。扎实开展全区环境保护突出问题综合整治攻坚行动。严格落实生态红线保护制度，高标准实施生态保护和修复工程，有序推进退耕还林工作，开展大规模绿化行动，严格保护耕地，加大自然保护区和重要生态功能保护区建设管理力度，提升生态系统质量和稳定性。建立健全环境与发展综合决策机制，在城乡规划、能源资源开发利用、产业结构调整、土地开发建设等重大决策过程中，优先考虑生态环境的承载能力。完善约束和激励并举的

生态文明制度体系，贯彻落实生态文明体制改革总体方案，健全生态补偿机制，落实排污权有偿使用和交易制度。落实领导干部任期生态文明建设责任制，健全监管执法、政绩考核和责任追究制度。加大环保督察整改力度，认真受理群众反映的环保问题，建立完善环境信访问题案件接办查处和督导考核等长效机制。完善企业环境信用等级评价制度、环境责任保险制度，建立环境污染损害责任赔偿制度。建立健全公安环保联勤联动工作机制，构建行政执法和刑事司法“无缝衔接”体系，及时查处、严厉打击环境领域违法犯罪活动。

七、坚定不移全面从严治党，不断提高党的执政能力和领导水平

坚持把加强党的全面领导作为做好一切工作的根本保证，坚决落实全面从严治党政治责任，以加强党的长期执政能力建设、先进性和纯洁性建设为主线，全面加强党的政治建设、思想建设、组织建设、作风建设、纪律建设，把制度建设贯穿其中，深入推进反腐败斗争，以全面从严治党的新成效为经济社会发展提供坚强政治保证。

（一）把党的政治建设摆在首位。坚持旗帜鲜明讲政治，牢固树立“四个意识”，坚决维护习近平总书记的核心地位，坚持党中央权威和集中统一领导，坚定执行党的政治路线，严格遵守政治纪律和政治规矩，在政治立场、政治方向、政治原则、政治道路上同以习近平同志为核心的党中央保持高度一致。坚持尊崇党章，严格落实新形势下党内政治生活若干准则，增强党内政治生活的政治性、时代性、原则性、战斗性，营造风清气正的良好政治生态。弘扬忠诚老实、公道正派、实事求是、清正廉洁等价值观，培育积极健康的党内政治文化。广大党员特别是党员领导干部要自觉加强党性锻炼，提高政治觉悟和政治能力，把对党忠诚、为党分忧、为党尽职、为民造福作为根本政治担当，永葆共产党人政治本色。

（二）用习近平新时代中国特色社会主义思想武装头脑。把坚定理想信念作为思想建设的首要任务，教育引导广大党员牢记党的宗旨，树立正确的世界观、人生观、价值观，自觉做共产主义伟大理想和中国特色社会主义共同理想的坚定信仰者和忠实践行者。扎实推进“两学一做”学习教育常态化制度化，按照上级部署开展“不忘初心、牢记使命”主题教育，坚持不懈用习近平新时代中国特色社会主义思想武装头脑，推动广大党员更加自觉地为实现新时代党的历史使命不懈奋斗。加强对党员干部的教育培训，发挥好党校、红色教育基地等平台阵地作用，利用好“互联网+”等方式，切实增强学习教育的实效性。

（三）建设高素质专业化干部队伍。坚持党管干部原则，坚持德才兼备、以德为先，坚持五湖四海、任人唯贤，坚持事业为上、公道正派，把好干部标准落到实处。树立正确选人用人导向，突出政治标准，提拔重用牢固树立“四个意识”和“四个自信”、坚决维护党中央权威、全面贯彻执行党的理论和路线方针政策、忠诚干净担当的干部。加强优秀年轻干部的培养使用，重视女干部和党外干部培养选拔，加大干部轮岗交流力度，促进干部队伍结构合理、梯次接续。认真做好离退休干部工作。强化干部专业化教育培训，着力培养专业能力、专业精神，使干部队伍更好地适应新形势新任务新要求。坚持严管与厚爱结合、激励与约束并重，完善干部考核评价机制，落实激励机制和容错纠错机制，旗帜鲜明地为那些敢于担当、踏实做事、不谋私利的干部撑腰鼓劲，更加关心爱护基层干部。深入实施英才计划，建立健全科学高效的人才引进培养、评价使用、流动配置和激励保障机制，逐步把文登打造成为创新人才聚集的高地。

（四）加强基层组织建设。以提升组织力为重点，突出政治功能，坚持农村党建抓能力提升、社区党建抓机制完善、“两新”组织党建抓全面覆盖、机关党建抓规范管理，促进全区基层党建全面进步、全面过硬，使其成为宣传党的主张、贯彻党的决定、领导基层治理、团结动员群众、推动改革发展的坚强战斗堡垒。加强农村基层组织建设，扎实做好村、城市社区“两委”换届选举工作，配齐配强“两委”班子成员，完善“第一书记”工作机制，加大村级组织运转经费保障力度，加快发展壮大农村集体经济，切实增强基层党组织的创造力、凝聚力和战斗力。完善党组织领导下的村级治理体系，有效规范村干部施政行为，确保村级权力在阳光下运行。加强城市党建，提升社区服务水平，提高城市社会治理能力。加强“两新”组织党建，对接改革发展需要，及时调整党的基层组织设置，不断扩大党的工作覆盖面。加强机关党建，进一步转变工作作风，提升服务效能。领导带头、以上率下推进过硬支部建设，树立一切工作落实到支部的鲜明导向。坚持“三会一课”等党的组织生活制度，推行党员量化积分管理和过硬支部建设“双五星”机制，推动党员教育经常化、党员活动规范化、党性修养具体化、支部建设标准化。加强和改进党员发展、教育和管理工作，健全党内关爱、帮扶、激励机制，稳妥有序开展不合格党员组织处置工作。

（五）坚定不移推进反腐倡廉。巩固拓展落实中央八项规定精神成果，驰而不息正风肃纪，全面加强纪律建设，重点强化政治纪律和组织纪律，带动廉洁纪律、群众纪律、工作纪律、生活纪律严起来。深化机关作风建设活动，推动作风建设形成长效机制。加大明察暗访力度，持续开展“四风”问题专项集中治理活动。运用监督执纪“四种形态”，强化干部日常监督管理教育，抓早抓小、防微杜渐。以“两个责任”清单为抓手，推动党风廉政建设主体责任和监督责任落地生根。坚持无禁区、全覆盖、零容忍，严肃查处违纪违法行为，着力构建不敢腐、不能腐、不想腐的有效机制。加强廉政警示教育和廉政文化建设，推进廉洁家风家训文化教育基地建设。建立健全廉洁档案，严肃问责“为官不为”党员干部，持之以恒抓庸懒、治不为。

深化政治巡察和巡察结果运用，开展巡察“回头看”，不断巩固拓展巡察整改成效。深化纪律检查体制改革，按照上级部署适时推进监察体制改革。聚焦扶贫领域监督执纪问责，严肃整治和查处群众身边不正之风和腐败问题。构建党统一指挥、全面覆盖、权威高效的监督体系，把党内监督同国家机关监督、民主监督、司法监督、群众监督、舆论监督贯通起来，增强监督合力。

（六）全面增强执政本领。实施干部素质提升工程，注重在改革发展稳定第一线锻炼成长干部，在急难险重工作压力下考察检验干部。着力增强学习本领，持续开展大兴学习之风活动，全面落实理论学习中心组读书会制度，着力建设学习型党组织。着力增强政治领导本领，推进各级党组织领导经济社会发展工作的制度化建设，把党总揽全局、协调各方落到实处，提高把方向、谋大局、定政策、促改革的能力和定力。着力增强改革创新本领，做好上级精神与基层实际结合的文章，用改革的办法和创新的思维谋划和推进工作，切实拉长长板、补齐短板、突破关键。着力增强科学发展本领，善于把新发展理念体现到政策制定、工作部署、任务推进上，贯彻落实到经济社会发展各领域，不断开创发展新局面。着力增强依法执政本领，既要坚持在法律框架内想问题、办事情、作决策，又要坚决贯彻执行党内法规制度。着力增强群众工作本领，创新群众工作体制机制和方式方法，不断提升团结引领、组织动员、联系服务群众的能力和水平。着力增强狠抓落实本领，坚持说实话、谋实事、出实招、求实效，把雷厉风行和久久为功有机结合起来，以钉钉子精神做实做细做好各项工作。着力增强驾驭风险本领，健全各方面风险防控机制，善于处理各种复杂矛盾，勇于战胜前进道路上的各种艰难险阻，牢牢把握工作主动权。

全区各级党组织和全体共产党员，要更加紧密地团结在以习近平同志为核心的党中央周围，全力抓好党的十九大精神学习宣传贯彻，加快打造威海经济中心、在全面建成小康社会进程中走在前列，为实现现代化幸福威海建设新跨越，为开创经济文化强省新局面，为实现中华民族伟大复兴的中国梦而不懈奋斗！

威海市文登区人民政府
关于在市场体系建设中建立公平竞争审查制度的实施意见

威文政发〔2017〕77 号

各镇人民政府，各街道办事处，南海新区、开发区、埠口港、金山管委，区政府各部门、单位：

为贯彻落实《国务院关于在市场体系建设中建立公平竞争审查制度的意见》《山东省人民政府关于贯彻落实国发〔2016〕34 号文件在市场体系建设中建立公平竞争审查制度的实施意见》和《威海市人民政府关于在市场体系建设中建立公平竞争审查制度的实施意见》，稳步推进我区公平竞争审查制度实施，现提出如下实施意见：

一、建立公平竞争审查制度

（一）明确审查对象。全区行政机关和法律、法规授权的具有管理公共事务职能的组织（以下统称政策制定部门）制定市场准入、产业发展、招商引资、招标投标、政府采购、经营行为规范、资质标准等涉及市场主体经济活动的规范性文件和其他政策措施，应当进行公平竞争审查。

（二）明确审查方式。政策制定部门要建立健全自我审查机制，明确责任机构和审查程序，在政策制定过程中，严格对照审查标准进行自我审查，并形成明确的书面审查结论。

按规定需要提请政府法制机构进行合法性审查的政府规范性文件和其他政策措施，由起草部门负责公平竞争审查，并在合法性审查时将公平竞争审查结论一并提交政府法制机构审核。按规定需要提请政府法制机构备案的部门规范性文件，由提请备案部门负责公平竞争审查，审查结论与部门合法性审查意见书一并报送政府法制机构备案；其中以多个部门名义联合制定的规范性文件和其他政策措施，由牵头部门负责收集相关部门公平竞争审查意见并形成审查报告。

经审查认为不具有排除、限制竞争效果的，可以实施；具有排除、限制竞争效果的，应当不予出台，或调整至符合相关要求后出台。没有进行公平竞争审查的规范性文件和其他政策措施，不得出台。未提交书面审查结论的，视为未进行公平竞争审查。

政策制定部门在自我审查中认为有必要的，可以征求物价、市场监管、财贸、政府法制或相关部门意见，其中涉嫌价格垄断的，可征求物价部门的意见；涉嫌垄断协议、滥用市场支配地位、滥用行政权力排除和限制竞争的，可征求市场监管部门的意见；涉嫌经营者集中的，可征求财贸部门的意见。

制定政策措施及开展公平竞争审查应当听取利害关系人的意见，或者向社会公开征求意见。有关政策措施出台后，要按照《中华人民共和国政府信息公开条例》要求向社会公开。

（三）明确审查标准

1. 市场准入和退出标准

（1）不得设置不合理和歧视性的

准入和退出条件；（2）公布特许经营权目录清单，且未经公平竞争，不得授予经营者特许经营权；（3）不得限定经营、购买、使用特定经营者提供的商品和服务；（4）不得设置没有法律法规依据的审批或者事前备案程序；（5）不得对市场准入负面清单以外的行业、领域、业务等设置审批程序。

2. 商品和要素自由流动标准

（1）不得对外地和进口商品、服务实行歧视性价格和歧视性补贴政策；（2）不得限制外地和进口商品、服务进入本地市场或者阻碍本地商品运出、服务输出；（3）不得排斥或者限制外地经营者参加本地招标投标活动；（4）不得排斥、限制或者强制外地经营者在本地投资或者设立分支机构；（5）不得对外地经营者在本地的投资或者设立的分支机构实行歧视性待遇，侵害其合法权益。

3. 影响生产经营成本标准

（1）不得违法给予特定经营者优惠政策；（2）安排财政支出一般不得与企业缴纳的税收或非税收入挂钩；（3）不得违法免除特定经营者需要缴纳的社会保险费用；（4）不得在法律规定之外要求经营者提供或者扣留经营者各类保证金。

4. 影响生产经营行为标准

（1）不得强制经营者从事《中华人民共和国反垄断法》规定的垄断行为；（2）不得违法披露或者要求经营者披露生产经营敏感信息，为经营者从事垄断行为提供便利条件；（3）不得超越定价权限进行政府定价；（4）不得违法干预实行市场调节价的商品和服务的价格水平。

没有法律、法规依据，各部门、单位不得制定减损市场主体合法权益或者增加其义务的政策措施；不得违反《中华人民共和国反垄断法》，制定含有排除、限制竞争内容的政策措施。

（四）例外规定

属于下列情形的政策措施，如果具有排除和限制竞争的效果，在符合规定的情况下可以实施：

1. 维护国家经济安全、文化安全或者涉及国防建设的；

2. 为实现扶贫开发、救灾救助等社会保障目的的；

3. 为实现节约能源资源、保护生态环境等社会公共利益的；

4. 法律、行政法规规定的其他情形。

政策制定部门应当说明相关政策措施对实现政策目的不可或缺，且不会严重排除和限制市场竞争，并明确实施期限。

政策制定机关要逐年评估相关政策措施的实施效果。实施期限到期或未达到预期效果的政策措施，应当及时停止执行或者进行调整。

二、稳步实施公平竞争审查制度

（一）有序清理存量。各部门、单位要按照“谁制定、谁清理”的原则，开展存量政策清理工作，对照公平竞争审查标准，抓紧清理和废除妨碍统一市场和公平竞争的各种规定和做法。对市场主体反映比较强烈、问题暴露比较集中、影响比较突出的规定和做法，要尽快废止；对以合同协议等形式给予企业的优惠政策，以及部分立即终止会带来重大影响的政策措施，要设置过渡期，留出必要的缓冲空间；对已兑现的优惠政策，不溯及既往。各部门、各单位要制定存量政策措施清理规范方案，明确工作方式、工作步骤和时间节点，确保清理规范工作稳妥推进；存量清理工作方案和清理情况要及时报送区物价局，原则上2017年底前完成清理工作。

（二）定期开展评估。各部门、各单位对公平竞争审查制度建立后出台的政策措施，要在定期清理规范性文件时，一并对政策措施影响统一市场和公平竞争的情况进行评估。评估报告应当向社会公开征求意见，评估结果应当向社会公开。经评估认为妨碍统一市场和公平竞争的政策措施，要及时废止或者修改完善。

（三）加强培训宣传。各部门、各单位要组织开展形式多样的学习培训活动，增进对公平竞争审查标准的理解与运用，有序开展公平竞争审查工作。要切实加大宣传力度，做好政策解读，正确引导舆论，增进全社会对公平竞争审查制度的认识和理解，为公平竞争审查制度实施营造良好氛围。

三、健全公平竞争审查保障措施

（一）建立健全工作机制。建立区公平竞争审查工作联席会议制度，由区政府分管领导任召集人，区物价局、发展改革局、财政局、市场监督管理局、财贸办、法制办等部门、单位负责人参加，加强组织领导、督导检查，及时研究解决制度实施工作中出现的问题。联席会议办公室设在区物价局，负责公平竞争审查制度具体实施工作。各部门、各单位要建立相应工作机制，研究制定工作方案，细化责任分工，认真组织实施，确保公平竞争审查工作有序开展；要强化与物价、市场监管、财贸、法制等部门的协调配合，统筹解决制度实施中存在的问题。

（二）加强执法监督。任何单位和个人认为政策制定机关未按照要求进行公平竞争审查，或者出台的政策措施涉嫌违反公平竞争审查标准的，可以向政策制定部门、政策制定部门的上级机关或者反垄断执法机构反映。接到反映的部门应当按照法律法规和国家有关规定及时处理，并向社会公开。政策制定部门要及时纠正排除和限制竞争的政策措施，维护公平竞争的市场秩序。

（三）强化责任追究。对未进行公平竞争审查或者违反公平竞争审查标准出台政策措施，以及不及时纠正相关政策措施的，有关部门依法查实后要严肃处理。对失职渎职等需要追究有关人员党纪政纪责任的，要及时将有关情况移送纪检监察机关。

威海市文登区人民政府
关于印发威海市文登区公共信用信息管理办法的通知

威文政发〔2017〕78号

各镇人民政府，各街道办事处，南海新区、开发区、埠口港、金山管委，区政府各部门、单位：

现将《威海市文登区公共信用信息管理办法》印发给你们，请认真贯彻执行。

威海市文登区人民政府

2017年10月12日

威海市文登区公共信用信息管理办法

第一章　总　则

第一条　为加强公共信用信息规范管理，推进社会信用体系建设，根据《中华人民共和国政府信息公开条例》《征信业管理条例》《企业信息公示暂行条例》和《威海市公共信用信息管理办法》，结合我区实际，制定本办法。

第二条　本办法所称公共信用信息，是指行政机关、司法机关、法律法规授权的具有公共事务管理职能的组织、群团组织（以下统称信息提供主体）在履行职责、提供服务过程中产生或者获取的，反映自然人、法人和其他组织（以下统称信息主体）信用状况的数据和资料。

第三条　本办法适用于威海市文登区行政区域内公共信用信息的归集、披露、应用、监管等活动。

第四条　公共信用信息管理应当遵循合法、安全、及时、准确的原则，维护信息主体的合法权益，不得泄露国家秘密，不得侵犯商业秘密和个人隐私。

第五条　公共信用信息通过威海市文登区公共信用信息平台（以下简称区信用平台）进行归集，向社会提供查询、应用、监管、共享等服务。

第六条　区发展改革局、人民银行文登支行是区公共信用信息工作主管部门，负责业务指导和管理工作。区社会信用管理中心（以下简称区信用中心）是公共信用信息工作机构，负责区信用平台的建设、运行和维护。

信息提供主体在各自职责范围内，负责本单位公共信用信息管理工作，协同区信用中心做好公共信用信息的归集、披露、应用等工作。

第二章　公共信用信息归集

第七条　公共信用信息归集以统一社会信用代码作为公共信用信息主体标识。其中，自然人的统一社会信用代码为身份证号码；法人和其他组织的统一社会信用代码为登记管理部门赋予的唯一机构编码。

第八条　公共信用信息实行目录管理。目录由区公共信用信息工作主管部门组织编制、修订和公布，明确公共信用信息的内容、格式、公开属性、报送方式、更新频率等。

第九条　公共信用信息包括基本信息、良好信息、失信信息。基本信息是指信息主体的身份及具有从事特定活动资质的相关信息。良好信息是指信息主体在特定领域具有超出普通个体一般水平能力或者作出贡献行为的信息。失信信息是指信息主体违反法律、法规、规章或者无正当理由未履行约定义务等不良信息。信息提供主体归集公共信用信息时，应当按照基本信息、良好信息、失信信息进行分类。

第十条　法人和其他组织的基本信息包括下列内容：

（一）名称、法定代表人或者负责人、统一社会信用代码等登记注册信息；

（二）取得的资格、资质等行政许可信息；

（三）产品、服务、管理体系获得的认证认可信息；

（四）其他反映法人和组织基本情况的信息。

第十一条　自然人的基本信息包括下列内容：

（一）姓名、性别、身份证号码；

（二）就业、学历、婚姻状况；

（三）取得的资格、资质等行政许可信息。

第十二条　信息主体的良好信息包括下列内容：

（一）县级以上政府及其部门、群团组织授予的表彰、奖励等信息；

（二）参与县级以上政府及其部门、群团组织开展的志愿服务、慈善捐赠活动等信息；

（三）县级以上政府及其部门在分类管理中的优良等级评价；

（四）国家、省、市、区政府规定

的其他良好信息。

第十三条　法人和其他组织的失信信息包括下列内容：

（一）不执行法院生效的法律文书或者仲裁机构生效的裁决等信息；

（二）偷税、逃避追缴欠税、骗取出口退税、抗税信息；

（三）在劳动用工及社会保障等方面损害劳动者权益等信息；

（四）行政事业性收费、政府性基金、住房公积金欠缴等信息；

（五）虚假诉讼、作伪证、提供虚假材料、违反告知承诺制度的信息；

（六）适用一般程序作出的行政处罚信息、行政强制执行信息；

（七）被监管部门作出责令改正决定但拒不改正或者逾期不改正的信息；

（八）发生产品质量、安全生产、食品安全、环境污染等责任事故被监管部门处理的信息；

（九）被监管部门处以行业禁入的信息；

（十）国家、省、市、区政府规定的其他失信信息。

第十四条　自然人的失信信息除第十三条第一、五、六、七、九项所列信息外，还包括下列内容：

（一）税款欠缴信息；

（二）以欺诈、伪造证明材料或者其他手段骗取社会保险、最低生活保障待遇和经济适用住房等的信息；

（三）参加国家或者省、市、区组织的统一考试作弊的信息；

（四）学历、学术、档案等造假信息；

（五）国家、省、市、区政府规定的其他失信信息。

第十五条　禁止归集自然人的宗教信仰、基因、指纹、血型、疾病和病史信息以及法律法规禁止采集的其他信息。

第十六条　归集的公共信用信息，应当以最终发生法律效力的文书为依据。

第十七条　公共信用信息通过下列途径进行归集：

区级信息提供主体利用区政务信息资源共享交换平台，通过系统对接或者数据报送的方式向区信用平台提供相关公共信用信息。

第十八条　信息提供主体应当对其提供的公共信用信息的真实性负责。

信息主体直接申报的公共信用信息，法律法规未要求信息提供主体对申报信息的实质内容进行核实的，其真实性由信息主体负责。

公共信用信息工作主管部门和工作机构不直接采集公共信用信息，不得擅自更改公共信用信息。

第三章　公共信用信息披露

第十九条　公共信用信息披露期限按照下列规定设定：

（一）基本信息披露期限至法人和其他组织终止之后满3年或者自然人死亡；

（二）良好信息有有效期的，披露期限与该有效期一致；无有效期的，披露期限至该信息被取消之日；

（三）失信信息披露期限为5年，自失信行为或者事件终止之日起计算。法律、法规、规章另有规定的，从其规定。

公共信用信息披露期限届满后，转为档案保存。

第二十条　公共信用信息的公开属性分为社会公开、授权查询和部门共享。

社会公开，是指根据《中华人民共和国政府信息公开条例》规定，不需要信息主体同意即可主动向社会公开。授权查询，是指需经信息主体授权同意才能被查询知悉。部门共享，是指在信息提供主体间有条件的共享、查询和使用。

信息提供主体归集公共信用信息时，应当明确所归集信息的公开属性。

第二十一条　区信用中心通过“信用文登”网站、区政府门户网站、新闻媒体等，向社会披露公共信用信息中属于社会公开的部分。

信息提供主体可以通过自身的信息系统向社会披露其在履行职责时所产生的相关公共信用信息，但不得披露从区信用平台获取的其他信息提供主体归集的部门共享公共信用信息。

第二十二条　区信用中心应当制定公共信用信息查询服务规范，通过指定服务窗口、“信用文登”网站、移动终端应用软件等途径向社会提供便捷的查询服务。

信息主体查询公共信用信息按照以下规定执行：

（一）查询属性为社会公开的公共信用信息，可以通过登录“信用文登”网站，或者到指定服务窗口进行查询；

（二）查询自身属性为社会公开以外的公共信用信息，应当提供有效证件向区信用中心申请查询，或者登录区信用平台经电子身份实名认证后查询；

（三）查询其他信息主体属性为社会公开以外的公共信用信息，应当经被查询信息主体书面授权，到指定服务窗口进行查询。

第二十三条　信息提供主体因履行公共管理职责，需要查询部门共享公共信用信息的，应当向区信用中心提出书面申请，并按相关规定程序进行查询。

信息提供主体应当建立本单位公共信用信息查询制度规范，设定本单位查询人员的权限和查询程序，并建立查询日志，记载查询人员姓名、查询时间、内容及用途。查询日志应当长期保存。

第四章　公共信用信息应用

第二十四条　行政机关、法律法规授权的具有公共事务管理职能的组织，在依法履行下列职责时，应当查询应用公共信用信息，并将其作为实施行政管理的必要条件或者重要参考依据：

（一）发展改革、食品药品安全、产品质量、环境保护、医疗卫生、安全生产、工程建设、交通运输、海洋与渔业、工商行政管理、旅游管理、社会组织管理、治安管理、人口管理、知识产权、社会保险、劳动用工等领域的行政监督事项；

（二）行政许可、政府采购、政府

购买公共服务、招标投标、公共资源交易、政策扶持、科研管理等事项；

（三）人员招录、职务任用、职务晋升、表彰奖励等事项；

（四）需要查询应用公共信用信息的其他事项。

第二十五条　行政机关、法律法规授权的具有公共事务管理职能的组织，在行政审批、政府采购、招标投标、公共资源交易、财政性资金安排、评先评优等市场监管和公共服务过程中，对信用状况良好的信息主体采取优先办理、简化程序或者优先选择等激励措施。

第二十六条　行政机关、法律法规授权的具有公共事务管理职能的组织，对有失信行为记录的信息主体，应当加强日常监管，撤销其相关领域的荣誉称号，并在市场准入、行政审批、资质认定、政府采购、招标投标、公共资源交易、享受政府优惠政策和财政补贴、评先评优等方面，建立跨部门失信约束机制，对失信者依法予以限制，对严重失信者依法实行市场禁入。

第二十七条　在开展金融活动、市场交易、企业治理、行业管理、社会公益等活动中，鼓励应用公共信用信息，防范交易风险，促进行业自律，推动形成市场化的激励和约束机制。

第二十八条　鼓励信用服务机构应用公共信用信息，开发和创新信用产品，扩大信用产品的使用范围。

第五章　信用信息异议处理与投诉

第二十九条　信息主体认为区信用平台披露的公共信用信息存在下列情形之一的，可以向区信用中心提出书面异议申请，并提交相关证据材料：

（一）公共信用信息记载存在错误或者遗漏的；

（二）侵犯其商业秘密、个人隐私的；

（三）失信信息超过披露期限仍未删除的。

第三十条　区信用中心收到异议申请后，应当在3个工作日内进行信息比对。区信用平台记载的信息与信息提供主体提供的信息确有不一致的，区信用中心应当予以更正，并通知信息主体。区信用平台记载的信息与信息提供主体提供的信息一致的，区信用中心应当将异议申请转至信息提供主体。

信息提供主体自收到异议申请之日起，应当在15个工作日内进行核查和处理，异议成立的，予以更正，并将核查结果告知区信用中心。区信用中心应当及时处理并通知信息主体。

异议申请正在处理过程中，或者异议申请已处理完毕但信息主体仍然有异议的，区信用中心提供信息查询时应当予以标注。

信息提供主体未按照规定核查异议信息并将处理结果告知区信用中心的，区信用中心应当中止向社会提供该信息的查询。

第三十一条　信息主体认为信息提供主体、公共信用信息工作主管部门和工作机构在公共信用信息归集、应用和管理中的具体行为侵犯其合法权益的，可以依法申请行政复议或者提起行政诉讼。

第三十二条　信息主体可以要求区信用平台删除其表彰奖励、志愿服务、慈善捐赠等信息。区信用中心应当在收到申请之日起，及时通知信息提供主体在5个工作日内删除相关信息。

第六章　公共信用信息安全与监督

第三十三条　区信用中心应当严格执行公共信用信息安全等级保护制度，建立健全安全防护、安全管理、安全检测等标准，加强技术创新，确保公共信用信息归集、整理、存储、加工、交换、公布等各环节的安全。

第三十四条　区信用中心应当建立内部信息安全管理制度规范，明确岗位职责，设定工作人员的查询权限和查询程序，建立公共信用信息归集和查询日志并长期保存，保障区信用平台正常运行和信息安全。

第三十五条　信息提供主体、公共信用信息工作主管部门和工作机构及其工作人员，有下列行为之一的，视情节轻重，由其所在单位或者主管部门、监察机关对相关责任人依法依规给予处分；构成犯罪的，依法追究刑事责任：

（一）以不正当手段归集公共信用信息的；

（二）未及时、准确、全面提供公共信用信息的；

（三）越权查询公共信用信息的；

（四）篡改、虚构、违规删除公共信用信息的；

（五）泄露未经授权公开的公共信用信息的；

（六）泄露涉及国家秘密、商业秘密、个人隐私的公共信用信息的；

（七）法律、法规和规章禁止的其他行为。

第七章　附　则

第三十六条　全区行政区域内其他机关和组织所产生或者获取的公共信用信息的管理，参照本办法执行。

第三十七条　本办法自2017年10月12日起实施，有效期至2022年10月11日。

威海市文登区人民政府
关于印发威海市文登区守信联合激励和失信联合惩戒办法的通知

威文政发〔2017〕79号

各镇人民政府，各街道办事处，南海新区、开发区、埠口港、金山管委，区政府各部门、单位：

现将《威海市文登区守信联合激励和失信联合惩戒办法》印发给你们，请认真贯彻执行。

威海市文登区人民政府

2017年10月12日

威海市文登区守信联合激励和失信联合惩戒办法

第一章　总　则

第一条　为加快推进“信用文登”建设，构建信用联合奖惩机制，营造诚实守信的信用环境，根据《国务院关于建立完善守信联合激励和失信联合惩戒制度加快推进社会诚信建设的指导意见》《威海市守信联合激励和失信联合惩戒办法》等有关规定，结合我区实际，制定本办法。

第二条　全区行政区域内自然人、法人、非法人组织（以下统称信息主体）守信激励和失信惩戒及其管理，适用本办法。

第三条　区发展改革局、人民银行文登支行（以下统称区信用主管部门）负责对信息主体信用行为认定及奖惩工作进行监督和指导。

第四条　威海市文登区社会信用管理中心（以下简称区信用中心）负责区公共信用信息平台和“信用文登”网站的建设、运行和维护，为实施联合奖惩提供保障。

第五条　区级行政机关、司法机关、法律法规授权的具有管理公共事务职能的组织、群团组织（以下统称职能部门），应当根据职责权限和实际情况，建立本领域守信“红名单”和失信“黑名单”制度，制定守信、失信行为认定标准和信用奖惩实施细则，组织实施信用联合奖惩。

第二章　守信激励和失信惩戒

第六条　有下列情形之一的，职能部门应当将信息主体纳入守信“红名单”，作为联合激励对象：

（一）获得县级以上单位表彰、奖励的；

（二）被职能部门在分类监管中确定为优良等级的；

（三）经职能部门认定的其他情形。

第七条　相关职能部门可以在法定权限内对联合激励对象采取以下激励措施：

（一）公开发布守信“红名单”；

（二）减少日常检查和专项检查的频次；

（三）在办理行政许可过程中，根据实际情况给予“容缺受理”和“绿色通道”等便利化服务措施；

（四）在参加政府投资建设项目招标投标、公共资源交易、申请财政性资金和政府优惠政策时，给予适当加分或优先考虑；

（五）在教育、就业、创业等公共服务方面给予重点支持和优先便利；

（六）在干部选拔、评先选优等方面给予优先考虑；

（七）依法可以采取的其他守信激励措施。

第八条　有下列情形之一的，职能部门应当将信息主体纳入失信“黑名单”，作为联合惩戒对象：

（一）在食品药品、生态环境、工程建设、产品质量、安全生产、消防安全、强制性产品认证等领域有严重危害人民群众身体健康和公共安全行为的；

（二）在招标投标、合同履行、知识产权保护、公共资源交易、社会中介服务等方面有严重破坏市场公平竞争秩序行为的；

（三）有非法占用土地、林地、海域等自然资源，或者严重违反城乡规划建设管理行为的；

（四）有逃税骗税、非法集资、传销、无证照经营、恶意欠薪、散布虚假广告、侵害消费者权益、破坏网络空间传播秩序等严重扰乱社会秩序行为的；

（五）有履行能力但拒不履行、逃避执行法院生效的法律文书、仲裁机构生效的裁决或行政机关生效的行政决定等行为的；

（六）有拒不履行国防义务，拒绝、逃避兵役，拒绝、拖延民用资源征用或者阻碍对被征用的民用资源进行改造，危害国防利益，破坏国防设施等行为的；

（七）对违法违规行为拒不改正的；

（八）经职能部门认定的其他情形。

第九条 相关职能部门可以在法定权限内对联合惩戒对象采取下列行政性约束和惩戒措施：

（一）公开发布失信“黑名单”；

（二）列为日常重点监管对象，加强监管；

（三）限制参加评先评优或撤销既得荣誉；

（四）限制担任企业法定代表人、负责人；

（五）限制参加公共资源交易；

（六）限制取得政府资金等政策支持；

（七）限制上市融资、发行债券；

（八）限制或禁止市场和行业准入；

（九）从严核准或审批企业新增项目；

（十）作为金融机构严格信贷审批的重要参考；

（十一）依法可以采取的其他失信惩戒措施。

第三章 联合奖惩程序

第十条 职能部门应当根据管理实际，确定守信“红名单”和失信“黑名单”信息公布方式和范围。

守信“红名单”和失信“黑名单”信息应当自形成之日起5个工作日内，按照相关程序推送至区公共信用信息平台。

第十一条 守信“红名单”和失信“黑名单”信息，主要包括下列内容：

（一）信息主体的基本信息，包括自然人的姓名、身份证号码，法人及非法人组织的名称、统一社会信用代码、法定代表人或主要负责人姓名及身份证号码等；

（二）列入守信“红名单”和失信“黑名单”的事由，依据有权机关决定列入的，应当载明有关法律文书的名称和编号；

（三）守信“红名单”和失信“黑名单”信息移出日期；

（四）应当披露的其他信息。

第十二条 区信用中心应当依托区公共信用信息平台，在10个工作日内对守信“红名单”和失信“黑名单”信息进行比对、归类、整合，并推送到各职能部门。

信息主体被列入守信“红名单”后发生失信行为的，应当移出守信“红名单”。

第十三条 相关职能部门在收到区公共信用信息平台推送的守信“红名单”和失信“黑名单”信息后，应当根据各自职能，在本系统内对联合奖惩对象采取相应的奖惩措施。

第十四条 鼓励社会法人、非法人组织和自然人在开展信用交易或者其他活动过程中，查询和使用信息主体信用信息，降低交易风险。

第四章 权益保护

第十五条 职能部门将信息主体列入守信“红名单”和失信“黑名单”前，应当书面告知信息主体并听取意见，信息主体提出不同意见的，应当进行调查核实。

第十六条 守信“红名单”和失信“黑名单”信息移出日期由提供信息的职能部门（以下称信息提供单位）确定，披露期限最长不超过5年，法律、法规、规章另有规定的，依照其规定。在失信信息主体尚未全面履行法定义务前，暂不设定移出日期。

失信信息主体全面履行法定义务后，信息提供单位应当及时报送其履行信息，并设定移出日期。

第十七条 信息提供单位应当建立有利于自我纠错、主动更新的信用修复机制。

信息主体符合以下情形之一的，可以向信息提供单位提出信用修复申请：

（一）初次列入失信“黑名单”，但已按规定全面履行法定义务或完成整改，且在其后6个月内再未发生严重失信行为的；

（二）非初次列入失信“黑名单”，但已按规定全面履行法定义务或完成整改，且在其后12个月内再未发生严重失信行为的；

（三）有信息提供单位认可的其他重大悔改表现，并已采取有效措施防止再次发生严重失信行为的。

第十八条 信息提供单位收到信息主体信用修复书面申请后，根据其实际悔改表现决定是否提前移出失信“黑名单”。符合提前移出条件的，应当在15个工作日内作出决定，并书面告知区信用中心；不符合提前移出条件的，应当告知信息主体，并说明理由。

区信用中心应当按照信息提供单位的决定，及时对失信“黑名单”相关信息进行修改。

第十九条 列入守信“红名单”和失信“黑名单”信息主体存在异议的，可按照《威海市文登区公共信用信息管理办法》有关规定，向区信用中心提出书面异议申请。

第五章 管理和保障

第二十条 区信用主管部门应当定期督查、考评职能部门执行信用联合奖惩情况，及时总结、推广好的做法和经验。

各职能部门应当每季度向区信用主管部门报送信用联合奖惩实施情况报告。

第二十一条 违反本办法规定，有下列行为之一的，由区政府给予通报批评；情节严重的，依法追究相关单位负责人和直接责任人的责任：

（一）未建立本领域守信“红名单”和失信“黑名单”制度的；

（二）未及时推送守信“红名单”和失信“黑名单”信息的；

（三）未对信息主体实施联合奖惩的；

（四）记录信息不实或提供错误联合奖惩信息产生不良影响的。

第六章 附 则

第二十二条 本办法自2017年10月12日起实施，有效期至2022年10月11日。

媒体看文登

打造威海经济中心
——新起点上的文登战略抉择

刚刚闭幕的市第十五次党代会再次明确，要坚持“中心崛起、两轴支撑、环海发展、一体化布局”，进一步做大做强中心城市。同时，也对文登发展提出新的目标和要求——加快对接，实现同城融合发展。

新的起点，重任在肩，文登该如何进行战略抉择？对此，文登人的回答是：围绕打造威海经济中心一个目标，全面实施全域统筹、工业带动、同城共建、创新开放、绿色发展、民生共享六大战略，在全面建成小康社会的进程中走在前列。这是市委、市政府的殷切要求，也是文登在新一轮区域竞争中的必然选择。

布局：一轴两翼多点，构建区域发展新格局

文登地处“两轴”的重要位置，对接中心城区，把中心轴做强、做出优势，并将昆嵛山旅游度假区和综合保税区打造成为新的发展引擎，是文登面临的重大课题。而这，恰恰与文登实施全域统筹战略，构建“一轴带动、两翼助推、多点突破、整体联动”格局高度契合。

经过多年发展，文登“一轴”已经基本成型——中心城区、经济开发区和南海新区三区联动，先进制造业隆起带加速崛起，带动作用初步显现。“两翼”正借势起飞——综合保税区基础设施和招商合作同步推进，今年将通过封关验收，成为全市开发的新平台；昆嵛山抽水蓄能电站顺利推进，全面拉开昆嵛山旅游度假区发展框架。

全域统筹，关键在镇域，难点也在镇域。针对镇域经济发展迟缓、村集体经济薄弱的短板，文登不回避不隐藏，而是将镇域作为全域统筹发展的重要突破口，大力发展特色小镇，制订实施了《统筹镇村建设提升镇域发展水平的意见》，拿出专项资金，引导鼓励镇域明确产业重点，提升承载能力。今年还将根据镇域基础设施承载实体经济和产业发展的有效程度，实行差异化扶持，各镇以设施配套支撑产业、以产业发展带动城镇建设。

眼下，位于张家产镇的西洋参（文登）交易中心正加紧内部装修，即将迎来第一批入驻商户。与之相距不远，3个西洋参加工项目正在进行土地平整、基础建设等工作。依托交易中心和产业项目，张家产镇将进一步壮大西洋参产业，放大品牌“洼地效应”，把西洋参定价权和交易权留在文登。

和张家产镇一样，按照以镇聚产、以产兴镇的基本思路，文登镇域纷纷发力：宋村、葛家等国家和省级重点镇，借助政策支持，做强特色制造、文化旅游等产业，实现率先突破；米山、张家产等城区周边镇，依托城区辐射带动，发展物流、商贸、休闲旅游等产业，实现城镇整合发展；泽库、埠口、葛家、高村、侯家等沿海和资源特色突出的镇，依托优势，加快发展海产品加工、渔业休闲、健康养生、高效农业等产业，把资源优势转化为产业优势，实现以产业带动镇域发展，以产业促进群众增收。

依托“一轴两翼多点”的发展带动，文登逐步构建起各个板块、镇域、城乡之间优势互补、产业互动和设施互通，最终实现产业向园区聚集、人口向城镇聚集，区域一体、协调联动的发展局面。

发力：振兴实体经济，带动产业转型提升

振兴实体经济，关键在工业。

一组数据显示，近两年文登工业增加值占GDP的比重达45%，工业企业吸纳就业占新增就业的比重超过70%，工业占全区税收收入的比重达到45.83%；在去年纳税前二十强的企业中，工业企业有12家。工业之于文登，重要性不言而喻。

“把工业作为今后相当长一个时期产业发展的重点，集中优势要素资源全力突破。”——新年伊始，文登就释放出强烈而鲜明的信号，显示出振兴实体经济带动产业转型提升的坚定态度和决心。

在坚定态度和决心的背后，是文登推出的力度空前的“加油包”：进一步充实完善《工业转型发展的意见》，区级财政扶持专项资金从每年安排1个亿提高到2个亿，加上2.5亿元的产业发展基金和股权投资基金支持企业发展，对一些企业，特别是骨干企业采取一事一议，量身打造扶持政策。

既有“真金白银”又有“贴心服务”。相关职能部门和各镇街、园区一起，结合当前服务与长远培育，筛选确定一批重点企业，开展“一对一”的针对性服务，准确掌握企业的生产运营情况、存在的困难问题，并及时为企业排忧解难，助力企业发展。

多重激励，剑指高端。沿着高端化、集群化、智能化的方向，文登着力培植“361”产业集群，推动制造业转型升级，建设全市乃至全省重要的先进制造业基地。汽车及零部件、机电工具、工艺家纺三大传统优势产业改造升级，向产业链、价值链中高端攀升。

在威力工具集团，一款具有自动记忆、传输、储存和识别功能的新一代扭力扳手的研发量产引起不小轰动，它的出现一举打破了智能数显扭力扳手国外技术垄断，威力工具也成为国内首家高智能数显扭矩扳手生产企业。

新材料、生物医药、新一代电子信息、新能源及新能源汽车、节能环保、通用航空六大新兴产业围绕培育龙头企业、关联企业集聚，打造具有较强竞争力的新兴优势产业集群，并全力推动以智能制造为重点的未来产业加快崛起。

在实施工业带动战略的同时，文登坚持以创新开放推动发展，通过创新激发动力，支持公共创新服务平台建设，建立新型孵化机构，加强管理创新、制度创新和机制创新，调动各方面的力量，并通过做活市场机制、做优市场环境、做强市场功能，进一步释放深化改革的活力，以及通过扩大开放激活潜力，使转型跨越新动能竞相迸发。

共享：让城市更具气质，百姓更有幸福感

同城共建，交通先行。

在文登交通部门列出的“四纵三横”骨干路网的建设进度表中，日程排得满满当当，东部202省道改线和道呼线的改建工程，年内要建成通车；大疏港路的路线规划正在紧张进行；圣经山至南海的快速通道北段年内动工；309国道的改线南移规划纳入省里的“十三五”规划……

围绕实现同城同享同待遇的目标，文登区在规划布局上，坚持同城谋划，在各个层面与中心城区融为一体。在城乡建设上，坚持同城同标，按照中心城区的标准和无缝衔接的要求，统筹规划各类配套设施，并加快向镇级延伸覆盖。

生态环境是文登的资源财富，也是文登发展不容触碰的底线。眼下，正在实施的西郊热电投资7500万元实施3台锅炉超低排放升级改造工程已经接近尾声，完工后年可减排二氧化硫588吨，氮氧化物534吨；正在实施的二级水源地保护区和禁养区畜禽养殖场污染整治行动，今年完成10%；全面推行企业清洁生产，天润曲轴公司47个可行清洁生产方案全部实施，年可为企业节电1000万千瓦时，减少焦炭使用量1万吨……伴随一连串生态建设重点工程的实施，今年文登围绕提升生态环境质量，实行最严格的环境保护制度，形成政府、企业、公众公治的环境治理体系等一系列措施，使天更蓝、山更绿、空气更清新。

实施智慧教育工程，全面改善教育信息化基础条件；居民医保参保率达到99.9%，财政补贴标准进一步提高；发放创业贷款4500万元，带动2000人就业或再就业……今年的为民办实事清单囊括了优化教育环境、医疗和养老保险提标、创业就业扶持等15大类，56项，可谓分量十足。

“民生共享实际解决的是为什么出发，发展为了什么，关乎百姓幸福和健康，更关乎百姓生活的尊严。”文登的决策者这样认为。今年，文登在养老、低保、医保救助等社会保障方面力度继续加大，在文化、教育、体育等公共服务领域努力走在全市前列，并通过大力弘扬社会主义核心价值观，实施思想道德建设工程，培育更加文明的城市气质，构建更为和谐的社会环境，让百姓生活更加幸福，更有尊严。

实施六大战略，打造威海经济中心，沿着这一战略抉择，文登在新起点上转型发展蹄疾步稳，风劲帆扬。

（孙世超　王海政　张小寒《威海日报》3月7日载）

文登：百万“虫兵”护果树

在山东省威海市文登区泽头镇峰山村，有300亩特殊的苹果园。

这里有百万“虫兵”护卫，它们以果树行间丛生的杂草为栖息地生长繁衍，以果树害虫为食。这些“虫兵”可是峰山村生态苹果种植基地负责人谭业明的宝贝。

时值夏季果树蚜虫易暴发的季节，谭业明却一点也不愁。几天前，上千包的七星瓢虫卵包已经安装上树，上百万的成虫正陆续孵化出包，它们将和果园草丛中自然生长的七星瓢虫一起，成为果树蚜虫的克星。

“虫卵是从南方专业生产机构挑选购买的，当温度在8至32摄氏度之间时，只要把虫卵包撕开一个小口，里面的虫卵三四天就可以孵化为成虫。”谭业明说。在他的果园里，每棵果树的树干上都装订有一个10厘米左右的白色纸袋，这些便是七星瓢虫的虫卵包。

“果树不同时期的病害不同，释放的天敌也不一样。”目前，谭业明主要使用四种天敌来有针对性地防治苹果树四类常见害虫。“现在果树疏果期易发蚜虫，我们用的是七星瓢虫，接下来是防治桃小食心虫，我们将购买赤眼蜂来对抗。另外，还会用捕食螨对抗果树的红蜘蛛，用螳螂对抗果树上的蝉。”

天敌治虫就是买虫放虫？可没这么简单。天敌治虫模式依托的是果园的一个完整的生态系统，为此，谭业明从果园建设之初就开始布局：果园始建时就铺设了90厘米厚的秸秆、20厘米厚的土杂肥，一次性施足底肥，以后不再施肥。“以此为基础，全面改善土质、增加土壤透气性，杂草也得以生长，从而保证生物多样性。另外，在果园周边种植柳树林，挖深沟，作为天然隔离带，防止水源污染和外来物体漂移。”有了这些，“虫兵”才算有了安家落户的条件。

“天敌的加入，看上去只是避免了农药的施用，让苹果更绿色，而实际上也间接为苹果的口感品质提升作出了重要贡献。”谭业明介绍，有了“虫兵”，就避免了施用农药对土壤带来的

污染，蚯蚓就可以更好地在土层生长，从而有效提升了土壤的有机质含量，使苹果的口感、品质更好。

请“虫兵”，谭业明还有一笔经济账：“姑且不算果园建设初期的生态系统基础建设投入，单就“虫兵”对农药的替代性来说，300亩连片果园如果施用农药，以一亩300多元计算，一年就需要10万元左右，而放虫一年总成本约2万元。随着果园生态系统的完善，自然繁衍的天敌增多，放虫成本还会减少。”

果农刘文栋种了半辈子苹果。起初每每经过谭业明的果园，看着果树行间丛生的杂草，他就打心底里不看好，“用草养虫好是好，但地里的养分不都让草‘吃’了吗？”对于这个问题，谭业明请来的技术顾问、国家苹果技术产业体系山东试验站站长姜忠武给出了解答：“其实，果树对土壤中肥料的吸收率不到30%，剩下的就是太阳蒸发、水土流失，再就是板结在土壤里了。杂草即便是吸收，最多也只有40%，根本不涉及抢夺果树养分的问题。吸收了养料的野草在秋冬倒伏腐烂后还会还田成为有机肥。”

依靠先进技术，谭业明不仅科学地种树，还结出了“智慧”苹果。他在果园里建起智慧农业感知管理系统，安装在苹果园内的土壤传感器、空气捕捉器和监控摄像头，能够实时直播果树现场画面，果园的空气质量、温度、土壤墒情、病虫害等各项数据也会每隔1.5小时汇总到远程控制终端，进而传送到服务管理平台，一旦出现指标值不达标的情况，系统就会响起警报。

“现在，登陆微信公众号，就可以查看每棵果树的实时画面、环境变量、设施的运行情况和历史数据等。”依托这套智慧技术，谭业明的果园监控管理不再受到时空局限，手机种树成为现实，吸引着一批外地人“认领”起谭业明的果树。

据介绍，谭业明的果园已入选国家级现代苹果产业技术示范基地。这里出产的苹果，普通果的价格是市场价的两倍以上，500克以上的优质果每个卖到了60元以上。

（张小寒 《农民日报》6月29日载）

让村子好起来　让村民富起来

——追记山东威海峰山村原党支部书记谭新华

6月12日，乌云密布，天气闷热。这天，也是人们为山东省威海市文登区泽头镇峰山村原党支部书记谭新华追悼永别的日子。至亲本想为谭新华举办一场简单的送行仪式，却不想全村村民、和谭新华打过交道的朋友等800多人挤满了殡仪馆。

一位最基层的村支部书记的离去令村民们这样不舍，谭新华究竟是一个什么样的人？

直选会上获全票

家人眼中的谭新华非常平凡，可他却是峰山村公认的能人。

2007年，在峰山村村委会主任的直选中，获得全票赞成的是谭新华。因为当时谭新华的户口不在村里，这次选举无效。组织人员又进行了一次选举，可所有的选票上还是写着谭新华。

峰山村是泽头镇北部一个小山村，条件差，底子薄。看着邻村新农村建设热火朝天，村民又羡慕又焦急，就盼着能有个好干部带领他们过上好日子。正直善良又退休在家的谭新华成了村民们的不二之选。

面对村民的热切期盼，谭新华有些犹豫。早在2004年，谭新华就被查出了肝癌，医生告诫他绝对不能再劳累了。他的家人更是反对，就希望谭新华能在退休之后好好调理身体。

选举就这样僵持无果，谭新华却因病情加重而到济南住院治疗。但是在济南没待几天，谭新华就得知峰山村因为欠费停水了，村里的老百姓连水都吃不上了。谭新华再也躺不住了，不顾医生和家人的劝阻，毅然放弃治疗回到村里。

回村那天，全村的男女老少都在村口迎接他。谭新华笑着对大家说：“大家伙儿放心吧，我回来就不走了！”就这样，谭新华把户口迁回了老家，成为峰山村的村委会主任。

那一年，谭新华61岁，峰山村的账本上还欠着15.8万元的外债。

“豁出去这百十来斤”

“村民‘自私’地选了一个无私的人。”峰山村会计于所军直言，村民很清楚谭新华的为人，他不好吃、不好喝，更不会拿集体一分钱。

当选村委会主任不久，谭新华又担任了村党支部书记。这时，他遇到了最难的事情——村环境整治。2008年，峰山村被列为第一批环境整治村。谭新华带领6位党小组长、7位村民代表率先拆除自家的占道建筑，接着村民们也都自觉自愿地加入进来。短短几天时间，全村拆除占道建筑400多个，村内东西、南北三纵两横五条主街道亮堂了。

谭新华说过这么一句话：“豁出去这百十来斤，也要为大家伙儿干点事。”为了实现这份承诺，谭新华每年至少要为村里办一件大事。

2010年，峰山村有了村委办公室、村民活动室、图书室、医疗室等，20间新瓦房成了全村的中心。2011年，挖大口井；2012年，北河清淤；2013年，修理河坝；2014年，改造电网；2015年，建成平安村庄；2016年，新挖水塘4个，硬化田间路1300米。

每每提起朝夕相处的谭新华，于所军的眼泪总是在眼眶里打转。和谭新华共事10年，于所军比他的家人还了解这位父亲一般的老书记。谭新华对峰山村是慷慨的，于所军曾粗略统计，从扩建林场水塘、修连村路、修扬水站、修河坝到修自来水，他无偿投入100多万元。谭新华对自己却是抠门儿的，为了帮助村子节省不必要的开支，村里的工程所需要的建筑材料都是谭新华自己去材料市场多次讨价还价买来的，质量好价格也不贵。

临终的牵挂还是村子

峰山村的发展越来越好，谭新华的病情却不断恶化，体重从170斤陡降到110斤。

即使在被病痛折磨得最严重的日子里，谭新华也没有停止工作。69岁的刘文栋也曾是峰山村的村支书，是村里的热心人。有一天，刘文栋看到村后的水塘淤了，就跑去谭新华家和他说了这件事。当时的谭新华已经非常虚弱，需要躺在床上静养，可是当他听到这件事后直接拿上手机和手电筒就出门了。

今年2月，谭新华病情加重住进了医院。在病床上，用杜冷丁止痛的谭新华仍然操心村里的事。渐渐地，谭新华的意识开始模糊，可只要清醒的时候，谭新华就会问，村里的水塘干没干，村里的小麦是不是抽穗了……

“天这么旱，村里怎么办？”这是谭新华离开时的最后一句话。6月6日上午9时40分，谭新华永远离开了他的村子。

这就是谭新华，一名普普通通的共产党员，直到生命结束的那一刻也没放下他最深的牵挂——让村子好起来，让村民富起来。

半个月后，15个水塘出现在峰山村里。原来是谭新华的儿子谭业明用自家的两台推土机，给村子挖好了水塘，让村民们灌溉无忧。谭业明还打算在村里建一个生态养猪场，解决父亲一直操心的村子没有收入这件事。谭业明说：“父亲走后，我才更理解他。他没干完的事情我和弟弟会继续干下去。”

（赵秋丽　杜晓莹　《光明日报》7月10日载）

威海市文登区发布《卫生与人群健康状况报告》

8月30日，山东省威海市文登区举办了《卫生与人群健康状况报告》发布活动，这是全国首部县级卫生与人群健康状况报告。报告的发布旨在深入开展全民健康教育和健康促进活动，倡导健康生活方式，不断提升健康素养，推动全民共建共享健康城市，这也意味着普通市民有了政府权威规范的“健康白皮书”。

据介绍，威海市文登区去年成为国家第一批健康城市试点区之一，全面启动了全国健康城市建设，通过进一步改善健康环境，培育健康人群，优化健康服务，加速构建健康社会，营造健康文化，发展健康产业，建设生态、宜居、文明、和谐的健康城市。编制《报告》是健康城市建设的一项重要内容，由文登区委、区政府与山东大学公共卫生学院合作，历时15个月完成，并配套出版《居民健康手册》。

《报告》整体包括文登区概况、人群健康状况、健康服务状况、健康环境、成效分析、问题与挑战、附件七大部分。阐明了文登居民的健康状况及文登卫生计生事业的发展情况，该书的发布将有效指导群众学习和掌握预防保健常识，增强对健康危险因素的防范意识，养成良好的生活方式和行为习惯。

山东大学教授徐凌忠表示，文登作为一个县级区，前瞻性地提出编著健康白皮书，十分有超前意识。在撰写《报告》过程中，发现文登区居民核心健康指标明显优于全国平均水平。这不仅是对文登优美的自然与社会环境、发达的经济、繁荣的文化等综合因素的首肯，也是文登区委、区政府以保障人民群众健康为中心，全面完善卫生与健康服务体系，通过多种形式、综合性的健康干预引领广大群众强化健康理念，逐步形成自主自律的健康行为的重要成果体现。

（于丹丹　新华网8月31日载）

文登：争当新旧动能转换先行军

撤市设区后，文登的区域定位、发展平台和竞争对手都发生了变化。作为威海向南延伸一轴的先进制造业隆起带，文登从来没有像现在这样迫切需要加快新旧动能转换，实现转型跨越发展。

文登以工业立区，有产业基础、有承载能力、有发展空间，是建设威海经济中心、加快与主城区同城化的强力支撑点。文登工业已经形成传统产业和新兴产业齐头并进的良好局面，在“双百计划”“十三五”工业发展“361”规划等政策驱动下，正由文登“制造”迈向文登“智造”，发展势头迅猛强劲，迫切需要转型升级、提质增效。

大势之下，文登抓以制造业为代表的实体经济战略不动摇，抓以“放管服”为重点的提升优化政府服务质量思路不动摇，把实施新旧动能转换重大工程作为推进经济社会持续健康发展的重要抓手，以前所未有的决心和力度，出实招、用实劲、求实效，在新旧动能转换中走在前列。

走出动能转换“文登路径”

没有落后的传统产业，只有落后的产业传统。文登坚持工业立区、工业强区，突出抓好工业转型发展，挺起实体经济发展的脊梁，凝聚区域竞争优势，壮大区域发展实力，努力打造威海经济中心。

按照工业发展“361”规划，文登坚持以高端化为方向，推动汽车及零部件、机电工具、工艺家纺三大传统优势产业加快向产业链、价值链中高端攀升。坚持以集群化为方向，新材料、生物医药、新一代电子信息、新能源及新能源汽车、节能环保、通用航空六大新兴产业突破发展，培育形成具有较强竞争力的新兴优势产业集群。坚持以智能化为方向，推动信息技术与制造业深度融合，培育形成以智能制造为重点的未来产业。以工业带动服务业向专业化、规模化、精细化突破，农业向特色化、标准化、产业化发展。

文登专门制定出台了《关于加快新旧动能转换推动工业转型升级发展的意见》，部署了新旧动能转换工作，提出了产业智慧化、智慧产业化、跨界融合化、品牌高端化“四化”目标，为动能转换的文登路径找准了发力方向：

产业智慧化就是要“有中生新”，突出传统产业改造升级换代，推动“老树发新芽”。做厚做实三大传统产业家底，全面对接智慧经济、大数据等新兴业态，促进产业向“微笑曲线”两端延伸，向中高端迈进，实现凤凰涅槃、浴火重生。

智慧产业化就是要“无中生有”，突出新兴产业引进培育，抢占产业发展的制高点。强化研发创新，补强技术短板，引导聚集发展，夯实基础支撑。

跨界融合化就是要“有中生优”，突出三次产业之间、内部之间、行业之间的融合整合，培育挖掘更多新的增长点。大力推动传统产业与新兴产业、实体经济与虚拟经济、硬件生产与软件开发等融合发展，形成多元化、多层次产业联动发展格局。

品牌高端化就是要“优中生强”，突出实施品牌战略，不断提高产品质量、层次和效益。加快从生产加工型向品牌导向型转变，以品牌的特色化、高端化增创发展新优势。

思路清，方向明。一时间，利用新旧动能转换的契机，紧紧抓住工业带动这个“牛鼻子”，推动全区各大产业向中高端迈进，促进经济转型升级提质增效，成为全区上下高度统一的共识。

打造动能转换“文登引擎”

引擎点燃，动力强劲。文登区先行先试注重实效，明确了新技术、新产业、新业态、新模式的“四新”实现路径，激发和强化企业五大动力，走好五条路子，打造动能转换新引擎。

注重强化科技创新，走好创新驱动的路子。坚持问题导向，加强自主研发、整合利用资源、生产装备升级，在科技创新上集中发力，形成核心竞争优势。注重强化“互联网+”，走好多业态融合发展的路子。进一步缩短企业与市场、消费者之间的距离和响应时间，提升企业发展内生动力。注重强化人才培养，走好持续发展的路子。深入实施“英才计划”，积极开展企业家培育计划，加强高技能人才队伍建设，切实解决人才短缺问题。注重强化品牌创建，走好质量兴企的路子。从质量文化和体制机制入手，以高标准引领企业质量型增长、内涵式发展。注重强化市场开拓，走好现代营销的路子。运用网络营销拓展市场，做好线上线下互动、实体店与虚拟网络结合的文章，不断优化消费路径，打破场景限制，提高营销水平。

在天润曲轴生产车间，伴随大型现代化机器作业，一排排曲轴产品在长龙般延展的生产线上现身，随之源源不断输往全球。天润曲轴将资源向技术研发倾斜，用品质打动了戴姆勒、卡特彼勒、康明斯等国际知名企业，带动高端产品的销售收入占比提升至70%以上。

威力工具从产品研发、技术改造、品牌建设等方面发力，“智造”出了一件又一件具有自主知识产权的“小工具”，赢得了国内外客户的青睐，其中智能数显扭力扳手已在中车集团的生产线上投入使用。2016年，威力工具集团销售收入7亿多元，利税9000多万元。

传统产业向高端进发的同时，新材料、生物医药、新能源及新能源汽车、节能环保等六大新兴产业也在快速提升。

通过创新确定契合时代发展的方向和产品，很有可能就领先一个时代。宏安集团就是抓住了这样的机遇，迎来了新一轮膨胀发展的黄金时期。宏安集团抢抓国家“一带一路”“宽带中国”等机遇，专心主业，不断推出新产品，扩大规模和产能，逐渐跻身国内光电线缆行业第一方阵。依托博士后科研工作站、省级技术中心等科研平台，宏安集团先后取得了19项国家专利，10项省级企业技术创新项目，研发了20多个新产品，加快由出售产品向出售方案设计转变。在营销模式上，由以前的以销定产转向国内外市场“两条腿走路”，沿着“一带一路”战略，将营销着力点向缅甸、老挝、尼泊尔、孟加拉国等国家辐射，并打开了非洲市场，眼界越来越宽，思路越来越阔，劲头越来越足。

营造动能转换“文登环境”

良好的发展环境是吸引力、竞争力，也是生产力，是加快新旧动能转换的重要保障和强大支撑。为此，文登区坚持“企业负责茁壮成长，政府负责阳光雨露”，一度一周之内连续下发两个深化“放管服”工作文件，加强营造良好的法治环境、社会环境、政策环境、生态化境，为企业送政策、送平台、送服务，使市场的“发动机”更强劲有力，政府的“方向盘”更有为有效，促企业转型升级之路越走越宽。

各部门、各单位担当作为、主动

服务，为企业送政策、搭平台，强力推进新旧动能转换；行政审批、政务服务相关部门深化“放管服”改革，优化政务服务，有效助力新旧动能转换；组织、纪检部门严明选人用人导向，严查工作作风纪律，有力保障新旧动能转换。尤其是在与企业发展息息相关的金融、服务、引才等方面，文登区不断探索创新上开创“新模式”，发挥“神奇”的催化作用，激发新旧动能转换过程中的新活力。

金融服务的“新模式”上，组织金融机构走进镇办、园区、企业，为企业进行一对一的融资定制服务。整合26家金融机构，搭建起集融资咨询、培训、担保于一体的融资大平台，深入推进“政产学研金”多边合作。

审批服务的“新模式”上，文登区推出了登记审批跨区域办理新规，让数据多跑路，群众少跑腿。按照“同区异地、全域通办”原则，办理登记审批不再受地域限制。前不久，文登区政务服务中心的“一窗式”服务正式上线，分建设工程项目、市场主体设立和社会经济事务三个模块，实施一个窗口受理，一个窗口出件，企业只需跑一次就可把事办好。

招才引智的“新模式”上，文登启动实施“创业文登十百千计划”，在全区建设10家创业孵化基地、10家创业型街道，每年扶持100名大学生实现基层创业，带动1000人就业，在凝聚、引领、服务创业者的同时，实现挖掘一批创业项目、汇聚一批投资基金、培育一批创业精英、融合一批创投资源。

（彭　辉　牟德鸿　王海政《大众日报》11月17日载）

到古镇享受慢时光

——文登区高村镇起笔全域旅游大文章

万家村梁氏庄园、沙柳村生态农业观光园、呼雷汤温泉及影视文化创意产业区、青龙河湿地公园……一批影响力大、富有特色、极具潜力的旅游品牌在文登区高村镇打响。

近年来，高村镇积极实施“文化兴镇、产业强镇”战略，充分发挥“山、海、湖、泉”旅游资源优势，全力推动旅游事业跨越发展，走出了一条“政府主导、文旅融合、统筹镇村、全域发展”的镇域旅游发展新模式，实现了从单纯的观光旅游向高品质文化休闲旅游的大跨越，力争将高村建设成为独具特色的温泉影视小镇。

梁氏庄园　打造精品特色景点

站在高村镇万家村中央向南远眺，风格迥异的山墙头在排排普通民房上露出头。爬上一间厢房的屋顶，眼前散集着的青砖黑瓦老房充满了古旧气息。穿行其中，青砖雕刻的飞檐、匠心独运的门簪、寓意吉祥的瓦当，一种穿梭在漫长时光隧道里的感觉，这里就是梁氏庄园遗存的建筑，高村镇一份极具历史价值的旅游开发资源。

万家村，元朝末年万姓来此定居而得名。《文登市志》记载：“清朝咸丰二年（1852年）梁氏兴建庄园。”梁氏庄园是清代官员梁萼涵及其后人历时73年营建的住宅。残存的梁氏庄园内房屋都比较完整，除了胶东、晋中、滇西三种特色风格的墙头，屋顶的釜台和瓦当也保存的相当完整。蟠龙、青蚨、蝴蝶、燕子、梅花、莲花、石榴等花纹都出现在瓦当之上，还有福、寿、喜等字在文字瓦当上出现，或方峭流美，或刚柔曲直，加上瓦的青黑色，一番古朴意境跃上檐头。

日前，《梁氏庄园》一书出版，在填补梁氏庄园研究领域空白的同时，也再次揭开高村镇这一“名片”的面纱。梁氏庄园吸引了越来越多的关注目光，许多外地游客慕名而来。

高村镇政府相关负责人表示，高村镇将旅游发展与文化发展相结合，以文化为内涵，以特色为根本，以民宿为根基，加强对人文历史文化的研究，推进文化与旅游的紧密结合，提升旅游产品的文化品位，形成独特的文化品牌。

记者在万家村看到，为保护古建筑，已在外围建起了复古式的墙体，和老建筑有异曲同工之妙。据高村镇政府相关负责人介绍，为深入挖掘并充分开发这一历史资源，高村镇照“先保护、再挖掘、后开发”的思路，对梁氏庄园进行建设。目前梁氏庄园重点区域和基础设施建设已基本完工，现正在逐步开发古屋，发展民宿旅游同时由中青美景进行研究设计，深入挖掘梁氏庄园的历史文化价值，下一步将按照前期策划，采用PPP合作模式进行保护开发。

“未来的梁氏庄园将建成为一处集文化旅游、民宿采摘、影视拍摄于一体的历史影视文化基地，力争打造成为特色鲜明的高村镇旅游新地标。”高村镇政府相关负责人说。

据其介绍，在高村镇，不仅有万家村的古民宅，高村历史文化资源及其丰富。早在5500多年以前，就有人类在生息繁衍，留下了脉田、西山张家等遗址。如今，高村的明清老街、石板路、古门楼、修真观、慈口观、金岭寺、佛爷顶上的老城遗址尚存，还有慈口观兵工厂、墩后八路军招兵站、墩后胶东军区敌工站、汤泊阳村中共胶东特委联络站等众多革命遗迹，这些丰厚的历史文化资源，将成为下一步保护开发的重点。

此外，串黄河、扭秧歌、高村火烧、脉田糖瓜、二甲柳编……这些独具魅力的地域文化更是为高村镇增添了厚重色彩，为高村旅游发展注入活力。

沙柳现代农业观光园　培育旅游多元业态

“十·一”小长假期间，全面建成

开放的沙柳现代农业观光园，游客纷至沓来。15亩的阳光房里，榕树、铁树、酒瓶兰、九里香、非洲茉莉、椰子、香蕉、芒果、荔枝、黑珍珠莲雾、蜜柚等50多种散布期间，走在掩映在葱葱绿意中的小路，时不时给予游客一路惊喜。

据沙柳现代农业观光园副总经理孙国众介绍，阳光房去年10月开始投入使用，里面的植被11月栽种。今年春天正式开始对外接待游客，免费参观。

在生态园主要是特色水果采摘，大棚内种植有凤梨、西红柿、火龙果、哈密瓜、香瓜、网纹瓜、水果黄瓜等7个品种。沙瓤绵软、酸甜可口的沙柳村西红柿远近闻名，在沙柳观光生态园内，600多亩的西红柿年产量100多万斤。据孙国众介绍，生态园于2013年开始种植西红柿，每年2月至5月上旬是西红柿采摘季，游客的年采摘量在十多万斤左右。

去年10月从海南引进2万多棵红心火龙果，是生态园今年培育种植的新品种。在火龙果大棚里，记者见到一个个成人拳头大小的果子，几位工人正在棚内忙着修枝、除草、施有机肥。“今年1月开始结果，11月份是成熟期，预计今年能结果4万多个。”孙国众说。

在沙柳现代农业生态园还有一个特殊的水果品种——凤梨，去年11月从海南引入，是全市第一家种植凤梨的生态园。孙国众说，今年生态园将栽种4亩草莓，以满足游客不同的水果采摘选择。

9个月接待游客1万人次，在孙国众看来，随着生态园的建设，将会吸引越来越多的游客。

据高村镇政府相关负责人介绍，按照文登区委、区政府“三区六带”农业发展格局，高村镇结合地理位置和现有资源优势，科学制定规划，分别推出西红柿、草莓、葡萄采摘等几个不同主题的休闲体验游活动，打造各具特色的高效观光农业品牌。

沙柳现代农业观光园就是高村镇一大亮点，此外，青龙源生态园也正在建设中。2016年青龙源生态园新建新式冬暖大棚6座，垂钓区、桃子和葡萄采摘区各1处，园区今年即可对外运营。

“我们计划通过现代高效观光农业园区建设，实现由过去单一的‘采摘观光’向现在丰富的‘休闲旅游’转型，实现游客过去乘车时间长、游览时间短的‘快走’转型为进入园区快、可进入园区多、园区逗留时间长的‘慢游’，提升园区对外吸引力。”高村镇政府相关负责人说。

强化基础配套
提升镇域承载能力

伴随着轰轰的声音，几部重型机械正在不停地施工，近日，记者在高村镇兴高路上看到，兴高路改造工程正繁忙有序地推进。

“目前路面三层水稳层铺完，雨污水管道完工，一层沥青铺设完毕，路面工作预计11月中旬完工。”据现场工作人员介绍，此次改造是将兴高路西线、兴高路东线及老道呼线等共计6.4千米道路进行改造。路段将改造更换水稳层，铺设油面、道边石、雨污管道、自来水管网、弱电管线等。

在兴高路快速改造的同时，北起309国道、南至石泽线的道呼线改建工程也在紧锣密鼓地进行。“我们通过新建和改造道路，将呼雷汤版块与镇区版块连接并全面融入初张路、石泽线、309国道交通网络体系，加强镇区路网建设，进一步增强区位优势。”高村镇政府负责人表示。

发展旅游离不开基础设施配套，高村镇今年着重加强镇区商贸设施建设。按照产业合理布局、集聚集群发展的要求，高村镇整合原有基础设施和镇区资源，引进社会投资，集中建设样式古朴、服务现代化的镇区配套设施。

眼下，一处融合古典风格与现代生活功能的商贸广场正在高村镇崛起。“这是双力广场，于今年2月底开工建设，预计年底将建设完工。”据高村镇政府负责人介绍，双力广场含沿街商铺、大型超市、宾馆、酒店等，建成后将成为高村镇主要地标性建筑群。

与双力广场相呼应的是百脉汇众商业古街项目。项目位于靖海路两旁，将按照高村古街原貌规划建设，目前规划设计方案正在报请规委会审批，等群众搬迁后即可开工建设。此外，高村镇还将对兴高路两侧商业街进行改造项目。“我们计划对沿街房屋进行统一仿古改造，全力营造高村古镇氛围，为旅游业发展奠定基础，现正在对高村中心卫生院进行改造，预计11月底可完工。”高村镇政府负责人说。

强化旅游基础配套，提升镇域承载能力。近日，位于高村大桥南侧的青龙河公园，新打造的全民健身中心项目已经竣工。在高村镇岭上董家村扶贫基地南青龙河段，一处集湿地保护、美丽乡村、休闲旅游为一体的湿地公园正在建设当中。届时，这里也将成为高村镇休闲旅游好去处。

为全面提升高村镇的服务能力和服务水平，高村镇通过建设镇区公共设施，为旅游发展创造良好的外部环境，为广大居民和游客提供舒适整洁的生活环境。

“今年，我们对全镇自来水主管网升级改造，逐步改造老旧管道。”据高村镇政府负责人介绍，新建集中供水工程可满足全镇所有农村、企事业单位用水需求。下一步，高村镇将通过自来水改造、社区建设等，逐步扩大供水规模和范围。

此外，为了统一收集、集中处理污水，高村镇今年新建一处污水处理厂，目前，新污水处理厂正在对设备进行试运行。记者高村镇镇区南看到，新污水处理厂位于石泽线北、青龙河东。据了解，新污水处理厂铺设管线4.5千米，规划污水处理规模每天500吨，污水处理等级为一级生化处理。

（谢　菁　王健棋《威海日报》12月15日载）

责任编辑　鞠志强

索　引

说明：

一、本索引各主题词按英文字母顺序排列。同音字按声调排列，首字相同者按第二字音序排列，依次类推。

二、索引名称后的数字表示内容所在页码，数字后用拉丁字母 a、b、c 分别表示该页的左栏、中栏、右栏。

三、“人物”“统计资料”的具体内容及随文图片不做索引。

四、索引词一般采用中心词和简称。

A

B

C

D

H

K

L

Q

R

S

T

W

Z